国家社科基金
GUOJIA SHEKE JIJIN HOUQI ZIZHU XIANGMU
后期资助项目

# 明中叶唐顺之的史学世界

## Tang Shunzhi's Historical World in the Mid Ming Dynasty

李德锋 著

中华书局
ZHONGHUA BOOK COMPANY

图书在版编目(CIP)数据

明中叶唐顺之的史学世界/李德锋著. —北京:中华书局,
2021.11
(国家社科基金后期资助项目)
ISBN 978-7-101-15402-3

Ⅰ.明… Ⅱ.李… Ⅲ.史学史-研究-中国-明代
Ⅳ.K092.48

中国版本图书馆 CIP 数据核字(2021)第 206372 号

| | | |
|---|---|---|
| 书　　名 | 明中叶唐顺之的史学世界 | |
| 著　　者 | 李德锋 | |
| 丛 书 名 | 国家社科基金后期资助项目 | |
| 责任编辑 | 吴爱兰 | |
| 出版发行 | 中华书局 | |
| | (北京市丰台区太平桥西里 38 号　100073) | |
| | http://www.zhbc.com.cn | |
| | E-mail:zhbc@zhbc.com.cn | |
| 印　　刷 | 北京瑞古冠中印刷厂 | |
| 版　　次 | 2021 年 11 月北京第 1 版 | |
| | 2021 年 11 月北京第 1 次印刷 | |
| 规　　格 | 开本/710×1000 毫米　1/16 | |
| | 印张 30¼　插页 2　字数 461 千字 | |
| 国际书号 | ISBN 978-7-101-15402-3 | |
| 定　　价 | 118.00 元 | |

# 国家社科基金后期资助项目出版说明

后期资助项目是国家社科基金设立的一类重要项目，旨在鼓励广大社科研究者潜心治学，支持基础研究多出优秀成果。它是经过严格评审，从接近完成的科研成果中遴选立项的。为扩大后期资助项目的影响，更好地推动学术发展，促进成果转化，全国哲学社会科学工作办公室按照"统一设计、统一标识、统一版式、形成系列"的总体要求，组织出版国家社科基金后期资助项目成果。

全国哲学社会科学工作办公室

# 目　录

序……………………………………………………………………向燕南　1

绪　言…………………………………………………………………… 1

**第一章　唐顺之及其时代**……………………………………………… 39

　第一节　明中叶政治异动与唐顺之早期气节 ……………………… 39

　第二节　思想格局：从一味"述朱"到"合会朱、陆" …………… 54

　第三节　"典型"与"推进"：明中叶三大史学思潮中的唐顺之 … 89

**第二章　研习·批评·考证：唐顺之早期史学路径**………………… 144

　第一节　汲汲举业时的史学研习和批评 ………………………… 149

　第二节　所谓"唐宋派"巨擘的史学批评和考证 ……………… 167

　第三节　题录为"唐顺之删定"的《重刻翰林校正资治通鉴大全》…… 186

**第三章　唐顺之的史学编纂及思想**…………………………………… 202

　第一节　《左氏始末》对《左传》的改编…………………………… 202

　第二节　"六编"编纂体系………………………………………… 221

　第三节　两部《解疑》的史学思想………………………………… 252

**第四章　唐顺之的明皇朝史贡献**…………………………………… 274

　第一节　"以俟国史传方技者有考"：《旸谷吴公传》与

　　　　　《明史·吴杰传》………………………………………… 282

　第二节　"疏才何以答揄扬"：《周襄敏公传》…………………… 292

　第三节　"储一代之史材以信今传后人"：唐顺之所撰其他人物传记…… 303

　第四节　留意边务与道德鼓励：《广右战功录》……………………… 316

第五节　《南北奉使集》与"南倭北虏"问题 …………………… 325

第六节　校录明代历朝《实录》《宝训》 …………………………… 349

第五章　唐顺之及其史学于晚明的影响………………………………… 356

第一节　唐顺之与晚明启蒙史学思潮：《左编》与《藏书》 ………… 357

第二节　唐顺之与晚明史学经世思潮 ………………………………… 382

第三节　谁的唐顺之——后顺之时代有关唐顺之"晚岁之出"

　　　　的历史书写 …………………………………………………… 428

结　语…………………………………………………………………… 453

附　录…………………………………………………………………… 456

主要参考文献…………………………………………………………… 465

后　记…………………………………………………………………… 473

# 序

向燕南

近年来，"世界"成了学术界频频使用的时髦术语——或曰某某知识世界，或曰某某思想世界，或曰某某历史世界，云云。"世界"一词本是佛家语：其"世"者时间也，"界"者空间也。或有问：个人何以谓"世界"？然君不闻佛家有"一花一世界，一叶一如来（或作'一菩提'）"之谓耶？这里且不说意蕴更深妙的佛教义解，仅就普遍义解，"一花一世界，一叶一如来"，或可作"一即一切，一切即一"之喻，即观一花一叶之映像，即可窥整体人生宇宙之实相。个体之"一"，乃蕴整体"一"之妙性真如。而就特殊义解，则整体之"一"，实是一个个个体之"一"集合而构成，"一"自有其作为"一"的价值，而且认识整体之"一"，亦须从认识个体之"一"始，才可深入认识整体之"一"。如是看来，无论是就普遍义讲，抑或就特殊义解，研究任何具体之"一"的世界，与由众多具体之"一"构成整体之"一"的世界，其在意义上是平等的，于价值上亦是平等的。循此之意蕴，我们也就清楚了——任何所欲研究的某个体，皆不能只以一般之某特例视，因为他（它）除了是个体集成之整体外，也是构成这个集成的整体的个体单元。因此，任何个体之秘密的解析，亦总是能把我们引向对社会之整体新的、更深刻的理解，而这，也就是解释哲学之所谓"循环解释"的妙谛。德锋博士的大作《明中叶唐顺之的史学世界》，抑或可作循此义而展开之论著看耶？

唐顺之，字应德，号荆川，人称荆川先生。提及荆川先生，人们往往想到的是明代的文学，想到的是以唐顺之等为首的明代散文中的唐宋派，可能还有一些人会想到思想史上其所归属的南中王学，但也确实很少有人会因荆川而想到史学。关于唐顺之，《辞海》是这样介绍的："明散文家……曾研治天文、地理、音乐、数学。"在这介绍的一堆荆川研治学术中，独独不见称荆川的史学。荆川一生真的于史学无涉？显然不是! 若以荆川平生所著《左》《右》《文》《武》《儒》《稗》"六编"计,可以说除了《文编》归"集部"、《武编》《儒编》归"子部"外,其他《左》《右》《稗》诸编,皆属"史部"著述,且皆煌煌数十、上百卷的巨著。若加上所著《两汉解疑》《两晋解疑》及《广右战功录》等,荆川的史学著述,即使是在好著述的有明一代,也绝不能不属宏富者。如此宏富的史学著述,众多学人竟视而不见,鲜有介绍与论述,此真不能不说是研究的缺憾! 如是而论,德锋博士于荆川史学世界的探索,自然也就有了开拓之功。

开拓工作总是颇多艰苦,更何况荆川的史学世界是如此庞杂,这"世界"又与其整个的思想世界、与其思想世界赖以生成的社会政治和学术文化语境息息相关。君不闻《孟子·万章下》所谓"颂其诗,读其书,不知其人,可乎? 是以论其世也"之论乎? 更遑论前述循环解释所谓的个体与整体之于理解的关系! 更遑论历史唯物主义所谓任何事物皆不可脱离时代云! 这也是理解荆川史学世界之不易故。

先说荆川史学世界建立的正德、嘉靖时代语境:就社会性质讲,定性为所谓"中国社会的前近代"也好,定性为"中国的启蒙时代"也好,人们对该时期的社会性质的理解虽有不同,但究其实,亦无不注意到了该时代是处于社会大变化之际的事实。而在这个社会转变的枢机历程当中,且不言社会政治,不言社会经济,亦不言"南倭北虏"的边疆危机,仅就思想事件言,荆川之前,有王阳明揭心学之帜与统治意识形态朱学分庭抗礼;荆川之后,有何心隐、李贽等,以主流异端之态搅动晚明思想界;即使是荆川当世之时,王学亦开始左、右泾渭,各持一端:或"反智",主张"良知自然""纯任天机";或"崇智",以"应接纷纭""事上磨炼"张大实学之旨,一时思想界熙来攘往,一片热闹。而荆川居之其间,一心希贤求圣,欲振纲常,拯民水火,以致反复求索,前后持旨亦随之屡变。如此的心旅,着实让荆川的史学世界,既难条分缕析,更难概括子丑寅卯。惟因如此,德锋博士对荆川史学世界的探析,除具补白之功外,其难度亦不言而喻。还好,德锋博士自博士学位论文选择这个题目以后,十数年来一直在努力,今天这部数十万字的煌煌巨著,便是他孜孜努力的成果。

既然是"世界",就要包括时间与空间。德锋博士的大作,探讨的虽仅为一个人史学的个案，却能从横向融通到纵向贯通，将荆川史学置于整个明中叶社会格局和学术思想流变之中，于是，不仅深化了对荆川个人学术的认识，也深化了对之赖以生成的语境的认识，于是乎阅之者循此自然也就获得了对整个明中叶的史学及其生成于斯的社会和学术生态的更感性的认识。当然，除了对荆川整个史学世界的宏观层面的揭示，德锋博士一些富有说服力的细腻考证，诸如荆川《左编》与李贽《藏书》之关系、《明史》对荆川史著之采用，以及《明世宗实录》有关著述的曲笔等等问题的考述等，或发前人所未发，或补充前人所论述，皆为这部著作增色不少，有裨于对明代史学史的理解。

德锋博士朴厚，"有志与力，而又不随以怠"，历十数载磨砺，终以学位论文为基础成此大著，作为他的博士导师，高兴之余，遂缀此数言以为贺。

是为序。

于北师大珠海校区教师公寓

2020年9月12日

# 绪　言

## 一、"史学世界"释义

我们首先还是从题目谈起吧。

题目当中的"唐顺之"三字是一个人名。这是我们整部著作论述的核心人物，在这里我们就不越俎代庖、面面俱到地啰嗦了。但有关于这个人物，我们还是有两点需要事先声明的。

第一，这是一个普通的人物。说其普通，主要有两个方面的考虑：一是平心而论，这个人物在与其同时代的众多人物中确实是不怎么起眼的一个。虽然在某些领域，如文学领域，经过后人的发掘，其已经构成历史演进不可缺少的一环，但总体上来讲，他还是不能进入我们俗人所谓的"一流"行列。二是与此相应的是，在各种通行的中国通史著作或教材中，恕愚孤陋寡闻，他没有正式出场过一次。即使在各种专门史著作中，他也是往往作为他人的参照系而出现的，躲躲闪闪于别人背后，成为别人之所以伟大的或正面或反面的陪衬。

第二，这又是一个不普通的人物。这又从何说起？对于这一问题的说明，我们需要把视野扩大一些，也需要对我们既已形成、广泛应用的各种观念有一种额外的紧张，大致才能对这一问题的理解有所帮助。从史学史的视角来看，梁启超在现代史学史学科处于草创阶段时曾明确提出"史学史做法"："中国史学史，至少应对于下列各部分特别注意：一、史官；二、史家；三、史学的成立和发展；四、最近史学的趋势。"[①]其他三个方面暂且不论，仅关于"史家"，梁启超不仅列举了孔子、左丘明、司马迁、班固、荀悦、刘知幾、章学诚，等等，而且字里行间也表达了其对各个史家及其史著的认可，如关于司马迁，"史学因之转变方

---

① 梁启超：《中国历史研究法补编》，河北教育出版社，2000年，第327—328页。

向"①，如关于班固，"带来了创造性"②，如关于刘知幾，"这好像在阴霾的天气中打了一个大雷"，等等，不一而足。在文中，梁启超也注意到所谓"一等""二等"史家，"第一期的史家有这么多，也有一等二等之分"。也提到"经过这一期以后，'千岩竞秀，万壑争流'的，史家多极了"③，但在梁启超开列的名单中，这些史家都在中国史学发展的历史上发挥着举足轻重的作用。也就是说，梁启超有关于"史家"的做法为我们其后的史学史研究规定了什么样的史学家才能够进入我们的研究视野，即必须成名成家者，开一代史学风气者。这在史学史学科还处于草创阶段，这种提法本无可厚非，因为这些史家毕竟构成了中国古代史学的骨干，当时迫切的任务是在这一骨架下搭建起中国史学史学科的整体框架。但时至今日，史学史学科的发展很快就走完百年的历程，反观我们的研究，就涉及的史家而言，基本上还是在梁启超给我们划的圈内打转，这就不能不引起我们的反思和警醒。恐怕梁启超怎么也想不到早前所谓"二十四史非史也，二十四姓之家谱而已"④的批判，我们今天会用来表达对当今史学史研究现状的担心。

与这一担心相一致的是，一个非常常见的问题经常萦绕在我们的脑际，就像我们对究竟是英雄创造了历史，还是群众是历史的主人的疑虑一样，究竟是著名史家和史著构成了中国史学史的内容，还是非著名的史家和史著填充了中国史学史大部的内容？当然，也正像我们对于英雄、群众谁主沉浮问题的认识基本上达成了一种共识，即英雄和群众都是历史的主人一样。我们也可以依循这一看似平常但又不无道理的说法，认为著名史家、史著和非著名史家、史著都是中国史学史的有机构成。但非常遗憾的是，当今的史学史著作中，我们还不能清楚地看到非著名史家及其史著的影子。李隆国在反思库恩"范式"理论时曾表达过这种担忧，"史学史难道停留在'点鬼簿'的状态？让普通史学家为'大师'的光辉所笼罩？"⑤

学者们过多地把注意力集中在著名史家及其史著上，其中一个典型

①梁启超：《中国历史研究法补编》，第332页。
②梁启超：《中国历史研究法补编》，第333页。
③梁启超：《中国历史研究法补编》，第334页。
④梁启超著，陈书良选编：《梁启超文集》，北京燕山出版社，2009年，第218页。
⑤李隆国：《史学概论》，北京大学出版社，2009年，第265页。

的表现就是为各个历史时期的史学寻找代表，如汉有司马迁、班固，唐有刘知幾，宋有司马光，清有章学诚，等等，仿佛没有了这些史家和史著，史学史是不成其为史学史的。这样的思路又带来了另一个恶果，即很难心平气和地评价各时期史学的成就和价值，这一点对于从事某一个时间段的史学史研究的学者而言更是明显，心里面总想拿自己好不容易推出的代表与其他时段的代表一较高下，要想做到心平气和是比较困难的。而对于旁观者而言，带给我们的可能是更多的沮丧情绪，我们可能会认为后一个时段的代表在许多方面并不比前一个时段的代表高明，因而认为史学不是向前发展的，而是停滞不前，甚或是向后退步的。

还有一点，著名史家及其史著可能在某些方面代表着一个时代的某一个方面的史学高度，但用这种高度来界定整个时段的史学则是很危险的，这是一种一叶障目、夜郎自大的做法。正所谓规定及否定，规定了一个内容，其实否定的是规定以外的所有内容。司马迁自有司马迁之伟大，班固亦有班固的高明。在某些方面的比较是可以的，也是值得鼓励的，但处处攀比则实在没有必要。

出现如上的问题，其中一个客观的原因是我们的研究基础太过于薄弱，研究范围太过于狭窄。一些比较敏感的学者在为史学史研究走出这种困境献计献策时，其中最为基本的一条就是史学史研究范围急需拓展。他们基本上都是基于一种这样的认识：著名史家和史著固然能在某个方面代表着一个时段的史学发展高度，但一个时段的整体史学绝不仅局限于此。那是因为：一是这个时段的史学还有众多的方面，还有众多方面的高度；二是即使就是在每一个唯一的塔尖之下，还有一个、一个、一个……众多的史家及其史著，不尽可能地梳理清楚这众多的史家的史学内涵，我们对于某一方面的史学特点整体的，哪怕是阶段性的认识也是有所缺漏的。这虽然有使我们的史学史研究陷入不可知论的危险，但这样的紧张情绪对于现在史学史研究现状的改观还是必须要有的。

我们的思路兜了一大圈，旨在说明、总结和发掘一个时段的史学高度，或中国古代整个时段的一个一个的著名史家和史著的内涵和价值，是必要的，也是极为有意义的，因为他们构成了不同时段史学的骨干。缺少了这些骨干，史学史的整体框架是不能支撑起来的。但我们也不能因此忽视了对于众多普通史家的关注和发掘，因为著名史家和史著固然能代表一个时段的史学发展高度，但这一时期史学发展更为厚实的基础则是众多的普通史家。也就是说，这一个时段的大部分内容就是由这些众多的普通的史家、史著所构成的，他们表达着史学在社会中一种更为普遍的一般存在。从这层意义上来讲，哪怕是众多普通史家中的一个，相比较于著名的史家和史著而言，更具有代表性，因为其来自一般。

基于这种思路，我们认为一个普通的史家又是不普通的那一个。

钱穆亦有关于"上层的人"与"下层的人"之分，还有所谓"历史人物"与"非历史人物"之别，其言："项羽率领江东八千子弟渡江而西，历史上只写一个项王，八千子弟姓甚名谁，历史上不曾写下。但若没有这八千人，项王一人渡江有什么用？所以我们讲历史，不是要专讲历史的上层，还要讲历史的下层。"①这一论说与此处所论不无契合。

以上这是关于唐顺之这一普通史学人物的一点越轨之思。

这里还需要特别声明的是，我们真心地对于过往史学史研究拓荒者和继承者怀着无比的敬意，这里仅仅表达的是我们对于当前史学史研究发展前景一点多余的担忧。也只希望，我们在仰望着这些史学高峰的时候，不妨把眼光放低一些，留意和享受一下攀越高峰时山路两旁的风景。

关于"明中叶"三字，本来的题目是没有的，想到在题目中加上这三个字最直接的原因是源于一次论文投稿的机缘。2010年，我把博士论文中有关唐顺之《左编》"经世"编纂特点的内容进一步整理、修改，并送给《内蒙古大学学报》审稿，返回的意见是，希望在唐顺之前面加上一"明"字，以说明唐顺之这个人物所处的朝代。看到这个修改意见，我起初感觉非常惊讶。唐顺之是明代的历史人物，这还用说吗？但仔细回想一下在博士论文具体撰写过程中，苦于现当代学者对于这一历史人物研究成果很少的时景，我顿然觉得这个建议非常中肯。因为我自认为读博的三年，我是花了一定力气搜集有关唐顺之史料的，也围绕着这个选题阅读了一定数量的书籍，某种程度上这个人物已经与我三年的攻读博士生涯融为一体，以致在很多场合下看到"唐顺之"这三个字中的任何一个字，我都有一种莫名的冲动和无由的亲切，总觉得自己发现了新史料或新的线索。固然，有关唐顺之的这部著作中应该还有很多没有搞清楚的

---

① 钱穆：《中国史学发微》，九州出版社，2011年，第93页。

问题，但唐顺之生活的年代这一客观知识点对我来讲那是根本就不成其为问题的。私下里和师友们交流时，他们也基本对这个人物茫然无所知，即使到了今天，这种情况也没有根本的改变，因此在"唐顺之"之前加上其所处历史时期就并不显得多余了。

最近还有一个想法，其实这种想法，与我们前面所强调的普通人物的不普通的论述一定程度上是相抵触的。在前面的人物说明中，我们有一个初步的打算是选择一个普通人物的史学作为考察对象，以考察某一个时段的史学于现实社会中最普通的存在状态，但这里我们面临着另一个问题。如果这个人物确实留下的史料太少，或者说经过我们一番"上穷碧落下黄泉，动手动脚找东西"（傅斯年语）的努力后，这个人物确实没有什么史著或史学表现，那这样的研究也是无法开展的。这在一定程度上又说明以著名史家和史著作为史学史研究的核心的合理性。因此，我们存有一点学术私心，选择的这个普通人物又不能太过于普通。怎样选择这样一个人物？一个一个的去找显然不切实际。其实我们考察每一个时段的史学时，在这个时段内的一些特定时期确实具有与其他时期不同的史学特点。大致而言，一个朝代建立之初官方史学兴盛，中后期私人著述繁兴，等等，就史学在内容方面所表现的丰富性而言，中期无疑是当仁不让的，因为这一时期处于一种承上启下的阶段，其内容既包含着对旧的承袭，也孕育着新的突破，更为重要的是，这种旧的承袭和新的突破往往纠葛在一起，也使得中期的史学看起来内容丰富，内涵十足。虽然看起来不像前、后期那么眉目清晰，但这又何尝不是一种史学的原本历史状态？在这一思量下，我们又想在"明"字之后加上"中叶"两字。唐顺之生活在明代正德、嘉靖时期，处于明代中叶的时间界定应该也是没有问题的。这可能看起来有点咋说咋有、信口雌黄的意味，但这确实是我们的一点马后炮式的想法。

有关于用"史学世界"作为本书的题眼，这里不得不说是受余英时先生《朱熹的历史世界》的直接影响。关于余氏的这篇大作的介绍已经有许多名篇名作，我们就不做画蛇添足的评论了，但有几点内容对我们的触动特别大，不得不说。一是史料利用的丰富性。很多方面是出于我们意料之外的。不仅引用了学者们接触到的传统基本史料，而且还使用了从未被重视甚至使用过的其他史料；不仅使用了我们所谓的历史学科的史料，而且使用了我们所忽视的其他兄弟学科的史料。二是建立在这些史料的基础上的各种分析方法的运用和审慎的态度。把几乎每一条史料都措置在具体的时代背景下甚至是具体的时间点上予以考察，并且对每一条史料都是审慎的态度，并不因这条史料与自己观点相左而弃之不问，也不因这条史料能支撑自己的观点就心安理得的、无条件的深情拥抱。三是历史研究的细化。细化的表现既有建立在史料基础上内容的充实，更有言之有物的生动和亲切。虽然以本人的学力，还不足以理解和消化这部大作中的所有内容，出现看了后面、忘了前面等顾此失彼的窘况，但在阅读此书时有如身临其境的感觉把这所有的一切都抵消了。结合拙作的撰写，我们想表达一种"虽不能至，心向往之"的学术情感。

　　毋庸讳言，这里的"史学世界"一词显然受到余著"历史世界"一词的启发。余氏在《绪说》中主要说明了了"政治文化"的内涵，直接论及"历史世界"的不多，但考虑到正副标题的辅成作用，其实全篇都是在说明朱熹的"历史世界"究竟为何物的问题。其中的韵意我们无力总结，仅从一些简单而直接的方面入手来交代一下这部大作对于我们的影响。有关于"历史世界"，《绪说》起首的一段中就有最直接的表述，"正题点出本书的范围，即朱熹（1130—1200）所实际经历过的世界。但这个世界不是从他出生的那一天才开始的，它的起源与形成必须上溯至北宋，所以本书的时限大致涵盖了11、12两个世纪"①。依从于这一思路，反观我们对于唐顺之这个人物的考察，虽然主体时段上是以唐顺之出生时开始，但植根于明代中叶，推而广之于明代，甚或是中国古代的唐顺之，其考察的范围不仅不能，也不应该局限在明代中叶，脱离了明代甚至是古代时段的考察，不仅是使之片面化，而且可能会使我们的研究出现一些根本性的偏差，甚至是错误。我们没有能力就所有的问题追根溯源，但还是希望把唐顺之置于更广阔的历史背景下予以考察，包括其生前，也涵盖其身后。

　　《绪说》紧接着说"朱熹的世界是以儒学为中心的世界，因此儒学在这两个世纪中的演变必然构成本书的一大纲维。但本书并非关于学术史、思想史的内在研究，注意的焦距毋宁集中在儒学与政治、文化以

①余英时：《朱熹的历史世界——宋代士大夫政治文化的研究》，三联书店，2011年，第3页。

至社会各方面的实际关联与交互作用；易言之，即将儒学放置在当时的历史脉络之中以观察其动态。只有如此，我们才能有可能重建朱熹曾活跃于其中的真实世界"①。反观我们对唐顺之的研究，也有这样的打算，并不仅仅以唐顺之的史学自限，要讨论其文学表现及理论对其史学撰述的影响，也要讨论其王学后学的思想身份对其历史评价的影响，更要讨论作为一儒者的关怀对其史学价值思索的作用，等等。其实，反观当今史学史的研究路数，余氏提出的两点思路，我们都是具备的。如在研究某一个人物或时代的史学成就时，对于这一个人物所处的时代背景或时代的整体背景的介绍都是必需的，也是首要的，但整体给我们的感觉还是各说各是，一点都不生动，原因就在于时代背景交代归作一类集中介绍，史学表现归作一类集中介绍，至于两者的关系，在我们的潜意识中那是必须的，无需作多余的论证的。学者们往往能够用一个过渡段进行简单的过渡，也有的根本就没有关于两者关系的任何交代，严重一点说，这就使得我们的研究出现了脱节。因此对于余氏这一思路的借鉴关键还在于这些思路如何在文中具体展开。余氏给我们做出了表率。但同样由于本人学力有限，我们很难达到这一层要求，因此，我们首先还是以"唐顺之及其时代"简单介绍一下唐顺之所处的那个时代，至于在唐顺之的具体表现中，我们再结合时代背景予以考察。以本人目前的能力，也只能如此了。

更为重要的是，余氏此论又把一个老生常谈的问题，即历史客观性，再次推到了史学工作者面前，逼迫着我们不得不重新审视、反思自身所从事之历史学专业赖以存续的客观性，以及完成这一学科任务的具体途径。有关于前者，虽然当下对其的反思比较激烈，甚至存在着从根本上否定其客观性的趋向和危险，但我们不仅仍然固执或理想地认为历史有其客观性，而且认为这一客观性关乎历史学的生死存亡，是其丰富学术内涵中的第一要义。鉴于这一历史本体论的认识状态，我们也仍然认可"求真"作为历史价值与意义中的首出地位。当然，这并不是说我们通常意义上所谓"历史"的客观性是毋庸置疑的，其间也有史学工作者主观的构建，不然，历史也就没有再认识和研究的必要了，或者说

_____

① 余英时：《朱熹的历史世界——宋代士大夫政治文化的研究》，第3—4页。

"求真"也就成为了一个伪命题了。因此，我们也丝毫不用讳言历史的主观构建性，这就是我们概论历史的一个本然层面。不管是唐顺之的节选，还是选评，亦或是严格意义上的史论，其主观构建性是显而易见的。当然，尽管有些不情愿，我们也不得不心平气和地承认，对唐顺之史学的研究也有我们的主观性，这也是我们改余氏"历史"为"史学"的原因①。

　　循着这一思路，作为史学工作者，如何求真，还依然会成为我们需要面对的另一个问题。我们认为，史学工作者的求真之路大致有两条：一是依靠相对原始、可靠的文献、考古等诸种"核心"②史料，依循一定的科学方法和逻辑，对相关史事进行考证，以期更为接近客观发生的实际，此种途径较为依赖比较中立客观史料的发掘与合乎逻辑的论证；二是尽量扩充相关史事史料的搜求和利用范围，以期更大程度上呈现历史史事。这一方法主要是基于我们所追求的史事之真的基础就是历史细节，并且我们对于历史细节的掌握都是有限度的，因为我们的认知对象是一旦发生则不复返的客观事实，后人有关这一客观事实的记载都不可避免地打上后人的主观烙印，为了使我们的历史认识，更为贴近历史发生的实际，就需要广泛搜求史料，尽可能地披露历史事实发生的客观细节，并综合对比各种史料，梳理和解决这些史料的异与同，其最后归结点仍然是希望求得历史之真。这种方法往往表现出"尚繁"的一面，它往往是在没有较为可靠和有份量的史料的情况下得以运用。

　　关乎唐顺之史学的史料搜求，我们认为尽管在史料搜求上相对比较全面和完备，但仍然对我们是否掌握了有关唐顺之有份量的、可靠的史料抱有怀疑的态度，也正是出于这种近似病态的怀疑，我们认为在求得唐顺之史学之"真"的具体方法中，并不仅仅诉诸于前一种依靠"核心"史料进行"毕其功于一役"的赌博式研究思路，还要把对"核心"史料的渴求化整为零式地寄望于更多史料细节的搜集和分析上，以期更为完整地构建出唐顺之的史学形象，乃至奢望更为接近唐顺之史学的本来面目。因此，"繁复"在我们的研究中是意料之中的特点，我们也心甘情愿

①关于改余氏"历史"为"史学"，还有最为主要的原因，即本书的主要认知对象就是唐顺之的史学，而非其历史，后将述及。
②这里所谓的"核心"史料，是指那些能对史事考实产生直接的、决定性作用的史料。

地愿意承受这样的批评。以我们的主观认识,《朱熹的历史世界》洋洋洒洒六十余万言的篇幅又何尝不体现着余氏求得历史之"真"的愿望。虽然在对丰富史料的分析和把握上,甚至是在史料搜求范围上,我们的研究与余氏所著根本就无法相比,但仅只是这一点我们主观上所认为的在史料搜求丰富性和文本呈现的繁复性上与余氏所著的犬、虎之似,就足使我们聊以自我安慰了。

除了《朱熹的历史世界》所提供给我们的上述启示外,我们使用"史学世界"这一措辞还有一些自己肤浅的体会。

第一,既然以"史学世界"为题,我们初步的打算还是想以唐顺之的史学活动作为我们考察的重点。唐顺之的性格、政治经历、王学背景,我们都会涉及,也都会论述这些围绕唐顺之而展开的社会因素与其史学的关系,但最根本的落脚点仍然还是其史学活动。这样可能就会使我们在学力有限的前提下,集中精力攻其一面,而不至于没有统摄,泛滥无归。

第二,我们这里的"史学世界"主要探讨的是唐顺之史学活动的内容和价值,其范围并不仅仅以我们现在所认为的史学作品或活动为限,也包括我们现代学科体系划分下的文学活动和思想活动。因为这些活动于我们而言,都成了其历史活动,而对这些历史活动的记载,显然就是其史学活动了。我们现代意义上的这些学科分野对于唐顺之而言基本是不存在的,或者说是比较模糊的。为了尽量更为真实地重构唐顺之的史学世界,对于这些活动的关注是必不可少的。况且,于唐顺之而言,这些活动的指导思想与其史学活动的指导思想是一以贯之的,抽离了这些活动的内容,仅仅局限于其史学活动,我们显然很难理解唐顺之诸多史学活动背后的思维模式,我们所梳理的史学活动也是片段的、断裂的。

第三,这里的"史学世界"既包含唐顺之的史学活动,同时为了更大程度地发掘唐顺之的史学价值,我们也会探讨以唐顺之为主题的其他史家的史学活动,如关于其"晚岁之出"在探讨《世宗实录》与明中叶私家修史之间的互动关系。这一定程度上在发掘唐顺之"历史世界"的同时,也能够进一步发掘唐顺之"历史世界"的史学内涵。

在前贤的基础上,再加上本人研究的一些切身体会,这就是我们取名为"史学世界"的大致原因。

## 二、"点"与"面"：关于研究意义和思路的一点思考

选择以《明中叶唐顺之的史学世界》为题，结合对于"点"与"面"的一些思考，略述如下：

第一，"点"与"面"的观照。唯物辩证法认为，"个别就是一般"，"个别一定与一般相联而存在"①。如果我们把史学整体比作一个"面"，则点缀于其上的是众多代表着史家或史籍的"点"。同样，我们对于每一时期史学的整体认识，必然要依靠对无数个代表史家或史籍的"点"的积累。任何事物都是一般与特殊的统一。这一认识规律同样也适用于史学史的研究。从史学史的发展角度来讲，这是两条同时展开的研究线索，"史学界对明代史学史的研究可分两方面内容，一是对明代史学总的发展状况进行考察，二是对个别史家、史书的考论"②。就早期对明代史学成就的研究而言，我们对明代中后期史学启蒙思潮的认识，就与这一时期史学研究的"李贽热"现象有莫大的关系。同样，对明代考据学风的研究，也离不开对杨慎、陈耀文、焦竑、王世贞、胡应麟、陈第、方以智等个人史学的具体研究成果。

对明代史学整体的认识和研究是十分必要的，但这种总体认识不是建立在猜测或臆度的基础上，也不是建立在不假思索地批评或承袭旧说上，而是建立在我们对明代史学的扎实研究，即众多可靠的个案研究基础之上。从具体史家及史籍的角度入手，进行文本解读和资料分析，进而分析个案的史学价值，不失为一种有效的方法，也是促进史学史研究健康发展的有力保证。

同时，明代的时代特点又赋予了"点"与"面"这一一般辩证关系以新的涵义，即我们对个案，甚而是个案中"二流""三流"的关注，也是与明代的时代特点相符的。从社会史的角度来讲，明代是一个知识走向社会深层的时代。"如果我们愿意打个生物学比喻的话还可以看到，它在其最后阶段所具有的内部相对稳定的封闭的和光辉灿烂的传统中国文化是越来越成熟了。我们将会看到人口有稳步的增长（虽然统计数字

---

① 列宁：《列宁选集》，人民出版社，1995年，第558页。
② 杨翼骧审定，乔治忠、姜胜利编著：《中国史学史研究述要》，天津教育出版社，1996年，第159页。

偏低），识字的人数大量增加，社会的整个精英以下各层次的学识有了
增长，同时精英和精英以下的文化形式也繁荣起来"①。即明代文化成
熟的时代特点是知识的普及、文化的社会基础更加广大。与以往相比，
"精英以下"的各种文化形式得到了较大的发展，成为明代突出的时代
特征。对此，嵇文甫亦曾从有明一代思想所呈现出来的特征而言："晚
明时代，是一个动荡时代，是一个斑驳陆离的过渡时代。照耀着这时代
的，不是一轮赫然当空的太阳，而是许多道光彩纷披的明霞。你尽可以
说它'杂'，却决不能说它'庸'，尽可以说它'嚣张'，却决不能说它'死
板'；尽可以说它是'乱世之音'，却决不能说它是'衰世之音'。"②这里
的"许多道光彩纷披的明霞"或"杂"都展示了知识普及的时代成果。
正是这样的时代特征，要求我们在研究明代史学时，不能仅仅关注明代
史学的发展高度，而更应该关注明代史学存在的社会基础，即耐下心来
发掘那一个个生动、具体个案的史学价值，甚而是那些所谓的"二流"或
"三流"史家。诚如丹纳《艺术哲学》所说，每一时代的文化，都有一些
人作为代表，而更多的人则是合唱团，没有这些合唱团，重要人物便显
得孤零、突兀，失去了存在的基础。

　　其实，明代的这种时代特点反映于史学又何尝不如此。瞿林东先生
把明代史学特点深刻地归纳为"史学走向社会深层"，"明代方志撰述的
兴盛和稗史著作的空前增多，以及经济史方面著作的繁富，还有史学在
通俗方面的发展和历史教育更广泛地展开，反映出了明代史学之走向社
会深层的发展趋势和基本特点"③。建立在这样的认识基础上，有的学
者认为这正是转换研究思路的一个机会，"明代史学的最大特点是没有
出现多少光芒四射的巨星，而是像夏夜的天空布满了繁星，它们也许不
那么夺目，甚至使人眼花缭乱，但对于认识中国古代一个重要朝代的社
会状况却提供了大史学家不可能留下的遗产"④。也是拓展研究视野的
一个契机，"明代没有给我们留下一部如《史记》一样网罗宏富、笔法飞
扬生动，可以传之千古的史部杰作，实在令人引以为憾，这也是明代史学

①〔美〕牟复礼、〔英〕崔瑞德编：《剑桥中国明代史》，中国社会科学出版社，1992年，第1页。
②嵇文甫：《晚明思想史论》，东方出版社，1996年，第1页。
③瞿林东：《中国史学史纲》，北京出版社，1999年，第594页。
④白寿彝主编：《中国史学史教本》，北京师范大学出版社，2000年，第275页。

一直没有引起人们重视的原因所在。然而，评价一个时期史学的发展进步固然可以以一部优秀的史著产生为标志，但优秀史著产生与否并不能作为代表这个时期史学水平的惟一标准。评价一个时代史学的发展应当从多个方面来衡量，因为史学所涵盖的内容也是多方面的"①。

　　由此而来的就是有关于明代史学评价的问题。关于明代史学的评价大致存在一种比较极端的观点：一种认为明代史学抄袭成风，人云亦云，虚妄是它的主要特征，其价值寥寥。这种观点在当今的学界中仍占据着相当的比重。考察这种武断观点的来源，许多学者认为，对于前人关于明代史学评价的不假思索地继承是一个重要的方面。历史的发展往往那么具有讽刺性，我们用来批评明代史学所谓"人云亦云"的缺点反而在我们评价明代史学的过程中体现得淋漓尽致，这不能不说是一个讽刺。近来，随着学者们越来越认识到明代史学的重要性，也纷纷投入到对于明代史学的研究，大大地丰富了明代史学的研究，但也出现了另一个极端观点的端倪，即认为明代在某些方面取得了突出的发展，其价值远远超出历代史学之上的趋势。这种观点多为明代史学研究者所持。不管是"妄自菲薄"，还是"狂妄自大"，产生的本质是一样的，前者是对明代史学不甚了了、承袭前说而来，后者则是专囿于某一种局部，极力申说所致。这些都不是研究明代史学应有的合理态度和方法。如何使我们对于明代史学的研究建立在更为扎实的基础上，从而使我们的明代史学评价更为中允、平实？个案研究，特别是对一些以往关注较少的个案和领域研究的开展，也还是一个比较可靠的解决途径。"明代史家何其多，著述也一向称盛，只因无人注意之，加以陈言旧说，偏见诬蔑，牢固人心，咸指目明人无学，史学荒芜……明人的史学成就，仍然有它一定的贡献，只是并不显得特别地突出。明末清初的一些闪耀的大家，强烈地吸引学术界人士的注意力，因此，相对地，明代三百年间的史学，就显得黯淡无光。有此结果，其原因固然很多，无人研究并提出成果，也是一个重要的因素"②。故施丁先生提出："在一定意义上来说，还要'抠冷门'，从冷宫中救出一些遗产或存货，给其加点热，让其发点

---

① 杨艳秋：《明代史学探研》，人民出版社，2005年，第301页。
② 吴智和：《谢肇淛的史学》，《第二界国际汉学会议论文集》（明清与近代史组）上册，台湾"中央"研究院1987年编印，第49页。

光。"①其中，对"二流""三流"史家史学价值的发掘成为学者们的普
遍要求。葛兆光先生在《谈史学史的编纂》一文中，根据现有的史学史研
究状况提出"要大力发掘那些前人未发掘的领域"，要求我们"不应该
仅仅满足于在已为人熟知的那一部分内容上下功夫，还要发掘更深的更
广的材料，历史学的发展决不只是几个或几十个大史学家的功劳，往往
一个大史学家只是作为那一时代更多的史学家的代表出现的，而往往筚
路蓝缕以启山林的却是一些中小史学家，只有说明这一些中小史学家与
大史学家之间的联系，说明这一时代大史学家产生的基础，才能说明史
学之史"②。王记录先生在谈到史学史的分期时指出："分期所赖以建立
的史学史的研究基础还是很薄弱的。"如何改变这种状况，其中很重要
的一条就是"要不断扩大史学史研究的领域，除对著名史家史著进行研
究外，还要注重对二三流史家、史著的研究，注重对民众史学意识的研
究，注重对少数民族史学的研究"③。

　　综上所述，无论是从"个别"与"一般"的辩证关系、明代"杂"的
时代特点和史学特点，还是从明代史学的研究状况考虑，我们认为这
些都赋予了个案研究无比的生动性和独立性，明代的任何一位史家都
不能代替明代史学的丰富性，即使是在论及明代史学成就所达到的高
度时④。同时，这种个案研究也为我们提供了其他时代所不能提供的研
究视野和空间。这也是本人选择以《明中叶唐顺之的史学世界》为题立
意的基点。

　　已如前述，但这里还想重复几句。不可否认，我们前面所说明的个
案研究，特别是以往关注不够的个案研究的重要性在具体的实践过程
中也可能陷入不可行的境地。如果我们所选的个案本身价值确实很少，

---

①肖黎：《中国历史学四十年（1949—1989）》，书目文献出版社，1989年，第599页。
②葛兆光：《谈史学史的编纂》，《史学史研究》1983年第4期。
③王记录：《五十年来中国史学史分期研究述评》，《中国史研究动态》2002年第6期。
④在选择谁作为明代史学的代表时，钱茂伟先生曾作如下的探讨："明代史学群体人员不少，
　作品数量十分大。二、三流史家自然多，也有李贽这样的一流史家。不同时代有不同的天才
　史家。西汉是司马迁及《史记》，东汉是班固《汉书》，唐朝是刘知幾《史通》，宋朝是司马
　光《通鉴》，清朝是章学诚《文史通义》。明朝是谁？我想，首推李贽《藏书》。"（钱茂伟：
　《明代史学的历程》，社会科学文献出版社，2003年，第480页）在其后的论述中，似觉不
　妥，把李贽所能代表的范围划定为"启蒙史学"，"李贽是中国第一个启蒙史家，《藏书》是
　中国第一部启蒙史学著作"。姑且不论这两个"第一个"的头衔是否妥当，即使于明代史学
　所表现出来的丰富性，"启蒙"一路显然无法穷其内涵。

反复研究也无法深入，那对于我们深入研究明代史学、客观中允评价明代史学是产生不了多大作用的。既然如此，我们在选择个案进行研究时，一方面要选取一些能够使我们深入发掘和持续探讨价值的个案。另一方面也要考虑选取那些虽有价值，而这些价值在各自领域内并不是最为突出的，但同样也可能因其最不突出，反而具有更广范围的代表性。这样的个案，往往包含的史学信息也是比较丰富的，也能够推进我们对于明代史学的深入研究。

基于以上考虑，我们选取了明代中叶的一位普通士子——唐顺之的史学作为我们的研究对象。

唐顺之是明朝正德、嘉靖时期的一位学者，而这一时期正是时代的转折时期，通过对唐顺之及其史学的研究，有助于我们对这一时期的历史及史学有更为清醒的认识。并且这些"转折"集约于唐顺之一身，更能凸显它们前后演变的逻辑联系和顺序。

政治上，明正德、嘉靖时期的转折意义表现在，明初统治者通过废相等一系列措施所建立起来的依靠极端人治的封建集权制度，遭到了统治者自身素质退化的现实挑战，引起了内廷和外廷的对立、公私问题讨论的炙热、官场风气腐化、世风萎靡等一系列问题，并最终导致明廷统治的暗弱和社会的混乱。

于经济上，明代中叶是"中国历史上资本主义萌芽最显著的阶段"①。这就使农业和民营手工业等诸领域都突破了原来自给自足和单纯满足官府消费的理念，要求私人资本的积累和地方权力的扩张，这与严格服务于中央集权下的"不着眼于提倡扶助先进的经济，以增益全国财富，而是保护落后的经济，以均衡的姿态维持王朝的安全"的明皇朝经济安全政策产生了冲突，成为"明皇朝的安全之累"②。同时也直接刺激了"以皇族地主集团为首的地主阶级对土地及货币等财富的贪婪追求和疯狂掠夺"的欲望，统治者除了通过赋税、兼并土地等传统的方式外，还利用对重要工商业的垄断经营权等新方式聚敛财富，以满足自身极度膨胀的占有欲，"这种'敲骨捶髓'掠夺式的盘剥，不仅激化了与农民、工商业者及中小地主等阶级、阶层之间的矛盾，而且破坏了社会正

---

① 侯外庐主编：《中国思想通史》第5卷，人民出版社，1959年，第3页。
② 黄仁宇：《万历十五年》，中华书局，1982年，第2—3页。

常的生产秩序,摧残了刚刚萌生的新的生产方式的嫩芽"①。

明代中后期的社会就是在这种种衰老与新生的矛盾运动中进行着,这样的社会特点同样也影响于作为时代精神的哲学思想领域,并且体现出一定的地域特色,"嘉靖、万历以后,社会矛盾日益复杂和尖锐,思想领域也显得活跃起来。这在东南地区要更显著一些"②。具体表现就是王学的兴起改变了程朱理学于思想上一统天下的局面。

于史学领域,也出现了与明代前期束书不观、对史学强制利用、统治意识浓重等特点相对立的黜虚征实、经世、启蒙三股史学思潮。

如上所发生的种种变化,都生动地体现于生活于这一时期的唐顺之身上。他既有针对明廷统治腐化、世风萎靡的现状而提倡气节的政治表现,也经历了从程朱理学到王学的转变并表现出"合会朱、陆"的思想历程,更有积极参与到三股史学思潮中的具体表现,并在三股史学思潮的发展中起到了承上启下的重要作用。

不仅如此,唐顺之这一个案也为我们研究明代中叶社会和史学转变的总体特征提供了一个很好的视野,即进一步深入发掘各总体特征之间的关系以及"旧"和"新"前后变化的逻辑联系。关于前者,如在研究明中后期的三股史学思潮时,我们大都会找出丰富的个案来论证三股史学思潮的各自发展状态,而对三股史学思潮的内在逻辑联系则关注不多。以个案为研究形式,则要求我们必须对三种史学思想为何同时表现于一人之身作出解释,从而对三股史学思潮的内在联系作出合理、恰当的分析。关于后者,如论述启蒙史学思潮在明中后期的总体发展态势,我们很容易得出明中叶启蒙史学思潮的产生和发展是对明前期"空洞、虚妄而且庸俗,封建伦理观念极为严格"③等史学特点反思的结论,在具体论证时,我们也能就明前期和明中后期的史学特点分别找出充足的资料予以论证,排比一系列分别代表着两个时期史学特点的史学个案,来论证明中后期的启蒙史学思潮不同于明前期的史学发展状态。历史的发展是连续的,即使具体到启蒙史学思潮也是如此,它尽管透露出了明中后期不同于明前期的史学发展特点,但更是它们之间史学联系的纽带,不然

①向燕南:《中国史学思想通史·明代卷》,黄山书社,2002年,第168页。
②白寿彝:《中国史学史》第1册,上海人民出版社,1986年,第79页。
③葛兆光:《明代中后期的三股史学思潮》,《史学史研究》1985年第1期。

我们就无法解释史学启蒙思潮的代表和"封建正统史学的一个代表"①等多重身份集诸于唐顺之一人之身这类史学现象。而在具体论述中，我们也不能仅仅以唐顺之史学特点前后变化的截然对立为托辞放弃对这一问题的进一步思考，必须梳理出这种看似矛盾的学术之间的内在逻辑联系，而这些都是总体研究要求比较模糊，甚至无法提供的视角，也为我们继续深化研究提供了机遇和挑战。

唐顺之一生著述等身，流传较为广泛的有《左编》《右编》《文编》《武编》《儒编》《稗编》"六编"，还有《荆川集》《广右战功录》《左氏始末》《策海正传》《批点〈史记〉〈汉书〉》《两晋解疑》《两汉解疑》等，共七百余卷，范围涉及政治、思想、文学、史学等诸领域。唐鼎元认为即使把唐顺之的著作置于有明一代进行比较，也是名列前茅的，"夫有明一代，著述之富莫过于公（唐顺之）与杨升庵、王凤洲三家……汪洋八《编》，天地古今盖无所不包矣，而八《编》之外著述又有数十种，公之一生其勤若此"②。因此，包含于唐顺之一人之身的学术分量也决定了他独立的研究价值。

并且，除个别作品外，我们都很难明确界定这些作品绝对属于哪一领域，但"重史法"是其诸多作品的一个典型特征，清人鲁九皋就肯定了唐顺之"禀史法"的整体学术特征，"示及近日讨论元明列传，此不朽之业也。鄙意两朝中名人文集，若虞文靖、杨文贞、唐荆川、王遵岩、归震川，彼其著录，皆禀史法，似亦可参互而得是非得失之准"③。确实，如《广右战功录》是唐顺之为沈希仪治理广西少数民族事务所作传记，于当时来讲是一篇优秀的时文，但其中又蕴含着唐顺之文以存远的史学经世动机，并且这一特点为后世学者所注意，在修《明史》时就充分参考了《广右战功录》。又如《批点〈史记〉〈汉书〉》本来是受文学复古思潮的影响而作的，但又由于《史记》《汉书》于古代史学发展上的意义，唐顺之的"批点"在主要针对两书的文章特点、结构和行文方法进行评点的同时，也透露出他在史学批评和考证上的一些观点。而一些观点的提出更是跨越了好几个领域，在诸领域内都有鲜明的特点。如今人在论及文

---

①钱茂伟：《明代史学的历程》，社会科学文献出版社，2003年，第341页。

②唐鼎元：《荆川先生著述考》卷首《自序》，国图藏民国三十七年铅印本。

③鲁九皋：《山木居士外集》卷2《答黄筠庄书》，清乾隆四十七年刻本，《续修四库全书》第1452册，第631页。

学上"唐宋派"的理论时所广泛引用的唐顺之的"本色论",就显然受到思想领域内王学的影响,并且这一理论不仅应用于文学领域内,在史学领域内也发挥着莫大的作用,如《左编》《两汉解疑》《两晋解疑》等代表唐顺之启蒙史学思想的史著都无不受此影响。"重史法"是唐顺之诸多作品的一个典型特征,这些都使我们以唐顺之史学为基本依托点来考察诸学科之间的联系,避免各学科之间各行其是的演化路径,从而对使我们唐顺之的学术成就有更为深刻的认识成为可能。

　　还有一点必须坦白的是,由于本人史学史基础知识非常薄弱,只是因着机缘巧合在攻读博士阶段选择了史学史专业。又鉴于硕士阶段对于自己迟迟进入不了研究状态而导致硕士论文撰写不能深入的窘况,入学初始就和向燕南师商量论文的选题,严格一点来讲是向导师要题目,希望能够尽早确定一个题目,笨鸟先飞。并且还提出了额外的要求:希望做一个比较小、好把握、能够深入的题目。向燕南师大人大量,没有对我的无理要求有任何的不满,并在经过一番深思熟虑后,让我考虑一下"唐顺之史学"这个题目,并从各个方面给我提供史料和启发。因此,关于唐顺之史学这一选题,最为直接的来源就是向燕南师。这一点也是不忍掠人之美的,也恳请读者能够原谅我本该在著作"后记"中表达的情感情不自禁地于此表达了。

　　向燕南师在给我提供了这个参考题目之后,我最终把其作为自己的博士毕业论文,还出于一个上不了台面的理由。就是希望能够做我力所能及的研究,顺利博士毕业。我的私心是这样的:找一个大家做得不多,或者甚少涉及的题目进行系统研究,起码在关于论文"创新性"的外在形式上能够符合这一要求,也可能更容易获得大家的认可。这一时期又看到英国史学家约翰·托什《史学导论》中的一段论述:"首次尝试以专题论著形式写作的历史学家通常会面对形式选择问题——即将一项原创性研究书面记录下来,最初是作为获得较高级学位的论文,然后是一部专著或在一个学术性刊物上发表的论文。在这种著述中,复杂的证据有可能在文本中展示,在其中所做的陈述要由对相关档案资料的细致脚注参引证实。许多专著或论文是高度专业性的,很难被同行专家以外的人读懂。因为,专题论著的本质就在于它是基于原始资料而不是二手资料写成,所以它的研究范围可能非常有限。这尤其适用于年轻学者,他们提出的是3或4年博士学位论文的研究成果。尽管在专业意义上，这种著述是'对知识的原创性贡献'（正如在申请较高级学位的规定中所要求的），但它们的重要性通常较小。在几年中完成一篇合格论文以获得一份学术工作的压力，通常会导致研究者求稳。他们会研究一套尽管以前从未被研究，但却得到很好整理的资料——或至少不会涉及别人想到的历史问题。"结合本人对于唐顺之史学研究的经验，我们认为约翰·托什道出了作为"年轻"的我们初涉史学研究领域所面临的普遍问题。当然这也并不能成为为我们的研究"重要性通常较小"缺憾开脱的理由，但关注很少有人关注和发掘的主题确实是我们在面临各种学术压力时一个"求稳"的现实方法。即使吕如西安·费弗尔的尖锐批评"仅是会简单地表明他们了解和尊重其专业的规则"如影随形，我们还是从约翰·托什"这无疑是历史专业化的一种不可避免的结果"，"至少，博士论文写作提供了进行专题研究和专题论著写作方面的训练。正是借助这些手段，被严格证实的历史知识存量才得以增加"①的宽慰中寻得了一丝慰藉，或者说顿然有一种甘于平庸的释然，这也更加坚定了以唐顺之史学作为研究对象的决心。虽然认识确实如此，我们还是想为我们平庸的工作找到一些高尚的理由，职此之故，古代大学问家顾炎武的一段话读起来特别有感觉，"必古人所未及就，后世之所不可无，而后为之，庶乎其传也与？"②我们暂且一方面把选题的价值推卸到唐顺之自身的学术价值上，另一方面用顾炎武的这段话来作为我们选题价值的说明，这也无疑缓解了自我评价之"平庸"于本人的心理压力。最后，我还是想表明本人所不具备的但又心向往之的一个学术素质：我们一直以为选择学术热点，或既有研究成果很丰富的问题进行再深入研究，需要更大的勇气和能力。这里选择这么一个壮夫不为的题目，也是出于自身能力有限的无奈，这一点也是必须坦诚的。

目前的研究成果，是在我博士毕业论文的基础上进一步丰富而完成的。当然，如果就其内容而言，其与我的博士毕业论文相比，已经是面目全非。之所以这样说，那是因为我的博士毕业论文完成时大概只有

---

① 〔英〕约翰·托什著，吴英译：《史学导论——现代历史学的目标、方法和新方向》，北京大学出版社，2007年，第134—135页。
② 顾炎武著，陈垣校注：《日知录校注》卷19《著书之难》，安徽大学出版社，2007年，第1046页。

十七八万字，而现在此书的规模已经超出了这个数字一倍多。这多出的一半多内容从何而来？这也是需要说明的。总体看来，新增的内容主要集中在两个方面：一是基于唐顺之史学而展开的发散性思考。换句话来说就是，通过研究唐顺之的史学，所提供给我们的一些对于明代史学一般特征的深入思考。如从唐顺之在明中后期三股史学思潮中的突出表现，联想到三股史学思潮为何集中在唐顺之一人之身，进而深入到三股史学思潮的内在逻辑联系。这大概也是唐顺之"史学世界"所应包含的史学内涵之一。这一点在绪言第一部分"'史学世界'释义"已经作了相对详细的交代。二是《唐荆川诗文集》的获得也为我们在博士论文基础上进一步丰富唐顺之的"史学世界"提供了相对稳定的史料来源。在撰写博士毕业论文时，《荆川集》也作为论文的一个基本史料来源，但对其的利用多是需要什么内容就去《荆川集》中查找所需要的相关内容。由于自身的学力有限以及投机的心理，致使对于《荆川集》的利用还是很不够的。2014年初，承常州市唐荆川研究会惠寄由其所编的《唐荆川诗文集》，此书虽然主要是对《唐荆川诗文集》的标点句读，也进行了简单的校勘，但确实为本书的进一步充实，甚至是深入，提供了诸种便利。如关于唐顺之《广右战功录》与《明史·沈希仪传》之间的关系，是在日本学者村濑海辅观点的启发下而撰成的。在获得《荆川诗文集》点校本后，我花费了相当的时间把其精读一遍，在阅读的过程中，通过史料的综合对比分析，就发现唐顺之所作人物传记，绝不仅《广右战功录》为《明史》所采用，其所作《周襄敏公传》和《旸谷吴公传》都被《明史》所沿袭。应该来讲，如果没有获得这本《荆川诗文集》，唐顺之本来具有的史学内涵和成就就因为本人素质的低下而被当然地忽略掉了。当然，这也并不是说，这一研究成果经过这样一番认识和历程以后，关于唐顺之的史学成就不可能再被遗漏。从认识的无限性来讲，应该还是广泛存在的。但这里也只能以"不断被重写，正是历史的魅力所在"[①]说法聊以自慰。

鉴于以上认识，本书选择唐顺之史学作为研究对象，以期推动对唐顺之史学的直接研究，当然在此基础上也不免奢望能够对于认识明代中叶史学和整个明代史学，甚至是对于认识史学的一般基本特征有所帮助。

---

① 王学典：《史学引论》，北京大学出版社，2008年，第14页。

　　同样也鉴于以上认识,笔者在从事唐顺之史学研究时,主要有以下思路和方法:

　　首先,在充分吸收前人研究成果的基础上,将唐顺之的学术思想和史学与明代社会发展大势、学术思想的演变和史学特点紧密联系起来,作为相互影响的一个整体进行考察。发掘唐顺之的学术特点和史学成就,进而深入探讨唐顺之史学于明代整体史学中的地位和意义。

　　其次,充分发掘和阅读原始资料,采用历史主义的观点来分析和评价唐顺之的史学成就及其在明代史学上的地位,力争最大限度地贴近事实。作为一位处于社会和思想都正在进行转变的学者,唐顺之身上既存在"旧"的枷锁,同样也孕育着"新"的突破,我们看待这些"旧"与"新"的问题,要采用辩证的方法,消极和积极的因素都应考虑到,将唐顺之置于其所处的那个时代的社会环境和思想环境之中去理解。尽量避免以我们当代的文化观、史学观去套评和苛责古人。

　　当然,这样的史学认识已经成为现代史学工作者一个基本的认识常识,也成为现代史学工作者史学研究展开的一个无需再啰嗦的理论预设前提。但我们不想把这一认识仅仅当作一种信念,或仅仅停留于设想的一种理论,希望能够把其真正贯彻到我们的研究中来。

　　再次,尽管对唐顺之学术思想和史学的评价,我们不能以现在的文化观、史学观去套评和苛责古人,但当我们在评价和总结唐顺之的学术思想和史学所达到的时代高度或取得的成就时,我们又不能完全脱离唐顺之与他人的比较。在一定程度上来讲,进行一些共时异类、历时同类的比较,其实也是我们认识深化的一个途径。当然,在做这一工作时,我们也清楚地认识到我们的情感会对唐顺之的评价产生不同程度的干扰,这也是个案人物研究的一个可能的通病,虽然这很难也不可能根本避免,但还是希望尽量不要出现"把一切事都归入一人身上"[①]之缺憾,特别是在评价其价值时。在涉及其他史学人物的史学与唐顺之的史学纠葛时,也希望我们的研究尽量避免出现"人身攻击之后的另一次人身攻击"[②]的情况。

---

① 钱穆:《中国史学发微》,第57页。
② 〔英〕基思·詹金斯著,江政宽译:《论"历史是什么?"——从卡尔和埃尔顿到罗蒂和怀特》,商务印书馆,2007年,第104页。

### 三、学随时变：有关唐顺之研究状况的分析

正如我们在"'史学世界'释义"部分中所言，我们虽以"史学世界"为题，但探讨的范围包括其史学、文学和思想领域。因此，我们的综述是以唐顺之为主题来梳理的，并不仅仅局限于其史学方面的研究状况。

还有一点，为了使研究现状的分析能够真正地作用于我们的研究，我们也希望在这一部分不是简单地罗列一些别人的研究成果就作罢，还是希望深入谈一下既有的研究成果究竟在哪些方面会作用于我们的研究，包括直接史料的供给、给予我们以启示、提供给我们学术资源、指引我们进一步的深入研究、成为辩驳的对象等等诸方面功能。

严格意义上来讲，有关唐顺之的研究，在其生前就已经展开，这一部分的大多数内容在我们的正文中会有具体的引述和阐发，我们就不在"研究状况"中涉及了。"研究状况"记述的范围大致就是从其身后开始的。

总体上来看，后人对于唐顺之的关注和研究呈现出学随时变的特点，即以唐顺之为共同的研究主题，不同时代的人表现出对唐顺之不同侧面的兴趣，体现了不同时代的不同价值需求。

但于现代以前，相近的群体和文化认同，是唐顺之逝后的学者们关注其价值的一个不变的原因。

另，与唐顺之以文名于世的事实一致，后世学者对于唐顺之学术特点的关注和研究也首先是从这一领域开始的。

唐顺之逝后时段内的明人对唐顺之的关注在呈现方式上是比较零散和单一的，也多源于学者们的文化和群体认同。这些关注大都依从于明人所撰的明皇朝史著作和地方史志，如《世宗实录》（后将以"唐顺之'晚岁之出'与明皇朝史"为题以辩）、唐鹤征《常州府志》《武进县志》、焦竑《献征录》、李贽《藏书》、傅维麟《明书》、毛宪《毗陵人品记》、黄宗羲《明儒学案》等著作。记载内容也比较单一，主要集中于唐顺之早期坚拒嘉靖礼议重臣张璁拉拢的气节和晚岁出山抗倭的史实，并且各著作之间转相摘抄，重复较多。尽管如此，明人对唐顺之的关注也为后人的唐顺之研究打下了不可或缺的基础，即保存了有关唐顺之的史料。如其大量作品就以书目的形式简单地存于地方史志中。唐顺之许多

著作的流传也都源于明人的刻本,如《左编》为胡宗宪刊刻;《右编》的刊刻也得力于焦竑所藏抄本以及刘曰宁、朱国桢的补校之功等等。在对唐顺之史实记载的基础上,对唐顺之有限的评论也多从整体的学术特点入手。明人还把唐顺之的诸多文章零散地收入到他们编辑的明人文集中,如张时彻所编《皇明文范》和黄宗羲所编《明文海》就收录了唐顺之的诸多篇章。稍后于唐顺之、同为王学后学的袁宏道言:"而识见议论卓有可观,一时文人望之不见其涯际者,武进唐顺之是也。"①

　　这里需要特别介绍的是黄宗羲的《明儒学案》。明代中后期是一个斑驳陆离的时代,"述朱"②者有之,"述王"(指王阳明及其心学)者有之,合会朱、陆者亦有之,这在说明明代中后期思想丰富的同时,也说明了学派林立的社会现实。出于各自的现实利益,各学派之间也是相互攻伐不止。针对这一情况,黄宗羲《明儒学案》出,践行"学者不可无宗主,而必不可有门户"③的主张,利用宋儒的"理一分殊"理论,主张兼收并蓄。其在《明儒学案》开篇即言:"盈天地间皆心也,人与天地万物为一体,故穷天地万物之理,即在吾心之中。后之学者,错会前贤之意,以为此理悬空于天地万物之间,吾从而穷之,不几于义外乎? 此处一差,则万殊不能归一。夫苟功夫著到,不离此心,则万殊总为一致。学术之不同,正以见道体之无尽也。奈何今之君子,必欲出于一途,剿其成说,以衡量古今,稍有异同,即诋之为离经畔道,时风众势,不免为黄芽白苇之归耳。夫道犹海也,江、淮、河、汉,以至泾、渭蹄涔,莫不昼夜以趋之,其各自为水者,至于海而为一水矣。"④在这样的社会背景下,唐顺之作为"南中王学"的代表被列入《明儒学案》予以介绍,并概括出其心学"以天机为宗,无欲为功夫"⑤的特点。王学后学周汝登也编有《王门宗旨》,其中以《祭荆川墓文》作为全书的终篇,把唐顺之明确视为王学后学,但其气象显然不如《明儒学案》宏大。

　　清人对唐顺之的关注虽有所丰富,但也大致继承了明人的这一特

①袁宏道著,钱伯城笺校:《袁宏道集笺校》卷18《叙姜陆二公同适稿》,上海古籍出版社,1981年,第695页。
②黄宗羲著,沈芝盈点校:《明儒学案》卷10《姚江学案序》,中华书局,2008年,第178页。
③章学诚著,叶瑛校注:《文史通义校注》卷5《浙东学术》,中华书局,1985年,第523页。
④黄宗羲著,沈芝盈点校:《明儒学案》卷首《明儒学案序》,第7页。
⑤黄宗羲著,沈芝盈点校:《明儒学案》卷26《襄文唐荆川先生顺之》,第598页。

点，也多是依从于大型史著和类书。如官修《明史》《大清一统志》《畴人传》等等，其内容也多是对明人有关唐顺之记载的翻版。但也有新的突破，如万斯同就对《世宗实录》中有关唐顺之的评价进行了逐条的辩驳，提出了与《世宗实录》有很大不同的观点。清人对于唐顺之研究的贡献，主要体现在利用官方修纂和整理史籍的强大功能，不仅保存了唐顺之各种文献，而且进行了初步的研究。如《四库全书》就全文收录了唐顺之的《武编》《稗编》《荆川集》《文编》等著作，对唐顺之的著作作了简短的提要，这也算是初步的研究成果，为我们研究的进一步展开提供了诸多思路。如关于唐顺之《左编》之与李贽《藏书》的关系，在四库馆臣为《左编》所作的提要中就提供了侧面的信息。总体上来看，四库馆臣虽对唐顺之的文章还是比较认可的，但对唐顺之其人的评价并不高，基本上沿袭了其既有的对明人纰缪、无根柢的学术批评论调，如对《两晋解疑》评价曰："顺之学问文章具有根柢，而论史之纰缪如此，盖务欲出奇胜人，而不知适所以自败，前明学者之通病也。"[①]与四库馆臣"顺之学问文章具有根柢"的有限度认可一样，清人对唐顺之的文章也是比较推崇的，如康熙年间的吕留良、俞长城评点了唐顺之的八股文作品《唐荆川稿》（又名《唐荆川先生传稿》或《四书文》），李祖陶选辑《唐荆川先生文选》，刘肇虞选《唐荆川文选》等等，不一而足，详参文后所附《唐荆川编著目录表》之"他人评选唐顺之著作"部分。清人彭士望亦云："一二百年间，世盛推李献吉、王弇州，近数十年始知有归太仆。愚则断以王阳明、顾泾阳、唐顺之三先生之文行云流水，自然合度，无论王、李，即归、钱有所不能并。"[②]

明人和清人对唐顺之整体学术独立价值的忽视一直延续至近代，这从系统研究唐顺之学术第一人——唐鼎元的身份上亦可看出。因为唐鼎元是唐顺之的十四世孙，这说明唐顺之学术价值的发掘依然要依靠家族的文化认同才能得以实现，而非单就其学术价值的本身。这生动地体现在《明唐荆川先生年谱》的编纂动机上，"荆川公一代伟人，晚年一出，以身殉国，而世之哓哓者，转以其晚年之出而议之，盖史传简略，不

---

① 永瑢等：《四库全书总目》卷90《两晋解疑》"提要"，中华书局，1965年，第762页。
② 彭士望：《耻躬堂诗文钞·文钞》卷4《复邹吁士书》，清咸丰二年刻本，《四库禁毁丛刊》集部第52册，第66页。

能发挥，公之心事与动略无由以折群喙也。瓜棚豆架、谬说纷纭者四百年矣，而家乘所载公之志传亦寥寥数篇，楹书虽存，祖德莫述，侄孙玉虬（唐鼎元）乃奋起为详确之辨正，遍考群书为公年谱八卷，于公晚年之出系徐华亭之力为推毂，而非系于甬江"①。同样作为唐氏家族一员的唐肯在阐发《明唐荆川先生年谱》的编纂动机时，毫不讳言此书的直接编纂动机是为唐顺之晚岁出山辩解。但从客观上来讲，此部著作的问世又确实为我们提供了丰富的材料和研究思路，从而为进一步研究唐顺之的史学打下了坚实的基础。

　　源于直接的家族文化认同，民国时期的唐鼎元当被推为系统研究唐顺之的第一人，其作品主要有《唐荆川公著述考》《明唐荆川先生年谱》《荆川学脉表》等。《明唐荆川先生年谱》以"时"统"事"，按照时间的顺序，对唐顺之的人生历程、交友活动、为官经历等客观行为进行了系统的排比和考订，深入剖析了其思想和为学途径，特别是对唐顺之的学术价值进行了一定的发掘。

　　综观《明唐荆川先生年谱》主要具有以下特点：一是所包含的信息量大。这不仅体现在对唐顺之的资料收集和研究上，还体现在以唐顺之为媒介的一个学者群体的资料搜集和研究上。首先该《谱》是在吸收前人对唐顺之的研究成果以及充分阅读唐顺之的著作以后编纂而成的，是有关唐顺之研究的一个资料总汇。"是谱以张廷玉所修《明史》，陈鹤所纂通鉴明纪，黄宗羲《明儒学案》，赵时春撰公墓志铭，顾宪成、李贽撰传，王锡爵祠堂记为主而以公之文集及郡邑志、家乘、诸家文集、载记、谱牒为考证、参酌、会通，五月而书成"②。其次，通过对唐顺之的师友交往的梳理，进一步厘清了唐顺之学术的发展脉络以及与其相关的学者的学术特点和渊源。"公受业弟子数百人，其著者若万思节士和、姜廷善宝……政绩行谊备载于史传，文章播于艺林，其有特立独行、潜修苦学，能得公之精微，卓然为世师表者更难悉数……兹于史传及以供欲考荆川之学者考焉，而其弟子书牍与师有关系者则备载之谱中"。

①唐鼎元：《明唐荆川先生年谱》卷首《唐肯序》，民国二十八年武进唐氏刻本，见陈来选，于浩辑：《宋明理学家年谱续编》第4册，北京图书馆出版社，2006年，第225页。
②唐鼎元：《明唐荆川先生年谱》卷首《唐鼎元序》，《宋明理学家年谱续编》第4册，第231页。

又"荆川本人虽不以文章为重,然被推为一代宗工。而嘉靖八子、七子实为有明中叶张唐宋与张秦汉两派之领袖,故于谱中,两派源流叙之较详,以供考订文学者明其升降得失"[1]。二是考论详实,观点新颖,重在对唐顺之学术特点和价值的发掘。通过对唐顺之生平历史的排比和考订,对业已形成的观念提出了异议。如"世传荆川以赵文华荐起,而玉虬(唐鼎元)则曰:'文华荐荆川为嘉靖三十六年,荆川方居父丧。是岁文华罪发削籍,归病死。九月荆服阕,明年春御旨起用,实得华亭徐公力,是荆川不以文华荐起也。'世传荆川劾诛蓟辽总督王忬,玉虬则曰:'荆川劾忬在嘉靖三十七年九月,忬仅贬秩。三十八年忬为御使,方辂累劾下狱。三十九年冬见杀,而荆川先以御倭卒于是年四月,是王忬之死不由荆川也。'"[2]关于唐顺之于学术史上的意义,唐鼎元在此谱《例言》中申之已详,"世不以讲学与荆川,而荆川晚年所视为性命者实惟讲学一事。且兵、农、礼、乐、历算,皆孔门之实学也。荆川一生于此致力尤勤,岂仅高谈心性乃为讲学哉!欲复孔门之实学,当自荆川始。而谱中亦特为注重"。同时,对唐顺之与东林学派的关系也作了一定的梳理。三是对唐顺之时代意义的发掘也是重点之一。这一特点多体现在诸多学者为其所作序中。如吴佩孚所作序中称:"民国二十年秋,日人伺我之不虞也,卒起而攘我东北三省,旋又进窥淞沪,大肆焚夷,海内外同胞相为赫然。于是义旅云兴,雄师慧扫,寇锋亦因之屡挫。翌年,武进唐君鼎元录其所撰先人荆川先生年谱,谓将以是振厉人心也。寓书于余。余维明自嘉靖以来,江、浙、闽、鲁诸省倭寇剽掠几遍,海堧之民被祸尤烈。荆川先生……使此身如锋镝死亡之地,而不忍使吾邦为戎马蹂躏之场。一念慈祥,兆民是赖……吾人厕身军籍,负国家治乱安危之重,审乎此,当憬然知所以自处矣。今日寇益深,岂更有荆川先生者乎?窃不禁有高山景行之志也。"[3]把唐顺之抗倭和民国时期的日本侵华史实结合起来,从而论证了唐顺之学术的时代意义。

---

① 唐鼎元:《明唐荆川先生年谱》卷首《例言》,《宋明理学家年谱续编》第4册,第242—244页。
② 唐鼎元:《明唐荆川先生年谱》卷首《钱振锽序》,《宋明理学家年谱续编》第4册,第211页。
③ 唐鼎元:《明唐荆川先生年谱》卷首《吴佩孚序》,《宋明理学家年谱续编》第4册,第205—206页。

　　总起看来，从《明唐荆川先生年谱》的成书来看，其中固然有唐鼎元源于家族内部的文化认同，但从吴佩孚的立论来看，唐顺之于明代中叶抗击倭寇的史实也成为时人在日本侵华时代背景下关注其价值的一个学术的进路。

　　《荆川先生著述考》是在对唐顺之学术一生多"变"的认识前提下编著的。"鼎元尝辑公年谱矣，而公一生著作不能确知其年月，未由载入，于是别为著述考以附于年谱之后"①。其中辑录了历代学人对唐顺之的"六编"以及《荆川集》等其他著作所作的研究和评价，并对各个著作的成书时间和观点作了一定的考订，尤其是对《荆川集》中各作品的撰著时间考之尤详，对于唐顺之的学术思想的演变及其特点也作了深刻的发掘。

　　当然，在唐鼎元有关唐顺之研究的著作中，也有为其先辈辩解的嫌疑，如《两晋解疑》中关于冯道、秦桧的"和蔼温柔"和"功者直以为有功"的"息民之功"的评价，招致四库馆臣的抨击，唐鼎元是作如下辩解的："公素不祈以文传世。《两汉解疑》《两晋解疑》等文当是窗下游戏之作，然名高之士下笔即为人传钞，杜甫之恶诗与我公此类文字皆偶然下笔为人传钞，虽欲收回而不可得者也。"②忽视了两部《解疑》的理论背景。但总体来说，唐鼎元对唐顺之的研究，是在充分借鉴前人研究成果的基础上，对唐顺之学术的第一次系统梳理，是唐顺之研究历程上的一个重要阶段。

　　近代以来，在西方科学观念的刺激下，中国传统学术的分离摆脱了经、史、子、集的四部分类法，愈来愈趋于细化和专业化。在这样的时代背景下，以文名于世的唐顺之于近世以来除了唐鼎元出于家族认同的系统研究外，其亦首先进入了文学史研究者的学术视野。20世纪上半叶，宋佩韦的《明文学史》、钱基博的《明代文学》、刘大杰的《中国文学发展史》、朱东润的《中国文学批评史大纲》、郭绍虞的《中国文学批评史》等各类文学史著作都开始注意到唐顺之的文学价值，其作为"唐宋派"的代表开始登上文学史的舞台，进入学者们的研究视野。

　　相比较于文学领域，其他领域关于唐顺之研究的跟进显然要滞后一

---

①唐鼎元：《唐荆川公著述考》卷首《自序》，国图藏民国铅印本。
②唐鼎元：《唐荆川公著述考·两晋解疑条》，国图藏民国铅印本。

些，但整体上看来，在20世纪90年代前后，随着各种学科建设的进一步开展，有关唐顺之的研究，都在不同的时间节点上进入了各学科学者的视野。以下为了叙述方便，我们姑且按照现代学科的分际予以梳理。

（1）文学方面

从20世纪90年代前后为始至今，有关唐顺之的文学研究大致表现在两个方面：一是在各种文学史及其批评史著作中，都会设立相应的章节对唐顺之的文学成就予以介绍和研究。这一点我们无需作过多的说明，只要翻看各种这类的著作，就可一望而知。

二是学者们在发掘和总结唐顺之的文学成就时，这一时期一个显著的变化就是强调文学和其他学科领域的交叉研究，把唐顺之的文学价值观措置于更为广阔的哲学、思想和历史领域予以考察。学者们着力发掘的一个热点就是唐顺之文学理论的"本色论"之与其思想领域的"天机说"的关系。左东岭《从本色论到童心说——明代性灵文学思想的流变》更是梳理了从唐顺之"本色论"到李贽"童心说"的思想演变于明代文学思想的影响。作者把唐顺之的"本色论"镶嵌在以阳明心学为哲学基础的性灵文学发展的前期，即"大致说来，王阳明与唐顺之的文学观体现了性灵文学思想的早期特征，公安派与汤显祖体现了其后期特征。李贽的童心说则介于此二者之间，带有明显的过渡性质"。虽然唐顺之的"本色论"与李贽的"童心说"在"以主观心性作为文章的首要因素，而对形式技巧不屑一顾"等重文章的内容因素方面有着很大的相似之处，但其中包含着巨大的差异。唐顺之"本色论"立论的核心是实与虚这一对概念，关注的角度是文之有用或无用、有识或无识；而李贽的"童心说"立论的基础是真与假这一对概念，关注的焦点是文之真与不真。同时，这种差异又是唐顺之儒家道德中心主义所决定的，这表现在唐顺之的"本色论"上一是"必须有自我的特性"，二是"在本色之中又有高低之别"，这就使唐顺之的"本色论""严格讲仍停留在道德论层面而未进入审美论境界"，而李贽"所称的真实童心不仅不需要道德伦理作为其前提限定，而且恰恰与所谓的'道理闻见'相对立，可以说真与假的对立在某种意义便是童心与道理闻见的对立"。从而使他的文学思想完成了由以伦理为中心到以自我为中心的转换，"而且还使其文学思想真正进入了审美的境界"。通过两相比较进一步揭示了唐顺之"本色论"于其文论思想上的核心地位，以及在王学性灵文学发展中的地位①。在其专著《王学与中晚明士人心态》中也专辟一节"唐顺之——从气节到中行的心学路径"对唐顺之的心学路径和文学思想进行了细致的论述，比较深入，是研究唐顺之文学思想的一个阶段性成果②。

宋克夫《论唐顺之的学术思想》明确把"天机说"归为唐顺之的哲学主张，把本色论归为文学理论，并从心学思潮的角度梳理了唐顺之哲学和文学理论的渊源，突出了唐顺之的王学后学的身份以及所参与的王学后学的活动都是其理论的来源。"唐顺之的天机说"部分对唐顺之"天机说"所包含的"天机具有'自然之妙'"和"天机与人欲是对立的"哲学含义进行了发掘，这两点构成了唐顺之主要的哲学主张，即"一是主张'欲根洗尽'，一是主张'天机自然'"。"天机说"表现在文学思想上则是"本色论"，并对唐顺之"本色论"于文学思想发展史上的地位也进行了一定的探讨③。

陈怀利《浅论唐顺之的本色论》认为唐顺之的"本色论"与李贽、公安三袁的主张存在本质差异。这体现在唐顺之"本色论"提出的立场，"唐顺之的本色论是站在理学家的立场，从否定文学的观点出发，从排斥诗文创作的艺术性的角度提出的"。其次在心性问题上，唐顺之属于王学后学王畿、钱宽一脉，"强调以内心自省的功夫克制人欲，恪守封建道德"。与王学左派有着本质的区别，虽唐顺之也主张直写胸臆的"真精神"和"天机"，但唐顺之的"天机"是"人们所达到的自觉克制人欲的精神境界"，强调理欲之分、义利之辨，要求人们存天理、灭人欲。导源于此的文学观实质就是"否定文学的意义和价值的理学观"④。这样的观点对于我们理解唐顺之史学经世作用的局限性不失为一种启发。

对唐顺之文学思想或理论的探讨还有宋克夫《论唐顺之的天机说》、贝京《唐顺之本色论重析》、马美信《唐顺之诗文的艺术成就》

---

①左东岭：《从本色论到童心说——明代性灵文学思想的流变》，《社会科学战线》2000年第6期。
②左东岭：《王学与中晚明士人心态》，人民文学出版社，2000年，第438—492页。
③宋克夫：《论唐顺之的学术思想》，《华侨大学学报》（哲学社会科学版）2003年第4期。
④陈怀利：《浅论唐顺之的本色论》，《黔东南民族师专学报》2000年第4期。

等①。从既有的研究成果来看，学者们在基本厘清了"本色论"与"天机说"的关系以后，一些学者逐渐扩大了研究视野，开始反思这些理论的时代来源，研究结果大致都指向了兴起于明代中叶的王阳明心学。如马晓虹《阳明心学与唐顺之文学思想的演进》一文认为"完全接受心学对其中后期文学观转变起到了重要作用"②。

这里还必须重点介绍的一部著作，就是目前对唐顺之研究最为全面的、台湾地区学者吴金娥于1984年出版的《唐荆川先生研究》，其中，唐顺之的文学思想是此书的研究重心之一，因此我们放在这里予以介绍。当然，就其所涉客观范围而言，绝不仅局限于文学思想，这是必须要事先声明的。

全书共分"唐荆川的生平""唐荆川的交游""唐荆川的学术思想""唐荆川的文学理论"和"唐荆川的作品"五章。前两章阐述了唐顺之的生平和交游活动，但又不是简单的描述。这些外在客观活动对唐顺之的学术品格的铸成产生了深远的影响。正如作者所言："首言其家世，以窥探荆川个性、人格塑成之源头；并列其年谱，以了然其时代环境及思想发展之历程，藉为探讨其学术思想及文学观念之蓝本。次叙其治道及事功，以见其经世思想之发挥与剑及履及之实践功夫……论列其学友、文友，以明其问学论难、针芥相投之实。""唐荆川的学术思想"一章首先是对唐顺之出世与淑世两者紧张关系的探讨，剖析两者之间的内在联系。其次是对唐顺之本体、修养、实践学术思想的探讨。对唐顺之文学思想的探讨首先从其文学思想的来源来进行，即"由少年于时文上之专力揣摩、其后对拟古主义之不满、入道后宋明理学家所给予之启示等"。紧接着是对唐顺之为文的两个阶段及其各自特点的探讨："四十岁前犹高唱'闻崇宋唐、文必有法'，四十岁后则尽弃声律、华采而标榜真精神之'文章本色'。"这些都对后世产生了深远的影响。"唐荆川的作品"对其文学进行分类阐述，如首先论述了诗、文，"诗以产生时间分五期，各举若干实例以评析其特色；文则归纳为'直抒胸臆多用白描'、

---

① 宋克夫：《论唐顺之的天机说》，《湖北大学学报》（哲学社会科学版）2004年第2期；贝京：《唐顺之本色论重析》，《浙江学刊》2005年第3期；马美信：《唐顺之诗文的艺术成就》，《中国典籍与文化》1997年第1期。
② 马晓虹：《阳明心学与唐顺之文学思想的演进》，《兰州学刊》2012年第12期。

'譬喻诙谐不避卑俗'、'委婉精实不失矩镬'三项以勾勒其风格"。第三部分是对唐顺之选集，即六编部分的解析。这是一部研究唐顺之比较充分的著作，特别是在其学术和文学思想上着力甚多，这都为我们的研究提供了理论参考。同时，从对唐顺之学术思想影响的角度来分析他的生平和交游，使两者融会贯通，也为我们研究唐顺之的思想和史学提供了绝好的视野①。

也正是建立在学者们对唐顺之"本色论"的深刻理解和对其文学成就认可的基础上，学者们的研究视野逐渐扩展，在既有理论积累的基础上，极大拓展了唐顺之在文学领域的研究范围。这种研究范围的拓展一是表现在对唐顺之其他具体文学作品的关注。如孙彦《唐顺之论"文"的第二次转变》对唐顺之一生为学发展脉络进行了梳理，对唐顺之的本色论也进行了一定的探讨②。其《从〈文编〉看唐顺之的"文法"说》《融汇经史　自成一家——论唐顺之的古文创作》《以古文之法入于时文——论唐顺之的八股文创作》等文也分别就唐顺之的《文编》和八股文作品的文学价值进行了梳理和探讨③。孙彦和周群还撰有《唐顺之》一书，简要概括了唐顺之的生平、学术思想、文学思想④。姜云鹏撰有《唐顺之古文评点初探——以〈文编〉为中心》也是以《文编》来评价唐顺之的文学评点的⑤。张慧琼《明代抗倭儒将唐顺之及其海防诗创作》不仅梳理了唐顺之抗倭的史实，而且把其与抗倭主题相关的诗词作为考察的对象。其《论唐顺之的边防诗》更是把研究视野扩大到唐顺之的边防诗。张慧琼还有《唐顺之〈荆川集〉版本研究》《唐顺之集类著述考》等文对《荆川集》及其他著作的版本和文学价值进行了集中的研究。服务于进一步发掘唐顺之文学成就的需要，张慧琼等还撰有《唐顺之家世考述》一文⑥。

二是发掘唐顺之与其他文学派别和文人的关系和相互影响。如陈

---

①吴金娥：《唐荆川先生研究》，文津出版社，1986年。

②孙彦：《唐顺之论"文"的第二次转变》，《江苏教育学院学报》（社会科学版）2006年第1期。

③孙彦：《从〈文编〉看唐顺之的"文法"说》，《南京师范大学文学院学报》2013年第4期；《以古文之法入于时文——论唐顺之的八股文创作》，《船山学刊》2013年第4期。

④孙彦、周群：《唐顺之》，云南教育出版社，2010年。

⑤姜云鹏：《唐顺之古文评点初探——以〈文编〉为中心》，《理论界》2013年第6期。

⑥张慧琼：《唐顺之〈荆川集〉版本研究》，《古籍整理研究学刊》2013年第4期；《唐顺之集类著述考》，《重庆工学院学报》2009年第4期。

书录《唐顺之与明代"毗陵诗派"考论》着意说明了唐顺之"本色论"对晚明文学解放思想发挥着不可低估的作用①。薛梅撰有《汤显祖与唐顺之》一文，对唐顺之与汤显祖的文学传承关系进行了具体的梳理②。

关于唐顺之与其他文学派别和文人关系的研究，我们还要注意到由于唐顺之是明代文学"唐宋派"的代表人物之一，因此，对他的文学思想的研究也集中地体现在今人对"唐宋派"的研究以及"唐宋派"与其他派别的关系梳理中。如宋克夫、余莹《唐宋派考论》对唐宋派的概念界定、形成时间和学术特点都作了一定程度的梳理和考证③。这类文章还有熊礼汇《唐宋派新论》等④。有的学者也以"唐宋派"为基点，考察了"唐宋派"与王学的关系。如周群《论王畿对唐宋派文学思想的影响》论述了王学后学王畿在以王慎中、唐顺之为代表"唐宋派"的哲学思想和文学思想形成过程中的作用。"唐宋派中的王慎中提出以唐宋古人为法则，与王畿对其讲解阳明学有直接的关系；唐顺之受王畿的传示，其文学思想受王畿的影响甚大：其天机自然论中王畿良知说的影子清晰可寻，其'洗涤心源'、'直抒胸臆'的思想也与王畿强调自性的学术思想有直接的关系"⑤。雍繁星《阳明心学与唐宋派》的视角更加广泛，以唐顺之为主要研究对象，探索了王阳明心学对唐宋派文学思想的影响，并对唐宋派于文学思想史上的意义也进行了一定的揭示⑥。

三是一些学者通过合理的推导，进一步扩充了唐顺之的文学价值，其中一个重要的表现就是认为中国古典名著《西游记》出于唐顺之之手。胡令毅《〈西游记〉作者为唐顺之考论》一文通过世德堂本《西游记》"陈元之序"的分析，认为三藏隐涉的是嘉靖皇帝，三藏取经故事影射的是嘉靖皇帝南巡，孙悟空是唐顺之的自我写照，《西游记》的原作者就是唐顺之⑦。邢慧玲等撰有《〈西游记〉与唐顺之的仿生思想及"白猿"仿生意象》一文通过对比唐顺之笔下的"白猿"仿生意象与《西游

①陈书录：《唐顺之与明代"毗陵诗派"考论》，《文学遗产》2011年第4期。
②薛梅：《汤显祖与唐顺之》，《福建农林大学学报》（哲学社会科学版）2011年第4期。
③宋克夫、余莹：《唐宋派考论》，《湖北大学学报》（哲学社会科学版）2005年第3期。
④熊礼汇：《唐宋派新论》，《文学评论》2000年第3期。
⑤周群：《论王畿对唐宋派文学思想的影响》，《齐鲁学刊》2000年第5期。
⑥雍繁星：《阳明心学与唐宋派》，《首都师范大学学报》（社会科学版）2006年第1期。
⑦胡令毅：《〈西游记〉作者为唐顺之考论》，《洛阳师范学院学报》2010年第3期。

记》中孙悟空的文化原型,进而认为《西游记》为唐顺之所作①。固然,《西游记》究竟是否为唐顺之所作尚需更多史料的佐证,这里大概体现的是学者们对于唐顺之文学价值的认可和拓展唐顺之文学研究范围的时代要求。

总起看来,文学领域有关唐顺之的研究主要表现出以下几点特征:一是早期主要集中在有关唐顺之文学理论"本色论"的探讨上;二是研究呈日益丰富的发展态势,这主要反映在对于唐顺之文学研究范围和视野的拓展以及研究队伍的不断扩大上。

在文史概念相对模糊的古代社会以及强调各学科交叉研究的当今学术界,学者们有关唐顺之"本色论"的理论价值及其影响的梳理,不应该仅仅局限在文学领域,在史学领域中也有同样的指导意义和价值。这都是我们从事唐顺之史学研究必须重视和面临的既有前提。通过以上当今学术界关于唐顺之在文学成就上的发掘,我们也多少可以感觉到其他领域有关唐顺之的研究是势在必行的。

(2)思想方面

平允而论,思想领域关于唐顺之的研究起码从时间节点上来看,是落后于文学领域的。在早期的思想领域,唐顺之并未作为独立的研究单元进入学者们的视野。在古代传统社会中,家学的影响相对浓重一些,正像唐顺之的先辈于其性格和思想之铸成上所施加的影响一样,唐顺之的思想也对其后辈也产生了深远的影响。也正是在这样的时代和思想背景下,唐顺之儿子唐鹤征以其"实功论"进入了思想史学者的视野的同时,学者们也开始留意唐顺之的实学思想。其实通过对其后辈思想的梳理,我们也可窥到唐顺之的学术思想与史学价值之一斑。

目前对唐顺之儿子唐鹤征的思想有一定的研究成果。在陈鼓应、辛冠杰、葛荣晋主编的《明清实学简史》中就专列一章"唐鹤征的'实功论'及其'辅世拯民'思想",从唐鹤征"辅世拯民"的救世思想、"天地之间,只有一气"的实体论以及反对"空悟"、提倡"实功"的道德修养论三个方面对其学术思想进行了系统的探讨。在文中作者也明确注意到唐顺之对唐鹤征的影响。"唐鹤征承袭其父唐顺之的经世思想,他不但

---

① 邢慧玲、邢琚:《〈西游记〉与唐顺之的仿生思想及"白猿"仿生意象》,《洛阳师范学院学报》2011年第4期。

以锐利的眼光洞察到明朝末年的社会弊病，而且提出了一系列的'济世匡时'的改革主张"①。从这一方面来讲，这也是对唐顺之研究所展开的一条思路。葛荣晋先生《试论唐鹤征的哲学思想》从"天地之间，只有一气"的宇宙观，"心性兼修"的心性论，反对"空悟"、提倡"实功"的道德论三个方面对唐鹤征的哲学思想进行论证的同时，也从分属于王学后学同一派别的角度肯定了唐鹤征对其父唐顺之学术思想的继承②。

　　侯外庐、邱汉生、张岂之主编的《宋明理学史》亦有一章"南中王门薛应旂与唐鹤征的思想特色"，论及"唐鹤征是唐荆川（顺之）的儿子。《四库全书总目》卷七《周易象义》提要说，唐鹤征在'凡例中屡称先君，盖右都御使顺之之子也'。又说，《周易象义》'大旨述顺之之说，主于以象明理'。刘曰宁在《周易象义叙》中说：'闻荆川先生有言：吾昔有见，口未能言。余于先生（唐鹤征）亦云：奉常先生者，荆川先生子也。盖尝发百家之藏，殚三绝之力，禀过庭之训，而益畅其言，作《周易象义》。'从以上两段记载可见，唐鹤征的学术思想受其父唐荆川的影响很大。《唐氏丛刊·唐荆川公弟子考》中列有唐鹤征，可见唐顺之既是他的父亲又是他的老师"。对唐鹤征的思想渊源进行了梳理，进一步肯定唐鹤征学术思想中所体现的唐顺之的学术思想痕迹。从宇宙生成论、心性说和认识论的角度对唐鹤征的学术思想进行了系统的整理，大致与《明清实学简史》的观点相埒。这些都为我们进一步认识和分析唐顺之的学术思想提供了间接的材料③。

　　有的学者从唐顺之思想以及其思想对现实行为的指导意义的高度，对其政治行为进行了一定的剖析和梳理。赵园先生《关于唐顺之晚岁之出》由唐顺之晚年因严嵩党羽赵文华之请而出任军事说起，通过大量资料的发掘、考证和比较，对唐顺之晚岁之出在学者们中间引起的争论进行了系统地梳理，并对唐顺之的学术思想也进行了一定的探讨，认为："唐顺之晚年的出任军事，固然因缘自严嵩党羽赵文华的疏荐而备受后世诟议，但其用心却在于平定东南倭寇和西北边患。体现了明代士人进

①陈鼓应、辛冠洁、葛荣晋主编：《明清实学简史》，社会科学文献出版社，1994年，第238—249页。
②葛荣晋：《试论唐鹤征的哲学思想》，《社会科学辑刊》1988年第4期。
③侯外庐、邱汉生、张岂之主编：《宋明理学史》（下），人民出版社，1987年，第358—382页。

退有节，'以身蹈天下之难，而为苟利社稷生死以之计'。唐顺之其人的魅力，或许正在于其不能忘情于用世，在危机时刻任事之勇，以至于在道德重压下毅然担荷的定力。"也是研究唐顺之生平、政治作为与思想的一篇力作①。

对唐顺之哲学思想的研究往往体现在各种思想史通史和思想家传记中，但大都不成体系，仅是论述其他思想家思想价值的辅助、参照。如吴震先生《阳明后学研究》中在论及罗念庵对王畿的"现成良知"的批判时，指出罗念庵对阳明的良知本体当下具足这一观点有所误解，进一步引用唐顺之对罗念庵这一理论的发挥："中间辨析精切，深有忧于近世卤莽之学，力于破除，可谓有益世教不小。然以此验兄近来所得，则尚有论在。盖犹未免落于文义意见之间，而自己真精神不尽见有洒然透露处。"②通过唐顺之对比罗念庵思想积极意义和对自己心性问题的思考，作者认为："念庵的这一说法，不可谓尽非。"作者在与唐顺之交往较密的王畿、聂豹等人的思想梳理中，也引用了有关唐顺之的思想主张予以论证。在这种学术交往中，对唐顺之的学术思想立场等都有一定的揭示，这也是对唐顺之思想的间接发掘，也是本人研究唐顺之思想的参考思路。对唐顺之思想资料的发掘属于此一类型的还有方祖猷先生《王畿评传》③、吴震先生《聂豹 罗洪先评传》④等等。

最近则有一个较为明显的倾向，学者们逐渐把唐顺之作为独立的单元从思想的角度进行研究。向燕南师《"技艺与德岂可分两事"：唐顺之之实学及其转向的思想史意义》从明代中后期学术界出现"将儒家的道德哲学与经世意识相结合"实学思潮的高度，分析了唐顺之的学术思想及实践于这一时期思想史上的意义。唐顺之的现实作为、王学后学身份以及由王学思想所蕴涵的"知行合一"理论开出的"即将'行'置于日常世界的具体展开之间，从而将道德性的'知'导向对纯粹实用知识的追求，将心性问题的探求转向外在世界的实践，形成形而上之'道'，落实于形而下之'器'，积极干预或参与日常生活的理论依据"的实学倾向，

────────

①赵园：《关于唐顺之晚岁之出》，《南通大学学报》（社会科学版）2005年第3期。
②唐顺之：《荆川集》卷6《与罗念庵修撰》，第114页，转引自吴震《阳明后学研究》，上海人民出版社，2003年，第249页。
③方祖猷：《王畿评传》，南京大学出版社，2001年。
④吴震：《聂豹 罗洪先评传》，南京大学出版社，2001年。

都昭示着唐顺之学术的实学倾向，从其"技艺与德岂可分两事"的理论主张中亦可看到传统学术中道德哲学与经世意识于唐顺之一身的融会，而在这种史学倾向中更为可贵的是孕育着"作为本土传统科技发展'本土之根蘗'的思想史意义"。这种思想倾向"缓解了儒家意识中的形上之道与形下之器的紧张，而具有了促进科技思想发育的思想史意义"，对明代后期的思想发展产生了深远的影响。但唐顺之后期发生潜心研习"为己之学"的学术转向，也体现了唐顺之求圣问题的思想彷徨和挣扎。同时，唐顺之的这一转向也在很大程度上解释了中国古代传统科技之所以没有自然转化到现代意义上的科技的原因，甚而揭示了"儒家思想走向近代之途的困境和局限"。此文打通了史学与思想之间的学科界限，使唐顺之的史学在更广大的层面上展开，大大拓展了史学研究视角和空间的同时，也赋予了史学更深层次的思想涵义[①]。

周焕卿《从心学到实学之丕变——论唐顺之对王学左、右两派的突围》针对当前对唐顺之实学思想研究的薄弱，通过对唐顺之的学术思想经历了两个阶段的梳理，认为唐顺之由于体认到本心的圆活洒脱，对王学左、右两派的思想重新作出整合，吸收左派（现成派）良知自然的学术观点，主张纯任天机流行，去欲工夫则突破了"闭门厌事""闭关独卧"等刻意求虚寂的修行方式，转向"应接纷纭""观书学技"等外在的"事上磨炼"上。由此，完成了对心学思想理论困境的突围，重返经世之学。阳明心学也因唐顺之的理论发展，完成了向实学的丕变[②]。

拙文《唐顺之军事思想探析》[③]也把有关唐顺之的研究引入到了军事思想方面。

在班门弄斧地述评了文学领域和思想领域有关唐顺之的研究成果之后，我们再集中来看一下迄今为止学界对于唐顺之史学的研究。

（3）史学方面

毋庸讳言，从唐顺之进入史学领域的客观时间节点来看，其更是远落后于文学领域和思想领域的。白寿彝先生早于20世纪80年代就从生

①向燕南：《"技艺与德岂可分两事"：唐顺之之实学及其转向的思想史意义》，《西南师范大学学报》（人文社会科学版）2006年第3期。
②周焕卿：《从心学到实学之丕变——论唐顺之对王学左、右两派的突围》，《徐州师范大学学报》（哲学社会科学版）2012年第4期。
③李德锋：《唐顺之军事思想探析》，《宁夏师范学院学报》2011年第4期。

产力和生产关系的矛盾作用于史学的高度评价明代史学的特点时认为："一方面是因循保守气息的充斥，另一方面，是反映时代抗议精神的优秀作品在不断地问世。"①这一角度为后来学者提供了诸多启发，如向燕南师从史学思潮的角度对此予以明确："作为史学思潮的重要表现，明代后期这种抗议封建思想专制束缚，强调要以自己的价值观点重新评论评价历史的思想、学术倾向相当普遍。仅从《四库全书总目》提要的评论来看，除祝允明、李贽外，比较典型地表现出这种思想、学术倾向的史学著作，至少还有唐顺之《两汉解疑》《两晋解疑》《史纂左编》……这些著作论述的理论层次虽然有高有低，但都不同程度地表现出反对封建伦理束缚，蔑视既定权威的思想和学术的特征。"②也同样依循这一思路，向燕南师也把对唐顺之实学思想的研究引入到史学研究领域，代表作品就是其《从"主于道"到"主于事"：晚明史学的实学取向及局限》一文。文中就以唐顺之为例，认为晚明时期，在社会危机的压迫下，一贯标榜经世致用的史学，在经世取向上发生了重大转向——从"主于道"转向"主于事"，即史学撰述渐渐脱离开宋元以来的泛道德取向，转而对形而下的具体事务倾注更多的关怀。其影响不仅导致史学自身的学术取向发生变化，同时也构成当时实学思潮的主要表现。晚明史学的实学取向，是晚明社会知识界的普遍话语，并不表现为对王阳明心学的反动，所谓"从思想发展的逻辑看，心学的没落是实学思潮兴起的原因，实学思潮的兴起是心学没落的归宿"，将实学置于与心学对立位置的观点是不恰当的。晚明史学中所体现的实学思想，一些已溢出了儒家的思想传统，表现出一定的前近代思想的"启蒙"性。但与此同时，也因其对形而下事物的过度关注而使史学少了一些形而上目的的学术关怀与追求，从而构成这些实学取向史学的局限性。王家范对此评价道："作者以通达的眼光看出晚明史学所具的标志性特征，为经世主题向实学的方向转变，乃发前人之所未发，新意盎然。其力排心学与实学不能两立说，有理有据；选择唐顺之为例，颇具匠心。对后一点，我尤为欣赏。"③

①白寿彝：《中国史学史》第1册，第77页。
②向燕南：《中国史学思想通史·明代卷》，第179页。
③向燕南：《从"主于道"到"主于事"：晚明史学的实学取向及局限》，《学术月刊》2009年第3期。

王先生这段话其实也说明了唐顺之进入史学家视野的另一个进路。

　　唐顺之进入史学家的视野还与有关拓展史学研究范围和深化史学史研究的要求的时代呼声密切相关。学者们对唐顺之史学的关注是与要求深化明代史学的研究同步的。初始，由于历史的原因，明代史学不受世人重视，评价当然也不高。进入20世纪90年代，这一局面得到了改观，人们的视野进一步拓展，以为数不多的几位"大家"为跳板，开始把关注的焦点向具有更广大基础的"二流""三流"史家扩散，发掘了一大批史家及其史学价值，如宋濂、王祎、方孝孺、朱国祯、陈建、薛应旂、高岱、胡应麟、郑晓、湛若水、何乔远、吴士奇、许重熙、张燧等等①，唐顺之史学价值最初就是在此背景下被学者们重视起来的，进入了史学史的研究视野。瞿林东先生《中国史学史纲》从史学走向社会深层的角度入手，认为唐顺之《史纂左编》"所介绍的只是一些片段的历史知识，不过它立意还是可取的，历史教育也需要这样的书"②。仓修良先生也在其《中国古代史学史》中从与瞿先生相似的角度提到过唐顺之③。

　　钱茂伟更是在其《明代史学的历程》中专门设立"'留心治乱'的《左编》"和"《藏书》对《左编》的继承与批判"两节，重点探讨了唐顺之《左编》的经世特点和《藏书》之与《左编》的关系④。这些研究成果又都反映在其《论〈藏书〉对〈左编〉的继承与批判》一文中。此文系统考察了李贽《藏书》与唐顺之《左编》的关系，下分"《藏书》对《左编》的继承""李贽对《左编》的改动和批判""明末清初人对《藏书》的呼应与抨击"三部分。作者援引明人陈懿典《藏书》"本《左编》，写独见而为品骘"、顾大韶"《藏书》百卷，止凭应德《左编》，恣加删述"和明末清初王弘"《藏书》则率本他人成稿"之论，并对《左编》和《藏书》进行

①朱仲玉：《宋濂和王祎的史学成就》，《史学史研究》1984年第1期；吴智和：《何良俊的史学》，《明史研究专刊》第8辑，1985年；《朱国祯的史学》，《明史研究专刊》第8辑，1985年；《谢肇淛的史学》，《第二届国际汉学会议论文集》（明清与近代史组），台湾"中央"研究院，1987年；李焯然：《焦竑之史学思想》，《书目集刊》15卷4期，1982年；《丘浚之史学——读〈世史政纲〉札记》，《明史研究专刊》第7辑，1984；陶懋炳：《李贽史论新探》，《史学史研究》1985年第1期；张明堂等：《〈罪惟录〉的编纂特色》，《盐城师专学报》1989年第2期。

②瞿林东：《中国史学史纲》，第637页。

③仓修良：《中国古代史学史》，人民出版社，2009年，第7页。

④钱茂伟：《明代史学的历程》，第191—197、336—341页。

了细致的文本对照，阐述的重点多就《藏书》在体例和内容上对《左编》的继承，并对《左编》的史学价值和特点进行了一定的发掘，如认为《左编》编写的目的是"从历史事实中总结正反两方面治国理世经验与教训"，"是最能体现唐顺之经国思想之著述"；《左编》是一部讲褒贬的史书；《左编》有强烈的夷夏、正统色彩；《左编》重方技等。认为"《藏书》不是一部原创型史著，它是对《左编》的改编、评注"。与此同时，钱先生还认为《藏书》对《左编》也进行了突破性的发展，这种突破性的发展不仅体现于体例和内容上，并且认为"形式的变化，服从于作者思想的变化"，更为重要的是体现于两者的撰述思想或旨趣上，认为："《左编》是一部封建说教式的史著，重在为世人提供正反两方面的经验与教训；而《藏书》，则是一部评论性的史著，重在指点历史人物的功过。"进而认为："某种意义上说，《左编》是封建正统史学的一个代表，而《藏书》则是新生市民史学的一个代表，是一部挣脱了'旧史学'枷锁的'新史学'著作。"从而得出两者分别代表着两种不同的史学价值观，作出了作者孰优孰劣的价值判断①。从钱先生的研究来看，我们也可以看到发掘史学内涵和扩展史学史研究范围这两种唐顺之进入学者研究视野的路径的联系，因为要求拓展明代史学研究范围自是学者们关注唐顺之的一个原因，但其《左编》与李贽《藏书》的关系在这方面所起的作用也是不容忽视的。

　　有关唐顺之的研究成果，最后还需要特别介绍的是由常州市唐顺之研究会主编的《唐荆川研究》②，该书是一个有关唐顺之研究的论文集，集中以文学成就、学术思想、抗倭勋业和旧事钩沉四个部分收录了如上所述的关于唐顺之2010年之前的既有研究成果。后又出版了《唐荆川研究文集》③，分人文精神、历史影响、学术思想、广益研究和百年唐氏五大篇章，主要收录了2010年以后有关唐顺之研究的成果，包括已发表和未发表的。从时代背景来讲，这两部文集的编辑体现了在中国改革开放的整体时代背景下，常州市政府发掘本地区的文化资源以为当世所用的能力和愿望。这也是学随时变的一个切近的、生动的表现。

① 钱茂伟：《论〈藏书〉对〈左编〉的继承与批判》，《福建论坛》1998年第6期。
② 常州市唐荆川研究会编：《唐荆川研究》，南京大学出版社，2010年。
③ 常州市唐荆川研究会编：《唐荆川研究文集》，南京大学出版社，2016年。

# 第一章　唐顺之及其时代

《孟子·万章下》言:"颂其诗,读其书,不知其人,可乎?是以论其世也,是尚友也。"章学诚《文史通义·文德》篇谓:"不知古人之世,不可妄论古人文辞也;知其世矣,不知古人之身处,亦不可以遽论其文也。"由此看来,"知人论世"向来是研究和评价历史人物及其学术成果的一个基本标准和途径。集现代学术意义上的所谓政治家、思想家、文学家和史学家诸身份于一身的唐顺之,他的学术既呈现着旧的承袭,又孕育着新的突破,处于一种矛盾的纠葛,也呈现出一种合理的学术进路。其在政治上对传统道德的恪守和晚年不顾非议的出山,思想上"合会朱、陆"的思想特征,文学上从模拟唐宋文到惟"本色论"是守的演变、史学上的"因循保守"者和三股新史学思潮的积极预流者,如上种种的矛盾和变化,都成为明代中后期"变"的时代特征的鲜明注脚,但更是明代中后期的时代背景所铸就的。因此为了更深入地发掘和评价唐顺之的史学成就,了解其所处时代以及在此时代下的表现就实为必要。

这里需要特别说明的一点是,本章所及仅就明朝社会的普遍特征及其对唐顺之人格和学术所产生的一般影响立论,希望在我们具体认识唐顺之的史学之前,本章能够大致提供一个唐顺之史学生发的大的时代背景。关于明代社会特征的普遍社会呈现、唐顺之的学术特征及其性格对其史学所产生的影响,则在以后各章中迭次述及。

## 第一节　明中叶政治异动与唐顺之早期气节

唐顺之,字应德,号荆川,人称荆川先生,武进人。生于正德二年(1507),卒于嘉靖三十九年(1560),历正德、嘉靖两朝,卒年五十四岁。时当明代中叶,正是明朝统治由盛至衰的时期,这一时期对社会政治影响较大的两件事就是武宗"失德"和嘉靖"大礼议"。

## 一、武宗"失德"

明朝建立初期,朱元璋为了巩固朱家政权,采取废相等一系列加强中央集权的措施,把权力病态地掌控于一己之手,把对统治的稳固和顺畅期盼,寄望于极端的人治。在这一体制下,皇帝的表现是决定性的。同时,皇帝也面临着非常人所面临的窘境,一方面是与生俱来的血统赋予其至高无上的权利,一方面又被强加上成为社会诸领域楷模或表率的义务,这在一定程度上又制约着其至高无上权利的享用。而于早期,朱元璋、朱棣等皇帝的抱负、精力和才力还勉强可以应付这种局面,但到了明朝中后期,社会承平日久,统治者自身素质退化,从英宗开始,除孝宗和思宗稍有振作外,直至明朝灭亡,统治者对政事的冷淡和排斥成为时代的主调。与生俱来的血统既然无法对皇朝的统治予以保障,而在明初统治者所建立起来的依靠极端人治的政治体制下,外在的压力也难免这一从根本上就自相矛盾的权利分配体制出现差错。从某种程度上来讲,武宗"失德"和嘉靖"大礼议"就是明朝统治链条上失效的两环。

武宗一生最大的错误是顶着皇冠而谋求个性的伸张和自身欲望的满足。《明史》"赞"曰:"毅皇手除逆瑾,躬御边寇,奋然欲以武功自雄。然耽乐嬉游,昵近群小,至自署官号,冠履之分荡然矣……假使承孝宗之遗泽,制节谨度,有中主之操,则国泰而名完,岂至重后人之訾议哉。"①从对武宗"制节谨度,有中主之操"的期望和假设中,可以看出其作为一名皇帝对道德楷模义务的舍弃和背离,即使就"手除逆瑾"和"躬御边寇"两事,时人也是有异议的,这主要体现在他不顾皇帝尊严的逸乐成性和崇尚武功的率性自为。

武宗逸乐成性的天然秉性是与生俱来的,早在其为太子时就表现出来,以至其父孝宗临终时特意叮嘱大臣:"东宫年幼,好逸乐,卿当教之读书,辅导成德。"②而大臣的辛苦教导并不能消除其对宫中枯燥乏味生活状态的反感和厌倦,在他成为皇帝以后,外在的压力并没有抑制住随着权力的膨胀而带来的追求个性和自我享受欲望的增长。为了改变宫中枯燥乏味的生活状态,体验丰富的民间生活,他在宫中设立廛肆,并

---

① 张廷玉等:《明史》卷16《武宗本纪》,中华书局,1974年,第213页。
② 夏燮撰,王日根等校点:《明通鉴》卷40,岳麓书社,1999年,第1103页。

以一个普通人的身份热情参与其中，"上令内侍访设廛肆，身衣估人衣与贸易，持薄握筹。喧诃不相下。更令作市正调和之，拥至廊下家。'廊下家'者，中官于永巷所张酒肆者也，坐当垆妇其中。上至，杂出，牵衣蜂簇而入，醉即宿其处一"[①]。但武宗并未把这种完全寻求自我的享受局限于个人行为，其中还掺杂着贵为天下之"公"——朝廷的影子。"近闻有花酒铺之设，或云车驾将临幸，或云朝廷收其息"。以至齐之鸾从"公"的角度对武宗的这种追求"私"生活体验提出了批评："陛下贵为天子，富有四海，乃至竞锥刀之利，如倡优馆乎？"[②]更为严重的是，武宗的这一习性给宫中的一股腐朽势力——宦官提供了参与外廷事务的机会。刘瑾等以"时杂构戏玩娱帝，侯帝娱，则多上章奏，请省决，帝曰：'吾安用尔为，而一烦朕！'瑾由是自决政"[③]。这股势力因满足武宗私欲而掌权，处理政务时亦以满足皇帝私欲为手段，而达到满足自己欲望的目的。他们对外廷事务的处理完全抛开了皇朝的立场，而惟自己私欲是求。虽然刘瑾等又因自己私欲的过分索求——谋反，而最终为武宗所杀，但江彬的得势则说明了武宗娱乐成性的私欲于皇朝统治的持续杀伤力。

明朝自建立至武宗，已发展了一百多年，各领域在获得稳定局面的同时，也出现了稳重有余而活力不足的凝重老气。武宗于宫内设立廛肆可以说对这一风气的反叛，他始于豹房博虎，继于宫中练兵。如果武宗皇帝把他的追求自我享受和实现个体价值的渴望限制在内廷，还停留在对"私"欲的追求层面上，虽然也干扰了外廷政事的处理，但这些内部信息经过皇宫高墙大院的遮掩，还不至于对"公"产生直接的威胁。而当这种叛逆情绪延及外廷，则对外廷"公"之代表性提出了公然挑战和损坏。他化名朱寿，自号威武大将军，不顾自身安危于皇朝统治的影响，亲自参与征伐，更为荒唐的是在战争结束后，还自封自赏，以满足其对不顾现实的自我价值实现的渴望，严重损害了其"九五之尊"的高贵形象，对时人心理产生了极大的冲击。"应州奏捷，帝降敕'总督军务威武大将军总兵官朱寿剿寇有功，宜特加公爵'。制下，举朝大骇"。同时也招

---

① 夏燮撰，王日根等校点：《明通鉴》卷42，第1139页。
② 张廷玉等：《明史》卷208《齐之鸾》，第5489页。
③ 谷应泰：《明史纪事本末》卷43《刘瑾用事》，中华书局，1977年，第635页。

致了对其抱有道德表率和楷模幻想诸臣的批评，"不知陛下何为而乐此乎？"①其前批评武宗于宫中设立廛肆的齐之鸾亦偕诸给事中上言："自古天子亦有亲临战阵勘定祸乱者。成功之后，不过南面受贺，勒之金石，播之歌颂已耳，未有加爵酬劳，如今日之颠倒者。不知陛下何所取义，为此不祥之举，以骇天下耳目，贻百世之讥笑也。"②综观时人对武宗的批评，正如盖杰民所言："他总是因他对待他的地位的态度，因他不肯像君主的权力把他置于高于一切的位置上那样发挥作用，而受到非难。"③

　　由武宗的肆意妄为所导致的中央政府权威的下降，在明朝初期本为皇朝屏障的地方皇族势力亦成为威胁皇朝统治的一大因素。如果说安化王的叛乱是因刘瑾当权，处理政务不当，为叛乱留下了"清君侧"的口实，武宗并未成为直接的斗争目标，那宁王的叛乱则使我们可以清楚地看到武宗娱乐成性和率性自为导致中央权威丧失这一事实。宁王公然举起反叛旗帜，并且矛头直指武宗。而农民起义的频繁爆发透露了对皇朝权威性质疑已经突破了皇族内部的范围，以皇帝为首的中央政府于"公"的代表性已经降到了零点。以致主要生活于正德、嘉靖时期的唐顺之为李儒撰写墓志铭时，在评价李儒的急流勇退的做法时竟公然说："去于正德之时者犹为易，而去于嘉靖之时者则为难，盖遇浊世而不能去者有矣，未有治朝而必去者也。"④当然，从世宗的表现以及唐顺之个人于嘉靖朝的经历来看，嘉靖朝也未必为治世，但把正德朝视之为浊世，这几乎是士子们心中公开的秘密。

　　最后，武宗在不断寻求自身享受和自我价值实现的过程中溺水惊吓死去，从而结束了他戏剧性的一生，荒淫一生之后亦未留下子嗣，这对以后的士人造成了一定的心理阴影，同时，在这一背景下，明廷不得不启用"父终子承"之外的另一个传承系统——"兄终弟及"，也为下一朝党争拉开了序幕，从而严重削弱了自身的统治。

---

① 《明武宗实录》卷164，正德十三年秋七月戊戌，台湾"中央"研究院历史语言研究所1962年校印本，第3161页。
② 张廷玉等：《明史》卷208《齐之鸾》，第5490页。
③ 〔美〕牟复礼、〔英〕崔瑞德编：《剑桥中国明代史》，第477页。
④ 常州市唐荆川研究会编：《唐荆川诗文集》卷14《礼部郎中李君墓志铭》，凤凰出版社，2012年，第398—399页。

## 二、嘉靖"大礼议"

继武宗皇帝之位的是宪宗之孙、孝宗亲弟兴献王长子朱厚熜，是为世宗。世宗即位前后，即表现出对"统""嗣"关系的极度重视，因为这不仅关系到世宗生身父亲兴献王于明皇朝统绪中的地位，更关系到世宗于新皇朝所扮演的角色。在经过短暂的试探之后，他迫不及待地发动了"大礼议"。这场辩论是在以世宗为首的新朝官僚集团和以杨廷和为首的内阁大学士之间展开的。杨廷和从继统应与继嗣同步的角度考虑，认为世宗应尊孝宗为皇考、武宗为皇兄，而生父兴献王为皇叔，"皇上承武宗皇帝之统，嗣孝宗皇帝之后，正《礼》所谓为人后者为之子，不得复顾其私亲者也"[①]。以世宗为首的新朝集团则把继嗣从继统中剥离出去，认为世宗只继孝宗乃至武宗之统，而非继其嗣，"夫天下者，祖宗之天下也，自祖宗列圣而传之武宗，孝宗不得而私也；武宗无嗣而传之皇上，武宗不得而私也。此正所谓兄终弟及而不必为后者也。若必欲立后，则当为武宗立后，安得为孝宗立后乎？夫天下者，受诸其兄者也，既不必为其兄立后，又何必追为其伯立后乎？"[②]这就为兴献王升格为皇考留下了足够的理论发挥空间。

从本质上来讲，"大礼议"之争是以世宗为首的新朝集团与旧朝诸臣之间的一场权力角逐。在这场争斗中，世宗虽然如愿以偿，为其父争得了兴献帝的称号，但以外廷的部分文官作为斗争对象，从而使这场纠缠着"公"与"私"的大讨论在中央就未取得一致的意见，这在一定程度上损害了中央政府的令出必行的权威性。况世宗取得了压倒性的胜利，更助长了他"多谋""刚愎"的行事风格。当外廷的旧朝压力已消去，世宗在与外廷文臣的交往中完全占据了主动，他又通过李福达、张鹤龄等案把斗争的范围扩大到整个文官集团（包括"大礼议"中支持他的和反对他的），进一步加强了自己于皇朝统治中的份量。

与世宗权力不断膨胀相偕以行，社会发展出现了两种趋向，"在一种黑暗的权势下面，鼓荡出举世谄媚之风，而同时激起名节之士之反抗，

---

① 《明世宗实录》卷9，正德十六年十二月戊戌，第345—346页。
② 《明世宗实录》卷38，嘉靖三年四月庚申，第973页。

而党祸于此兴"①。具体看来，一是官僚集团权力的压缩和官员品格的扭曲，官员为寻求一己之官场发展而纷纷弃自己独立人格于不顾，以迎合世宗为务。"乃自大礼议起，凡偶失圣意者，谴谪之，鞭笞之，流窜之，必一网尽焉而后已。由是小人窥伺，巧发奇中，以投主好，以弋功名"②。并且这一风气由官场迅速蔓延到社会各个领域，"今天下刻薄相尚，变诈相高，谄媚相师，阿比相倚。仕者日坏于上，学者日坏于下，彼倡此和，靡然成风"③。

如果说武宗寻求自我享受和不顾现实寻求自身价值的放纵，严重破坏了皇帝作为天下之主所代表的公正性和权威性，但他的这种影响大致被限制在内廷，而且他的有损天下之"公"的举动一直成为大多数外廷官员抨击的明确目标，对于士人而言，外廷显然代表着天下之公理，他们在现实还可以找到明确的道德判断标准来约束自身私欲的膨胀。而于世宗时期，由"大礼议"引起的公、私之辩，延及外廷，导致官僚阶层的分化，又因"大礼议"所包含的复杂涵义，士人阶层已难以于其中找到明确的道德标准来判断孰为公、孰为私，其结果是导致士人心理的进一步扭曲和有损皇朝统治的次生危机的进一步恶化，表现于农民起义方面则为爆发频率的进一步提高。"早在嘉靖初，就有农民武装起义发生，尤其是嘉靖中期以后，更为频繁。总计不下四五十次，而且地区很广，几乎涉及所有省区，起义者除农民外，还有盐徒、矿工和散兵游勇。有的规模很大，人数达数万，甚至十余万"④。

同时"南倭北虏"问题的全面出现亦说明次生灾害的进一步发展。元朝败亡后，蒙古贵族逃往北方继续对抗明皇朝政权。在英宗以前，明皇朝由于国力强盛和方法得当，在对蒙古政策中占据着主动。自英宗"土木之变"以后，特别是于武宗和世宗时期，明皇朝完全处于被动的境地。如果说"北虏"是明历朝都无力解决的一大难题，那"南倭"问题的出现则暴露了嘉靖朝统治能力的进一步下降。嘉靖二年（1523）细川使团因不满明廷袒护大内使团，而发生攻击大内使团并抢劫宁波一事。

---

① 钱穆：《国史大纲》，商务印书馆，1996年，第679页。
② 张廷玉等：《明史》卷208《余珊》，第5498页。
③ 张廷玉等：《明史》卷207《刘世龙》，第5473页。
④ 白寿彝总主编，王毓铨主编：《中国通史》第9卷，上海人民出版社，1999年，第283页。

至隆庆元年（1567）"海盗活动已不再是东南海滨的严重问题"①，其时间跨度是与世宗统治时期相一致的，即使对解决这一问题至关重要的海外贸易政策的改变，也是利用了"刚愎"的世宗之死方得以实现。

士人表现的另一种趋向是鉴于时弊，反其道而行之，特别强调士人的气节，并积极寻求和投身于救世济民的方法和活动中。正德朝，对于武宗失德的种种行径，外廷诸臣死力抵制，以至"抗言极论，窜谪接踵，而来者愈多；死相枕籍，而赴蹈恐后"②。而嘉靖朝反"礼议"诸臣，虽为议礼而作出如此之大的牺牲，稍显迂阔，但其抱定宗旨、不惧威势的品格则是值得肯定的，并且在其时亦已相激成风。明人徐学谟言："史道下狱，廷和乞罢。累旨慰谕，可谓优渥。乃请辞五六而不休，至毛纪、蒋冕、林俊、孙文、彭泽、乔宇相继求去。一时大臣，未免高激成风，失事幼君之体。"③其中虽亦对反"礼议"诸臣的"执着"行径表达了不满，但更透漏出了"高激成风"的官场风气。这一点也可从嘉靖朝杖杀、逮系反"礼议"官员的规模中看出，"笞罚廷臣，动至数百，乃祖宗来所未有者"④。

并且，这种尚气节的风气亦由官场扩展至整个社会。《明史》载："诸臣晨入暮出，累累若重囚，道途观者无不泣下。而廷臣自大学士杨廷和、户部尚书石玠疏救外，莫有言者，士民咸愤，争掷瓦砾诟詈之。"⑤面对皇帝所施加给官员们的强大压力，士民们亦以自己的方式表达了不满，以至形成"朝所为缧辱摈弃不少爱之人，又野所为推重怃叹不可少之人。上与下异心，朝与野异议"⑥的社会局面。

### 三、唐顺之早期气节

唐顺之生当其时，亦受此风气熏染，自小即尚气节，不苟与人为同。其父唐珤即称他"不近人情"，"早岁狷介孑特，有怀公谓为不近人

---

① 〔美〕牟复礼、〔英〕崔瑞德编：《剑桥中国明代史》，第547页。
② 张廷玉等：《明史》卷189《何遵》，第5082页。
③ 谈迁著，张宗祥校点：《国榷》卷54《世宗嘉靖八年》，中华书局，1958年，第3403—3404页。
④ 张廷玉等：《明史》卷190《毛纪》，第5046页。
⑤ 张廷玉等：《明史》卷189《夏良胜》，第5021页。
⑥ 张廷玉等：《明史》卷258《汤开远》，第6676页。

情"①。唐顺之亦自言："性褊且戆，在乡曲孑孑不能与人为同。"②当然，这种尚气节的性格亦使他的仕途颇受挫折，他曾自言尚气节的性格对其仕途的影响，"仆少时意气，可以窃古人之尺寸焉，而未知仆今悫笯榟散，虽欲比于今之人而有不逮也。仆少不自揆，亦尝有四方之志，而才器迂滞，本不适时，加以弱冠从仕，重以负气，学未及成而骤试之。且少年负气，不识忌讳，以迂滞之气而试未成之学，重以负气之习，此其动辄罹咎也，岂足怪哉？犹幸免诛戮，得齿编氓"③。纵览唐顺之的一生，他的仕途几经沉浮，都与他恪守气节的性格有莫大关系。

首先，从他中举前后坚拒乡人杨一清和座主张璁举荐的表现即可看出。嘉靖八年（1529），唐顺之取得会试第一，得到乡人、内阁杨一清的赏识，欲在廷试时录其为状元，而唐顺之"以年少筮士，守己当严，竟不与通"④。洪芳洲为其所撰《行状》对这一事件的过程记载非常详细，更为生动地表达了唐顺之的气节，兹转录如下：

> 先时常之阖郡未尝有魁天下者，时镇江邃庵杨公一清为相，公既首会试，名遂大显，即欲以公为廷试最。遣一乡人夜半来索策，公与有怀公皆辞之，一夜数往返，杨公怒曰："其少者无知故若是，老举人亦为此乎？"少者指公也，乡人复以语有怀翁，翁素畏慎，欲与之，公曰："一殿元何足为人轻重，如进身之初而遽若此，后悔何及？"翁竟弗之强也。杨公于是博访其卷，置之第三，已而为人所易，置之第四。公是岁年才二十三，其制行之严，能不以高下得失动其心，盖自少然矣。⑤

最终以二甲第一名中举之后，改翰林庶吉士，其才识亦得到"议礼"重臣张璁的赏识，又因他为唐顺之会试座主，试卷亦有世宗批阅，因此对唐顺之百加招揽，这些均遭到唐顺之的严辞拒绝，"柄臣方忌诸吉士，奏罢之。而以主先生会试，欲特留先生，先生坚不可，遂例授兵部武选

---

①唐鼎元：《明唐荆川先生年谱》卷6，《宋明理学家年谱续编》第5册，第52页。
②常州市唐荆川研究会编：《唐荆川诗文集》卷16《晋安州判杭君墓表》，第445页。
③常州市唐荆川研究会编：《唐荆川诗文集》卷5《答周约庵中丞》，第136页。
④李贽：《续藏书》卷22《金都御史唐公》，张建业主编，刘幼生整理：《李贽文集》第4卷，社会科学文献出版社，2000年，第504页。
⑤常州市唐荆川研究会编：《唐荆川诗文集》附录一《明都察院右佥都御史巡抚凤阳等处地方提督军务前右春坊右司谏兼翰林院编修荆川唐公行状》，第605页。

主事"①。又"会考庶吉士不赴，以卷有御批并得改。既有言庶吉士被选不当者，上尽罢之，大学士张璁以顺之卷有御批，独见留。顺之辞，随众改兵部武选司主事"②。后以病请辞，又丁母忧，居家亦严格自律。服丧期满并经其父再三催促，才出为吏部考功司主事，后改官为翰林编修，校历朝《实录》，"校对完，例当升赏，公不欲受，又以罗峰爱己，将远其嫌，遂告归，张缘是怒，以吏部原职致仕"③。从唐顺之对杨一清和张璁的态度我们可以清楚看到其光风霁月、卓荦不群的气节和性格，而以这样的气节和性格投身于明中后期日趋腐化的官场，虽难免也会遇到挫折，但也会使他摆脱一切不必要的顾虑，往往能够洞察到现实问题之所在，对时局保持相对清醒的认识。

嘉靖十八年（1539），唐顺之又起而为官，"起故官兼春坊右司谏"，次年即与罗洪先、赵时春上《早定东宫朝贺礼制以慰群情疏》，触怒世宗，"复削籍归"④。这一事件的背景是：世宗虽取得了"大礼议"的胜利，兴献王终于嘉靖十七年（1538）以睿宗入太庙，更为重要的是世宗的权力亦获得了空前的扩张。为维护其统治，他早期也进行了卓有成效的"嘉靖新政"，但"大礼议"亦造成了皇帝与外廷官员之间的相互猜忌和对立，为了逃避现实，世宗后期痴迷于道教，不问政事。况，世宗出于"惑于二龙不相见之说"⑤的迷信，自庄敬太子死后就不肯再立太子。这对明廷统绪的延续是非常不利的，因为武宗无子嗣所引起的政治混乱还历历在目，并依然影响着当时的政治格局。再加上外廷官员对世宗的猜忌以及其晚期的政治表现，都使得这一时期的官员们普遍表现出对现实的焦虑，希望借立太子以改革现实弊政，更为重要的是给臣民以希望。因此唐顺之、罗洪先、赵时春犯颜直谏，曰："臣闻古者豫建太子，所以重宗社也。太子既立，则有临莅之位，有朝会之仪，所以萃人心、昭轨度也。伏惟陛下圣谟独运，深惟宗社根本之重，早正东宫储二之位，以系

①常州市唐荆川研究会编：《唐荆川诗文集》附录一《明督抚凤阳等处都察院右金都御史荆川唐公墓志铭》，第615页。

②何乔远：《名山藏》卷76《唐顺之》，明崇祯刻本，续修四库全书，第427册，第253页。

③李贽：《续藏书》卷22《金都御史唐公》，张建业主编，刘幼生整理：《李贽文集》第4卷，第505页。

④张廷玉等：《明史》卷205《唐顺之》，第5423页。

⑤沈德符：《万历野获编》卷2《圣主命名》，中华书局，1959年，第62页。

宇内之心者。"①而唐顺之、罗洪先和赵时春同作为东宫属官的身份更是刺激了世宗，三人最终因触怒嘉靖帝而被同时罢官。同为当事人的赵时春则披露了他们被罢官的另一层原因："先生深念天下之重，又以皆充讲官，连榻，深忧曰：'进不得见上，退困于谗佞，尸禄不去，如天下万世何，盍请朝乎？'故与念庵及余请以辛丑大朝会及朝东宫朝礼。钦蒙御札下柄臣：'朕三翰林请朕及东宫临朝之意甚好，朕久在于怀，卿等以言度意。'诸柄臣绌其奏，留中二十六日，乃皆免为民，自是荆川之名重天下。"②认为他与唐顺之等人的建议得到了嘉靖帝的认可，但权臣从中作梗才导致三人罢官。综合以上两条材料，触怒世宗应是唐顺之被罢官的直接原因，但得罪张璁也是唐顺之被罢官另一原因，不然，赵时春亦不会只言"荆川之名重天下"，因为罗洪先和赵时春在此之前与张璁并没有过节。

后来，唐顺之在与罗洪先和赵时春的书信中，也往往提及早前的这段经历，也自认早年三人"英气"外漏，"舍侄信兄气象和平，蔼然可掬，知兄进德，非复昔时露英气矣"，并以商、周时期的伊尹和吕尚的特点为喻，加以说明，"仆尝迂论，古称伊、吕，伊尹将则将，相则相，浑然无迹可寻。至若老吕以鹰扬称，以发扬蹈励称，未免露出将才气象，此老吕不及老伊处也，何如何如？"③在其他许多场合，唐顺之也都对早期"气节"表现有着广泛的论述，如《答周约庵中丞》书中言："仆少不自揆，亦尝有四方之志，而才器迂滞，本不适时，加以弱冠从仕，重以负气，学未及成而骤试之。且少年负气，不识忌讳，以迂滞之气而试未成之学，重以负气之习，此其动辄罹咎也，岂足怪哉？"④虽然也承认"不识忌讳"是造成其此次罢官的动因，但也认为"负气"的天然性格也必然导致这样的结果。在唐顺之与诸师友的书信中，对早期这段历史的回忆，"往时意气用事"⑤、"囊时孟浪"⑥的描述比比皆是。这也生动地说

---

①常州市唐荆川研究会编：《唐荆川诗文集》卷19《请皇太子受朝疏》，第508页。

②赵时春：《赵浚谷文集》卷9《明督抚凤阳等处都察院右佥都御史荆川唐先生墓志铭》，明万历八年周鉴刻本。按：此版本《墓志铭》脱字甚多，以唐鼎元《明唐荆川先生年谱》补之。

③常州市唐荆川研究会编：《唐荆川诗文集》卷8《寄赵浚谷（二）》，第208页。

④常州市唐荆川研究会编：《唐荆川诗文集》卷5《答周约庵中丞》，第136页。

⑤常州市唐荆川研究会编：《唐荆川诗文集》卷5《寄黄士尚》，第140页。

⑥常州市唐荆川研究会编：《唐荆川诗文集》卷5《与项瓯东郡守》，第141页。

明了唐顺之也充分认识到早期的"气节"之行。同时，从唐顺之仕途多舛，我们亦可以从侧面看出其注重气节在明中后期官场整体腐化局面下所处的尴尬境地。唐顺之在一篇"咏竹"的书信中就"吾重有所感也"："昔人论竹以为绝无声色臭味可好，故其巧怪不如石，其妖艳绰约不如花，孑孑然有似乎偃蹇孤特之士，不可以谐于俗，是以自古以来知好竹者绝少。"①"孑孑然"所引起的"不谐于俗"，这应该是唐顺之自身的写照。

结合张璁的"议礼"背景，而杨一清亦赞成"大礼议"，"初，'大礼'议起，一清方家居，见张璁疏，寓书门人乔宇曰：'张生此议，圣人复起，不能易也。'又劝席书早赴召，以定大议"。我们似乎可以得出唐顺之是反"礼议"的结论。其实不然，因为唐顺之批评他们的着力点并不是"大礼议"本身，而是反对他们依从于权威、排斥异己的做法，以及这种做法对社会风气的消极影响。在这一点上，杨一清显然要比张璁做得更好。在张璁、桂萼等人利用"大礼议"排斥异己、进行政治投机的背景下，杨一清还能"因灾变请戒饬百官和衷，复乞宥议礼诸臣罪"②，从社会稳定的角度主张宽宥议礼诸臣，这与唐顺之关注"大礼议"的重点是一致的。正是由于杨一清在"大礼议"中与张璁等议礼重臣所关注的重点不同，遭到了他们的攻讦，并最终以受贿名目而被罢官。同样也正是由于杨一清上述表现，故而其又得到唐顺之的认可。就张璁等人所罗致之"受贿"一目，唐顺之为其辩解道："世以多欲病公，亦孰知其廉介者……闻有故人馈实珠一斗，受之。客既退，分劳左右，投之地，顷刻立尽。而门生有以贫归者，发囊助给，率数十百金为常。夫为天下用财，而不以私蓄，即比于一芥不取可也，非廉介乎？"而罗洪先认为杨一清知人善任，亦得到唐顺之的认可，"'世亦以尚通病公，又孰知其方严者？'唐曰：'何？'曰：'先君宾其塾，又故门生也。为武选郎，八年出之守郡。曰：'此地不可无此人。'不知其抑也。又三年，转而备兵徐州，曰：'此地不可无此人。'不虞其淹也。夫为天下用人，而不以私惠，即比于一介不通

①常州市唐荆川研究会编：《唐荆川诗文集》卷12《任光禄竹溪记》，第349页。
②张廷玉等：《明史》卷198《杨一清》，第5230页。

亦可也，非方严乎？'唐闻而颔之"①。可见，唐顺之对"礼议"诸臣的态度并不是着力于排斥"大礼议"的固有偏见，而是希望息事宁人，以稳定现实政局。虽然唐顺之出于公心的立场，但在"大礼议"水火不容、非此即彼的尖锐对立下，其得罪张璁也是必然，唐顺之在任翰林院编修，校正完历朝《实录》和《宝训》后，即上《告病疏》：

> 翰林院编修臣唐某谨奏，为久病乞恩放归调理以图补报事。臣闻人主度能而官人，人臣量力而任职，是故上无虚授而下无旷事。臣本樗栎粗才，过蒙陛下甄录，使得待罪翰林，此宠荣之至极，而臣子所宜悉意委身以效报称之日也。不幸臣有狗马之疾，往年秋冬之交触冒霜露，始自皮毛，转客脏胃，浸淫闷郁，壅而不散，痰火、怔忡、眴瞀诸证时时有之。此时臣方奉隆旨，与从史馆雠校之后，故不敢遽以病为解，乃不意沉痼日甚，渐不自支。臣尝究医家之说，大率言人惟精气神为主，心动极则神驰，神驰则精摇，精摇则气耗损，乃至客邪干隙而入之，百病作矣。故云上医医未病，若臣所作病根柢深矣。居尝自念，恐一旦颠陨，上负圣朝奖养拔擢厚德，故敢以微躯乞于陛下。如蒙敕下吏部，怜臣病状，容臣归家稍就医药，万一仰徼天恩，复得齿于完人，则臣固当再觐清光，竭奔走之力，以效涓涘之报。如遂废不可复用，臣亦得没齿陇亩，死无所恨。臣冒渎天威，死罪死罪。臣不胜款款愿望之至，为此具本。②

唐顺之《告病疏》写得情真意切，从整篇文字来看，其告病还家的原因主要是染有寒疾，但从"医家之说"开始，唐顺之似乎道出了其告病还家的另一个更为深层的原因，据医家的说法，疾病染身是因为邪气入体，邪气入体是因为元气损伤，元气损伤又是因为"精摇"，"精摇"又是因为"神驰"，"神驰"则是因为"心动极"。那"心动极"具体表现为什么呢？在这里，"心动极"确实有可能表现出身体生理上的不适，但也有可能表现在心理上的冲击或者压迫。而这一时期对唐顺之构成心理压力的主要就是张璁的拉拢，"是时罗峰张公柄国，张公故敬公，尝引公自近

①罗洪先著，徐儒宗编校整理：《罗洪先集》卷23《祭杨文襄公》，凤凰出版社，2007年，第927—928页。
②常州市唐荆川研究会编：《唐荆川诗文集》卷19《告病疏》，第508页。

而公每有远嫌意,僚友之衔公者遂倡言公养病在远嫌以激张公。张公果怒,使人以危言动公而留其疏不下,促公供职。公曰:'吾谢病疏既上,即此足不可出户限矣,岂有复出供职之理? 且祸福有定数,既告而复出,何以为人? '"唐顺之的告官还家之决绝确实激怒了张璁,"张公怒不已,遂取旨以原职吏部主事致仕,永不起用"[1]。唐顺之再起复官时曾赋诗两首,也很能道明其告病归家时的原委。

其一:

> 姓名不复挂朝参,鱼鸟由来性所耽。
>
> 箧里符经都已废,山中草药渐能谙。
>
> 疏狂自分三宜黜,懒病其如七不堪。
>
> 深谢故人推毂意,莫将阳羡比终南。[2]

其二:

> 莫须弹铗叹无鱼,自爱山东构草庐。
>
> 雨后乱蛙生敝灶,秋深落叶伴闲居。
>
> 深随老圃偏能惯,论学潜夫愧不如。
>
> 故人休讶无相讯,中散从来懒作书。[3]

从这两首诗中,我们看不到唐顺之罢官后的沮丧,也看不到复官时的真切自省和感恩戴德,看到的反而是事遂己愿,甚至是计谋得逞的一种自我享受的情绪,这很能说明唐顺之告病归家的复杂动机。

如果说,唐顺之早期的气节之行,是其天生的性格使然,那在其罢官居家并比较集中地接触王学后,特别是受其"主静"的好友罗洪先影响以后,对于王学的体认也成为其延续诸种气节表现的外在因素之一。"先生之学,以主静为基本,以锻炼为工夫,以无欲为极致。其家居与来山中也,每趺坐辄竟日穷夜无倦,寒不附炎,暑不举箑,食不肉寝不内,衣不帛雨不盖,备尝苦淡,无非磨洗此心,求净欲根,以完其本初而已"。这种苦节自励的结果就是"故昔之所守,微近于狷,而界限

---

①洪朝选:《明都察院右金都御史巡抚凤阳等处地方提督军务前右春坊右司谏兼翰林院编修荆川唐公行状》,见《唐荆川诗文集》,第606页。

②常州市唐荆川研究会编:《唐荆川诗文集》卷1《闻复官报寄京师友人》,第31页。

③常州市唐荆川研究会编:《唐荆川诗文集》卷1《代柬寄京中旧游》,第32页。

甚严"①。

唐顺之从嘉靖十九年（1540）至三十六年（1557）赋闲在家，居家亦有气节。在这期间，坚辞严嵩及其党羽赵文华等人的拉拢自不待言，即使如地方官或故旧对唐顺之的照顾或馈赠也是坚辞不受。如《答舒云川巡按》言：

> 使节之莅于南土也，且讫事还之朝矣，鄙人之所以伺候左右者一未能展，而左右之所以垂爱于不肖者顾数数有加焉。既不敢以草莽踪迹涸扰公府，念无可为谢者，其于盛德但知中心藏之而已。兹辱次牌坊价五十金，再拜感激，益不自堪。曩时郭、徐诸公按于兹土，亦尝以此惠见及，仆时尚蒙恩在致仕之后，然于诸公之惠亦未之敢当也。今为编氓，则又异矣。郭、徐于鄙人同年也，而左右乃以此施之于山野疏遬素未尝交际之人，此其为厚施益过于诸公。然使仆不敢当致仕之先，而顾敢当于编氓之后？其为渎尊者之赐益大矣，此仆之所不甚敢也。②

从此段描述来看，唐顺之不仅拒绝了故旧的钱物，即使对表彰其志行的行为也是坚拒不就的，而从"郭、徐诸公"的描述来看，唐顺之不止一次坚拒故旧的好意，以致李贽为其撰传云："居家窘甚，而于文章之润笔，弟子之贽仪，未尝妄取，林下三十年，不役官府一人，不受坊价一缯，官府积公所却，至三千金。"③

嘉靖三十七年（1558），唐顺之又作出了他人生中一大决定，即不顾时人于其"轻出攀附严嵩"的非议，毅然出山抗倭，并殉职任上，其动机仍然是拯万民于水火，而早期的尚气节的性格也是他力排众议、毅然出山的原因之一④。

应该来讲，唐顺之这种早期形成的气节是伴随其一生的，不以物移，也非以己悲，表现出卓荦不群而又坚韧十足的品格。其在《永嘉袁君芳洲记》就借"咏橘"表达了这种信念：

①王升：《唐顺之传》，见唐顺之著，马美信等点校：《唐顺之集》附录三，浙江古籍出版社，2014年，第1077—1078页。
②常州市唐荆川研究会编：《唐荆川诗文集》卷9《答舒云川巡按》，第247页。
③李贽：《续藏书》卷22《金都御史唐公》，张建业主编，刘幼生整理：《李贽文集》第4卷，第505页。
④关于唐荆川的晚岁之出，《唐荆川与明皇朝史》一章将集中讨论，兹不赘述。

介乎永嘉左右者，若天台、雁宕之怪巧环丽甲天下，其间嘉卉美木荟然杂植，虽博物者亦半不识其名品，故自古好游之士辄以永嘉山水物产为第一。宗乔以为是非吾好之所存也，吾独好橘，于是种橘数十本于洲上，游而乐焉，因以为号曰橘洲主人，又曰芳洲主人。视其意盖极世间名山水自以莫如吾洲，一切嘉卉美木自以莫如吾橘也，而间请记于余。余始亦讶其迂其僻而笑之，既而叹曰："宗乔可谓自足其乐而不羡乎外者矣。"夫趣有所适，则不必其地之所胜；意有所钟，则不必其土之所珍。尝试观于草木之生，虽其奇花异卉至不易生之物，或绝远生在海外，苟以人力移之而树艺拥灌之如其法，则东西南北惟所徙焉，既久而炎冷燥湿之性亦随变矣。而橘也确然独异乎是，盖昔骚人为之颂曰"受命不徙，生此南国"，是草木中之专一耿介者也。夫骚人荟萃天下之香草美木，以况其幽馨窈窕之思，然皆未有特为之颂者。其于橘也特又为之颂，岂偶然感触，而假物以发兴也哉？取其臭味之深有合者焉耳。宗乔少业儒，而以医自进，其志行耿介，又雅慕王乔、羡门子之道，翩然有迫隘斯世、轻举远游之思。窥其貌，盖未尝以肉食之故而变其山泽之臞也，其寄于橘也，殆亦有骚人之意乎？余愧无橘之德，亦颇以迂戆不通于俗。余家故邻太湖，太湖，橘薮也。余将买山种橘于洞庭之上而老焉。清秋霜落，搔首而歌楚颂，欲以招宗乔，宗乔其许我乎否也？[1]

唐顺之因袁宗乔之请，为其所树橘园撰记。把橘与奇花异木相比较，认为橘之不以人力而转移的坚定秉性引起了文人学士的共鸣，这一点和袁宗乔相似。虽然唐顺之也谦言其不具备橘德，但从其一生经历坎坷而对其初志始终不渝的表现来看，这篇"橘颂"也正是对其自身的写照，故其亦于文末表达了"买山种橘于洞庭之上而老焉"的心理自期。

这种一般意义上被视为感性的性格特点，不仅影响了其实际仕途，还潜移默化地影响着其相对理性的学术主张。

---

[1] 常州市唐荆川研究会编：《唐荆川诗文集》卷12《永嘉袁君芳洲记》，第350页。

## 第二节　思想格局：从一昧"述朱"到"合会朱、陆"

武宗"失德"和嘉靖"大礼议"削弱了朝廷于"公"的代表性，在破坏了明朝依靠极端人治所建立的中央集权体制的同时，也使得此一体制对社会思想的控制有所放松，再加上新经济因素的刺激，从而使得明代中叶的思想领域异常活跃起来。"嘉靖、万历以后，社会矛盾日益复杂和尖锐，思想领域也显得活跃起来。这在东南地区要更显著一些"[①]。概括而言，"思想领域的活跃"，一表现为程朱理学的困顿和继续传播；二是王阳明心学的产生和分化发展；三是出现了调和朱、陆的学术倾向。

### 一、程朱理学的困顿及继续传播

整体上来讲，明代前期的程朱理学发展态势比较复杂。就程朱理学发展的客观态势而言，其确实达到了一个思想学说所能够达到的理想状态，即为统治者所用，作为治国安民的指导原则。但与此紧紧相伴相随的是，这也是其衰落的开始。之所以这么说，那是因为明朝统治者提倡程朱理学的根本着眼点是为了维护其统治的长治久安，他们并不关注程朱理学的学术发展，而是关心程朱理学的哪些内容能够服务于其维护自身统治的政治，因此程朱理学在被定于一尊的无上荣光下，其本身的学术发展则受到了窒碍；还有，随着程朱理学的发展，其自身的思想局限也逐渐显现，学者们开始反思程朱理学的种种弊端，特别是其末流所造成的消极社会影响，从而使得程朱理学出现了分化演变，这固然在一定程度上推动了程朱理学的发展，但当这种反思，甚至是反叛的力量不再局限于程朱理学范围之内时，或者说程朱理学学理所不能涵盖或控制时，我们只能说这是明代前期理学衰微的一个表现。因此，就程朱理学于明代前期的实质发展状态而言，我们得出其是衰微的结论大概也是可以理解的。

（一）程朱理学官方统治意识地位的确立及扭曲

明代程朱理学发展最显著的特征就是其官方化。反观程朱理学官方化的过程，它也有一个历史发展过程。朱熹逝后，庆元党禁解除，理

---

学得以继续发展。到了宋理宗时，对朱熹褒扬有加，其著作《四书集注》更是广泛流传开来，并把其定位为科举考试的内容，这是程朱理学官方化的滥觞。元代，从整体上来讲，程朱理学相比较于其他学说，其优势也是比较明显的。元初，由于赵复的努力，理学得以北传，出现了许衡、刘因等具有代表性的理学家。随着理学的传播，元朝统治者也开始学习中原皇朝的做法，利用理学来加强自身统治。元仁宗延祐年间恢复科举考试，明令科考从"四书"内设问，并规定用朱熹的章句集注作为解释原则。这样，理学在元朝也成为官学，元朝统治者亦把它作为统治意识形态加以巩固。

明朝建立，明初统治者沿用了宋、元统治者"儒者可尚，以能维持三纲五常之道"[①]的利用理论。结合此时的"儒者"多指理学家的史实而言，因此具体一点来讲，这也是理学的一个利用理论。这样的理学利用理论在朱元璋和解缙的一段对话中也表现得非常明显，解缙说："臣见陛下好观《说苑》《韵府》杂书与所谓《道德经》《心经》者，臣窃所谓甚非所宜。《说苑》出于刘向，多战国纵横之论。《韵府》出元之阴氏，抄辑秽芜，略无可采。陛下若喜其便于检阅，则愿集一二志士儒英，臣请得执笔随其后，上溯唐、虞、夏、商、周、孔，下及关、闽、濂、洛，根实精明，随事类别，勒成一经，上接经史，岂非太平制作之一端欤？"[②]从解缙的这段话中，我们可以看出传统儒家学说仍然是他规劝朱元璋治国安民的所资利用的整体策略，其中传统儒学的新发展——程朱理学——当然也是重要的内容，即所谓"下及关、闽、濂、洛"；其目的自然是为了维护朱明皇朝的统治，即为"太平制作"；而"勒成一经，上接经史"的做法大概可以看成是这种想法的具体实践，这也大概是明成祖朱棣三部《大全》编订的滥觞。可以说，明初统治者把这一利用理论发挥到极致，与屠戮开国功臣、大兴文字狱、严刑酷法等措施相一致的是，加强思想领域的控制，利用程朱理学钳制士人口舌，从而达到"收天下之权以归一人"[③]的专制统治目的。

---

① 宋濂等：《元史》卷26《仁宗三》，中华书局，1976年，第594页。
② 张廷玉等：《明史》卷147《解缙》，第4115—4116页。
③ 王世贞：《弇州史料前集》卷11《中官考一》，明万历四十二年刻本，四库禁毁书丛刊，史部第48册，第579页。

明廷加强思想控制的举措首先表现在教育领域内程朱理学统治地位的确立。明太祖设立太学之初，即规定天下学校"一宗朱子之学，今学者非五经、孔孟之书不读，非濂、洛、关、闽之学不讲"①。把程朱理学定为科举的指导思想，"国家明经取士，说经者以宋儒传注为宗，行文者以典实纯正为主"，"不遵者以违制论"②，强制和利诱并用地使程朱理学成为控制人们思想的工具。当这种推尊程朱理学的统治观念与后来的八股取士制度结合起来以后，所导致的结果就正如顾炎武所感叹的那样，"八股之害，等于焚书，而败坏人才，有甚于咸阳之郊所坑者但四百六十余人也"③。把利用八股取士手段推行的官方化程朱理学比拟为秦始皇焚书坑儒，说明明初统治者加强思想控制的力度之大，对士人造成了极大的心理戕害。不仅如此，官方化程朱理学与八股取士制度的结合还在客观上限制了学者的视野，"自贡举法行，学者知以摘经拟题为志，其所最切者，唯四子一经之笺是钻是窥，余则漫不加省，与之交谈，两目瞪然视，舌本强不能对"④。造成了士子知识结构的单一，从而表现出"一种虚伪和萎靡不振的积习"⑤。

明成祖朱棣在明太祖朱元璋的基础上更进一步，不仅延续了其父的思想控制措施，更是编写出了代表理学官方化立场的三部《大全》——《五经大全》《四书大全》《性理大全》，为学术的解释提供了一个毋庸置疑的官方版本。明成祖朱棣亲自为三部《大全》制序，明确申明了"使家不异政，国不殊俗，大回淳古之风，以绍先王之统，以成熙雍之治"的编纂动机。《四书大全》三十六卷，《五经大全》一百五十四卷，《性理大全》七十卷，共二百六十卷。关于三部《大全》的内容，朱棣谕旨即言："《五经》《四书》皆圣贤精义要道，其传注之外，诸儒议论有发明余蕴者，尔等采其切当之言，增附于下"，类聚"周、程、张、朱诸君子性理之言"⑥。三部《大全》是以传统儒家"四书""五经"内容为线索，辑录后世儒家，特别是程朱理学家的相关学说为主干编辑而成，这无疑是

①陈鼎：《东林列传》卷2《高攀龙》，文渊阁四库全书本。
②彭孙贻：《松下杂钞》卷下，涵芬楼秘籍本。
③顾炎武著，黄汝成集释：《日知录集释》卷16《拟题》，第1260页。
④宋濂：《宋文宪公全集》卷10《礼部侍郎曾公神道碑铭》，四部备要本。
⑤白寿彝：《中国史学史》第1册，第78页。
⑥《明太宗实录》卷158，永乐十二年十一月甲寅，第1803页。

对程朱理学的一次大总结，也代表着程朱理学统治意识形态地位的确立。但就是这种利用行政手段，简单、强制推行程朱理学的做法极大地扼杀了学术得以发展所赖以生存的宽松社会环境，即使就理学化经学自身的发展而言，也是致命的，难怪顾炎武说："自八股行而古学弃，《大全》出而经说亡，十族诛而臣节变。洪武、永乐之间，亦世道升降之一会矣。"[1]结合三部《大全》产生的时代背景、编纂动机及其内容，程朱理学于明朝加强意识形态控制中的作用自然不言而喻。

为什么明朝统治者会选择程朱理学作为其加强思想控制的理论武器呢？不可否认，程朱理学自身也存在着理论缺陷，这又大致可以从两个层面来认识：一是个体和国家层面；二是道德和事功方面。这些都为程朱理学产生后的历代皇朝，也包括明朝所利用来加强自身的统治。

就个体和国家的层面而言，完整看来，程朱理学对这两方面的内容都是包括的，即其基本的价值取向主要有二：一是对个体道德起源与修养的探索，肯定个体道德修养的践履价值与意义，以满足士人个体追求终极关怀的精神需要；二是把这种个体的道德修养和践履价值的探讨推及于社会层面，以"天理"等范畴为媒介，上升到对封建道德纲常、等级秩序和专制集权之合理性的探讨。这两种价值取向在其理论体系中并不是均衡发展的，而是后一种取向占据着主导位置，即"认识论上把普遍之理与具体事物的关系规定为外在的强制命令，将世界形而上、形而下截然地割裂开，形成理与气、道与器、道心与人心、天理与人欲等范畴的二元对立，忽视了普遍性是内在于特殊性的。只有通过特殊性才能起到指导作用，尤其是以'所以然'说'所应然'，无视道德实践的主体性，即普遍的道德律令只有与个人的内在意愿相结合，才能转化为有效的行为规范，否则只会因强迫的泛道德化而导致社会的普遍虚伪"[2]。而历代统治者往往看重的就是这一点，即以"天理"消解了个体道德践履的主体性，在一定程度上削弱了个体道德修养的意义与价值，从而把其纳入统治者整齐划一的政治规划中，企图"合众途于一轨，会万理于一源"，"一宗朱子之学"的后果必然是"使家不异政，国不殊俗"。这就使得程朱理学经过官方化处理以后，失去了其初始存在的社会批判意

---

[1]顾炎武著，黄汝成集释：《日知录集释》卷18《书传会选》，第1390页。
[2]向燕南：《中国史学思想通史·明代卷》，第171页。

义，惟官方的统治需求马首是瞻。这也是程朱理学之所以受到宋、元统治者青睐的原因，当然也是谋求"收天下之权于一人"的明朝统治者特别看重的。看来，专制的本质是一样的，总是以集体或国家的名义来剥夺个体的权利。

这里不得不辩的是，程朱理学确实存在着以外在天理消解个体道德践履的弊病，但就完整的程朱理学，或者说程朱理学的本身学术内涵而言，肯定个体道德践履的必要性仍是其重要内容之一。从理学脱胎于宋初的儒学来看，宋儒发动"新儒学"运动的本旨就是为了限制君权，改变自秦、汉以来的"士贱君肆"①的局面，以达到士人与君主共治天下的目的。在这一共治过程中，士大夫的担当更是超越君主的，即所谓"天下治乱系宰相，君德成就责经筵"②。于此，对现实中君主专制及专制国家的各种行为，理学家经常是以一种批判的面目示人的。而在古代皇权即天理的历史语境下，强调限制君权，更是凸显了个体的道德践履，从而使得程朱理学具备了相当的社会批判意识。只不过在明代理学的官方化过程中，程朱理学的社会批判意思被当然地抹杀掉了。

在道德和事功的层面上，从上述宋代理学家的担当来看，他们不仅重视事功的理论阐释，更是事功的积极践行者。但从理学家学说的本身内涵来看，由于理学视"天理"为世界的本源，而这种本源性的东西自然也就具有无上的道德评判能力，朱熹曾说："宇宙之间，一理而已……其张之为三纲，其纪之为五常，盖皆此理之流行，无所适而不在。"③因此，道德评判在理学中的分量自然是不言而喻的。

同时，有关于道德和事功的思考，理学家们也往往以"正统论"的形式表现出来。严格意义上来讲，道德和事功这两方面内容都包括在理学家们的"正统论"中，"宋代经学家的正统论有一个非常显著的特点，那就是它否定了传统意义上立定正统标准重视纯道德因素的做法，而突出了大一统功业的重要地位"④。其中欧阳修的"居天下之正，合天下于

①张栻：《南轩集》卷16《张子房平生出处》，文渊阁四库全书本。
②程颢、程颐著，王孝鱼点校：《河南程氏文集》卷6《论经筵第三札子·贴黄》，见《二程集》，中华书局，1981年，第540页。
③朱熹：《晦庵先生朱文公文集》卷70《读大纪》，见朱杰人等主编：《朱子全书》第23册，上海古籍出版社、安徽教育出版社，2001年，第3376页。
④汪高鑫：《中国史学思想通论·经史关系论卷》，福建人民出版社，2011年，第131页。

一"①理论就是一个典型的代表。但也同样不可否认，在传统"大一统"理论道德扬榷的制约下，道德评判仍然是理学"正统论"思想的重要内容。

同时"正统论"也是一个历史发展的过程，宋代理学"正统论"的提出，主要是为虽未"合天下于一"，但可以"居天下之正"的宋朝统绪找到一个合法性的理由，从而使得理学家们的"正统论"从一开始就表现出既重政治上的"一统"，更重视"得天下之正"的道德意义，这一点在蒙古族入主中原的刺激下，更是如此，如元朝时期的郑思肖曾言："圣人、正统、中国本一也，今析而论之，实不得以。是故得天下者，未可以言中国；得中国者，未可以言正统；得正统者，未可以言圣人。唯圣人始可以合天下、中国、正统而一之。"认为那种"以'正而不统，统而不正'之语以论正统，及得地势之正者为正统，俱未尽善"②。杨奂亦有"王道之所在，正统之所在"③的观点，可见以"正统论"为表现形式，理学家们有关道德和事功层面的论述还是以道德评判为主干的。与此密切相关的是有关于"夷夏观"的问题，"夷夏之辩"直接决定了"得天下之正"与否。虽然此时的一些人也以欧阳修的"合天下于一"的正统标准来为元朝入主中原摇旗呐喊，但毕竟郑思肖、杨奂辈的观点影响还是相对较大的，也就是说，综观明以前"正统论"的历史发展，"居天下之正"的道德评判是凌驾于"合天下于一"之上的。

而到了明初，朱元璋虽然在应天（今南京）称帝，但残元势力在政治上和军事上都威胁着新生的政权，军事上的进一步打击固然必要，政治上的宣传也是必不可少的，即如何在政治上论证自身统绪的合法性，如何攘夺统绪的大纛，就成为明初统治者迫切需要解决的问题。对于这样一个对手是少数民族曾经建立的政权，而自身又是依然正在成长中的新生政权而言，宋、元时期"正统论"中重道德评判的倾向无疑是对其有利的，这也是理学之与明初政治紧密结合的一个逻辑进路，同时也是明初统治者片面利用理学的一个突破口。早在元朝末期，朱元璋的势力

---

① 欧阳修：《文忠集》卷16《正统论下》，文渊阁四库全书本。
② 郑思肖：《古今正统大论》，见饶宗颐《中国史学上之正统论》附录《资料一》，上海远东出版社，1996年，第123页。
③ 杨奂：《正统八例总序》，见饶宗颐《中国史学上之正统论》附录《资料一》，第126页。

作为各支起义力量的一支时，就非常注意利用正统的"夷夏之辩"来宣传自己，"方今取天下之势，同讨夷狄，以安中国，是为上策"①。在至正二十七年（1367）由宋濂起草的北上宣言《谕中原檄》，檄文中一方面持"自古帝王临御天下，中国居内以制夷狄，夷狄居外以奉中国，未闻以夷狄治天下也"的狭隘民族观念，反复申说自己出兵北伐的目的就是"北逐群虏，拯生民于涂炭，复汉官之威仪"，"除暴乱，使民皆得其所，雪中国之耻"②。明朝初期统治者利用正统"夷夏之辩"中重道德评判的倾向，使得他们在面对残元势力时，拥有绝对的道德自信，这与其建立自己的皇朝统治是一致的。

从上面的论述中，我们大致可以看出，历代统治者，包括明朝统治者利用程朱理学的基本思路是保留程朱理学中有利于其统治的成份，有意忽略和抹杀程朱理学的社会批判意识和事功因素。经过官方化处理的程朱理学确实登上了官方统治意识的宝座，但同时也处于一种被极端化扭曲的尴尬境地。统治者对于程朱理学的虚伪性在被称为"程朱复出"的方孝孺死于不遗余力推广程朱理学的朱棣皇帝之手的史实中更是显露无疑③。

在明廷威之以势、诱之以利定程朱理学为一尊的强制推动下，明代前期确实出现了正如黄宗羲所言的谨守程朱理学的学术思想状态，"有明学术，从前习熟先儒之成说，未尝反身理会，推见至隐，所谓'此亦一述朱耳，彼亦一述朱耳'"④，从而出现了"笃践履，谨绳墨，守儒先之正传，无敢改错"⑤的保守文化景象。而在这样的整体文化景象下，史学的停滞不前也应是情理之中的事情了。

（二）明代学者对程朱理学的反思和发展

确如我们上述所言，理学的官方化使得理学的发展达到了顶峰，也使理学的发展走向了衰落。但也不可否认，此时的理学也还存在着一定

---

①《明太祖实录》卷12，癸卯秋七月丙戌，第162页。

②《皇明诏令》卷1《谕中原檄》，明嘉靖十八年傅凤翔刻二十七年浙江布政司增修本，续修四库全书，第457册，第33—34页。

③李德锋：《论明代程朱理学的官方化及其对史学的消极影响》，《内蒙古大学学报》2018年第3期。

④黄宗羲著，沈芝盈点校：《明儒学案》卷10《姚江学案序》，第178页。

⑤张廷玉等：《明史》卷282《儒林一》，第7222页。

的发展。当然,主要集中在私学领域内。具体考察程朱理学继续发展的表现,大致有二:

一是从学理上进一步完善程朱理学,代表人物如方孝孺、曹端、吴于弼、薛瑄等等,普遍提出了"理气一体论"弥补程朱理学割裂主、客观的理论缺陷。如曹端,其言:"周子谓太极动而生阳,静而生阴,则阴阳之生,由乎太极之动静。而朱子《语录》,谓'太极不自会动静,乘阴阳之动静而动静耳'。遂谓'理之乘气,犹人之乘马,马之一出一入,而人亦与之一出一入',以喻气之一动一静,而理亦与之一动一静。若然,则人为死人,而不足以为万物之灵;理为死理,而不足以为万物之原。"曹端认为朱熹那种割断与气联系之理是"死理",理只有与气紧密联系起来才是"活理",才是至理,"理何足尚,而人何足贵哉?今使活人骑马,则其出入行止疾徐,一由乎人驭之如何尔,活理亦然"①。薛瑄亦言:"或言:'未有天地之先,毕竟先有此理。'……窃谓不可分先后。盖未有天地之先,天地之气虽未成,而所以为天地之气,则浑浑乎未尝间断止息,而理涵乎气之中也。"②认为理、气相即而不离。

二是建立在"理气一体论"的基础上,从社会价值上突出程朱理学的经世致用。由于明代的理学家们强调用理气合一来完善朱熹的理学,这就无形中把在朱熹理学当中完全依附于之理之气地位抬高了许多,又因为气在理学家眼中往往与现实社会表现联系在一起,这就使得这些理学家们往往具有经世的理学价值诉求。曹端谓:"人之为学,须是务实,乃能有进,若这里工夫,欠了分毫,定是要透过那里不得。"③薛瑄也提出了"为学之实","为学不实,无可据之地。人于实之一字,当念念不忘,随事随处省察于言动居处、应事接物之间,必使一念一事,皆出于实,斯有进德之地"④。

明代理学家们对程朱理学的这一改进和发展方向在明代日渐不可收拾的时局背景下,更使得程朱理学在一部分士子中仍有相当的市场。并且明代程朱理学俨然成为官方的统治意识形态,这一意识形态影响

---

① 黄宗羲著,沈芝盈点校:《明儒学案》卷44《学正曹月川先生端》,第1066页。
② 薛瑄:《读书续录》卷3,文渊阁四库全书本。
③ 黄宗羲著,沈芝盈点校:《明儒学案》卷44《学正曹月川先生端》,第1063页。
④ 黄宗羲著,沈芝盈点校:《明儒学案》卷7《文清薛敬轩先生瑄》,第123页。

于明代社会的各个方面，士子经世抱负的展开，也必须依托于受这一意识形态影响的社会结构，正如理学的集大成者朱熹在分析传统儒家"仁"之概念实行的现实基础时所言："仁固能博施济众，然必得时得位，方做得这事。"①因此，在一些学者眼中，从程朱理学的既有视角出发以实现其经世抱负也是一个潜在的前提。

如在"异端"性上与阳明心学有着诸多相似之处的祝允明就曾公开为朱熹辩护。他认为"诚"是程朱理学的基石，后来所"导致社会的普遍虚伪"则是"攀援附托"者所为，从根本上违背了程朱理学的学术取向。"然使为之者，一出于诚，所谓三纲五典、仁义礼智、忠信廉耻、诚意正心、修身齐家治国平天下诸云云者，莫非躬行实蹈、表里一心、由是而贤而圣，岂非道学之真，而万世当遵者乎？……若朱子者，吾固不敢真以为伪。而后来攀援附托而为之者，则已如所称者伪。千诡百怪，有不胜言而不容掩者，此则其徒之罪也。窃其名而反其实，既享其名，又收其利，所谓名利兼得者，非徒今世之罪人、先王之罪人、圣门之罪人，而亦程朱诸子之罪人也"②。

而生活于阳明心学已然兴起的明代中叶的程朱理学家陈建，其学术特点的呈现更能说明程朱理学本身所蕴含的、并经过明代理学家极力阐扬的经世致用思想对维持程朱理学发展的重要性。《东莞志稿·陈建传》总结了陈建"盖为天下万世虑也"总体经世致用学术特点，这一学术特点又主要表现在两个方面："究心学术邪正之分，及国家因革治乱。"在"国家因革治乱"方面，陈建撰成《治安要义》《皇明启运录》《皇明资治通纪》《古今至鉴》和《经世宏词》等经世主张的史籍。而在"究心学术邪正之分"方面，其撰著了《学蔀通辨》一书，表现出明显地褒扬程朱理学、贬抑陆王心学的倾向，其在评价明代学者时言："我朝理学之士，薛文清瑄、陈克庵选为最，胡敬斋居仁、罗一峰伦、章枫山懋亚之。盖一峰、枫山偏于隐退为高矣。陈白沙献章，只一味禅会。庄定山昶只是一诗人，与黄未轩仲昭，言行未见灼灼。定山晚年出处一节，虽白沙亦讥之。陈剩夫（真晟）只是一个狷介之士，其学识比胡敬斋犹未及。邹吉士

①黎靖德编，王星贤点校：《朱子语类》卷33《论语十五》，中华书局，1986年，第845页。
②祝允明：《祝子罪知录》卷5，明刻本，续修四库全书，第1122册，第601页。

智，忠鲠名臣，不必厕身道学。"①应该讲，陈建之所以对陈白沙、庄定山、陈剩夫等非程朱理学人物的评价不高，主要着眼点是他们"一味禅会""只是一诗人"等脱离世事的学术特点。虽在此段中没有把程朱理学与经世致用的学术思想直接对等起来，但实际上是包含这层意思的。陈建在为程朱理学人物分等定级时，又何尝不是利用了这样的标准？同作为程朱理学人物的胡敬居仁、罗伦、章懋等人之所以低薛瑄、陈选一等，恰是因为他们"偏于隐退为高矣"的出世特点。

可以看出，随着社会危机的加深，学者们普遍追求学以经世的价值旨趣，对程朱理学的关注点也由原来的学术价值向经世价值转变，而在当时的认识背景下，程朱理学的后一种价值取向显然在某种程度上符合了这一时代需求，这也成为王学产生后，程朱理学并未完全退出历史舞台的一个原因。也就是说，明代理学家们的努力部分地完成了程朱理学的自我救赎。

## 二、王学的产生和衍化

从整体上来讲，明代的理学家们虽然部分地完成了程朱理学的自我救赎，但不可否认，经过官方化改造的程朱理学对明代学术的整体影响是消极的，在统治者的强力利用下，导致了明代前期学风的萎靡。这种萎靡的学风大致于明代中期的正德、嘉靖时期出现了转变——由早期官方化程朱理学笼罩下的沉闷乏味向生动活泼转变，其于思想领域最显在的表现就是王阳明心学的兴起。高攀龙有言："国朝自弘、正以前，天下之学出于一，自嘉靖以来，天下之学出于二。出于一，宗朱子也；出于二，王文成公之学行也。"②

（一）心学思潮的兴起

心学，学者们一般也认为是儒学新发展中的陆王学派，南宋陆九渊启其端，明代王阳明集其大成，因此，也称为王阳明心学，亦简称为王学。一些情况下，也以其创始人陆九渊之名称之为陆学。

---

① 陈建：《皇明通纪》后编卷18，天顺二年陈建按语。转引自向燕南：《中国史学思想通史·明代卷》，第202页。

② 高攀龙：《王文成公年谱序》，吴光等编校：《王阳明全集》卷41《序说·序跋》，上海古籍出版社，1992年，第1610页。

　　心学于明朝中后期产生,有着深刻的时代背景。明朝前期君主专制体制的最核心的内容就是"收天下之权于一人",要求极端的人治。到了明代中后期,这一体制与统治者自身素质的退化形成不可调和的矛盾。虽然祖宗规定的严刑酷法仍在,但仍然无法调和这一矛盾,从而使得明朝中后期的政治统治表现出君主专制弱化的时代特征。也正是君主专制有所弱化,使得社会各个领域从明代前期随着君主专制加强而带来的社会凝固不动的沉闷中寻得一隙发展的空间。

　　明代中后期经济领域的最大变化,就是新经济因素的萌生和发展。侯外庐先生曾言,明代中叶是"中国历史上资本主义萌芽最显著的阶段"[①]。明代中后期的农业和民营手工业等诸领域都突破了原来自给自足和单纯满足官府消费的理念,要求私人资本的积累和地方权力的扩张。这对严格服务于中央集权下的明皇朝前期"不着眼于提倡扶助先进的经济,以增益全国财富,而是保护落后的经济,以均衡的姿态维持王朝的安全"的经济安全政策构成了挑战,成为"明皇朝的安全之累"[②]。与此相应,明代前期的朝廷利益至上的观念开始受到时人的反思和质疑,人们开始反思每一个个体的社会价值。

　　也正是植根于这样丰富时代背景下,时人反思的最典型的成果表现就是王阳明心学的产生。

　　王阳明心学于早期的产生和发展,是在程朱理学"天理说"的基础上,直接继承和发展了陆九渊心学"心即理"理论,认为"心之本体即是天理"[③]。通过这一理论过渡,王阳明把朱熹对于"天理"的说明直接移植到了其对于"心"的界定上。在王阳明的话语体系中,心主要在三层涵义上得以运用,一是作为一种规则、规律等支配现象的主宰性和本质性的存在,即所谓"心者身之主宰,目虽视而所以视者心也,耳虽听而所以听者心也,口与四肢虽言动而所以言动者心也"[④]。二是心是传统道德的渊薮,"心者身之主宰……主宰一正,则发窍于目,自无非礼之视;发窍于耳,自无非礼之听;发窍于口与四肢,自无非礼之言动,此便是'修

①侯外庐主编:《中国思想通史》第5卷,第3页。
②黄仁宇:《万历十五年·自序》,第2—3页。
③王守仁:《传习录》上,吴光等编校:《王阳明全集》卷1,第58页。
④王守仁:《传习录》下,吴光等编校:《王阳明全集》卷3,第119页。

身在正其心'。然至善者心之本体也"①。三是心具备宇宙本源性质，阳明说："人者，天地万物之心也；心者，天地万物之主也。心即天，言心则天地万物皆举之矣。"②与程朱理学对天理推崇的逻辑思路一样，王阳明把心作为宇宙的本源，使其具备了绝对的道德评判权力。

王阳明心学于后期的发展主要是在早期"心即理"理论的基础上，进一步提出了"致良知"的命题，使得其心学理论更为圆融。王阳明对此非常自负："致良知之外，无学矣。自孔孟既没，此学失传几千百年。赖天之灵，偶复有见，诚千古之一快！百世以俟圣人而不惑者也。"③阳明反复强调"吾平生讲学，只是'致良知'三字"④。细究"致良知"对其早期心学理论的发展，主要集中在两个方面：一是在"心之本体即良知"的既有思路下，认为良知是心的本然状态，利用"良知"这一概念在古代话语体系中的道德优势，从而为其赋予心以绝对的道德评判优势找到了更为坚实的基础。二是对于如何致得良知作了正面回应。阳明把其区分为两大途径，即率其本然和着实用功。率其本然就是理想状态下获得良知的办法，因为在阳明的心学体系中，良知是天然内在于人心的，只要循着良知去做，去发用流行，任其自然发展就可以了；着实用功是在良知被物欲遮蔽的情况下，那就需要先祛除物欲，恢复本然状态下的良知。这就使得"致良知"范畴不仅继承和突出了其"心即理"的早期命题，而且兼顾到了理想和现实两个层面上如何致得良知的工夫论上的问题，从而使得阳明心学更为圆融。

就阳明心学产生的意义而言，首先，无论是阳明早期的"心即理"还是晚期的"致良知"，我们都可以看出"心"和"良知"在其心学理论构建中的核心作用，它们是世界的本源，面对外物，拥有绝对的道德优势，这就把程朱理学视之为强制规定的外在天理消融于主体的自我意识之中，从而赋予"吾心"极大的自主性和能动性，"使主体从外在天理的服从者，变成为了天理的拥有者，在消解原君临主体的外在的思想权威的

---

① 王守仁：《传习录》下，吴光等编校：《王阳明全集》卷3，第83页。
② 王守仁：《王阳明全集》卷6《答季明德·丙戌》，第214页。
③ 王守仁：《王阳明全集》卷8《书魏师孟卷·乙酉》，第280页。
④ 王守仁：《王阳明全集》卷26《寄正宪男手墨二卷》，第990页。

同时，也使主体的思想获得解放"①。在把天理消融于主体之心的基础上，王阳明认为"良知"是内在于人心的，是心体存在的本然状态，是不假外求的，每个人都有其心体，也都有其良知，即所谓"尔那一点良知，是尔自家底准则。尔意念着处，他是便知是，非便知非，更瞒他一些不得。尔只不要欺他，实实落落依着他做去，善便存，恶便去。他这里何等稳当快乐"②。阳明认为良知是一种普遍和超越的绝对道德存在，同时也认识到人与人禀赋的差异性，表现也是不尽相同的，其曾赋诗一首言："知得良知却是谁，自家痛痒自家知。"③强调人的差别性及其差别性存在的价值，这就为个体的多途发展提供了无限可能。这在定程朱理学于一尊的明代社会显然具有了批判的意味，"夫学贵得之心。求之于心而非也，虽其言之出于孔子，不敢以为是也，而况其未及孔子者乎！求之于心而是也，虽其言之出于庸常，不敢以为非也，而况其出于孔子者乎！"④"夫道，天下之公道也；学，天下之公学也。非朱子可得而私也，非孔子可得而私也"⑤。表现出对既定权威的质疑、否定，摆脱程朱理学束缚，极大地肯定了个体自我意识的能动性。故此，王阳明心学最突出的价值就是其在思想上的解放意义。并且，阳明心学作为一种历史的存在，由于其自身对于既定权威的否定，强烈的社会批判意识，始终未被明代统治者认可，往往以"异端"或"伪学"的身份备受排挤，始终没有登上统治意识形态的宝座，这也使得其一直保持着批判的张力，持续发挥着其思想解放的作用。

其次，阳明的"良知"说认为天地万物是良知的具体表现，良知也蕴含在天地万物之中，良知是不离当下的日常生活的。因此，在其心学理论中，日常生活的各种凡俗事物都是实际的学问，这就使得阳明心学具有一种努力向下的构建，具有明显的社会化和平民化的倾向，赋予普通百姓的日常生活以学理上的依据，其言："盖日用之间，见闻酬酢，虽千头

---

①向燕南：《试析王阳明心学对明代史学的影响》，《淮北煤炭师范学院学报》（哲学社会科学版）2006年第1期。

②王守仁：《传习录》下，吴光等编校：《王阳明全集》卷3，第92页。

③王守仁：《王阳明全集》卷20《答人问良知二首》，第791页。

④王守仁：《传习录》中《答罗整庵少宰书》，吴光等编校：《王阳明全集》卷2，第76页。

⑤王守仁：《传习录》中《答罗整庵少宰书》，吴光等编校：《王阳明全集》卷2，第78页。

万绪，莫非良知之发用流行。除却见闻酬酢，亦无良知可致矣。"[1]这是阳明心学得以迅速、广泛传播的原因，也是阳明心学的一大社会价值。

再次，从阳明后期"致良知"命题对其早期"心即理"命题的丰富来看，其不仅进一步阐明了良知的本体意义，而且兼顾到了良知如何致得的工夫论问题，从而赋予其学说较为全面、深邃的思想内涵，传统思想各种内容都在其"致良知"的理论框架下找到了相应的位置。如关于经世思想，显然和良知致得之一途的着实用功密切相关。这也是阳明心学的一大价值，也是其一经产生后就产生重大影响的一个重要原因。

阳明心学一经产生，就产生了极大的影响。大致看来，主要表现在两个方面。

一是王学自身的丰富发展。就阳明后学的社会身份构成来看，王学泰州学派的代表人物罗汝芳言："明典崇重理学，代有闻人。正、嘉间，浙东阳明王先生稍稍以良知为训，海内咸宗之，然惟余省吉安居多。其时不独缙绅多士，即草野潜伏之夫，亦往往以羽翼斯道自期。"[2]"缙绅多士"和"草野潜伏之夫"说明阳明后学构成的丰富性，也说明阳明心学于社会的流行程度。就阳明的及门弟子而言，有数百人之说，有二三千人之说，也有六千人之说，这也说明阳明及其学说"在人格上的巨大感召力和在思想上的广泛影响力，以及当时社会各阶层对阳明学说的高度认同感和近乎狂热的推崇心理"[3]。就实质思想内涵而言，后人对阳明心学自身学派就有过各种归纳，依据不同的划分标准，有现成派、修正派、归寂派之分，有虚无派、日用派之分，有主敬派、主事派，有主无派、主有派、主静派、主动派之分，等等。这里仅以嵇文甫先生比较简单明了的左、中、右三派分法来说明阳明心学的丰富内涵，"大体说来，东廓绪山诸子，谨守师门矩镬，'无大得亦无大失'；龙溪心斋使王学向左发展，一直流而为狂禅派；双江念庵使王学向右发展，事实上成为后来各种王学修正派的前驱"[4]。后人对于阳明心学分派的"混乱"，固然一方面说

---

①王守仁：《传习录》中《答欧阳崇一》，吴光等编校：《王阳明全集》卷2，第71页。
②罗汝芳：《罗明德公文集》卷4《永新尹天湖墓志铭》，见方祖猷等编校整理：《罗汝芳集》，凤凰出版社，2007年，第637页。
③钱明：《王阳明及其学派论考》，人民出版社，2009年，第268页。
④嵇文甫：《晚明思想史论》，第16页。

明后人分派标准各个①，但恐怕更说明了阳明心学内涵的丰富，于明中后期社会所产生的广泛影响。就学术地域而言，明末大儒黄宗羲《明儒学案》基本按照地域，把阳明心学分为浙中（包括浙东和浙西）、江右（今江西和安徽西南部）、南中（即南直隶，今江苏、安徽大部）、楚中（今湖南、湖北）、北方、闽粤和泰州七个大的传播地域，即使如此，黄宗羲仍认为"然一人之闻见有限，尚容陆续访求"②。现代学者钱明更是认为："可以说，阳明学的传播区域，几乎囊括了大半个中国，并且还从南、北两个方向分别向周边国家传播，最终形成了日本阳明学派和韩国阳明学派，使阳明学最终成为近世东亚地区的亚主流思潮，这是王学传播的最大收获，也是儒家文化与周边国家传播链中的成功范例之一。"③可以这么说，阳明心学于其内部的丰富传播，使其成为明代中后期思想界最活跃的群体构成。

　　二是阳明心学对明中后期社会的影响。这首先最直观地表现在王学受到了学者们的高度认可。一些学者认为阳明心学能够接续"圣学"，明代学者袁宏道即言："至近代王文成公、罗盱江辈出，始能抉古圣精髓，入孔氏堂，揭唐、虞竿，系文、武铎，以号叫一时之聋聩。"④明末大儒黄宗羲也认为阳明心学"可谓震霆启寐，烈耀破迷，自孔、孟以来，未有若此之深切著明者也"⑤。清代学者莫晋亦言："自阳明倡良知之说，即心是理，即知是行，即工夫是本体，直探圣学本源。"⑥更多学者对阳明心学破除迷信、解放思想的意义表达了高度认可，诸如"拨云见日"⑦、"暗室一炬"⑧的比喻都是明人对于阳明心学的思想解放意义所下的普遍断语。

　　其次，阳明心学的影响还体现在其与明代前期定于一尊的程朱理学地位的升降上。《明史·儒林传》曰："原夫明初诸儒，皆朱子门人之

---

① 蔡仁厚：《王学流衍——江右王门思想研究》，人民出版社，2006年，第5—6页。
② 黄宗羲著，沈芝盈点校：《明儒学案》卷首《明儒学案发凡》，第15页。
③ 钱明：《王阳明及其学派论考》，第276页。
④ 袁宏道著，钱伯城笺校：《袁宏道集笺校》，第1226页。
⑤ 黄宗羲著，沈芝盈点校：《明儒学案》卷首《师说》，第7页。
⑥ 黄宗羲著，沈芝盈点校：《明儒学案》卷首《莫晋序》，第12页。
⑦ 袁中道：《珂雪斋集》，上海古籍出版社，1989年，第435页。
⑧ 张岱：《石匮书》卷130《王守仁列传·附阳明弟子列传》，稿本，续修四库全书，第319册，第350页。

支流余裔，师承有自，矩镬秩然。曹端、胡居仁笃践履，谨绳墨，守儒先之正传，无敢改错。学术之分，则自陈献章、王守仁始。宗献章者曰江门之学，孤行独诣，其传不远。宗守仁者曰姚江之学，别立宗旨，显与朱子背驰，门徒遍天下，流传逾百年，其教大行，其弊滋甚。嘉、隆而后，笃信程朱，不迁异说，无复几人矣。"明末大儒顾炎武亦言："自宏（弘）治、正德之际，天下之士，厌常喜新，风气之变，已有其所自来。而文成以绝世之资，倡其新说，鼓动海内。嘉靖以后，从王氏而诋朱子者始接踵于人间。"①特别是与占据官方统治意识形态地位的程朱理学相比较，王学实际上取得了压倒性的优势，明人王世贞即言："今天下之好称守仁十七八。"②从上面诸条史料中，我们可以看出，阳明心学在其产生之后的相当长一段时期内，虽然从未被明廷钦定为官方统治思想，但在社会较为广泛的范围内事实上已经取代了程朱理学的统治地位，"当时，王学不仅在民间'门徒遍天下'，而且在政界也广有影响，其中居内阁执掌国柄的有席书、张璁、方献夫、徐阶、李春芳、赵贞吉、申时行等，居六部握实权的亦有聂豹、欧阳德、程文德等人，在朝廷和地方任职的更是不计其数。王学俨然成为居于社会主流的意识形态"③。

综上所述，阳明心学一经产生就产生了较大的影响，不仅学派自身得到了丰富的发展，使得其成为明代中后期最为活跃的群体构成，而且在传播的过程中，受到了明中后期学者的高度认可，在社会较为广泛的范围内事实上已经取代了官方统治意识形态的程朱理学，成为明朝中后期一股占主流的思潮，正如明代晚期学者顾宪成所言："当士人桎梏于训诂辞章间，骤而闻良知之说，一时心目俱醒，恍若拨云雾而见白日，岂不大快！然而此窍一凿，混沌几亡。"④对阳明心学解放思想的意义给予了肯定的同时，也对阳明心学"开发有余，收束不足"的特性提出了批评，认为特别是王学后学片面发挥这一特性，阳明后学的发展逐步溢出了其自身的合理发展范围，即所谓"此窍一凿，混沌几亡"。应该讲，顾

①顾炎武著，黄汝成集释：《日知录集释》卷18《朱子晚年定论》，第1421页。
②王世贞：《弇州史料前集》卷25《王新建传》，明万历四十二年刻本，四库禁毁书丛刊，史部第49册，第113页。
③向燕南：《中国史学思想通史·明代卷》，第172页。
④顾宪成：《小心斋札记》卷3，见《顾端文公遗书》，清康熙刻本，续修四库全书本，第943册，第144页。

宪成此论主要是针对阳明心学,特别是其左派对其理论片面发展展开的批评,但这也从一个侧面反映了阳明心学广泛、持续的社会影响。

（二）王学的分化发展

已如上述,阳明心学一经产生就产生了广泛而又深入的影响,其后学发展也呈现出丰富发展的态势。一定程度上来讲,这种丰富发展又表现出分化发展的态势。这种分化发展固然与其后学个人经历、秉性以及既有学术结构不同有着密不可分的关系,但阳明心学本身的理论也蕴含着分化发展的潜力。

王阳明在肯定"良知"本体地位的前提下,存在着"率其自然"和"着实用功"两种"良知"之"致"的价值取向。"率其自然"多从本体上说工夫,强调"良知""生生不息""妙用流行"和"活泼"的自然本质属性,强调人人"良知"自足,不假外求,这就赋予了个体无比的主动性,外在的天理不应成为于外应物过程中的根据。但这一立论的前提是"良知"是本然的,是未被"物欲牵蔽"的,"良知之在人心,不但圣贤,虽常人亦无不如此。若无有物欲牵蔽,但循着良知发用流行将去,即无不是道"[1]。如被"物欲牵蔽"则另是一番光景,即要通过内心的体认和外在的修为以达去欲的目的,把"致良知"之"致"落实到外在、具体之事务上,"盖日用之间,见闻酬酢,虽千头万绪,莫非良知之发用流行。除却见闻酬酢,亦无良知可致矣"[2]。此又表现为从工夫上说本体。这两种取向在阳明生前就引起了争议,当分别代表这两种取向的王畿和钱德洪求证于阳明时,他也没有十分有效的说法,最后不得不援"利根""中下根"等人之天然秉性为说辞。"利根之人直从本源上悟入,人心本体原是明莹无滞的,原是个未发之中。利根之人一悟本体,即是功夫,人己内外一齐俱透了。其次不免有习心在,本体受蔽,故且教在意念上实落为善去恶,功夫熟后,渣滓去得尽时,本体亦明尽了"[3]。看来王阳明对此的态度亦是暧昧的,并未有一明确解答。于前一种取向,在明中叶经过王学左派的发展,早已跳出王阳明所划定"利根之人"的限制,成为社会普遍的社会价值追求之一,这生动地体现在王龙溪、王心斋等"左派"王

---

①王守仁:《传习录》中《答陆原静书》,吴光等编校:《王阳明全集》卷2,第69页。

②王守仁:《传习录》中《答欧阳崇一》,吴光等编校:《王阳明全集》卷2,第71页。

③王守仁:《传习录》下,吴光等编校:《王阳明全集》卷3,第117页。

学上。而于后一种取向，在"资性沉毅"的邹东廓、罗念庵、聂双江那里则又开出了"向右"①的工夫派系统。

关于王学分途，除王学本身孕育着分化的思想因子等因素外，王阳明于各时期所关注和解决的问题不同、门人资性各异以及对当下思想弊病的认识重点也不同，这都成为王学分途的外在因素。如王阳明在"南中之时，大率以收敛为主，发散是不得已，故以默坐澄心为学的"，此为徐爱记录为《传习录》初卷，"皆是南中所闻"，后为与"南中王学"颇有交往的聂双江所推崇，"今之为良知之学者，于《传习录》前编所记真切处，俱略之，乃驾空立笼罩语，似切近而实渺茫，终日逐外而自以为得手也"②。

而关于王学后学派别划分也是以"致良知"之"致"的两种取向为标准的。较早提出二分法的钱绪山认为："吾师既没，不肖如洪领悟未彻，又不肯加百倍之功。同志归散四方，各以所得引接来学，而四方学者渐觉头绪太多。执规矩者，滞于形器，而无言外之得；语妙悟者，又超于规矩之外，而不切事理之实。"③即使是主张三分法、四分法的亦多以二分法为基础，都可以此两种取向进行归类。如主张四分法的王龙溪弟子查铎言："但世之学者多未知知之下落，又未知致之工夫。故以闻见求知者，失则浅；以了悟求知者，失则难；随事照管者，失则离根；向内寻求者，失则厌动。"④其中，"闻见求知""随事照管"当属"着实用功"的范畴，而"了悟求知""向内寻求"则代表着"率其自然"的涵义。

虽然王学自身问题种种，但内容上与时代精神的契合和注重学说传播的特点，使得王学逐渐渗透到社会的各个领域，"宗守仁者曰姚江之学，别立宗旨，显与朱子背驰，门徒遍天下，流传逾百年，其教大行，其弊滋甚。嘉、隆而后，笃信程朱，不迁异说者，无复几人矣"⑤。从这里可看出王阳明心学已在事实上取代了程朱理学的地位，成为影响社会主流的意识形态，但同时王学的流弊亦逐渐凸显出来，这给了程朱理学一

---

① "左派""向右"为嵇文甫先生王学左、右二分法。嵇文甫：《晚明思想史论》，第16页。
② 黄宗羲著，沈芝盈点校：《明儒学案》卷17《贞襄聂双江先生豹》，第375页。
③ 钱德洪：《续刻传习录序》，吴光等编校：《王阳明全集》卷41，第1584页。
④ 查铎：《毅斋查先生阐道集》卷6《刻传习全录序》，清光绪十六年泾川查氏济阳家塾刻本，四库未收书辑刊，第7辑第16册，第499页。
⑤ 张廷玉等：《明史》卷282《儒林一》，第7222页。

定的生存空间，况且程朱理学作为官方的统治意识形态，特别是在科举选官制度方面，始终发挥着不可忽视的作用，明代中后期的思想也就在王阳明心学和程朱理学的此消彼长的并存状态中发展着，正如四库馆臣所言："洎乎明代，弘治以前，则朱胜陆。久而患朱学之拘。正德以后，则朱陆争诟。隆庆以后，则陆竟胜朱。又久而厌陆学之放，则仍伸朱而黜陆。"①

不可否认，部分地因为阳明心学自身的理论缺憾，为其直接的竞争对手程朱理学的发展留下了巨大的空间。这大概也是程朱理学能够于阳明心学产生以后继续传播和发展的一个时代原因。脱开这种世俗的理解，阳明心学分化发展又确实丰富了明中后期的思想格局以及促进了这一时期的思想繁荣。许多学者在思想方面都表现出"合会朱、陆"的特点。

### 三、唐顺之"合会朱、陆"的思想特点

唐顺之就生活于"朱陆争诟"的正德、嘉靖时代，和大多数士子一样，早期亦汲汲于举业，因此他最早接触的是已然成为科考指导思想的程朱理学。唐顺之早期专注于举业亦有家学渊源，其父唐珤中正德五年（1510）乡试，"凡六举会试不第，就铨得信阳州知州"②。屡试屡挫的阴影始终压在唐珤的心上，遂将举业寄望于儿子，对唐顺之自小就要求非常严格，"诵书不成熟，写字不端楷，父即挞之。或外嬉晚归，或内言使气，母必厉色曰：'汝尚有童心乎，将为宕子乎？'唐子由是勤励，书写得其父心，出入得其母心矣"③。在父母的督促下，唐顺之分别中嘉靖三年（1524）乡试和嘉靖八年（1529）会试第一名、廷试二甲第一名，可见他对官方程式化的程朱理学的运用还是非常熟练的。但也不得不说的是，唐顺之对程朱理学的研习，较早就具有了自觉的批判意态，如其好友赵时春在描述嘉靖八年（1529）中举时的唐顺之的思想状态时言：

> 冬腊，余自刑部主事调武库，与先生朝夕讲习，先生能弈而余能酒，淬励省绝，务求为学本原以修己，而以其余力适情六艺，为经济正务，世

①永瑢等：《四库全书总目》卷97《朱子圣学考略》"提要"，第824页。
②王慎中：《遵岩集》卷17《中顺大夫永州府知府唐有怀公行状》，文渊阁四库全书本。
③常州市唐荆川研究会编：《唐荆川诗文集》附录一《荆川唐都御史传》，第618—619页。

好利达莫如也。学本朱文公，然恐其偏于综急，故于应事中求无事，有象中求无象。①

其中，"淬励省绝，务求为学本原以修己"等所为基本上是对当时受程朱理学影响的典型士子的普遍描述，故"学本朱文公"为其主要特征；而"其余力适情六艺，为经济正务，世好利达莫如也"也说明了唐顺之对程朱理学，起码是官方化的程朱理学"偏于综急"的担心，对其缺点有一定的独立认识。

同时，唐顺之对程朱理学的反思，其中还有其与王学后学接触的原因。在时间节点上，与赵时春描述比较一致的是，在唐顺之在京参加会试的时候，亦与王学后学有所接触，即嘉靖八年（1529）的状元，后来成为江右王学代表人物的罗洪先。唐顺之与其接触后，即佩服其人品、气节，因定为石交。"其榜首则江西罗念庵洪先也。自与罗公交，后知其人品甚高，心服之，尝曰：'省元、状元人品每不齐，而吾幸与罗公为两榜首。省元、状元每相忌至于相疏，而吾独与罗公相友善，亦一奇也。'"②罗洪先自幼即向慕阳明心学，虽在阳明生前未及其门为弟子，但与王门高足钱德洪、王畿、邹守益等交谊甚笃，且在阳明没后，应钱德洪邀请参与阳明年谱的编纂，黄宗羲《明儒学案》以地域的标准归其为"江右王学"，就学术宗旨而言，主张"良知"需"着实用功"才可"致"得，其言："良知二字，今人皆容易说得……此非经枯槁寂寞之后，一切退听而天理炯然，未易及此。"③他认为"良知"并非天然自有，而要经过于外的磨砺方可获得。从罗洪先的早期表现来看，他也是这么做的，即使是在上疏请朝太子被黜之后，仍不释经世情怀，"甘淡泊，练寒暑，跃马挽强，考图观史，自天文、地志、礼乐、典章、河渠、边塞、战阵攻守，下逮阴阳、算数，靡不精究。至人才、吏事、民情，悉加意咨访。曰：'苟当其任，皆吾事也。'"④建功立业的豪情依然高涨，但为何又采用"枯槁寂寞""一切退听"等老气横秋的具体方式呢？对此，黄宗羲则疑为学

---

① 常州市唐荆川研究会编：《唐荆川诗文集》附录一《明督抚凤阳等处都察院右佥都御史荆川唐公墓志铭》，第615页。
② 焦竑：《焦太史编辑国朝献征录》卷63《佥都御史荆川唐公顺之言行录》，明万历四十四年徐象橒曼山馆刻本，续修四库全书，第528册，第481页。
③ 罗洪先著，徐儒宗编校整理：《罗洪先集》卷7《寄谢高泉丙辰》，第273页。
④ 张廷玉等：《明史》卷283《罗洪先》，第7279页。

术思想的转变，"先生之学，始致力于践履，中归摄于寂静，晚彻悟于仁体"①。其实，罗洪先一刻也不曾放弃经世的学术追求，之所以于中年采取"主寂"方式的原因，除了聂豹的影响外，也和他的个人际遇有密切关系，即个人抱负和现实落差之间的冲突。他出于稳定皇朝统治的目的，和唐顺之、赵时春建言请朝太子，却遭到罢官为民的处罚，其内心的冤屈自不待言，如何安顿自己经世热情和现实不可为的矛盾心理，他选择了"寂静"以砥砺自己德性的道路，"儒者学在经世，而以无欲为本，惟无欲，然后出而经世，识精而力巨"②。

而一生命运非常相似且多次境遇交叉的唐顺之和罗洪先③两人彼此相互激赏备至，唐顺之言："寥寥宇宙，所望于兄者不浅，弟亦不敢自弃于吾兄教诲之外，但与吾兄不得合并，最是苦事。以仆愚见，非特仆之卤莽朝夕不可离兄，虽以兄之高明纯粹亦不能离我。若得天假之缘，同处数年，不假言说，日夕以真精神相感发，如此久之，彼此皆可望于有成，不然则徒抱此生耿耿而已。"④罗洪先亦言："荆川，某莫逆友也。学识才力皆非其比。然此心共许形迹久忘间。"⑤相互激赏的背后是两人学术旨趣上的相似，唐顺之亦主张"良知"需依靠现实的修为，其言：

> 小心两字，诚是学者对病灵药，细细照察，细细洗涤，使一些私见习气，不留下种子在心里，便是小心矣。⑥

"照察""洗涤"就是排除杂念，追求内心的平静，方可至圣至贤。此论虽然强调在获得"良知"的过程中向内求索的意味，但仍然强调"良知"是需要通过努力和磨练才能够"致"得的，并不是与生俱有的。

同时，与罗洪先不尽相同的是，唐顺之其后的思想又发生了变化，认为"小心"两字只是形式，切不可流于僵化的"矜持把捉"。其在《与蔡白石郎中》中言："小心非矜持把捉之谓也，若以为矜持把捉，则便与鸢

①黄宗羲著，沈芝盈点校：《明儒学案》卷18《文恭罗念庵先生洪先》，第386页。
②张廷玉等：《明史》卷283《罗洪先》，第7279页。
③关于唐顺之与罗洪先命运相似：年轻时同尚气节；同年中举；为官不久，同不满官场习气而乞归；后同为太子选官僚起；同请朝太子而被罢官……可以说，唐顺之的人生轨迹，除晚岁出山抗倭外，基本上是和罗洪先相重合的。
④常州市唐荆川研究会编：《唐荆川诗文集》卷6《与罗念庵修撰》，第165页。
⑤罗洪先著，徐儒宗编校整理：《罗洪先集》卷9《谢严介溪相公庚申》，第359页。
⑥常州市唐荆川研究会编：《唐荆川诗文集》卷6《与蔡白石郎中（二）》，第158—159页。

飞鱼跃意思相妨矣。""惟小心而后能洞见天理流行之实，惟洞见天理流行之实而后能洒脱，非二致也。"①这样看来，唐顺之的为学路径与罗洪先也不尽相同。有关于此，两人的书信往来亦披露过这些许的差别。唐顺之曾有书信致罗洪先，对其"寂静"之路表达了一个同道的担忧，罗洪先答曰："弟果独坐一龛，不通半点风，然须念念尽空，方是真能为己了事。兄纵奔走风雨中，却念念为国家了事，事纵不了，心已破碎。又况饥民数万，嗷嗷待哺，非兄何以能济此？岂打坐人可能相抵！弟常有言：'能活人千命，便甘心不向世外走。'今打坐救得自己精神全在，方才抵对得兄过。兄南北奔走亦病，弟打坐，衰病亦未曾少减，此其得失安在，但自笑耳。"②罗洪先与唐顺之都承认现实作为是成圣成贤的应有之意，都应是有志成为圣贤的士子们所追求的。只是追求的方法有异：是默默体认，砥砺自己；亦或是建功立业。唐顺之和罗洪先这种对成圣成贤途径认识上的差异也导致了后来罗洪先终老山林，而唐顺之不顾出处、毅然出山的不同人生结局。尤可注意者，这封信是写于庚申年二月十一日，即嘉靖三十九年（1560）。此年四月一日唐顺之即逝去。也就是说，唐顺之虽然与罗洪先有"石交"之誉，但直至唐顺之逝去时，两人的学术思想都未完全契合。

　　唐顺之与王学"右派"的交往，还有聂豹。唐顺之在与聂豹的书信中，也表达了对于聂豹、罗洪先辈"寂"以致道为学途径的反思和批判：

　　　　若欲求寂，便不寂矣；若有意于感，非真感矣。圣人固以寂、感对言，亦有以寂、感分言者矣。《易》曰："复，其见天地之心乎？"关闭不行，是寂也，是天地万物之心也，则不消帮补一感字而感在其中矣。又曰："观其所感而天地万物之情可见矣"，是感也，是天地万物之心也，则不消帮补一寂字而寂在其中矣。《易》明言"闭关不行"，而先儒以为动而见天地之心，是以为寂异于感而帮补一感字也。《易》明言"感即天地万物之心"，而先儒以为咸卦六爻皆以有感而多凶，是以为感异于寂而帮补一寂字也。是未知圣人对言寂感未始为完语，而各言寂感未始为剩语也。一阳成震，何以谓之非动也？曰阳气潜萌于黄钟之宫，其潜萌焉，

---

① 常州市唐荆川研究会编：《唐荆川诗文集》卷6《与蔡白石郎中（二）》，第158—159页。
② 罗洪先著，徐儒宗编校整理：《罗洪先集》卷6《答唐荆川庚申二月十一日》，第224页。

所以为寂也。咸之六爻何以多凶也? 曰非感之为害, 乃害于感焉而凶也, 故曰未感害也。吾丈与念庵又谓"心有定体", 而辨"心无定体"之说。仆亦窃谓孔子尝言心矣, "出入无时, 莫知其向", 此真心也, 非妄心之谓也。出入本无时, 欲有其时则强把捉矣; 其向本无知, 欲知其向则强猜度矣。无时即此心之时, 无向即此心之向, 无定体者即此心之定体也。有定体故曰寂, 不动则有定体也, 故谓之寂; 无定体故曰寂, 无时无向则无定体也, 故谓之寂。动则有时有向, 有时有向则动也。[①]

于唐顺之看来, 聂豹、罗洪先等人的先抱一个为"寂"之心, 这本身就是对于包含万物一体之心的背离。不首先去除遮蔽心之欲念, 先立主"寂"之心, 终将妨碍道、心的致得。

于外磨练的目的是为了达到"鸢飞鱼跃""洒脱"的境地, 这种境界与"良知"之"致"的另一条途径——"率其自然"——离得更近。关于这一途径, 王学诸人都是有深刻体会的, 这样是王学诸人寻求群体认同的一个显著的标签。王阳明有所谓"良知自足说", 钱德洪有"但依良知运用"[②], 欧阳德有"循其良知"[③]说, 即使后来并未为《明儒学案》列入王学学案的李贽亦有所谓"童心说", 这其中也还有一个典型的表述就是唐顺之的"天机说"。"尝验得此心天机活物, 其寂与感, 自寂自感, 不容人力; 吾与之寂, 与之感, 只自顺此天机而已, 不障此天机而已。障天机者莫如欲, 若使欲根洗尽则机不握而自运, 所以为感也, 所以为寂也。天机即天命也, 天命者天之所使, 故曰'天命之谓性'。立命在人, 人只是立此天之所命者而已"[④]。在唐顺之看来, "天机"是"心"的一种本然状态, 只要让"天机"自然流露, 足可以外以应物、内以自处。当然, 唐顺之也认为"欲"会经常遮蔽"天机", 需要一个去欲的过程, "为寂"过程就是其中的一个手段, 但强调"心"之"天机"的先天状态, 这显然又是罗洪先"主寂"一路所不能囊括的。在唐顺之所交往的王学后学中, 我们也可以找到这一思想的外在学缘, 即王畿。王畿字汝中, 号龙

---

①常州市唐荆川研究会编:《唐荆川诗文集》卷6《与聂双江司马》, 第173—174页。

②罗洪先著, 徐儒宗编校整理:《罗洪先集》卷3《夏游记》, 第67页。

③欧阳德著, 陈永革编校整理:《欧阳德集》卷3《答戚补之》, 凤凰出版社, 2007年, 第104页。

④常州市唐荆川研究会编:《唐荆川诗文集》卷6《与聂双江司马》, 第173页。

溪,浙江山阴人。生于弘治十一年(1498),卒于万历十一年(1583)。一生于其师王阳明心学阐发和传播尤力,和钱德洪一起扮演着弟子师的角色。

唐顺之与王畿的交往虽在与罗洪先交往之后,即嘉靖十一年(1532)左右,"时则王龙溪以阳明先生高弟寓京师,公一见之,尽叩阳明之说,始得圣贤中庸之道矣"[1]。此时,年轻的唐顺之已经过两次罢官,再起也仅居翰林院编修的闲职,理想和现实的落差已然成为其心中不可释然的块垒,既主张入世又以阐扬个体价值为主要特征、并由王畿在京宣讲的王学思想很快占据了唐顺之苦闷彷徨的心灵,唐顺之亦自言:"吾学问得之龙溪。"[2]确实,王畿是唐顺之王学的入门导师,此时的罗洪先还只是以气节、品德而受到唐顺之的赏识,而非其王学成就,这从唐顺之此时对两人不同的评价角度亦可略见一斑,"是时缙绅之士以讲学会京师者数十人,其聪明解悟能发挥师说者则多推山阴王君汝中,其志行愊实则多推君与吉水罗君达夫"[3]。"率其自然"的王学特征在唐顺之一生中都发挥着重要的作用,它和唐顺之的早期气节相鼓荡,赋予了唐顺之毅然担当的用世勇气,这同样也是面对"南倭北虏"问题和严嵩党羽举荐的两难选择时,唐顺之能够出山抗倭而罗洪先坚拒不出的重要思想原因。

唐顺之虽受以王畿为代表的王学"左派"的影响至深,但对其也有一定的反思和批判,这从其对颇为推重的王畿的态度上可以看出。《与王龙溪郎中》书中,唐顺之首先表达了王学身份认同,并披露了见疑于世的群体特征,"世人之不能不疑于吾辈也,久矣"。紧接着说出了有关于王畿的一则传言,即占据寺地以作先人之墓,从而导致宪使的不满。当然,维护王畿的利益是其主要任务,"上官某人者既予之矣,而宪使持之,故若此纷纷也。仆闻而窃叹,以为如兄安得有此,此乃传言之误耳。不然,则必俗吏欲污蔑善人,托为此说。就使非传言之误,非俗吏欲污蔑善人,则在兄必自有说,固不敢以世人之疑吾辈者而亦疑兄,姑笑而置之,不欲烦诸齿颊间也"。唐顺之在没有目见的情况下,设置了各种情

---

[1] 李贽:《续藏书》卷22《金都御史唐公》,张建业主编,刘幼生整理:《李贽文集》第4卷,第505页。

[2] 傅维麟:《明书》卷114《唐顺之传》,清康熙三十四年本诚堂本,四库全书存目丛书,史部第39册,第535页。

[3] 常州市唐荆川研究会编:《唐荆川诗文集》卷14《吏部郎中林东城墓志铭》,第394页。

况为王畿开脱，来打消自己的疑虑。但疑虑始终无法去除，"既又复念，以为孔子以诗礼教子而陈亢疑其异闻，孟子不见储子而屋庐子以为得间，古者师友之间既洞然肝胆相信矣，而亦若不免以世俗之疑相疑者，何也？无乃故为迁其问，以剔抉圣贤之隐曲而白之于世也乎？"在表达了需要一个解释之后，又言："今仆幸得兄之间而可以有请，安知兄之隐曲不因以白，而仆亦冀有陈亢得三之喜与屋庐子之悦者乎？且夫人之意兄者，则曰兄之请寺是世人之请寺已，兄之狗风水是世人之狗风水已，而仆之意殊不然也。夫兄爽朗超脱，得之性成。仆每窃叹以为即使兄不学不知道，亦当作物外高流如弘景、和靖之徒，绝非食烟火辈人，而或谓其请寺以自便，占风水以规后荫，此真坐井之见，且不足以阒兄之藩，宜乎兄之不屑与较也，然而兄之为必有说也。"以王畿气魄宏达、不随流俗的风格对有关王畿的传言又作出了一定的解释，但仍然表达了"然而兄之为必有说也"的期望。又言："仆窃观于兄矣，惟兄笃于自信，是故不为形迹之防；以包荒为大，是故无净秽之择；以忠厚善事，不私其身，是故或与人同过而不求自异。此兄之所以生深信深慕于相知者，亦所以生微疑于不相知者也。寺田出上官之予，何必固却以为洁；风水有事机之便，何必固避以远嫌，以是阒兄，或者得其藩乎？"唐顺之此封书信可谓一步三回头的文路，渐渐使一个事实显现，即其也对王畿过于"自信"也颇有微词，"然仆窃以兄之意亦稍偏矣。孔子恶行怪而原，人亦讥其同乎流俗、合乎污世。夫曰同乎流俗，则非其自流也，特同之耳；曰合乎污世，则非其自污也，特合之耳。其设心亦岂不善，而圣贤甚以为不可者，其说可知也。且夫本以包荒忠厚而其影或近于原人，此仆之所惧也，然则世人望影而疑，亦何怪欤？……夫毁誉利害不足计，然得无吾党亦有过乎？苟非过于自信而疏于事情，无乃所谓素信于人者之未至耶？君子行有不得，反求诸己，则工夫日紧日精，至于己日乃孚。是人之疑我者，所以精进我也。兄意其以为何如？然仆非敢谓此言可以少裨于兄，亦将以叩兄之隐曲而得闻所未闻耳，幸亮之"①。唐顺之与王畿的这封信确实写得曲折千回，对王畿引起争议的行径予以充分理解的同时，更对王畿良知本然相伴而来的行事过于自信表达了不满，《明儒学案》基于唐顺之的

---

① 常州市唐荆川研究会编：《唐荆川诗文集》卷5《与王龙溪郎中》，第117—118页。

《与王龙溪郎中》的记载，对王畿"近佛""近老"学术趋向批判道："唐顺之谓先生笃于自信，不为形迹之防，包荒为大，无净秽之择，故世之议先生者不一而足。夫良知既为知觉之流行，不落方所，不可典要，一著工夫，则未免有碍虚无之体，是不得不近于禅。流行即是主宰，悬崖撒手，茫无把柄，以心息相依为权法，是不得不近于老。虽云真性流行，自见天则，而于儒者之矩镬，未免有出入矣。"①这种看似对于某一具体事情上的不同态度，其实表达的是学术旨趣的差别，这很容易使我们联想到王学发展史上钱德洪对王畿的批评。

　　唐顺之对王畿的批评态度最为严厉的莫过于对其"致知"说的批判。王畿曾就王学"右派"聂豹、邹守益和罗洪先所书《赠言》，因徐时举之请而作《致知议略》，依循阳明心学的基本理论，强调了良知为心之本然，"良知者，本心之明，不由学虑而得，先天之学也"。而知识则是"后天"之学，"知识则不能自信其心，未免假于多学亿中之助而已，入于后天矣"。建立在这样的认识基础上，王畿强调良知是天然自有的，有排斥外在努力的工夫论倾向，"良知者，无所思为，即寂而感行焉"，"颜子有'不善未尝不知'、'未尝复行'，正是德性之知、孔门致知之学，所谓不学不虑之良知也"。在传统儒家"格物"和"致知"等命题上也提出了不同的逻辑顺序，"格物是致知日可见之行，随事致此良知，使不至于昏蔽也。吾人今日之学，谓知识非良知则可，谓良知外于知觉则不可；谓格物正所以致知则可，谓在物上求正，而遂以格物为义袭则不可"。从而颠覆了传统儒家"格物"以"致知"的逻辑顺序，而是先复其心之本体，即良知明澈，然后才是依循这一本体而发之于事事物物上"致此良知"。在具体的论证中，王畿还特别强调了"独"和"空"的概念。认为后天的知识都是一种先入为主的偏见，很容易遮蔽天然自由的良知②。唐顺之对此批评道：

　　　　世间茅葛议论已自充塞，更无一片寸草不生地步。王老于其间又番窠倒白，又撰出一种驭气摄灵一息一息等语，又是一场孽怪。且三教之说正苦分也分不清，曰其息深深，曰反息还虚，曰向晦入宴息，扯来扯

---

①黄宗羲著，沈芝盈点校：《明儒学案》卷12《郎中王龙溪先生畿》，第238—239页。

②王畿著，吴震编校整理：《王畿集》卷6《致知议略》，凤凰出版社，2007年，第130—132页。

去，又却搅做一团。此等语言自谓泄却单传秘藏，却起世间巨儒诸老先生无限争端，不止如曩时实格物而虚致知之说也。昔时已病其推儒入佛，今且病其推儒入道，异日王老又将费力分疏，越分疏不下，此时当服老拙屡中之亿耳。王老试观为此语者，其会得王老宗旨，其会不得王老宗旨？[①]

唐顺之此段文字是因评价王畿有关"致知"的观点而起，因此，对"王老"的批评始终是其的一个重点，结合唐顺之此前对以王畿为代表的王学"左派"的批评，这里已经表现出对王畿置唐顺之一再劝告于不顾的不满，甚至不耐烦，文中"孽怪""扯来扯去"都表达了这种情绪，而"当服老拙屡中之亿"更是明确了这一情绪。唐顺之对王畿的批判，主要立足于其"推儒入佛"，或"推儒入道"。不仅如此，唐顺之也并没有仅仅局限于对王学"左派"的批判，对王学"右派"也颇有微词，如其在批评王畿"推儒入道"的表现时所言"曰其息深深，曰反息还虚，曰向晦入宴息"，这也是王学"右派"的说辞，而对有关王学的各种争论，以"茅葛"的措辞来形容，说明了唐顺之并没有形成一种完全的王学身份认同。因此，我们起码可以说，唐顺之受以王畿为代表的王学"左派"的影响至深，但其思想也绝非这一派别所能完全囊括。简而言之，唐顺之既能入于阳明心学，又能够出于阳明心学。

通过对唐顺之与以罗洪先为代表的王学"右派"和以王畿为代表的"左派"关系的梳理，我们会发现，这种既为王学，但又出于王学的学术品格说明的是唐顺之思想和学术的多源性和广博的特征。如果局限于思想领域，整体概括唐顺之一生学术，大致呈现出"合会朱、陆"的特征，即使是在其受王学影响以后，仍然没有完全排除受程朱理学的影响。

在接触阳明心学之后，也是在其因与罗洪先、赵时春建言早朝太子被罢黜居家之时，除与阳明后学的交往之外，研习程朱理学又成为唐顺之的一项重要内容。如在《与郑淡泉文选》中言："仆居闲无事时取晦庵先生之书读之，至《答陈永嘉书》'义利双行、王霸并用'之说，不觉慨然发叹。以谓三代以下人才与三代以上划然隔作两截，其隐微深锢之病只是如此。然同甫亦是豪杰，岂肯便自作落利霸窠子里去？只缘差却些子，

---

其流遂至于此，有志者真不可不慎于毫厘也！"①从唐顺之的这段话来看，其清醒地认识到朱子之说"隐微深锢"的弊端，这种对于朱熹理学的批判性认识也从一个侧面说明了其对程朱理学的研习自觉状态的进一步显化。唐顺之在嘉靖十五年（1536），也就是其中举后的第十八个年头，与其妹夫王尧衢的信中依然推崇"程朱诸老先生"，其言：

> 于是取程朱诸老先生之书降心而读焉。初亦未尝觉其好也，读之半月矣，乃知其旨味隽咏，字字发明古圣贤之蕴，凡天地间至精至妙之理，更无一闲句闲语。②

又，《答周约庵中丞》书中亦言："近来每观伊洛之书及六经之旨，觉有毫发悟入，则终日欣然，忘其居之陋而形之惫也。"③显然，唐顺之已经把对程朱理学的研习作为重要的内容，并以有所"悟入"作为目标，这也说明了其对程朱理学的认可。

但也应注意到，这一时期的唐顺之是程朱理学和阳明心学兼修的。很多时候表现出对于程朱理学的认可，但这种认可展开的思路，多是阳明心学的套路。如《答洪方洲主事》书言：

> 自叹草野书生不能识知榷场事体，终为目论耳，万不如兄身历其地而斟酌之之为精也。虽然，山人所知者去榷场中弊病犹易，去心术中弊病则难。昔人谓有意为不善与有意为善皆能累心，如瓦石屑、金玉屑皆能障眼，惟"慎独"二字是千古正法眼藏。若于此参透，则终日履道只是家常饭，平平坦坦，不作一毫声色，世间一切好题目、恶题目皆不能累我矣。吾兄向善甚笃，持身甚严，迥在流俗之外，仆一见而知敬之。如瓦石屑自是不能障兄，第恐所谓金玉屑者不谓无一点半点尚着眼中耳？《二程全书》近曾留意否？④

此篇是唐顺之在回答洪方洲有关榷场事宜时的书信，从"山人所知者"为始，从后所言的"去心中病难""金玉障眼""正法眼藏"等措辞来看，显然唐顺之给洪方洲提供的方法，还是阳明心学的理论套数，认为先立

---

①常州市唐荆川研究会编：《唐荆川诗文集》卷5《与郑淡泉文选》，第127页。
②常州市唐荆川研究会编：《唐荆川诗文集》卷5《与王尧衢书》，第134页。
③常州市唐荆川研究会编：《唐荆川诗文集》卷5《答周约庵中丞》，第137页。
④常州市唐荆川研究会编：《唐荆川诗文集》卷5《答洪方洲主事》，第127页。

一个为善为不善之心，都不是解决问题的办法，哪怕是先立一个为善之心，也会导致好的做法并不一定能达到好的效果。鉴于此，唐顺之强调了传统儒学中的"慎独"，而关于"慎独"的解释和运用，不仅阳明心学遵循此说，程朱理学亦有论述，故书信末尾用"《二程全书》近曾留意否"这一看似无关，其实与此问题密切相关的询问以为结。在唐顺之看来，有关于权场事宜的解决，阳明心学、程朱理学以及传统儒家的学说都从不同侧面提供了方案，诸种学说有共通之处，这既是唐顺之程朱理学和阳明心学兼修的表现，也是其原因。

民国唐鼎元所谓"四十以后，专研理学"[1]。仅就这里的"理学"而言，可能并非专指阳明心学，应该也包括程朱理学。这可以从其这一时期学术主旨（如"天机说"的提出）和学术活动（与王学后学交往频繁，内容都是探讨王学和体悟自我心性）可以看出，但同样也未放弃对程朱理学的研习。如高攀龙在为其大致成书于这一时期的《诸儒语要》作序时称："而考亭之语为多。"[2]从所选内容的比例透漏出程朱理学在其心目中的份量。唐鼎元更是直接道出《诸儒语要》合会朱、王的思想色彩，"公少年以文章名，中年深究性理之学，于程、朱、陆、王之言多所折衷焉，所辑《诸儒语要》是也"[3]。可以说，这两种思想相互纠结，即使于唐顺之去世时亦未厘清，其抗倭殉职任上临终时言："人与学问未成，未了十年工夫。"[4]

至于唐顺之的学术在四十岁左右表现出合会朱、王色彩的原因，一是此时的他虽与王学后学接触并在阳明心学的体悟方面也有所建树，但对王学后学的弊病亦已有所认识，特别是王学"左派"。

> 近来学者本不刻苦搜剔、洗空欲障，以玄悟之语文夹带之心，直如空花，竟成自误。要之与禅家斗机锋相似，使豪杰之士又成一番涂塞。此风在处有之，而号为学者多处则此风尤甚，惟嘿然无说，坐断言语意见路头，使学者有穷而反本处，庶几挽归真实力行一路，乃是一帖救急

---

① 唐鼎元：《明唐荆川先生年谱》卷6，《宋明理学家年谱续编》第5册，第52页。

② 高攀龙：《重刻诸儒语要条》，黄宗羲编：《明文海》卷223，中华书局，1987年，第2284页。

③ 唐鼎元：《唐荆川公著述考》卷首《自序》，国图藏民国铅印本。

④ 李贽：《续藏书》卷22《金都御史唐公》，张建业主编，刘幼生整理：《李贽文集》第4卷，第506页。

易方。①

为消解程朱理学的普遍律令化对士人的压迫，王学"左派"极度宣扬个体价值，不仅认为人人皆可为圣人，而且认为"良知"天然自有，不假外求，其自身存在着与现实脱节以及道德判断标准阙失的潜在理论缺憾，这就与此一时期立足于现实所兴起的经世思潮是有所出入的。

很多时候，唐顺之批判的矛头同时对准了王学"左派"和"右派"。如在前引《与蔡白石郎中》书中，唐顺之提出了"小心非矜持把捉之谓"等对王学"右派"的批评之后，其接着说：

> 江左诸人任情恣肆，不顾名检，谓之脱洒；圣贤胸中一物不碍，亦是脱洒，在辨之而已。兄以为脱洒与小心相妨耶？惟小心而后能洞见天理流行之实，惟洞见天理流行之实而后能脱洒，非二致也。

同时指出了王学"左派"和"右派"的于社会现实层面所产生的弊端，并认为两者应该是相辅而不相害的。那如何挽救这些弊端，唐顺之也给出了自己的答案：程朱理学。其紧接着即言："弟之不肖，正程子所谓'堕在沉滞、执泥坑里'者。"②这样基于对王学"左派"和"右派"的反思和批判，并把解决的途径诉诸于程朱理学的思路，唐顺之在很多场合都表现过，又如前引《与聂双江司马》书在表达了对聂豹、罗洪先等王学"右派""心有定体"的反思，即引孔子"出入无时，莫知其向"的言论对聂豹、罗洪先的理论进行了批判，其后又言：

> 虽然，仆于吾丈未尝得面领秘密之旨也，至于念庵所以恳切用工，与其恳切为人、悯时病俗之深意，则知之矣。知念庵之心，则知吾丈之心矣。今之学者种种欲障绝未摆脱，世间熏天塞地无非欲海，学者举心动念悉是欲根，而往往托无寂无感无善无恶之说，以覆其放逸无所忌惮之私，所谓终身役役行尽如驰莫之能止，亦可哀矣。夫此心原无放逸则不必论主寂，有放逸则不可不论主寂，学者此心原于放逸者能有人哉？譬如人元气原无病则不必论服药，有病则不可不论服药。尝有人问伊川："无病，何须服药？"伊川云："只为开眼即是病。"此语道尽

---

① 常州市唐荆川研究会编：《唐荆川诗文集》卷6《与张本静（二）》，第155页。
② 常州市唐荆川研究会编：《唐荆川诗文集》卷6《与蔡白石郎中（二）》，第158—159页。

学者膏肓处。吾丈所举程门静坐与未发之前求中之说，皆所谓顶门之针
而膏肓之药也。虽至上古圣人，成汤、周公坐以待旦，高宗恭默思道三
年，孔子尝终日不食、终夜不寝，至于三月而不知味。所以求之枯寂之
中如是其坚苦然者，盖虽圣人亦自觉此心未能纯是天机流行，故不容不
如此着力也。然学者用却有寂有感的工夫，却是于此中欲识得无寂无感
的本心，欲复得无寂无感的本心，而非以此妨彼之谓也。譬如有人患积
热蕴结，必假芩、连诸冷药以解其毒而复其元气，非以为冷气即元气，
亦非以为冷气异元气而不服药之谓也。①

　　唐顺之虽然在与聂豹的书信中，为聂豹和罗洪先的"主寂"之道进行各
种合理的说明，但不可否认的是多从对两人的人格赞赏入手，而从学理
上，也是与整篇书信的主旨相同的是，对其"主寂"路径产生的社会影响
则抱有一种审慎的反思和批判态度，与"无善无恶"一样，"无寂无感"
也成为"悉是欲根"之徒泛滥无归的托辞。而与阳明后学中非常重要之人
物——聂豹未曾谋面的史实，也说明了唐顺之与王学人物接触的有限性。
绝可注意者，唐顺之对王学，包括"左派"和"右派"所产生的消极影响的
解决，某种程度上是寄望于程朱理学理论说明上的，即程颐所言。并从宋
代理学家所构建的成汤、周公和孔子等为主体的儒家道统谱系中寻求解
决的历史经验，这无不说明唐顺之出入王学，或合会朱、陆的学术特点。
换句话来说，程朱理学，乃至传统儒学既已强调的内容，对救王学之弊，
不失为一种重要的参考，这也是程朱理学仍然在唐顺之这样生活在阳明
心学已然兴起的时代继续传播和发展的一个重要表现。

　　不可否认，唐顺之与阳明后学有着紧密的联系，与王学诸友对于阳
明心学的许多命题也有过深入的讨论，但同时我们也应注意到，唐顺之
与王学人物的交好，也并非仅仅源于学理价值的认可，也有基于气节
道义相类的考虑。这就使得唐顺之与王学诸友的书信中呈现出一个奇
怪的现象，即很少出现大致与唐顺之（1507—1560）相前后的阳明心学
的首创者——王阳明（1472—1529）的身影。阳明一次较为明确地出现
在唐顺之的诗文集中，是唐顺之为阳明弟子季本所作《季彭山春秋私考
序》：

---

① 常州市唐荆川研究会编：《唐荆川诗文集》卷6《与聂双江司马》，第174页。

君（按，季本）尝师阳明王先生，闻致知之说，为能信斯人直道之心与圣人无毁誉之心同，其《春秋》大旨亦多本之师说，故其所见直截如此。至于地理古今之沿革、姓名氏族之派、星历之数度、禘郊尝社礼乐兵赋之纤悉、古今之所聚讼，皆辨析毫厘，务极该实，昔人所称经师莫之及也。以非大义所关，故不摘之序中。①

考之唐顺之为季本所作《春秋私考》（三十六卷，明嘉靖刻本）序，撰写时间是在嘉靖庚戌岁，即1550年，也就是唐顺之由文入道的学术转向已然发生后，对阳明心学的研习，与王学诸友有关心性问题的探讨也往往集中在这一时期，因此，其序文的前半部分，主要是对阳明心学"圣心"与"愚夫愚妇之心"同的观点的认可，亦即其对季本《春秋私考》"大旨亦多本之师说，故其所见直截如此"评价的来源。但其后又言季本《春秋私考》"经师莫之及"的诸种表现，对于这段文字，我们大致可有两种理解，一是这样的表现仍然是阳明心学所包含的，我们在论述阳明心学的经世主张时亦多涉及；另外一种情况可能是，唐顺之在这里并不认为地理古今、姓名氏族、星历数度等传统技艺是阳明心学所涵盖的内涵，起码不是其重心，故其后又言"以非大义所关，故不摘之序中"。于此，我们判断，唐顺之在不多的提及阳明之处，对其价值的肯定也是有限度的，而非一种绝然的、完全无条件的服从。即使在具有心学倾向的学术群体内部，唐顺之一定程度上也表现出对王阳明的排斥，"王大成侍坐唐荆川，因问王阳明、陈白沙优劣，荆川曰：'吾人于二先生，且学他好处，未可优劣。'少间，曰：'白沙久在林下，所养较纯。'"②尽管唐顺之这段话的可靠性也存在疑问，但其所反映的对于阳明的基本态度还是有一定道理的。

应该来讲，程朱理学自身虽也问题种种，但早在南宋末年就已开始出现调和朱、陆的思潮，这从明初宋濂、王祎思想中均可觅得其踪。这一思路经过明中叶学者的发挥，或主张心理本一（如胡居仁），或主张德性与闻见相通（如吕柟），或主张"理气间不容发"③（如薛瑄），缓解了道心和人心的二元紧张，从而也解决了外在道德律令与现实道德践履之

①常州市唐荆川研究会编：《唐荆川诗文集》卷10《季彭山春秋私考序》，第276页。
②梁维枢：《玉剑尊闻》卷6《赏誉》，上海古籍出版社，1986年，第414页。
③薛瑄：《读书录》卷3，文渊阁四库全书本。

间矛盾的问题，使个体道德修养应用于现实操作的特性发展出来，在某种程度上符合了此时的士人心理。唐顺之在其早年所作《故礼部左侍郎薛瑄从祀议》中就表达了这种心理倾向：

> 臣闻圣人之道有宗传，有羽翼。盖孔门身通六艺者七十人，其德行称者才四人，而夫子独许回庶几，其三人又不与也。一贯语之参、赐，而性与天道，赐又自以为不可得闻，则其精微之际心授心受，毫厘不差者，固亦难矣，所谓宗传者也。然文学、政事、言语亦得与德行分科而居，而皆不失为圣人之一体。至于门人之辨之勇之艺，圣人亦自让以为贤于我也，且曰："自吾得某也，而恶声不入于耳；自吾得某也，而门人加新。"是圣人与人之周也，所谓羽翼者也。此孔门人物之衡也，亦后世论孔门从祀者之衡也。如使必其宗传而后可以从于祀也，则颜、曾、思、孟而下，及于濂、洛，四三巨儒而足矣，虽七十子亦有在所略者矣，而况于经师之口传，与王、韩辈之疵而未醇者乎？然且群然而俎豆焉，则羽翼之故也。故曰与其过而废之，宁过而存之。至如瑄者，以复性为究竟，以持敬凝静为工夫，非圣人之道不以志而学，非濂、洛、关、闽之说不以尊而信。虽其于所谓精微之际未知其何如也，而历其平生，其背于圣人者亦少矣，谓其为圣门之羽翼也，复何疑乎？此瑄之可附于祀典者一也。

唐顺之认为薛瑄"以复性为究竟，以持敬凝静为工夫"的理学造诣，完全可以成为儒学之羽翼而入祀孔庙。唐顺之亦从理学道统的传承上论证了薛瑄应当入祀，其言：

> 臣闻众心安定而成俗，俗必有尚；众志鼓舞而成尚，尚必有倡。倡之者始之也，祭之为言报也，以报本而反其始也。我朝理学彬彬乎盛矣，然自瑄以前儒者犹汩于辞章事功之习，而未有能卓然于道德性命之归者也，而瑄实倡之矣。自瑄以后，其有如瑄者继踵而出乎，未可知也；其有能直接孔氏之心传者出乎，未可知也，而瑄实倡之矣。是则瑄其我朝理学之一辟也，比之濂、洛倡道于宋，虽其所自得或有深浅，而功则并之。此瑄之可附于祀典者二也。[①]

---

① 常州市唐荆川研究会编：《唐荆川诗文集》卷18《故礼部左侍郎薛瑄从祀议》，第501—502页。

在阳明心学已然兴起的时期，唐顺之仍然说"其有能直接孔氏之心传者出乎，未可知也"，其早期的学术向背应该是一望而知。当然，唐顺之对薛瑄的肯定，薛瑄接续圣学和理学道统等于"主于道"方面的经世表现应该是其主要原因。

基于程朱理学、王学利弊的思考并统摄于经世学术主旨下，这是唐顺之学术表现出合会朱、王色彩的一个原因。

另一个原因是唐顺之研习王学的时间被打断。唐顺之在接触王学前，虽然可能是一种不自觉的状态，但其服膺于程朱理学是自不待言的，四十岁左右开始集中研讨王学，五十二岁即出山抗倭，戎马倥偬两年即殉职任上。本来，于王学的研习是否圆熟也没有一个明确的判断标准，但唐顺之的自身体会则能透漏给我们某些信息，前举他过世前所言："人与学问未成，未了十年工夫。"即使就其王学研习而言，也表明他自认为其王学研习还未达到圆熟的境地，程朱理学仍占据着其思想的相当一部分。对此，王阳明嫡传弟子王畿所表达的惋惜之情更是说明这里的"学问"当指王学而言，"不肖与荆川有千古心期，使天不夺之速，不论在山、出山，尚有无穷事业可做，而今已矣，惜哉！"[1]行文至此，我们不可抑制地要产生一个大胆的假设：假若唐顺之能够有充足的时间来研习王学或程朱理学，其学术特点是否能够更鲜明一些？但事实确如后人在总体评价唐顺之思想时所言："若荆川之言，盖多与阳明暗合，然究其指归，其牴牾晦翁者鲜矣。"[2]

确实，我们如果单纯立足于思想领域的分析，程朱理学和阳明心学成为有明一代的重要儒学派别，两者关系某种程度上也较多地表现出此消彼长的对立发展态势，阳明在构建其心学时，时时刻刻以程朱理学作为论证的史实自然说明了这个问题，唐顺之在为具有王学背景的胡云作墓志铭时亦表达了这一倾向，其言："君年四十余游南都，师事吕先生仲木、邹先生谦之，始闻古儒者之学，时尚以牵于举业，故未能竟其意也。"[3]表面上来看，唐顺之这里主要说明由于科考牵扯了胡云研习阳明心学的精力，但联想这一时期科考的指导思想是程朱理学，这段文字可

---

[1]王畿著，吴震编校整理：《王畿集》卷4《东游会语》，第87页。
[2]唐鼎元：《明唐荆川先生年谱》卷1，《宋明理学家年谱续编》第4册，第345页。
[3]常州市唐荆川研究会编：《唐荆川诗文集》卷14《松阳知县胡君墓志铭》，第403页。

能也说明了程朱理学与阳明心学治学旨趣的不同，两者于这里较多地处于一种非此即彼的对立局面。

但同样我们也需要注意的是，两者同作为传统儒学的新的发展，并没有超出传统儒学的范畴，两者之间又存在着许多可以调和的共通之处或融通无碍的共同空间，并不是一种非此即彼的简单关系。从时代思想影响及于唐顺之思想演进路径来分析其思想状况，唐顺之确实有"合会朱、陆"的诸多表现，其思想呈现出复杂性的一面。但这样的结论，我们同样也可以表述为，唐顺之思想的丰富性和复杂性，绝非用程朱理学或阳明心学，以及两者简单叠加的学术内涵所能涵盖得了的。明人王升在总结唐顺之一生学术所守时言："平生最尊信者，濂洛关闽外，惟白沙、阳明二先生，然犹病阳明津路宏阔，求济者或迷其所；白沙一线之津，得而守之，其渡差易。故其学虽有借于海内同志之切磨，而得之白沙为多。至若以无时无向为真心之体，以机顺机逆为儒释之辨，又先儒所未发也。"①这里，王升又认为唐顺之的学术特征与"理学中心学倾向已开始越来越明显"②的代表之一陈献章比较相似，这本身就为说明唐顺之学术思想的多源性提供了另一个版本。其实，结合学者们对吴与弼、陈献章师生两人"合会朱、陆"学术特征的概括，也进一步说明唐顺之"合会朱、陆"的学术特征。这一评价还包含着唐顺之对于愈加显达的阳明心学"津路宏阔，求济者或迷其所"的理性思考，这也是唐顺之"合会朱、陆"学术特征形成的原因之一。至于"以无时无向为真心之体，以机顺机逆为儒释之辨，又先儒所未发也"更是从正面肯定了唐顺之在"合会朱、陆"学术道路上所形成的独立史学价值。

如果脱开思想的领域，唐顺之学术多源性和广博的特征更为明显，其曾自道："予时文得之薛方山，古文得之王遵岩，经义得之季彭山，道义得之罗念庵。此亦无常师之意欤？"③

这都说明了唐顺之思想的复杂性和学术的广博性，也说明了唐顺之对明代中后期学术深入发展的参与程度。

---

① 唐顺之著，马美信等点校：《唐顺之集》附录三《唐顺之传》，第1078页。
② 向燕南：《中国史学思想通史·明代卷》，第172页。
③ 郎瑛：《七修续稿》卷3《义理类·荆川四得》，明刻本，续修四库全书，第1123册，第357页。

## 第三节 "典型"与"推进"：明中叶三大史学思潮中的唐顺之

明代中叶，无论从政治、经济、思想上都发生了不同于明前期的一些变化，这些植根于社会中的种种变化都成为影响明中叶学术变化的客观原因，从而使明中叶不仅成为整个明代，乃至整个古代社会发展历史上学术转变的重要时期之一，"中国学术，自建安、正始而还，天宝、大历而还，正德、嘉靖而还，并晚周为四大变局，皆力摧旧说，别启新途"①。具体到史学上，就是三大史学思潮的产生和发展。

葛兆光言："经过了两个半世纪停滞不前的低潮时期，中国史学终于在明代中叶发生了变化，史学领域里出现了新的演变趋势，相继出现的三股与保守、空疏史学相背离的史学思潮，开始冲破了元、明以来史学界的沉闷局面。"首次提出了"维护史学客观性、严肃性""大砍大杀，弃旧史学于不顾""经世实用为口号"的三大史学思潮②。

向燕南先生进一步明确了三大史学思潮的名称和性质，即"一、启蒙史学思潮；二、经世史学思潮；三、黜虚征实的史学思潮"③。

由于唐顺之所生活的正德、嘉靖时期也是三股史学思潮产生的时期，其史学不仅深受这三股史学思潮的影响，表现出务真务博、"狂诞"、经世的时代特征，成为这三股史学思潮的有机组成部分，其人也成为这三股史学思潮早期的预流者，并以其具体、鲜明的特点推动着我们对三股史学思潮研究的进一步深入。

首先，我们分别看一下明中后期三大史学思潮的内容以及唐顺之于其中的表现。

### 一、黜虚征实：从"束书不观"到务真、务博

关于明代学风空疏，学者们早于明代就有清醒的认识，批评角度亦众说纷纭，莫衷一是。与明朝统治者利用行政力量把程朱理学定于一尊以加强其在思想文化领域的控制相一致的是，史学作为思想文化的重要

①蒙文通：《中国史学史》，上海人民出版社，2006年，第181页。
②葛兆光：《明代中后期的三股史学思潮》，《史学史研究》1985年第1期。
③向燕南：《中国史学思想通史·明代卷》，第176页。

领域之一，从明朝立国伊始，就受到了统治者的格外重视和充分利用，他们自觉地从历史中汲取经验教训，并有意识地利用历史经验以为现实服务；同样服务于加强明朝统治专制的需要，这一时期的理学也与史学紧密地结合起来，理学对于史学发生着深刻的影响。这样的结合和影响，整体上窒碍了明代前期的史学发展，使得明初史学依从于明初统治者程朱理学的统治意志，没有独立的学术地位，史学自我意识淡薄。

明初的史学不管是私人著史还是官修史籍，都唯被统治者定于一尊的程朱理学马首是瞻，从而丧失了其独立的学术品格，史学沦为政治和理学的婢女。如明初大儒薛瑄即言："自考亭以还，斯道已大明，无烦著作，直须躬行耳。"①章懋亦言："自程朱后不必再注，只遵闻行知。"②而清人莫晋更是把程朱理学束缚下的明初学者自我意识的淡薄刻画出来，其言："明初，天台、渑池椎轮伊始，河东、崇仁风教渐广，大抵恪守紫阳家法，言规行矩，不愧游、夏之徒，专尚修，不尚悟，专谈下学，不及上达也。"③由此看来，面对被明初统治者定为一尊的程朱理学，史学只有俯首帖耳的顺从，史学家也因此丧失了其立言的自我意识。官修史籍《元史》，就是以宋濂为代表的学者们在"夙夜揣分，无任战兢"④的心情卜编纂的，其结果也只能是"今修《元史》，不作论赞，但据事直书，具文见意，使其善恶自见，准《春秋》及钦奉圣旨示意"⑤。如果把这里的"准《春秋》"置放到经学理学化已然形成的明初来看，它不仅说明的是传统经学对于史学的影响，同样也说明了理学对于《元史》编纂的指导意义，整句话更说明了在程朱理学和君主专制的交相为用下《元史》学术品格的扭曲，"其尊贵于庄严，皆渺不可见"⑥。不仅作为官方行为一部分的官方史学活动如此，即使是与官方行为联系比较松散的私人著史也受这一时势的影响。顾炎武曾言："国初人朴厚，不敢言朝廷事，史学因以废失。"⑦这里的"史学"就是指私人著史，"史学因以废失"

---

① 张廷玉等：《明史》卷282《薛瑄》，第7229页。
② 黄宗羲著，沈芝盈点校：《明儒学案》卷45《文懿章枫山先生懋》，第1075页。
③ 黄宗羲著，沈芝盈点校：《明儒学案》卷首《莫晋序》，第12页。
④ 宋濂等：《元史》附《宋濂目录后记》，第4678页。
⑤ 宋濂等：《元史》附《纂修元史凡例》，第4676页。
⑥ 杜维运：《中国史学史》，商务印书馆，2011年，第671页。
⑦ 顾炎武：《亭林文集》卷5《书吴、潘二子事》，清刻本，续修四库全书，第1402册，第121页。

道出了私人著史萎靡的史实，但"国初人朴厚"显然不是导致私人著史的主要原因，明初的高压统治才应是罪魁祸首，"明初文禁甚严，诸臣只言片纸即可获杀身之罪，所谓文字之祸，避之不及，私家著述，寥然可寻"①。这都说明在经过官方化的理学的帮佣下，明代的专制统治窒碍了史学的发展，官方史学的"准《春秋》及钦奉圣旨示意"，私人著史的"寥然可寻"，都说明了史学地位的削弱和史家自我意识的淡薄。

具体看来，官方化理学帮佣下的君主专制导致了明代前期史学地位的削弱和史家自我意识的淡薄，这一特征又主要表现在两个方面：首先，官方史学活动较为活跃，私人著史则比较萎靡。其次，史学沦为政治和理学的附庸，史学存在的价值完全依托于能够阐发理学。

至于官方史学活动活跃，传统的修史传统和贯彻统治者的统治意志应是其主要原因。统治者对史学的特殊关注客观上促进了官修史书的编纂，特别是利用国家财力、人力以及史料占有上的优势，保证了一批卷帙庞大的史籍，如《元史》《明实录》以及《大明会典》等的顺利修成。但同时我们也应该注意到，明代官修史书纂修工作的顺利开展和完成也是以损害史学健康发展为代价的，特别是在皇帝权利得到空前加强的明初更是如此，史学思想发展受到极大的遏制就表现得非常明显。官方史学活动往往是作为明代早期加强君主专制的诸多官方活动之一而存在。就其本质而言，我们与其说明代前期的官方史学活动具有史学上的意义，毋宁说是一种政治上的需要。

明代前期的这种时代形式也深刻地影响着其时的私人著史。明代前期的私人史著在君主专制的强权统治和官方化程朱理学的理论压迫下，很难有发展的空间，史家自我意识的淡薄。虽然也出现了一些私人史著，但总体来看，一是这些史著数量少，与明代中期私人著史大量涌现无法相比。二是这些著作虽为私人所撰，但这些史家都多有官方背景，为明皇朝歌功颂德是这些史著的普遍基调。如《洪武圣政记》和《大事记续编》的作者宋濂、王祎曾任《元史》的总裁官。这些史著普遍的基调也是为明皇朝歌功颂德。刘基《皇明翌运录》、刘辰《国初事迹》等记载明初建国史实的史籍大都如此。还有，明朝前期出现的一些

---

①商传：《明代文化志》，上海人民出版社，1998年，第386页。

战记作品,如金幼孜《北征前录》和《北征后录》、杨荣《北征记》等,也都是在宣扬"我朝治隆唐虞,瀚海无波,大漠无尘"①文治武功的主题下编纂的。三是明代前期虽然也出现了一批私人节抄、续补、改编、补正《元史》的著作,如权衡《庚申外史》、解缙《元史正误》、朱右《元史补遗》、张九韶《元史节要》、梁寅《元史略》、胡粹中《元史续编》、许浩《元史阐幽》等,这些著作固然在史学知识社会化方面起到了积极的作用,但也是在"于褒贬之义不敢僭一辞"②的前提下编纂的。虽然明代前期也出现了诸如陈诚的《西域行程记》和《西域番国志》、巩珍的《西洋番国志》、费信的《星槎胜览》,以及马欢的《瀛涯胜览》等视角新颖、史料独特的史著,但"宣布纶音往夷域"无疑是它们共同的政治使命。

故而,无论是从数量还是史学思想的活跃程度来讲,明代前期的史学基本上并没有超越官方主导史书纂修的藩篱,普遍表现出臣服于官方化理学的特征,这严重窒碍了史学的发展。

许多学者从"举业之陋"的视角对明代前期史学空疏进行了批判,如果我们明了举业的指导思想就是经过官方化改造的程朱理学,其深层含义其实表达了程朱理学,特别是经过官方化改造的程朱理学对明代史学的消极影响。关于明代"举业之陋"对史学的消极影响,许多学者都有所揭示。唐顺之即言:"经义策试之陋,稍有志者莫不深病之矣。"③与唐顺之大致同时的杨慎亦指出:"本朝以经学取人,士子自一经之外,罕所通贯。"④对此,明末张岱亦有论,"是故,我明人物埋没于帖括者甚多,我明文章埋没于帖括者亦甚多。盖近世学者,除《四书》本经之外,目不睹非圣之书者,比比皆是。间有旁及古文、怡情诗赋,则皆游戏神通,不着要紧,其所造诣,则不问可知矣"⑤。明清之际顾炎武亦言:"今之经义、论策,其名虽正,而最便于空疏不学之人。"⑥总体看来,明人认为举业圈囿了士子们的视野,使得他们知识结构单一,视野

①金幼孜:《北征录》卷首《金文靖公北征录序》,明嘉靖十二年刻明良集本,续修四库全书,第433册,第107页。
②胡粹中:《元史续编》卷首《元史续编自序》,文渊阁四库全书本。
③常州市唐荆川研究会编:《唐荆川诗文集》卷5《答俞教谕》,第123页。
④杨慎:《升庵全集》卷52《举业之陋》,商务印书馆,1937年,第601页。
⑤张岱:《石匮书》卷202《文苑列传总论》,稿本,续修四库全书,第320册,第88页。
⑥顾炎武著,黄汝成集释:《日知录集释》卷16《经义论策》,第1248页。

狭窄。这也是学风空疏的表现之一。

　　在对明代学风空疏的反思中，阳明心学，特别是其"左派"也若隐若现地成为学者们批判的对象。由于阳明心学赋予主体之"心"以绝对的能动意义，客观上确实存在着排斥现实修为和轻视外在学习过程的倾向，特别是其"左派"，在"良知"之"致"的"率其本然"之工夫路径上的极力推进，为一些人不事诗书礼乐提供了外在的理论基础。因此，阳明心学，特别是其"左派"也成为学者们反思明代学风空疏的一个突破口。如前述唐顺之对"近来学者本不刻苦搜剔，洗空欲障，以玄妙之语文夹带之心，直如空花，竟成自误"的批评，大概即由此发。大致与唐顺之同时的王廷相亦言："近世儒者务为好高之论，别出德性之知，以为知之至，而浅博学、审问、慎思、明辨之知为不足，而不知圣人虽生知，惟性善近道二者而已，其因习因悟因过因疑之知，与人大同，况礼乐名物，古今事变，亦必待后学而后知哉！"[1]如果说，唐顺之和王廷相所论所指还比较空泛的话，因为专注于德、性之辩是理学家们（包括程朱理学和阳明心学）一个普遍的学术取向，那到了稍晚于唐顺之的胡应麟那里，其指向阳明的意味则更加明显，"近日冒士之名者，畏恶其能而且自揣其弗能，至乃欲以虚名高之，远宗主静之禅机，近述良知之觖说，以词章为雕饰，以文字为浮华，诗书名物，问之茫然，曰：六经皆注脚也。秦汉君臣，诘之莫对，曰：诸史皆陈编也"[2]。而到了明末的刘宗周则直接把批判的矛头直接对准了阳明及其心学，"自文成而后，学者盛谈玄虚，遍天下皆禅学"[3]。明清之际王夫之亦言："王氏之徒……若废实学，崇空疏，蔑规模，恣狂荡，以无善无恶尽心意知之用，而趋入于无忌惮之域。"[4]全祖望亦言："自明中叶以后，讲学之风已为极敝，高谈性命，直入禅障，束书不观，其稍平者则为学究，皆无根之徒耳。"[5]这都说明学者们认为王学，特别是其"左派"应对学风空疏负有一定的责任。

---

① 王廷相：《雅述》上篇，王孝鱼点校：《王廷相集》，中华书局，1989年，第836—837页。
② 胡应麟：《少室山房集》卷100《策一首》，文渊阁四库全书本。
③ 刘宗周：《刘子全书》卷40《年谱·万历四十年壬子》，华文书局，1969年，第3512页。
④ 王夫之：《礼记章句》卷42《大学》，清同治四年湘乡曾氏金陵节署刻船山遗书本，续修四库全书，第98册，第565页。
⑤ 全祖望：《鲒埼亭集外编》卷16《甬上证人书院记》，清嘉庆十六年刻本，续修四库全书，第1429册，第616页。

　　当然，不得不辩的是，如果单从逻辑上来讲，阳明心学并不能与学风空疏简单直接地划上等号，其也有黜虚征实的诸多表现。

　　有关于两者的关系，在经过清人"徒侈游谈""学无根柢"的观念灌输以后，今人大多认为黜虚征实不仅与阳明心学毫无关系，而且认为阳明心学就是对这一史学思想的反动。当然，一些学者对这一当然的观点也提出了疑义。向燕南先生援引陈援庵《明季滇黔佛教考》和余英时《从宋明儒学的发展论清代思想史——宋明儒学中智识主义的传统》所论，认为"明后期史学思潮的发展与心学兴衰相反相成的关系"，"王阳明为从根本上说明朱熹学说之非，曾经针对《大学》的版本进行过考证，而罗整庵则在与王阳明辩论时，径直提出'取证于经书'的主张，这些都对晚明史学中考据风习的出现产生影响"①。确实，程朱理学和陆王心学虽然都是以探究性命天理为旨归的学问，但任何一方不愿也不能承担起"学无根柢"的学术与道德风险。

　　关于阳明心学与考证之学的逻辑联系，上述诸人已详加论之，此不赘述。这里，仅就阳明心学与黜虚征实史学思想关系梳理间可能出现的误解、阳明心学黜虚征实思想具体表现及其意义谈一点我们的看法。

　　后人对阳明心学"束书不观""学无根柢"看法的评价来源于阳明生前曾说的一段话，其言："于是乎有训诂之学，而传之以为名；有记诵之学，而言之以为博；有词章之学，而侈之以为丽。若是者纷纷籍籍，群起角立于天下，又不知其几家，万径千蹊，莫知所适。"②毋庸讳言，阳明的这段话从文字表述上来看，确实存在着轻视"训诂""记诵""词章"之学的倾向，也正如余英时所谓"此可以说是阳明反智识主义的最明确的表示"③。但如果我们要充分理解这段话的涵义，应该还需要注意以下两个方面：一是阳明这段话产生的语境。这段话是针对顾东桥在与阳明通信中的一段话而发的，顾东桥言："若夫礼乐名物，古今事变，亦必待学而后有以验其行事之实。此则可谓定论矣。"④这显然与阳明所主张的"心即理"说相抵触，阳明认为理天然内在于心，而不在事物上，通

---

① 向燕南：《试析王阳明心学对明代史学的影响——兼及有关拓展史学思想史研究的思考》，《淮北煤炭师范学院学报》（哲学社会科学版）2006年第1期。
② 王守仁：《传习录》中《答顾东桥书》，吴光等编校：《王阳明全集》卷2，第55—56页。
③ 余英时：《论戴震与章学诚》，三联书店，2000年，第297页。
④ 王守仁：《传习录》中《答顾东桥书》，吴光等编校：《王阳明全集》卷2，第52页。

过对外在事物的"训诂""记诵""词章"等行为来寻求理，那是舍本逐末的做法。要想获得此理，只需返求于心，这是一个立本的过程，亦即其"拔本塞源"之论。也就是说，阳明的这段话产生的背景是针对顾东桥所言而发，当然也是针对朱熹分理与心为二所导致的学术的"支离"而言。阳明这段带有"反智识主义"倾向的话是在与学友的对话中谈到的，是针对顾东桥有悖于阳明心学观点的认识而发的，在这段话的历史语境中，客观上虽然确实表现出轻视"训诂""记诵""词章"之学的倾向，但这并不代表阳明对于"智识主义"的完全鄙弃，这大概也是余英时所言"说王学是儒家反智识主义的高潮并不含蕴王阳明本人绝对弃绝书本知识之意"①的究竟涵义；二是这段话的丰富涵义。有关于此，我们需要从两个层次上来进行理解。首先是这段话还是服务于其心学理论的构建，由于阳明把主体之心看作世界的本源，万物皆源于心，相比较于外在之"训诂""记诵""词章"等具体行为，心具有绝对的原发优势，因此，在本末关系上，心是本，而"训诂""记诵""词章"则显然要退居到次要的位置。其次就阳明具体的学术表现而言，其也没有从本质上表现出对训诂、词章之学的反对。他在与陆原静的信中提及："所问《大学》《中庸》注，向尝略具草稿，自以所养未纯，未免务外欲速之病，寻已焚毁。"仅通过此点我们可以看出，阳明在构建其心学理论时，也诉诸于对经典的训诂。接着说："'博学'之说，向已详论。今犹牵制若此，何邪？此亦恐是志不坚定，为世习所挠之故。使在我果无功利之心，虽钱谷兵甲，搬柴运水，何往而非实学？何事而非天理？况子、史、诗、文之类乎？使在我尚存功利之心，则虽日谈道德仁义，亦只是功利之事，况子、史、诗、文之类乎？'一切屏绝'之说，是犹泥于旧习，平日用功未有得力处，故云尔。"②这也说明阳明并不主张从根本上"屏绝"子、史、诗、文之类这些外在的事物，当然也包括"博学"，能够发挥什么样的作用，关键还是立本的问题。这又恢复到其心学理论构建的层面上来了。起码从上述阳明的话中，我们认为阳明心学并没有对"训诂""记诵""词章"表现出一种天然的排斥。而仅就这段话所进行的脱离当时语境进行片面解读的做法，显然是一种简单粗暴的反历史做法，是对阳

①余英时：《论戴震与章学诚》，第296页。
②王守仁：《王阳明全集》卷4《与陆原静》，第166页。

明心学的曲解。

　　阳明心学的产生面临着各种各样的压力，其中既已成为官方统治意识形态的程朱理学显然是比较重要的一个。可以这么说，其心学理论都是在对程朱理学的反思的基础上而来的，其发展也是基于对程朱理学的不断思考和批判。以致有的学者认为："如果说，陆九渊的心学给阳明心学的建立提供了直接的、基础的营养，此可谓良师。那朱熹的理学则始终站立在阳明心学的对面，时刻警醒着阳明，督促着阳明完善他的心学体系，此所谓净友。而在阳明心目中，特别是在其心学建立过程中，相比较于良师，净友的分量是更重的。"①如何回应程朱理学对于王阳明心学的压迫，阳明除了进行逻辑上的疏导之外，借助于对文献的训诂和解读来说明自己学说的合理性显然是另一种惯用的途径。在这样的背景下，作为心学大师的阳明也有具体的从事史实考实的学术行为。典型的事例就是其《朱子晚年定论》的成书和对《大学》古本中"格物"说的考释。

　　《朱子晚年定论》是在阳明提出"心即理"建立心学的过程中成书的，其中一个直接动因就是"独于朱子之说，有相牴牾，恒疚于心，恒疚于心，切疑朱子之贤，而岂其于此尚有未察？"于是在龙场悟道后第六个年头，即1514年，阳明升任南京鸿胪寺卿并在南京讲学，"复取朱子之书而检求之"，竟然有了新的发现："世之所传《集注》《或问》之类，乃其中年未定之说，自咎以为旧本之误，思改正而未及，而其诸《语类》之属，又其门人挟胜心以附己见，固于朱子平日之说犹大有相谬戾者，而世之学者局于见闻，不过持循讲习于此。"②可见，阳明认为世间流传的朱熹的学说，当然包括其载体——文本大都是片面和不可信的，有鉴于此，在阳明看来，为了更为全面地和真实地展现朱子的晚年思想风貌，《朱子晚年定论》的成书实为必要。仅从《朱子晚年定论》的成书动机来看，起码说明阳明有借助于文献考证来论证自身学说合理性的主观愿望，其对黜虚征实思想并没有天然的排斥，反而是加以积极利用。

　　此《论》一出，各种批评自然就纷至沓来。罗钦顺的批评很有代表性，其曾致书阳明，认为《朱子晚年定论》缺乏考证，态度轻浮，误把朱

①汪高鑫、李德锋：《此心光明——评说王阳明与〈传习录〉》，人民出版社，2014年，第26页。
②王守仁：《传习录》下《朱子晚年定论》，吴光等编校：《王阳明全集》卷3附，第128页。

熹中年时期的一些书信当作晚年之作。从本质上来讲，罗钦顺批评阳明的依据就是其"取证于经书"的考证理念。对此，阳明的态度非常关键，因为阳明对此的态度直接关涉到其对黜虚征实的本质认识。阳明在《答罗整庵少宰书》中说："其为《朱子晚年定论》，盖亦不得已而然。中间年岁早晚诚有所未考，虽不必尽出晚年，固多出于晚年者矣。"①应该来讲，阳明的反思态度是非常诚恳的，"不得已而然"一方面说明了在阐明"公道""公理"和面对程朱理学的压力下的艰难选择，另外也说明了阳明自我批判的真诚，反观这种真诚的自我批判，其来源于一个前提，就是如其后面所言，也正如罗钦顺所批评的，其在关于朱熹书信成书年代的考证上确实有失之武断之嫌。那又为什么阳明会有这种认识？我们只能说在阳明的这段话中，"取证于经书"不仅是罗钦顺提出的，而且也是阳明在参与这场论战时肯认的一个基本预设前提。总体上来看，阳明《朱子晚年定论》的编纂确实"在阳明心学理论构建过程中的作用也是利弊相杂的"，特别是于消极方面来看，"损害了阳明学说的说服力"②，但不可否认，在《朱子晚年定论》的成书以及围绕此而展开的论辩当中，黜虚征实都是阳明所凭藉的一个基本思想与肯定、认可的一个预设前提。

　　黜虚征实思想在阳明心学的理论构建中发挥作用还表现在阳明对《大学》古本中"格物"说的考释。大致看来，《大学》古本可以分为两部分：第一部分提出了"明明德""亲民""止于至善"三纲领以及贯彻这三项纲领所需要的"格物""致知""诚意""正心""修身""齐家""治国""平天下""八条目"。第二部分是对"三纲领""八条目"的进一步逐条的解释和实践方法。朱熹认为第一部分属于"经"，第二部分属于"传"。朱熹在对其所为"传"的部分进行研究时发现，这一部分存在着"错简"和"阙文"。所谓"错简"就是《大学》古本传文部分把对"诚意"的解释放在了首位。所谓"阙文"就是《大学》古本传文部分没有对"致知在格物""诚其意在致知"两条作出解释。朱熹之所以会从文献考疑的角度提出这些问题，主要是服务于其理学理论的构建。因为如果默认"诚意"居于传文之首的话，也就是说《大学》古本突出了"诚

①王守仁：《传习录》中《答罗整庵少宰书》，吴光等编校：《王阳明全集》卷2，第78页。
②汪高鑫、李德锋：《此心光明——评说王阳明与〈传习录〉》，第32页。

意"的作用，而在"意诚而后心正"的理论过渡下，必然指向的是"心正"，这就在致得天理的过程中突出了"心"的作用，显然是与朱熹格物致理的一贯思维不一致的，这反倒和陆王心学一系的主张比较契合。朱熹认为《大学》古本传文部分没有对"致知在格物""诚其意在致知"两条作出解释，这正忽略了问题的关键所在，因为朱熹的学说是把对理的探求或掌握归结点放在格物上的，如果没有这两句的过渡，人们很容易把对理的探求和掌握归结到诚意上，也就凸显心在获取理这一认识过程中的作用。因此，朱熹在作《大学章句》中的另一大任务就是补齐对这两条的解释。

就《大学》古本固有的文本来看，都是有利于阳明心学的理论阐释的，因此，阳明在对《大学》古本的文本训诂上，主张遵循《大学》古本的原貌，其在上举《答罗整庵少宰书》中亦言："大学古本乃孔门相传旧本耳，朱子疑其有所脱误而改正补辑之，在某则谓其本无脱误，悉从其旧而已矣。"认为《大学》古本的逻辑没有问题，朱熹所谓的"错简"和"阙文"的认定是不对的，而《大学章句》的改正和补齐也是画蛇添足，"且旧本之传数千载矣，今读其文词，既明白而可通；论其工夫，又易简而可入，亦何所按据而断其此段之必在于彼，彼段之必在于此，与此之如何而缺，彼之如何而补？而遂改正补辑之，无乃重于背朱而轻于叛孔已乎？"①当然也毋庸讳言，阳明对《大学》古本的认可也是基于其心学理论的构建。

由此看来，朱熹和王阳明都基于自身学说的构建，对《大学》古本的文本表达了自己的观点，观点虽不尽一致，但把学说上的逻辑构建诉诸于文献文本考证的手法则是一致的。换句话说，谁也承担不起"学无根柢"的学术和道德风险。

当然，阳明也并不只是为了论证自己的学说对文献文本仅表一态度，也有具体的考证行为。如关于其"格者，正也"的训诂。其言：

> "格"字之义，有以"至"字训者，如"格于文祖""有苗来格"，是以"至"训者也。然"格于文祖"，必纯孝诚敬，幽明之间，无一不得其理，而后谓之"格"。有苗之顽，实以文德诞敷而后格，则亦兼有"正"

---

① 王守仁：《传习录》中《与罗整庵少宰书》，吴光等编校：《王阳明全集》卷2，第75—76页。

字之义在其间，未可专以"至"字尽之也。如"格其非心""大臣格君心之非"之类，是则一皆"正其不正以归于正"之义，而不可以"至"字为训矣。且《大学》"格物"之训，又安知其不以"正"字为训，而必以"至"字为义乎？如以"至"字为义者，必曰"穷至事物之理"，而后其说始通，是其用功之要，全在一"穷"字，用力之地，全在一"理"字也。若上去一"穷"，下去一"理"字，而直曰"致知在至物"，其可通乎？夫"穷理尽性"，圣人之成训，见于《系辞》者也。苟格物之说而果即穷理之义，则圣人何不直曰"致知在穷理"，而必为此转折不完之语，以启后世之弊邪？[①]

阳明首先对训"格"为"至"的做法提出了疑义，但也认为"格于文祖""有苗来格"，都可以解释为"至"。在作了有限度的肯定之后，阳明笔锋一转，提出了不尽相同的意见：然而，到文祖庙前祭祀，必须毕恭毕敬，通晓阴阳两界的理，然后我们才能称其为"格"。依照苗人的愚钝，必须先对其实施礼乐教化，然后才能使他们来归附，也就是才能使他们"格"。在这里，"格"有"至""来"的意思，但也包含着"正"的意思，即"纠正""校正""求证""指正""归正"等意思。

接着阳明又进一步深入，举出了几个具有"正"意的"格"字，如"格其非心""大臣格君心之非"的"格"，都是纠正的意思，这里就不能用"至"来解释了。也就是说，可以解释为"至"的"格"字同样可以解释为"正"，但解释为"正"的"格"字就不一定能用"至"字来解释，这可以看出用"正"来解释"格"字的普适性，它的应用前景要比解释为"至"宽广得多。

阳明并不满足于此，他的目的是为了纠正程朱理学家把《大学》中的"格"字解释为"至"的错误，认为把《大学》中的"格"字解释为"至"字是错误的。如果套用朱熹把"格"字解释为"至"的意思，我们就可以重新得出一句话："致知在至物。"这句话就语意不通了。阳明进一步把《大学》与《易传》相比对，认为"穷理"一词出自《易传》，"格物"一词出自《大学》，《易传》和《大学》都是出自圣人之手，为什么只出现"致知在格物"，而没有出现"致知在穷理"这一说法？由此看来，格物并不

---

① 王守仁：《传习录》中《答顾东桥书》，《王阳明全集》卷2，第47—48页。

能等同于穷理，它也不是穷理的有效手段或方法。在阳明看来，《大学》中的"格"字训诂为"正"字更为合理。

综上，从阳明把既有的文献文本视之为论证其学说的预设前提，以及具体的训"格"为"正"的考证行为来看，其也是明中后期黜虚征实思潮的积极预流者，而在其后学中出现黜虚征实的具体表现也是不足为奇了。以此反观上举陈援庵、余英时等学者所论，也自有其合理的逻辑进路。固然，阳明心学在对具体史实的考证方面可能不如清儒那么细致，主要服务于其心学构建，可能在学术态度上也不像清儒为考证而考证那么客观，但作为一种思想和方法的黜虚征实和考证，确实在阳明心学中有着广泛而又具体的运用。还有，如果我们认识到清儒汲汲于饾饤考证的局限性，那阳明心学服务于其心学构建的考证的理论性和实用性则是清儒所远不逮的。很大程度上后人对阳明心学"师心自用""学无根柢"的评价，大致都是基于人云亦云的主观性和随意性，是一种以偏概全的偏见，没有充分发掘阳明心学的意蕴，也没有充分注意到阳明后学的分化。

但我们同样也不能忽视一个史实：如上所述，阳明心学，特别是其"左派"，由于其自身的理论漏洞等原因，确实成为明朝中后期学者所认为的导致明代学风空疏的一个主要原因。

虽然明人对本朝学术空疏的批评角度不同，但这些批评大致集中于两个时期，一是明代中叶，一是明末清初。明末清初，对社会衰敝的担忧，更因为亡国的切肤之痛，都使得士人们深刻反思和无限放大自己的失败，体现了他们爱之尤深、恨之尤切的心理。顾炎武充满亡国之痛的论述很有代表性。

> 刘石乱华，本于清谈之流祸，人人知之。孰知今日之清谈，有甚于前代者。昔之清谈，谈老庄，今日之清谈，谈孔孟。未得其精，而已遗其粗，未究其本，而先辞其末。不习六艺之文，不考百王之典，不综当代之务，举夫子论学论政之大端，一切不问，而曰一贯，曰无言，以明心见性之空言，代修己治人之实学。股肱惰而万事荒，爪牙亡而四国乱，神州荡覆，宗社丘墟。昔王衍妙善玄言，自比子贡。及为石勒所杀，将死，顾而言曰："呜呼！吾曹虽不如古人，向若不祖尚浮虚，戮力以匡天下，

犹可不至今日。"今之君子，得不有愧乎其言。[①]

其实，早从明代中叶学风就已经开始转变，士人们对此前和当下的学风都已经开始反思，这也是对明代学风空疏的批评首先集中于明中叶的原因。

明中叶士人清醒地认识到明代学风空疏主要表现在以下两个方面：一是或出于猎奇的心理、私人恩怨、道听途说，或迫于现实压力[②]，不注重史料的考证和史学的求真；一是士人知识结构单一和狭隘，往往牵强附会，以偏概全。鉴于以上认识，士人们为纠学风之偏，采取了相应的应对措施，一是注重史学考证，凸显史学的求真意识。自明中叶而后，明朝出现了一批以考据见长的学者和著作，杨慎《丹铅录》、王世贞《史乘考误》、焦竑《焦氏笔乘》、胡应麟《四部正讹》和《史书占毕》、朱明镐《史纠》等等都可以称得上是此方面的代表作。这些作品即使是在以考据见长的清人那里亦颇受称道，如王世贞《史乘考误》。"《史乘考误》及《诸侯王百官表》，亲征、命将、谥法、兵制、市马、中官诸考，皆能辨析精核，有裨考证"[③]。又如朱明镐《史纠》，"要其参互考证，多中肯綮，精核可取者十之六七，亦可谓留心史学者矣"[④]。另一种应对方法是士人自觉地拓展自身的知识面和完善自己知识结构，表现出务博的学术取向。如关于以上诸人，清人所修《明史》同样也都对他们"博洽多闻""博极群书"的学术特点给予了肯定。

黜虚征实思潮的形成并不是史家个体务真、务博史学特点的简单叠加，他们之间也存在千丝万缕批判和继承的关系。如以"记诵之博"被称为明世"第一"的杨慎，身前所撰《丹铅录》《丹铅摘录》都是以考据见长的名著，但因"晚谪永昌，无书可检，惟凭记忆"[⑤]，未免瑕瑜并见，真伪互陈，从而引发了其他学者与杨慎以及其他学者之间的辩论，"杨用修先生《丹铅录》诸录出，而陈晦伯（耀文）《正杨》继之，胡元

---

① 顾炎武著，陈垣校注：《日知录校注》卷7《夫子之言性与天道》，第384页。
② 关于史官面临的现实压力的表现，明末李清曾对朱棣时的史臣描述为："摇手革除，于是化国史为家乘，而子虚乌有皆佐笔端。"（王士禛：《古夫于亭杂录》卷4《建文景泰二帝》，中华书局，1988年，第87页）
③ 永瑢等：《四库全书总目》卷51《弇山堂别集》"提要"，第466页。
④ 永瑢等：《四库全书总目》卷88《史纠》"提要"，第755页。
⑤ 永瑢等：《四库全书总目》卷119《正杨》"提要"，第1026页。

瑞（应麟）《笔丛》又继之，时人颜曰'正正杨'。当时如周方叔（婴）、谢在杭（肇淛）、毕湖目诸君子集中，与用修为难者，不止一人。然其中虽极辩难，有究竟是一义者，亦有互相发明者"①。这一方面表明黜虚征实思潮于明代所表现出来的丰富形式，另一方面也说明黜虚征实不仅是各个史家的各自史学特点的总和，其间更是存在千丝万缕的联系。这一思潮自明中叶产生以来，影响直至有清一代，其间也有清晰的脉络可循。四库馆臣言："明之中叶，以博洽著者称杨慎，而陈耀文起而与争，然慎好伪说以售欺，耀文好蔓引以求胜。次则焦竑，亦喜考证而习与李贽游，动辄牵缀佛书，伤于芜杂。惟以智崛起崇祯中，考据精核，迥出其上。风气既开，国初顾炎武、阎若璩、朱彝尊等沿波而起，始一扫悬揣之空谈。"②虽然四库馆臣对明人的考证之功存有诸多的不满，但对其考证的学术努力和取向一定程度上还是肯定的。

　　虽然四库馆臣的概括，在一定程度上勾勒出了一条黜虚征实思潮肇起至发展的传承之链，但它又远非这样的线性描写那么简单。随着研究的深入和新材料的发掘，黜虚征实思想以思潮形式表现出来的色彩也更为浓厚。可以说，在中国古代史学，乃至明代史学上都为人很少提及的唐顺之也于明中叶黜虚征实思潮中添上了浓重的一笔。唐顺之史学不仅体现了务真的特点，而且更体现了务博的特点。唐顺之史学务真的特点，具体体现在唐顺之的编纂理论中和一些批选前人的著作中。如四库馆臣就对他所编纂的《稗编》作出了"征实"的客观评价，"特以其网罗本富，涉猎攸资，当语录盛行之时，尚不失为征实之学，录备多识之一助，固亦无不可焉"③。对其《武编》亦评价曰："是编虽纸上之谈，亦多由阅历而得，固未可概以书生之见目之矣。"④"多由阅历而得"的评价亦当是对其务真、务实史学特点的肯定。不仅如此，清人重刻《史记》和刊定《四库全书》，在为其所作考证时亦多次援引唐顺之《批点史记汉书》和《文编》中的诸多考证和记载，如"自齐州回论时事书，多则贱买以要利。刊本买讹卖。据唐顺之《文编》改"⑤，等等。

---

① 周亮工：《书影》卷8，上海古籍出版社，1981年，第227页。
② 永瑢等：《四库全书总目》卷119《通雅》"提要"，第1028页。
③ 永瑢等：《四库全书总目》卷136《荆川稗编》"提要"，第1154页。
④ 永瑢等：《四库全书总目》卷99《武编》"提要"，第839页。
⑤ 《四库全书考证》卷92，清武英殿聚珍版丛书本。

关于唐顺之务博的学术特点则体现得更为明显。他有相应的理论说明：

> 圣贤之道易以简，而学者每病其难闻，何也？其毋乃多歧误之欤！故学者必一其所志，而后精乎其进。百家众艺莫不皆有可喜可慕而皆可以附托于圣贤之道，后生耳目好奇而不择方。其力蓄而气锐，力蓄则必有涌泄，非泛滥不足以肆；气锐则耻于一艺之不及，又安能夺其可喜可好而专事于淡乎无味之至道哉？其习之也惟恐其不博，而不知博之适足以溺心；其罗而张之也惟恐其不文，而不知文之适足以丧质。①

虽然唐顺之的此段文字出现在其四十岁之后，其学术也出现了由文向道的转向，表现出对于技艺的排斥和对道之渴求，但其从一个人的学术成长的年少阶段所具有的"好奇""力蓄而气锐"的人生特点入手，一定程度上肯定了"博"，甚而"泛滥"之学术内涵的合理性。其在总结唐氏家风时，也对"博涉多艺"的内涵表达出一种价值认同。

> 吾唐氏之先以诗书长厚创其家，子孙相与守之，其女子亦往往有化于其风者，若孺人其一人也。性喜书，自《孝经》《女传》诸所常诵之外，至于医药卜筮种树之书，顾不如专门家耳，然未尝不通其旨，其试之亦数数有效。往来姻戚所，或见有异书及诸稗官小说，辄携取以归，旬日而还之，则既诵习之矣。既老尤喜佛与道两家言，日蔬食焚香宴坐，或夜中起坐，若有意乎斋心修观之为者。呜呼！使孺人不为女子，其可以语于儒者性情之旨乎？不然，亦当为博涉多艺能人无疑也。②

这是唐顺之为其姑所写的墓志铭中的一段文字，其中主要表达了对唐氏家族"诗书长厚"的传统价值认可，但其所包含的信息远不止此。从对其姑晚年喜好佛、道的描述，到对其姑如果不为女子的设想，即"可以语于儒者性情之旨"，这起码说明，在唐顺之看来，儒家性情之旨与佛、道存有诸多相通之处。而不管是受儒家思想支配的《孝经》《女传》，或者是医药卜筮种树，或是异书及稗官小说，亦或是佛、道两家言，等等，唐顺之均把其纳入到"博"的合理构成中，并从价值上表达出认可的态度。

并且，唐顺之对这一理论还进行了充分的实践。从整体上来讲，唐

---

① 常州市唐荆川研究会编：《唐荆川诗文集》卷11《赠蔡年兄道卿序》，第303页。
② 常州市唐荆川研究会编：《唐荆川诗文集》卷15《吴母唐孺人墓志铭》，第431页。

顺之一生著述宏富,著有《四书文》《两晋解疑》《两汉解疑》《左氏始末》《南北奉使集》《荆川集》等几十部,范围涉及经、史、子、集诸领域,明人《毗陵人品记》赞曰:"公(唐顺之)才高意广,包终今古,于书无所不读,自六经诸子以至甲兵、钱谷、象纬、历算、阴阳小技无不研究。"①并且卷帙巨大,仅其编纂、于今可考的"六编"就将近四百余卷。盖对于关注唐顺之学术的后世学者而言,博学是他们为唐顺之所下的普遍断语。明末清初黄宗羲认为在"博洽"方面,唐顺之居杨慎、陈耀文、胡应麟、王世贞等人之上,可与宋濂齐名,"近世之以博洽名者,陈晦伯、李于田、胡元瑞之流,皆不免疥驼书簏之诮;弇州、牧斋,好丑相半。上下三百年间,免于疑论者,宋景濂、唐荆川二人,其次杨升庵、黄石斋,森森武库,霜寒日耀,诚间世之学者也"②。清人姜绍书是从务真、务博的综合角度把其与杨慎、郑晓、焦竑、胡应麟等黜虚征实的典型代表归为一类,"昭代藏书之家亦时聚时散,不能悉考,就其著述之富者,可以类推,时则有若宋文宪濂……杨升庵慎……郑澹泉晓……王凤洲世贞……唐荆川顺之……焦澹园竑……,以上诸公皆当世名儒,翱翔艺苑,含英咀华,尚论千古,其所储典籍纵未必有张茂先之三十乘金楼子之八万卷,然学海词源博综有自,亦可见其插架之多矣"③。虽然也有些清代学者抱有明代学风空疏的天然偏见,对明代学者,包括唐顺之的考据成就不以为意,但对其"博通"的学术取向还是比较认可的,清初潘耒即言:"明代人才辈出,而学问远不如古。自其少时鼓箧读书,规模次第,已大失古人之意,名成年长,虽欲学而无及。间有豪隽之士,不安于固陋,而思崭焉自见者,又或采其华而弃其实,识其小而遗其大。若唐荆川、杨用修、王弇州、郑端简,号称博通者,可屈指数,然其去古人有间矣。"④对于明人博学为主要特征的考据成就,我们认为嵇文甫的评价较为公允,"自杨慎以下那班古学家,并不像乾嘉诸老那样朴实头下工夫,而都是才殊纵横,带些浪漫色彩的。他们都是大刀阔斧,而不是细

---

① 毛宪:《毗陵人品记》卷9《唐顺之》,明万历刻本,续修四库全书,第541册,第191页。
② 黄宗羲:《南雷诗文集(上)·传是楼藏书记》,沈善洪主编:《黄宗羲全集》第10册,浙江古籍出版社,1993年,第129页。
③ 姜绍书:《韵石斋笔谈》卷上《名贤著述》,文渊阁四库全书本。
④ 顾炎武著,黄汝成集释:《日知录》卷首《原序》,第19页。

针密线。他们虽不免于驳杂，但古学复兴的机运毕竟由此打开了"[①]。显然，"打开"这一"机运"的明代学者之一，就是唐顺之。

具体内容上，唐顺之也广泛使用训诂的方法解经考史，进行了一定程度的考据实践。如其为华师鲁书斋"晋斋"之名所作解释：

> 圣人作"易"，以阴阳别淑慝，至于"晋"之象曰："明出地上，晋。"夫日出于积阴之下而升于至阳之位，如人之破乎障塞而极乎高明，此非强健有力者不能，"晋"之所以次"大壮"也。然而"大壮"之象以雷，"晋"之象也以日。夫雷蛰于深冬，寂然无声，至于春也，划然而万物皆鼓；日丽乎天而含于地，见乎南而潜乎北，故其韬敛而若无所事者，乃所以厚蓄其力而用其壮者也。君子之于学也，本之以深沉有所不为，而发之以果决有所必为，是以能伐其阴慝而长其阳德，其于进也几矣。华子师鲁以"晋"名其斋，盖有志于进也。华子好学而谦，其所蓄不以暴于人，人亦不能窥也，可谓近于深沉者，未知其果决何如耳？虽然，未有蓄而不能发者也，余故兼"大壮""晋"之义而为之说。[②]

唐顺之从《易》中"晋"和"大壮"之象所蕴含的厚积薄发的思想含义，来说明华师鲁"好学而谦"的学术特点，非常贴切。其首先从《易》之"晋"之象所包含的日出之意、"大壮"之象的雷的意蕴说起，认为日出之前和雷爆发之前都有一个重要潜藏的过程，一旦喷薄而出，则会照耀万里，雷霆万钧。由此而过渡到君子之学的理想特点，即"本之以深沉有所不为，而发之以果决有所必为"，强调了"蓄"与"发"各自的合理性以及双方之间的联系性。紧接着点名此文主题，把其对《易》中"晋"和"大状"之象的理解与华师鲁"好学而谦"的特点联系起来加以说明。虽然唐顺之对华师鲁是否"果决"，即是否符合"晋""大壮"所包含的爆发含义存有疑虑，但也认为如果没有广蓄，其爆发也无从谈起。可以看出，唐顺之在表明自己现实的一个观点时，对儒经的训诂成为其逻辑的出发点，也成为其论说的依据。

又如为郑士鲁三子应龙、应麟、应鸾所为字说，也是引经据典，多由对儒家经典的训诂而发：

---

① 嵇文甫：《晚明思想史论》，第156页。
② 常州市唐荆川研究会编：《唐荆川诗文集》卷13《晋斋说》，第369页。

　　　天文左为苍龙，礼家以天地温和之气在左，故坐主于左，又曰君子
　　尚左。龙渊潜而天腾，阴则蛰而阳则升，是纯于温和之气者也，故位于
　　左，为之字龙曰左卿。麟有趾而以不践草与虫之生者为仁，其在人也，
　　伐一木、杀一兽，不以其时则亦为不仁，观于此义而一体万物之心可以
　　油然生矣，为之字麟曰趾卿。鸾鸟之声和，故乐家象之以协于律吕，君
　　子载之在与而听焉，以消其非僻躁戾之心，是和气之应也，为之字鸾曰
　　声卿。①

这都可以看作是唐顺之以文字训诂来阐述观点的实践之作，一定程度上
增强了其观点的说服力。

　　唐顺之的考据行为旨在说明一个道理，为解决现实问题而发，这固
然使得唐顺之的这些考据文字呈现出相当的理论色彩，但赋予这一理论
以生命或说服力的基础，则是对于儒家经典的训诂和考证。

## 二、启蒙与"狂诞"

　　在明中叶的三股史学思潮中，启蒙史学思潮与明代社会思潮联系最
为紧密，与以往朝代相比，它也是最能体现明代社会特点的一股史学思
潮。它脱胎于明代社会领域的启蒙思潮，深深植根于明代的社会背景。
有的学者从思想影响于史学的角度把其表述为"批判程朱理学的思
潮""理学化史学批判思潮"则鲜明地表达了这种意向②。

　　确实，思想的变化为启蒙史学思潮的兴起提供了额外的营养。程朱
理学分"理""心"为二，并表现出以外在"天理"消解个体道德修养的
价值、意义的自身理论倾向，以及这一点为统治者片面利用来论证他们
统治的合理性和强制性，这都严重束缚了士人思想的自由度和发展空
间。表现于史学领域，就是史学意识淡薄，史学视野的狭隘，呈现出一
种萎靡的学术风气。

　　阳明心学，于明代中叶兴起，对程朱理学，特别是官方化了的程朱理
学展开了猛烈的批判。阳明心学以"心即理""致良知"等命题为学说基
本主干，极力阐扬主体之心与良知在社会认识中的支配性作用，并倡言：

①常州市唐荆川研究会编：《唐荆川诗文集》卷13《郑氏三子字说》，第370页。
②详参杨艳秋《明中后期的史学思潮》，《史学史研究》2001年第2期；钱茂伟《论明中叶史学
　的转型》，《复旦学报》（社会科学版）2001年第6期。

"是非之心，不虑而知，不学而能，所谓良知也。良知之在人心，无间于圣愚，天下古今之所同也。"①又言："自己良知原与圣人一般，若体认得自己良知明白，即圣人气象不在圣人而在我矣。"②良知是内在于每个人人心的，就良知的保有而言，常人与圣人是相同的，这为阳明在其他场合所默认的、更具冲击力的"满街圣人"③观点所张本，从而赋予了个体极大的能动性，个体价值有了合理性和合法性的理论依据，个体意识也得以觉醒。因此，阳明心学对明代中后期史学的影响，首要的一点就是史学自我意识的觉醒。

受阳明心学影响，明代中后期史学自我意识觉醒的一个最为直观的表现就是私人史著的大量产生。谈迁《国榷·义例》即言："实录外，野史、家状，汗牛充栋。"夏燮《明通鉴·义例》亦云："明人野史，汗牛充栋。"清人全祖望也有"明季野史，不下千家"之说。虽然上述"野史"主要就明人所撰当朝史而言，但也大致反映了明人所撰史籍繁盛的整体情况。以致这种极度繁盛的情况都引起了一些学者的担忧，唐顺之对此不无讽刺地说："其屠沽细人有一碗饭吃，其死后则必有一篇墓志；其达官贵人与中科第人稍有名目在世间者，其死后则必有一部诗文刻集，如生而饭食、死而棺椁之不可缺。此事非特三代以上所无，虽唐、汉以前亦绝无此事。幸而所谓墓志与诗文集者皆不久泯灭，然其往者灭矣而在者尚满屋也。若存在世间，即使以大地为架子，亦安顿不下矣。"④四库馆臣在言及明人杨铭《正统临戎录》的成书过程时称："此书末专叙铭官职升迁之事，当即铭所述也……惟首尾俱做通俗语，盖铭未必知书，当时口述，令人书之于册尔。"⑤"未必知书"而仍然坚持"令人书之于册"，这也说明了私人撰史风气之盛。我们说，明人王世贞有关于"国

---

① 王守仁：《传习录》中《答聂文蔚》，吴光等编校：《王阳明全集》卷2，第79页。
② 王守仁：《传习录》中《启问道通书》，吴光等编校：《王阳明全集》卷2，第59页。
③ 王守仁：《传习录》下，吴光等编校：《王阳明全集》卷3，第116页。需要说明的是，"满街圣人"的观点并不是通过阳明之口直接提出的，而是其学生提出，由他默认的。据《传习录》下记载，"一日，王汝止出游归，先生问曰：'游何见？'对曰：'见满街都是圣人。'先生曰：'你看满街是圣人，满街人到看你是圣人在。'又一日，董萝石出游而归，见先生曰：'今日见一异事。'先生曰：'何异？'对曰：'见满街都是圣人。'先生曰：'此亦常事耳，何足见异？'"
④ 常州市唐荆川研究会编：《唐荆川诗文集》卷6《答王遵岩》，第172页。
⑤ 永瑢等：《四库全书总目提要》卷53《正统临戎录》"提要"，第478页。

史""家史"和"野史"辩证理性地认识,如果没有明朝中后期史籍的大量涌现以及伴随而来分类的细化,那也是很难产生的。

明代中叶以后史籍蓬勃发展,固然原因各个。整体上来讲,其与明朝政治统治的盛衰相一致的是,大致在正德、嘉靖以后,随着中央集权能力的削弱,对社会的统治有所松懈,社会文化思想逐渐活跃起来。同时,随着专制体制的整体削弱,文献管理制度也相对松懈,早前严格禁止流传的各朝实录也逐渐流入民间,这为明中叶以后私史的繁兴打下了史料基础。还有,明代历史内容的丰富,其中既有早期不敢说的"建文逊位",也有中后期的"革除事件""夺门事件"等,一定程度上都成为挣脱官方控制后私人史著中的一种喜闻乐见的普遍记载。再加上经过明初休养生息政策主导下的经济的恢复和繁荣,新的经济因素萌生并发展,社会积累了相当的财富,为史学发展提供了相应的作者群、市场和读者群。此外,明代中期以后衰落的社会现实也刺激着学者们对当朝史的关注,期望从中总结明朝所兴、所败的缘由,以为世用。当然,如上所述,阳明心学的兴起也是其中的一个原因。有关于此点,我们可以从以下几个方面来认识:

首先,如上所述,阳明心学对于个体价值的强调,从理论上来讲,对私家史籍的大量涌现提供了合理的依据。私人史家们为了证明只有自己才能荣膺史职,不仅在观点上"发前人所未发"。如从王阳明"自家痛痒自家知"的诗句到李贽"执一便是害道"的论说,再结合李贽与心学泰州学派交好并师事泰州学派创始人王艮之子王襞的史实,我们应该可以很清楚地看到心学理论于史学的影响痕迹,而且在体裁体例上也是迭有创新。如《弘简录》继承和发展了古代正史中多民族史学的传统,以唐、宋为正统,在各朝之下以"附载"和"载记"的形式记载了各割据和少数民族政权,还改本纪为"天王"。如唐顺之《左编》,全书分为君、相、名臣、谋臣、方技、释、道等24门,关注面十分广泛。又如邓元锡《明书》45卷,帝典10卷、后妃内纪1卷、列传34卷,其编次以帝为典,后妃为纪,外戚、宦官居列传之首,等等,均不符合传统正史规范。这些史籍体裁体例的改变,一方面固然说明了其严正性和严肃性不足,但这同时也更生动地说明了史家们在阳明心学相关理论的刺激下,史家史学自我意识的"膨胀",从而出现了"家期马、班,人各操斛"的局面。

其次，就明代中后期几部典型的私人史籍来看，其作者多具有王学后学的学术背景。如《左编》作者——唐顺之，黄宗羲《明儒学案》把其归入"南中王门学案"。《宋元通鉴》和《甲子会纪》的作者薛应旂亦为南中王学。《明书》的作者邓元锡为江右王门，等等，这也似乎说明阳明心学与明中后期私人史籍的繁盛存在着一定的关系，起码说明王学后学是明代中后期大量涌现出的私人史家中的重要构成。

再次，无论是程朱理学对"天理"的探讨，还是阳明心学探讨"心"和"良知"的统摄意义，从本质上来讲，都是对于人类及人类所生活的这个世界的探讨，都代表着一种人类自我认识的自觉。这是宋明理学一个共同的特征，也是宋明理学家们一个普遍的思维模式。这种思维模式在一些理学家的史学活动中也有具体的表现。如其对通史撰述的影响，"理学家们力求探明这种通天通地、贯通古今的理，在历史观与求理方法上都对史学产生了重大影响。既然理的存在是宇宙中跨越时间与空间的普遍存在，那么史学作为求理的重要手段，理所当然也要有通识意识、在历史撰述中贯通天人古今，这就促进了通史撰述的兴盛"①。

应该来讲，随着人们对作为社会领域的程朱理学弊端的思考，特别是阳明心学，把程朱理学逻辑中分裂的外在客观之"理"与主观之"心"合而为一，并以主观之"心"统外在之"理"，从而消解了外在天理对主体价值的压迫和忽视，极大程度地拓展了主体思想的自由度，而于其核心命题"良知"之"致"工夫论层面开出"率其自然"的理论倾向。这一点为其"左派"所发展，除衍生出"赤手博龙蛇""掀翻天地"的精神气魄外，更重要的是此一精神气魄与史学的结合，使当时相当一部分史家突破了"旧"的史学束缚，从自身的知识结构重新认识和评价历史，建立了以"六经皆史说"为基础的新的史学批评理论体系。

在王阳明不多的关涉史学的论述中，对明中后期史学产生最为直接和显著影响的就是其关于经史关系的"五经皆史"说。恩格斯曾言："每一种新的进步，都必然表现为对某一神圣事物的亵渎，表现为对陈旧、日渐衰亡的，但为习惯所崇奉的秩序的叛逆。"②美国学者艾尔曼亦言：

①汪高鑫：《中国史学思想通论·经史关系论卷》，第194页。
②恩格斯：《路德维希·费尔巴哈和德国古典哲学的终结》，《马克思恩格斯选集》第4卷，人民出版社，1972年，第233页。

"变革主张与经学的反偶像精神常常同步出现。"①确实，基于经学对古代社会方方面面的塑造，具有反叛或独立思考的士人群体往往以对拥有绝对权威的经学的怀疑来表达自己的现实变革诉求。在经史关系上，阳明心学与程朱理学显然就表现出这种关系。

程朱理学在探究天理的终极关怀下，认为六经是天理的代表，主张只有"以经为本"，从六经中获得天理以指导历史认识和学习，才能获得更为合理、可靠的历史知识，才能更为真切地达到体察形而上之天理的目的，这大致是在经史关系上钱大昕所总结的程朱理学主张"荣经陋史"②说的逻辑进路。

服务于其心学理论的构建，王阳明在回答其弟子徐爱的问题时提出"五经亦史"。徐爱言："先儒论《六经》，以《春秋》为史。史专记事，恐与《五经》事体终或稍异。"阳明答曰："以事言谓之史，以道言谓之经。事即道，道即事。《春秋》亦经，《五经》亦史。《易》是包牺氏之史，《书》是尧、舜以下史，《礼》《乐》是三代史。其事同，其道同，安有所谓异？"又曰："《五经》亦只是史，史以明善恶，示训诫。善可为训者，时存其迹以示法；恶可为戒者，存其戒而削其事，以杜奸。"③这里的"五经"，加上传统意义上既是经又是史的《春秋》，就是"六经"。虽然阳明之前的古代学者都表达过经也是史的观点，但明确提出六经皆史这一概念的第一人，我们还是倾向于认为是王阳明。在"心即理"理论的统摄下，王阳明认为程朱理学视之谓超验、绝对之"理"与一般意义上的"物""事""义"等一样，都是内在于吾心的，即所谓"心外无物，心外无事，心外无理，心外无义，心外无善"④。在这层意义上，阳明认为道、

①〔美〕艾尔曼著，赵刚译：《经学、政治和宗族——中华帝国晚期常州今文学派研究》，江苏人民出版社，1998年，第52页。

②钱大昕：《序》，赵翼著，王树民校证：《廿二史札记》附录二，中华书局，2013年，第928—929页。依从于钱大昕的这一观点，当代许多学者认为这是程朱理学"反史"的一面。汪高鑫先生在《中国史学思想通论·经史关系论卷》中结合程朱理学代表人物的史学表现，并结合程朱理学理在事中、格物穷理的理论，进一步从逻辑上疏导了程朱理学家们也有注重史学之一面，对钱大昕的"荣经陋史"观提出了辩证，认为"说他们'容经'是实，'陋史'则不确，尊经是实，卑史则不尽然"。一般来讲，以朱熹为代表的程朱理学在经史关系上的说明，存在着两个层次：从经史关系的本体论意义上来讲，经先史后，经精史粗确实是其主张，其原因已如正文所述；从格物致知的工夫论层次上，经学是理，史学是事，史学又是经学之一翼，不可偏废。

③王守仁：《传习录》（上），吴光等编校：《王阳明全集》卷1，第10页。

④王守仁：《王阳明全集》卷4《与王纯甫·二癸酉》，第156页。

事是同一的，那经、史也是同一的。这相比较于程朱理学把"理"视作为一种超验的、道德渊薮、世界本源的绝对存在，六经又是天理的代表，从而赋予了六经超越于史学的道德优势，阳明心学显然是用"心"统摄理，挤压了理的伸张空间，这在经、史都内在于吾心的经史关系理论构成中，无疑为史学作用的释放、史学地位的提升，提供了可能的、必要的空间。

我们需要意识到的是，王阳明虽然提出了六经皆史的观点，但这主要是服务于其心学理论构建的，并未就经、史关系进行就事论事式的深入探讨，更不是争论经、史地位的高低、精粗或优劣问题。换句话说，心学理论固然为史学地位的提升提供了潜在的可能，但王阳明理论的本意却并非如此。而正如顾宪成所谓"此窍一凿，混沌遂亡"，阳明这一有关经史关系的言论在明代中后期产生以后，迅速得以传播，对于人们更为理性地认识经史关系起到了积极的推动作用。这种作用的显现，又表现在两个方面：一是仍然基于理学理论而展开的经史关系的思考；二是逐渐脱开理学话语体系的羁绊对经史关系就事论事式的深入探讨。不管是哪一种情况，阳明心学有关经史关系的言论的影响和启发意义，都是功不可没的。

基于心学理论而展开的经史关系的思考，王学后学中南中王学的薛应旂可以作为一个代表。薛应旂有关于经史关系思考的出发点显然是针对程朱理学家"经精史粗"的观点而发，"古者左史记言，右史记事。事为《春秋》，言为《尚书》，经史一也。后世史官咸推迁、固，然一则退处士而进奸雄，一则抑忠臣而饰主阙，殆浸失古意而经史始分矣。朱晦翁谓吕东莱好读史书，遂粗着眼。夫东莱之造诣不敢妄议，若以经史分精粗，何乃为精义？入神之妙，不外于洒扫应对之间也"[1]。薛应旂认为经、史从本质上来讲是同源的，也是同一的，只不过后来史学的发展"浸失古意"，从其"入神之妙，不外于洒扫应对之间"的论断中，我们更可以看出其依随于"事即道，道即事"的心学判断标准。与阳明用心来统摄经、史相同，薛应旂也把经内化于心，其言："人人存其本心而形气不扰，则'六经'无可作业。于是乎可以知圣人作经之意也。《易》

_____

[1] 薛应旂：《宋元通鉴》卷首《义例》，明嘉靖四十五年自刻本，四库全书存目丛书，史部第9册，第688页。

以道化,《书》以道事,《诗》以达意,《礼》以节人,《乐》以发和,《春秋》以道义。先后圣哲,上下数千年,究其指归,无非所以维持人心于不坏也。"①

　　从阳明和薛应旂的表现来看,基于心学理论而展开的经史关系的思考还有一个共同的特征,即借用理学家们常用的道、事范畴来论述经史关系。一个基本的观点是:道、事无二,经、史本一。明人丰坊亦言:"人有言经以载道,史以载事,事与道果二乎哉?吾闻诸夫子:'下学而上达。'子思亦云:'率性之谓道。'性也者,天理也;道也者,人事也。人事循乎天理,乃所谓道,故古之言道者,未始不征于事也。言道而遗于事,老之虚、佛之空而已矣,故曰:'我欲载之空言,不如见诸行事之深切著明也。'空言美听,而非践履之实用,行事有迹,而可以端趋舍之涂。是故《诗》《书》已删,《礼》《乐》□正,必假《鲁史》修《春秋》,以为《诗》《书》《礼》《乐》之用,必征诸行事而后实也。经与史果二乎哉?繄,《六经》赖夫子而醇,诸史出于浮士而杂,非经史之二也,存乎其人焉尔!"②沈国元亦有论曰:"经以载道,史以纪事,世之持论者或歧而二之,不知道无不在,散于事为之间,因事之得失成败,可以知道之万世无弊,史之所系綦重矣。"③从丰坊的论述中,我们不仅可以看出其借用心学理路中的道、事无二以论证经、史本一的惯常思路,还可以看到其把后世经、史分途的原因归结为人的原因,"非经史之二也,存乎其人焉尔"。在心学理论中,很大程度上,由于人、心的对等性和无差别性,从本质上来讲,丰坊所论仍有从心学立场来论述经史关系的嫌疑。而沈国元所论仅仅借用了阳明心学的道、事无二来论证经、史本一的思维,结语也逐渐改变了进一步说明心的超然性和包容性的惯常做法,而把归结点集中在了史学方面,"史之所系綦重矣"。这应该是阳明心学"六经皆史"说于史学的影响途径的一个重要转捩点。

　　这种倾向在其后的唐顺之、李贽、王世贞等人的相关论述中进一步

---

①薛应旂:《方山先生文录》卷16《原经》,明嘉靖三十三年东吴书林刻本,四库全书存目丛书,集部第102册,第383页。

②丰坊:《世统本纪序》,见黄宗羲《明文授读》卷31,清康熙三十六年张锡琨味芹堂刻本,四库全书存目丛书,集部第401册,第232页。

③沈国元:《二十一史论赞》卷首《总叙》,明崇祯十年大来堂刻本,四库全书存目丛书,史部第148册,第539页。

显化。唐顺之在自序其《杂编》时首先对"语理而尽于六经，语治而尽于六官"表示了怀疑，提出了与此相反的观点，即"语理而不尽于六经，语治而不尽于六官"①，这就为百家之"异说"和"小道"找到了合理的位置，也为其《杂编》的成书找到了合理的依据，这说明唐顺之有关经史关系的关切点已经从心学理论构建转移到其史学理论阐发方面。

李贽在瓦解经学的权威上走得更远，"更说什么'六经'，更说什么《语》《孟》乎？夫'六经'、《语》《孟》，非其史官过为褒崇之词，则其臣子极为赞美之语。又不然，则其迂阔门徒、懵懂弟子，记忆师说，有头无尾，得后遗前，随其所见，笔之于书。后学不察，便谓出自圣人之口也，决定目之为经矣，孰知其大半非圣人之言也！纵出自圣人，要亦有为而发，不过因病发药，随时处方，以救此一等懵懂弟子、迂阔门徒云耳。药医假病，方难定执，是岂可遂以为万世之至论乎？然则'六经'、《语》《孟》，乃道学之口实，假人之渊薮也，断断乎其不可以语于童心之言明矣"②。李贽对所谓"六经"、《语》《孟》的批判是非常猛烈的。就其批判的内涵而言，它涉及儒家经典的产生和传播过程，认为儒家经典要么是在其后学的片面理解和记忆的基础上产生的，要么是在后来的流传和运用过程中，后学们忽略了它们产生的历史背景。这等同于说，经是特定历史条件下的产物，有其产生的历史背景和适用范围，是一种历史的存在。这应该是其"六经皆史"观点的另一种说辞。这一观点在其《经史相为表里》一文中有着更为明确的表达，"经史一物也。史而不经，则为秽史，何以垂戒鉴乎？经而不史，则为说白话矣，何为彰事实乎？故《春秋》一经，春秋一时之史也。《诗经》《书经》，二帝三王以来之史也。而《易》经则又示人以经之所自出，史之所从来，为道屡迁，变易匪常，不可以一定执也。故'六经'皆史可也"③。可以看出，李贽在这段话中虽然也探讨了经对史的提升，但整体上来看，更多地探讨了史对经的涵盖和统摄，这也说明其立论点已经转变为以史的内涵来规定经的性质，更多地体现了立足于史学本位的一种思考。

---

① 常州市唐荆川研究会编：《唐荆川诗文集》卷10《杂编序》，第284页。
② 李贽：《焚书》卷3《童心说》，张建业主编，刘幼生整理：《李贽文集》第1卷，第93页。
③ 李贽：《焚书》卷5《经史相为表里》，张建业主编，刘幼生整理：《李贽文集》第1卷，第201—202页。

　　经史关系中"六经皆史""经史一也"的观点,逐渐脱开理学话语体系,更多地立足于史学本身而展开探讨,到了晚明时期"可以说俯拾可得",诸如何景明、徐中行、闻人诠、何良俊、胡应麟等人都有这种观点的丰富表达[①]。

　　立足于史学本位来探讨经史关系,在王世贞的史学理论中体现得更为明显。王世贞就曾针对程朱理学的"经先史后"说提出批评,称:"吾读书万卷而未尝从'六经'入。"[②]这种结论的得出是立足于其"六经皆史"说的基本立场。其言:

> 天地间无非史而已。三皇之世,若泯若没;五帝之世,若存若亡。噫!史其可以已耶?《六经》,史之言理者也;曰编年、曰本纪、曰志、曰表、曰书、曰世家、曰列传,史之正文也;曰叙、曰记、曰碑、曰碣、曰铭、曰述,史之变文也;曰训、曰诰、曰命、曰册、曰诏、曰令、曰教、曰札、曰上书、曰封事、曰疏、曰表、曰启、曰笺、曰弹事、曰奏记、曰檄、曰露布、曰移、曰驳、曰喻、曰尺牍,史之用也;曰论、曰辨、曰说、曰解、曰难、曰议,史之实也;曰赞、曰颂、曰箴、曰哀、曰诔、曰悲,史之华也。虽然,颂即四诗之一,赞、箴、铭、哀、诔皆其余音也,附之于文,吾有所未安,惟其沿也,姑从众。[③]

相比较于王阳明、李贽等人提出的"六经皆史"说,王世贞"天地间无非史而已"的提法对于史的内涵的扩展更为彻底,而且明确提出"《六经》,史之言理者也",更为鲜明地把经纳入了史学的范围,也更加凸显了其学说以史学为本位的理论特点。

　　不仅如此,王世贞还认为史学的价值要远超于经学之上。其曰:

> 吾尝读文中子之书曰,史之失自迁、固始也。记繁而志寡,则又未尝不叹其言之失业。夫经有不必记者,而史有不必志。孔子之作《春秋》也,而君臣父子夫妇长幼之伦著焉,中国荆蛮君子小人之界判焉,盖二百四十二年而千万世揆是也。故经不敢续也,亦无所事续也。至于

---

① 向燕南:《从"荣经陋史"到"六经皆史":宋明经史关系说的演化及意义之探讨》,《史学理论研究》2001年第4期。
② 李贽:《续藏书》卷26《王世贞》,中华书局,1960年,第514页。
③ 王世贞:《弇州山人四部稿》卷144《艺苑卮言》,文渊阁四库全书本。

史则不然，一代缺而一代泯如也，一郡国缺而一郡国之迹泯如也。贤者不幸而不见德，不肖者幸而不见匿。故夫三代非无史也，周衰天子之史不在周，而寄于齐、晋之盟主。盟主衰而又分寄于列国，国自为史，人自为笔。至秦务师吏，斥百家，而史亦随烬矣。五帝之事，若有若无，三王之事，若存若亡，则非史之罪业，祖龙为之也。执事试进操觚之士，而质之史，其论三代有不尊称《尚书》者乎？然自舜、禹、汤武及桀、纣而外，有能举少康、武丁、太康、孔甲之详以复者否？周之季，有不尊称《春秋》者乎？而自桓文而上，有能举宣、平、共和之详者否？二汉而下，有不稗官《晋》，齐谐"六代"，期期《唐书》，芜《宋史》，而猥琐辽、金、元三氏者乎？然一展卷，而千六百年之人若新，而其迹若胪列也。是史之存与不存也。[1]

在传统经、史分野的语境下，王世贞也承认经、史有差别。但和传统认识不同的是，王世贞认为经、史各有偏重，即所谓"经有不必记者，而史有不必志"。并且，还从历史记载的丰富性上说明史学具有经学不可替代的作用。王世贞认为经学原始意蕴的阐发在孔子生活的春秋、战国时代就已经完毕，况且，经也是那个时代的史，而史学的发展则日新月异，每一时段史的遗失，都可能会导致"贤者不幸而不见德，不肖者幸而不见匿"价值失衡的严重后果，而"君臣父子夫妇长幼之伦著焉，中国荆蛮君子小人之界判焉"恰恰是作为史之《春秋》被后人推崇为经的主要依据。因此，在王世贞看来，史学的存续，绝不仅仅关涉客观史实的承续，更关乎人类价值的塑造和沿承。从这层意义上来讲，王世贞认为史学具有超越于经学之上的价值。从王世贞对于经史关系的发展来看，其立足于史学本位的思考，对史学价值的阐发也更为深刻，在阳明心学"六经皆史"说的基础上，又超越了这一学说的心学理论语境，彻底回归到史学领域。

可以说，植根于明代中后期丰富的社会背景，特别是在阳明心学理论的诱导下，明代中后期的史学在自我意识激发，突出不苟与人同的个体史学价值方面得到了突出的发展。在经史关系上，从王阳明、薛应旂论证心的超然性和包容性，到丰坊、沈国元仅借用王学人物惯用的从道

---

[1]王世贞：《弇州山人四部稿》卷116《策·湖广第三问》，文渊阁四库全书本。

事无二来论述经史本一的思维，再到唐顺之、李贽、王世贞基于史学立场的思考，这既是阳明心学有关经史关系论述对明中后期史学影响的基本轮廓或大致演进路径，同时也说明了史学进一步走向独立的时代要求。阳明对"异端"的说辞和态度也很能说明这些问题，其言："与愚夫愚妇同的，是谓同德。与愚夫愚妇异的，是谓异端。"①看来，阳明对"异端"思想也有着明确的认识并且深以为是的。

并且，发轫于阳明心学的"六经皆史"说，经过了明朝中后期学者的接受、利用和改造以后，在恩格斯所言的对于作为"神圣事物""习惯所崇奉的秩序"的经的"亵渎"和"叛逆"的既定思维下，也持续地成为其后史学发展中思想解放的理论依据和渊薮。

具体看来，启蒙史学思潮于有明一代的表现，正如向燕南先生所总结的："概括地说包括三种倾向：一，抗议封建思想专制，鼓吹师心自裁评价历史的倾向；二，批判社会弊端、抨击君主专制制度，要求改良政治的史学倾向；三，探讨历史问题的理性史学倾向。"②同时，启蒙史学思潮也以处于明代不同时期的个体表现出丰富的时代特点。

启蒙史学思潮的早期表现，稍早于唐顺之，生活于弘治、正德年间的祝允明及其《祝子罪知录》可以说是一个典型代表。在此书《序言》中，他首先申明了自己不同于时人的观点，"允明异夫近代学士，辨之弗明，辄措安之，往往视古人臧否事为应趋背劝惩，每至朱紫易采，土炭倒衡"。从书的结构安排以及内容表述上，亦可看到此书对封建道统的怀疑乃至颠覆。"谓汤武非圣人，伊尹为不臣，孟子非贤人，武庚为孝子，管蔡为忠臣，庄周为亚孔子一人……"等等，"其举、刺、予、夺，言人所不敢言"③。这一点已为大部分学者所认识到并达成了共识④。

启蒙史学思潮的另一个重镇就是稍晚于唐顺之，生活于嘉靖、万历间，被称为"异端之尤"的李贽。李贽思想最核心、影响最大的是他的

①王守仁：《传习录》下，吴光等编校：《王阳明全集》卷3，第107页。
②向燕南：《中国史学思想通史·明代卷》，第176页。
③永瑢等：《四库全书总目》卷124《祝子罪知》"提要"，第1068页。
④关于祝允明于早期启蒙史学思潮的代表意义，目前论及明代启蒙史学思潮的诸篇文章，如葛兆光《明代中后期的三股史学思潮》、钱茂伟《论明中叶史学的转型》、杨艳秋《明中后期的史学思潮》等文章都单设一单元对祝允明及其《祝子罪知录》于此一思潮的贡献作了或多或少的论述。其中关于明代史学的专著中也多有提及和论述，如向燕南先生《中国史学思想通史·明代卷》也多有深入剖析。

"童心说"，首先他把"童心"等同于"真心"，认为这是人的本来状态，是个体存在的根本依据。人于现世中一切事功的开展，都应循此"童心"而自足，不需强假外求，即使对千百年来被定义为人生修养和行事标尺的"六经"也是如此，"苟童心常存，则道理不行，闻见不立，无时不文，无人不文，无一样创制体格文字而非文者……故吾因是而有感于童心者之自文也，更说什么《六经》，更说什么《语》《孟》乎？"①把"六经"降格到诸史的地位，联系到"六经"于整个古代社会的统治地位，这"几乎是对整个封建思想体系的否定！"②同时又从"纵出自圣人，要亦有为而发，不过因病发药，随时处方"③的论断开出了历史评价的时势、事功标准。既然"童心"人人自持和自足，又因个体因素的千差万别，对事物的判断也是不尽相同的，因此李贽从根本上反对外在之"一"的规定性，"夫天生一人，自有一人之用，不待取给于孔子而后足也"④。这就使李贽的历史评价导向了"不以孔子是非为是非"的理论色彩，当然也表现出"实不与旧公案同"的"异端"特征。

虽然，唐顺之在对于传统经、史关系的认识，于明朝中后期只出于一种承上启下的作用，并不如其后的王世贞、李贽表现得那么鲜明，但其起码对经、史关系置放到比较客观和理性的前提下予以考察。这同样也使得其学说在今人看来即为"启蒙"，在恪守正统的古人看来即为"异端"。唐顺之对此也是有自知之明的，他曾对其文集的特点赋诗总结道：

> 文学从来本不长，隐居辞说半猖狂。
> 徒令后世能疑孟，只觉身前似姓庄。
> 玄白何分终覆瓿，谷臧奚事总亡羊。
> 从今已息掞天口，只著农桑一两章。⑤

"猖狂""疑孟""姓庄""覆瓿"和"掞天口"等措辞，无不在说明其猖狂或异端的整体学术特点。其在《石湖王傅辱观拙集见赠长句二十三韵奉答一首》中有数句亦为相似的自我剖析：

①李贽著，夏剑钦校点：《焚书》卷3《童心说》，岳麓书社，1990年，第98页。
②葛兆光：《明代中后期的三股史学思潮》，《史学史研究》1985年第1期。
③李贽著，夏剑钦校点：《焚书》卷3《童心说》，第99页。
④李贽著，夏剑钦校点：《焚书》卷1《答耿中丞》，第16页。
⑤常州市唐荆川研究会编：《唐荆川诗文集》卷3《小集为人所刻》，第66页。

回头可笑瓿堪覆，后生谬谓玄非白。

只合箧笥掩瑕垢，谁写竹帛露狂易。①

可以说，唐顺之的史学价值较早被人发现，盖出于此种学术特点。向燕南先生《中国史学思想通史·明代卷》在论及启蒙史学思潮时，就以唐顺之《两晋解疑》《两汉解疑》《史纂左编》作为"明代后期这种抗议封建思想专制束缚，强调要以自己的价值观点重新评论评价历史的思想、学术倾向"的典型代表②。钱茂伟先生《论〈藏书〉对〈左编〉的继承与批判》一文及其专著《明代史学的历程》中"《藏书》对《左编》的继承与批判"一节亦发现了唐顺之《史纂左编》对启蒙史学思想的集大成者李贽及其《藏书》产生了直接的影响，这就从客观上进一步肯定了唐顺之于启蒙史学思潮中承上启下的地位。

明代中后期的启蒙思想不仅以个案的方式展现其不同于正统的"异端"性，而且还以其发生的普遍性而展示其作为思潮的存在方式。明末清初学者王弘撰曾对明中后期的启蒙思潮的普遍性有所描述："祝枝山，狂士也。著《朱子罪知录》，其举刺予夺，直抒胸臆，言人之所不敢言，亦间有可取者。而刺汤武，刺伊尹，刺孟子即程朱特甚，刻而戾，僻而肆，盖学禅之弊也。乃知屠隆、李贽之徒，其议论亦有所自，非一日矣。"③应该来讲，"非一日矣"的论断是关于启蒙史学思潮普遍性很好的说明。四库馆臣在为祝允明《朱子罪知录》作提要时也注意到了王弘的这一论断，并且对明中后期史学思潮的群体性进行了总结。在分析启蒙史学思想时，经常从"李贽之徒"的视角立论，评价陈师《禅寄笔谈》时言"其持论皆近于李贽"④、张大复《闻雁斋笔谈》"然所推重者李贽"⑤、焦竑《焦氏笔乘》"盖竑生平喜与李贽游，故耳濡目染，流弊至于如此也"⑥等等，显然把"异端之尤"的李贽树立为这一群体的当然标杆。也由于启蒙史学的群体参与的广泛性，四库馆臣还经常以整体的视

①常州市唐荆川研究会编：《唐荆川诗文集》卷2《石湖王傅辱观拙集见赠长句二十三韵奉答一首》，第56页。

②向燕南：《中国史学思想通史·明代卷》，第179页。

③王弘：《山志》卷6《罪知录》，清初刻本，续修四库全书，第1136册，第83页。

④永瑢等：《四库全书总目》卷127《禅寄笔谈》"提要"，第1099页。

⑤永瑢等：《四库全书总目》卷128《闻雁斋笔谈》"提要"，第1100页。

⑥永瑢等：《四库全书总目》卷128《焦氏笔乘》"提要"，第1103页。

角用启蒙史学特征来定位明代的史论，"明代史论至多，大抵徒侈游谈，务翻旧案，不能核其始终"①，"论史之纰缪如此，盖务欲出奇胜人，而不知适所以自败。前明学者之通病也"②。虽然四库馆臣的论调不免有夸张之嫌，但无论是"李贽之徒"，还是整体的视角，都说明在正统的四库馆臣那里，这些都是应当遭到猛烈批判的同质群体。唐顺之的史学就是如此引起四库馆臣注意的，"殆与李贽之《藏书》狂诞相等"也是一个视角，"其它妄为升降、颠倒乖错之处不可胜言，殆与李贽之《藏书》狂诞相等，乃贽书世犹多相诟病，而是编独未有纠其失者，殆震于顺之之名，不敢轻议欤？"③

　　不得不说的是，虽然明中叶的学者确实在突破传统史论的方向上取得了很大的进展，但确实也存在着如四库馆臣所谓"务翻旧案，不能核其始终"的缺憾。如关于李贽的史论，其挚友焦竑曾在李贽逝后委婉批评道："宏甫快口直肠，目空一切，激愤过甚，不顾人有忤者。"④这既表达了李贽不合于时的处境，也道出了造成这一处境的李贽的责任，从而委婉批评了李贽史论"快口直肠，目空一切，激愤过甚"的特点。依随于肯定个体价值的需要并进而肯定个体追求俗世价值的说明，李贽曾言："穿衣吃饭，即是人伦物理；除却穿衣吃饭，无伦物矣。世间种种皆衣与饭类耳，故举衣与饭而世间种种自然在其中，非衣饭之外更有所谓种种绝与百姓不相同者也。"⑤焦竑对此颇有异议："倘知人人寻常日用，无时不见前，无人不具足，又何必钻研故纸，强生支节，如蚕作茧，自苦自缚？"并希望向李贽请教这番疑问，"亭州有卓吾先生在焉，试一往讯之，其有以开予也夫"⑥。在我们看来，焦竑所言"钻研故纸"即说明了传统史论的约束力量，李贽处处与古人为对，难免存在"激愤过甚"的缺陷，从而对其理性认识历史形成一定程度的干扰。

　　关于李贽史论"务翻旧案，不能核其始终"的缺憾，在这里，我们仅

---

① 永瑢等：《四库全书总目》卷88《史纠》"提要"，第755页。

② 永瑢等：《四库全书总目》卷90《两晋解疑》"提要"，第762页。

③ 永瑢等：《四库全书总目》卷65《史纂左编》"提要"，第580页。

④ 焦竑：《李氏焚书序》，张建业主编，刘幼生整理：《李贽文集》第1卷，第2页。

⑤ 李贽：《焚书》卷1《答邓石阳》，张建业主编，刘幼生整理：《李贽文集》第1卷，第4页。

⑥ 焦竑：《焦氏澹园集》卷22《书袁太史卷》，明万历三十四年刻本，续修四库全书，第1364册，第234—235页。

举一例加以说明。如其对元朝的评价为"华夷一统"，但行文中较多罗列元朝历代皇帝登极和顺帝登极事，很少详述元朝皇帝的文治武功，因此，这并未从内容上说明元朝"华夷一统"的历史定位。况本篇结尾，有"顺帝非行凶暴，而淫乱已甚，岂东西南北无思不服之主哉! 天生我太祖，非偶然也"①的记载，一是此篇在述及元顺帝时，根本没有记载其淫乱事；二是这里仍然延续了明朝取代元朝为合法的传统正统论思路，并无新意。从《藏书》此篇的记载来看，"华夷一统"的评价不免有哗众取宠之嫌，"旧案"确实"翻"了，但也确实是"不能核其始终"。于此，李贽也曾在《答焦漪园》中自言：

> 承谕，《李氏藏书》，谨抄录一通，专人呈览。年来有书三种，惟此一种系千百年是非，人更八百，简帙亦繁，计不止二千叶矣……惟《藏书》宜闭秘之，而喜其论著稍可，亦欲与知音者一谈，是以呈去也。其中人数既多，不尽妥当，则《晋书》《唐书》《宋史》之罪，非余责也。
>
> 窃以魏、晋诸人标致殊甚，一经秽笔，反不标致。真英雄子，画作疲软汉矣；真风流名世者，画作俗士；真啖名不济事客，画作褒衣大冠，以堂堂巍巍自负。岂不真可笑! 因知范晔尚为人杰，《后汉》尚有可观。今不敢谓此书诸传皆已妥当，但以其是非堪为前人出气而已，断断然不宜使俗士见之。望兄细阅一过，如以为无害，则题数句于前，发出编次本意可矣，不愿他人作半句文字于其间也。何也? 今世想未有知卓吾子者也。然此亦惟兄斟酌行之。弟既处远，势难遥度，但不至取怒于人，又不至污辱此书，即为爱我。中间差讹甚多，须细细一番乃可。如论著则不可改易，此吾精神心术所系，法家传爱之书，未易言也。②

这篇书信是李贽写给焦竑为其《藏书》索序的，焦竑所作序言上已引述。从李贽的这篇书信，我们可以看出几点信息：一是他对自己的史论非常自信，甚至是自负。二是他也承认其史论也存在着某些缺陷。这又主要表现在两个方面：一方面历史陈述部分，如"人数既多，不甚妥当"；另一方面历史评论部分，即"今不敢谓此书诸传皆已妥当，但以其是非堪为前人出气而已，断断然不宜使俗士见之"。至于所谓"中间差讹甚

---

① 李贽：《藏书》卷8《华夷一统》，张建业主编，刘幼生整理：《李贽文集》第1卷，第170页。
② 李贽：《焚书》卷1《答焦漪园》，张建业主编，刘幼生整理：《李贽文集》第1卷，第7页。

多"，可能是两方面都包含的。看来，焦竑也比较认可李贽"不甚妥当"的自我评价，固有"快口直肠，目空一切，激愤过甚"的评价。

这样的评价在唐顺之的史论中，也有不同程度的表现。我们将在"唐顺之两部《解疑》的史学思想"部分展开论述，此不赘述。

由此看来，今人所谓的"启蒙"和古人所谓的"异端"，都不是一个绝对的概念，其中所蕴含的褒贬之意也并不是可以完全划分清楚的，我们更不能依随于此进行截然的道德判定，还是把其置放于具体的史实中进行评价更为妥当。

### 三、在"道""事"之间

与明初统治的过度集权相一致，他们也非常注重史学于其统治中的作用，而此又与已经上升到官方统治意识地位同时又被极度扭曲的程朱理学相呼应，更是使史学丧失了独立的学术品格。明初统治者对程朱理学的运用的本质是以外在"天理"消解个体存在和道德修养的意义与价值，这深刻地反映在明初的官方史学活动中。首先，禁止私人修史就是对个体价值和意义的漠视，把修史大权把控于明朝统治者之手，从而使他们所强调的整齐划一的统治秩序于史学研究上亦得以顺利地铺展开来，严重限制了史学，特别是史学思想的发展。其次，对于史学思想的禁锢。在官方修史的领域内，把经其阉割的程朱理学作为从事史学编纂的唯一的指导思想，使得明初史学沦为其统治思想的试验场之一，极大程度上忽视了史学的另一基本命题——求真，这不仅表现在对深受理学影响的春秋笔法、纲目体的推崇以及正统论、夷夏论等观念讨论的炙热上，还体现在官修史书和史鉴书等具体操作上，从而出现了《元史》"钦奉圣旨事意"[1]和《实录》纂修"主要是一件政治工作，而不是一种超然的学术活动"[2]等唯官方统治意志是取的大量史鉴类史书的出现。这种屈从于外在的政治压力的道德说教，已经丧失了作为学术的本质，其经世致用的品格也难以保障。

时至明代中叶，明廷政治统治的衰败客观上对史学经世这一特征的形成和发展起到了促进作用，其中一个显在的表现就是私家修史的繁

①宋濂等：《元史》附《纂修元史凡例》，第4676页。
②〔美〕牟复礼、〔英〕崔瑞德编：《剑桥中国明代史》，第794—798页。

兴。与明廷统治衰败相一致的是其对社会控制能力的削弱，作为其中一方面的史学也获得了相比于明初更大的生存空间，在官方史学的系统之外，另一史学传统——私家修史也发展起来。私家修史在明代中叶大量出现的意义主要是，使史学逐渐摆脱官方统治意识形态的羁绊，也使得其经世诉求某种程度上回归其本来的学术层面，极度政治化与扭曲化的"经世"——史学沦为政治婢女——状况的改变成为可能。

同时，明中叶社会危机的爆发也刺激士人们从史学中吸取经验和教训以利于现实治理。他们大都能从史学自身的学术要求出发，不再唯官方的价值系统马首是瞻，即在探寻史学经世的目的下，更能兼顾到史学求真的学术要求。也正因如此，才能使他们的经世抱负建立在客观的历史经验上，而不是明朝统治者依靠自己的意愿所构建的"历史经验"。《明史》评价郑晓学术特点时言："晓谙悉掌故，博洽多闻，兼资文武，所在著效，亦不愧名臣云。"[1]这里就把郑晓务真、务博的学术特点与其"著效"的经世特点联系了起来，从而说明私家修史在一定程度上摆脱了官方统治意识形态的控制，使其史学经世旨趣建立在更加坚实的学术基础之上。可以说明中叶一批以考据见长、以经世为旨归的史学家就是在这一环境下产生的。

明中叶经世史学思潮兴起的另一个标志是充分重视史学于现实的形而下的指导意义，"经世之学，不仅是一切儒生恪守的关于世界秩序的学说，还是一套专业知识"[2]。其中一个显著的特征就是经世文于明中叶的大量出现。对此，德国学者傅吾康（Wolfgang franke）指出："16世纪后期历史著作新趋势的一部分是个人和多人的经世文的辑录。"[3]

我们之所以用实用性来概括经世文的特性，主要基于以下两点考虑：一是经世文的产生背景就是从历史中吸取经验以应对现实社会问题，它的产生数量和明代社会危机的轻重有直接的联系。据区志坚粗略统计，"明代各朝刊行经世文编的情形为：明成化年间只刊行一本，正德、嘉靖年间刊行的经世文有三本，万历年间刊行者有七本，天启年间

①张廷玉等：《明史》卷199《郑晓》，第5274页。
②〔美〕艾尔曼著，赵刚译：《经学、政治和宗族——中华帝国晚期常州今文学派研究》，第53页。
③〔美〕牟复礼、〔英〕崔瑞德编：《剑桥中国明代史》，第818页。

刊行者有九本,崇祯年间刊行有一本"①。向燕南先生对此作了进一步的补充后亦鲜明地指出:"这种情况说明,随着晚明社会危机压迫的加深,士人对现实的关怀与对前途的焦虑也不断加深,因而作为经世知识资源的经世之文,也越来越广泛地受到了重视。"②

二是以解决现实问题为出发点,极有针对性地总结具体的历史经验。这生动地体现在经世文的分类上。为了应对现实中复杂的局面,经世文的分类都比较缜细,如黄训《皇明名臣经济录》仅"户部"下就分图志、田土、赋役、给赐、黄册、屯田、婚姻、粮运、禄俸、盐法、茶法、课程、赈恤13类之多,基本涵盖了当时户部的所有职能。同时为了使历史经验可以直接运用现实政治之操作,省略现实中对历史经验择选去取的步骤,该书基本上是按照当时国家官制建制加以分类,分开国、保治、内阁、吏部、户部、礼部、兵部、刑部、工部、都察院、通政司、大理寺10门。

经世文只是明中叶经世思潮影响于史学编纂而产生的一种文体,严格意义上来讲应属于类书。可以说,不仅于经世文,即使就整个类书体史书产生动机而言,除了易于检寻的传统要求外,"经世"也是它们的普遍时代诉求。

体现着唐顺之学术"博"特点的"六编"也同样是这一思潮的典型代表。从"六编"的编纂动机考察,唐顺之或明确点明主旨,"《左编》者,为治法而纂也"③。或采用比喻的方式标明主旨,如"古今宇宙一大棋局也……余纂《右编》,特以为谱之不可废而已"④。这都说明了"六编"的经世主旨。时人或后人,如王畿、焦竑、刘曰宁、吴用先、朱国桢、高攀龙等为"六编"作序时,也都不约而同地阐述了"六编"的经世特点。从"六编"的内容来看,它们和经世文一样,分类亦非常细致,少则几十类,多则百余类;为使历史经验可以直接运用现实政治之操作,"六编"中的《右编》和《稗编》的分类一部分也是按照吏、户、礼、兵、刑、工六

①区志坚:《从明人编著经世文编略探明代经世思想的涵义——兼论近人对经世思想之研究》,《中国文化研究》(春之卷),1999年。
②向燕南:《从'主于道'到'主于事'——晚明史学的实学取向及局限》,《学术月刊》2009年第3期。
③常州市唐荆川研究会编:《唐荆川诗文集》卷10《左编附序》,第283页。
④常州市唐荆川研究会编:《唐荆川诗文集》卷10《左编附序》,第282—283页。

部的古代官制加以分类的, 这样的分类我们大概只能理解为希望现实中政府各职能部门能够按图索骥地从历史中直接获得经验, 其有资于治道的经世意蕴再明显不过。

唐顺之不仅有"六编"等体现其经世思想的具体史学活动, 而且还有反映明中叶经世史学实学取向的理论。唐顺之认为技艺本身就是儒学的基本内涵, 其在赞美抗倭名将俞大猷的诗篇中言:

> 知君兵计原儒术, 儒术深明计转工。①

具有实际操作意义的"兵计"原本就是儒学之术, 而且"儒术"体悟透彻, 则"兵计"之"工"自然水到渠成。换句话来说, 唐顺之所认为的具有现实意义的"兵计"是导源于儒学的。

而其《答俞教谕》一文更不啻为一篇经世思想的宣讲书。

该文首先说明了经世思想参与群体的广泛性, 其言: "仆于甲科人才固未尝专有眷眷搜罗之心, 其于岩穴之士之贤者, 亦何尝敢忘相与切磋之心哉? 其于卑鄙龌龊、越礼放法者, 固未尝敢有雷同随俗之心, 而其间尚可告语转移者, 亦岂敢遂无悯惜爱护之心而遽疾之如仇者哉? 甲科之与岩穴, 本无拣择, 而应感则随其所遇; 峻拒之与悯惜, 本无作好恶, 而曲成则因乎物情, 此天则不容人加减者也。"②紧接着说明了"苟真有万物一体之心", 时人所诟病的举业, 亦未尝不是经世的一种途径。在唐顺之看来, 社会是一个非常复杂的有机构成, 立足于社会的经世, 必然也要细大不捐, "大则虞廷、禹水、稷穑、皋刑, 以至夔石、益兽, 各致其能而相资以成治; 细则匠人审曲面势, 斧斩斤削, 锯解炉磨, 各致其能而相资以成室, 其致一也"③。

其下道出了其经世的主旨, "至于道德性命技艺之辨, 古人虽以六德、六艺分言, 然德非虚器, 其切实应用处即谓之艺; 艺非粗迹, 其精义致用处即谓之德。故古人终日从事于六艺之间, 非特以实用之不可缺而始从事云耳, 盖即此而鼓舞凝聚其精神, 坚忍操炼其筋骨, 沉潜缜密其心思, 以类万物而通神明, 故曰洒扫应对、精义入神只是一理。艺之精

---

① 常州市唐荆川研究会编:《唐荆川诗文集》卷3《咏俞虚江参将四首》, 第76页。
② 常州市唐荆川研究会编:《唐荆川诗文集》卷5《答俞教谕》, 第122页。
③ 常州市唐荆川研究会编:《唐荆川诗文集》卷17《跋李怀琳书绝交书后》, 第482页。

处即是心精，艺之粗处即是心粗，非二致也"。虽然从唐顺之的论述当中仍可看出，"艺"之为用的本质还是对"德"的塑造这一传统的儒家思路，但其确实在传统儒家思想内部和其继承的心学体系下为"六艺"找到了相应合理的位置。认为"绝去艺事而别求之道德性命，此则艺无精义而道无实用，将有如佛老以道德性命为上一截，色声度数为下一截者矣"①。在唐顺之看来，道德性命所谓之"德"的获得，还需落实到日常实务之"器"的实践，"洒扫应对"和"精义入神"在哲学意义上是一物，都可称其为"理"。从这条史料中，我们也大致可以看到唐顺之对于"技艺"与"德"密切相关性着意再三，在传统儒家重视"德"的一贯传统下，为"技艺"预留了足够的生存和发展空间，即重视日常现实生产和生活具体经验于"德"之养成和培养的重要性。

　　唐顺之认为"德"与"艺"作为人心一种本然状态，相容而不悖。"《论语》曰'据于德，游于艺'，《记》曰'德成而上，艺成而下'。德之与艺，说作一个不得，说作二个不得。才提起处，色色总在面前；才放下处，了了更无一物，自是人心本来之妙而不容增减也"。唐顺之虽然也继承传统儒家的观点，承认德与艺的差别，但在人心范畴的本然统摄下，其是本一的，"古人终日从事于琴瑟羽钥、操缦安弦种种曲艺之间，既云终日从事矣，然特可谓之游而不可谓之溺。今之人其于琴瑟羽钥、操缦安弦种种曲艺，即便偶一为之，则亦可谓之溺而不可为之游"。至于今人为什么会出现德与艺的高下之别，唐顺之这里可能受到了阳明心学的影响，也可能是与阳明心学的理论比较相似，其解释道："为其有欣厌心也，为其有好丑心也，为其有争长竞短之心也。欣厌心、好丑心、长短心，此兄之所谓尘机也，然则所谓艺成则下者，非是艺病，乃是心病。"②认为技艺本身没有问题，而是由于时代变了，人心已经改变了其本然的状态，才致使德与技有高下之分，从而也偏离了古之德、艺相辅相成的正确状态，这不仅使得德之空泛，不切于实用，而且也使得原本切于实用的技艺也脱离了现实，一无用处。如在论历法时，其言："夫六艺之学，昔人以为数可陈而义难知，在今日历家却是义可知而数难陈。盖得其数而不通其义者有之矣，若谓得其理而不得其数，则施之实用既无

①常州市唐荆川研究会编：《唐荆川诗文集》卷5《答俞教谕》，第123—124页。
②常州市唐荆川研究会编：《唐荆川诗文集》卷5《答戚南玄》，第124—125页。

下手处,而并其所谓义者亦脱空影响,非真际也。"①

此外,唐顺之还从道、器,心、经,古、今的视角表达了这两两为对的范畴之间密不可分的关系。"有逐末之学,而后有反本之论。盖有执器而无得者,论者曰:'盍反而求之乎道?'虽然,未若即器而道之为至也。有稽古而无得者,论者曰:'盍反而求之乎今?'虽然,未若稽古而今之为至也。有滞经而无得者,论者曰:'盍反而求之乎心?'虽然,未若即经而心之为至也"。在唐顺之即器而道、即古而今、即经而心的学术逻辑下,"器"显然都具有了合理的学术价值,是"道"之求致的必要途径。唐顺之于这里又对分道、器为二的做法进行了批判,"今之为形声文字训诂之学者皆是矣,君子惧其滞而无得也,为之说曰:'盍反而求之乎心也?'此所谓有逐末之学,而后有反本之论者也,而学者缘此遂以为必绝去形声文字与训诂,求之窈窈冥冥而后可以为至道。二者本末必有分矣,然而皆圣人之所不与哉!"再一次提出了道、器不二。"善学者一之,不善学者二之","道器、古今之不二也"②。

甚至在一些不多的场合,唐顺之对技艺的界定,还有突破德之养成之外在凭藉的倾向。

> 仆窃谓三代人才皆从心性上磨炼,故其经纶参赞之业不出户庭而得之;后世反躬之学不传,而其人所以经纶于世者率亦疏卤。求其系国之轻重如孔明、李泌、陆贽之徒,则其于道虽未醇,而本其天资之所暗合,亦往往开诚而不欺,恬淡而少欲。其经纶未必尽出于道,而竭其才之所及,亦往往渊源而有本,阔大而无漏。故不可谓无其人焉,而非谫谫然功名自喜者可以跂而望也。③

虽然唐顺之也认为"心性之学"和"反躬之学"对于"经纶参赞之业"和"经纶于世"的支配意义,但其同时也认为那些"道虽未醇""未必尽出于道"的经世作为亦是不容小视的。某种程度上来讲,在唐顺之的这种语境下,"技艺"就具有了独立于"道德"之外的自身学术价值。

从上述论述中可以看出,不管是唐顺之道德和技艺之辨的逻辑认

---

① 常州市唐荆川研究会编:《唐荆川诗文集》卷7《与万思节主事》,第188页。
② 常州市唐荆川研究会编:《唐荆川诗文集》卷10《巽峰林侯口义序》,第277—278页。
③ 常州市唐荆川研究会编:《唐荆川诗文集》卷5《与陈后冈参议》,第129页。

识，还是这一逻辑认识于史学的实践，都说明他是一个非常重视实学的学者。其也有着丰富的传统儒家技艺的实践，尤其是在数术和历法方面。李中麓所撰《荆川唐都御史传》描述唐顺之第一次致仕还家后的情景时言："又以暇日究天文，而问数学于顾箬溪，久之乃有独得处。以古历惟《大衍》为精，被僧一行藏却金针，世徒传其鸳鸯谱耳。郭守敬别有一法曰弧矢圆算，弧矢有横立，赤黄白道变转，最为活法，三道之畸零可齐，而气朔之差可定。知历理又知历数，此其异于儒生；知死数又知活数，此又其异于历官者也。所著《弧矢论》《勾股测量论》，真乃千古不传之秘而历家作历之本也。"并举唐顺之的一次数学运算来进一步说明其数学成就，"尝至庐州，时蔡克廉以府同署印，将约之同游境内山川，蔡辞以有算粮事相妨。唐子乃讨善算者十余人，人各与一数，算讫记其概，只数字，凡三四易，自拨盘珠，每一数亦只记数字，不移时而一府钱粮数目清矣。老书算咸惊叹天下未有若是其神速者也，往费一月之力，工食纸笔催办骚扰，临时犹有不得真数者"。不仅如此，而且言"至于击剑骑射之法，无不各臻其妙"[1]。仅据通行的《荆川集》统计，其中就有《勾股测望论》《勾股容方圆论》《弧矢论》《分法论》和《六分论》数论五篇。而据唐顺之六世孙唐执玉言，唐顺之还有《历代神机勾股算法》《回回历批本》《四元宝鉴》《奇门六壬》及《翻擎太乙》等代表其实学倾向的著述，但"世无善本，又卷帙浩繁，无力剞劂，未得公诸同好，则不能无遗憾焉"[2]。

　　并且，唐顺之经世史学思想的理论和实践还通过其家族和地域对晚明的经世史学思潮的发展产生了较大的影响[3]。

　　确实，唐顺之在其"道德""技艺"之辨中，吸收传统儒家的营养和受到阳明心学的启发，认为"道德""技艺"都是心的一种本然状态，两者是相辅相成、密不可分的关系，"技艺"于"道德"之养成过程中发挥着不可或缺的作用，从而为"技艺"在其学术建构中预留出了足够的空间，充分肯定了"技艺"的学术价值，这使得其学术表现出经世致用的主要特征的同时，也促使了传统学术中经世致用思想向实学化的

---

①常州市唐荆川研究会编：《唐荆川诗文集》附录一《荆川唐都御史传》，第620页。
②常州市唐荆川研究会编：《唐荆川诗文集》附录二《〈荆川集〉康熙本题识》，第638页。
③关于唐顺之之"实学"影响，将在《唐顺之与晚明史学经世思潮》一节中展开论述，兹不赘述。

方向发展。唐顺之在为一商贾所作《吴氏墓记》中也表达了这种实学化的倾向：

> 昔范蠡所自述得计然之策七，其五用以霸越，其余用以起家，而白圭之徒至自比于吕尚、孙吴。其言颇近夸诞，然迹其料穰恶、节赢缩、权取予，亦有道焉，盖足多也。自子贡取讥于孔子，而儒生遂不敢言治产。不知人固不能裸形而桎腹，则亦不能无所营而取给。且夫公卿大夫修仁义、躬教化以导氓俗，庶人勤眷力、尽山泽之力阜货贿以给公上，各有常业，不能相废，而儒生欲概以一说则过矣。[1]

唐顺之从"各有常业，不能废也"的完整社会构成的角度，充分肯定了从事治产者的社会价值，相比较于一般之"儒生"，其实学化倾向也是比较明显的。唐顺之同样表达出"重治产"这一实学化倾向的还有《休宁陈氏墓庐记》等。

阳明嫡传弟子、唐顺之师友王畿曾言："儒者之学，务于经世，然经世之术约有二端：有主于事者，有主于道者。主于事者，以有为利，必有所待，而后能寓诸庸；主于道者，以无为用，无所待而无不足。"[2]虽然，作为一思想家的王畿仍然强调道德性命的探讨，存在着主张"主于道"的逻辑倾向，但其也承认经世是儒学的必然任务，并且在传统儒家"内圣""外王"的经世思想意蕴下，把儒学经世区分为"主于道"和"主于事"两种。这种传统儒学经世思想的分疏反映了明朝中后期经世致用史学思想的发展状况，并为其发展提供了逻辑上的进一步的说明。以王畿所论的角度，我们认为明朝中后期经世致用史学思想的表现不仅分别有"主于道"和"主于事"的内涵，而且还存在着从"主于道"向"主于事"的发展趋向。即史家们在表达经世思想时，不仅注意历史经验、理论的总结，更关注这些史学经验对现实社会的形而下的直接指导意义。无疑，唐顺之的史学表现在其中发挥着重要作用。

当然，也不可否认，唐顺之由"主于道"到"主于事"的实学思想也有其局限性，这是因为：一方面，不管唐顺之对于"技艺"的作用作了多么充分的论证，也不管其对"技艺"的价值给予了多么充分的肯定，在

---

①常州市唐荆川研究会编：《唐荆川诗文集》卷12《吴氏墓记》，第351页。
②王畿著，吴震编校整理：《王畿集》卷14《赠梅宛溪擢山东宪副序》，第374页。

他的逻辑思路下，也只不过是养成"道德"的途径，尽管这是一个重要的途径。另一方面，在把"技艺"视为"道德"养成途径的基础上，唐顺之由"主于道"到"主于事"的实学思想发展，在"德成而上，艺成而下"的所谓高、下之别的儒家传统压力下，也在很多场合表现出由"主于事"向"主于道"的回归。其言：

> 窃以六艺之学皆先王所以寓精神心术之妙，非特以资实用而已。《传》曰："其数可陈也，其义难知也。"顾得其数而昧于其义，则九九之技小道泥于致远，是曲艺之所以艺成而下也；即其数而穷其义，则参伍错综之用可以成变化而行鬼神，是儒者之所以游于艺也。游于艺，则艺也者即所谓德成而上也。顾先王六艺之教既寝，而算书之传于世往往出于曲艺之士之所为，是以其数存而其义隐矣，而艺士之著书者又往往以秘其机为奇，所谓"立天元如一"云尔、"积求之"云尔者，漫不省为何语。其意盖惟恐缄滕之不密而金针之或泄也，是以其数虽存，而数之所以为数者亦隐矣。①

唐顺之再一次申明了技艺乃为道德养成之重要途径，但这里更强调了"义"之为"数"的根本，这一观点进一步发展就是儒家六艺的根本任务是养成"精神心术之妙"，而"非特以资实用而已"的由"主于事"向"主于道"转变的学术取向。有时候，唐顺之这种由"主于事"向"主于道"回归的倾向表现得非常明显，如其在《与田柜山提学》书中，对于田柜山好画嗜摹揭的习惯提出了批评：

> 约之又言吾兄以好画之故，至欲手自摹揭，则仆之迂滞所不能解者。然吾兄专凝纯静，岂谓沉溺于此？或者居闲无事游息之时，聊以此为戏耳。仆窃谓游艺之与玩物、适情之与丧志，差别只在毫芒间。如六艺皆古人养性而理心，自此便可上达天德；今人学射学书学数，则不过武弁之粗材与胥吏之末技。

这段话突出了技艺的价值是在于对道德之养成的作用，并且还很容易流于"玩物""丧志"的危险境地。在这封书信中，唐顺之还以书画为例，认为书画的精髓并不在描摹写实，而是在于德性修养。

---

① 常州市唐荆川研究会编：《唐荆川诗文集》卷5《与顾箸溪》，第190页。

　　　　吾辈年已长大，虽笼聚精神，早夜矻矻从事于圣贤之后，尚惧枉却
此生，则虽诗文与记诵便可一切罢去，况更有赘日剩力为此舐笔和墨
之事乎？然仆闻之画家之说，亦不以舐笔和墨者之为工，而必解衣盘
薄之为上。乃知画家不贵能画，正在能不画耳，若此者所以凝神而不
分其志也。①

人生苦短，移情于诗文与记诵，不专志于圣贤之学，在唐顺之看来，必定
是"枉却此生"的做法。不仅人生苦短如此，即使时日方长，专情于书画
也是没有多大人生意义的，用"舐笔和墨"来形容书画的行为就是其这
一心态很好的说明。这也是其主张罢去诗文和记诵的逻辑进路。

　　应该来讲，唐顺之在这样的场合，与其在很多时候描写的只注重道
之养成的时儒一样，有一种排斥技艺的倾向。这还不仅是一个个例，在
唐顺之四十岁左右，学术上出现由文入道的转折时期，他经常对于其
四十岁之间从事技艺之学的行为表达出一种后悔的情绪，有的是对其早
年"博杂"的悔悟，"仆之驰骛于博杂也久矣，近稍知向里，自悟溺心灭
质之为病，乃欲发愤而刊落之，然亦自悔其岁月之晚矣"②。有的是从其
早期专习于文对其进德修业的制约立论，如《与蔡白石郎中》书就是以
其个人的学术历练劝其舍弃"风云月露"之文事而"进德修业"：

　　　　往年辱兄知爱，谓可与共进于文艺之门，今忽忽齿发渐衰，兀然成
一秃翁。向来伎俩剥落且尽，虽诵人诗句，亦如罗刹国人骤闻中华语
音，骇不省其何说，况能自有所著以自见于世也？朋友间往往言及兄之
垂意于仆，岂特以故人之故耶，抑亦谓其可与进于文艺之门耶？岂知仆
之衰飒剥落一至此哉！虽然，以兄爱我之意，其知我之衰飒剥落一至此
也，岂不为仆惜之？以仆之爱兄之意，亦窃谓兄以聪明绝世之资，而消
磨剥裂于风云月露、虫鱼草木之间，以景差、唐勒、曹植、萧统为圣人，
而为其后，此其轻重岂特隋侯之珠弹雀而已，亦可惜也。囊与兄相聚
时，兄年最少，而仆亦壮年。今壮者衰，则少年亦壮矣。由壮入衰，能几
何时？四十无闻，则仆既自蹈之矣，自惜之矣。倘兄以为宇宙内事与分
内事尽于风云月露、草木虫鱼之间则足矣，不然，则亦不可以不深思，

---

① 常州市唐荆川研究会编：《唐荆川诗文集》卷5《与田学柜提学》，第131页。
② 常州市唐荆川研究会编：《唐荆川诗文集》卷7《与莫子良主事》，第181页。

君子进德修业欲及时也。①

唐顺之与蔡白石的通信并未就此结束，从其后书信"景承答教，深慰素怀，且自笑仆之所知于兄者浅也"②的措辞可以看出，唐顺之欣慰地看到了蔡白石也出现了由文向道的转向。这里的唐顺之又认为不管是为文，亦或是涉猎广泛，都是人间"欲界"，都会阻碍道德性命的养成，因此，其由文入道的学术转向又表现出向内的特征。这几乎成为唐顺之与以前学友通信时必须剖露的心迹，如与薛方山言："自惟年垂四十，已蹈无闻之戒，世间事既幸不复关涉，一个身子又自不能了，终日碌碌，竟是何事！回头一看，不觉噱笑。以此来岁更作一闭关之计，生徒尽已谢遣，交游亦且息绝。非敢望于坐进此道，亦庶几作天地间一闲人，不落闹攘套中，尽有受用矣。"③与张西盘言："今年且四十，益觉进德之难。此身在欲界中头出头没，乃知古人寡欲慎独工夫真未敢草草论也，奈何奈何！"④唐顺之的《答周约庵中丞》书更是较为全面地回顾了其四十岁之前的汲汲于向学、四十岁左右的学术内转及其所认为的人生目标，与唐顺之的其他书信相比，剖露心迹更为细密，虽然我们在论证唐顺之早年气节与"合会朱、陆"的思想特点时已节录部分，但为了更为全面地了解唐顺之的心路，这里还是较为完整地录写如下：

> 仆少时意气可以窃古人之尺寸焉，而未知仆今愈驽樗散，虽欲比于今之人而有不逮也。仆少不自揆，亦尝有四方之志，而才器迂滞，本不适时，加以弱冠从仕，重以负气，学未及成而骤试之。且少年负气，不识忌讳，以迂滞之气而试未成之学，重以负气之习。此其动辄罹咎也，岂足怪哉？犹幸免诛戮，得齿编氓。且少婴疾疢，三十以后齿发渐衰委，形既然，志亦随之。即如读书为文本是嗜好，近或挟册读未数行辄眊然而睡矣。旬月不一衔铅墨，时或为之，辄终日汗漫，申纸舐笔，竟不能成十数行字而遂以罢。夫外则废于亲知之往来，内则废于文史之玩，即此一两事，则其衰颓弛靡不比于人也可尽见矣。此其意盖欲槁形灰心，自同木石豕鹿之间，使宇宙广阔着此一闲人足矣，淮阴、南阳之事固

①常州市唐荆川研究会编：《唐荆川诗文集》卷6《与蔡白石郎中（一）》，第157页。
②常州市唐荆川研究会编：《唐荆川诗文集》卷6《与蔡白石郎中（二）》，第157页。
③常州市唐荆川研究会编：《唐荆川诗文集》卷5《与薛方山郎中》，第132页。
④常州市唐荆川研究会编：《唐荆川诗文集》卷5《与张西盘尚书》，第133页。

万不敢一冀焉。至如象纬地形诸家之学，如来书所称管、邓所长，亦何敢不自量而揽焉以为可几乎？夫且淮阴、南阳，其始皆楗其器而不轻以试，袖手而观天下之势，如良医之隔垣而洞五脏也，故其坛而拜焉，庐而顾焉，则以造次一二语而图王致伯之略遂以定。况龌龊如仆辈者，所谓以迂滞之器而试未成之学，如弋者以百发而徼于一中，故屡试屡蹶。此其大巧大拙之效已见于前事矣，乃欲以倦游息机之后而自比于古人隐居求志之前，虽强自鞭策，固知其不类也，然则明公教督之厚，其何以承之？甚自激也，甚自愧也。虽然，自平居以来，澄虑默观亦既久之，乃稍稍窥见古之儒者所以为学之大端。窃以其实乃在于身心性情之际，而不以事功技术揭耳目为也，故其退藏于密者甚约，其究可以穷神而立命。古固有豪杰之士而不知学者众矣，是以事功流而为权计，技术流而为小道。凝静致远，南阳其几乎！其杂于申韩，则择术之过也。淮阴烈矣，竟以矜能伐功陨其躯。以辂之才局于方技，仅于华佗、朱建平医相为伍。邓征西以所长济事，以所长殒身，与淮阴同。此数子者，不可不谓豪杰之士也，然其择术则可谓不审矣。仆功名缰锁已获斩断，至于象纬地形种种诸家之学，往时亦颇尝注心焉，今尽以懒病废。窃以为绝利于百途，固将籍（藉）此余间聚精蓄力，洞极本心，洗濯悠过，以冀收功于一原，而未知竟当何如耳。近来每观伊洛之书及六经之旨，觉有毫发悟入，则终日欣然，忘其居之陋而形之惫也。所苦习气缠绕，欲障起灭，未能痛与扫除，使之光大，然不敢不勉焉。以为古来儒者所以自淑其身之学，其命脉或不外此，而无有乎穷达今古之异者也。[①]

这是唐顺之由"主于事"向"主于道"回归的一篇比较直接的证词。文中把自己罢官居家以来的学术本旨概括为"穷神而立命"就是明证，而"乃在于身心性情之际，而不以事功技术揭耳目为也"的进一步说明更表明了唐顺之在"主于事"和"主于道"之间的孰轻孰重的价值取向。也鉴于此，唐顺之把古之有抱负、有作为的历史人物分为两个层次：圣贤及"豪杰之士"。圣贤是"主于道"和"主于事"兼具的，并以道来统摄技艺；"豪杰之士"则是于进道修德方面不够，往往在技艺方面有所成就，并且也因为道德修养或实践方面的欠缺，也只能使其技艺沦为"小道"。韩

①常州市唐荆川研究会编：《唐荆川诗文集》卷5《答周约庵中丞》，第136—138页。

信和诸葛亮虽然取得一世功名,但由于其道性的亏缺,终究不能为圣。既然,相比较于"事",唐顺之更愿意把"道"视为圣学宗旨,认为不能在道德修养或实践统摄下的技艺,终是浪费精力、耗费精神的旁门左道,学者的根本任务是探究身心性情的道德意义。这就使得唐顺之心目中为学的顺序基本呈现出来,"大率读书以治经明理为先,次则诸史,可以备见古人经纶之迹与自来成败理乱之几,次则载诸世务可以应世之用者"①。我们认为,这固然是为学先后的排序,但更是学术等级的排序。同时,这不仅使唐顺之的学术表现出参性悟道的内转倾向,也使得唐顺之具有了排斥技艺的学术色彩,其学术形象也逐渐由实学家向道德思想家转变。

至于唐顺之为何出现这种转变,性格的改变,即由少时的"意气"向中年"惫驽樗散"的转变应是一个原因,而"动辄罹咎"的仕途遭际也是重要的原因之一。另外,年龄增长、身体的衰敝对其学术转向的影响也不容忽视,更为重要的应该是受既有的"德上技下"的儒学传统认识的影响,罗洪先即谓:

> 应德之学,不患不实,所患者,恐非本心流通耳。近日与龙溪商量,何如?
>
> 夫多学而识,圣门以为第二义,然博学又孔门之训也。究其所以异者,只缘多却有识之心,非一了百当。然则知识之痛,岂小小哉!子贡一生精力,自视岂与诸子等?然毕竟不可以入道,概可见矣。②

应该来讲,唐顺之由"主于事"向"主于道"学术的转向,其原因是非常复杂的,其作为一种历史的状态,我们从当时的历史情实出发,都可能得出不尽相同的原因分析。但有一点是相对恒定的,即唐顺之确实出现了由"主于事"向"主于道"的学术转向。

当然,我们也要充分估量唐顺之学术内涵的复杂性。王畿曾在唐顺之逝前当年拜访过他,其《维扬晤语》记载了两人会晤的具体对话:

> 荆川唐子开府维扬,邀先生往会。时已有病,遇春汛,日坐治堂,命将遣师,为防海之计。一日退食,笑谓先生曰:"公看我与老师之学有相

① 常州市唐荆川研究会编:《唐荆川诗文集》卷7《与莫子良主事》,第181—182页。
② 罗洪先著,徐儒宗编校整理:《罗洪先集》卷6《与唐荆川》,第222页。

契否？"先生曰："子之力量，固自不同，若说良知，还未致得在。"

荆川曰："我平生佩服阳明之教，满口所说，满纸所写，那些不是良知？公岂欺我耶！"先生笑曰："难道不是良知？只未致得真良知，未免掺和。"

荆川愤然不服，云："试举看？"先生曰："适在堂遣将时，诸将校有所禀呈，辞意未尽，即与拦截，发挥自己方略，令其依从，此是掺入意见，心便不虚，非真良知也。将官将地方事体，请问某处该如何设备，某事却如何追摄，便引证古人做过勾当，某处如此处、某事如此处，自家一点圆明反觉凝滞，此是掺入典要，机便不神，非真良知也。及至议论不合，定着眼睛，沉思一回，又与说起，此等处认作沉几研虑，不知此已掺入拟议安排，非真良知。有时奋棹鼓激、厉声抗言，使若无所容，自以为威严不可犯，不知此是掺入气魄，非真良知也。有时发人隐过，有时扬人隐行，有时行不测之赏、加非法之罚，自以为得好恶之正，不知自己灵根已为动摇，不免有所作，非真良知也。他如制木城、造铜面、畜猎犬，不论势之所便、地之所宜，一一令其如法措置，此是掺入格套，非真良知也。尝曰：'我一一经营，已得胜算，猛将如云，不如着一病都堂在阵。'此是掺入能所，非真良知也。若是真致良知，只宜虚心应物，使人人各得尽其情，能刚能柔，触机而应，迎刃而解，更无些子掺入。譬之明镜当台，妍媸自辨，方是经纶手段。才有些子才智伎俩与之相形，自己光明反为所蔽。口中说得十分明白，纸上写得十分详尽，只成播弄精魂，非真实受用也。"

荆川怃然曰："吾过矣！友道以直谅为益，非虚言也。"①

　　首先，从唐顺之认为自己处理日常军务都与阳明心学相合，是良知的自然发用流行的情况来看，这段史料整体上来讲，说明唐顺之已然以求道为其人生追求。这一点在唐顺之面对王畿基于心学立场对其处理日常行为的批判而欣然接受，也进一步说明了这一问题。当然，唐顺之的"愤然不服"，也说明在"道"之外，此刻的唐顺之亦有其他的考虑，即具体之"事"。可能这种考虑是出于其职责所在，或者其从根本上就没有放弃对"事"的价值认同，即使在其行将逝去时。这也是王畿在其逝后

---

① 王畿著，吴震编校整理：《王畿集》卷1《维扬晤语》，第7—8页。

所言其仍"有无穷事业可做"的原因。

其次，我们分析王畿对唐顺之"未致得真良知"的批判，也包含着深刻的涵义。作为阳明心学"左派"的王畿，基本是从良知致得仅需"率其本然"即可的思路出发的。应该来讲，已如前述，这只是致得良知的两个途径之一，在更普遍的情况下，"着实用功"所发挥的效用更为突出。王畿据此否定唐顺之日常的一些努力，如"发挥自己方略""引证古人做过勾当""沉几研虑"和"奋椎鼓激、厉声抗言"等等，亦未免出于思想家的立场而有武断之嫌。其中"引证古人做过勾当"的论证即为一例，历史经验对于现实应对当然重要，关键是如何使用，如果真像王畿所描述的那样拘泥于历史经验固然不可取，但一味地排斥，师心自用更不足为道。唐顺之虽然承认了"吾过也"，但对王畿对其的批判以"直谅"来形容，恐怕并非全然的心悦诚服。也就是说，此时作为"都堂"的唐顺之与理学家的王畿考虑的重心是不一样的，一为"事"，一为"道"。而唐顺之后来的部分接受，某种程度上只是说明他尊重王畿对其仅言"事"而不言"道"的批判。至于其此时在两者之间的最终取舍，我们则不得而知，恐怕仍然是在"道""事"之间。

唐顺之从"主于道"向"主于事"的实学认识，应该是明朝中后期传统实学发展的一个重要的转捩点。其影响不仅表现在实学思想的逻辑理论构建，而且有着丰富的史学实践，对其后的实学发展产生了持续而又深远的影响。但由于各种原因，更由于唐顺之在既已形成并经过理学家们发展的儒学传统的压力下，又出现了由"主于事"向"主于道"的学术转向，也就是说唐顺之的实学在经过了一个表现丰富、内涵深邃的发展历程后，又回到了其出发原点。此所谓在"道""事"之间。也诚如向燕南先生所言："就这样，唐顺之原本有可能促成传统科技获得突破性发展的'德与技艺岂可分为二事'，以及与此联系的'道器不二'，'语理而不尽于《六经》，语治而不尽于《六官》'的思想，转过一个弧线后，又回到了儒家本来思想的原地。这种观念认识的曲折，既是唐顺之本人的悲剧，也是中国科技文化发挥的悲剧。"[1]

---

[1] 向燕南：《"技艺与德岂可分两事"——唐顺之之实学及其转向的思想史意义》，《西南师范大学学报》（人文社会科学版）2006年第3期。

## 四、唐顺之学术路径演进的动态意义

静态地剖析唐顺之史学表现,唐顺之确实是明代中后期诸史学思潮的典型代表。同时,历史又是一种不断发展的动态过程,唐顺之也以其个人的学术演进路径诠释着明中后期史学思潮的逻辑发展进路。

虽然明中叶三股史学思潮脱胎于明代社会,但随着社会风气的转变,各个思潮于不同时期所表现出来的色彩亦浓淡不一,发展也不均衡,"整个史学思潮演进的重心及特点亦有所不同"。学术界普遍认同大致同时产生于正德时期的观点,"作为社会存在的反映,明后期史学思潮的兴起和演进基本是与当时社会的兴衰转折相一致的,即正德开始,史学思潮中的三大主潮基本同时开始在社会间兴起;到了嘉靖末隆庆间,各个史学主潮都获得了初步的发展;及至万历中后期,所谓启蒙史学思潮达到高潮,并开始表现出分化的倾向,而所谓经世史学思潮和黜虚征实的史学学术思潮则继续向前发展,一致持续到清初"[①]。这是就三股史学思潮于整个明代中后期的发展状态而言,同时这也是一个时代史学成长和发展的基本态势。这样的态势同样也适用于作为个体的史家,即具体到作为个体的史家,其史学思想的产生和发展状态,也透露着这一发展次序,唐顺之就是一个显著的例子。

唐顺之早年或出于寻求自身价值的需要,或出于应举的需求,对传统历史文献广泛涉猎,并在研读过程中提出了疑义和考证;时至中年,随着知识的积累,他的知识体系亦渐趋成型,而此一时期又受王学的影响,更使他的知识体系愈趋于成熟和理论化,代表立论就是"本色论"的提出,主张直抒胸臆,从而产生了有别于正统的所谓异端思想,具体到史学上就是"六编"的编纂体系和以两部《解疑》为代表的史学思想。固然,唐顺之也从未曾放弃学以经世的学术追求,但至晚年,在"南倭北虏"等社会危机的进一步刺激下,经世的学术特点逐渐超越了其有别于正统的"异端"史学思想,构成了他于这一时期的学术主调,并积极投身于救世的实践中,再起为官,出山抗倭。这是明中后期三股史学思潮发生的顺序,也是唐顺之学术路径演进的次序。

如上所述,贯穿于唐顺之一生的学术转变次序是和三股史学于整个

①向燕南:《中国史学思想通史·明代卷》,第176页。

明中后期发展脉络相吻合的，集约于其一身，明中后期史学思潮的发生顺序和内涵都是很有代表性的，这也就是我们所谓其"典型"意义之所在。

同时，也由于唐顺之史学产生于三股史学思潮产生和发展的早期，所以我们说对唐顺之史学的研究推动了我们对三股史学思潮于整个明中后期发展态势的深入认识。但马上会有一个可能的问题出现在我们面前，即唐顺之确实可以作为三股史学思潮的积极预流者，但何以三种史学思想会同时出现在唐顺之一人身上？某种程度上来讲，三股史学思潮何以同时出现在明朝中期的正德、嘉靖朝？要深入认识这些问题，我们就必须要对各史学思潮之间的内在逻辑联系作一系统的梳理。

有关于此点的说明，我们还得从思潮的内涵和特点说起，也有必要对明中后期史学思潮的发生状态作一个大致的梳理。

### 五、明中后期史学思潮的内在逻辑联系

我们认为明中后期的三股史学思潮之间存在着千丝万缕的联系，它们之间的相互关系是密不可分的。下面我们先把这三种史学思想，两两为对，分成三组，分别来探讨其间的逻辑联系。

由于中国传统史学中所蕴含的经世致用价值的丰富性，以及明代中叶启蒙史学特点的鲜明性，在明中后期三股史学思潮的内在逻辑联系中，经世致用与启蒙史学思潮的内在逻辑联系表现得最为充分。一般认为经世致用史学思潮的迸发，直接来源于万历以后明代政治、经济、军事等社会领域的巨大危机，但早前的启蒙史学思想积累依然存在，其可能作为思潮形态的特征有所削弱，但往往与这一时期勃兴的启蒙史学思潮纠结在一起，从而使得批判性经世致用成为这一时期经世致用思潮的一个重要方面。其最直接的表现就是史家们经常以"药案""医方""药方"来表达自己的经世诉求，何良俊即言："经犹本草，史即药案也，舍此而欲以济世，无他术矣。"[1]薛应旂亦言："君子之经世，譬诸医者之治病，经则其《素》《难》也，史则其方书也。"[2]看来，史学家们认为时

---

[1] 何良俊：《四友斋丛说》卷首《四友斋丛说序》，明万历七年张仲颐刻本，续修四库全书，第1125册，第510页。
[2] 薛应旂：《宋元通鉴》卷首《义例》，明嘉靖四十五年自刻本，四库全书存目丛书，史部第9册，第690页。

下的社会已病理侵肌，以往的历史经验无疑是祛除疾病的良方。

　　葛兆光、向燕南、杨艳秋等学者都注意到万历以后经世致用史学思潮的这种批判性特点，"这一思潮特别强调历史的经验教训对当世的实际作用，史学家们不约而同地采用了宋人陈瓘的一个著名比喻，把历史比为治疗当代弊病的一剂良方"①。向燕南在论述启蒙史学思潮时，把"批判社会弊端、抨击君主专制制度，要求改良政治的史学倾向"作为明朝中后期启蒙史学思潮的重要倾向之一。而杨艳秋从经世致用的立场出发，把"针砭现实"作为其重要内容之一。学者们从不同的出发点却得出了大致相同的结论，即也说明了启蒙史学思潮与经世致用史学思潮的交融性。

　　正德、嘉靖年间的唐顺之，其学术特征就表现出这样的交融性。清人张培仁言："上高李迈堂先生祖陶《与杨蓉渚明府论文书》曰：'夫文者，所以明道，亦所以论事也。'近世之文不及前代者，非陶一人之私言也。见近人文字集中，指不胜屈，而其所以不如之故，亦不仅在于考据、骈体之弊也。朝廷之上有直言极谏之臣，故贾谊、陆贽之徒往往痛哭流涕于章疏。草野之间，有盱衡抵掌之士，故苏明允、陈同甫、唐荆川、艾千子辈，或指时政阙失，或伤学术之偏颇，亦往往确凿直陈于论策、书札、序记之间。其大者，可为万世蓍龟，其小者，亦足为一时药石。"②显然，清人张培仁已经意识到，相比较于前人，包括明人，清人学术也有自身的局限，而这种局限主要表现在社会批判性不够，因而其对社会的贡献也很欠缺。基于经世致用而对时势批判的学术表现，在以往"直言极谏之臣"和"盱衡抵掌之士"那里都有丰富的表现，而唐顺之就属于"盱衡抵掌之士"，"或指时政阙失，或伤学术之偏颇"往往说明的是其学术的批判性，"万世蓍龟"和"一时药石"都是在说明其经世致用的学术特征。由此看来，起码于清人张培仁而言，唐顺之学术的批判性和经世主张是交融在一起的。

　　万历之后经世致用史学思潮的批判性，又可以从被称为"异端之尤"的李贽及其《藏书》上体现出来。关于李贽及其《藏书》的"异端"性，毋庸置疑。我们再看其经世主张，首先从书名来看，其显然流露出"藏之名山，以俟后世"的经世主张。其次，《藏书·行业儒臣》附评中明言："治

①葛兆光：《明代中后期的三股史学思潮》，《史学史研究》1985年第1期。
②张培仁：《静娱亭笔记》卷8《李迈堂论文》，清刻本，续修四库全书，第1182册，第39页。

贵适时，学必经世。"在"世纪"和"传"中，诸如"九国兵征""混一诸侯""神圣开基""因时大臣"等等以事功为标准的经世评判取向也是非常明显的。虽然其整体上表现出反正统的"异端"色彩，但经世主张也是其应有之意，以至日本学者佐藤炼太郎在解读李贽之死的文化内涵时认为："李贽自杀不是因为他是儒教的叛逆者或社会的批判者而遭受了挫折，而是由于作为发扬经世精神的侠士想留名史册。"①就李贽经世史学思想的内涵而言，其鄙弃了随人唇吻、人云亦云的承袭既有成说这些削弱其史学经世价值的做法，而是针对现实的批判，展开自己的独立思考，提出自己对于事情的深入认识和解决之道，从而使得李贽的经世史学思想具有了理性的色彩。这也是经世致用与启蒙史学思想交融的一个典型思路。

其实，经常被我们视之为明末经世致用思想代表的东林学派，也是批判性兼具的。东林学派认为"学问通不得百姓日用，便不是学问"②，而其"风声雨声读书声声声入耳，家事国事天下事事事关心"的经世主张更是被世人传唱已久。面对明朝末年衰敝的社会现实，东林学派对时局展开了猛烈的批判，如批判官宦乱政，抨击科举之弊，等等。建立在猛烈批判的基础上，甚至可以说东林诸人在一定程度上摆脱了对封建统治制度的查缺补漏式的传统套路，而代之以对封建君主专制制度的批判和理性思考，进而提出要求民主、维护地方权益等"具有民主启蒙色彩"的主张，明确提出了"天下之是非，自当听之天下"的鲜明口号。很明显，在以经世致用为其主要特征的东林学派那里，启蒙思潮和经世致用思潮交汇在了一起③。

当明朝后期经世思潮兴盛起来以后，经世致用史学思潮又与黜虚征实史学思潮结合起来。雷礼在为郑晓《吾学编》作序时对文词之士进行了批评，"取楚骚、汉文、唐律而模拟之，求工于一字一句以炫人，无补于

---

① 佐藤炼太郎：《李贽的经世论——〈藏书〉的精神》，吴震、吾妻重二主编：《思想与文献——日本学者宋明儒学研究》，华东师范大学出版社，2010年，第399页。
② 高攀龙：《高子遗书》卷5《会语》，文渊阁四库全书本。
③ 应该来讲，这样的思路不仅表现于史学领域，在思想领域也有。葛荣晋曾在"实学"概念下分出"启蒙实学"一类，姜广辉对此提出了疑义（姜广辉：《"实学"考辨》，《义理与考据——思想史中的价值关怀与实证方法》，中华书局，2010年，第518页）。启蒙思想和实学思想本是两类思想，有着不同的内涵，把其等同起来或混为一谈肯定是不妥的，但考虑到启蒙思想和实学思想的交融性，"启蒙实学"的提法也未尝不可。

世用"。反过来看，不为虚文就需要作有补于世用的文章。可见，切于"世用"也是黜虚征实思想的主要内容之一。接着说："公潜心世故，殚平生精力使昭代二百年行事实迹萃于一旦，足以龟镜后来，不徒备江南一方文献而已。"①这又说明了"潜心世故"的黜虚征实表现，其价值归向就是"龟镜后来"的经世价值诉求。叶向高在为《明史概》作序时亦称："国朝史官，即备辅臣之选。一主直笔，一职平掌，盖皆从神明上发出，互相运用。而史为之先，正欲其端心术、辨邪正、贯通古今，他日运之掌上，此祖宗深意。"②虽然，黜虚征实和经世致用，都属于史学的传统特征。但在叶向高的语境下，显然有种把黜虚征实等同于"直笔"的史官，把经世致用等同于"平掌"的辅臣的倾向，首先强调了"直笔"和"平掌"互相运用、密不可分的关系，接着认为"史为之先"，说明了黜虚征实是经世致用的前提条件。而"端心术、辨邪正、贯通古今"是为了"他日运之掌上"，则说明了经世致用是黜虚征实的价值归宿。黜虚征实和经世致用思潮的交融，可以说是明朝后期经世类史籍的一个普遍的特征。由于"求真"和"致用"是中国传统史学的基本内涵和优良传统，更由于"史学之求真与史学之致用互为充分必要条件"③，"求真"和"致用"不仅是学者们表达价值认同的两个重要的基本方面，甚至可以说也是每一部史著产生的根本主观动机，以致有的学者在分别考察了明代的阳明心学、程朱理学、考据学派、经世实用派和西学派后认为"他们注重事实的真伪，主张言必有据、学以致用，其学风显然没有空疏之迹"，"阳明心学及其后学与程朱学派的大部分人虽然强调心性、天理，但也注重'践行'、'求知'，不能简单地说他们学风空疏"④。唐顺之的学术也体现着经世致用与黜虚征实的交织，焦竑为唐顺之《右编》所作序更为集中地说明了黜虚征实思想和经世致用思想之间的关系：

①雷礼：《吾学编序》，郑晓：《吾学编》卷首，明万历二十七年郑心材刻本，四库禁毁书丛刊，史部第45册，第2—4页。
②朱国祯：《皇明史概》卷首"叶向高序"，明崇祯刻本，续修四库全书，第428册，第503页。
③刘家和：《史学的求真与致用问题》，刘家和：《史学、经学与思想》，北京师范大学出版社，2005年，第20页。
④段超：《晚明"学风空疏"考辨》，《社会科学战线》1998年第1期。

夫学不知经世非学也，经世而不知考古以合变，非经世也。[①]

这里的"考古"，我们把它理解为基于史实的历史经验总结，这应当属于黜虚征实的内涵。"考古"是"经世"的前提，"经世"是"考古"的社会价值归宿。钱谦益在概括唐顺之学术时更是直接说：

应德于学无所不窥，大则天文、乐律、地理、兵法，小则弧矢勾股、壬奇禽乙、刺抢拳棍，莫不精心扣击，究极原委，以资其经济有用之学。[②]

由钱谦益所言视之，唐顺之的学术具备明中后期黜虚征实思想的两个基本内容：广博性和求实性。"无所不窥"即在说明前者；"精心扣击，究极原委"则为后者之表现，而这种黜虚征实思想的价值归宿则是"以资其经济有用之学"。

明代中后期的启蒙史学思潮和黜虚征实史学思潮的交融也有着丰富的表现。被推为"明世记诵之博，著作之富"[③]第一的杨慎，也有"非孟子、非郑玄、非朱熹"[④]的诸种表现。被誉为"博极群书""典正雅驯，卓然名家"的焦竑亦被打上"崇杨、墨，与孟子为难"的反正统标签。被赞为"网罗散失，渊博精详"[⑤]的张燧《千百年眼》，亦有推重"异端之尤"李贽的倾向。即使如"异端之尤"的李贽，其《藏书》也赢得了焦竑、刘东星"实本人情，切物理，一一当实不虚"[⑥]、"据事直书"[⑦]等征实方面的肯定。

四库馆臣往往把具有启蒙史学色彩的明人史籍归入"史评类存目"予以介绍，大多数是被四库馆臣基于正统的立场直接斥之为"荒诞"，但也有部分明人和史籍同时得到了不同程度的批判和认可，如对唐顺之《两晋解疑》的评价："持论与所作《两汉解疑》相类，而乖舛尤多。如贾充一条，称秦桧有息民之功，故得善终。冯道和蔼温柔，故有长乐老之荣。悖理殊甚。顺之学问文章，具有根柢，而论史之纰缪如此，盖务欲

---

①唐顺之：《荆川先生右编》卷首《荆川先生右编序》，明万历三十三年南京国子监刻本，四库全书存目丛书，史部第70册，第5页。
②钱谦益：《列朝诗集小传》丁集上《唐金都顺之》，中华书局，1959年，第374—375页。
③张廷玉等：《明史》卷192《杨慎》，第5083页。
④向燕南：《中国史学思想通史·明代卷》，第197页。
⑤张燧：《千百年眼》卷首《俞樾弁言》，上海史学社光绪乙巳本，第1页。
⑥李贽：《藏书》卷首《焦序》，张建业主编，刘幼生整理：《李贽文集》第2卷，第1页。
⑦李贽：《藏书》卷首《刘序》，张建业主编，刘幼生整理：《李贽文集》第2卷，第2页。

出奇胜人，而不知适所以自败。前明学者之通病也。"① "乖舛尤多"说明的是《两晋解疑》的启蒙色彩，而"具有根柢"则说明的是唐顺之黜虚征实的学术特点。某种程度上，四库馆臣对这两种史学特征同时表现于一人身上存有一定的疑惑，当然其也作出了一定的解释："盖务欲出奇胜人"，并认为这是明代学者普遍的通病。其实，换个角度，这恰恰说明的是明中后期就已经开始的黜虚征实思潮和启蒙史学思潮交融的表现：启蒙史学思想要求对传统史实作出个体的、不同于正统思想的评价，这是四库馆臣"好为异论，务与前人相左"②评论的来源。但这种彰显个体价值还存有一个前提，即必须以一定的史实作为依据，脱离了学者们普遍认可的史实，个体的价值彰显是无从谈起的。这也是四库馆臣对其"虽间有创获，而偏驳者多"③等有限肯定的原因。

其实，这种思维在对启蒙思潮产生莫大影响的阳明心学中也是广泛存在的。王阳明为批判朱熹理学，更为论证自己的心学理论，曾就《大学》古本内容进行过考证，认为"大学古本乃孔门相传旧本耳，朱子疑其有所脱误而改正补辑之，在某则谓其本无脱误，悉从其旧而已矣"④。他还编订过《朱子晚年定论》，后来与罗钦顺就此发生争论时，也把"取证于经书"的思维作为一种预设的前提。这也说明，即使后世学者视之为"盛谈玄虚"之鼻祖⑤的阳明那里，黜虚征实仍是其学说展开的一个基本前提。这应该也是明朝中后期黜虚征实思潮与启蒙思潮交融性广泛存在的一个例证。

明代学者的很多论述，不仅以两两为一组的视角说明了三种史学思想的内在联系，在一些学者的论述中，还把三者关系交融于一起进行整体的论述。如明人朱大韶在为何良俊《四友斋丛书》作序时首先称赞了何良俊的博学和征实的学术特点，"公家多藏书，于书无所不窥，尤雅意本朝。每大众广坐中，区画天下事，当否成败，悬河注辨。闻者生气意旨所激，无严贵达"。然后以"然语非凿空，多本之经史而约之以时制"为过渡，强调了何良俊的经世致用思想，"尝曰：经犹本草，史即药案

---

① 永瑢等：《四库全书总目》卷90《两晋解疑》"提要"，第762页。
② 永瑢等：《四库全书总目》卷90《两汉解疑》"提要"，第762页。
③ 永瑢等：《四库全书总目》卷90《史怀》"提要"，第764页。
④ 王守仁：《传习录》中《与罗整庵少宰书》，吴光等编校：《王阳明全集》卷2，第75页。
⑤ 刘宗周：《刘子全书》卷40附录《蕺山先生年谱》，第3512页。

也。舍此而欲以济世，无他术矣。又曰：士必通达国体而后可以与其成事功"。其后引何良俊之言强调了其"不随俗同"独特的学术价值，"曰：庄生玩世而放言，虞卿穷愁而著书。余少有四方之志，不能与世瓦合，生平意见或可少资于用者，不欲泯泯以藏之胸中。今托之丛说，直似梦寐中语，固不计世之知我罪我者也"①。可见，三股史学思潮在一些场合下的同时登场，也说明了其间联系紧密的逻辑联系。

总体上来讲，黜虚征实思想是经世致用和启蒙思想得以展开的前提，它保证了经世致用和启蒙思想正确、健康的前行方向，使得经世致用和启蒙思想在更广阔的领域被接受和传播。而经世致用思想则关涉到黜虚征实和启蒙思想社会价值的实现。启蒙思想不仅促进了经世致用思想向深入的方向发展，而且赋予黜虚征实以个体的色彩和价值，丰富了黜虚征实的表现形式。大致梳理了明中后期史学思潮的逻辑联系，我们大概也就明白了何以三股史学思潮同时产生于明中叶，并一直存续于明朝中后期这一时段了。一定程度上也解释了何以三种史学思想同时表现在同一个史学个案上，在面临此种情况时，我们可能不再会以矛盾的历史观进行简单地应付，甚至是回避。同时，明中后期三种思潮之间的这一你中有我、我中有你的逻辑联系，不仅于明中后期如此，把其置放于由古至今的学术通史中，其也具有一定的通适性。

必须对诸史学思想集中于唐顺之一人之身作出合理的解释，促使我们必须对三股史学思潮的内在逻辑联系进行梳理，这大概也是唐顺之在明中后期史学思潮研究中"推进"作用的一个具体表现。

---

①何良俊：《四友斋丛说》卷首《四友斋丛说序》，明万历七年张仲颐刻本，续修四库全书，第1125册，第510页。

# 第二章 研习·批评·考证: 唐顺之早期史学路径

## 引

一般而言, 从外在形式上说, 史钞是史学一种较为初级的表现形式。关于其价值, 当今学者也褒贬不一。对于史钞的批判, 其逻辑思路基本上是与章学诚 "记注" 与 "撰述"、"纂类" 与 "著述" 等的对举并倾向于 "撰述" 与 "著述" 的学术取向比较相似, 认为史钞也只是一种比较初级的表现形式, 于外在形式上往往表现为对前人历史记载的摘录甚至抄袭, "无甚大建树"①。当然, 现代学者们也往往从史钞在促进史学知识普及的方面着眼, 对史钞的价值作出了有限的肯定, 认为 "这些用比较通俗的形式写出来的史书、读本, 对史学自身的发展很少有直接的意义, 对史学跟社会的结合确有一定的积极作用"②。学者们关于史钞的褒贬, 自有其逻辑进路, 我们不再赘述。而通过这些褒贬, 我们可以看出, 成熟的史著或史评应该是评价史钞的一个重要的参照系。某种程度上来讲, 史钞的价值是依附于这些著作价值之下的, 因此其在很大程度上是没有独立价值的, 晁公武在评价史评时所言很能说明这一状况, "前世史部中有史钞类而集部中有文史类, 今世钞节之学不行而论说者为多, 教(故)自文史类内, 摘出论史者为史评, 附史部, 而废史钞云"③。

我们这里想说明一个问题, 除却史钞类于历史知识普及方面的意义, 即使史钞在史学自身发展过程中也有独立的价值。我们的思路主要是, 史学发展是一个相对完整的过程, 成熟的史著固然是我们研究的重要内容之一, 因为其关系到史学于某一时段或领域内所达到的理论高度, 但这一理论上的高度的达到并不是一蹴而就的, 它经过一个实际的

---

① 白寿彝主编:《中国史学史教本》, 第257页。
② 瞿林东:《中国史学史纲》, 第638页。
③ 晁公武著, 孙猛校正:《郡斋读书志》卷7《刘氏史通》, 上海古籍出版社, 1990年, 第295页。

发生发展过程。从理论上来讲，忽视这一完整发展过程中的任何一环，都可能会使我们的史学认识陷入片面的，甚至是错误的危险境地。这就为我们研究和认识进入成熟期之前的史学发展稚嫩而又不可或缺的阶段提供了理论依据。可以说，史钞相比较于比较成熟的史著或史评，何尝不是史学进入成熟期之前的史学发展稚嫩而又不可或缺阶段的典型代表？逯耀东在考察魏晋史学发展的实际情况时也曾言："这种以钞录众书开始，经过考辨材料异同，最后评论其得失，是史学评论在魏晋发展的实际情况。"①这大致道出了史学发展的一种"实际"面貌。不仅于魏晋时期的史学如此，于中国古代历史上的其他时代也应作如是观。以此思路来反思后人对明人史学的评价，我们可能会对当今学术界"抄书成风"的主流评价产生另外的想法，即这固然还处于比较低级的阶段，但其确是一个时期史学发展的必经阶段。明代如此，其他时代大概亦然。具体到唐顺之其人批点史学经典的学术活动，也相对集中地体现了其历史观点，在"精神"上与其之后相对成熟的史学著作是一贯的，"《结邻集》卷三，陈石庄与张天生云：'古人之批阅，皆能与其书并传。宋之谢叠山、楼迂斋，近时之唐荆川、茅鹿门，皆以著书之精神，面（而）为批阅。其批阅，亦即其著书之一种也。'"②这段话起码认为"圈点"与"著书"在"精神"上是相通的。

　　这一思路不仅于反思一个朝代的史学时有其价值，在梳理一个史学家的学术发展路径时也同样不可或缺。特别是对于一个公认的一生学术多变的学者更是如此。任何一种专取某一个时间点，甚或是时间段来总括这一学者整体学术特征的做法都是危险的，这也是当今学者们认为在大的题目下以个案分析的危险性所在。这一点思考好像是从某种程度上否定了我们选择唐顺之这个个案进行研究的必要性了。确实有这么一层意思，但这里更多的是时刻提醒我们选题的局限性，虽然可以通过一些正如绪言中所言"共时异类、历时同类"的比较来发掘唐顺之史学的时代价值，但"把一切事都归入一人身上"③的警钟要时刻彻响在我们耳畔。也就是说，对唐顺之史学进行直接研究是我们选题的本职所在，

①逯耀东：《魏晋史学的思想与社会基础》，中华书局，2006年，第18页。
②平步青：《霞外捃屑》卷7《文章圈点》，上海古籍出版社，1982年，第553页。
③钱穆：《中国史学发微》，第93页。

而希望以唐顺之史学作为桥梁或媒介来认识明中叶、整个明代，甚至是整个中国古代的史学，那只是我们的一个理想和奢望。为防进一步枝蔓，这一话题就此打住，我们还是回到有关考察唐顺之早期学术路径必要性的说明上吧。

唐顺之对史学经典的批点很具有代表性，黄宗羲曾言："文章行世，从来有批评而无圈点，自《正宗》《轨范》肇其端，相沿以《荆川文编》《鹿门大家》，一篇之中，其精神筋骨所在，点出以便读者，非以为优劣也。"①故此，我们要想系统考察其史学成就，那就不得不把其早年的各种社会活动作为我们考察的逻辑起点，其时间甚至可以追溯至其蒙童时期准备和参加科考时期的一些历史活动。因此，我们所认为的唐顺之的"史学时间"的起点某种程度上与其"人生时间"的起点是一致的。也就是说，唐顺之的史学成就反映了其各个时期的学术行为，几乎每一个重要"人生时间"阶段，都有相应的史学成果与之匹配。整体上来看，从唐顺之于嘉靖十二年（1533），亦即其二十七岁时，至嘉靖三十七年（1558），亦即其五十二岁赴京，官兵部职方司员外郎，前后约26年的这段时间，是其学术精进、学术成果大量涌现的时段。其阶段性是非常明显的，民国唐鼎元称："公二十以前专精制艺之文，故负海内盛名，为场屋圭臬。三十左右为诗古文辞，甲兵、钱谷、象纬、历算、击剑、挽强，无不习之。四十以后，专研理学。"②

并且，就唐顺之这一时段学术发展趋势来看，也逐渐走过了从模仿、研习到发自本心、独立创作的过程，学术思想呈现出日趋成熟的发展态势。唐顺之曾在《与顾东桥少宰》书中言："尝从诸友人学为古文诗歌，追琢刻镂亦且数年，然材既不近，又牵于多病，遂不成而罢去。及屏居山林，自幸尚有余日，将以游心六籍，究贤圣之述作，鉴古今之沿革，以进其识而淑诸身。又牵于多病，辄复罢去。既无一成，则惟欲逃虚息影，以从事于庄生所谓堕体黜聪，以为世间一支离之人，耕食凿饮以毕此生。"③唐顺之的这段话大致道出了其学术进路的阶段性。从"追琢刻镂"和"究贤圣之述作"的措辞，也可以看出唐顺之早期重模仿、研习经

①黄宗羲：《南雷文补遗·南雷文定凡例四则》，沈善洪主编：《黄宗羲全集》第11册，第85页。
②唐鼎元：《明唐荆川先生年谱》卷6，《宋明理学家年谱续编》第5册，第52页。
③常州市唐荆川研究会编：《唐荆川诗文集》卷5《答顾东桥少宰》，第113页。

典的为学特点。这条史料的后半段表面上表现出唐顺之学术上的颓废，其实不然，"从事于庄生所谓堕体黜聪"的措辞另一层含义说明了唐顺之这一时期的学术重心，即由重模仿、研习经典转向对心性问题、人生哲理的思考。而从与其通信的对象——顾东桥的学术背景，亦可以看出唐顺之后半段话的学术含义，绝非学术上的自暴自弃。因为顾东桥何许人也？他曾与王阳明广泛探讨过"格物致知""知行"等问题的明代中期的著名学者。当然，从阳明保存在《传习录》中的《答顾东桥书》的主张来看，其在学术思想上应该是程朱理学影响的一位典型的明代中期的学者。另据《明史》所载，顾东桥以诗名于世，"与同里陈沂、王韦，号'金陵三俊'。其后宝应朱应登继起，称四大家。璘诗，矩镬唐人，以风调胜"。可以说，顾东桥"虚己好士"①的性格，再加上与唐顺之颇为相似的学术背景，即某一时段对文学的偏好和留心于心、性，成为其与唐顺之书信往来的主要原因。还有，唐顺之也对顾东桥颇为认可，其曾草拟皇帝为顾东桥所作诰文，对顾东桥负责皇室寝陵的营建褒扬有加②。通过对唐顺之与顾东桥关系及书信往来的梳理，我们也可以间接地看到唐顺之由对经典的研习，逐步走向独立思考的学术演进路径。

唐顺之的学术演进路径固然如此，但这并不是说，反映唐顺之每一个人生阶段的学术成就就一定产生于这个人生阶段。应该来讲，有的是比较及时的反映，但也有的是出于事后的追述和整理。特别是对于后者，我们认为事后的追述或整理固然部分地反映了唐顺之于前一学术阶段的学术特点和成就，但也不可避免地反映了唐顺之在整理既有成果时期的一些学术主张。

就唐顺之客观学术成果的呈现时间而言，由于唐顺之的学术著作比较多，有的撰讫时间也不可确考，我们更倾向于认为：嘉靖十九年（1540），即在唐顺之三十四岁时，因与罗洪先、赵时春建言早朝太子触怒世宗而罢官后居家，至嘉靖三十七年再起为官这19年的时间，应该是其学术成果大量涌现的时期。"既削籍不仕，于是一意沉酣六经百子史氏、国朝故典律例之书"③。这一段时间，也是唐顺之受王学影响，并对程朱理学进行自觉再学

---

① 张廷玉等：《明史》卷286《顾璘》，第7355页。
② 常州市唐荆川研究会编：《唐荆川诗文集》卷18《工部侍郎顾璘诰辞》，第499—501页。
③ 洪朝选：《明都察院右佥都御史巡抚凤阳等处地方提督军务前右春坊右司谏兼翰林院编修荆川唐公行状》，常州市唐荆川研究会编：《唐荆川诗文集》，第606页。

习的阶段，其思想表现出"合会朱、陆"的特征，大致成书于这一时期的诸多学术作品，也都不同程度地受这种思想变化的影响。

如果从更长远的时段来看的话，从唐顺之于嘉靖十二年（1533），亦即其二十七岁时，至嘉靖三十七年（1558），亦即其五十二岁赴京，官兵部职方司员外郎，前后约26年的这段时间，唐顺之的学术活动主要有三方面内容，准备、参加科考；学习古代各种传统技艺；唐顺之中举为官后曾居翰林院编修一职，因职任之故也涉及一些学术活动，他早期的学术活动亦应包含这一项内容。就唐顺之早期的学术思想内容而言，无论是出于应对科考的目的，或是学习传统技艺需求，亦或是任职翰林编修职责之所在，对传统史学经典的研习都是唐顺之早期学术内容的重中之重，特别是对《史记》《汉书》和《资治通鉴》的研习和整理更是用力尤勤。其中虽然更多的是唐顺之对经典崇拜心理和研习、整理行为，但其对这些史学经典也并非一味盲从，他在对传统经典进行大量史实考证的同时，提出了一些不同于传统的史学批评。在促进了这些经典的进一步传播的同时，也使得这些成果都印迹于其后来日渐成熟的史学思想和编纂体系中，促进了其史学的自身发展。唐鹤征《陈渡阡表》载：

> 先考所著有文集二十卷，所纂集有《诸儒语录》十卷、《儒编》三十卷、《左编》一百四十二卷、《右编》五十卷、《文编》六十四卷、《稗编》一百二十卷，五《编》皆自为序。《左氏始末》八卷、《批选周汉文》十二卷。先考尝言于六经有千古折衷之见，有千古独得之见，今犹未敢草草，天假之年，当成一书以开来学。惜乎天未欲斯文之兴，俾先考赍志以殁。如《读春秋》及《与侄孙一麐论州吁事》，见之集中。[①]

由所"纂集"到具有"独得一见"之"一书"，看来，于唐顺之而言，其也有在研习经、史的基础上，打算撰写系统的历史评论，尽管可能如唐鹤征所言"惜乎天未欲斯文之兴，俾先考赍志以殁"。但仔细梳理、发掘唐顺之的学术内涵，我们还是能够较为清晰地看到其史学成长和演化的历史阶段和学术逻辑路径。

鉴于唐顺之著作丰富以及一生学术旨趣多变的特点，我们姑且按照

---

① 常州市唐荆川研究会编：《唐荆川诗文集》附录一《陈渡阡表》，第635页。

其人生早期历程，大致划分为三个学术阶段，对他各个阶段从事史学批评和考证的原因、表现进行逐一论述，以便更为全面、清楚地考察其学术全貌和发展脉络。

## 第一节 汲汲举业时的史学研习和批评

"学而优则仕"一直是传统儒家恪守的经世品性之一，即使是在"仕"的外在环境不具备的前提下，"仕"的优先性仍然得以强调，刘宗周曾言："既为儒者，若定要弃去举业为圣学，便是异端。"[①]因此在古代社会的价值体系中，理想状态下的士人的人生起点往往就是科考中举。在士人人生的初始阶段，科举考试所规定的内容成为他们这一时期研习的重点。作为明中期普通一士子的唐顺之也不例外，他在科举考试中取得了优异的成绩，"年二十三，举嘉靖八年会试第一，改庶吉士"[②]。由此看来，他对明代科举考试是非常精熟的，其廷试《策》亦被嘉靖帝御批为"条论精详殆尽"，也获得了"二甲有御批自此始"的殊荣[③]。

在唐顺之的诸多著作中，我们无论从编写动机或是从它们的内容来看，《唐荆川稿》和《唐会元精选批点唐宋名贤策论文》都是唐顺之应对科考的代表作品。唐顺之外孙孙慎行为《唐荆川稿》作序时就毫不讳言其时义文乃"一代之楷模"，并称唐顺之为明朝自建立以来，国家以时义标准取士的四宗盟之一[④]。明人《见闻杂纪》也从侧面说明了唐顺之科举的权威意义。"人把地位自高，便须思尧舜孔颜。把功业自高，便须思伊吕周召。若把举业文字自高，便须思唐荆川、瞿昆湖二先生。自高之念一时不觉降服了"[⑤]。关于《唐会元精选批点唐宋名贤策论文》的编写动机，李开先也称："吾友人唐荆川，精举业而得魁元者也，以瓦砾有击门户之劳，糟粕乃醇醪从出，而筌蹄则鱼兔所由致也，不忍弃置，刻其

---

① 刘宗周：《刘子全书》卷13《会录》，第820页。
② 张廷玉等：《明史》卷205《唐顺之》，第5422页。
③ 常州市唐荆川研究会编：《唐荆川诗文集》附录一《陈渡阡表》，第630页。
④ 唐顺之：《唐荆川先生传稿》卷首《孙慎行序》，清康熙刻本。
⑤ 李乐：《见闻杂纪》卷3《一百三十七》，明万历刻清补修本，续修四库全书，第1171册，第579页。

时文，并刻古来名贤策论。"①明确指出《唐会元精选批点唐宋名贤策论文》的编纂是为了从唐宋诸儒家的策论中吸取应对科考的经验。再加上唐顺之较为成功的科考中举经历，以致时传唐顺之有"举业三十余字法则"，唐顺之辟谣曰："书中所言举业三十余字法则，平生无此活套，盖传者误也。"②不管唐顺之是否有此法则，我们通过这一传言都可以看出唐顺之于科考应举中的模范作用。

从明代科举考试的内容来看，它的内容虽有所变动，但大致保持为："初场试四书义三道，经义四道……二场试论一道，判五道，诏、诰、表、内科一道。三场试经史时务策五道。"③其中初场考试最为基本，它是考查考生对儒家经典的研读和掌握情况。三场考查考生在儒家经典的指导下解决现实问题的能力。很显然，《唐荆川稿》即对"四书义三道"而发，《唐会元精选批点唐宋名贤策论文》即为"经史时务策五道"而准备。

就是在唐顺之这些为了应对科考，或著述、或辑录的时文中，也体现着他的历史观点和史学认识，因为在文史并未严格分途的古代社会，儒家经典往往是包容一切的，因此对这些经典的解读不可避免地将涉及史学领域，如《唐荆川稿》。而辑录前人对于经典的解读，仅就其选择范围来看，也同样代表着唐顺之的史学认识，如《唐会元精选批点唐宋名贤策论文》者。唐顺之时文中的重史倾向，大概也是世宗认为其廷试《策》"条论精详殆尽"的原因。从这层意义上来看，《唐荆川稿》与《唐会元精选批点唐宋名贤策论文》都成为了研究唐顺之史学思想萌芽时期最主要的史料文献。

## 一、《唐荆川稿》的史学批评及其意义

总体上来讲，《唐荆川稿》确实反映了唐顺之应付科举、汲汲举业时的一些情况，但关于《唐荆川稿》的成书时间则不可确考。从唐顺之的人生轨迹来看，《唐荆川稿》的成书时间不应该是其在应付科考时期。也就是说，在唐顺之于嘉靖八年（1529）中举之前，其没有时间，也没有

---

① 李开先：《李中麓闲居集》卷5《唐荆川批选名贤策论序》，明嘉靖至隆庆刻本，续修四库全书，第1340册，第645—646页。
② 常州市唐荆川研究会编：《唐荆川诗文集》卷7《与洪方洲》，第184页。
③ 张廷玉等：《明史》卷70《选举二》，第1694页。

充足的学术自信撰写这部著作。其在中举以后短暂为官，又逢母丧，很快又起官为吏部稽勋司主事，并官翰林院编修，这已经到了嘉靖十二年（1533）。从唐顺之对这一时期"端居滞文翰，久与赏心阕。出沐乘休豫，寻幽展欢悦"①生活状态的描述来看，校正《实录》《宝训》确实花费了唐顺之大部分时间，偶有闲暇，也主要与朋友进行游山玩水式的放松，不大有可能编写《唐荆川稿》。嘉靖十四年（1535）又疏病请归，至嘉靖十八年（1539）复官翰林院编修，兼右春坊右司谏。这三四年间，应该是唐顺之撰写该书的一个比较可能的时段。因为嘉靖十五年（1536），唐顺之与万吉订交，万吉的两个儿子万士安、万士和拜其门下从学。唐顺之在与王慎中的书信中亦言："仆今年寓居阳羡，挈妻子以行，有一二童子相与讲章句。自以此身不量而为人师，虽不责我以道而所讲者章句，然至于收拾放心、正容谨节以率之者，亦不敢不力。"②这里的一二童子可能就指万士安、万士和两兄弟。由此也可以看出唐顺之对其教学有着非常认真的态度，编写一部童蒙教材的可能也是有的，俞长城即有"荆川先生精于制义，教学里中有教学文"③的观点。那《答王南江提学》书中的"今年"应该为何年？我们从唐顺之的这封书信中不能直接看出，但通过对王慎中人生历程的分析，应该是在嘉靖十五年（1536），因为唐顺之在与王慎中的书信中称其为"提学"，并言"自谓于此颇有分寸之益，因是知吾兄以道为人师，而所教者又非一二童子，乃齐鲁五六郡豪杰之士"④。这当是对王慎中官任山东提学佥事事所言，而王慎中任山东提学佥事，时在嘉靖十五年（1536）。基于这些考虑，我们更倾向于认为《唐荆川稿》的撰写时间，最有可能是在嘉靖十五年至嘉靖十八年（1536—1539）这段时间，特别是嘉靖十五年（1536）这一年。另外，从《唐荆川稿》并不大的篇幅来看，其在短期内成书也是有可能的。当然，在《唐荆川稿》成书时间不能确考的情况，这只是我们的一个推测。

　　《唐荆川稿》，又名《四书文》或《唐荆川传稿》，不分卷⑤。其中关于《论语》的论述分《上论》和《下论》，《孟子》分《上孟》和《下孟》

①常州市唐荆川研究会编：《唐荆川诗文集》卷1《游西山碧云寺作得悦字》，第2页。
②常州市唐荆川研究会编：《唐荆川诗文集》卷5《答王南江提学》，第121页。
③唐鼎元：《唐荆川公著述考·四书文条·俞长城序》，国图藏民国铅印本。
④常州市唐荆川研究会编：《唐荆川诗文集》卷5《答王南江提学》，第121页。
⑤《唐荆川稿》的具体版本请详参文后所附《唐顺之著述考略表》。

两章,《大学》《中庸》则各为一章。正如明代科考第一场规定的一样,文中内容主要是唐顺之根据《四书》中以句、段、节、章为单位的原文经典来阐发自己的认识。如《唐荆川稿·上论》"君子喻于"就是以《论语·里仁》中"子曰:'君子喻于义,小人喻于利'"两句为中心展开论述的,在"君子喻于"下明确标出"二句"字样,更是直接指明了此段文字论述所依据的原文经典和论述重心。这些以原文经典为依托所展开的论述也体现了唐顺之个人的观点。

清人吕葆中在分析《唐荆川稿》的撰述特点时,充分注意到唐顺之"精于史"的学术特点对《唐荆川稿》"精卓"撰述特点塑造方面所施加的影响。"其文超诣剪剔,写无形之境于眼前,道难尽之词于句外,言各如人,人各生面,得《史》《汉》不传之妙。惟震川先生熟于经,故其文广渊,荆川先生熟于史,故其文精卓"。认为不能以简单时文视之[1]。清人黄中也认为《唐荆川稿》"有典有则"[2]。确实,《唐荆川稿》在许多篇章中也以具体的行文表达着他的历史观点和史学认识。

其一,继承和发展了孔子的"通""变"观点,强调以史为鉴,述往以知来。《唐荆川稿》"殷因于夏"条认为商朝在许多方面继承夏朝而来。"彼夏之后有天下者殷也,殷尝革夏之命矣,而礼则因乎夏焉,如三纲之正、五常之叙。《雅》曰声修人纪而实则缵禹旧服者也"。但又不是一成不变,而是根据历史形势的变化有所修正和发展,"乃若因其时异势殊而损益以合其宜者,不过易尚忠而尚质,易建寅而建丑耳"。同样周朝与商朝也是继承和发展的关系。正是承认了历史发展的联系性,因此以史为鉴就可以预知未来。"圣人指三代因革之有征,正以教贤者之来也,盖观古所以知今也。夏、殷、周之所因革者如此,而知来之道寓矣"。这是历史的常态,秦朝的"坏法乱纪"则是变数。"夫何豪秦坏法乱纪,并先王之礼而革之,岂圣人之智不到此耶? 噫! 兹变也,君子道其常而已"[3]。

其二,在注重阐扬儒家道德在社会统治中的作用的同时,亦强调事功。孔子对德在社会统治中的作用尤其重视,《大学》言:"是故君子先

---

① 唐顺之:《唐荆川先生传稿》卷首《吕葆中序》,清康熙刻本。
② 黄中:《黄雪瀑集·唐荆川稿题辞》,清康熙泳古堂刻本,四库未收书辑刊,第7辑第23册,第510页。
③ 唐顺之:《唐荆川先生传稿·上论·殷因于夏》,清康熙刻本。

慎乎德。有德此有人，有人此有土，有土此有财，有财此有用。德者本也，财者末也。"唐顺之发展了他的这一认识，认为就治理天下而言，德和财不可偏废，但于其中所发挥的作用是不同的，财通过德发挥作用，"德本于身而加乎民，若不关于财也，不知财出于土，土启于人，人怀于德，则德也者，虽修身之大端而实治平之要机"①充分注意到德在统治中的作用。在评价历史人物时，事功之外，儒家道德也是一个十分重要的标准。如在对管仲的评价上，孔子在《论语·八佾》曾对管仲逾越名礼提出了批评，"管氏有三归，官事不摄，焉得俭""邦君树塞门，管氏亦树塞门。邦君为两君之好，有反坫，管氏亦有反坫。管氏而知礼，孰不知礼？"但在《论语·宪问》章中面对子贡"管仲非仁者与？桓公杀公子纠，不能死，又相之"等对管仲的道德诘问时，孔子则从事功的角度对管仲进行了道德褒扬，"子曰：'管仲相桓公，霸诸侯，一匡天下，民到于今受其赐，微管仲，吾其被发左衽矣。'"唐顺之则从管仲所取得的事功对诸侯的道德规范意义进行了集中阐发，"自今观之，春秋之时，何时也？繻葛一战而天下之人不知有君臣之分，蔡师一败而天下之人不知有夷夏之防，天下之不正也甚矣，其孰能匡之？管仲之相桓公也，志同道合而一以取威定霸为己任，言听计从而一以招携怀远为己责，虑王室之衰也，于是乎有葵丘之会焉，誓之以五命之严，申之以载书之信，而以下陵上者始知所惧矣，虑夷狄之横也，于是乎有召陵之师焉，连八国之援以摧其锋，许屈完之盟以怀其德，而以奰谋夏者始知所警矣"。认为在管仲的历史评价问题上不应拘于小节，而应从大处着眼。"管仲正天下之功如此。身系天下之重，故北面请囚而不以为耻，心存天下之图，故忘君事仇而不以为嫌，子贡何议其未仁耶？"②鲜明地对管仲的事功给以极高的道德褒扬，以事功的视角从根本上否定了子贡等人对管仲片面的道德怀疑。

其三，继承和发展了孔子求实的史学考证态度。考证史实是孔子史学的一条鲜明主线，他在《论语·子路》言："君子于其所不知，盖阙如也。"提出了疑则传疑、阙而不论的史学考证方法，《论语·八佾》："夏礼，吾能言之，杞不足征也；殷礼，吾能言之，宋不足征也。文献不足故也。足，则吾能征之矣。"则是这一史学考证方法的具体实践。唐顺之对孔子的

---

①唐顺之：《唐荆川先生传稿·大学·德者本也》，清康熙刻本。
②唐顺之：《唐荆川先生传稿·下论·一匡天下》，清康熙刻本。

这一史学考证方法阐述尤力，认为："文献者，礼之寄也，文献不足则吾亦何取以证吾言哉。"并从时代发展变化来论述夏、殷礼"吾能言"，而杞、宋"不足征"的原因，"盖载礼者存乎文，夏、商盛时，固尝有文以载其礼矣。识礼者存乎献，夏商盛时，固有能识其礼之献矣。夫何二代之季不足以守先王之典籍，而记事记言者失其旧，积衰之后，不足存老成之故旧，而识大识小者乏其人。藏之内府者既已散逸而不全，传之故老者又皆衰谢而不继，故我能言之而无传则无征，无征则不信，言亦徒耳，何庸言哉！"进而提出以文、献证吾言的考证方法。"则尚论之下而文之所载，与吾言而相符，人虽惑于我也，而取文以征之，吾言不病于无稽矣。述古之余，而献之所传，与吾言而相发，人虽疑于吾也，而取献以征之，吾言不苦于无据矣。由我以言而得文、献以信，夫何不可言之有哉"①。孟子发展了孔子疑则传疑的史学考证方法，《孟子·尽心下》言："尽信《书》，则不如无《书》。"唐顺之更是从上古史书的特点来论述"尽信书"的危害，"但传疑本史氏之体，容非宗核之真，爱憎出一时之情，或有揄扬之过，盖学者颂其言而断之以理，无病于书也，苟不度其是非而尽信之，则不道之心滋于见闻之误，而私意之惑起于影响之凭"。并提出了以"心""理"断之的理证方法，"学者能因言而会之以心，考迹而断之以理，则天下之书皆吾益矣，不然，宁不反为书之所误也哉"②。

其四，进一步发扬孔子"文质彬彬""辞达而已"的编纂原则。《论语·雍也》言"文质彬彬"，强调文与质各得其宜，不可偏举或偏废，编纂上要讲求形式和内容的统一。唐顺之对此阐述道："圣人论文质相胜之弊，而惟得中者为君子焉，盖文质贵乎得中也，若相胜焉，非野则史矣，而何足为君子哉。"并结合时代所造成的两种误区分别予以辩证："今夫人之交际，凡其可观而可度者皆谓之文，凡其崇本而尚实者皆谓之质。质以主乎文非不可贵也，但质之过而至于胜于文，则白贲之操虽足以敦朴素之风，而英华未著，或不免于直情径行焉耳，不谓之野乎。文以饰乎质，非不可尚也，但文之过而至于胜质则朱绂之华虽足以胜鄙陋之习，而实意未孚，或不免于巧言令色焉耳，不谓之史乎。或野或史，其

①唐顺之：《唐荆川先生传稿·上论·文献不足》，清康熙刻本。
②唐顺之：《唐荆川先生传稿·下孟·尽信书则》，清康熙刻本。

去君子远矣必也。"[1]孔子在《论语·卫灵公》中又提出另一编纂原则，即"辞达而已"。《唐荆川稿》在肯定"文质不可相无"的同时，也指出"而质其本也"，认为文采固然重要，但更重要的是能够表达问题的实质。

"进退周旋之际，凡其可观而可度者谓之文。夫子之意，固以为文轻于质矣，不知礼无本不立，亦无文不行，威仪之盛，所以惕在中之美，而非徒事于粉饰英华之著，所以丛和顺之积而非徒事于外貌，文固有助于质也，比而校之，文犹质也"[2]。

从以上唐顺之对"四书"所包含的意蕴的继承和发展来看，《唐荆川稿》的思想主旨是以恪守传统儒家旨意为第一位的，某种程度上我们可以把它看作一部"注经"作品。逯耀东曾有"注经"和"注史"之辩，"注经与注史不同，经注为了明了经中所蕴的义理，而理寓于训诂，训诂明而理自现。史注为了达事，以史实补前史之阙，若事不明而囿于笺笺训诂，于事亦无所补"[3]。"经注"只能"训诂"，这也是《唐荆川稿》在面对经典时表现出保守一面的原因。同时，我们还需要特别注意的是，《唐荆川稿》又是在现实中作为获取功名的工具，因此它的思想主旨应是与当时占思想统治地位的程朱理学相契合的。孙慎行首先明确了《唐荆川稿》的教材意义。"先生唐翁举尤少年，集中义半系仕后群诸弟子肄业焉，而自为之以式，即世尤争传之"[4]。这再一次说明了《唐荆川稿》的成书时间是在其寓居阳羡、教学乡里以后，也从教材的高度肯定了《唐荆川稿》于科考的意义，其实也间接说明了《唐荆川稿》归依程朱理学的撰述旨趣。明末陈名夏把《唐荆川稿》列入《国朝大家制义》，认为是他早年的作品，在该书题头题为"嘉靖己丑"，盖把唐顺之中举之年误认为此书主要撰写时间。之所以产生如此误差，陈名夏认为《唐荆川稿》恪守和模仿了与理学有密切渊源的欧、曾诸人的为文特点，"先生之文诚大家矣。如以予所评者，或未进于古法耳。先生中年学欧、曾之文，会及见震川诸家，恶知先生不悔其少作耶？"[5]从此亦可见《唐荆川

---

① 唐顺之：《唐荆川先生传稿·上论·质胜文则》，清康熙刻本。
② 唐顺之：《唐荆川先生传稿·下论·文犹质也》，清康熙刻本。
③ 逯耀东：《魏晋史学的思想与社会基础》，第15页。
④ 唐顺之：《唐荆川先生传稿》卷首《孙慎行序》，清康熙刻本。
⑤ 唐顺之：《荆川先生文》卷首《唐荆川先生制义序》，陈名夏编：《国朝大家制义》第6部，明末陈氏石云居刻本。

稿》与程朱理学关系的密切。而选入《钦定四书文·正嘉四书文》的部分也多是考虑到这些篇章与程朱理学契合的特点。清人方苞在论述《四书文》的编纂凡例时言："正、嘉则专取气息醇古、实有发挥者，其规模虽具、精义无存及剽袭先儒语录肤廓平衍者，不与焉。"[①]由此可见，"气息醇古"是其选取的一个重要标准，而这一标准在清朝崇尚程朱理学的氛围下，只能是以程朱理学为归依的代名词。清人黄中更是直接道出了《唐荆川稿》"醇""正"的成熟特征，"嘉靖己丑，主会试者内阁张孚敬，欲得老儒宿学以冠礼闱。及榜发，会元为唐荆川，年方弱冠。盖其文字有典有则，而趋向之端、造诣之真、学术之醇、议论之正、格调之精严，局度之整练，似为皓首穷经者"[②]。时人对唐顺之中举时年少的惊讶，也从一个侧面说明其学术老成，其实也还是对其研习程朱理学的肯定。清初钱谦益曾较为细致地发掘了唐顺之"时文""析理必程朱，遣词必欧、苏"的特点与"不失尺寸"的关系，其言："何谓举子之时文？本经术、通训故，析理必程、朱，遣词必欧、苏，规矩绳尺，不失尺寸。开辟起伏，浑然天成。自王守溪以迄于顾东江、王青湖、唐荆川、许石城、瞿昆湖，如谱宗派，如授衣钵。"[③]

清人吕葆中曾对这一特点予以揭示："大人（吕留良）尝称荆川之学初时根柢于程朱甚正，第所得浅耳，亦自知其浅也而求上焉，遂为王畿、李贽之徒所惑而驳驳于良知之说，于是乎荆川之学终无成。然其制义虽晚年游戏宦稿，未尝入异旨、流露离叛之意，此犹入门时从正之功也。"[④]文中虽提到此书为其晚年所作，即已受王学影响，但并未表现出背离程朱理学的价值取向。如后我们的分析，这只能是吕葆中个人的见解，其受王学的影响还是比较明显的。

---

① 方苞等：《钦定四书文》卷首"凡例"，文渊阁四库全书本。

② 黄中：《黄雪瀑集·唐荆川稿题辞》，清康熙泳古堂刻本，四库未收书辑刊，第7辑第23册，第510页。

③ 钱谦益著，钱仲联标校：《牧斋有学集》卷45《家塾论举业杂说》，上海古籍出版社，1996年，第1508页。

④ 唐顺之：《唐荆川先生传稿》卷首"吕葆中序"，清康熙刻本。按，其中"大人"当指吕留良，而非孙慎行，葆中并非孙慎行子，唐鼎元《唐荆川先生著述考·四书文条》中所称"慎行子葆中"误。因为《唐荆川稿》清康熙本为吕留良评点，卷首有二序，孙慎行序在前，吕葆中序在后，在吕葆中序中后缀以"男葆中谨识"，未书姓，因此唐鼎元误认为葆中为慎行子，其实此"男"乃对吕留良而言，而非孙慎行。现国图藏本版本更为清晰，明确指清康熙吕葆中刻本，可见，吕葆中确为吕留良之子，而非孙慎行之子。

唐顺之的这种学术取向在其廷试时所作《策》中也有生动的表现，如唐顺之主张立政在于任人，任人在于取心。

> 臣则谓所患者不在夷狄，而在我中国无将耳。盖今之所谓将者，取诸世胄，取诸武举，非不可得人也，惟纨绮之习或未熟于经略，弓马记诵之材或未足于奇正之变也。臣请陛下行苏洵之说，令大臣各举所知勇而有谋、可以出入险阻者，然后尝之以治兵，寄之以边障，养其望，专其任，而良将可得矣。将良，则士练而边备饬矣。至于财充而食足，此亦百官有司之事耳。百官得其人则经理有道，储畜有方，而邦之才可充；敛散得宜，补助以时，而民之食可足，要不足以烦陛下也。以此言之，纪纲克振，百官之所以正者此也，民之所以安者此也，天心之所助顺而反灾为祥者亦此也，抑臣犹有献焉。《中庸》曰："为政在人，取人以身。"人固立政之本，而身尤取人之本也。朱熹曰："纪纲不能以自立，必人主之心公平正大，无偏党反侧之私，然后纪纲有所系而立。"则心者尤立纪纲之本也。①

在具体的边疆问题的处理上，唐顺之主张依宋儒苏洵的建议，选将练兵，强调任人的重要性。由任人到取心，唐顺之也是选择了理学的集大成者朱熹所言作为依据，而非这一时期已然兴起并有广泛影响的阳明心学，这也说明了唐顺之在其科考应举阶段的指导思想之所在。李开先也对唐顺之《策》"气平理明"的特点给予了极大肯定：

> 会试卷见者以为前后无比，气平理明而气附乎理，意深辞雅而意包乎辞，学者无长幼远近悉宗其体，如圆不能加于规，方不能加于矩矣。②

《唐荆川稿》是为应对科举考试而作，它的思想主旨与程朱理学是相契合的，在明代八股取士的科举制度下，是典型的八股文，但这丝毫不影响《唐荆川稿》的学术价值，因为学者对明代八股文的排斥或批判主要是出于固定、僵化的考试形式和内容限制了士人的思维能力，造成一种人云亦云、随人唇吻的萎靡、虚妄学风。而唐顺之则在一定程度上避免了这一学风，《唐荆川稿》的产生就是他根据自己对"四书"的理解

---

① 常州市唐荆川研究会编：《唐荆川诗文集》卷18《廷试策一道》，第498页。
② 李开先：《荆川唐都御使传》，常州市唐荆川研究会编：《唐荆川诗文集》附录一，第619页。

而进行的集中阐述,确实是有所得的。这从唐顺之对科考的态度亦可见一斑:

> 夫业无定习而心有转移,苟真有万物一体之心,则虽从事于举业以进身,未尝不为义途也,若使有独为君子之心,则虽从事于饬躬励行以退处,未尝不为利途也。经义策试之陋,稍有志者莫不深病之矣,虽然,春诵夏弦秋礼冬书,固古之举业也,固未尝去诵与书也;苟无为己之心,则弦诵礼书亦祇为干禄之具,苟真有为己之心,则经义策试亦自可正学以言,昔人妨功夺志之辨,此定论也。

唐顺之对科举的态度是比较客观和理性的,认为科举的利弊影响完全要看个人的态度,只要持有万物一体之心和为己之心,就可以导举业为"义途",反之则导举业为"利途",科举并不能为萎靡的学风负起全责,应负责的是对待科举的态度,"即举业之中而示之以穷经反躬、明理著己之路,而嘿消其干名好进之心,则是举业中德行道谊也……且顺而导之,正不必逆而沮之也。大率今之世举业技艺种种犹未足为心病,所为心术大蠹者在于义利之辨不明"①。孙慎行在为《唐荆川稿》作序时称:"诵之宛然见圣贤之语气,而循是以窥索圣贤之精神,直可以终身焉,而不历千万变化而莫能逾。然则是集也,真六艺之羽翼,非独一代之楷模已矣。"②顾炎武《日知录》引《戒庵漫笔》言:

> 余少时学举子业,并无刻本窗稿,有书贾在利考朋友家往来,抄得灯窗下课数十篇,每篇誊写二三十纸,到余家塾,拣其几篇,每篇酬钱,或二文或三文。忆荆川唐顺之中会元,其稿亦是无锡门人蔡瀛与一姻家同刻。方山薛应旂中会魁,其三试卷,余为臾其常熟门人钱梦玉,以东湖书院活板印行,未闻有坊间板。今满目皆坊刻矣,亦世风华实之一验也。③

此文主要是针对举业之陋所导致的士子学术视野的狭窄而立论的。因举业的规定和诱导,致使以牟利为目的的坊刻历朝中举之人的策论文盛行,后进士子往往以前人的既有策论作为模仿的对象,也把目光仅仅局

---

① 常州市唐荆川研究会编:《唐荆川诗文集》卷5《答俞通谕》,第124页。
② 唐顺之:《唐荆川先生传稿》卷首《孙慎行序》,清康熙刻本。
③ 顾炎武著,陈垣校注:《日知录校注》卷16《十八房》,第905页。

限于此，这就导致了士子视野的狭隘。但这里也透漏出另一个信息，即在各种坊刻未盛行前，一些学者比较典型和优秀的策论文就已经在士子中流行，唐顺之和薛应旂都是其中的典型，这从一个侧面也说明了唐顺之策论文的价值得到了时人的认可及其于社会的流行面之广。

现代学者的《中国教育制度通史》在论及明朝八股文时，就把《唐荆川稿》中的"君子喻于义"一篇作为优秀八股文的典范来进行分析比较，并指出"文章的优劣由人，而作法却可以看作者的才气和学识""与其将批判的矛头指向八股，还不如将它指向导致八股无用、导致科举无用、导致教育无用的更进一步的原因"[①]。

今人周新曙《明清八股文鉴赏》也从文学鉴赏的角度对《唐荆川先生传稿》中《晋人有冯妇者 冯妇攘臂下车》篇章赞赏有加：

> 这篇八股文文字不长，却不易得。首先是开头部分包括破题与承题。因为文题较长，这就要求概括力强，语言高度凝练。在破题时，要用两句话，概括出题意，并提出本文议论的对象，体现出本文主旨。而在承题部分再将破题中的意思及所针对的对象明确出来。接着的起讲部分，要做到换口气，还要做到既连接上文，又过渡到下文的正式分股议论的展开，要把孟子讲的冯妇因人在危急中的请求而重操旧业的行为，与人们要孟子再次劝请齐王开仓济民这两件事情联系到一起。正式分股展开议论的三个自然段，是本文的主体部分，恰好这部分，充分表现出本文的特色。不写对仗句，调动叙述、描写、议论等多种写作手段，按破题部分的顺序一一展开，情节组织严密，情景设置生动，语言流畅活泼，议论画龙点睛，合情合理，是本文最具特色的部分。最后结论，总绾全文，又全面照应。本文文字简短，小巧精致，是八股文中的精品之一。[②]

并在《序言》中对唐顺之此文的创新意识一再致意：

> 作者唐顺之依照这个题目，写得非常精妙。特别是文中的中股部分和后股部分，不是采用议论的写法，而是用叙述描写的方法，把当时的紧急情形渲染得非常生动，也把冯妇此时顿忘前言，攘臂下车与老虎搏

① 吴宣德：《中国教育制度通史》第4卷，山东教育出版社，2000年，第521页。
② 周新曙：《明清八股文鉴赏》，湖北人民出版社，2008年，第15—16页。

斗的动作行为，写得形象逼真，活鲜笔端。①

同时，唐顺之以上对科举的客观态度，以及后人对其创新特点的剖析，都昭示着唐顺之关于"四书"的评议与传统的、特别是程朱理学对"四书"的评议相比较，并非全无新意，其间应该也酝酿着一些思想理论的突破。唐顺之在送其弟唐正之与唐立之赴试时曾赋诗再三叮嘱道：

> 文入妙来无过熟，书从疑处更须参。②

"熟"字很好地说明了对过往经典的精熟，而从"疑处"之"参"则强调的是在精熟经典基础上的悟性，要勇于表达自己不同于主流的独立思考。这是唐顺之应对科考的十四字箴言，也大概是唐顺之所撰《唐荆川传稿》的主要编纂旨趣。

首先，明朝中后期，随着官方化程朱理学的僵化和王阳明心学的兴起，作为科举考试权威与典范的《四书大全》和《四书集注》在士人心中的权威性有所削弱，士人纷纷根据自己的体会重新诠释"四书"，不再专守具有强烈程朱理学色彩的《四书集注》和《四书大全》，这本身就是对正统意识形态的抗议和反叛。产生于明朝中叶的《唐荆川稿》亦是其中的一部。从唐顺之自身学术演变阶段来看，它产生于唐顺之接触王学并有所建树的晚期，固然当在某些方面表现出受阳明心学影响的特点。也就是在我们更倾向于认为《唐荆川稿》的成书时间，即嘉靖十五年（1536），据唐鼎元考证：是年，阳明两大弟子王艮、王畿相偕来访。"《心斋年谱》：嘉靖十五年丙申夏五月，会王龙溪畿金山访唐荆川顺之武进。心斋是年五十四岁，吾邑与心斋之乡泰州相隔一汀，荆川公必往答访，其年月不可考矣"③。也就是说，在唐顺之比较有可能完成《唐荆川稿》的这一年，其与阳明心学后学的交往也是比较密切的。这大概也能说明《唐荆川稿》也多少受到阳明心学的一些影响。

其次，从产生于晚明的这一批"四书"诠释著作中又普遍表现出"心学"的理论倾向，"晚明普遍出现的'心学'观点的《四书》诠释，成为晚

①周新曙：《明清八股文鉴赏》"序言"，第3页。
②常州市唐荆川研究会编：《唐荆川诗文集》卷3《己酉送两弟正之立之赴试》，第97页。
③唐鼎元编：《明唐荆川先生年谱》卷1，《宋明理学家年谱续编》第4卷，第343页。

明《四书》学的一大特色"①。这在《唐荆川稿》中也有所体现，如前在论及"书不可尽信"时，唐顺之提出以主体之"心"及"理"来作为史学考证的一种方法，则明显受到陆、王心学一路理论的影响。在评价历史人物时，也不专取官方化程朱理学所标榜道德评判的标准，而是积极发挥孔子评价历史人物的丰富涵义，兼取事功的标准。《唐荆川稿》对《论语·述而》"子之燕居，申申如也，夭夭如也"的解释更是体现出心学理论对其的影响，疏文曰："以其容而言之，展布于四体者，委委蛇蛇，一出于心之妙，周旋于一身者，宽分绰分，自获于安节之享。"②这里唐顺之认为孔子在家闲居还能够衣着整齐、神态和乐，是因为这是圣人心中自有的素养，只有如此，才能在没有外力监督下而表现得如此自然和恰如其分。从这一点来看，唐顺之曾接触的阳明心学"良知自足"说应当是这种评价出现的一个合理的解释吧。

再次，从四库馆臣对《唐荆川稿》的处理态度和方法上也可见它对官方化程朱理学的挑战。在清朝，程朱理学的官方地位再次得到了确定，心学遭到贬抑，深受"心学"影响的"四书"著作的命运也可想而知。"四库馆臣在《总目》中屡屡批评这些'心学'的《四书》学著作是'禅学'，并将这类著作排拒于《四库全书》之外，仅列名'存目'，部分著作甚至列入'禁毁书'当中"③。虽《唐荆川稿》"气息醇古"部分的篇章选入《钦定四书文》，但总体上是被列入"禁毁"之列的。即使陈名夏把《唐荆川稿》列入《国朝大家制义》，但也认为它和早期理学代表人物的"四书文"的特点一样，具有"狂诞"、不合传统的特点。"若我荆川先生之时文，不过韩、柳、苏之文，而荆川之名亦不过此诸人，后之有议其制义必以为狂诞而不之信，是何人之敢于议唐、宋大家而不敢议荆川先生耶"④。这种评价与四库馆臣对唐顺之《左编》的评价是一脉相承的关系。

其实，《唐荆川稿》不合于正统历史评价、务求翻案的特点，明人就已经注意到。顾宪成曾论"翻"字曰：

---

① 吴伯曜：《阳明心学对晚明四书学的影响》，《湖南大学学报》2006年第2期。
② 唐顺之：《唐荆川先生传稿·上论·子之燕居》，清康熙刻本。
③ 吴伯曜：《阳明心学对晚明四书学的影响》，《湖南大学学报》2006年第2期。
④ 唐顺之：《荆川先生文》卷首《唐荆川先生制义序》，陈名夏编：《国朝大家制义》第6部，明末陈氏石云居刻本。

> 刘勰曰:"词征实而难巧意,翻空而易奇。"夫翻字,翻公案之意
> 也。老吏舞文,出入人罪,虽一成之案,能翻驳之文章家得之,则光景
> 日新。且如马嵬驿诗,凡万首,皆刺明皇宠贵妃,只词有工拙耳,最后一
> 人乃云尚是圣明天子事景阳宫井……此善翻案者也。唐荆川"匹夫而
> 有天下"文云:"舜不遇尧,一畎稼之夫而已矣。禹不遇舜,一崇伯之子
> 而已矣"……俱是翻格。①

"匹夫而有天下"是《唐荆川稿》当中的一篇,在清康熙吕葆中刻本中存
以"匹夫而有"名。结合袁黄上下文意,其认为《唐荆川稿》也是"翻公
案"的一个典型。

为什么一定程度上表现出阳明心学色彩,起码具有合会朱、陆特点
的《唐荆川稿》会在"一宗朱子之学"的明代科举考试中反而具有"一
代之楷模"的作用呢? 也许明人吴达可在为唐顺之另一部著作《诸儒语
要》所作序言中的一段话可以解开我们的疑惑。

> 《性理全书》乃成祖文皇帝命儒臣汇辑成编,颁布学官以范士行
> 者,余髫年时犹及见先辈议论,目之为秀才本领,而司文衡者亦以此命
> 题课士。今士子且束阁不观,只袭二氏不经字句以逞奇炫异,而主司程
> 士亦视为第二义,即名理津津其于濂洛关闽之脉蔑如也,何怪乎士风
> 文体之日靡靡哉?

这段史料主要表达了吴达可对时下"逞奇炫异"靡靡学风的不满,但细
究这段史料,除此之外,其所包含的内涵十分丰富。一是从其"二氏不
经字句以逞奇炫异"的论断来看,这一方面表现出程朱理学和陆王心学
各有其弊端,并为虚妄之人所利用;另一方面也说明了在明代中后期科
举考试的指导思想中,阳明心学事实上已然成为与程朱理学平分秋色的
重要因素。换句话说,明中后期科举考试的指导思想也由前期的专尊程
朱向合会朱、陆的特点转变。这一点从其后关于程朱理学"蔑如也"的
尴尬境地也可以看出。二是吴达可的这篇序文是为一位本身就具有合会
朱、陆特点的学者——唐顺之——的《诸儒语要》所作,其也言:

> 是编所载,盖不出性理一书,而要约简易,尤便观览。不惟考道脉

①袁黄:《游艺塾续文规》卷6《泾阳顾先生论文》,明万历三十年刻本。

者执此以溯圣□源流，而应科举者亦将藉此以求。①

从而肯定具有"合会朱、陆"色彩的《诸儒语要》于科考的价值。由此看来，明代中叶以后科考指导思想中合会朱、陆内涵是唐顺之《诸儒语要》能够成为科考"一代之楷模"的时代原因。而依随着科考的普遍性，我们大致认为：对明中叶以后的大部分士子而言，虽然他们仍然承认程朱理学的官方统治意识形态的地位，但同时也认为朱、陆之间有诸多共同的空间，并非是非此即彼的关系。这应该是一个普遍的社会认识。

### 二、《唐会元精选批点唐宋名贤策论文粹》的史学评点

《唐会元精选批点唐宋名贤策论文粹》，八卷，题唐顺之辑并批点。关于此书的成书时间，没有明确的记载，但从其版本刊刻时间可以略知一二。明书林桐源胡氏刻本刻于嘉靖己酉（1549），即唐顺之42岁之时。但从书前题识中不难看出早在此之前就有一刻本，为嘉靖坊本。由此我们大致推断：此书的成书时间最早为唐顺之青年时为准备科考所作，最迟也为隐居阳羡山、教授学生制艺之文时所作。

此书题为"唐顺之辑并批点"，但从文本的处理方式来看，"辑"和"批点"所体现的唐顺之的色彩并不均衡，多体现的是唐顺之学习、模仿唐宋名贤策论的过程和体会，对它们所包涵意蕴的阐发，并未提出多少独立的见解。李开先作序曰："选取既慎，批点亦详，缠绵比密，奇艳错综，博而有约束，松而有关键，冲激而有砥柱，翻覆而有波澜，曲譬旁引，絜要提纲，圈点多者精华也，一二者字眼也，处置转调，分节撇抹，各有笔法，真可为举业之大助，不但如他书之小补。"②肯定了唐顺之的编辑和批点的优长。

唐顺之的辑录之功是毋庸讳言的，关于该书的批点则主要以两种形式表现出来：一是间或在所选题目下缀以只言片语，以"絜要提纲"，如在苏洵《史论中》下缀以"论史法处甚当"③来评价此文的主旨和特点。

① 唐顺之：《唐荆川先生编纂诸儒语要》卷首《题诸儒语要录序》，明万历三十年吴达可刻本，四库全书存目丛书，子部第10册，第111页。
② 李开先：《李中麓闲居集》卷5《唐荆川批选名贤策论序》，明嘉靖至隆庆刻本，续修四库全书，第1340册，第646页。
③ 唐顺之：《唐会元精选批点唐宋名贤策论文粹》卷1《史论中》，明书林桐源胡氏刻本。

一是采取符号的形式标出文中的精华、字眼、分节、撤抹等。此书的整个"凡例"部分就是列举符号和它们所代表的意义。如空心圆圈、实心顿笔代表"精华",两个连续在一起的空心圆圈和实心圆圈都代表"止一二字者是字眼",空心长划线代表"撤",实心长划线代表"处置",实心短划线代表"故事",实心短划线代表"短抹、转调",横线代表"截、分段"等等①。从以上两种批点的形式来看,体现的多是唐顺之分析和学习的过程,并没有多少自己独立的见解。因此,我们只能从他所选取策论的范围和观点来间接探析他的史学观点。

首先,从选取的范围来看,涉及史论和史评的很多,并反映出一定的分类倾向。历史评论或史学评论多集中于卷1至卷4。有的以一个历史人物立论,如《管仲论》《屈原论》《扬雄论》《始皇帝论》《晁错论》《汉高帝论》等等;有的以朝或国立论,如《六国论》《燕赵论》《五代论》《燕论》《晋论》《三国论》《唐论》《蜀论》等等;有的以历史主题为论,如《续朋党论》《史论中》《正统论上》《封建论》等等;并且还收录了大量关于少数民族的史论,如《北狄论》《西戎论》《王者不治夷狄论》等等。卷5至卷8多收录一些关系国家统治、民生的策论,其中有关于君主的策论就有五篇,关于大臣的策论亦达十篇之多,关于民政的亦有十篇。也收录了一些有关户口、赋税、军事方面等比较具体的策论,特别是军事方面的策论,如《均户口策》《较赋殷策》《定军制策》《练军实策》《教战守策》《倡勇敢策》等等。这一方面反映了唐顺之应对科考所作的努力,另一方面也反映了唐顺之身处明朝中后期,面对社会危机加深、南倭北虏问题突出的时势,希望通过借鉴前人的经验以救时弊的意愿。

其次,从选取内容来看,收录的多是唐、宋经典儒家的策论,如韩愈、柳宗元、欧阳修、曾巩、苏洵、苏轼等人,大多体现的是传统的儒家观点。如关于"春秋"笔法,其中所录苏洵《史论中》,唐顺之批曰:"论史法处甚当。"积极肯定苏洵所强调的"春秋"笔法,主张以"文"见"义"。"迁、固史虽以事辞胜,然亦兼道与法而有之,故得仲尼遗意焉。吾今择其书有不可以文晓而可以意达者四,悉显白之。其一曰隐而彰,

<hr>

① 唐顺之:《唐会元精选批点唐宋名贤策论文粹》卷首《凡例》,明书林桐源胡氏刻本。

其二曰直而宽，其三曰简而明，其四曰微而切"。对《史记》《汉书》中所表现的"春秋"笔法的几种形式进行了分类归纳，唐顺之在此加实心长划线以点明和突出苏洵观点。《史论中》亦分别举例说明"春秋"笔法类型于两书中的具体运用以及采取此种史实处置方式的原因。如关于"隐而彰"，"迁之传廉颇也，议拔阏与之失不载焉，见之赵奢传。传郦食其也，谋挠楚权之谬不载焉，见之王陵传。传董仲舒也，议和亲之疏不载焉，见之匈奴传"。紧接着分析这种史实表述方式产生的原因，并认为此为"春秋"笔法中的"隐而彰"类。"夫颇、食其、勃、仲舒，皆功十而过一者也，苟列一以疵十，后之庸人必曰：'智如廉颇，辨如郦食其，忠如周勃，贤如董仲舒，而十功不能赎一过，则将苦其难而怠矣。'是故本传晦之，而他传发之，则其与善也不亦隐而彰乎？"唐顺之在此处加顿笔以示此为精华之一，并批以"体严"，表示赞成和肯定。主张对历史人物的评价，虽应该主要取决于与儒家道德的贴合程度，但也要参以他们的事功表现。"迁论苏秦，称其智过人，不使独蒙恶声；论北宫伯子，多其爱人长者。固赞张汤，与其推贤物善，赞酷吏，人有所褒，不独暴其恶。夫秦伯子、汤、酷吏皆过十而功一者也，苟举十以废一，后之凶人必曰：'苏秦、北宫伯子、张汤、酷吏虽皆有善不录矣，吾复何望哉？'是窒其自新之路，而坚其肆恶之志者也。故于传详之，于论、于赞复明之，则其惩恶也，不亦直而宽乎？"[1]

又如"夷夏"观。《唐会元精选批点唐宋名贤策论文粹》收录苏轼《王者不治夷狄论》，此文是建立在"夷夏有别"的认识基础之上，所以治理方法亦应不同。"夷狄不可以中国之治治也。譬若禽兽，然求其大治必至于大乱"。苏轼此文立论是对有关何休对《春秋》"公会戎于潜"所作疏解的进一步解释，其曰："王者不治夷狄，录戎来者不拒、去者不追也。"苏轼非常注重阐述《春秋》"微言大义"的特点，"夫天下至严而用法之至详者莫过于《春秋》"。结合《春秋》对齐晋和秦楚的不同态度来阐发《春秋》所包涵的"中国之不可以一日背，而夷狄不可以一日向"的思想主旨。"夫齐晋之君所以治其国家、拥卫天子而爱养百姓者，岂能尽如古法哉？盖亦出于诈力而参之以仁义，是亦未能纯为中国也；秦

---

[1]唐顺之：《唐会元精选批点唐宋名贤策论文粹》卷1《史论中》，明书林桐源胡氏刻本。

楚者，亦非独贪冒无耻肆行而不顾也，盖亦有秉道行义之君焉，是秦楚亦未至于纯为夷狄也。齐晋之君不能纯为中国而《春秋》之所予者常向焉，有善则汲汲而书之，惟恐其不得闻于后世，有过则多方而开赦之，惟恐其不得为君子。秦楚之君未至于纯为夷狄，而《春秋》之所不予者常在焉。有善则累而后进，有恶则略而不录，以为不足录也。是非独私于齐晋而偏疾于秦楚也，以见中国之不可以一日背，而夷狄不可以一日向"。以此立论，何休对《春秋》"公会戎于潜"的解释当是片面的，《春秋》主旨并不全是对"夷狄"治理措施的表述，而是有所讽喻的，即"《春秋》之疾夷狄者，非疾纯夷狄也，疾夫以中国而流入于夷狄者也"。对于此篇的行文脉络，唐顺之把握得非常准确。在何休所言下批以横线以为断，并旁批曰："此下一大段只是为发难张本。"对比《春秋》中所载齐晋和秦楚的不同态度后，苏轼又重新解释《春秋》和何休的疏解时，唐顺之批以"发题"；在苏轼得出自己的结论处批以"结"字。可见唐顺之是深刻理解和肯定苏轼此文观点的①。

　　再如"正统"论。唐顺之所选苏轼《正统论上》一仍欧阳修正统论的观点。此文开篇即引欧阳修对"正统"的解释，"正统者何耶？名耶？实耶？正统之说曰：正者，所以正天下之不正也；统者，所以合天下之不一也"。这一解释包涵着"居正"和"一统"的双重标准，而苏轼从"名""实"的角度出发来探讨正统论所包涵的这两个标准之间的关系，可以说恰当地把握了欧阳修正统论的核心。唐顺之对文中的"名"和"实"字下加空心圆圈以突出此文的精华和核心，可见他对欧阳修、苏轼的正统论说也是把握至当和深有体会的。"居正"和"一统"的关系，在"名""实"统一的情势下是不成问题的，但在"名""实"不相符的情形下，欧阳修、苏轼主张"名轻而实重"，即更倾向于以"一统"来界定"正统"。"人之得此名而又有此实也，夫何议。天下固有无其实而得其名者，圣人于此不得已焉，而不以实伤名，而名卒不能伤实，故名轻而实重"。以此标准来界定宋以前诸朝代，则是"吾欲重天下之实，于是乎始轻正统，听其自得者十，曰尧、舜、夏、商、周、秦、汉、晋、隋、唐。予其

---

① 唐顺之：《唐会元精选批点唐宋名贤策论文粹》卷1《王者不治夷狄论》，明书林桐源胡氏刻本。

可得者六以存教，曰魏、梁、后唐、晋、汉、周"①。对此，唐顺之都是赞同的。

　　在唐顺之批选的诸多作品中，与此书特点相类的还有《六家文略》《苏文嗜》《评选两汉奏疏》等。从《唐会元精选批点唐宋名贤策论文粹》等文的编纂旨趣来看，它们虽然也体现着唐顺之希望通过借鉴前人对统治策略、少数民族政策和军事问题的讨论以救时弊的意愿，但秉承经典儒家的观点是唐顺之此时学术的主旨，这服务于他应对科举考试的主要目的。这些观点在它们产生的时代是具有一定理论突破意义的，但如果把它们置于唐顺之所处的明朝中后期则显得相对保守，而唐顺之在批点中对它们原本意义的阐发，也并未进行系统的理论创新，这一方面反映了唐顺之早期的认知状态，另一方面，其中也蕴藏着一些理论创新的"诱发性因子"，也是我们分析唐顺之后来史学观点的基石。如《唐会元精选批点唐宋名贤策论文粹》中所录诸多文章都被广泛收录于他后来编纂理论日趋成熟的"六编"之中。

　　《唐会元精选批点唐宋名贤策论文粹》的产生还有一个直观的动因，即唐顺之作为后人称之为"唐宋派"的典型代表，主张"文宗欧、曾，诗仿初唐"。通过研习和仿效唐、宋文人的范文，以形成自身与唐、宋学者相近的学术风格，这应该也是唐顺之编写《唐会元精选批点唐宋名贤策论文粹》的一个直接的动因。

　　此外，能够集中反映唐顺之"唐宋派"形象的，还有其批选《史记》《汉书》的史学行为。

## 第二节　所谓"唐宋派"巨擘的史学批评和考证

### 一、唐顺之批选《史记》《汉书》的背景

　　唐顺之批选《史记》《汉书》有着深刻的时代背景。明太祖朱元璋为了消解其出身低微于其统绪合法性的不利影响，往往自比于汉高祖刘邦，如在其与残元势力争夺天下统绪时言："朕率中土之士，奉天逐胡以

①唐顺之：《唐会元精选批点唐宋名贤策论文粹》卷1《正统论上》，明书林桐源胡氏刻本。

安中夏，以复先王之旧。虽起自布衣，实承古先帝王之统，且古人起布衣而称帝者，汉之高祖也，天命所在，人孰违之！"①以"天命所在"的口吻说明了自己统绪的不容置辩。清人赵翼亦言："明祖以布衣起事，与汉高同，故幕下士多以汉高事陈说于前，明祖亦遂有一汉高在胸中，而行事多仿之。"②出于大致相似的登鼎经历，明太祖朱元璋往往对汉史颇为关注③。在"上行下效"的一般思路下，对汉史的关注成为自明朝建立以来的一种社会风尚。

到了明代中后期，对于汉史的研习已蔚然成风。王世贞在为凌稚隆《史记评林》作序时言："《评林》行，自馆署以至郡邑学官，毋不治太史公者矣。"④明中叶学者对《史记》的关注，虽未必尽因凌稚隆《史记评林》而起，但由此可看出对《史记》的热衷和追捧应是一个普遍的学术现象，叶向高亦言："近世士子，雅言史汉，以为文辞宏丽，操觚者所取裁，艳而奉之。"⑤这既说明了明人推崇史汉的风尚，也说明了明人热衷于史、汉的原因是因为其文字优点。彭辂亦有言："尔来庆、历间，三尺童孺，才搦管制场屋排比艺，踽踽焉寿陵之步耳，而开口无不曰史汉史汉。然皆剽窃句字，永镜厥旨。"⑥这再次说明了明人研习史、汉蔚然成风，又说明明人研习史、汉是出于应举之需。

概括而言，明中叶，对《史》《汉》的研习成为一种普遍的学术风尚，以致有的学者认为"史汉风的兴起"是明代中叶的一股重要的史学思潮⑦，有的学者把明人的汉史学成就作为一个独立的学术研究单元，认为"明代至少有上百本著作涉及对汉史的研究，有的是专论汉史的著作，有的是在通史或断代史研究中大量涉及汉史"⑧，并对明人的汉史学成就进行了系统的梳理和深入的发掘。

---

①《明太祖实录》卷31，洪武元年四月戊申，第549页。

②赵翼著，王树民校证：《廿二史札记》卷32《明祖行事多仿汉高》，第737页。

③据谢贵安《朱元璋的偶像崇拜及其政策走向》（《安徽史学》1993年第2期）统计，仅《明实录》中所记载的朱元璋阅读《汉书》次数就有八次，涉及汉代史实的则多达四十一种。由此可以看出，明太祖朱元璋是对汉史颇为关注的。

④王世贞：《弇州续稿》卷42《史记纂序》，文渊阁四库全书本。

⑤叶向高：《苍霞草》卷8《重刻通鉴纲目序》，明万历刻本，四库禁毁书丛刊，集部第124册，第201页。

⑥彭辂：《史记初览序》，黄宗羲编：《明文海》卷213，第2145页。

⑦钱茂伟：《论明中叶史学的转型》，《复旦学报》（社会科学版）2001年第6期。

⑧朱志先：《明人汉史学研究》，湖北人民出版社，2011年，第3页。

　　细究这股史学思潮兴起的原因，明代前期统治者的倡导以及在统治者倡导下所形成的学术惯性固然是其重要的原因之一。时至明代中叶，古文运动的兴起，应对科举，也成为这一学术思潮兴起的主要原因。

　　鉴于以上的认识，我们在分析唐顺之批选《史记》《汉书》的史学成就时，就需要从近人对唐顺之"唐宋派"的文学身份定位谈起。

　　考之唐顺之对唐宋文人的研习和仿效，大致是在其嘉靖十二年（1533）、十三年（1534）任翰林院编修时，李开先撰传曰："入则陪侍讲筵，出则校雠东观，暇则杯酒欢宴，或穷日不修。素爱崆峒诗文，篇篇成诵，且一一仿效之。"这描述的是唐顺之任翰林院编修时的生活状态，以及学术上对以前七子为代表的"秦汉派"的追随。据李开先的描述，也就是嘉靖十二年（1533），唐顺之遇到了也被后人称为"唐宋派"的另一个代表——王慎中，"及遇王遵岩，告以自有正法妙意，何必雄豪亢硬也。唐子已有将变之机，闻此如决江河，沛然莫之能御矣。故癸巳以后之作别是一机轴，有高出今人者，有可比古人者，未尝不多遵岩之功也"[1]。"癸巳"之年就是嘉靖十二年（1533）。也就是在这一年，在王遵岩的启发下，唐顺之学术思想发生了转变，即由早前的对李梦阳文章字描句摹，开始转向独立的思考。至于这种所谓独立思考的表现为何？我们还得从明代中期发生的所谓"古文运动"的本质谈起。

　　中国古代历史上发生过多次所谓的"古文运动"，每一次古文运动都呈现出不同的表现形态，但不变的是在对旧有外在形态的承袭下，表达的是对现实的不满，寻求的是内容的创新和理论的突破。

　　唐顺之在明代文学史上占有重要的地位，特别是在文学思想演变的明代中叶这一重要时期。他是唐宋派文学流派的主力干将之一，在以前、后七子为代表的文学复古思潮中起着承前启后的作用，而他的文学理论更是成为唐宋派区别于前、后七子的典型代表。同时，在文学思想的炫目光环下，他对既是文学作品又是史学作品的《史记》《汉书》等学术著作的批评或评价，虽然多集中在文学批评上，实际上内里也同样蕴藏着丰富的史学批评价值。

　　明朝自建立以来，经过初期靖难之役的短暂动荡后，从永乐朝后期

---

①常州市唐荆川研究会编：《唐荆川诗文集》附录一《荆川唐都御史传》，第619页。

开始，历仁宗、宣宗、孝宗等朝，政治都比较清明，社会稳定，呈现出一种雍容娴静的太平气象，产生于此一时代背景下的台阁体顺应了时代的需要，也呈现出雍容华丽、典雅平和的特点。随着时间的推移，自英宗起，特别是武宗当朝以来，社会动荡不安，台阁体愈发与时代格格不入，原先的雍容华丽渐渐蜕变为无病呻吟的扭捏作态。以李梦阳、何景明为代表的前七子一反此种文风，擎起"文必秦汉，诗必盛唐"的文学复古大旗，在对秦汉古文字模句拟的形式下，实际上透露着对台阁体脱离现实的不满。这一运动在当时的文人中产生了巨大的共鸣，唐顺之也不例外，特别是于早期，他也存在追随前七子复古主张的阶段，"尝从诸友人学为古文诗歌，追琢刻镂亦且数年"①。他对《史记》《汉书》等经典的批选和研习，应当也有其追循前七子复古主张的痕迹，把视角集中于秦汉时期《史记》《汉书》应该不是一种偶然的行为。

　　虽然，明廷的社会一如既往地衰败和动荡下去，但影响巨大的前七子复古主张亦成为羁绊学者与现实联系的枷锁，因为大多数学者在声名和现实利益的追求下只是对前七子的复古主张的机械模仿，而非融会贯通。当然，复古派自身也存在难以突破的理论瓶颈，仅从复古派把模仿对象自限于秦汉两朝就可以看出它理论的局限性，以王慎中、唐顺之为代表的"唐宋派"②应风而起，主张"文宗欧、曾，诗仿初唐"，但就其外

---

①常州市唐荆川研究会编：《唐荆川诗文集》卷5《答顾东桥少宰》，第113页。
②关于此一概念，自夏崇璞对以唐顺之、王慎中为代表的文学流派首冠以"唐宋文派"的名称以来，有关唐宋派涵义的争议就众说纷纭，莫衷一是。概括起来，大致存在两种倾向：一种倾向认为唐宋派主张"文宗欧、曾，诗仿初唐"，仍然属于复古派；一种倾向认为主张自由抒发个人感情的"本色论"才是唐宋派的最典型的文学主张，因此他们不属于复古派，而是有别于前、后七子复古派的。我们认为关于唐宋派涵义的揭示应从以下两点入手：一是要考察唐宋派名称的来源。唐宋派的名称为夏崇璞首倡，他对唐宋派的界定也作了部分的工作，"七子中以李梦阳、何景明为首，其言文必秦汉，诗必盛唐，非是者弗道……故其为文，诘屈聱牙，句荆字棘，至难句读，与唐宋文大相径庭，海内风从。粗犷晦涩，真可谓文章一厄矣。当时砥柱中流者，为王慎中、唐荆川、工守仁等。守仁为文，不主一家。慎中、荆川，力重欧、曾。演迤详赡，卓成大家，足与北地派相抗。"他的观点多是从前七子"粗犷晦涩"和唐宋派"演迤详赡"等不同文章风格对比以作分析，并未提出明确的定义，后来的文学批评在涉及这一问题时，多循此路，如朱东润《中国文学批评史大纲》："（荆川、震川、遵岩）三人主张唐宋，文字一归于典实。"又刘大杰《中国文学发展史》（下）称："比较有组织有意识对于李何表示着反抗的，是嘉靖年间王慎中、唐顺之的宋文运动……他们觉得李何一派的文章，死摹秦汉，诘屈聱牙，既不通顺，又无生趣，乃倡为宋代欧曾通顺的文体，以矫何李之弊。"二是要充分注意唐宋派各代表人物文学主张的演化阶段。以唐顺之为例，就存在着由追循前七子的复古主张到唐宋派，再至倡导"本色论"的演化阶段。

在形式而言，他们仍然属于复古派。郑振铎言："（王慎中、唐顺之等）古文家虽抛弃了秦、汉的偶像，却仍搬来了第二批偶像'唐宋八大家'等，以供他们崇拜追摹的目标，依然不曾脱离掉广大的奴性的拟古运动的范围。"[1]明确提出唐宋派亦属于复古派。左东岭从思想对文学影响的侧面分析，认为："从学术渊源上讲，其唐宋派时期的文论是以程朱之学为思想背景的，这决定了其文学思想是以追求道与文、意与法的平衡为指归的，他依然被形式因素所限制，依然以复古为价值取向。"[2]同时，其在分析"唐宋派"的另一代表人物茅坤时，左东岭也认识到"唐宋派"与前七子相比较也取得了一定的突破，"他更避免了前七子复古派字模句拟的机械性模仿，而只承认'形声相应，缓急相接'的一般形式法则或曰文章一般规律，并强调'伏险出奇，各自有用'的作家个性与随机应变"[3]。这也为他们在受王阳明心学影响后，突破复古的局限而标举抒发自我的"本色"之论所张本。

程朱理学、阳明心学这一对哲学思想领域的对手确实对学术领域的遵循模仿和本心自得产生了影响，也基本呈现出程朱理学影响下的遵循模仿与因阳明心学而来的本心自得相对立的逻辑思路，但历史的发展也并非表现出截然的不同或壁垒森严。唐顺之在说明其与万吉的学术交往中说：

> 嘉靖丙申，余始识公于宜兴，公因遣二子从余游。数过余相与讲论，有合有不合，而卒归于相得也。盖公尊经传甚笃而守格式甚谨，然而默成不言之旨近于破去经传，而易以为束书游谈者之所便；得心忘象之宗近于脱落格式，而易以为宕无忌惮者之所假，故儒者往往因其似而疑其真。余既与公交，久之乃稍稍于经传格式之外有所陈述，大要以反求自得、一不蹈袭、独操欛柄为说。公闻而相与辨析亦久之，然公察余非敢不尊经传、非敢不谨格式者，是以因其迹而谅乎其心，知其人之不求为异，而意其言之或不妄也。先是公之友周君道通学于王阳明子，得闻致良知之说，归而以语公，力纵臾之。公以其说异朱子，不肯信。道通没十余年，既与余相得，则慨然谓其所善门人王革曰："道通爱我，今

① 郑振铎：《插图本中国文学史》，北京出版社，1998年，第957页。
② 左东岭：《王学与中晚明士人心态》，第464—465页。
③ 左东岭：《王学与中晚明士人心态》，第459页。

> 荆川子语固多与道通所述相合，然固未尝背于朱子，我恨不及道通之存
> 也。"①

从表面上来看，万吉恪守程朱理学是其"守格式甚谨"的主要原因，而从万吉所认为的"荆川子语固多与道通所述相合"，结合周道通师从于王阳明的史实来看，此段文字应该也包含了唐顺之"反求自得、一不蹈袭、独操欋柄"的学术特点与阳明心学是比较相类的。但万吉也意识到唐顺之本心自得的前提亦"非敢不尊经、非敢不谨格式者"。而从唐顺之所记万吉其后的幡然有悟，更说明了强调本心自得并非"背于朱子"。当然，其间万吉与唐顺之的交谊也影响了两者学术趋同和相互认可，但从根本上来讲，还是程朱理学与阳明心学之间存在的交集及其对依循模仿的"格式"和强调本心自得的"反求自得"的共同而复杂的影响所致。

由以上我们大致可以推断：所谓"唐宋派"都主张研习古文，只是与前七子相比，所膜拜的主要对象由秦汉转向了唐宋，性质上并不存在根本的差异，仍属于复古派。这样的观点是值得商榷的。因为他们改变模仿和崇拜对象，其中固然有对新偶像的崇拜，但更多表达的是对当前机械模仿旧偶像所导致的保守、因循、丧失独立创造和思考能力的学术氛围的不满，因此，倡导抒发自我本色，主张义随事变，文发心声。换句话来说，新、旧偶像都只是媒介，其本质含义并非对旧偶像的决然排斥，也并非对新偶像的绝对崇拜。总体上是在旧的形式下，如研习经典的行为，而追求的是新的理论的突破，如主张文发心声。唐顺之评选、批点《史记》《汉书》的行为就是一个典型的代表。

这种新、旧学术特点的交融在其《与两湖书》中有着鲜明的表现。这封书信主要表达了作为"唐宋派"之唐顺之的文学突破理论，即其"天机"说。其言：

> 夫古之所谓儒者，岂尽律以苦身缚体、如尸如斋，言貌如土木人不
> 得动摇，而后可谓之学哉？天机尽是圆活，性地尽是洒落，顾人情乐率
> 易而恶拘束。

————————

① 常州市唐荆川研究会编：《唐荆川诗文集》卷16《万古斋公传》，第459—460页。

并以自己的学术成长为例，来说明"天机"乃为文正道：

> 仆自少亦颇不忍自埋没，侵寻四十，更无长进。惟近来山中闲居，体念此心于日用间，觉意味比旧来颇深长耳。以应酬之故，亦时不免于为文。每一抽思，了了如见古人为文之意，乃知千古作家别自有正法眼藏在。盖其首尾节奏、天然之度自不可差，而得意于笔墨溪径之外，则惟神解者而后可以语此。①

当然，基于这样的立场，也对机械模仿以前七子为代表的"秦汉派"提出了批评，"近时文人说秦说汉，说班说马，多是瘖语耳"。应该来讲，被冠以"唐宋派"之名的唐顺之反对的是机械的模仿，主张为文要发自本心，这就说明所谓的"秦汉"之文、唐宋之诗这些只是外在的形式，关键是文发心声。也正因为此，唐顺之在批评了所谓"秦汉派"的机械模仿后，书信末又以《汉书》批抹约四五十传，颇能尽之"②以为结，也说明了其批选《史记》《汉书》的精义所在。

虽然唐顺之强调文发心声，强调作文者的独立性，但这并非说明其主张为文者可以肆意妄为，他认为秦汉和唐宋有不同的为文之道，即秦汉之"无法"和唐宋之"有法"：

> 汉以前之文，未尝无法而未尝有法，法寓于无法之中，故其为法也密而不可窥；唐与近代之文，不能无法而能毫厘不失乎法，以有法为法，故其为法也严而不可犯。

两者在"出乎自然而不可易"者方面是相同的，是"不容异"的。认为秦汉的所谓"无法"也是有章可循的，而并非可以肆意妄为，从而集中批判了"言秦与汉者"的"尽去自古以来开阖首尾经纬错综之法"的行为，其言：

> 有人焉，见夫汉以前之文疑于无法而以为果无法也，于是率然而出之，决裂以为体，餖饤以为词，尽去自古以来开阖首尾经纬错综之法，而别为一种臃肿窘涩浮荡之文。其气离而不属，其声离而不节，其意卑，其语涩，以为秦与汉之文如是也，岂不犹腐木湿鼓之音，而且诧曰

---

① 常州市唐荆川研究会编：《唐荆川诗文集》卷5《与两湖书》，第139—140页。
② 常州市唐荆川研究会编：《唐荆川诗文集》卷5《与两湖书》，第140页。

吾之乐合乎神。呜呼！今之言秦与汉者纷纷是矣，知其果秦乎汉乎否也？①

由此看来，所谓"唐宋派"的本质，并非简单地由秦汉膜拜转向唐宋偶像，不管是秦汉，亦或是唐宋，都有其为文之法，为文需学习其方法和精神，而非机械模仿，其对所谓"秦汉派"的批判也是基于此。因此，我们在分析唐顺之评选《史记》《汉书》的行为时，其中既包含着它们仍是唐顺之在复古的要求下研习经典的表现，同时更蕴含着突破以往传统史论的特点两层史学含义。

唐顺之批选《史记》《汉书》，也有其教导诸生应付科考的现实需求。前举明人彭辂所言，即说明明中后期史汉风的继续风行，与科考的提倡不无关系。明人沈傲炌在为唐顺之《批选〈史记〉〈汉书〉》作序时也是把唐顺之此书多与科举应考联系在一起进行表述，如其起始即言："忆予未第时，偕仲氏读书山中，冻雨悲风，一灯晕壁，辄相与商略今古，尤精史、汉两家。"其后亦说："故曰：两家之不能一也，其世也。评两书无虑数十家，言人人殊，而毗陵先生为之冠。闭门造车，开门合辙，唐先生真得两书之髓。"说明了唐顺之《批选〈史记〉〈汉书〉》所论与沈傲炌科举应考时对史、汉的研习内容若合符节。接着沈傲炌还记述了把唐顺之批选《史记》和《汉书》两书合而刊之的创始者也是出于屡试不爽的沈琇卿之手，"两书向离而为二，一之则从子琇卿始。琇卿卓有隽才，每试辄甲其邑，乃于古坟典有渊嗜，不减吾兄弟。是书也，见虎一文知其善武矣"②。这都或多或少、或隐或显地说明了唐顺之《批选〈史记〉〈汉书〉》与科举应考有着千丝万缕的联系。

## 二、旧与新：唐顺之批选《史记》《汉书》的学术意义

唐顺之选取《史记》《汉书》中的若干篇章批抹点裁而成《批选〈史记〉》十二卷，《批选〈汉书〉》四卷③。文中在基本保持《史记》《汉书》内容原貌的前提下，对大部分所选内容都进行了断句处理，并用实心圆点、空心圆点、虚线、实线等不同符号对重要的文句加以标示，文中有夹

---

① 常州市唐荆川研究会编：《唐荆川诗文集》卷10《董中峰侍郎文集序》，第294—295页。
② 唐鼎元：《唐荆川公著述考·批选史记汉书条·沈叔永序》，国图藏民国铅印本。
③ 胡宗宪刻本为两卷，毛在、郑昊刻本为六卷，考之内容并无变化，只是各卷内容大小不同。

批，一页眉首往往有眉批。

有关唐顺之批点《史记》和《汉书》所形成的文本，流传下来的主要有两种版本：一种是唐顺之从《史记》《汉书》中选取一部分章节，并加以评价，名曰"批选"；一种是仅选取而未评价，名曰"精选"。大概看来，两种版本所选取的内容出入不大，前一种版本由于存有唐顺之的批点，能够直接反映出唐顺之本人的史学观点，价值相对较大。另外，有的版本把批选《史记》《汉书》合成一书而刊，有的则分别刊刻。关于具体版本及流传情况请参阅文后所附《唐顺之著述考略表》。

由于《批选〈史记〉〈汉书〉》是唐顺之处于"唐宋派"为学阶段的著作，复古的本质要求他对经典往往怀着崇敬的心理，对经典的研习也多是阐发古人的精义。同时，"唐宋派"阶段也是唐顺之晚期主张"本色论"阶段的前奏，其中也蕴藏着一些突破以往"成见"的观点，沈光裕曾与友人云："凡著书如小品，及教后学独得自喜者，不妨略用圈点，以标新意。若经制大编，以呈君相，质师友，传之天下万世者，一用圈点，便成私书，转瞬异同蠹起，如李卓吾、陈明卿皆不能免。"① "新意"也好，"私书"也罢，都说明依托于传统经典，突破成见的新的观点是蕴含在"圈点"这一外在形式之下的。具体到唐顺之批点《史记》《汉书》的史学表现，其中有对《史记》《汉书》内容的概括，亦有对它们的考证、辨误和在新的时代环境下对它们所包涵意蕴的发掘，如唐顺之就曾赋诗如此描述其教导学生的内容：

> 与君砚席辱周旋，义理蚕丝每共研。②

"义理"和"蚕丝"很能说明唐顺之教授学生时的主要学术内容，即对传统经典内涵的发掘和文本的考证，是唐顺之这一时期学术的主要特征。而研习传统经典中的"义理"，则一定程度上说明了唐顺之独立的历史评判能力之养成，王畿在为此书作序时也多是从王学的学术背景来予以阐发：

> 昔有关中士人尝持所作请证于阳明先师，先师谓曰：某篇似《系辞》，某篇似《周诰》，某篇似《檀弓》，某篇似绝似《穀梁》。其人甚

---

① 平步青：《霞外扪屑》卷7下《文章圈点》，上海古籍出版社，1982年，第553页。
② 常州市唐荆川研究会编：《唐荆川诗文集》卷3《送冯子声赴试》，第79页。

喜，因谕之曰："十岁童子作老人相，拄杖曳履，咳唾伛偻，非不俨然似也，而见者笑之，何者？以其非真老人也。苟使童子饬衿肃履，拱立以介乎其间，人自竦然不敢以幼忽之，何者？以其真童子也。"尝以语荆川子，荆川深颔之，谓可以为作文者之法。且夫天下万事未有不从虚明一窍中出而得其精者也，因述所闻而为之序其端。[①]

可见，在《批选〈史记〉〈汉书〉》编写的前后，唐顺之的思想就多少已经出现了其后来受王学影响至深的"本色论"之端倪。或者说，唐顺之此论与阳明所言暗合。

首先，从唐顺之怀着崇敬的心理对《史记》《汉书》的研习来看，主要体现为以下两点：一是对文章内容结构的分析；一是对它们具体行文方法的考察和所包涵意蕴的阐发，并且在唐顺之的批点中这两者往往是同时进行的。

就前者而言，以一简短标题概括文章内容是唐顺之一贯的做法，这在《批选〈史记〉〈汉书〉》中比比皆是。如《史记·秦始皇本纪》所载秦始皇吞并诸国的过程，唐顺之分别冠以"灭韩""灭赵""灭燕""灭魏""灭楚""灭齐"等词条来说明《史记》所载内容的主旨[②]。唐顺之在概括所选内容的同时，也对文章结构进行了深入的剖析。综观《批选〈史记〉〈汉书〉》中对文章结构的批点，已经形成了一套完整的体系，其中所运用的词也是具有专属意义的，如"提""起话头"多用于一新事件的叙述的开始；"根""总""纲"指此段文字的主旨；"插"指文意的转折；"接"用于对前文的回应；"断"往往指一事叙述完毕等等。如关于《史记·萧相国世家》一节，《批选〈史记〉》在"高祖为布衣时，何数以吏事护高祖"处批以一"根"字，说明萧何对汉高祖的辅佐之功，总领以下所述。至刘邦为沛公入咸阳，诸将争抢金帛财物，"何独入收秦丞相御史律令图籍藏之"，《批选〈史记〉》批以"插"字，因为这段所介绍的是萧何跟随刘邦发迹的历史，应该多关注于政治层面的发展，陡增此一句记述是不合文章主旨的，但在考察了其后《史记》所载"汉王所以具知天下阨塞，户口多少，强弱之处，民所疾苦者，以何具得秦图书也"

---

① 唐顺之：《荆川先生批选〈史记〉〈汉书〉》卷首《荆川先生精选批点史汉书序》，国图藏明万历十二年毛在、郑昊等刻本。

② 唐顺之：《荆川先生批选〈史记〉》卷1《始皇帝》，国图藏明万历十二年毛在、郑昊等刻本。

后，才能明白司马迁于此埋下伏笔的苦心，而唐顺之以一"插"字更是点明了司马迁的行文脉络。而在"以何具得秦图书也"处批以"断"字，回应了前面所作"插"批的理由，这是与其后所叙述的萧何推荐韩信的史实是完全无关联的。对于《史记》对萧何治理汉中的各项措施概而言之的记述特点，唐顺之是以"省"字来概括的。后萧何以功劳盖主，遭刘邦疑心，鲍生为萧何献策曰："为君计，莫若遣君子孙昆弟能胜兵者悉诣军所，上必益信君。"唐顺之批曰："后应。"为其后"汉王大说"、刘邦因"今萧何举数十人皆随我，功不可忘也"，以及推萧何功劳"第一"的记载作了铺垫。而在叙述萧何以功劳"第一"享受封赏时，也能够认识到鲍生所劝于此中的功劳，更是凸显了司马迁文意的悠远绵长，眉批曰："非鲍生召平与客之计，何几不免虎口哉。"[1]并且《批选〈史记〉》对《史记》短短数段文字，对文章结构和文意的阐发等批点就达十数条之多，可见唐顺之对《史记》的研习用力甚勤，同时也是谙熟于此的。这都生动、鲜活地刻画了唐顺之研读《史记》时的心理活动。

在《批选〈史记〉〈汉书〉》对《史记》《汉书》文章结构的分析中，我们就能清楚地看到唐顺之对司马迁、班固文章意蕴的揣摩和体察，这一特点在《批选〈史记〉〈汉书〉》的各篇章中也是广泛存在的。如关于《史记·秦始皇本纪》"当是之时，秦地已并巴、蜀、汉中，越宛有郢，置南郡矣；北收上郡以东，有河东、太原、上党郡；东至荥阳，灭二周，置三川郡"的涵义，唐顺之是如此阐发的，"将言始皇帝并天下，先提出此"。又关于秦王相貌特征的描写，夹批曰："中秦王为人，故详之。"[2]又如关于体例的思考，"唐顺之曰：'传体，前叙事后议论。《伯夷传》以议论叙事，传之变体。'"[3]

唐顺之不仅在《批选〈史记〉〈汉书〉》中表达了对《史记》《汉书》的认可，在与他人的书信中也表达了对这两部史学经典理解之精深和高度之认可。如其在第二次拒绝为曾任广德州同知的蔡克廉撰写政绩碑文时言：

> 余惟与蔡侯相知之深也，是以未敢为之书。夫蔡侯者，居乎今而学

---

[1] 唐顺之：《荆川先生批选〈史记〉》卷2《萧何》，国图藏明万历十二年毛在、郑昊等刻本。
[2] 唐顺之：《荆川先生批选〈史记〉》卷1《始皇帝》，国图藏明万历十二年毛在、郑昊等刻本。
[3] 王之绩：《铁立文起前编》卷1《论传》，清康熙刻本，续修四库全书，第1714册，第288页。

古之道者也。古之道尽乎己而不蕲乎人，先其实而深避乎其名，不然畏垒之民规规然感慕而俎豆之，此庚桑子之所为惧而逃去者也。且古之以循吏书于其传者有之矣，其在当时权任既重且专，其居官也又久而信，是以能为百姓立殊绝可纪之功，而后史氏因书之为传。若蜀郡以兴学书，南阳以溉田书；书渤海也以弭剧盗，书胶东也以增户至十余万。自汉时得书者才数人，而一人又各以一事殊绝自见而已。自此之外其缘俗而治者岂遂少哉？则以其事无殊绝，故不书也。蔡侯莅州之日浅矣，又州佐也，操柄所不在，故其所可见者大率缘俗而治。侯之心且自谓不能有殊绝功德加于细民，而歉然不以为足也。侯之所不自以为足，而州人乃欲为侯张而侈之，不亦拂乎？抑古之以循吏书于其传者，非特以殊绝之故，亦以位不至通显，其所树立施设止于一郡一邑而不究乎其大者，故史氏亦从一郡一邑书之而谓《循吏传》。若黄颍川、薛冯翊，其治绩尤异，固不在蜀郡、渤海之后，以其事业有大焉者，则不得从一郡一邑书之，故不以循吏而别自为传。蔡侯行完而才巨，以方显庸于时，其勒之竹帛而铭之鼎彝固将有待，若夫一州邑之绩，岂足为侯书？由前言之，殆非侯所以致歉之意；由后言之，可非州人所以尊侯之意也。①

唐顺之敏锐地觉察到《汉书·循吏传》设立的标准，往往是对一郡一邑贡献殊绝者才可以入此传，如"蜀郡以兴学"的文翁、"南阳以溉田"的召信臣、"渤海也以弭剧盗"的龚遂、"胶东以增户至十余万"的王成。至于功绩不限于一郡一邑的则要立以专传。唐顺之出于对《汉书·循吏传》理解之精深细致，认为以此作为标准来为蔡克廉在广德州的政绩立碑，一是名实不相符，因其非操柄者，并在州日浅，所作贡献亦往往是承袭，而非殊绝。二是蔡侯仍有可发展之余地，其前途不可限量，草草以《汉书·循吏传》之标准，为其在一州之政绩立碑文，这并不是对蔡侯的认可和尊重。州人认为，蔡克廉改变既往以严刑峻法来处置州事的做法，而以宽松之法柔训州民，并取得了"殊绝"之功。在这样一再地劝说下，唐顺之也答应并为蔡克廉撰写了《广德州同知蔡侯政绩碑记》。这都说明了唐顺之精于《史》《汉》的史学素养在其处置和应付具体事物中的实际意义。

---

① 常州市唐荆川研究会编：《唐荆川诗文集》卷12《广德州同知蔡侯政绩碑记》，第339页。

　　唐顺之对《史记》《汉书》所运用的文学方法也是反复考察并有深刻体悟的。有对文章韵律的研究，如秦始皇登极，遍祀名山大川，以颂秦德，对《史记》中所载三篇刻词均批曰："三句为韵。"① 有对修辞方法的考察，如对《史记·酷吏列传》中所载"其好杀伐行威不爱人如此。天子闻之，以为能"②、"稍迁至主爵都尉，列九卿。天子以为能"③ 和"迁为关内侯都尉，声甚于宁成。上以为能"等处④，唐顺之均批以"刺"字，认识到司马迁采取隐喻的方式来讽刺天子的用人不当⑤。

　　其中随处可见唐顺之对《史记》《汉书》的褒扬之意。在《史记·项羽本纪》中叙及项羽因刘邦流露称霸关中之意，将欲征讨他。刘邦措手不及，张良献计结纳项伯，以化解项羽的疑心，这又引起刘邦的疑心。张良一方面解释他与项伯的关系，一方面为刘邦引见项伯，以解决当前的危机。张良的这种微妙处境，司马迁用刘邦和张良的对话生动地表现出来，唐顺之批曰："叙问答处，使百世之下，如目见之。"对司马迁叙事的生动和史料得当的处理褒赏有加。同样，唐顺之在《史记·项羽本纪》论及灭秦后项羽分封诸王的动机和具体措置处批曰："最错综却又整齐。"⑥ 评《史记·魏公子列传》中魏公子请侯嬴事曰："叙侯生事累如贯珠。"⑦ "敠千"眉批曰："此酒肆账簿也，一经太史公之笔，便是绝好文。"⑧ 等等。在《汉书·霍光金日磾传》"禹既嗣为博陆侯……"处批曰："此段序事如韩信将兵，多多益善"等等，不一而足⑨。

　　虽然，唐顺之对《史记》《汉书》褒扬有加，但他也并非一味地盲从，对它们的记载也作了一定的考证。这体现在两个方面：一是文字训诂；一是对所载内容真实性的考证。关于文字训诂，如在《史记·留侯世家》中所载"良尝闲从容步游下邳圯上"中"圯"字下注曰："音夷，从已矣之已。"同样在《史记·留侯世家》所载"令郦食其持重宝啖秦将"中

①唐顺之：《荆川先生批选〈史记〉》卷1《始皇帝》，国图藏明万历十二年毛在、郑昊等刻本。
②司马迁：《史记》卷122《酷吏列传》，中华书局，1959年，第3148页。
③司马迁：《史记》卷122《酷吏列传》，第3149页。
④司马迁：《史记》卷122《酷吏列传》，第3149页。
⑤唐顺之：《荆川先生批选〈史记〉》卷1《项羽》，国图藏明万历十二年毛在、郑昊等刻本。
⑥唐顺之：《荆川先生批选〈史记〉》卷1《项羽》，国图藏明万历十二年毛在、郑昊等刻本。
⑦唐顺之：《荆川先生批选〈史记〉》卷3《信陵君》，国图藏明万历十二年毛在、郑昊等刻本。
⑧唐顺之：《荆川先生批选〈史记〉》卷8《货殖》，国图藏明万历十二年毛在、郑昊等刻本。
⑨唐顺之：《荆川先生批选〈史记〉》卷1《霍光》，国图藏明万历十二年毛在、郑昊等刻本。

“啖”字下注曰：“同啖，陡览切，谈上声。”文字训诂中也包含对地名的考证，如对《史记·秦始皇本纪》所记载“王翦攻阏与、橑杨”中“橑”字下注曰：“橑音者，橑阳，地在拜州。”关于对内容的考证，有本证，如关于《史记·李斯列传》所载李斯为了保住自己的权位而迎合秦二世之意，主张重刑法、诛杀功臣以树立自己的权威这件事，唐顺之注曰：“与《本纪》不合。”考之《秦始皇本纪》所言，这一计谋为赵高所献，并不是李斯；“太卜曰，陛下春秋郊祀……”注曰：“与《本纪》参互。”在此卷中唐顺之还就赵高因“山东群盗兵大至”而令二世自杀以谢罪这件事，依据《秦始皇本纪》提出疑义，认为“与《本纪》不合”。考之《本纪》，赵高为了维护自己的权位而对起义之事百般隐瞒，事发后才令阎乐逼死二世；同时还认识到此卷所载“始皇弟”的子婴身份与《秦始皇本纪》“二世之兄子公子婴”的记载不同，注曰：“《本纪》以为二世兄子。”①有旁证，如《史记·西南夷列传》中一古国名“劳寖”，唐顺之注意到《汉书》记载的不同，为“劳深”，眉批曰：“寖，《汉书》作‘深’。”②亦对《史记》和《汉书》的版本有所考订，如在比较了《史记·酷吏列传》和《汉书·张汤传》“汤为御史大夫七岁，败”的相同记载后认为：“此《汉书》赵京北朱丞相本子也。”③唐顺之对《史记》《汉书》的考证取得了很大成就，这在以考据见长的清朝馆臣那里也得到了一定程度的认可，其在为御制二十一史中的《史记》作考证时，就多次援引《批点〈史记〉》中的考证。如唐顺之注意到《史记·孟尝君》都记载魏子、冯欢为孟尝君散财而买义的史实，对此提出疑问：“魏子、冯欢岂一事而传闻异耶？”④馆臣考证时援引此说，并进一步考证说：“按晏子北郭骚事与此亦大同小异，盖战国时习尚如此，则流言亦如此举，不足信也。”⑤

更为重要的是，我们从唐顺之并不一味迷信《史记》《汉书》记载中所透露出来的思想解放的气息，可以察觉到明中后期一丝学风将变的征兆。

首先，从唐顺之所选取《史记》《汉书》的部分内容来看，体现了他对社会发展的思考以及为现实的治理积极寻求历史经验的学术关怀。

---

①唐顺之：《荆川先生批选〈史记〉》卷4《李斯》，国图藏明万历十二年毛在、郑昊等刻本。
②唐顺之：《荆川先生批选〈史记〉》卷7《西南夷》，国图藏明万历十二年毛在、郑昊等刻本。
③唐顺之：《荆川先生批选〈史记〉》卷5《酷吏传》，国图藏明万历十二年毛在、郑昊等刻本。
④唐顺之：《荆川先生批选〈史记〉》卷3《孟尝君》，国图藏明万历十二年毛在、郑昊等刻本。
⑤《史记》卷75《考证》，文渊阁四库全书本。

因此，他往往专注于朝代鼎革之际或一朝之内变动剧大的时期，关注那些对历史产生了深远的影响且有争议的历史人物。如《批选〈史记〉》卷1就首列始皇帝、项羽和吕后三人。对此，王畿曾言："予友荆川子尝读《史》《汉》书，取其体裁之精且变者数十篇，批抹点裁，以为艺文之则。"①虽然王畿多就体裁而言，但正是由于丰富多变的社会背景赋予了这些章节体裁"精且变"的特点。体裁多变固然是唐顺之关注的一个焦点，它背后丰富多变的社会背景亦应是唐顺之关注的另一焦点。在其后各卷中也选取了张耳、商君、李斯、卫青、李广等既对秦、汉皇朝作出贡献又引起了争议的人物列传进行评读，大概都是出于以上考虑。同时，唐顺之为现实寻求历史经验的学术关怀在其他各章节中也体现得非常明显。如在《批选〈史记〉》中就单列一卷收入《史记》的封禅、平准、河渠、货殖四"志"，充分注意到各《志》的异同，"《封禅》《平准》以年分叙，《河渠》以事类分"。在文中明确标出"马""钱""商贾""赋税""法""卖爵"等与皇朝统治所需密切相关的各条目，并且不止一次，如关于"钱""马"和"卖爵"三项就分别列出三条。可见唐顺之为治理现实社会是十分注意历史经验借鉴的。并且对以上诸项也有所论述，如关于《史记》"边兵连而不解"批曰："国费无甚于用兵。"《史记》"费以亿计，不可胜数……而不佐国家之急"批曰："此则国贫而贾富。"对"于是商贾中家以上大率破"批曰："此则贾贫而国富。"等等②。

同时也收录了大量的少数民族的传记，如匈奴、大宛、西南夷、南越四"列传"。唐顺之批选中分别将大宛、乌孙等少数民族名称以方框框之，以醒目。同时对各《传》进行了一定的比较，如在"骞为人强力……"处眉批曰："《大宛传》与《匈奴传》异，匈奴一国而大宛诸国，诸国则错综矣。"充分发掘司马迁纂写四《传》的意蕴，认为："以前四传贯穿百余年，兴亡如世家例。"积极肯定了司马迁对少数民族关系重视的意义③。

从文中的批点来看，虽然唐顺之对春秋笔法有所认识，但在经世实学思想的支配下，他又表现出排斥纯粹道德评价的倾向。在涉及各历史

---

① 唐顺之：《荆川先生批选〈史记〉〈汉书〉》卷首《荆川先生精选批点史汉书序》，国图藏明万历十二年毛在、郑昊等刻本。
② 唐顺之：《荆川先生批选〈史记〉》卷8《平准》，国图藏明万历十二年毛在、郑昊等刻本。
③ 唐顺之：《荆川先生批选〈史记〉》卷7《大宛》，国图藏明万历十二年毛在、郑昊等刻本。

人物的道德评价时，往往批以"虚"字，而在涉及历史人物的现实事功时，往往批以"实"字。关于"虚"的涵义，他在对《史记》"既相齐，食不重肉……"评曰："虚语叙事，欧公志文多用此。"①并且在全录《史记》《汉书》各人物传记时，惟独弃文后赞语不录。其实，唐顺之也不完全排斥道德评价，而是排斥脱离历史背景的道德评价，如对《史记》"昔天下之网尝密矣，然奸伪蒙起，其极也，上下相遁，至于不振，当是之时，吏治若救火扬沸，非武建严酷，恶能胜其任而愉快哉"，用两处"正说"来肯定司马迁从历史背景得出的对"酷吏"所作中肯的道德评价②。对于唐顺之《批选〈史记〉〈汉书〉》的这一特点，沈叔永在为此书作序时也有所反映。在此《序》的初始，首先比较了《史记》《汉书》不同的叙事特点就是因为时势的不同。"余犹记仲氏之骘两家曰，太史公飞天仙人哉，班掾尊严若神，然有辙可方云。余曰固也，兰台之不能复龙门也，非势也，世也。太史公当少年足迹遍天下，凡燕、赵、吴、越、荆、蜀之墟，吊畸人而征逸记，大率多欹崎感慨之风，又汉初经术未凿，天子方疏节阔目，征非常士，一时躬所睹记灌将军解翁伯东方先生之流，其人如冶金橐马，跌荡凌厉，怪怪奇奇，足以鼓舞其目，无千古之笔端而嘐焉，以麟趾自诧。自廷尉倡腹诽之科，武皇帝亦诏会稽守令以春秋对，无纵横公孙立而纲愈峻矣，将相大僚作木偶拱手状，杨子幼南山一歌遂以当日蚀之变即建殊勋绝域者，腐生辄引经绳之，不少假世间豪隽奄奄亡尺寸奇，纵起司马父子别成一书，能无失故步哉，故曰两家之不能一也，其世也"。而唐顺之《评选〈史记〉〈汉书〉》也多是从历史背景进行评价，与两书特点相合。"评两书无虑数十家，言人人殊，而毗陵先生为之冠，闭门造车，开门合辙，唐先生真得两书之髓"③。"唐宋派"另一个代表人物茅坤在与唐顺之的儿子唐鹤征的书信中也对唐顺之《批点〈史记〉》大加赞赏："世之好《史记》者多，而能知《史记》之深，则惟先中丞公一人而已。"④

　　唐顺之这种从时势出发、不惟以道德为判断标准来评价历史人物的

①唐顺之：《荆川先生批选〈史记〉》卷2《管夷吾》，国图藏明万历十二年毛在、郑昊等刻本。
②唐顺之：《荆川先生批选〈史记〉》卷5《酷吏传》，国图藏明万历十二年毛在、郑昊等刻本。
③唐鼎元：《唐荆川公著述考·批选史记汉书条·沈叔永序》，国图藏民国铅印本。
④茅坤著，张大芝、张梦新点校：《茅坤集》卷4《与唐凝庵礼部书》，浙江古籍出版社，1993年，第280页。

特点，使他在分析、评价历史人物或事件时，往往得出更为理性和中肯的结论。如对汉高祖刘邦的评价，他就结合刘邦对萧何猜忌的史实以及司马迁的记载，对汉高祖的猜忌品性提出了批评，"汉高之狙诈猜忌，鲍生知之，召平知之，又一客知之，史公又从而反复著明之，而读者不察，犹谓其豁达大度，何哉？"①同时，唐顺之对皇朝统治中的君臣关系也有所认识，认为皇帝揽大权于一身，作为臣子要想在这一统治体制下有所作为，揣摩和依从皇帝的意图是必须的条件。如汉武帝在位期间为了缓解由于频繁发动对少数民族的战争所造成的财政危机而加重税收，遭到了普遍抵制，而卜式捐出自己的财物并言："天子诛匈奴，愚以为贤者宜死节于边，有财者宜输委，如此而匈奴可灭也。"支持武帝对匈奴的战争。对此，唐顺之批曰："深中上心。"②张骞得以重用也是因为"为人强力，宽大信人，蛮夷爱之"的特点，唐顺之批曰："足上意。"③进一步揭露了张骞受重用，是因他所具备的特点得到汉武帝的认可，方才得以实现的。唐顺之对君臣关系的理性思考在汉高祖与万石关系评价上表现得更为明显。"传中凡用'恭敬''醇谨''孝谨'字皆一篇领袖。武帝大臣多以罪诛，而庆为相克终者，正以事不关决于庆，庆醇谨而已，此其所以见容也。末句'及庆死后，稍以罪去，孝谨益衰矣'，一传深意"④。借对《史记》意蕴的发掘，唐顺之的批点往往又表现出对尊君等传统主流观点的反叛，表现出一定的异端色彩。"嘉秦皇，贬叔孙，少孝文，惜晁错，而嗤当世之儒者，详玩语意自见"。对此，郭嵩焘依据传统的观点对唐顺之的这种历史评论特点批评道："案三代尊卑贵贱之等，其文繁矣，至秦而后一统其尊于君，自汉以来莫能易也。太史公反复制礼之原，以为僭乱陵替流极于秦，其激而相反也，亦势之所必趋也。亦会其时，圣人之道湮没不举，因革损益变通之宜，其适于道也亦鲜矣，此所以可叹也。其云'朝廷济济，依古以来'，盖曰朝廷君臣之分之严，三代之道固然也；而秦之所为尊君抑臣者，其礼是也，而其为文与其意之所存皆非也。用秦之文，行秦之意，而欲强三代之礼之复见于今，其可得乎？文帝之让，与太初之改正朔、易服色，均之于礼无当也，此史公《礼书》立意最高

①唐顺之：《荆川先生批选〈史记〉》卷2《萧何》，国图藏明万历十二年毛在、郑昊等刻本。
②唐顺之：《荆川先生批选〈史记〉》卷8《平准》，国图藏明万历十二年毛在、郑昊等刻本。
③唐顺之：《荆川先生批选〈史记〉》卷7《大宛》，国图藏明万历十二年毛在、郑昊等刻本。
④唐顺之：《荆川先生批选〈史记〉》卷2《万石君》，国图藏明万历十二年毛在、郑昊等刻本。

处,荆川所论,无当本旨。"①

　　唐顺之选取史汉内容的经世倾向、对史汉内容的考证、依托两书阐发自己的观点乃至异端思想等诸方面都与这一时期兴起的王阳明心学有一定的关系,多少应该受到王学的影响。以此来看,王畿从王学的角度为此书作序也就别有深意,这一点也深刻地体现在唐顺之批点的文字特点上,如在对《汉书·霍光金日磾传》眉批曰:"武帝得霍光金日磾处甚奇,可谓具只眼。"②在王学语言体系下,"只眼"成为独立阐发个体意见的代名词,唐顺之于此处用之,当多少已受到王学的影响。

　　唐顺之对《史记》《汉书》的深入研习不仅深刻影响着其诸多比较零散的为他人所作传记或墓志铭,如《萧孺人墓志铭》在论说黄士尚妻子萧氏之不易时言:

　　　　余观汉史所载王仲卿懿而狂,好数言事,其妻每抑止之,仲卿曰:"此非儿女子所知。"后仲卿竟殒,妻子亦徙合浦。余读而悲之,以为臣之娓娓于其国,妻之娓娓于其夫,皆期于自尽而已。其事则若相暌,然臣之于国耻其不言,妻之于夫恐其有言。③

把汉史的相关知识,灵活地运用到其日常所作时文中,这从一个侧面也说明了唐顺之对汉史研习的深入。与此相类者,还有唐顺之所作《杨孺人旌节碑铭》,也利用了《汉书·黄霸传》的相关记载:

　　　　因自念尝读汉史《黄霸传》,霸为相,科郡国计吏,以郡国有孝子弟弟、贞妇顺孙者为一辈,先上殿,而张敞非之,以谓此无益于廉贪贞忒之行,而适足以导伪长谩。霸、敞皆世所指才吏,其相反何也?夫有善而不见褒赏,谓之匿;褒赏不当其善,谓之诬。匿且诬,其敝也均。今国家表崇节义之意至慎重也,而草野委巷之间力不能自达,则或不列于褒赏。其列于褒赏者,参与人之论乃或十一异同焉。以古较今不甚远,乃知敞之言于汉要未为过。余家武进,往来无锡间,问其邑人,邑人之贤俞母者相属也,私论之与公褒可谓参合。然则守臣楎之为此举也,其可

<hr>

① 郭嵩焘:《史记札记》卷3《礼书》,商务印书馆,1957年,第121—122页。
② 唐顺之:《荆川先生批选〈汉书〉》卷1《霍光》,国图藏明万历十二年毛在、郑昊等刻本。
③ 常州市唐荆川研究会编:《唐荆川诗文集》卷15《萧孺人墓志铭》,第423页。

以当黄霸之赏而免于张敞之讥乎！①

表达了对地方官为俞晖之妻向朝廷请求表彰的支持。唐顺之对史、汉相关知识这种生活化的运用，也说明了其对汉史的精熟。除此而外，考之现存于《唐荆川诗文集》的作品，其《狂歌行》《皇陵行》《从军行》《荥阳行》《歌风台》等等，均涉及汉朝典实，有的以汉代历史作为直接描述对象，有的以汉朝历史为参照，诗以咏志。

　　平心而论，如果脱离时代和唐顺之学术背景，单就唐顺之批选《史记》《汉书》之作的呈现形态而言，其确实是比较分散、零碎的，并且诸多批点多集中于文学理论方面。相比较于明代中叶的柯维骐的《史记考要》、杨慎的《史记题评》及陈耀文的《正杨》等，一些研究明人汉史学成就的专著亦并未为唐顺之批选《史记》《汉书》之作设置独立的单元进行研究，认为："这一时期汉史研究的发起者，主要以文人为主，像杨慎《史记题评》、唐顺之《唐荆川精选批点史记》《唐荆川精选批点汉书》、归有光《归评史记》、邹泉《尚论编》、洪垣《史说》、吴崇节《古史要评》等，这些著作主要是对《史》《汉》笔法的鉴赏，亦不乏对汉代历史事实的论析。"②确实，从这方面来讲，唐顺之批选《史记》《汉书》之作只是明代中叶众多评点《史记》《汉书》作品中比较普通的一种。但即使形式如此，唐顺之批点《史记》《汉书》中深得其精髓的价值也得到了一些学者的认可，如黄汝亨在为茅坤节抄《史记》所作时言：

　　　　吴兴凌氏之有《史记评林》，自汉以来所注释赞骘甚备。然或就事以参，就人以骘，就语音以诠证，而司马氏之文章，神解所为，本末之旨，提结之案，与夫过接关隘，摹画淋漓、句字点缀之妙，独鹿门先生之《史记抄》若列眉点眼，令览者豁然。先生又称唐荆川先生之标注为得解而附存之。盖先生以跌宕之才缩结于法，自言得史迁之逸以嗣欧、苏二子，而与唐先生相印合者深也。③

茅坤称赞唐顺之的标注为"得解"，并把它吸收进其所编《史记抄》，黄

①常州市唐荆川研究会编：《唐荆川诗文集》卷15《杨孺人旌节碑铭》，第426页。
②朱志先：《明人汉史学研究》，湖北人民出版社，2011年，第343页。
③黄汝亨：《寓林集》卷1《重刻茅鹿门先生史记抄序》，明天启四年吴敬吴芝等刻本，续修四库全书，第1368册，第621页。

汝亨认为茅坤与唐顺之在注解《史记》方面是"相印合"的，就是具有相似的注解内容和旨趣，即"神解所为，本末之旨，提结之案，与夫过接关隘、摹画淋漓、句字点缀之妙"。即使到了学风丕变的清人那里，也还能得到一定程度的认可，"百年以来，坊间选刻总不得要领，惟唐荆川《史汉精选》颇见神髓，然亦不过篇中略加评次，未标大旨"①。

况且，换个角度来看，也可能正是因为其普通，更代表着《史记》与《汉书》于当时社会的一般存在状态。

不仅如此，唐顺之这一稍显稚嫩的批选《史记》《汉书》之作，特别是其中具有启蒙色彩的学说理论也深刻地影响着以《左编》为代表的"六编"和"以己意解之"②的《两汉解疑》《两晋解疑》等比较成熟的史论作品，也成为唐顺之史学发展特点并不那么突出但又不可或缺的重要一环。

## 第三节　题录为"唐顺之删定"的《重刻翰林校正资治通鉴大全》

与唐顺之早期路径相关的还有一部纲鉴类文献。目前保存于中国国家图书馆，并被《中国善本书提要》著录，收入《四库禁毁书丛刊补编》的是《重刻翰林校正资治通鉴大全》。

### 一、唐顺之是否刊定过纲鉴类文献

我们在研究唐顺之删定《重刻翰林校正资治通鉴大全》这一内容时，面临的一个首要而又尴尬的问题就是：唐顺之究竟是否校正过《重刻翰林校正资治通鉴大全》？有关于此，王重民先生在《中国善本书提要》中有关《鼎镌赵田了凡袁先生编纂古本历史大方鉴补》曾作了一段提要，对于我们认识这一问题是一个基础，兹全录如下：

> 原题："宋京兆刘恕外纪，兰溪金履祥前编，明赵田袁黄编纂，潭
> 阳余象斗刊行。"卷三《周纪》题："宋涑水司马光《通鉴》，考亭朱熹

---

①戴晟：《窳砚斋集》卷1《记史记例意后》，清乾隆七年戴有光等刻本，四库未收书辑刊，第9辑第27册，第234页。
②永瑢等：《四库全书总目》卷90《两汉解疑》"提要"，第762页。

《纲目》，明赵田袁黄编纂，潭阳余象斗刊行。"卷二十八《宋纪》题："元四明陈桱《通鉴》，明淳安商辂《纲目》，赵田袁了凡先生编纂，潭阳余象斗刊行。"卷末有："万历庚戌仲冬月双峰堂余氏梓行"牌记。卷首有《凡例》云："《纲》《鉴》二书古未有合编者，合之者自荆川唐老师始。"又云："周烈王以前，宋、元以后，《纲》《鉴》俱未载，则用金履祥之《前编》，刘恕之《外纪》以开之于首；用陈桱之《续通鉴》，商辂之《续纲目》以绍之于终。"又有韩敬序云："书历三年后成，而老师（指袁黄）亦以是年绝笔，痛哉！闽建邑余君文台，慷慨豪侠，行义好施，夙与袁有通盟谊。其二三伯仲郎俱以文学名，而长君君及屡试辄冠，翩翩闽中祭酒，束装千里，来购是书，适师大归矣！"按此本当为余象斗第三刻。第一刻托名李廷机，第二刻又改从吉澄校刻本分卷（此本也有在第一刻之前之可能），此第三刻又全翻第一刻［即托名李廷机本］，而又改托袁黄，并抬出根源，谓周威烈王以前本之《外纪》《前编》，宋元则用《续通鉴》《续纲目》，其实第一刻本来如此，此不过借以阐述袁黄编纂之功耳。其实袁黄、韩敬俱是托名，此第三刻实则第一刻耳。所不同者，第一、二卷史文分标"编""纪""经"，第二卷以后则分标"纲""目""鉴"耳。余象斗自万历二十八年至三十八年，十年之间，三刻是书，三次更换名目，无非欺骗读者，冀多销售耳。[①]

从这段史料的后半段看来，王重民认为余象斗所刻的《鼎锲赵田了凡袁先生编纂古本历史大方鉴补》是为了赚取钱财，而伪托袁黄编纂的。其立论的基础是在比较了余象斗所刻的三版《历史大方》的基础上得出的，认为"第一刻"和"第三刻"太过于相似，因此认为所谓的"李廷机编纂"和"袁黄编纂"都是伪托的。这种论证逻辑确实简洁明快，有其合理性，但仅据此不免失之武断之嫌。有关三版《历史大方》是否均为伪托，我们这里姑存其疑，以备后考。

这条史料里我们需要注意的一句话是："《纲》《鉴》二书古未有合编者，合之者自荆川唐老师始。"从这句话的字面意思理解，唐顺之应该也有关于"纲鉴类"文献的编纂。仓修良先生对这句话的理解是："于明代中期以来，便流行了这一看法，其实这顶桂冠很明显的是书商们为之

---

① 王重民：《中国善本书提要》，上海古籍出版社，1983年，第98页。

所加。他被伪托的著作则是《新刊古本大家（按，"家"字应为"字"字）合并纲目大成》46卷。"其后又引生活在明代晚期天启、崇祯年间的徐奋鹏在其《古今治统凡例》所言："所睹者，则仅书肆□贾所为《纲鉴会编》已耳，或《史纲纪要》已耳，或《纲鉴大成》已耳。盖俱合紫阳之《纲目》与司马光之《通鉴》，总而成帙，以便学古者之观看，然其事或此载而彼遗，其文或彼详而此略，博综之士，可恨其未全。而书法义例，或仍于《纲目》，或戾于《纲目》。盖笔多出于山林学究之手，而假名于哲匠鸿□，非真笔也。"进而认为："可见生活在同时代的人已经作如是之说，自属可信，而徐氏本人乃是一位学者，著有多种历史方面的著作。"①大致看来，上述论述是认为唐顺之的《新刊古本大家合并纲目大成》是后人伪托的。大致原因，一可能受王重民先生对三版《历史大方》是书商伪托的分析影响；另外一个依据就是徐奋鹏所言"盖笔多出于山林学究之手，而假名于哲匠鸿□，非真笔也"。另，钱茂伟先生亦主此论，所依据史料与仓先生大致不差②。清代的崔述《考信录》在说明时人服膺名人声望而"不究其实"的道理时，亦把唐顺之作为典型的事例，"昔有以知文名者，或取徐渭文，伪称唐顺之作以示之，即书其尾云：非荆川不能为此义。荆川，顺之号也。小说载有马生者，以其诗示人，人咸笑之，乃假扶乩，称康状元海诗，座客无不赞者。嗟！夫世之不究其实，而但徇其名者，岂独一二人哉？"③虽然，如此诸种，一些间接史料似乎说明了由于唐顺之的名望，其也成为后人作伪时经常被伪托的一个代表性人物，而且以笔者的学力和目前的史料储备，还不足以对《新刊古本大家合并纲目大成》究竟是否是后人伪托唐顺之这一问题给出确切的答案，但是我们仍然认为仅凭这些史料就说明唐顺之根本没有编辑过《新刊古本大家合并纲目大成》还是值得再考虑的。

　　这里，提出几点疑虑，以供有志于继续此研究者参考。一是，众所周知，唐顺之是一位著名的时文大家，如嘉、隆间人李乐（字彦和）《见闻杂纪》曾言："人把地位自高，便须思尧、舜、孔、颜；把功业自高，便须

---

①仓修良：《朱熹和〈资治通鉴纲目〉》，《安徽史学》2007年第1期。

②钱茂伟：《明代史学的历程》，第405—406页。

③崔述：《考古续说》卷1《观书余论七则》，《考信录·后录》，清嘉庆二十二年至道光二年陈履和递刻本，续修四库全书，第455册，第844页。

思伊、吕、周、召；若把举业文字自高，便须思唐荆川、瞿昆湖二先生。自高之念，一时不觉降伏了。"据此，唐鼎元进一步论述道："是知荆川公制艺文在当时声价之重矣。"①上述《唐荆川稿》《唐会元精选批点唐宋名贤策论文粹》《批点〈史记〉〈汉书〉》等都是这方面的代表作。钱茂伟先生亦言："唐顺之有否编纂过纲鉴，值得怀疑。唐氏是嘉靖时代四大时文大家之一，是出版商紧盯的一个学者。"②这里，我们不禁产生一个不成熟的想法：既然唐顺之有关于四书、《史记》《汉书》和唐宋名贤策论的论述，那其也有编辑校正纲鉴类史书的可能，因为史学经典司马光《资治通鉴》、朱熹《资治通鉴纲目》及其续补著作都成为科考的内容和士子们准备科考的应有内容。

　　二是，我们还得再仔细斟酌一下"《纲》《鉴》二书古未有合编者，合之者自荆川唐老师始"这句话，起码从字面意思上来理解，已如上述，唐顺之应该也有关于"纲鉴类"文献的编纂，但这只是泛泛而谈。这句话还明确表达了唐顺之是第一个把《纲》《鉴》合二为一进行编辑的学者。我们既然肯定了"书商们伪托所用的各种手段相当全面、相当高明，如果不具备阅读古籍的许多常识和相关历史知识，很难识破其伪托真相"③，那么如果唐顺之没有编辑和校正任何一部与纲鉴类相关的文献，书商们在宣传自己所刻纲鉴类文献的价值时，还捏造唐顺之是首先把《纲》《鉴》合二为一的第一人，这种"第一个"是很容易被人识破的，显然是一种愚蠢的做法。

　　三是，仓先生明确指出了书商伪托唐顺之编辑的是《新刊古本大家合并纲目大成》④。同在《中国善本书提要》中还著录了一条史料，就是唐顺之删定《重刻翰林校正资治通鉴大全》二十卷。另《武阳合志·艺文志》亦有著录，题曰："宋资治通鉴节要十七卷。"这与"《新刊古本大家合并纲目大成》，46卷"合而观之，唐顺之可能确实编校过纲鉴类的文献。而且，据一些史料记载，唐顺之也确藏有《资治通鉴》宋代善本，明人并以此付雕刊刻。"明嘉靖中，孔天允序称以唐荆川家宋本付雕，每半

---

① 唐鼎元：《唐荆川公著述考·四书文条》，国图藏民国铅印本。
② 钱茂伟：《明代史学的历程》，第405页。
③ 仓修良：《朱熹和〈资治通鉴纲目〉》，《安徽史学》2007年第1期。
④ 仓修良：《朱熹和〈资治通鉴纲目〉》，《安徽史学》2007年第1期。

叶十行，行二十字，字画秀挺，不减宋刻也”①。

四是，现代学者认为唐顺之没有编写过此类文献，从本质上来讲还是认为此类文献并没有多大价值，它们不可能出自强调谨严治学和具有传世价值的学者之手，但书商为了牟利，往往托名于学者而刊行之。这样的推测有其合乎情理的逻辑，但这样的情况在明代的表现比较复杂，不可一概而论，清人徐时栋《烟屿楼读书志》曾言：“明朱养和本《鹖冠子》眉端列诸名家评语。余谓古书用评，已坠时文家习气。浅深同异，各随读者见解，何用评也！今其所列如杨雄、班固、左思、鲍昭、陶潜、韩愈、柳宗元、鲍彪、司马光、三苏父子、林希逸、真德秀、方孝孺、于谦、杨继盛、薛瑄、王世贞、李攀龙、李梦阳、王鏊、唐顺之、陈仁锡、何孟春、邱濬、徐渭、归有光、焦竑、汤宾尹、王守仁、孙矿、茅坤、张居正、柯维骐、邹守益、黄道周，凡汉晋以来有名人物，几乎无一不有。其于吾乡人则有宋之黄震、明之沈一贯、余有丁、屠隆、周元曾诸人。就中如唐荆川、陈明卿、孙月峰、茅鹿门诸君，好评古书，其语或有所本，至如汉晋唐宋诸公评语，多不过十余字，少至一二字，请问从何处得来？又况其言俱极似明人批点时文中语，其庸妄殊不胜诘，吾不知其何苦而为此，以欺人而自欺也。吾故曰刻古书之妄，无过明人者。”②徐时栋从明人朱养和保存的《鹖冠子》版本列历代名家评语于其眉端的做法，认为这些大都是明人委托的，“请问从何处得来”的疑问很好地说明了这一怀疑，但对于其中所列明人，徐时栋比较相信确为明人所为，而且指名道姓点明了唐顺之诸人“好评古书，其语或有所本”。又如关于各类书目书中著录为唐顺之选评之《文章正宗》，清人杨守敬也认为确为唐顺之所为，“此本不记刊行年月，望其字体，盖即在嘉、隆间，亦无荆川序跋。每卷第二行题‘荆川唐顺之批点’，中缝亦题‘唐荆川批点文章正宗’目录，每篇止或作‘。’，或作‘、’，或作直竖，或并‘。’‘、’无之。书中每篇题，上或著一二字，如第一卷第二篇批‘转折’二字，第二篇批一‘转’字，第三、四篇批一‘直’字。栏外眉上间批数字，文中著圈点处甚少，皆批却导窍，要言不烦。明代书估好假托明人批评以射利，闵齐伋所刊朱墨本大概多伪托。此则的出荆川手笔，故阎百诗《潜邱劄记》极称之。迩来学文者喜读古文家绪论，纷纷刻归方评点《史记》，独此书流传甚少，虽明刻固当珍稀之矣。所圈点至二十二卷止，其二十三卷后诗歌则无一字之评。荆川本以古文名世，故只论文笔，而韵语非所长，遂不置一辞"[1]。虽然阎百诗《潜邱劄记》的赞赏也不能从根本上说明唐顺之选评《文章正宗》的价值，也不能从根本上说明其确为唐顺之所为的问题，杨守敬也明确意识到《文章正宗》"明代书估好假托明人批评以射利"的成书背景，而且面对此书"无荆川序跋"等诸多不利证据，但仍坚信"此则的出荆川手笔"，以此，杨守敬还说明了唐顺之古文家的身份对二十三卷之后"不置一词"的影响。这应该也是唐顺之确实选辑和评点过大量经典文献的"虚妄"工作的一个有利证据。《重刻翰林校正资治通鉴大全》于清人，乃至相当一部分今人看来确实是不严肃或"虚妄"的，盖也确为唐顺之曾经做过的工作内容之一。

由此看来，"《纲》《鉴》二书古未有合编者，合之者自荆川唐老师始"一语也似乎全非杜撰和虚构。

这里还需要说明的是，经过翻检一些文献，我们对于这三部纲鉴类文献究竟全部是伪托唐顺之，还是某部伪托唐顺之不能确考。这三部纲鉴类文献究竟是一种什么关系、成书时间及其先后等等问题也都无从得知。

虽然有关于唐顺之是否真正编写过纲鉴类文献现在仍未是定谳，但这并不能从根本上影响我们研究的展开，主要考虑如下：如果唐顺之确曾编辑过纲鉴类史书，那我们以此来分析其史学思想和价值，是没有任何问题的。退一步而言，即使唐顺之事实上没有编辑过纲鉴类文献，但毕竟流传至今有一个伪托本题为"唐顺之删定"，这一点也是我们不容忽视的，其中也包含了明代史学的一些信息。具体到唐顺之史学方面，既然伪托为唐顺之，按照一般的常识，唐顺之必定有其被伪托的理由，即唐顺之的时文宗主地位。以此来考察唐顺之史学，乃至明代史学的时代内涵，也不失一个独特的视角。也就是说，不管出于何种情况，这都应

---

[1] 杨守敬：《日本访书志》卷13《唐荆川批点文章正宗二十五卷》，清光绪邻苏园刻本，续修四库全书，第930册，第688页。

属于唐顺之的"史学世界"所涵盖的范围。出于以上考虑,我们还是冒昧把目前保存比较完整且比较典型的唐顺之《重刻翰林校正资治通鉴大全》纳入我们的考察范围。

### 二、《重刻翰林校正资治通鉴大全》的编纂思想

《重刻翰林校正资治通鉴大全》二十卷,明建邑书林刘莲台刻本。题识为"赐进士第翰林院编修直隶毗陵荆川唐顺之删定""赐进士第福建按察司廉使慈溪郧西张谦厘正""书林刘永茂刊行"。关于唐顺之和张谦的名号,这里很有讲究,都用了"赐进士第",这是一种招牌效应。由此观之,《重刻翰林校正资治通鉴大全》服务于举业的目的是很显然的。关于刊行者刘永茂,此人在明代是一个著名书商。按照上述诸位学者的思路,刘永茂伪托唐顺之删定《重刻翰林校正资治通鉴大全》这种可能性也是存在的。

王重民《中国善本书提要》著录此书,名为《重刻翰林校正少微通鉴大全二十卷首卷二卷》,"原题'赐进士第翰林院编修直隶毗陵、荆川唐顺之删定,赐进士第福建按察司廉使慈溪郧西张谦厘正,书林刘永茂刊行。'卷末有:'闽建邑书林刘氏莲台重梓行'牌记。持此本与吉澄本相较,史文全同。注文,吉本置于整版之后,此本则散入各句之下。所引评论亦大致相同,此本间多一二小段,但极少"①。按,"毗陵、荆川唐顺之"中顿号多余,"毗陵"即唐顺之籍贯,"荆川"为其号;考之现藏于国家图书馆者,"刘大茂"当为"刘永茂"无疑。"持此本与吉澄本相较,史文全同",所谓"吉澄本"就是指吉澄校正《新刊宪台考正少微通鉴全编二十卷卷首外纪二卷宋元通鉴全编二十一卷》,明嘉靖间刻本。《中国善本书提要》著录此书。"原题:'巡按福建监察御史开州吉澄校正。'按吉澄与作序之樊献科均官福建监察御史,此本由其校正刻行,故称'宪台考正'。按其内容,盖依司礼监本增注增评,为万历间余象斗刻本所本。持此本与余象斗刻本相校,史文基本一致,注文较简,评语止于周静轩,余本则已增入丁南湖、陈四明诸家。然此本当为嘉靖间最繁之本"②。综合"与余象斗刻本相较,史文基本一致"和"盖依司礼监本"

这两条史料说明，题名为"唐顺之删定"的《重刻翰林校正资治通鉴大全》应该也是本之于司礼监刻本并增入了后人的评注。

另，《中国善本书提要》著录此书之书名，与我们在国家图书馆所亲见版本多出"少微"两字，题录为"明唐顺之删定、张谦厘正"。结合《中国善本书提要》所著录之《重刻翰林校正少微通鉴大全二十卷首卷二卷》"卷末有：'闽建邑书林刘氏莲台重梓行'牌记"的记载，我们认为，这个版本是早于《中国善本书提要》著录的那个版本，因为那个版本是书商刘永茂重刊的，而这个应该是较早之前刊刻的。

此书有两点需要特别注意者：一是此书产生的背景，即为了应对明朝的科举考试。可以说，明代把"《资治通鉴》类"（包括司马光的《资治通鉴》及后人的续作、改作）和"《资治通鉴纲目》类"（包括朱熹的《资治通鉴纲目》及后人的续作、改作）合二为一进行刊刻，都有应付科考的目的。题名为"冯梦龙"编的《纲鉴统一·发凡》中披露此类书的编纂动机，"二十一史事迹繁多，难以该括。此刻专便举业，故以《纲目》《通鉴》二书为主，遍参先辈纂辑，酌其异同。一代之纲纪必详，一事之始终必具，而删繁去冗，务极简要"[1]。"专便举业"一语直接道出了纲鉴类文献的产生背景和动机。《重刻翰林校正资治通鉴大全》题识为"赐进士第"的招牌效应也已分析如上。

此外，《重刻翰林校正资治通鉴大全》还有具体的表现，表明其为应付科考而作。既然为了应付科考，迎合和顺应科考的指导思想应该是其所包含的内容。这一点从外在形式上要求《重刻翰林校正资治通鉴大全》的删定就要以官方史籍或经过朝廷表彰的史籍为主要参考史料，其《凡例》第二条即言："是编提纲节要，一遵陈氏桱所编通鉴，盖其一字一义，褒贬予夺，殊有深意。而又参用李氏焘宋史宋鉴，及建阳刘氏深源、刘氏时举《宋朝长编》，及吕氏中《讲义》，庭芳胡氏一桂《通要》，与夫辽、金二史之文，载于叙事之首，用旁黑抹之以见义，其下仍参宋、辽、金史、《宋鉴》《长编》旧文以证之，并不敢有所更改也。"这种外在形式是服务于其科考主旨的，即宣扬皇权的神圣性和皇朝统治的合理性、合法性。《重刻翰林校正资治通鉴大全》以尊君、辨夷夏、明天命为

---

[1]冯梦龙：《纲鉴统一》卷首《发凡》，魏同贤主编：《冯梦龙全集》，凤凰出版社，2007年，第1页。

务。在此书卷首的《凡例》七条中,其中五条都是这方面的内容。

一、宋太祖干德至开宝五年以前,与列国分书者,盖周主犹存之故。自开宝六年以后大书,承正统也。盖太祖得天下,人心久戴,天命有归,所遗者独河东弹丸黑子之地也。或者以太祖之年终始分书,概以五代之君待之,直以太宗之年大书,似非公论,今不敢从。

一、辽国年分注于宋统之下,尊华夏也。其帝则王,外夷狄也。夏亦称帝,书之与辽例同,均为夷狄也。

一、金国之年,亦与辽同例者,承辽故也。

一、南宋渡江而犹大书其年者,承正统,同蜀汉、东晋也。

一、元灭金夏,有中国,而犹分注其年,系于宋统之下者,明天命之未绝也。[①]

为了应对科考,明代学人在前人已有成作的基础上编辑或删定成各种纲鉴类文献,大多情况下只能因袭旧说,不能赞一语。看来,我们得修正上引逯耀东先生的观点了。即使就史学领域而言,经典的压迫性也无处不在。顾炎武的一段话为我们这一观点提供了佐证,"凡作书者,莫病乎其以前人之书改窜而为自作业。班孟坚之改《史记》,必不如《史记》也。宋景文之改《旧唐书》,必不如《旧唐书》也。朱子之改《通鉴》,必不如《通鉴》也。至于今代,而著述之人几满天下,则有盗前人之书而为己作者矣,故得明人书百卷,不若得宋人书一卷"[②]。虽然顾炎武的批判不免偏激,但却道出了明代纲鉴类史书的弊端所在,即就史学的发展而言,确如现代学者所谓:"明代的史籍很多,但抄书成风,无甚大建树。"[③]受官方意识形态引导下的史学沦为了政治的婢女。《重刻翰林校正资治通鉴大全》亦可以作如是观。

但同时我们也应当注意到,史学在学术层面的产生和发展是一回事,史学在社会的流衍、传播和影响又是另一个层面的问题。我们不能想当然地认为史学著作水平甚高就不假思索地臆测其流传也是不成问题的。明代学人或为了应付科考,或为了谋得经济利益而编辑的各类纲鉴类文献,固然在史学方面无甚大成就,但其对史学著作和知识的普及

---

① 唐顺之删定:《重刊翰林院校正资治通鉴大全》卷首《凡例》,明建邑书林杨璧卿刻本。
② 顾炎武:《亭林诗文集》卷2《钞书自序》,清刻本,续修四库全书,第1402册,第83页。
③ 白寿彝主编:《中国史学史教本》,第257页。

还是应当肯定的。瞿林东先生深刻地指出："总的来看，在史学通俗化方面，明代学人是作出了努力的。这些用比较通俗的形式写出来的史书、读本，对史学自身的发展很少有直接的意义，但对史学跟社会的结合确有一定的积极作用。"①这一点在现代学者中已经基本形成了一种共识。以此反观《重刻翰林校正资治通鉴大全》的编纂特点，确实有几点值得称道者。

其一，整体内容的压缩，极大地方便了读者阅读。把诸人纲鉴类文献压缩成《重刻翰林校正资治通鉴大全》的二十卷，而且基本做到首尾兼具，这本身就是一个不小的成就。

其二，与其他纲鉴类文献相比，《重刻翰林校正资治通鉴大全》更注意从外在编辑形态上服务和方便读者。如上引王重民先生曾就此把《重刻翰林校正资治通鉴大全》与吉澄校正之《新刊宪台考正少微通鉴全编二十卷卷首外纪二卷宋元通鉴全编二十一卷》比较言："持此本与吉澄本相较，史文全同。注文，吉本置于整版之后，此本则散入各句之下。"在古代注文繁复的情况下，把注文列入整版之末显然不如分注于各句之下更能直接有效地服务于读者。希望此点不是我们的以今度古的臆想。

其三，起码从该书的《凡例》中，《重刻翰林校正资治通鉴大全》并不仅仅是应付科考的普通教材类读物，对中国史学经世的优良传统是有所继承的。如《凡例》第一条即言："编次之意，以国之兴亡，世之治乱，帝王将相言征之得失，后妃世子立废之源流，辅臣贤士之用舍出处，土地之分并，制度之沿革，灾祥之验于人事者，与夫章疏之行于时、切于事者，则仅参录之以备考焉。其余事实无关于民彝世教者，虽工弗取。"②学术性和普及性兼具。另外，需要说明的是，这也是我们认为唐顺之可能确实编纂过纲鉴类文献的又一个原因，《重刻翰林校正资治通鉴大全》的经世学术特征和唐顺之的经世学术旨趣是十分吻合的，这段话简直就是唐顺之为其《左编》所作自序"《左编》者，为治法而纂也，非关于治者勿录也"③的翻版。

---

① 瞿林东：《中国史学史纲》，第638页。
② 唐顺之删定：《重刊翰林院校正资治通鉴大全》卷首《凡例》，明建邑书林杨璧卿刻本。
③ 常州市唐荆川研究会编：《唐荆川诗文集》卷10《左编附序》，第283页。

整体上看来，《重刻翰林校正资治通鉴大全》主要是唐顺之在前人纲鉴类文献的基础上整合、改编而成，在客观历史内容的补充和撰写方面确实无足可取，即自清代直至当今学者反复批判的抄书成风，因袭前人，水平不高。但在普及史学知识方面，推进史学的社会化进程方面的贡献则是不容我们忽视的。我们这里甚至有一个更为大胆、越位的推测，即使此书确非唐顺之所作，但仍能进入明代著名书商的视野，其在社会的流传程度是可想而知的，在推进史学知识的普及方面也是值得我们肯定的。从这个角度来看，抄书成风、因袭前人的评价和史学知识的大众化、普及化可以说是明代史学一体之两面，不可全然否定。

假若《重刻翰林校正资治通鉴大全》确为唐顺之删定的话，关于其成书时间，由于史料阙如，又是一个未解之谜。民国唐鼎元曾作《唐荆川公著述考》，于唐顺之著作相关信息搜集、考辨非常详细，但独于此书仅题录为"《宋资治通鉴节要》十七卷，《武阳合志·艺文志》"数字，信息非常之少。我们认为在这样不得已的情况下，该书的成书时间也不是必须先考证出才能够进行研究，不能因噎废食。不管是出于何时，或出于早年应举时，或中举后为官闲暇时，或出于中年赋闲居家时，哪怕是出于唐顺之晚年戎马倥偬时，这部著作反映了唐顺之早期对经典的研习，反映了唐顺之早期的史学认知状态，但也为唐顺之后期的史学活动奠定了客观知识基础。这样的结论应该是大致不差的。

### 三、明代纲鉴类编撰风潮下的《重刻翰林校正资治通鉴大全》

为了更为全面地认识《重刻翰林校正资治通鉴大全》，我们认为也有必要把其置于明代纲鉴类编撰风潮下予以考察。这又需要从宋元以来程朱理学的官方化及其对史学的消极影响谈起。

与理学家们重视道德评判相一致的是，理学家朱熹不满于司马光《资治通鉴》太过于繁冗、不辨正统，在传统史书体裁的基础上，创造出了一种新的史书体裁——纲目体，代表作就是其《资治通鉴纲目》。《资治通鉴纲目》的纲目体"表岁以首年，而因年以著统，大书以提要，而分注以备言"①。后人对于朱熹《资治通鉴纲目》的评价，一般认为它

---

①朱熹：《资治通鉴纲目》卷首《资治通鉴纲目序例》，朱杰人等主编：《朱子全书》第8册，第21页。

在史实记载方面价值不大，主要是在司马光《资治通鉴》的基础上改编而来；史学观上也是落后的，因其"确实是一部宣扬封建纲常伦理的力作"①。其史学价值主要体现在史书新体裁——纲目体——的创造，梁启超曾谓："这体的好处，文章干净，叙述自由，看读方便。"②"他错综《资治通鉴》而成书的《资治通鉴纲目》，为我国史学增加了一个新体裁——'纲目体'"③。

由于纲目体的这些特点，更由于《资治通鉴纲目》对封建伦理纲常的宣扬，其一经产生，就备受统治者的褒奖。《纲目》于嘉定十二年（1219）首刊于泉州。嘉定十六年（1223），《纲目》就为经筵讲读官进呈于宋宁宗。理宗端平二年（1235），诏太学生陈均依《纲目》例编《宋长编纲目》。嘉熙元年（1237），以《纲目》下国子监并进经筵。咸淳十年（1274），经筵讲读官再进《纲目》于度宗。宋代学者们也是对其推崇备至，如真德秀言："深乎信春秋以来未之有也，为人君而通此书足以明德威之柄，烛治乱之原；为人臣而通此书足以守经事之正，达变事之权，盖穷理致用之总会而万世史笔准绳规矩也。""穷理致用之总会"说明的是《纲目》在经世致用方面的普适性，"万世史笔准绳规矩"则说的是《纲目》史法的楷模作用。不仅从对"君"和"臣"作用的角度，也分别从历史和史学的角度，极大地发掘了《纲目》的价值。《纲目》在宋代的影响，还表现在一批以续补、辨正、发明《纲目》为务的史籍，如周密《纲目疑误》、尹起莘《纲目发明》、刘友益《纲目书法》等。

入元以后，统治者和学者们对《纲目》的关注和褒扬依然如旧，并出现了一些进一步深化的气象。"纲目体"本质上来讲仍然为一编年体，但是由于其纲目清楚、便于阅读以及更利于宣扬古代封建礼教，一些史籍依从于《资治通鉴》并续补之，书名包含"通鉴"两字，但实际所用体裁已经具备了"纲目体"的一些基本特征。如元初金履祥的《通鉴前编》，"盖此书凡所引经传子史之文，皆作大书，惟训释及案语则以小字夹注，附缀于后，盖避朱子纲目之体，而稍变通鉴之式"④。从此书后来

---

① 汪高鑫、李俊英：《朱熹史学思想浅探》，《安庆师范学院学报》1993年第2期。
② 梁启超：《中国历史研究法补编》，第336页。
③ 汪高鑫：《试论朱熹史学思想的积极因素》，《安徽教育学院学报》（社会科学版）1991年第1期。
④ 永瑢等：《四库全书总目提要》卷47《通鉴前编》"提要"，第428页。

的刊本改名为《资治通鉴纲目前编》来看，都说明了以《纲目》为代表的"纲目体"大有取代以《资治通鉴》为代表的编年体的趋势。到了元朝末年陈桱的《通鉴续编》，其虽仍名其为"通鉴"，但实际已经明确使用了"纲目体"。无怪四库馆臣如此分辩道："其二十二卷皆宋事，始自太祖，终于二王，以继《通鉴》之后，故以《续编》为名。然大书分注，全仿《纲目》之例，当名之曰《续纲目》。仍袭《通鉴》之名，非其实也。"①饶宗颐所谓"金元之际，《通鉴》之学最盛"②，这里的"《通鉴》之学"固然包含有司马光《资治通鉴》的影响，但《纲目》的影响也是显而易见、愈益显化的。也出现了大量以解释和疏通《纲目》寓意的著作，如刘友益《通鉴纲目书法》、郝经《通鉴书法》、王幼学《资治通鉴纲目集览》、徐昭文《通鉴纲目考证》、金居敬《通鉴纲目凡例考异》、吴迁《复位纲目》等等不下十数种。

时至明初，《纲目》的地位愈益显贵，其受推崇渐超于司马光《资治通鉴》之上。明代学者叶向高言："国朝列圣崇重表章，颁之学宫，令士子颂习，与六籍等。"③"与六籍等"的评价说明了《纲目》的学术和政治地位。并且，在许多学者的眼中，《纲目》有超迈司马光《资治通鉴》的趋势，"及我朝太祖高皇帝、太宗文皇帝表章四书五经，颁降天下，而《纲目》亦与，则视《资治通鉴》盖加显矣"④。

为什么《资治通鉴纲目》会在历代统治者的褒奖下，到了明代，其地位"视《资治通鉴》盖加显矣"？明宪宗组织人员重订《资治通鉴纲目》版本时曾言："朕惟天地纲常之道载诸经，古今治乱之迹备诸史。自昔帝王以人文化成天下，未始不资于经史焉。我太宗文皇帝表章五经四书，辑成《大全》，纲常之道，粲然复明，后有作者，不可尚已。朕祗成丕绪，潜心经训，服膺有年。间阅历代史书，舛杂浩繁，不可殚纪。惟宋儒朱子因司马氏《资治通鉴》，著为《纲目》，权度精切，笔削谨严，自周威烈王至五季，治乱之迹，了然如视诸掌，盖深有得于孔子《春秋》之心法

①永瑢等：《四库全书总目提要》卷47《通鉴续编》"提要"，第428页。
②饶宗颐：《中国史学上之正统论》，第129页。
③叶向高：《苍霞草》卷8《重刻通鉴纲目序》，明万历刻本，四库禁毁书丛刊，集部第124册，第201页。
④许浩：《宋史阐幽》卷1《命龙图阁直学士司马光编历代君臣事迹》，明崇祯元年许镳刻本，四库全书存目丛书，史部第281册，第427页。

者也。"明宪宗对朱熹《资治通鉴纲目》的褒奖是因为其具有"化成天下"的功用。还值得注意的是，明宪宗把自己对《资治通鉴纲目》的褒奖与明成祖朱棣编订三部《大全》的行为等量齐观，这也说明《资治通鉴纲目》在维护君主专制中的作用。明宪宗重订《资治通鉴纲目》后并亲为之作序，更直接地说明了明朝统治者褒扬《资治通鉴纲目》的原因，其言："朕惟朱子《通鉴纲目》，实备《春秋》纪传之体，明天理，正人伦，褒善贬恶，词严而义精，其有功于天下后世大矣。"[①]利用《资治通鉴纲目》中所包含的史学思想来维护和加强自身统治的意味是非常明显的。

从朱熹《资治通鉴纲目》受推崇的程度逐渐超迈于司马光《资治通鉴》之上的明代前期的史实，夸张一点来讲，就史书的体裁而言，甚而出现了纲目体一统天下的趋势，从后来明朝出现的以"通鉴"命名史书的实际体裁，大部分都采用了朱熹《资治通鉴纲目》的"纲目体"，而非严格遵循司马光《资治通鉴》"编年体"的史实来看，一定程度上也能说明纲目体对于史书体裁的垄断。这都说明在统治者的提倡下，史学已经沦为政治的婢女，加强君主集权的统治阶级利益成为史学宣扬的不变的时代主题，辨正统，正名分，明逆顺，强调夷夏之防成为此类史书的主要任务，而史学的客观性和学术性在这种时代氛围下是难以保障的。史学内容的拓展、史书体裁的丰富等等，立足于史学自身的发展诉求都退居到了次要的位置，极大地局限了学者的视野，利用纲目体体裁的各种摘抄、改编之作盛行。如仅明朝前奉敕撰写的就有宁王朱权的《通鉴博论》、商辂的《宋元资治通鉴纲目》及历经孝宗、武宗时期成书的《历代通鉴纂要》等。宋代江贽《通鉴节要》于明初十分盛行，明人张光启、刘剡以此编成《通鉴节要续编》，同样，官府和民间书坊也是不断刊刻，十分流行。虽然，唐顺之《重刻翰林校正资治通鉴大全》在体裁上有合《通鉴》和《纲目》为一体的特征，但通过其"一遵陈氏桱所编通鉴，盖其一字一义，褒贬予夺，殊有深意"的编纂旨趣说明来看，其更多地借鉴了纲目体，而非编年体。

明代纲目体《通鉴》的改编、节要、续作等，固然在推动史学的社会化方面帮助良多，但由于这类著作主要依从于统治者的统治意愿，抄撮史料而成，在史学发展方面并没有多大价值，以至明代学者郑晓不无担

---

忧地道：“方今学校试士，乃用书坊小鉴。事迹脱略，何以考治乱得失之故？论断芜杂，适以增枝蔓邪僻之谈。”①由此看来，明代前期，在官府的提倡下，民间兴起了利用纲目体改编前史的风潮，纲目体作为一种体裁在史书编纂中取得了空前的垄断地位，同时也造成了学者视野的狭隘，一定程度上损害了历史评价和历史记载内容的客观性。从上举《重刻翰林校正资治通鉴大全》以尊君、辨夷夏、明天命的编纂旨趣来看，特别是其“元灭金夏，有中国，而犹分注其年，系于宋统之下者，明天命之未绝也”的做法，基本上是以主观臆想替代客观历史发展的。另，对比唐顺之《重刻翰林校正资治通鉴大全》的书名和内容，所涉历史时段仅有宋元两个历史时期，当然内容是包括宋、西夏、辽、金和元等朝代的，但其书名冠以“资治通鉴大全”，不仅与司马光《资治通鉴》或朱熹《通鉴纲目》所载内容几乎毫无关涉，即使文题也严重不符，“大全”之谓绝然称不上，此即为郑晓所言“事迹脱略”。就其内容而言，其中也掺杂着各种“邪僻之谈”，如关于宋太祖出生，“自后唐明宗登极之年，每夕于宫中焚香祝天，曰：‘某胡人因乱为众人所推，愿天早生圣人，为生民主。’明年丁亥，匡胤应期而生”②。

由此看来，《重刻翰林校正资治通鉴大全》显然是在这一官方思维主导下而产生的，虽然其也包含着经世致用的主观愿望，但编纂体例上的杂乱无章，无条件依随正统论的说明，也损害了记载内容的客观性。《重刻翰林校正资治通鉴大全》只是明代中后期纲鉴类作品中较为普通的一部。

## 余　论

正如上言，唐顺之任职翰林院及其以前的学术活动，包括其史学活动，较多的是围绕科举考试而展开的。但也正如我们在分析唐顺之对于科举的态度时所言，唐顺之之所以注重科举，那是因为科举成为其展开经世抱负的一个前提。从这层意义来讲，经世特征仍然是贯穿这一时期唐顺之学术的一根主线。据其诗文集所言，虽然其中不乏闲来无事的

①郑晓：《国朝制书》，上海图书馆藏万历刻本，钱茂伟：《明代史学编年考》，中国文联出版社，2000年，第269页。
②唐顺之：《重刻翰林校正资治通鉴大全》卷1，明建邑书林刘莲台刻本。

"清闲"，如其《普济寺同孟中丞作》所唱：

> 宛转云峰合，微茫鸟路通。
> 闲来竹林下，醉卧石房中。
> 阴涧泉先冻，阳崖蕊尚红。
> 攀萝探虎穴，憩石俯鲛官。
> 上客思留滞，山僧不避骢。
> 夜深清啸发，流响入寒空。①

但这种"清闲"是无所适从的。在这一表像背后，更多蕴含的是唐顺之关乎其人生价值的担忧和焦虑：

> 卷帷望秋月，月皎心亦清。
> 床下寒虫响，庭前落叶盈。
> 汉阴鲜机械，河上多道情。
> 一适万事毕，栖栖何所营？②

而这种焦虑情绪，就是因经世致用的人生价值需求与现实闲来无事之间的落差而产生的。因此，唐顺之在这一时期虽然呈现出游山玩水、舞文弄墨的日常之举，但其更寄望于建功立业的经世抱负，"唐荆川在翰苑清华之地，好谈民事，每欲乞一郡以自试"③。《见闻杂纪》亦言："余师唐先生屡应诏，合当补官。先生亦有喜色，尝云：'情愿做个典史，不愿做翰林编修。'"④而唐顺之经世的学术主张在其史学理论中有着突出的位置和丰富的表现。

---

① 常州市唐荆川研究会编：《唐荆川诗文集》卷1《普济寺同孟中丞作》，第3页。
② 常州市唐荆川研究会编：《唐荆川诗文集》卷1《秋夜》，第3页。
③ 李开先：《李中麓闲居集》卷11《足前未尽》，明嘉靖至隆庆刻本，四库全书存目丛书，集部第93册，第197页。
④ 李乐：《见闻杂纪》卷9《九十八》，明万历刻清补修本，续修四库全书，第1171册，第699页。

# 第三章　唐顺之的史学编纂及思想

从唐顺之的早期经历来看，无论是从参加举业的考虑，或是出于自身文学理论由追寻前七子向"唐宋派"典型代表转变的需要，对古典著作的学习和批点都是唐顺之早期的学术重点，并且由于所依托的古典著作的庞杂，也使得唐顺之史学理论于早期就呈现出博杂的特点，但这毕竟是唐顺之对史学所作的初步探索。这些初步的探索都广泛地影响着其史学理论日臻成熟的《左氏始末》《左编》《右编》《两晋解疑》《两汉解疑》等史学著作，表现出所涉内容参差斑驳和体系上一以贯之的特点。

## 第一节　《左氏始末》对《左传》的改编

《春秋》以过于简略而难读，《左传》补充之，而《左氏始末》更在《左传》的基础上进一步补充内容，并改编年体为纪事本末体，更便于阅读。

不仅如此，某种程度上来讲，《左氏始末》还是唐顺之有关春秋战国史的一次再创造。从文献接受史的角度而言，经典文献在传播过程中总是伴随着阅读者对其新的内涵的赋予，依随着这一过程，又产生新的文献经典，这在中国史学发展史上是一个普遍的现象，故中国古代改编、续作、增补成为文献产生的诸种基本形态，且起源较早。早在先秦，最典型的莫过于诸国国史之与《春秋》，以及《春秋》之与《左传》的关系。依循这一思路，《左传》之后，仅从书名判断，《四库全书总目》就著录有《左觿》《左传评》《左传纪事本末》等三十余种，未题录者亦当不在少数，明中叶唐顺之撰有《左氏始末》就是其中一部。它反映出唐顺之对《左传》的理解和认识，也通过这部文献表达了唐顺之及那个时代的学术特点和要求。

## 一、《左氏始末》的类例简论

关于《左氏始末》卷数。据唐顺之子唐鹤征所作《陈渡阡表》言，《左氏始末》为八卷。《千顷堂书目》《明史·艺文志》《国史经籍志》《经义考》等书目均题作十二卷。考之《唐荆川先生著述考》《北京图书馆古籍善本书目》以及国家图书馆馆藏明嘉靖四十一年唐正之刻本，确为十二卷。唐鹤征所作《陈渡阡表》大概在1599年左右，因其文开首即言："呜呼！惟我先考荆川府君殁垂四十年，开阡于陈渡亦三十有五年矣。"[①]按，唐顺之逝年为嘉靖三十九年（1560），由此断定《陈渡阡表》的撰写时间应在1599年左右。而唐顺之弟唐正之刊刻《左氏始末》在嘉靖四十一年（1562）。依常理来讲，唐鹤征在撰《陈渡阡表》时亦应能看到这一版本，不知其何谓八卷？盖唐鹤征所言八卷为笔误，亦或《左氏始末》另有一唐鹤征看到的家藏未刊版本，确为八卷。

关于《左氏始末》的体裁、体例，内涵也十分丰富。顾名思义，《左氏始末》因其名为"始末"，故其体裁为纪事本末体，这一点可以直接从其具体标目上看出。如"弑"类，下分"鲁桓弑隐公""鲁共仲弑子般闵公""齐无知弑襄公""齐商人弑舍"等十八目，突出了"弑"这一历史主题，这是典型的纪事本末体裁。又如"逐"类，下亦分"鲁季子氏出昭公""鲁季氏出哀公""卫孙林氏出献公""卫孔悝出辄"和"郑祭仲出昭公"等八目，其显然也是以事件原委来命题的。《左氏始末》依据一些史料，围绕某一历史主题，把相关记载摘录成篇，从而构成了这一历史主题发生的原委，如"弑"类下"鲁桓弑隐公"就摘取《左传》不同部分的记载编纂而成：

> 隐公元年。惠公元妃孟子。孟子卒，继室以声子，生隐公。
>
> 宋武公生仲子，仲子生而有文在其手，曰为鲁夫人，故仲子归于我。生桓公而惠公薨，隐公立而奉之。
>
> 四年。秋，诸侯伐郑。宋公使来乞师，公辞之。羽父请以师会之，公弗许，固请而行。
>
> 十一年，羽父请杀桓公，将以求大宰。公曰："为其少故也，吾将授

---

① 常州市唐荆川研究会编：《唐荆川诗文集》附录一《陈渡阡表》，第630页。

之矣。使营菟裘，吾将老焉。"羽父惧，反谮公于桓公而请弑之。公之
为公子也，与郑人战于狐壤，止焉。郑人囚诸尹氏，赂尹氏而祷于其主
钟巫，遂与尹氏归而立其主。十一月，公祭钟巫，齐于社圃，馆于寪氏。
壬辰，羽父使贼弑公于寪氏，立桓公而讨寪氏，有死者。①

虽然此段还是能够看到史料摘编的痕迹，各部分之间衔接不够紧凑，但
大致还是能够反映"鲁桓弑隐公"这一时间的来龙去脉的，这段内容基
本上是与题目相对应的。

但《左氏始末》有的标目也并非全然如此，如果单纯从标目上来看，
有的更近乎人物类传。如"后"下分"周褒姒""密康公""鲁敬嬴"和
"晋骊姬"诸目。又如"宗"下分"周王子克子颓""周襄王大叔带""周
王猛敬王子朝""鲁括""鲁季孙肥"等十一目。也如"幸"下分"晋
筮史""卫梦卜""曹公孙彊"三目，均是以人物来加以分类的，其他如
"奸""乱""盗""镇""名臣"等类基本上是这一特征。当然，仔细考
察这些人物传记的具体内容，《左氏始末》又不是严格意义上的历史人
物传记，其很少把传主的名字、地望，甚至是人生经历完整地记载下
来，往往只就某一历史主题搜集史料编辑而成，如在"宦"下"吴阍"仅
引《左传》以记曰：

襄公二十九年，初，吴人伐越，获俘焉，以为阍，使守舟。吴子余祭
观舟，阍以刀弑之。②

吴阍之所以能够进入《左氏始末》，完全是因为其弑吴子余祭这一事
件，这一历史事件对于吴国的败亡有着或多或少的联系，无怪徐鉴在
为其所作序文称："《左氏始末》者，毗陵荆川唐先生所手编也。起自
后妃，终乎礼乐、方技，人系其事，事归其汇，盖取左氏所传《春秋》
百四十二年行事，与夫《国语》《史记》外传所错出者，悉属而比合之。
凡十四目，为卷十二。"③之所以名其为"始末"，盖"人系其事，事归其
汇"的说法更有助于理解这一名称。从具体内容来看，其确为纪事本

①唐顺之：《左氏始末》卷2《鲁桓弑隐公》，嘉靖四十一年唐正之刻本。
②唐顺之：《左氏始末》卷1《吴阍》，嘉靖四十一年唐正之刻本。
③唐鼎元：《唐荆川公著述考·左氏始末条后》，国图藏民国铅印本。黄虞稷《千顷堂书目》也
　著录徐鉴曾撰有《千顷堂书目》一书，误。这种错误大概来源于其曾为唐顺之《左氏始末》
　作序并在万历四十二年重刊《左氏始末》的史实。

末体。

另，据嘉靖四十一年唐正之刻本，具体的分类亦非徐鉴所言的"十四目"，而是十五类，依次为后、宗、宦、幸、奸、弑、逐、乱、盗、镇、战、戎、名臣、礼乐和方技。不知徐鉴所言"十四目"从何而来？亦或是查数时有所遗漏？明末清初黄虞稷《千顷堂书目》则明确著录为"十二卷""十五目"，"唐顺之《左氏始末》十二卷，分为十五门。曰后，曰宗，曰官，曰幸，曰奸，曰弑，曰逐，曰乱，曰盗，曰镇，曰战，曰戍，曰名臣，曰礼乐，曰方技。《始末》以左氏内传为主，而纤悉委曲有逸出于外传、《史记》者亦入焉"①。只不过其中"官"为"宦"之误，"戍"为"戎"之误。

《左氏始末》各部分内容也极不均衡。有的类目分为多卷，如"镇"，就分为五卷，"弑"分录于卷2和卷3的前半部分，而"后""宗""宦""幸""奸"则合为一卷，"战""戎"合为一卷，"礼乐""方技"合为一卷，其他类别基本是一类一卷。具体到各类下每一条目，内容也是千差万别，有的多达数千言，甚至上万言，如"后"之"晋骊姬"、"乱"之"鲁家臣"、"镇"之"齐桓公"等，有的则仅有寥寥二三十余字，如前举"宦"下"吴阍"。又如"幸"之"卫梦卜"亦摘录《左传》哀公十六年事记曰：

> 卫侯占梦，嬖人求酒于大叔僖子，不得，与卜人比而告公曰："君有大臣在西南隅，弗去，惧害。"乃逐大叔遗。遗奔晋。②

寥寥数语，也基本交待清楚了小人害政的史实。

如果单纯从具体的分类来看，有些也存在名实不相符的缺憾，如密康公为周诸侯国密国国君，放在"后"类下，显然不合适。但如果就密康公贪恋三个同姓女子而致灭亡的史实来看，这与褒姒、敬嬴、骊姬以女祸乱政的实质是一样的，归于"后"类亦未尝不可。这样的情况还存在于《左氏始末》的"戎""镇"和"名臣"等中。《左氏始末》卷十有"戎狄"目，但考之文中具体内容的题目，仅"戎"一字。卷9"镇"类下列"吴夫差"和"越勾践"，而实际内容则把两者合二为一。卷十一"名臣"类下分"晏平仲""公孙介""鲍叔牙""斗子文""乐喜""范蠡""季札""子

①黄虞稷：《千顷堂书目》卷2《春秋类》，上海古籍出版社，2001年，第65页。
②唐顺之：《左氏始末》卷1《卫梦卜》，嘉靖四十一年唐正之刻本。

臧"和"介子推"九个类目，而实际内容还有"柳下惠"和"子贡"等内容。上述种种情况，如果仅从《左氏始末》文本的编排形式而言，其确实一定程度上表现出明代中后期私人史著中广泛存在的随意性①。

尽管《左氏始末》从题目上来看，多为人物类传的形式，就其具体内容而言，多选辑《左传》等史料相关记载，前后文之间的逻辑联系不是特别紧密，体例上显得有点驳杂，但通读全文，辅以一定的知识基础，其类例基本还是能够做到首尾一贯、脉络比较清晰的。相较于较为严格的《左传》这一编年体体裁，《左氏始末》改编年体为纪事本末体的做法，在历史事件呈现的完整性和本末性特点方面还是比较突出的。

## 二、《左氏始末》的史源考略

顾名思义，《左氏始末》由《左传》改编而来，《左传》肯定是其基本的一个史料来源，除此之外，《左氏始末》还有哪些史料来源呢？正如徐鉴序文中所言，《左氏始末》的史料除来自于《左传》之外，还有《国语》《史记》等其他文献史料，唐一麐为此书作序时也说："《始末》以左氏内传为主，而反纤悉委曲有逸出于外传、《史记》者，亦入焉。"②明末清初的黄虞稷《千顷堂书目》亦只字不差地认可了这一说法③。

具体看来，《左氏始末》以《左传》记载为主干，充分参考了其他文献史料，进一步丰富补充而成。就其客观内容而言，有的篇章甚至可以说直接是对《左传》的抄录，如其卷1"宗"目《周王子克子颓》篇有关"王子克之乱"的记载：

> 桓公十八年，周公欲弑庄王而立王子克。辛伯告王，遂与王杀周公黑肩。王子克奔燕。
>
> 初，子克有宠于桓王，桓王属诸周公。辛伯谏曰："并后匹嫡，两政耦国，乱之本也。"周公弗从，故及。④

文中，除"子克有宠于桓王"句中"克"字，《左传》作"仪"字，其他一仍《左传》。按，《史记·周本纪》"王子克"下《集解》："贾逵曰：'庄王弟

---

①《中国史学史》编写组：《中国史学史》，高等教育出版社，2019年，第247页。
②唐顺之：《左氏始末》卷首《唐一麐序》，嘉靖四十一年唐正之刻本。
③黄虞稷：《千顷堂书目》卷2《春秋类》，第65页。
④唐顺之：《左氏始末》卷1《周王子克子颓》，嘉靖四十一年唐正之刻本。

子仪也。'"①应该来讲,《左传》的记载亦无不可,但前面称"克",后又转称"子仪",容易引起歧义,而《左氏始末》统称"克"则更为一贯。又如其后关于"周王子颓"的记载也基本上是承袭《左传》,虽然引文较长,但为了进一步说明《左氏始末》史源性,我们还是照录如下:

> 庄公十九年,初,王姚嬖于庄王,生子颓。子颓有宠,蒍国为之师。及惠王即位,取蒍国之圃以为囿,边伯之宫近于王宫,王取之。王夺子禽祝跪与詹父田,而收膳夫之秩。故蒍国、边伯、石速、詹父、子禽祝跪作乱,因苏氏。秋,五大夫奉子颓以伐王,不克,出奔温。苏子奉子颓以奔卫。卫师、燕师伐周。冬,立子颓。

> 二十年春,郑伯和王室,不克,执燕仲父,遂以王归,王处于栎。秋,王及郑伯入于邬。遂入成周,取其宝器而还。

> 冬,王子颓享五大夫,乐及遍舞。郑伯闻之,见虢叔,曰:"寡人闻之,哀乐失时,殃咎必至。今王子颓歌舞不倦,乐祸也。夫司寇行戮,君为之不举,而况敢乐祸乎!奸王之位,祸孰大焉?临祸忘忧,忧必及之。盍纳王乎?"虢公曰:"寡人之愿也。"二十一年春,胥命于弭。夏,同伐王城。郑伯将王,自圉门入,虢叔自北门入,杀王子颓及五大夫。郑伯享王于阙西辟,乐备。王与之武公之略,自虎牢以东。

> 王巡虢守。虢公为王宫于玤,王与之酒泉。郑伯之享王也,王以后之鞶鉴予之。虢公请器,王予之爵。郑伯由是始恶于王。②

与《左传》相比,《左氏始末》在以下诸方面有所改动:一是在"王姚嬖于庄王"句中"王"字后"姚"字前加一"姚"字,非常直接地说明了周庄王之妾名姚的观点,从而解决了"王""姚"串联在一起所造成的周庄王之妾究竟是"姚"还是"王姚"的问题,虽然这种做法还有待于进一步商榷,但起码文意表述更为明确;二是在"执燕仲父"后,直接记载"遂以王归,王处于栎",相比较于《左传》,省略掉了主语"郑伯",这并不影响对文意的表达;三是在"自虎牢以东"之后,阙载"原伯曰:'郑伯效尤,其亦将有咎。'五月,郑厉公卒"③等内容,关于这段阙载,确实忽略

---

①司马迁:《史记》卷4《周本纪》,第151页。
②唐顺之:《左氏始末》卷1《周王子克颓》,嘉靖四十一年唐正之刻本。
③杨伯峻编著:《春秋左传注》,中华书局,1990年,第217页。

了一些史实,但就文字的发展脉络,结合其后仍有郑伯招待周惠王的史实而言,此处多出郑伯即郑厉公去世一节,确实显得突兀。其他部分,甚至是文字完全承袭《左传》。又如,"宦"类下"吴阖""郏鄏"等记载也来源于《左传》。

有的来源于《国语》,如"密康公",《左氏始末》记载比较简略:

> 恭王游于泾上,密康公从,有三女奔之。其母曰:"必致之于王。兽三为群,人三为众,女三为粲。王田不取群,公行下众,王御不参一族。夫粲,美之物也。众以美物归女,而何德以堪之?王犹不堪,况尔小丑?小丑备物,终必之。"康公弗献。一年,王灭密。①

对比《国语》,除"兽三为群"前多一语气词"夫"字和"况尔小丑"句后多一"乎"字,可以说《左氏始末》全然承袭《国语·周语上》。

又如"鲁括",也基本全袭《国语·周语上》的记载。

还如"周褒姒":

> 宣王之时,有童谣曰:"檿弧箕服,实亡周国。"于是宣王闻之,有夫妇鬻是器者,王使执而戮之。夏之衰也,褒人之神化为二龙,以同于王庭,而言曰:"余,褒之二君也。"夏后卜杀之与去之与止之,莫吉。卜请漦而藏之,吉。乃布币焉而策告之,龙亡而漦在,椟而藏之,殷、周,莫之发也。及厉王之末,发而观之,漦流于庭,不可除也。王使妇人不帏而噪之,化为玄鼋,以入于王府。府之童妾未既龀而遭之,既笄而孕,当宣王而生。不夫而育,故惧而弃之。为弧服者方戮在路,夫妇哀其夜号也,而取之以逃于褒。②

此段也来源于《国语·郑语》的记载。

有的篇章则来源于《史记》,如"宦"类下"齐竖人貂"记载管仲将死,齐桓公问谁人可继为相:

> 初,管仲且死,桓公问曰:"群臣谁可相者?"管仲对曰:"知臣莫如君。"公曰:"易牙如何?"对曰:"杀子以适君,非人情,不可。"公曰:"竖刁如何?"对曰:"自宫以适君,非人情,难亲。"桓公不用其言,齐

---

① 唐顺之:《左氏始末》卷1《密康公》,嘉靖四十一年唐正之刻本。
② 唐顺之:《左氏始末》卷1《周褒姒》,嘉靖四十一年唐正之刻本。

遂乱。①

与《史记·齐太公世家》相比，《左氏始末》在此段文字的开首结尾稍有出入，即改"管仲病"②为"管仲且死"，改"管仲死，而桓公不用管仲言，卒近用三子，三子专权"③为"桓公不用其言，齐遂乱"。中间还忽略了管仲对齐桓公提议开方为相的否定记载，即"公曰：'开方如何？'对曰：'倍亲以适君，非人情，难近。'"④又改"竖刀"为"竖刁"，结合《左氏始末》认为此"竖刁"就是《左传》中所言之"竖貂"，这样的改动还是很有必要的。可以看出，《左氏始末》"齐竖人貂"的记载，相比较于《史记·齐太公世家》虽然多有改动，但基本上是在其基础上改动而来的。

有的史料来源于更晚的文献，如《柳下惠》篇，与和唐顺之出于同一师门之薛应旂⑤的《四书人物考》非常相似。其开首即言：

> 鲁柳下惠者，鲁公族展氏也，名禽。仕鲁为士师，三黜不去。⑥

翻检先秦时期有关柳下惠的一些文献记载，如《论语》《国语》等，都未有如此记载，其较早出现于宋代苏辙的《古史》中，也存于和唐顺之同出于一师门的薛应旂的《四书人物考》中。其下又记载了柳下惠对自己怀才不遇的坦然：

> 人曰："子未可以去乎？"曰："直道而事人，焉往而不三黜？枉道而事人，何必去父母之邦？"故鲁虽不能用，终身不去鲁。⑦

此段应该是以《论语》作为最基本的史料来源，存于苏辙《古史》中，也存于薛应旂《四书人物考》中。又如"展喜犒齐师"的记载：

> 僖公二十六年，齐孝公侵鲁。僖公使展喜犒师，受命于禽，以往

---

①唐顺之：《左氏始末》卷1《齐竖人貂》，嘉靖四十一年唐正之刻本。
②司马迁：《史记》卷32《齐太公世家》，第1492页。
③司马迁：《史记》卷32《齐太公世家》，第1492页。
④司马迁：《史记》卷32《齐太公世家》，第1492页。
⑤据李开先曾在所撰《荆川唐都御史传》中言及顺之早年攻举子业时的情景时言："业师乃包庵叶林，而窗友则方山薛应旂。"（《唐荆川诗文集》附录一，第619页）
⑥唐顺之：《左氏始末》卷11《柳下惠》，嘉靖四十一年唐正之刻本。
⑦唐顺之：《左氏始末》卷11《柳下惠》，嘉靖四十一年唐正之刻本。

曰:"寡君闻君亲举玉趾,将辱于敝邑,使下臣犒执事。"齐侯曰:"鲁人恐乎?"对曰:"小人恐矣,君子则否。"齐侯曰:"室如悬磬,野无青草,何恃而不恐?"对曰:"先王之命,昔周公、太公股肱周室,夹辅成王。成王劳之而赐之盟,曰:'世世子孙,无相害也。'载在盟府,太师职之。桓公是以纠合诸侯,而谋其不协,弥缝其阙,而匡救其灾,昭旧职也。及君即位,诸侯之望曰:'其率桓之功。'我敝邑用不敢保聚,曰:'岂其嗣世九年,而弃命废职?其若先君何?君必不然。'恃此以不恐。"齐侯乃还。①

此段存于《左传·僖公二十六年》,亦为《四书人物考》原封不动地承袭,这些也都比较完整地保存于《左氏始末》的《柳下惠》中。只不过,《左氏始末》与《古史》《四书人物考》不尽相同的是,在"齐求岑鼎"的典故后,省略掉了"批评臧文仲祭祀海鸟"事。因为《四书人物考》如此记载这两件事,"公乃以岑鼎往鲁,适有海鸟曰爰居"②,把本不相干的两件事牵扯在一起,《左氏始末》则把"祭祀海鸟"事与"齐求岑鼎"事完全剥离开来,还是比较有见地的。其后的"文公六年大事于太庙""孔子讥臧文仲"和"柳下惠既死,门人将诔之"等内容,都与《四书人物考》同,而与《古史》差别很大。由此看来,《左氏始末》的《柳下惠》篇与薛应旂的《四书人物考》内容相似。考虑到唐顺之与薛应旂的学缘关系,两者之间存在着相互借鉴的可能,亦或是来源于更早的同一史源。在这一点上,我们不能确定,有待于进一步的考索。

当然,《左氏始末》的史料也并非源于单一的历史文献,也存在一个不断积累的过程,而其更为原始的史源也应包括《论语》《国语》和《左传》等先秦文献。也就是说,更为原始的文献经过后人的补充和完善后,又被《左氏始末》所辑录,也如其卷十一《名臣·介子推》篇,全文如下:

> 晋介子推,文公之微臣也。始,文公为公子,出亡,从者五人。既归而即位,群臣多自以为功,推窃耻之。文公之元年,秦送文公至河。舅犯曰:"臣从君周旋天下,过亦多矣。臣犹知之,况于君乎?"请亡,要

---

文公而与之盟。时推在船中，笑曰："天实开公子，子犯以为己功而要市于君，固足羞也，吾不忍与同位。"乃自隐。文公新立，周宣王以弟带难出居郑，告急于晋，文公方发兵，是以赏从亡者未至推，推亦不言禄，禄亦不及。推曰："献公子九人，唯君在矣。惠怀无亲，外内弃之；天未绝晋，必将有主，主晋祀者，非君而谁？天实开之，二三子以为己功，不亦诬乎？窃人之财，犹谓之盗，况贪天之功以为己力乎？下义其罪上赏其奸，上下相蒙，难与处矣！"其母曰："盍亦求之，以死谁怼？"推曰："尤而效之，罪有甚焉。且出怨言，不食其禄。"母曰："亦使知之，若何？"对曰："言，身之文也；身欲隐，安用文之？文之，是求显也。"其母曰："能如此乎？与女偕隐。"至死不复见。推从者怜之，乃悬书宫门曰："龙欲上天，五蛇为辅。龙已上天，四蛇各入其宇，一蛇独怨，终不见处所。"文公出，见其书，曰："此介子推也。吾方忧王室，未图其功。"使人召之，则亡。遂求所在，闻其入绵上山中，于是文公环绵上山中而封之，以为介推田，号介山，曰："以记吾过，且旌善人。"[①]

此段文字，其较为初始的史料来源应该是《史记》卷39《晋世家第九》，从《左氏始末》"文公之元年"之下的事件脉络和主干记载，都与《史记》比较相似，只是在具体措辞上有所改动，如《左氏始末》之"舅犯"，《史记》记曰"咎犯"，考虑到《史记》"狐偃咎犯，文公舅也"[②]的记载，《左氏始末》的记载概为一种略记，亦无不可。另，《左氏始末》以"要文公而与之盟"的记载，代替了《史记》"重耳曰：'若反国，所不与子犯共者，河伯视之！'乃投璧河中，以与子犯盟"[③]的记载。其他大多是一些字词的改动，如"二三子以为己功"之"功"，《史记》记为"力"；"犹谓之盗"之"谓之"，《史记》记为"曰是"；"龙已上天"之"上天"，《史记》记曰"升云"，等等[④]，不一而足，但基本意思是与《史记》相同的。

只是此段开首即载介子推简介及文公出亡事，则与《史记》差别很大，《史记》并未作过如此集中的记载。与这一记载比较相似的是郑樵的《通志》，该书卷90《列传第三·介子推》起始即言："介子推，文公之

①唐顺之：《左氏始末》卷11《介子推》，嘉靖四十一年唐正之刻本。
②司马迁：《史记》卷39《晋世家第九》，第1656页。
③司马迁：《史记》卷39《晋世家第九》，第1660页。
④司马迁：《史记》卷39《晋世家第九》，第1662页。

微臣也。始,文公去国,从者五人,将归即位,群臣多自以为功,推窃耻之。"①其后的记载也与《左氏始末》绝然相似,且《左氏始末》与《史记》关于咎犯与重耳盟之事记载不同者,与《通志》最为接近。由此看来,关乎介子推,《左氏始末》最直接的史料来源当是基于《史记》编纂而成的《通志》,在此基础上,也直接参考了《史记》的相关记载。

就《左氏始末》的某一篇章内容而言,其也是对《左传》《国语》和《史记》等史料的综合运用编纂而成,即如上举"宦"类下"齐竖人貂"就综合运用了上述史料。其对《史记》的运用已如上举。此文开首即言:

> 僖公二年,齐寺人貂始漏师多鱼。十七年,齐侯之夫人三:王姬,徐嬴,蔡姬,皆无子。齐侯好内,多内宠,内嬖如夫人者六人:长卫姬,生无亏;少卫姬,生惠公;郑姬,生孝公;葛嬴,生昭公;密姬,生懿公;宋华子,生公子雍。公与管仲属孝公于宋襄公,以为太子。易牙有宠于长卫共姬,因寺人貂以荐羞于公,亦有宠,公许之立无亏。管仲卒,五公子皆求立。②

此段则基本全袭《左传》,但在一些细节上亦有所调整或变动,如《左传》称"雍巫"者,《左氏始末》据《史记·集解》"贾逵曰:雍巫,雍人,名巫,易牙字"③改动而来。这就为其后"易牙"的历史登场理顺了思路,其言:

> 冬十月己亥,齐桓公卒。易牙入,与寺人貂因内宠以杀群吏,而立公子无亏。孝公奔宋。

其后又围绕着齐国乱政的主题,分别摘录了《左传》中的相关内容:

> 十八年春,宋襄公以诸侯伐齐。三月,齐人杀无亏。
> 齐人将立孝公,不胜,四公子之徒遂与宋人战。夏五月,宋败齐师于甗,立孝公而还。

---

①郑樵:《通志》卷90《介之推》,中华书局,1987年,第1176页。
②唐顺之:《左氏始末》卷1《齐竖人貂》,嘉靖四十一年唐正之刻本。
③司马迁:《史记》卷32《齐太公世家》,第1494页。

秋八月，葬齐桓公。①

这是《左氏始末》对各种文献史料的一种综合利用，也由此而言，《左氏始末》的相关篇章不是仅仅对某一单一史料的利用，而是为了说明一个主题，综合运用了诸多史料，不管是从整体上来讲，还是就某一篇章而言，呈现出较为多样的史料来源。

应该来讲，《左氏始末》主要是综合《左传》《国语》和《史记》等相关的记载编辑而成，如果仅从史源性角度来讲，毋庸讳言，其并没有多少史料价值，其价值主要体现在错综排比、分类，甚而是其编纂动机，以及附着于其上的历史和史学思想。

### 三、《左氏始末》编纂意义发微

首先，已如前述，关于《左氏始末》对于《左传》的错综排比，在介绍此书的史料来源时多少已涉及。并且，这一看似纯粹体裁方面的改变，在明代，乃至中国古代史学体裁演变历史上都有着特殊的含义。因为《左氏始末》是改《左传》编年体为纪事本末体，故在交待某一件事情的原委时，截取了《左传》中有关某一事件前后发生顺序的记载，而忽略了其中与此事件关涉不大的其他事件的记载，这就使得某一历史事件以较为完整、集中的方式呈现出来，从而改编年体为纪事本末体。唐顺之这一改编年体为纪事本末体似乎纯粹是体裁方面的客观改动，但其实也包含着丰富的时代史学内涵，成为明朝中后期史学转向的一个风向标。

在纪事本末体产生之前就已经产生的编年体和纪传体，其重心较多地集中在纪年和记人上，更多的是对历史发生信息的搜集和呈现。一般以袁枢《通鉴纪事本末》为标志的纪事本末体体裁产生以后，学者们逐渐超越了纪年、记人的传统思路，开始较为深入地关注丰富的社会历史内容，关注历史演进的大势。这本身就说明史家有着较强的问题意识，深入到对客观历史的主观认识层面，这就使得附着于客观史实的许多现实需求得以展开，如经世致用，如以史为鉴。系统考察这一史学呈现方式发展的轨迹，虽然自袁枢《通鉴纪事本末》产生以后，赢得了学者的广泛认可，但把这一体裁广泛运用到历史编纂领域的则首先出现在明

① 唐顺之：《左氏始末》卷1《齐竖人貌》，嘉靖四十一年唐正之刻本。

朝,特别是明朝中后期,相对比较著名的有如嘉靖末高岱的《鸿猷录》,万历末冯琦、陈邦瞻的《宋史纪事本末》和陈邦瞻《元史纪事本末》等,而在此之前,则有两部利用纪事本末体来改编编年体的史著,一是傅逊《左传属事》,"仿建安袁枢纪事本末之体,变编年为属事,事以题分,题以国分,传文之后,各隐括大意而论之"①。仅从其分类来看,如其在"周"下分为"桓王伐郑""子克子颓子带之乱""定灵昏齐"和"刘康公败于茅戎",凡此种种,其纪事本末的特征还是非常明显和严格的;二是唐顺之的《左氏始末》。相比较于《左传属事》,结合前面有关《左氏始末》纲目以人分实际内容以事分的类例分析,如同样有关子克、子颓,"后"下记为"周王子克子颓",这更生动地体现了历史编纂方面由记人、纪年向纪事转变过程中的痕迹,一定程度上在纪事本末体体裁发展里程中具有标志性的意义。

但从整体上来讲,《左氏始末》纪事本末体的体裁属性和特征还是值得肯定的。明代学者沈懋孝在与他人讨论代表史学诸体的所谓"史家七略"中,把唐顺之所编的《左氏始末》作为典型的代表之一,并对其"首尾瞭如当日事"的特性赞赏有加:"次四曰大事始末之略,如诛诸吕、定七国之属,并以纪事本末为宗,稍芟繁复,合以《寰宇通志》《左氏始末》及《左编》一书,必使首尾瞭如当日事。"②

其次,唐顺之对春秋、战国这段历史的评价最为直观地体现在其《左氏始末》的分类上。唐顺之对于春秋战国这段历史以及《春秋》"微言大义"的理解较多的是认为春秋"无义战""无义会义盟""无义杀":

> 复侵伐有贪兵,有愤兵,有讨不睦,有以夷狄侵中国,有以中国攘夷狄,有以中国借夷狄而戕中国者,故战有彼善于此者,要之无义战。盟会有解仇,有固党,有同欲相求,有同力相援,有同患相恤,有以夷狄受盟,有以夷狄主盟者,故会盟有彼善于此者,而要之无义会义盟。杀大夫有诛叛,有讨贰,有慘谏,有藉以说于大国,有为强臣去其所忌,故杀大夫有彼善于此者,要之无义杀。③

---

①永瑢等:《四库全书总目》卷28《左传属事》"提要",第232页。
②沈懋孝:《长水先生赟园草·与郭祠部论史事书》,明万历刻本。
③常州市唐荆川研究会编:《唐荆川诗文集》卷17《读春秋》,第469页。

故，依托于春秋这段历史所编纂的《左氏始末》，在所分的十五类别中，从标目上来讲，较为直接地谴责了"无义战""无义会义盟""无义杀"的就有"弑""逐""乱""盗""镇""战"等诸种。与此相类的还有"宦""幸""奸"等类别。即使从题目上来看比较中性的一些词目，如"后""宗"也多是反映四季失时、纲常失序的史实。"礼乐"也多是对于"非礼也"的历史情实的集中摘录：

> 桓公五年。秋，大雩，书，不时也。凡祀，启蛰而郊，龙见而雩，始杀而尝，闭蛰而烝。过则书。
>
> 僖公三十一年。夏四月，四卜郊，不从，乃免牲，非礼也。犹三望，亦非礼也。礼不卜常祀，而卜其牲、日，牛卜日曰牲。牲成而卜郊，上怠慢也。望，郊之细也。不郊，亦无望可也。
>
> 襄公七年。夏四月，三卜郊，不从，乃免牲。孟献子曰："吾乃今而后知有卜筮。夫郊，祀后稷以祈农事也。是故蛰启而郊，郊而后耕。今既耕而卜郊，宜其不从也。"

在这些四季失时背后的"微言大义"就是纲常失序：

> 文公元年。于是闰三月，非礼也。先王之正时也，履端于始，举正于中，归余于终。履端于始，序则不愆。举正于中，民则不惑。归余于终，事则不悖。
>
> 文公六年。闰月不告朔，非礼也。闰以正时，时以作事，事以厚生，生民之道，于是乎在矣。不告闰朔，弃时政也，何以为民？[①]

应该来讲，《左氏始末》在"礼乐"中多是对四季失时、纲常失序的记载，这是唐顺之对春秋战国史的历史认识。

与"礼乐"比较相类似的还有"方技"，也多是对四季失时相伴而生的纲常失序的记载：

> 襄公二十八年。春，无冰。梓慎曰："今兹宋、郑其饥乎？岁在星纪，而淫于玄枵，以有时灾，阴不堪阳。蛇乘龙。龙，宋、郑之星也，宋、郑必饥。玄枵，虚中也。枵，耗名也。土虚而民耗，不饥何为？"既

---

① 唐顺之：《左氏始末》卷12《礼乐》，嘉靖四十一年唐正之刻本。

> 而，宋、郑果饥。裨灶曰："今兹周王及楚子皆将死。岁弃其次，而旅于明年之次，以害鸟帑。周、楚恶之。"十二月甲寅，灵王崩。乙未，楚子昭卒。①

因"淫于玄枵"而"宋、郑必饥"，"以害鸟帑"而"周、楚恶之"，这都是因纲常失序而四季失时的表现。这样的记载在"方技"篇当中比比皆是。应该也是唐顺之对春秋战国这段历史认识的整体反映。

当然，从《左氏始末》篇目设置来看，有一个篇目比较特殊，就是"名臣"目，大量收录了晏平仲、公孙介、鲍叔牙等十一位历史上颇有作为，或者说唐顺之比较认可的一些历史人物，其目的也无非存恶扬善、讽喻古今，如在"子贡"篇末，辑录《史记·仲尼弟子列传》以为结：

> 故子贡一出，存鲁，乱齐，破吴，强晋而霸越。子贡一使，使势相破，十年之中，五国各有变。
>
> 子贡好废举，与时转货赀。喜扬人之美，不能匿人之过。常相鲁卫，家累千金，卒终于齐。②

充分肯定了子贡对鲁国的历史贡献。但相比较于《左氏始末》对春秋、战国历史的批判，肯定或褒扬的内容是比较少的，这整体上应该是与唐顺之"春秋无义战"这一历史认识相一致的。

再次，《左氏始末》也反映了在经史关系认识中唐顺之史学自觉意识一定程度的觉醒。

经史关系，一直以来，是中国古代学术思想中一个重要的问题。有关经史关系的思考，按照钱大昕的认识，起码从宋代以来存在着一种"荣经陋史"的倾向，其言："经与史岂有二学哉。昔宣尼赞修六经，而《尚书》《春秋》实为史家之权舆。汉世刘向父子校理秘文为六略，而《世本》《楚汉春秋》《太史公书》《汉著纪》列于《春秋家》，《高祖传》《孝文传》列于《儒家》，初无经史之别。厥后兰台、东观，作者益繁，李充、荀勖等创立四部，而经史始分，然不闻陋史而荣经也。自王安石以猖狂诡诞之学要君窃位，自造《三经新义》，驱海内而诵习之，甚至诋《春秋》为断烂朝报。章、蔡用事，祖述荆舒，屏弃《通鉴》为元祐学

---

① 唐顺之：《左氏始末》卷12《方技》，嘉靖四十一年唐正之刻本。
② 唐顺之：《左氏始末》卷11《子贡》，嘉靖四十一年唐正之刻本。

术，而十七史皆束之高阁矣。嗣是道学诸儒，讲求心性，惧门弟子之泛滥无所归也，则有诃读史为玩物丧志者，又有谓读史令人心粗者。此特有为言之，而空疏浅薄者托以借口，由是说经者日多，治史者日少。彼之言曰，经精而史粗也，经正而史杂也。"[1]

时至明朝中后期，在中央集权松懈、史料流传广泛、历史内容丰富以及阳明心学兴起的时代背景下，以"六经皆史"说为主要代表，反映了史学自觉意识的觉醒。相比较于经，史学更具有了独立的地位。其中，唐顺之就是这一史学自觉意识觉醒学术态势发展链条中的重要一环，其曾在自序其《杂编》时称："语理而尽于六经，语治而尽于六官，蔑以加之矣。然而诸子百家之异数，农圃、工贾、医卜、堪舆、占气、星历、方技之小道，与夫六官六艺之节脉碎细，皆儒者之所宜究其说而折衷之，未可以为赜而恶之也。善学者由之以多识蓄德，不善学者由之以溺心而灭质，则系乎所趋而已。史家有诸志，《杂编》者，广诸志而为之也。以为语理而不尽于六经，语治而不尽于六官也，故名之曰《杂编》。"唐顺之认为"语理而不尽于六经，语治而不尽于六官"，史家之志亦有其存在的价值。

唐一麐继承了唐顺之的这一思维成果，其在为《左氏始末》作序时，就充分论证了《左传》之于《春秋》的贡献：

> 善乎！庄周之论也，曰《春秋》以道名分，又曰《春秋》经世。先生之志，圣人议而不辨。《春秋》者，正名分以经世王道而已。是故桓文之霸、吴楚之僭、乱臣贼子之篡弑，始末之见于纪载者，虽班班可考，然皆王法之所禁，而《春秋》之所不与，其何暇过而问焉也哉？虽然，有天下之势，有一国之事，情势通乎天下者，既随时以轻重，而情在于各国者，复相与参错其间，苟非迹其事而较其始末，则其是非得失兴坏理乱，尚不能识其所由来，而何以定其褒贬予夺之所在？兹左氏之于《春秋》，固不得而废之也。

唐一麐继承了唐顺之的思路，认为《春秋》服务于经世致用而倡扬王法，其重心仍然是在于"褒贬予夺"的历史认识和评论，但历史认识和评论必须依附于具体的历史史实，脱离了历史史实的历史评论，则丧失

---

[1]钱大昕：《序》，赵翼著，王树民校证：《廿二史札记》附录二，第928—929页。

了其立论之源和依据，而《左传》之于《春秋》的意义，亦在于兹。紧接着唐一麈又论证了《左氏始末》之于《左传》，甚而之于《春秋》的解经意义：

> 族大父荆川先生之治《春秋》，尝谓圣人有是非无毁誉，一本之心，直道之自然，既超然特出于简易直截之见，其于左氏，则务使学者反复参究，融会联络，以得乎所以见于行事之实。且夫先经以起义，与后经以终事，是左氏之所以善考证也。而事或错出，文或片见，则执经以求其断案者，每病于条理之难寻，而属辞比事之旨因亦以不白于世。于是乃合其始末，而次叙之以为一书，然后事归其类，人系其事，首尾学脉通贯，若一开卷而了然如在目中矣。岂非读《春秋》者之一大快也哉？[①]

认为《左传》的编年体裁不免有割裂史实的缺憾，即所谓"事或错出，文或片见"，而《左氏始末》改编年体为纪事本末体，则会取得"首尾学脉通贯，若一开卷而了然如在目中矣"的效果，对于了解相关历史情实更为有益，当然对于理解依附于其上的经义的理解可能也更为有益。

以"义"而言，由《春秋》到《左传》至《左氏始末》，这是三者逻辑上的递进关系。就"言"而言，其顺序应该相反，《左氏始末》补充说明《左传》，而《左传》是对《春秋》的补充，对此，徐鉴亦有云：

> 呜呼！前事之不忘，后世之师也。尼父裁其义，左氏核其事，先生辑其全，善虽小不遗，言无微不采，周之所以王，周之所以衰，华衮之所由荣，斧钺之所由辱，上下千载，洞若观火。是左氏羽翼乎圣经，而先生又羽翼乎左氏也。[②]

还有，从唐顺之所言之"一本之人心，直道自然"，亦多少可以看出老庄之学以及阳明心学对唐顺之《左氏始末》编纂的影响。

当然，唐顺之有关史学独立价值的思考，也是有限度的，主要还是依附于史以解经的思路，某种程度上来讲，史学之价值是依附于经的，其所赋予史学之独立地位也是有限度的。其还言：

---

①唐顺之：《左氏始末》卷首《唐一麈序》，嘉靖四十一年唐正之刻本。
②唐鼎元：《唐荆川公著述考·左氏始末条后》，国图藏民国铅印本。

《春秋》自于稷、澶渊两会之外并不书其故，而至于盟会侵伐，则绝无一书其故者，非略也，以为其会、其盟、其侵、其伐、其战既足以著其罪矣，不必问其故也。杀大夫必名，亦有不名但书其官，如宋人杀其大夫司马者；亦有并其官不书，如曹杀其大夫者，此非略也，以为义系乎其杀之者而不系乎其杀者。义系乎其杀之者，则其杀也足以著其罪矣；义不系乎其杀者，则不必问其为何人与其为有罪无罪焉可焉。说《春秋》者不达其意而琐为之说，曰："其会也以某故，杀某大夫也以某故，至于盟战侵伐亦然。"是皆无益于《春秋》也，而徒为蛇足之画者。[①]

唐顺之认为《春秋》的本旨是讽喻古今，具体的史实是服务于这一本旨的。史实对于这一本旨是非常重要的，但如果脱离了这一本旨，仅仅局限于一些史事的考实，则是舍本而逐末的做法，"而徒为蛇足之画者"。虽然史学在唐顺之的学术思想中已得到了一定程度的重视，但史学仍然是作为经学的一种附庸而存在，并没有具备独立的学术品格和地位。而史学有关于这一点真正意义上的突破，到了其后的王世贞、李贽那里才出现。

最后，毋庸讳言，就《左氏始末》的史料价值而言，由于其绝大部分来源于《左传》等相关史籍，因此并无多大史料价值。但因其"决断去取"，改编年体而为纪事本末体，从而继续发展了这一史书体裁。其实，纪事本末体体裁的产生之于史学的意义绝不止于此。

这种体裁的转换，使得《左氏始末》在纪传体、编年体"遂分正附"史局下，具有了突破、创新的可能。章学诚在评价纪事本末体产生的意义时曾有一大段论述：

神奇化臭腐，臭腐复化神奇，解《庄》书者，以谓天地自有变化，人则从而奇腐云耳。事屡变而复初，文饰穷而反质，天下自然之理也。《尚书》圆而神，其于史也，可谓天之至矣。非其人不行，故折入左氏，而又合流于马、班，盖自刘知几以还，莫不以谓书教中绝，史官不得衍其绪矣。又自《隋·经籍志》著录，以纪传为正史，编年为古史，历代依之，遂分正附，莫不甲纪传而乙编年。则马、班之史，以支子而嗣《春秋》，荀悦、袁宏，且以左氏大宗，而降为旁庶矣。司马《通鉴》病纪传之分，而合之以编年。袁枢《纪事本末》又病《通鉴》之合，而分之以事类。按本末之为体也，因事命篇，不为常格；非深知古今大体，天下经纶，不能网罗隐括，无遗无滥。文省于纪传，事豁于编年，决断去取，体圆用神，斯真《尚书》之遗也。①

章氏认为袁枢的《通鉴纪事本末》继承了《尚书》"圆而神"之遗意，即其与"记注"分叙的"撰述"，"欲其圆而神"和"知来拟神也"，这种属性也决定了纪事本末体"例不拘常"，这是为书之本②。而能够担起这种责任的人，也必须具备"深知古今大体，天下经纶"的素质。确如章氏所言，唐顺之《左氏始末》成书的立脚点并不是史事的考实，而是透视相应史事背后的治道，这也是我们如上所言其一定程度上忽视史学独立价值学术倾向存在的原因。但章学诚并不认可《通鉴纪事本末》价值中的袁枢个人素质，其言："在袁氏初无其意，且其学亦未足与此，书亦不尽合于所称。故历代著录诸家，次其书于杂史。自属纂录之家，便观览耳。"梁启超进一步发挥了章氏的说法，言："其始亦不过感翻检至苦痛，为自己研究此书谋一方便耳。及其既成，则于斯界别辟一蹊径焉。"③在肯定了《通鉴纪事本末》于体裁方面的创新以后，断然否决了袁枢创造新体裁背后包含的丰富内涵。这一点，柴德赓曾有所辩论，认为《通鉴纪事本末》所编集的三百零五条史事，"其中绝大部分是军事、政治方面的。经济方面只有唐朝两条：一是奸臣聚敛，一是两税之弊。这是因为《通鉴》所载经济史料本来较少，有记载的也比较零散，不易凑集。至于文化方面，则一条也没有"。并统计了其中二百三十九条题目中"平""据""灭""叛""乱""篡""寇""伐""逆""讨"等动词的使用频率，进而分析道："从这里反映袁枢维护封建统治的立场，充满了正统王朝的思想。"④由此看来，《通鉴纪事本末》文字背后的历史涵义还是非常丰富的。反观我们前面对唐顺之《左氏始末》类例的说明，其也绝不仅仅传续了由袁枢开创的纪事本末体，也直接或间接地表达了唐顺之对历史和现实的评论。因此，不管是就《左氏始末》这一纪事本

---

① 章学诚著，叶瑛校注：《文史通义校注》卷1《书教下》，第51—52页。
② 章学诚著，叶瑛校注：《文史通义校注》卷1《书教下》，第49页。
③ 梁启超：《中国历史研究法》，河北教育出版社，2000年，第29页。
④ 柴德赓：《史籍举要》，北京出版社，2002年，第266—267页。

末体史籍在体裁传续方面的表现而言，亦或是其所包含的历史内涵的丰富性而言，我们认为用章学诚所言“臭腐复化为神奇”[①]和梁启超所言的“善钞书者可以成创作”[②]的评价来评价《左氏始末》，可能更为恰当。

## 第二节　“六编”编纂体系

“六编”是唐顺之史学编纂方面的代表作。《明史》载：“顺之于学无所不窥。自天文、乐律、地理、兵法、弧矢、勾股、壬奇、禽乙，莫不究极原委。尽取古今载籍，剖裂补缀，区分部居，为《左》《右》《文》《武》《儒》《稗》六编传于世，学者不能测其奥也。”[③]这一方面说明了唐顺之博学的学术性格，另一方面也说明了此种学术性格于其历史编纂上的影响。

### 一、“六编”之谓

关于彰显唐顺之博学这一学术性格的诸《编》数量，由于所依据的标准不同，言人人殊。其中有“四编”之谓。“（唐）鼎元考世之称公著述者，或曰四编，谓《左》《右》《文》《稗》四编也。四编公均有序”[④]。盖唐鼎元对此范围的划定是以“四编”的流布程度以及唐顺之是否为其作序为准。又有“六编”之谓。《明史》以是否“传于世”的标准选定了《左编》《右编》《文编》《武编》《儒编》《稗编》。明人焦竑、吴用先和郑激也有“六编”之谓。焦竑和吴用先对“六编”的划定相同，与《明史》“六编”之谓稍有不同，即在保持《明史》大体不变的前提下，以《诗编》易《武编》。“荆川唐先生于载籍无所不窥，其编纂成书以数十计……所辑最巨者，有《左编》《右编》《儒编》《诗编》《文编》《稗编》凡六种”[⑤]。划定的标准是篇幅的大小。明人郑激的“六编”之谓

①章学诚著，叶瑛校注：《文史通义校注》卷1《书教下》，第52页。
②梁启超：《中国历史研究法》，第29页。
③张廷玉等：《明史》卷205《唐顺之》，第5424页。
④唐鼎元：《唐荆川公著述考·诗编条后》，国图藏民国铅印本。
⑤唐顺之：《荆川先生右编》卷首《焦竑序》，明万历三十三年南京国子监刻本，续修四库全书，第459册，第4页。

则与《明史》和焦竑、吴用先的"六编"之谓均不相同，它的内容是《左编》《右编》《文编》、《杂编》（按，亦称《稗编》）、《儒编》和《诸儒语要》。"先生所纂即《左》《右》二编及《文编》《杂编》《儒编》，与此（按，即《诸儒语要》）而六"①。包容量最大的称谓是"八编"，具体内容是《左编》《右编》《文编》《稗编》《儒编》《诗编》《武编》《阴符经》。唐鼎元论曰："或曰八编，如王次回诗云'八编特商经时总'、赵瓯北诗云'八编直接选楼文'。此八编之说也。以《武编》合之前六编（焦竑所谓）为七编，复增以《兵垣四编》中之《阴符经》一编为八编矣。"②

　　虽然"八编"之谓有王彦泓和赵翼的诗为证，但也有"然前七编卷帙繁重，《阴符》一编寥寥数页耳，似不相称"的前后失衡感，因此唐鼎元对《阴符经》一编作为"八编"之一也存有疑虑，实是凑数之举，"舍此则无以编名者，岂已有并其名而佚者欤"③。又《阴符经》一编实为处世、用兵之法，这一内容在卷帙更大和思想更丰富的《武编》中是有所体现的，鉴于此，兹编不是本章论列的重点。考之所余"七编"，《诗编》虽分别在吴用先《左编序》、焦竑《右编序》和陈元素《文编序》中提及，但《诗编》不见藏书家书目，我们大致推断，它所体现的思想内涵是《文编》所能涵盖的。又"《儒编》虽经《千顷堂书目》著录，然求之不获其书"。经过一番考证所得出的结论却是世无刊木。"考之焦弱侯《右编序》云：世所行《左编》《文编》《稗编》，余未出也。又陈元素《重订文编序》历举诸编，而云《儒编》未出。陈元素序于天启元年（1621），明室就亡矣，《儒编》犹未出，是《儒编》殆灰于劫火竟未刊木也。《千顷堂书目》盖闻有是书而笔之，未必有藏本也"④。但按之《儒编》于唐顺之编纂体系中所起的作用，实不可忽略。遍检唐顺之著作，《诸儒语要》"采诸儒之言"的编纂旨趣可以说蕴涵着其中的部分含义，其子唐鹤征言："自濂溪先生以至阳明先生，录其成文者为《儒编》，又录其言句之纯者以为《语要》。"⑤

①唐鼎元：《唐荆川公著述考·诸儒语要条·郑澈序》，国图藏民国铅印本。
②唐鼎元：《唐荆川公著述考·诗编条后》，国图藏民国铅印本。
③唐鼎元：《唐荆川公著述考·诗编条后》，国图藏民国铅印本。
④唐鼎元：《唐荆川公著述考·诗编条后》，国图藏民国铅印本。
⑤唐顺之：《唐荆川先生编纂诸儒语要》卷首《诸儒语要序》，明万历三十年吴达可刻本，四库全书存目丛书，子部第10册，第108—109页。

在郑澉的"六编"之谓下，《诸儒语要》就是其中之一。在其后的编纂旨趣的剖析中，也是把《诸儒语要》和《儒编》相提并论，"前四编皆自序，独此（按，即《诸儒语要》）与《儒》二编未及拈一言于首，疑于阙略。然先生固尝曰语理不尽于六经。愚谓此理要言于六经，诸儒惟得其所以言者，故因发其所未言者亦多矣"[1]。其实，唐鼎元对《阴符经》为"八编"之一的疑虑，忽略了郑澉的"六编"之谓亦未可知。

通过以上考虑，本章所论述的范围以《明史》"六编"为准，同时以《诸儒语要》易《儒编》。

## 二、"六编"产生的原因

正如余英时所言："史学和时代有一种很明确的时代关系。"[2]因此我们在分析唐顺之"六编"产生的原因时，就应该深刻分析"六编"产生的时代背景，究其大旨，大致存在以下诸端：应对和解决时代弊病的需要；时代压力下"在官言官"传统被激活；史学走向社会深层的影响以及唐顺之对"士"个体价值和社会价值的思考及实践。

首先，唐顺之的学术深受时代的影响，他所生活的正德、嘉靖时期正值朱明皇朝由盛及衰的转捩，整个统治体制的运作举步维艰，上至皇帝的腐化，下至民风日漓，都使得各种社会问题层出不穷，统治阶级内部官员结党营私，相互倾轧，宦官专政，与之相应的是人民起义爆发频仍、南倭北虏问题再次凸显等外部问题。如上种种内忧外患，都极大地冲击了当时的有志之士，他们或通过实际官场的作为，或通过著书立说，呼吁变革，以挽皇明统治于既倒。可以说，唐顺之的"六编"就深深植根于这样的时代背景中并且有具体的表现，如面对皇帝腐化的现实，唐顺之的《左编》《右编》等均设"君"门，并且有意辑录社会比较稳定的汉、唐、宋所谓"后三代"的君主，集中考察君主于皇朝由盛转衰中所起的作用，其对明廷统治者的警示用意不言而喻。同样面对农民起义和南倭北虏问题突出的军事问题，唐顺之不仅有集中论述军事的《武编》行世，而且在其他各《编》中都设立独立的门类对军事或边境问题作了集中探讨。现实的刺激亦成为唐顺之编纂"六编"的动机，这在《武编》的编纂

---

①唐鼎元：《唐荆川公著述考·诸儒语要条·郑澉序》，国图藏民国铅印本。
②余英时：《历史与思想》，台北联经出版社，1976年，第263页。

动机上体现得尤为明显,下将论及。可以说,明中叶社会问题的突出刺激了唐顺之"六编"的编纂。

其次,唐顺之"六编"的编纂亦出于"在官言官"的传统。唐顺之一生有比较丰富的官场经历。早期汲汲于举业,中举后历任兵部主事、吏部主事、翰林院编修、春坊右司谏、职方员外郎、太仆少卿、右金都御使、凤阳巡抚等职,特别是晚年以兵部主事起,出核蓟镇兵籍及战备,视师南畿、浙江,直接参与了明廷对"南倭北虏"的应对,并最终殉职剿倭任上。唐顺之在任各级官员期间,非常注意吸收历史经验以为今用,就此,俞长城言:"荆川先生精于制义,教学里中有教学文,为吏部有吏部文,为中丞有中丞文,好学深思,至老不倦。"①从"六编"的分类结构上,我们亦可窥得一二。它们的分类及排序都是与以"君"为中心向外辐射的古代官制相符的,许多分类严格遵守了具体官制设置,《稗编》和《右编》中许多部分的分类就严格按照古代"六官"建制分为吏、户、礼、兵、刑、工六类。唐顺之之所以采取目的性如此之强的分类,完全是为了各部官员都可以从历史中直接获取有助于现实行政职能运作的经验。

再次,"六编"的编纂也深受明朝史学走向社会深层特点的影响。时至明中叶,社会经济的长足发展、新经济因素的产生都使得地方经济势力有所增强,市民阶层也成长起来,这就使得教育在更广阔的社会层面铺展开,再加上出版印刷技术的日益成熟,从而使明中叶以后史学呈现出不断走向社会深层的发展态势。在明代这一史学特征的影响下,一批注重史学教育功能和社会功能的普及读物涌现出来,形成了一股改编、节选、摘录前人史著的学风,唐顺之的"六编"就是这一学风的典型。唐顺之在编纂六编时提出"未可以为赜而恶之也"②的编纂动机,其意就是通过自己的编纂向社会介绍各家经典,以达到古为今用的目的。郑澈亦从儒家学说普及的角度评价《诸儒语要》言:"夫语理至于六经四子尚矣,学者犹不能尽通其说;传注之繁或概存而慎取之,学之趋经也久矣,诸儒语录又数十万言,畴能悉体究之哉,然而不可少也……天下之理其究虽殊,本一而已。学者惟致其知于本始之处而不差焉,必有以

---

① 唐鼎元:《唐荆川公著述考·四书文条·俞长城序》,国图藏民国铅印本。
② 常州市唐荆川研究会编:《唐荆川诗文集》卷10《杂编序》,第284页。

至之矣,然则六经四子诸儒语录皆指途适国之言诠也。固有身适国都而犹茫然若旅人者,则无本之故也,非指途者之罪也,彼言诠著,又焉可少之? 此荆川先生纂言之意也。"①可见,"六编"的编纂都是着眼于历史知识的普及,希望人们能够更好地从中吸取治世的经验以应对和摆脱现实的窘境。

第四,更为重要的是,"六编"的编纂也是唐顺之对"士"个体价值和社会价值思考的结果。成圣成贤是古代有志之士的普遍追求,唐顺之也不例外。在传统的儒家思想中,圣、贤的范畴包含"内圣"和"外王"两个方面。"内圣"指通过自己的道德修养和体悟以达圣、贤之境,而这种经验的获得,除了依靠个体秉性的参悟外,历代儒士都在各个方面留下了参悟的直接经验,也是值得借鉴的,唐顺之《诸儒语要》可以说就是他成圣成贤心理直接诉诸于借鉴历代儒士参悟经验的典型代表。同时,传统儒家"体用并重"的思想特征也决定了它不仅注重个体道德的修养,更注重从社会价值的角度来衡量个体道德的高度,即关注个体对社会作出了怎样的贡献,从而使经世成为儒家学说的普遍标识。此即所谓"外王"。这一标识在唐顺之《左》《右》《文》《武》《稗》五编中体现得非常明显,并且发生了从"主于道"向"主于事"的时代转变②。

时代深刻地影响着唐顺之"六编"的编纂,并集中于唐顺之这一个体,自成一个体系。前人早已对唐顺之诸《编》的体系性有所披露:"唐荆川有《左编》以纂史,《右编》以纪言,《文编》以录文,《稗编》以类事。"③从"纂史""纪言""录文"和"类事"等不同视角,说明诸《编》各司其职,有着不同的分工。当然,这种区分还是就论者所认为的唐顺之的整体学术或编纂体系而言的。

### 三、"六编"的编纂体系

唐顺之"六编"是在充分参考前人既有研究成果的基础上纂辑成编的,这种参考或体现在各编的具体内容上,如《左编》,"他日读史,病今

---

①唐鼎元:《唐荆川公著述考·诸儒语要条·郑澂序》,国图藏民国铅印本。
②关于明代经世学所发生的从"主于道"到"主于事"的实学转向,详参向燕南先生《从"主于道"到"主于事"——晚明史学的实学取向及局限》一文。
③钱泰吉:《甘泉乡人稿》卷7《曝书杂记上》,清同治十一年刻光绪十一年增修本,续修四库全书,第1519册,第310页。

昔将相经营之迹错出散见，罔以征稽考镜，乃取汉史而下诸书，旁及稗官、野乘，若诸大家文集百氏传记，网罗搜猎，贯穿属比，人以类分，事从人系，直迄金元而止"①。或体现在具体编纂体例上，如《文编》，"应德之有《文编》，以《（文章）正宗》为之稿也"②。同时，虽然诸《编》卷帙巨大且各自成编，但它们之间又存在着相互参照的关系。从具体编纂的过程来看，如《左编》之与《右编》，刘曰宁再刊《右编》时称："《右编》者，取右史纪言也。余（按，即刘曰宁）游南雍之一年，从太史焦公得抄本读之，知其为毗陵未竟之业。会太史居在秣陵而少司成朱公适来，因略仿先生《左编》义例部勒铨补为四十卷。"③而从"六编"具体分类来看，相互参照之处亦不在少数，这些都从客观编纂形态上说明，"六编"乃是一个整体，各《编》之间并不是彼此孤立的。

从"六编"的总体编纂旨趣分析，亦辅此论。它们代表着唐顺之的社会和历史编纂思想，体现着他以圣人自期的心理和学为世用的旨趣。"公束发受书即有志为圣贤，而于书无所不读，读辄穷其奥，至于甲兵、钱谷、象纬、历算、击剑、挽强。凡稍习其说者，必折节下焉。既得其说，辄以全力赴之，所得卒超初说之上，梁溪顾泾阳氏所称为异人者也。呜呼！汪洋八编，天地古今盖无所不包矣"④。这一思想体系的落实，主观方面是成圣成贤的理想道德实践，客观方面则分为二，一是典章制度，一是开物成务。各编都服务于这一思想体系，均包含这一思想体系落实到主观、客观的各种具体表现，并且各《编》之间侧重点亦有不同，对这一思想体系的落实分别发挥着不同的功用。

（一）《诸儒语要》：由"诸儒之言"至"圣学之域"

自以四书、五经为代表的儒家经典产生以来，它们就从各个方面规约着古代社会的发展，当然身处古代社会中的士人也不例外。在"三代"已成云烟和孔、孟已逝的现实中，士人多是通过对四书、五经的研读，来吸取经验以增加应对现实的勇气和能力，探究人生存在的根本价值

---

① 唐顺之：《历代史纂左编》卷首《史纂左编后序》，明嘉靖四十年胡宗宪刻本，四库全书存目丛书，史部第133册，第36页。
② 唐鼎元：《唐荆川公著述考·文编条·陈元素序》，国图藏民国铅印本。
③ 唐顺之：《荆川先生右编》卷首《刻右编叙》，明万历三十三年南京国子监刻本，续修四库全书，第459册，第5页。
④ 唐鼎元：《唐荆川公著述考·序》，国图藏民国铅印本。

和意义。但如何跨越历史和现实之间的鸿沟成为士人所首先要解决的问题。另从学术路数来讲，"道问学"和"尊德性"两种治学途径的产生无不与此密切相关，但还存在另一种更加直观的治学途径，即立足于现实，视域由近及远，首先关注近世或当世对四书、五经的研究成果，总结和考证他们的观点，梳理他们的渊源，逐层剥离，最终优游于"圣学之域"。《诸儒语要》的产生就反映了唐顺之的这一认识路径，即关注于近世（宋朝理学家）和当世（明朝王阳明），唐顺之自言："吾观圣人之教而知诸先生，观诸先生而益知圣人甚哉。"① "圣人之教"和"先生"之言是相互发明的关系，"观诸先生"是唐顺之体悟"圣人之教"的一个中间媒介。高攀龙在为此书作序时，亦非常透彻地阐述了唐顺之的这一编纂思想，其中既包含了"道"对"先生"的支配作用，也说明了"先生"于"道"的阐述作用，其言："窃以善观圣人之道者，观其学。善观圣人之学者，观其教。善观圣人之所言者，观其所不言。观圣人而后乃至诸先生也。"其还言："吾观圣人之教而知诸先生，观诸先生之教而益知圣人。"②

同时，儒家文化体系的影响涉及社会的各个领域，从典籍分类的角度来讲，它涉及经、史、子、集各部，虽然各代士人都不能忽视各部于圣学传扬的价值和作用，但大都表现出尊经的倾向，毕竟代表着传统儒家思想的"经"为士子们直接提供了内以自处和外以应物的理论和方法，是士人成圣成贤愿望最直接的外在凭藉，而"史"又是"经"的具体贯彻和体现，亦为"有益之书"。"大率读书以治经明理为先，次之诸史，可以备见古人经纶之迹与自来成败理乱之几，次则载诸世务可以应世之用者。此数者其根本枝叶相辏，皆为有益之书"③。《诸儒语要》就是这一心理诉求的典型成果。

关于《诸儒语要》的卷数，各家书目或丛书记载不一。《千顷堂书目》《传是楼书目》《三鱼堂剩言》《四库全书存目丛书》《北京图书馆古籍善本书目》等均作十卷。但《四库全书总目提要》作二十卷，《钦定续通志》《钦定文献通考》和唐鼎元《唐荆川公著述考》依此亦作二十卷，考

①唐鼎元：《唐荆川公著述考·诸儒语要条·高攀龙序》，国图藏民国铅印本。
②高攀龙：《重刻诸儒语要条》，黄宗羲：《明文海》卷223，第2284页。
③常州市唐荆川研究会编：《唐荆川诗文集》卷7《与莫子良主事》，第182页。

之现存于《四库全书存目丛书》者，为十卷，盖内容大致相等，只是所分卷数不同而已。

　　内容主要收录了宋以下诸儒的言论，大致按照时间的顺序编排，前半部分，起于周濂溪，迄于王阳明；后半部分以类相从。四库馆臣言："是编采诸儒之言，十四卷以前以人分，凡周子、二程子、张子、谢良佐、杨时、胡宏、朱子、张栻、陆九渊、杨简、王守仁十有二家。十五卷以下以类分。"[①]唐顺之深刻认识到儒学发展到宋代所产生的转折、变化，故此《编》把上限定为宋朝周濂溪，辑录了历朝对儒学理论有突出贡献的各家言录，下限则定为唐顺之所生活的明朝，选取人物亦是他心契已久的王阳明，这从一个侧面也说明了他立足当世、逐层剥离的认知路径。从现存于《四库全书存目丛书》中十卷本来看，前六卷主要按人物进行分类，收录了从周濂溪到王阳明共十三家的言论，四库馆臣所言"十一家"之数，实是忽略掉了"陈白沙先生"一节，并把"程道明先生"和"程伊川先生"二节并为"二程子"一节。后四卷主要以类分，收录了诸家对某一主题的讨论，如"圣贤类""诸子类""诸儒类""记疑"等等，其中也收录了诸儒之间的辩论，如"朱辨游杨吕谢""朱辨陆象山""陆辨朱晦庵"等等。

　　从《诸儒语要》内容的选择和编排来看，这正是唐顺之的"圣人之学"取径于对诸先生学术的整理和研习的表现。主要表现在：一是直接通过对诸儒言论的研习以至"圣学之域"，这也是唐顺之在前六卷中以人分类的动机。在各人之下，收录了其人依据儒家理论对道德标准、治世理论的界定以及对生命价值的思考。如《周濂溪先生》中《礼乐第十三》收录了周濂溪对礼、乐之间关系的梳理以及它们对维持古代社会秩序的作用，"礼，理也。乐，和也。阴阳理而后和。君君臣臣，父父子子，兄兄弟弟，夫夫妇妇，万物各得其理然后和，故礼先而乐后"。又《务实第十四》收录了从名、实的角度所阐发的君子小人之辨，"实胜言也，名胜耻也，故君子进德修业、孳孳不息，务实胜也。德业有未着，则恐恐然、畏人知，远耻也。小人则伪而已，故君子日休，小人日忧"[②]。第二个表现是唐顺之通过搜集诸儒关于某一问题的讨论来解决他自己在

①永瑢等：《四库全书总目》卷96《诸儒语要》"提要"，第812页。
②唐顺之：《唐荆川先生编诸儒语要》卷1《周濂溪先生》，明万历三十年吴达可刻本，四库全书存目丛书，子部第10册，第115页。

求圣路上所面临的困惑。后四章开首即列《圣贤类》更加凸显出唐顺之本人求圣心切的心理状态。《诸儒语要·圣贤类》开首即收录了程颢关于圣贤的讨论，如"尧、舜知他几千年，其心至今在。尧与舜更无优劣。及至汤武便别，孟子言性之反之。自古无人如此说，只孟子分别出来，要知得尧舜是生而知之，汤武是学而能之。文王之德则似尧舜，禹之德则似汤武。要之皆是圣人"①。

在具体编纂方法上，唐顺之也认识到各家就某一主题的说辞不一，以至影响后人对儒家经典的解读和理解，他采取的方法是并存其说，不存门户之见，以供后人判断、评说，这在朱、陆（或王）鼎峙的年代是尤其难能可贵的。

宋元以降，程朱理学在自身的发展过程中，其学说的合理性、客观性不仅受到来自于外部的挑战，也受到理学内部的质疑②，为了应对这些挑战和质疑，朱熹积极构建理学的"道统"以作回应。朱熹构建"道统"的具体表现就是《伊洛渊源录》的成书。与《资治通鉴纲目》一样，有的学者认为《伊洛渊源录》的成书也应是古代史学学案体体裁的滥觞，甚而是"开山之作"③。确实，朱熹《伊洛渊源录》对学案体体裁的形成卓有贡献。但我们也同样不能忽视的是，《伊洛渊源录》的成书，从本质上来讲，它是满足于朱熹主观上构建"道统"这一需求的，以论证理学的合理性和合法性为目的，主要收录了理学家的传记史料、主要理学观点以及师友关系等内容。这就使得《伊洛渊源录》从一产生就具有一定的排外性，因为在朱熹看来，那些虽然有独立观点，但对朱熹所积极构建的"道统"无所帮助者，是没有资格进入《伊洛渊源录》的记载范围的。因此，《伊洛渊源录》在开创了学案体这一新体裁的同时，也使得学术史编写具有了极易陷入的"门户之见"的危险倾向。吴怀祺先生言："把宋代以后道学门户之争完全归结为《伊洛渊源录》的写作，当然不合乎逻辑，可也看到《伊洛渊源录》与门户之争有关系。"④而当这种倾

①唐顺之：《唐荆川先生编纂儒语要》卷7《圣贤类》，明万历三十年吴达可刻本，四库全书存目丛书，子部第10册，第275页。
②姜鹏《〈伊洛渊源录〉与早期道统建构的挫折》（《学术月刊》2008年第10期）一文披露了理学人物汪应辰、吕祖谦对朱熹所构建的"道统"谱系提出了质疑。
③卢钟锋：《论朱熹及其〈伊洛渊源录〉》，《孔子研究》1990年第3期。
④吴怀祺：《〈明儒学案〉，一部开风气的学术史著作》，《史学史研究》1990年第4期。

向发展至明初,明朝统治者为了加强自身统治,定理学为一尊,以加强思想领域的控制,程朱理学的诉求在诸学案体史籍中得到了极大伸张。成化十六年(1480)成书的《伊洛渊源续录》就是谢铎为了表彰程朱理学对圣学"继往开来",谢铎也亲自道出了其接续圣学的愿望,"自邹孟氏没而圣人之学不传……向非伊洛诸老先生相继迭起于千数百年之下,得不传之学于遗经,以兴起斯文为己任,则吾道之害经何时而已耶?……平生所不敢后者,姑录其概而摭其说如此,后之君子脱有取焉。其亦明道术、扶世教之一助也哉"。当然,"排外"也是其重要内容,"然自是以来,犹有窃吾道之学以用于夷狄之世,借儒者之言以盖其佛老之真,其得罪于圣门甚矣。凡为孔子之徒,皆将鸣鼓而攻之不暇"①。其后,殷奎的《道学统绪图》、朱衡的《道南源委录》、张伯行的《道统录》都是以"崇朱"为主要特征的学案体史籍,"朱子集群儒之大成,数百年来专主一家之学"②应该是此类学案体史籍产生的共同认识前提。正如四库馆臣所谓:"其后《宋史》'道学''儒林'诸传多据此为之。盖宋人谈道学宗派,自此书始。而宋人分道学门户,亦自此书始。厥后声气攀援,转相依附,其君子各执意见,或酿为水火之争。其小人假借因缘,或无所不至。"③正如四库馆臣亦言:"明儒喜争同异,于宋派尤详,语录、学案,动辄灾梨,不啻汗牛充栋。"④

明白了由朱熹开创的学案体在明朝的发展状况及其特征以后,我们再看黄宗羲在撰写新的学案体史籍——《明儒学案》时所言:"学问之道,以各人自用得著者为真。凡倚门傍户,依样葫芦者,非流俗之士,则经生之业也。"此应当是针对明朝定朱学于一尊,学案体史籍专记理学为事的史实而发。也正是黄宗羲认识到了这一点,其新学案体《明儒学案》才能放宽视野,"有一偏之见,有相反之论,学者于其不同处,正宜着眼理会,所谓一本而万殊也"⑤。合理地为程朱理学之外的学说提供了生存的空间,从而推动了学案体史书的发展。

---

① 谢铎:《伊洛渊源续录》卷首《伊洛渊源续录前序》,明嘉靖八年高贲亨刻伊洛渊源录附,四库全书存目丛书,史部第88册,第370—371页。
② 黄宗羲著,沈芝盈点校:《明儒学案》卷首《莫晋序》,第12页。
③ 永瑢等:《四库全书总目》卷57《伊洛渊源录》"提要",第519页。
④ 永瑢等:《四库全书总目》卷58《元儒考略》"提要",第525页。
⑤ 黄宗羲著,沈芝盈点校:《明儒学案》卷首《明儒学案发凡》,第14页。

但在《明儒学案》之前，这一反思起码在明代中叶就已经产生，唐顺之无疑可以做一个代表。其《诸儒语要》就收入《朱辨陆象山》和《陆辨朱晦庵》。可以说，这一现象广泛存在于后四卷中，"唐荆川辑《诸儒语要》十卷，其六卷皆语（诸）先生所自得语，四卷则辨析同异"①。唐顺之这种疑则阙疑、不存门户之见的编纂态度也是值得我们重视的，为其作序的高攀龙亦在其他场合对唐顺之的这一编纂态度予以了褒扬："唐荆翁所选《诸儒语要》，各尽其长，不执己见，编辑中之法眼也。"②这从其"首濂溪，终姚江"③的具体编纂安排上也可见其关注的焦点是对先儒学说宗旨的总结，而非尊朱、尊陆的门户之争。这也在一定程度上改变了"语录"体学术著作自产生以来就争门户的局面。同样，《诸儒语要》在体裁和体例等具体形式上也对学术史著作的发展作出了一定的贡献。

《诸儒语要》在编纂上关于繁简问题和规范问题也作了一定的探讨。儒家理论和经典自产生以来，各代对其阐发或解释也不乏其人，造成典籍浩繁和诸说相杂的局面，后世士人要想从中吸取经验以有益于自己的求圣之路，必须依据自己的旨趣裁汰去取，否则将埋首于典籍，泛滥无归，终无所得。《诸儒语要》就是唐顺之根据自己的求圣愿望整编而成的，在把握诸儒理论主干的同时，简化了诸家学说，为后人的求圣之学指明了道路。唐顺之儿子唐鹤征在为此书作序时就考察了诸儒《语录》繁杂状况，并指出了唐顺之的删汰之功。

> 孔子殁而学失其传，盖千有余载，濂洛诸先生出而其学始明，当其时，切磋于朋友、问答于师弟子间者，皆所以明斯学也。其弟子悉笔而传之，谓之《语录》，然其始未尝不简，卒乃浸滥不可胜读也。简而易纯，多而至于不可胜读，则亦难乎，其无择言也已。先君子荆川翁早刻心于圣人之学，谓诸先生者，入圣之阶也，诸先生之言，又诸先生之所以为诸先生也，尽取而读之，亦知其不无择言，而纯者未尝不在也。俾后之人因其不无择言，并纯者而遗之，今日之责也。自濂溪先生以至阳

---

① 唐鼎元：《唐荆川公著述考・诸儒语要条・高攀龙序》，国图藏民国铅印本。
② 高攀龙：《高子遗书》卷8《答黄凤翀二》，文渊阁四库全书本。
③ 唐顺之：《唐荆川先生编诸儒语要》卷首《题诸儒语录序》，明万历三十年吴达可刻本，四库全书存目丛书，第10册，第111页。

明先生，录其成文者为《儒编》，又录其言句之纯者以为《语要》，始之披沙而索金，终之镕金于大冶，于是乎言无弗简，亦无弗纯已。先之论学以见诸先生之所从入与所自得，次之品藻以镜得失，次之辨正以析是非，次之佛老以辟疑似，俾观者若登诸先生之堂而亲聆其训诲也。①

郑澉在为此书作序时亦对唐顺之的删汰之功再三申说②。这都表达了唐顺之文以达意为准、删繁就简的编纂原则。

由于《诸儒语要》是辑录诸儒言录，因此在注明语录出处上也下了一定功夫。前六卷以人分类，各学说宗旨出自某家一目了然。后四卷以类分，唐顺之在辑录某一主题时，在标题处即点明文字出于某人，如前引朱、陆互辨，又如《朱辨张无垢学庸解》《朱辨知言》《张南轩胡子知言序》等等，都非常明确地说明了文字出自某人。在标题未标明文字出处时，唐顺之或通过文中所言某人所言，或在辑录一段文字后，在正文下标明作者以作补充，如在《杨墨老庄佛禅》下引"先生教某思孝弟为仁之本……"一段，在文末用小字标一"程"字，即表明此文为程颐、程颢兄弟所言。当然，在考订文字的来源方面，《诸儒语要》所做的还是远远不够的，这在以考据见长的清人那里是很难得到认可的，四库馆臣评价此书曰："其为某人之言，或注或不注，阅之殊不甚了了。"③清人陆陇其亦言："后四卷杂取先儒之言，而不注明姓氏，则条例未善也。"④

唐顺之关于学术史著作各方面的积极探索为其儿子唐鹤征所继承，其《宪世编》也是在"合两派（朱、陆）而一之"⑤的旨趣下编纂的，这一点甚至影响到明末黄宗羲《明儒学案》力斥门户之见的编纂旨趣亦未可知。

总之，《诸儒语要》虽然只是唐顺之对他人语录的删节，其间虽也存在着出处不清的弊端，但通过对它的综合考察，我们都可以看出唐顺之的求圣心理直接取径于对诸儒语录的研读的外在动机，并且对明中后期学案体史籍的成熟作出了一定的贡献。

---

① 唐顺之：《唐荆川先生编纂诸儒语要》卷首《诸儒语要序》，明万历三十年吴达可刻本，四库全书存目丛书，第10册，第108—109页。
② 唐鼎元：《唐荆川公著述考·诸儒语要条·郑澉序》，国图藏民国铅印本。
③ 永瑢等：《四库全书总目》卷96《诸儒语要》"提要"，第812页。
④ 陆陇其：《三鱼堂滕言》卷7，文渊阁四库全书本。
⑤ 永瑢等：《四库全书总目》卷96《宪世编》"提要"，第815页。

（二）《左编》："最为经世之书"

在儒家理论体系中，内省的功夫非常必要，但它一刻也不曾放弃对外的研求和历练。可以说，"内圣"和"外王"构成了完整的儒学体系。在"修身、齐家、治国、平天下"儒家处世四句箴言中，向外的因素居其三，这都可以看出传统儒家不仅注重自身的思想修养，更关注自身思想修养投放到现实的实际效果，从而生发出儒家处世最显著的主题，即经世。它既是儒家成圣成贤心理的内在需求，亦是这一心理落实到现实的具体表现。

同样，明代中后期各种社会问题层出不穷的现实，也时刻压迫着以圣贤为抱负、且有多年官场历练的唐顺之，从而使他的经世热情表现得更为炙热急切。近人柳诒徵在为其《年谱》作序时就综合比较明代诸人，集中阐发了唐顺之经世的学术色彩。"明儒文、武兼资者，荆川、阳明为称首。而阳明于典章制度挥斥不道，不迨荆川之淹洽"①。而在唐顺之的诸《编》中，《左编》更是其经世学术特点的典型代表，吴用先言："荆川先生所著书曰《左编》《儒编》《诗编》《文编》《稗编》，而《左编》最为经世之书。"②

《左编》初名《史大纪》，后改称《史纂左编》或《历代史纂左编》，全书一百四十二卷，是唐顺之花费二十余年，修改七次而成。王畿言："经二十余祀，凡七易稿而始成编，初名《史大纪》，更名《史纂左编》。上下两千余年世运之兴衰、人才之淑慝、民命之休戚、地形之险易、利害，历历如指诸掌，不烦探索而得，其用心亦良苦哉。"③大致看来，《左编》体裁应是类书，王畿有"分为若干类"④之说。全书以"门"名，分为二十四类，"是书以历代正史所载君臣事迹，纂集成编，别立义例，分君、相、名臣、谋臣、后、公主、戚、储、宗、宦、幸、奸、篡、乱、莽、镇、夷、儒、隐逸、独行、烈妇、方技、释、道，凡二十四门"⑤。"门"下

①唐鼎元：《明唐荆川先生年谱》卷首《柳诒徵序》，《宋明理学家年谱续编》第4册，第215页。
②唐鼎元：《唐荆川公著述考·史纂左编条·吴用先序》，国图藏民国铅印本。
③唐顺之：《历代史纂左编》卷首《历代史纂左编凡例并引》，明嘉靖四十年胡宗宪刻本，四库全书存目丛书，史部第133册，第3页。
④唐顺之：《历代史纂左编》卷首《历代史纂左编凡例并引》，明嘉靖四十年胡宗宪刻本，四库全书存目丛书，史部第133册，第2页。
⑤永瑢等：《四库全书总目》卷65《史纂左编》"提要"，第580页。

又有分类，如"相"门下分"开创""中兴""守成""被难"四种；"名臣"下分"节义""正直""刑赋""循良""能吏"五种；"宗"门下分"贤""宠""篡弑""恶""乱""擅权""继统""难""异姓"十种等等，不一而足。在各级分类之下，又按照传主所处的时间先后加以排列，主要采取人物传记的形式记述个人事迹，有述有评。唐顺之在为一制书工胡贸死后置办棺材并作《记》云：

> 余不自揆，尝取左氏历代诸史及诸大家文字所谓汗牛塞栋者，稍删次之以从简约，既批阅点窜竟，则以付贸使裁焉。始或篇而离之，或句而离之，甚者或字而离之。其既也篇而联之，句而联之，又字而联之。或联而复离，离而复联，错综经纬，要于各归其类而止。盖其事甚淆且碎，非特他书佣往往束手，虽士人细心读书者亦多不能为此。①

从文中"左氏历代诸史及诸大家文字"和"批阅点窜"的字面意思来看，应当制书工胡贸参与了唐顺之早期编辑的各种史籍，当然其所编的《左编》也应包括其中。而在编写过程中的或"离"或"联"，可以看出编裁之辛劳。而"要于各归其类"的措辞也间接说明《左编》的以类相从的体裁体例特点。

整体上来讲，唐顺之《左编》的编纂体例还是比较严整的。《左编》的叙事时间，各"门"起始时间不同。"君"门体例比较严整，只记载汉、唐、宋各朝皇帝，其他各朝或略而不记，或归为他类予以记载。其余各"门"的起始时间大都始于汉朝，迄于元朝，但也有相当一部分从战国记起。如"谋臣"门下的伍员、商君、乐毅、苏秦、张仪、韩非等；"将"门下"分镇""御夷"的廉颇、赵奢、白起和李牧等；此外，在"奸"门下的"亡国"目有李斯。在"镇"门下更是以战国时期的齐、楚、燕、韩、赵、魏和秦"七雄"为始。

《左编》是一部体现了唐顺之以圣贤自期的心理以及这种心理落实到现实之表现的文献，"经世"构成了它的主要色彩。唐顺之在"夏商周之法，备于六经；汉唐宋之法，备于诸史。六经尚矣，自汉以下，纪载浩穰，茫无端绪，所谓汗牛充栋，虽强有力者，不能遍其说而殚其义，学者

①常州市唐荆川研究会编：《唐荆川诗文集》卷12《胡贸棺记》，第354页。

病焉"①的认识前提下，希望借鉴前人成败得失以为今用，从而使他的经世追求以史学的形态表现出来。可以说，经世构成了《左编》的主旋律，深刻地影响着《左编》的各个有机部分。

首先，从编纂动机上来讲，唐顺之在《自序》中就非常明确地指出此书的编纂是出于经世的目的。"《左编》者，为治法而纂也，非关于治者，勿录也。关于治者，则妃后、外戚、储、宗、宦、幸、奸、篡、方镇、夷狄、草莽之乱，而总之将与相，而总之君，亦云备矣"②。唐顺之深刻地认识到不仅君相、师儒这些现实政治的直接参与者的经验需要借鉴，即使表面看来与现实社会联系较为松散的隐士、方士、释道等社会构成，也是治理现实社会所必需的，亦有归类考察他们的必要。他在《自序》中在阐发各"门"的编纂动机时论述尤为精辟，兹迻录如下：

> 然《周官》治典所职曰师、曰儒，师儒何与于治典也？君与相与将行之，师儒讲而明之，故云师道立，则善人多，而朝廷正，言师儒之系乎治者重也，故纂前史《儒林》《道学》诸传，为《诸儒传》。经生训诂、文词笔札之别也，故次之诸儒之后。隐士不事王侯，而志可则，深处岩壑，而龙光于朝，英主亦往往尊礼其人以风世，所谓无用为用也，故纂《隐逸传》。至于前史有《方技传》，盖巫史、宗祝所以左右人君，而星历、医药、百工皆有国者之不可缺。以汉一时论之，东方之诙谐滑稽，而要之引君于正，丘子明之卜，毛延寿之画，与巫蛊之祸，则其为奸不可穷诘，其人所系殆若此，故纂《方技传》。三代而下，儒术与二氏相盛衰，亦世道之变也。马迁传老子，范史始纪西域沙门。夫二氏之书各五千余卷，其说侈矣，则其人宜不可无纪也，且以观儒术之盛衰焉，纂《二氏传》而总之。③

可见，《左编》广泛搜集材料并分门别类加以编纂，都是围绕经世这一主题而展开的。

①唐顺之：《历代史纂左编》卷首《历代史纂左编凡例并引》，明嘉靖四十年胡宗宪刻本，四库全书存目丛书，史部第133册，第2页。
②唐顺之：《历代史纂左编》卷首《荆川先生自序》，明嘉靖四十年胡宗宪刻本，四库全书存目丛书，史部第133册，第2页。
③唐顺之：《历代史纂左编》卷首《荆川先生自序》，明嘉靖四十年胡宗宪刻本，四库全书存目丛书，史部第133册，第1—2页。

其次,《左编》的经世主旨还左右着各"门"记述起始时间的选定。如前所述,"君"门下仅列汉、唐、宋诸朝君主,这是唐顺之希望借鉴"后三代"的典范意义以为今用的编纂动机的体现,王畿在阐发《左编》思想旨趣时言:"古今论治者,唐虞而下,曰夏,曰商,曰周。三代而下,曰汉,曰唐,曰宋。二者纯驳虽殊,均之为膺历数之正,主持世教,而天时人纪,方域之故咸赖焉。治必有法,如方圆之于规矩,平直之于准绳,断断乎不可以无者也。时有古今,而治乘之;治有因革,而法纪之道,则贯乎治法,变通以趋乎时者也。"①从中我们不难看出唐顺之把起始时间选定为汉代是因为"后三代"对后世所起"规矩""准绳"的作用以及"变通以趋乎时"的通今作用。而把其余各代则分别贬为篡、镇、夷、狄等类,也是出于对后世的警示,"篡汉、唐、宋之君者何? 重正统也。魏与南北朝,篡也;吴、蜀,镇也;五胡、辽、金,夷也;秦系列国,亦镇也;隋系外戚,亦篡也;元系狄,亦夷也,篡各从其类也"②。好的经验固然有利于现世的治理,坏的经验同样也可以为现世治理提供失败的教训,以避免重蹈覆辙,因此在其余各"门"中,《左编》在经世主旨的左右下,不再以汉代自限,或起于汉代,或尽量把起始时间尽量延伸到社会急剧动荡的战国时期,起始时间的划定完全依从于是否有资于经世的学术追求。

再次,《左编》的经世主旨在一定程度上左右着它对历史人物的分类和评价。由于《左编》是改编前人史籍编纂而成,在客观史实的记载方面与前人差别不大,唐顺之的编纂思想主要体现在《左编》对人物的分类和评价上。《左编》在人物分类上,也是从经世的角度加以分类的。从总体上来讲,它是按照与现实政治关系的密切程度加以排序的,首列"君",次列"相""名臣""谋臣""将"等,顺序上基本是以"君"为中心向外辐射的,这是与古代社会金字塔式的统治模式相符的。在各"门"之下的具体分类上,《左编》也是严格遵守这一原则的。关于"臣",《左编》以一级标题的形式并列"名臣"和"谋臣",之所以没有混而为一,而是分门别类,完全是出于两类人物对社会治理的不同贡献。如"名臣",

①唐顺之:《历代史纂左编》卷首《历代史纂左编凡例并引》,明嘉靖四十年胡宗宪刻本,四库全书存目丛书,史部第133册,第2页。
②唐顺之:《历代史纂左编》卷首《历代史纂左编凡例并引》,明嘉靖四十年胡宗宪刻本,四库全书存目丛书,史部第133册,第3页。

"此皆扶植治体，纲维治法，宇宙间不可一日无之才也"。如"谋臣"，"谋之于人大矣哉，天下之事，未有弗谋而能成者也"。而在"名臣"之下又细分为"节义""正直""刑赋""循良""能吏"五种，也是以他们社会治理中的不同作用为划分标准的。"夫节义、正直，治体之基；刑赋、循、能，治法之干。基巩则浑厚之体成，干立则精明之绩著，治之全也"①。以人物在社会治理中所起客观作用进行的分类在《左编》中比比皆是，又如"相"门分"开创""中兴""守成""被难"四种，完全视丞相于一个朝代的不同贡献而加以分类。再如"将"亦分"开创""平乱""分镇""御夷"等等。

固然，分类在一定程度上体现着对历史人物的评判，在编纂具体人物传记时，唐顺之亦述评结合，结合史实，表明自己的价值判断，而这种价值判断标准的选择依然是是否有资于治世。或出于事功评判，如关于冯道，"道少能矫行以称于世，及为大臣，尤务持重以镇物，事四姓十君益以旧德自处"。或出于道德评价，同样关于冯道，卷末引欧阳修《新五代史》"礼义廉耻，国之四维"的传统伦理观念为依据，对冯道作出"可谓无耻者矣"的评价以为结②。从事功和道德的不同角度进行评判，得出了截然相反的结论，这同样说明了经世是《左编》的编纂主旨，因为从事功的角度来讲，冯道事例确实为后人提供了自保于乱世的经验和客观上避免了社会的动荡，保全了民众，从这层意义来讲，冯道的事功表现是值得褒扬的。但从道德评判的角度来讲，冯道前后事十君四世，完全颠覆了传统"忠"的道德规范，这对封建皇朝统治的稳定同样是不利的，唐顺之引欧阳修之语贬抑冯道亦是出于经世的目的。总之，这种集中于一人、看似矛盾的道德与事功双重评价标准，更加说明了《左编》的经世主旨。

关于"君"门继承宋儒既已经形成的所谓"后三代"概念，只述及汉、唐、宋三朝君主，这又何尝不是道德与事功相辅历史评价标准的表现？汉、唐进入宋儒"后三代"的范围内，依靠的是国力强盛，开疆拓土的大

①唐顺之：《历代史纂左编》卷首《历代史纂左编凡例并引》，明嘉靖四十年胡宗宪刻本，四库全书存目丛书，史部第133册，第4页。
②唐顺之：《历代史纂左编》卷81《冯道》，明嘉靖四十年胡宗宪刻本，四库全书存目丛书，史部第135册，第603—605页。

一统王朝的气魄，即其事功表现。以道学诸人上接尧舜道统的傲气，汉、唐时期是道统中绝的。在事功方面，宋是比较羸弱的，其以"后三代"的身份进入宋儒的视阈，显然是其以"文""德"治天下所拥有的道德优势。虽然唐顺之对"后三代"指汉、唐、宋没有分别予以说明，但作为一儒者的唐顺之仍然沿用这一称谓，只能从一个侧面说明唐顺之道德与事功相辅的历史评价标准。

第四，从《左编》体裁的选择中，我们也可以约略看出它的经世主旨。如前所言，《左编》应属于类书体，唐顺之之所以选择这一体裁，是因为其他体裁都没有这种体裁更能简洁集中地提供治理现实的历史经验。明人胡松就对唐顺之经世抱负与《左编》体裁的选择作一综合考察，"荆川唐子，资材卓荦，问学闳奥，实有志古名宰相良将之业。他日读史，病今昔将相经营之际错出散见，罔以征稽考镜，乃取汉史而下诸书，旁及稗官野乘，若诸大家文集，百氏传记，网罗搜猎，贯穿属比，人以类分，事从人系，直迄金元而止"①。可见，《左编》就是在"病今昔将相经营之际错出散见，罔以征稽考镜"的背景下编纂的，它的编纂是为了更为简洁明快地吸取前人的治国经验。钱茂伟在阐述《左编》体裁选择的动机时亦言："唐顺之求治法，方法十分直接。传统史家求致治成法，主张在全面叙述历史的基础上进行，如司马光《资治通鉴》。但唐氏心却十分急迫，嫌传统这种方式绕的路太远，不够明了。"②

通过以上分析，我们可以清楚地看到以"记事"为主之《左编》的经世主旨，这一特点也同样体现在他所编纂、同为"记言"的《右编》和《文编》中。

（三）《右编》："以资经世之局"

《右编》，四十卷，记载了自周至元名臣讨论社会治理的文章，"是编所录皆历代名臣论事之文，凡分二十一门，九十子目"③。是《左编》的姊妹编。首先它们都依从于"左史记事，右史记言"的古史体制，《左编》记

---

① 唐顺之：《历代史纂左编》卷首《史纂左编后序》，明嘉靖四十年胡宗宪刻本，四库全书存目丛书，史部第133册，第36页。
② 钱茂伟：《明代史学的历程》，第194页。
③ 永瑢等：《四库全书总目》卷56《右编》"提要"，第512页。

事,《右编》记言。唐顺之自序称:"《右编》者,古者右史记言也。"①叶
向高、焦竑、刘曰宁、朱国桢在为此书作序时亦对此意反复陈说,或曰:
"《右编》者,右史记言也。"②或曰:"《右编》者,取右史纪言也。"③

其次,体裁依照《左编》,亦为类书。据叶向高、焦竑、刘曰宁等人所
言,《右编》编未迄,且多有散佚。已编迄部分亦未即时刊刻,但也有抄
本流传于世,焦竑就藏有一抄本,刘曰宁访得此本,按照《左编》体例
择要补入,由朱国桢校正,并以太学经费刊刻于万历三十三年(1605),
即今收入四库全书存目丛书的明万历三十三年(1605)国子监刻本者④。
叶向高在序中明确指出《右编》体例是仿《左编》而来,"余(按,即刘
曰宁)游南雍之一年,从太史焦公得抄本读之,知其为毗陵未竟之业。
会太史居在秣陵而少司成朱公适来,因略仿先生《左编》义例部勒铨补
为四十卷"。从全书的整体分类来看,前四卷以"治总"为名,首列关于
治理社会的总体论述,所选朝代也主要是明人所谓的"后三代",即汉、
唐、宋。以下按分类仿照《左编》,分君、相、将、后、储等"门",后十一
卷按照古代官制的设置分类,分吏、户、礼、兵、刑、工六"门","门"
下亦划分更细的"目"。如"君"下分为"修德""务学""任贤""求
言""建都"诸"目"。叶向高作序时对《右编》的编纂情况介绍比较详
细,评价也比较中肯,"荆川先生之为《右编》也,其卷四十,其世自周至
元,其目自治道至六曹,无所不该……吾读其所编次,自治道而下,即次
以君、相,次宫闱,次储嗣,次公主、外戚,次宦官、佞幸、奸邪、朋党,
而乱继之"。同时也指出,《右编》的编纂并非简单的分门别类,而是有
所"寓指"的,"盖先生之用意深而寓指微,非徒分门别类、便于寻览已
也"⑤。于此,隐约透露出了《右编》另有深刻的编纂旨趣。

再次,相同的经世主旨。通过以上对《左编》和《右编》客观编纂形

---

① 唐顺之:《荆川先生右编》卷首《右编序》,明万历三十三年南京国子监刻本,续修四库全
书,第459册,第1页。
② 唐顺之:《荆川先生右编》卷首《荆川先生右编序》,明万历三十三年南京国子监刻本,续修
四库全书,第459册,第3页。
③ 唐顺之:《荆川先生右编》卷首《刻右编序》,明万历三十三年南京国子监刻本,续修四库全
书,第459册,第5页。
④ 关于《右编》成书情况,详参叶向高、焦竑、刘曰宁、朱国桢等人所作序言。
⑤ 唐顺之:《荆川先生右编》卷首《荆川先生右编序》,明万历三十三年南京国子监刻本,续修
四库全书,第459册,第2页。

态的比对，两者不仅在客观编纂形态，即体裁上存有诸多相似之处，更为重要的是在编纂主旨上亦是相同的，即经世。唐顺之自序即以宇宙为一棋局，历代嘉言谟语是棋谱为喻，以棋谱来应对棋局，也就是希望记取历史经验以为今用。"自三代之末至于有元，上下二千余年，所谓世事理乱、成败、爱恶、利害、情伪、凶吉之变，虽不可胜穷，而亦几乎尽。经国之士研精毕智，所以因势而曲为之虑者，虽不可为典要，而亦未尝无典要也。语云，人情世事，古犹今也。岂不然哉？奏议者，奕（弈）之谱也……余之纂《右编》，特以为谱之不可废而已"①。唐顺之以棋谱、棋局来表达其经世思想，应该与其"颇好奕（弈）"的习惯有关，"余少颇好奕（弈），无从得国工之谱，而独以意为之，寤寐而悬思焉。久之，其于战守攻围之间若或有得算焉，而因人以胜人，其不能胜而败焉者，则咎于思之所不至而已。艺既稍习，已而得国谱，则余所以胜者大率多古人已试之术，其败焉者则古人已先为之营救布置。余于是自笑其思之不极，不能尽合于古人，而又惜不早得国谱以助余之思也"。唐顺之从自身习惯的切身经历，阐述了自己经验积累的有限性以及古之经验于今的必要性和借鉴意义，认为古、今是一脉相承、相互通融的，"是以知古人之精神寓之于谱奕（弈）者，索诸己之精神与索诸古人之精神，苟有得焉，其致一也。奚必谱之是，而心思之非？奚必心思之是，而谱之非乎？"②这也是古之经验之所以可以成为今之借鉴的一个合理说明。换句话说，就是以史为鉴命题之所以成立的一个前提。这一点在模仿和辑补《右编》的姚文蔚《右编补》中表现得更为明显，鲍国忠曾为此书作序言："虽然，徒道古而已乎？就古阅今，其有合于今者几何言？其可行于今者几何事？天下人已为之我让之功何必自己出也？"③

　　于《右编》的刊刻出力尤多的焦竑、刘曰宁、朱国桢等人对这一主旨亦阐述尤力："而后世豪杰之士敦诲之儒，凡效忠于国者，率以章奏进。上下二三千季，其人其言至不可枚举。荆川先生部分裁剪，辑《右编》一

---

① 唐顺之：《荆川先生右编》卷首《右编序》，明万历三十三年南京国子监刻本，续修四库全书，第459册，第1页。
② 常州市唐荆川研究会编：《唐荆川诗文集》卷10《王君著握奇经序》，第279页。
③ 姚文蔚：《右编补》卷首《右编补序》，明万历三十九年刘伸等刻本，续修四库全书，第460册，第568页。

书，以资经世之局。"①即使对明人学风空疏不遗余力抨击的四库馆臣亦言："（《右编》）古来崇论宏议、切于事情可资法戒者，菁华略备。"出于对《右编》经世主旨的肯认，四库馆臣对刘曰宁、朱国桢所补入、与主旨不合的部分亦提出了异议，转了一个圈又回到批评明人学风空疏的既有的、一贯的路数，"然其中所补之文，如司马师《上高贵乡公劝学书》、李斯《谏秦王逐客书》及唐武后时诸臣所上书，多以词藻见收，恐非顺之本意。又如《论晋铸刑鼎》一书，自是左氏之文而题曰仲尼，尤为无识。盖明自万历以后，国运既颓，士风亦佻，凡所著述，率窃据前人旧帙而以私智变乱之，曰宁等之补此书亦其一也"②。

　　与《左编》一样，《右编》的经世主旨同样体现在编纂动机、时间范围的划定、评价历史人物或事件的标准、体裁的选择等方面，并且有一定的发展。在时间范围的选定上，《右编》表现得更为开放。因为《右编》是辑录前人有关于治理某一社会问题的言论，为现世社会治理提供参考，所以要求这些言论是合理可行的，而符合这种要求的言论当然主要集中在社会治理比较稳定的朝代，即明人眼中的汉、唐、宋诸朝，《右编》在时间的划定上表现出这样的倾向，"然方周之盛，四友十乱之徒谟谋阙如，所传者多在晚周。元，夷虏也，取二三策而已。惟汉唐宋之际详焉"。但并不以此自限，而是把《右编》的上限推至周代，也不因某一朝代社会的混乱而一概置之不录。人物分类上《右编》亦借鉴《左编》，基本上是按照《左编》以"君"为中心向外辐射的模式，分列"君""相""将""后"等门。为了突出《右编》对官府部门运作的指导意义，还按照官府六部设置的建制，分列吏、户、礼、兵、刑、工六"门"，更加渲染了《右编》的经世色彩。分类也进一步细化，标准也是以各类人在社会中的不同作用而加以划分的，如"吏"门下分"官总""内职""外职"三目。同时，指导意义亦更加突出，如"将"门下分"为将"和"用将"，对将领的职责和运用都提供了比较详实、可行的历史经验。

　　由此看来，叶向高对《右编》"以资经世之局"的评价当非虚言。

---

①唐顺之：《荆川先生右编》卷首《朱国桢序》，明万历三十三年南京国子监刻本，续修四库全书，第459册，第8页。

②永瑢等：《四库全书总目》卷56《右编》"提要"，第512页。

（四）《文编》："研精于文以窥神明之奥"

《文编》，六十四卷，和《右编》一样，同样为"记言"，"是集取由周迄宋之文，分体排纂"①。全书按照文章体裁和格式分为"制策""对""谏疏""论疏""疏""疏请""疏议""封事""表""奏""上书""说""札子""状""论""年表论断""论断""议""杂著""策""辞命""书""启状""序""记""碑""墓志铭""墓表""传""行状""祭文"等三十余种，或数卷为一类，或数类为一卷，所录文章都按照表述主题加以标示，并在标题下注明出处。如《文编》卷1收录董仲舒与汉武帝关于任用贤良问题的讨论，唐顺之标以"董仲舒对贤良策"，又因这种讨论不止一次，唐顺之又在"董仲舒对贤良策"后标以"一""二"，在标题下又以小字标出"汉书"两字，注明此文出处。

《文编》最直接的编纂动机是唐顺之为了借鉴前人为文之法而编纂的，他在阐述其编纂动机时言："是编者，文之工匠而法之至也。"②四库馆臣曾把它与真德秀《文章正宗》比较言："然德秀书主于论理，而此书主于论文，宗旨迥异。"③指出此编是为指导为文而编的。但《文编》的编纂动机远不止于此，把它简单视为单纯地对文学创作方法的探讨实为皮相之论，其中仍然渗透着唐顺之成贤成圣的心理以及这种思想体系落实到现实的经世学术主旨。唐顺之同样在自序中言："圣人以神明而达之于文，文士研精于文以窥神明之奥。"④即通过对圣人之文的研讨已达圣人之神明。四库馆臣亦同样指出："然考索既深，议论具有根柢，终非井田、封建之游谈。其文章法度，具见《文编》一书。"⑤

《文编》的编纂体例也说明了它的经世特点。《文编》的绝大部分篇章收录的都是官场问答格式的文章，并以此分类，在提供和介绍了诸多体裁文章特点的同时，更为现实社会诸问题的应对和处理提供了丰富的历史经验。

如果说《左编》《右编》和《文编》体现了唐顺之学术经世的价值色彩，《武编》则更反映了他开物成务的实学倾向，并直接影响了他现实中

---

①永瑢等：《四库全书总目》卷189《文编》"提要"，第1716页。
②唐顺之：《文编》卷首《文编原序》，文渊阁四库全书本。
③永瑢等：《四库全书总目》卷189《文编》"提要"，第1712页。
④唐顺之：《文编》卷首《文编原序》，文渊阁四库全书本。
⑤永瑢等：《四库全书总目》卷172《荆川集》"提要"，第1505页。

的军事作为。

（五）《武编》：“多由阅历而得”

《武编》，十卷[①]，分前集六卷，后集四卷。前集主要收录前人用兵的方法，分将、士、制、练、令等，凡五十四类；后集主要“征述古事”，总结古人的用兵经验，凡分料敌、抚士、信、勇等九十七类。“是书皆论用兵指要，分前、后二集。前集六卷，自将士、行阵至器用、火药、军需、杂术凡五十四门。后集征述古事，自料敌、抚士至坚壁、摧标，凡九十七门。体例略如《武经总要》。所录前人旧说，自孙吴、穰苴、李筌、许洞诸兵家言，及唐、宋以来名臣奏议，无不摭集”[②]。文章或以某人所言，或以某文献所记载，征引各家论说。

《武编》的经世编纂动机是毋庸置疑的，即使一向视唐顺之“以文章传”[③]、对其事功大加贬抑的四库馆臣也不得不承认：“是编虽纸上之谈，亦多由阅历而得，固未可概以书生之见目之矣。”[④]“多由阅历而得”的评价也指出了《武编》于现实的实践意义，即“在赋予经世思想形上意义的同时，开始注意到其形下的实践意义”[⑤]。清人梁章钜也说：“明代知兵者颇不乏人。唐顺之之《武编》，前集胪陈指要，自将士、行阵至器用、火药、军需、杂术，凡五十四门。后集征述古事，自料敌、抚士至坚壁、摧标，凡九十七门。史称荆川于学无所不窥，凡兵法、弧矢、壬奇、禽乙，皆能究极原委，故言之俱有本末。”[⑥]吴用先从时代背景出发亦对《武编》的实学取向作了充分论述：

---

①《四库全书总目》《钦定续通志》《钦定续文献通考》等书目著录为十卷，而《千顷堂书目》《明史·艺文志》则著录为十二卷，考之现收录于《四库全书》者，为十卷，盖内容无变化，只是卷数不同。

②永瑢等：《四库全书总目》卷99《武编》“提要”，第839页。

③《四库全书总目》卷172《荆川集》“提要”原文如下：“顺之学问渊博，留心经济，自天文、地理、乐律、兵法以至勾股壬奇之术，无不精研，深欲以功名见于世，迨晚年再出，当御倭之任，不能大有所树立，其究也，仍以文章传。”一方面指明了唐顺之的经世学术思想，另一方面认为这一经世思想仅为纸上之谈，从而贬低唐顺之的现实事功。另，在《武编·提要》中也表达了这一思想，“其应诏起为淮扬巡抚剿倭也，负其宿望，虚骄恃气，一战而几为寇困，赖胡宗宪料其必败，伏兵豫救得免，殆为宗宪玩诸股掌之上”。

④永瑢等：《四库全书总目》卷99《武编》“提要”，第839页。

⑤向燕南：《从“主于道”到“主于事”——晚明史学的实学取向及局限》，《学术月刊》2009年第3期。

⑥梁章钜：《退庵随笔》卷13《知兵》，清道光十六年刻本。

承平日久,偷惰渐生,将帅缓带而轻裘,旅众间哺而糜食,相寻故事,徒有简兵练卒之名而无强兵锐卒之用,一旦有警,蒙头缩项,曾未对垒而已胆落神悸矣,安望其拔旗斩将,摧锋奏凯之功哉?荆川先生有慨于此,爰集《武编》一书,一切命将驭士之道,天时地利之宜,攻战守御之法,虚实强弱之形,进退作止之度,间谍疑诡之权,营阵行伍之次,舟车火器之需,靡不备具而胪列。试取而读之,可以资胸中之甲兵,可以壮三军之神气,可以居常而耀武,可以应变而戡乱,莫盘石于疆圉,标铜柱于塞外,此诚韬钤之武库、征伐之舆梁也。[①]

郭一鹗更是论述了《武编》对唐顺之"南剿倭、北创虏"客观事功的指导意义,"是编也,极古今之阵势,殚水陆之情形,尽背合之巧态,穷起伏之变法,而证之古,酌之今,准之成,究之败。靡所弗有而有者,非凿空之谭(谈);靡所弗奇而奇者,非尝试之举。弁而壮者,枢而中筳者得是编,熟之、化之,天下无劲敌矣。荆川先生熟而化此,以南剿倭、北创虏,十用其七八,设不遘忌先生者,先生又继王文成伟绩矣"[②]。看来,唐顺之的历史编纂不再仅满足于"微言大义"式的道德说教,而是把更多精力倾注于具体历史经验于现实借鉴意义上的探讨。

关于兵法战阵的辑录和研究,除《武编》外,据唐鼎元记载,唐顺之还曾研究过《孙子》《阴符经》和《握机经》等兵书,如关于其批点《孙子》,"(《孙子参同》)所采批评,列苏洵、王圻、唐顺之、王世贞、陈深、李贽、梅国桢、焦竑、朗文焕、陆宏祚十家",虽不无"坊贾凑合"的嫌疑[③]。如关于研究《握机经》,"据王世贞序,称昆山明斋王氏与念庵罗公、荆川唐公因倭变,力研究之(按,指《握机经》)"[④]。而其所注《阴符经》更是在明代并与张商英注《素书》,王世贞注《孙子》,王士骐注《吴子》合编为《兵垣四编》刊行,"鼎元考《四编》,为宋张商英注《素书》,明王世贞注《孙子》,世贞子士骐注《吴子》,惟《阴符经》为荆川公撰注,末附许论《九边图》、胡宗宪《海防图论》等"[⑤]。

---

①唐鼎元:《唐荆川公著述考·武编条·吴用先序》,国图藏民国铅印本。
②唐鼎元:《唐荆川公著述考·武编条·郭一鹗序》,国图藏民国铅印本。
③永瑢等:《四库全书总目》卷100《孙子参同》"提要",第841页。
④永瑢等:《四库全书总目》卷100《握机经握机纬》"提要",第840页。
⑤唐鼎元:《唐荆川公著述考·兵垣四编条》,国图藏民国铅印本。

（六）《稗编》："语理而不尽于六经，语治而不尽于六官"

《稗编》，初名《杂编》，一百二十卷，六编之中，卷帙仅次于《左编》。现存于四库全书的《稗编》和《右编》一样，不单是唐顺之个人编纂的，而是经过后人的辑佚和校正而得以刊行的。《稗编》初编迄并未刊行，佚失较多，后经茅一相等人访求，厘正为一百二十卷并刊行①。

《稗编》最直接的特征就是广博性。全书以"六经"和"六官"为编纂线索分为两部分，前八十六卷为"六经"和"诸子百家"部分，后三十四卷为"六官"和其他官制部分。各部分之下首列"总论"，收录历朝关于儒学经典和古代官制的总体论述，如《稗编》卷1首列"六经总论"，分别以"史记儒林传序""东汉儒林传序""北史儒林传序"等为名收录了司马迁、范晔、李延寿等人的相关言论；《稗编》卷87下列"总论"，分别以"论天下强弱之势""汉之祸凡六变""论土崩瓦解之势"为名收录了李德裕、苏轼、徐乐等人关于天下统合大势的论述。"总论"后则分列以"六经"为中心的各家学说和以"六官"为中心的各级官制。前者除"六经"外为二十七类，后者除"六官"外为二十五类。对此，四库馆臣总结道："始之以六经，终之以六官。六经所不能尽，则条次以九流诸家之学术，凡为类二十有七。六官所不能尽，则赅括以历代之史传，凡为类二十有五。"②茅坤则更加详细、具体地胪列了《稗编》的分类，"六经所研者理也，六经所不能尽，公则条次之以诸家之学，曰法，曰名，曰墨，曰纵横，曰杂，曰兵，曰农，曰圃，曰贾，曰工，曰天文，曰历，曰地理，曰理数，曰术数，曰医，曰道，曰释。又次以文艺，曰史，曰词赋，曰文，曰书法，曰画，曰古器，曰琴，曰射，曰奕（弈）；六官所考见者治也，六官所不能尽，公则条次之以天下之大，曰君，曰相，曰将，曰谋，曰谏，曰政，曰后，曰储，曰宗，曰戚，曰主，曰宦，曰幸，曰奸，曰篡，曰封建，曰镇，曰乱，曰夷，曰名世，曰节，曰侠，曰隐逸，曰烈妇，曰方技。末复终之以曰吏，曰户，曰礼，曰兵，曰刑，曰工"③。由此，我们可以看到《稗编》分类之"细"和"博"的基本编纂特征。清人陈宏绪《江城名迹》曾从唐顺之藏书之富的角度肯定《稗

①关于《稗编》刊刻情况，详参四库馆臣所作提要以及《稗编》文渊阁四库全书本前收录的茅坤所作序。
②永瑢等：《四库全书总目》卷136《荆川稗编》"提要"，第1154页。
③茅坤：《茅鹿门先生文集》卷14《荆川先生稗编序》，明万历刻本，续修四库全书，第1344册，第650页。

编》记载的广博性, 因其记载了文献很少记载的元人熊朋来的"论经学诸文", "朋来博通群籍, 载于《元文类》者仅见一斑, 唐顺之《稗编》录其论经学诸文, 皆世所未见, 予疑荆川先生家当有其全集, 属友人访之, 果然"①。清人《尖阳丛笔》也记载了唐顺之《稗编》部分保留了世所罕见杨绘所著的《易索蕴》的部分内容, "按《索蕴》, 今世罕见其书, 唐荆川《稗编》中有绘论坤卦不言方一篇, 意即《索蕴》之文"②。可见, 正是《稗编》记述的广博性, 很多珍稀的文献往往藉其以保存。

在广博的基础上, 《稗编》"精核"的特征, 在以擅长考据的清人那里也得到一定程度的认可, "四编(按, 即《左编》《右编》《文编》《稗编》)中, 要以《稗编》为最, 余所藏者, 茅一相康伯刻本, 世父户部公赐书也。罗列艺文, 无所论纂, 虽不及章氏《山堂考索》之精核, 亦考古者所必资, 以之肩随, 庶无愧矣"③。

其实, 唐顺之《稗编》的广博性特征背后更为深层的仍是经世致用的编纂动机, 其言: "语理而尽于六经, 语治而尽于六官, 蔑以加之矣。然而诸子百家之异说, 农圃工贾、医卜堪舆、占气星历方技之小道, 与夫六艺之节脉碎细皆儒者之所宜究其说而折衷之, 未可以为赜而恶之也。"④茅坤进一步发挥了唐顺之所言"语理而尽于六经, 语治而尽于六官, 蔑以加之矣"之语, 说明"理""治"非"六经""六官"所能穷尽的, 因此《稗编》成。这都说明《稗编》编纂的根本旨趣并不是仅仅为"博"而务"博", 它仍然是唐顺之出于以圣人自期的心理和学术经世的现实关怀。在这一思想主旨指导下, 面对纷繁复杂的世事, 为了更为全面地总结历史经验以为今用。这从而使他的著作以"博"的形态表现出来。

唐顺之还从"道""器"不可分的角度论述了他编纂《稗编》的经世动机:

> 《易》不云乎: "言天下之至赜而不可恶也。"曾子论道之所贵者三, 而归笾豆于司存, 以反本也, 论者犹以为颇析道器而二之。庄生云

①陈宏绪: 《江城名迹》卷2《熊天傭宅》, 文渊阁四库全书本。
②吴骞: 《尖阳丛笔》卷9, 清钞本, 续修四库全书, 第1139册, 第508页。
③钱泰吉: 《甘泉乡人稿》卷7《曝书杂记上》, 清同治十一年刻光绪十一年增修本, 续修四库全书, 第1519册, 第310页。
④常州市唐荆川研究会编: 《唐荆川诗文集》卷10《杂编序》, 第284页。

道在稊稗，在瓦砾，在尿溺，其说靡矣，儒者顾有取焉，以为可以语道器之不二也。[1]

唐顺之认为历史编纂不仅应注意到形上之"道"对世事的规范和整合作用，更注意到"器"对现实社会的借鉴意义。对于现实的治理而言，两者是并存的，缺一不可，从而为以实学为主旨的经世作了理论说明。这一实学思想认识从《稗编》的编纂分类亦可窥得，前半部分以"六经"为主旨，兼及诸子百家，显然是从属于"道"的范畴；后半部分以"六官"为中心，兼及政府运作模式和社会其他"小道"，显然属于"器"之行列，合而并之为《稗编》，则生动地体现了唐顺之以实学为依归的编纂主旨。

也正是由于《稗编》的"博"的形态以及经世的动机，一些学者也以传统史著类型当中兼具两者特征的"类书"视之：

> 类书之名始见《新唐书》……明志一代人著作而类书多至二万七千余卷，乃今所流行，则惟唐顺之《稗编》、陈禹谟《骈志》、彭大翼《山堂肆考》、袁黄《群书备考》、凌以栋《五车韵瑞》、黄一正《事物绀珠》、彭俨《五候鲭》、陈仁锡《潜确类书》，与夫屠隆《汉魏丛书》、毛晋《津逮秘书》耳。类书在宋以前者，所载往往有后世未见之书，故虽学比饾饤獭祭，而每为学士所珍收。[2]

积极肯定了《稗编》的典型意义以及流传广度。

《稗编》的实学主旨还体现在类似于"志"的编纂风格。"志"作为史书的体例之一，往往是记载典章制度的最有代表性的载体。后人对历史经验的总结，特别是对比较具体的经验的总结，往往是通过对"志"的研讨而获得的。《稗编》不仅大量收录了前朝史书中的"志"，更使《稗编》以"志"的风格表现出了它的实学主旨，此即前引唐顺之所言"广诸志而为之者也"。

从以上分析我们可以看出，"六编"是在唐顺之成圣成贤的思想体系观照、积极吸收前人的成果的背景下纂成的，虽然各自成编，但又统归和服务于这一思想体系，对这一思想体系落实于现实发挥着不同的功

---

[1] 常州市唐荆川研究会编：《唐荆川诗文集》卷10《杂编序》，第284页。
[2] 汪师韩：《上湖文编补钞》卷下《题陶秉虔类函纂要》，清光绪十二年汪氏刻丛睦汪氏遗书本，续修四库全书，第1430册，第467页。

用,并且各编之间联系紧密,构成一个体系。

## 四、"六编"编纂体系的思想解构

从"六编"的编纂时间来看,左东岭据唐鼎元为唐顺之所作《年谱》考察:"这些学问(包括"六编")都是在其四十岁以前所作的。"[①]并进一步分析道:"无论是搜集诸史以供借鉴,还是纂次诸儒语录以为学习之途径,乃至批点诸大家古文以为效法之对象,就其实质而言皆是有待于外而非悟解于内,而此时他心中的崇拜对象也是宋代理学大师朱熹先生。"[②]左先生所论简明扼要地对"六编"的思想涵义予以定性的同时,也忽略了他所主张的"荆川的学术转变显然要有一个过程,他不可能一下子从科举之学转入心学,而是中间经历了一个朱王相混的时期"[③]。即"六编"具有绝非仅程朱理学就能概括的丰富含义。

由前所知,唐顺之学术一生凡三变,四十左右是他学术转向王学的一个重要时期。唐顺之"六编"大致也成书于这一时期。如《左编》,王畿于嘉靖四十年(1561)为其第一版作序时云:"经二十余祀,凡七易稿而始成编。初名《史大纪》,更名《史纂左编》。"[④]可知《左编》的编纂大致开始于1530—1540年间。又如《文编》,据唐顺之自序,始成于嘉靖丙辰(1556)。可见《左编》和《文编》的编纂时期正处于唐顺之四十岁左右的学术转变期。又洪朝选所撰《行状》言其四十以前学术:"谓左氏有功于经而文多散碎,谓二十一史经济之要而繁乱无统,谓濂洛诸儒语录、朱陆张吕陈问答为学者门户,历代奏议忠贤嘉猷悉为纂次编辑,古文辞之可取以为法者,如《史》《汉》,如七大家文亦为批点,至于稗官曲艺搜辑阙遗。今《左氏始末》《史纂左编》《批点史汉书》已行于世,其藏于家者《儒编》《杂编》尚数种。尝论前代博学诸儒,于郑夹漈、马端临皆所不取,独推服朱晦翁以为不可及,盖自喻也。"[⑤]其中,对"六编"之《左编》

---

① 左东岭:《王学与中晚明士人心态》,第444页。
② 左东岭:《王学与中晚明士人心态》,第453页。
③ 左东岭:《王学与中晚明士人心态》,第444页。
④ 唐顺之:《历代史纂左编》卷首《历代史纂左编凡例并引》,明嘉靖四十年胡宗宪刻本,四库全书存目丛书,史部第133册,第3页。
⑤ 洪朝选:《明都察院右佥都御史巡抚凤阳等处地方提督军务前右春坊右司谏兼翰林院编修荆川唐公行状》,见常州市唐荆川研究会编《唐荆川诗文集》,第613—614页。

《儒编》《稗编》成书于这一时期有明确的记载,同时也较为模糊地包含了《诸儒语要》和《文编》。因此,"六编"的存在形式虽然反映了"有待于外而非悟解于内"的程朱理学倾向,主体思维仍然为程朱理学,但王学已对这一主体思维产生了不小的冲击。对"六编"的编纂动机、历史评价等具体内容的考察,则明显带有合会朱、陆的色彩。

关于"六编"的编写动机,从唐顺之成圣心理的最为直接的外在诉求——《诸儒语要》来看,"明兴,学士家传紫阳氏之学,循规守墨,以为道在是矣。姚江阳明先生始倡良知绪论,一扫支离而复之,宗其说者遂乐放逸,恶拘检究且流于恣肆而弊滋甚。荆川先生之纂是编也,首濂溪,终姚江,盖有意于修悟合一之旨乎"①。如果说此序是后人在程朱理学和王学弊端尽现的背景下所作的牵强之说,《诸儒语要》毕竟为此说提供了理论武器或诱发性因子。唐顺之合会朱、陆的学术特点在唐顺之《右编》自序中则有直接地体现。他以棋局喻古今宇宙,提出"师心者废谱,拘方者泥谱,其失均也"②的方法之论,显然就是直接针对王学与程朱理学流弊而言。

在程朱理学的话语体系下,主观之心与外在天理(即传统儒家所定义的理想道德或人格)是一分为二的,主观之心从属于外在天理,因此,程朱理学存在忽视道德践履中主体自觉的倾向。特别是程朱理学上升到官方意识以后,更是使这一倾向得以强化。又由于理想道德于现实并非人人可为,从而在高唱理想道德的表象下导致现实道德践履的普遍虚伪。同样,这一理论运用到历史评论上存在以理想道德为唯一评价标准的倾向,忽视了历史发生的其他背景。王阳明心学就是从程朱理学官方化的这一立场出发,提出"心即理"命题,把心与理合而为一,把外在天理置于主体意识的统摄之下,从而赋予主体无比的能动性和自主性,使其成为评判善恶、是非的根本标准。并且在主体意识多样化的观照下,理想道德不再作为其历史评价的唯一标准,更为关注的是从历史丰富背景出发的事功观。这一特点在唐顺之卷帙最大的《左编》中体现得

---

① 唐顺之:《唐荆川先生编纂诸儒语要》卷首《题诸儒语要录序》,明万历三十年吴达可刻本,四库全书存目丛书,子部第10册,第111页。
② 唐顺之:《荆川先生右编》卷首《右编序》,明万历三十三年南京国子监刻本,续修四库全书,第459册,第1页。

非常明显。

　　当然，还需要说明的是，如果就程朱理学比较全面的学术内涵而言，其本身也包含着相当的社会批判意识，唐顺之在为万吉所作传记时称："公自少读经史，守儒先成说甚谨，于儒先中尤笃信晦翁氏，然至疑难处辄掩卷自思，及有所得多出儒先论断之外。"①起码于唐顺之看来，由"笃信晦翁"到"不谨守先儒所论"的批判意识，这是非常正常的一个逻辑进路。而前已述及，阳明的经世诉求也是非常强烈的。总而言之，唐顺之《左编》所体现出的事功和道德相杂的历史评价标准，如果梳理其思想来源的话，程朱理学和阳明心学都提供了丰富的理论动力和源泉。

　　从编纂体例来看，《左编》大概是以事功和道德相杂的标准来衡量历史人物或事件。《左编》的"君"门仅记汉、唐、宋，即传统道德所谓之"后三代"，它是在"纂汉、唐、宋之君者何？重正统也"的动机下编纂的，把元以前各代分别归为篡、镇、夷等具有传统道德判断的分类之中，存在以传统道德为准的评价倾向，但在此背景下，"荆川子纂帝纪详于开创之君，略于守成，何也？重作法也"。"开创"和"守成"都是以事功的标准衡量历史人物，当然，其中也包含着对"开创"之君褒扬的道德价值趋向。同样，这一特点较为鲜明地体现在其余各门中。

　　就《左编》的思想内容而言，也体现着这一特点。如《冯道》道德与经世相杂的评价标准，民国唐鼎元在为其先辈辩解时也注意到这一矛盾现象，"荆川《左编》秦桧传于桧前半截之美者，如辞副张邦昌为割地使，如金人请立赵氏状，仅隐括数语而削其词，而搜罗桧之恶迹则较《宋史》桧传为详"②也正因为此，在基本以传统道德为评价标准的四库馆臣眼里才有对《左编》"殆与李贽之《藏书》狂诞相等"的评价。"如君纪只列汉、唐、宋三朝，偏安者皆不得与，而隗嚣、公孙述、李筠、李重进诸人乃反附入。于列代宦官、酷吏叙之极详，固将以垂鉴戒，而唐之杨复恭、来俊臣、周兴等，尤为元恶巨憝，乃反见遗。又以房管为中兴之相，高骈为平乱之将，褒贬既已失平；以纥石烈为人名，姓氏几于莫辨。其它妄为升降，颠倒乖错之处，不可胜言，殆与李贽之《藏书》狂诞相等。乃贽书多相诟病，而是编独未有纠其失者，殆震于顺之之名，不

①常州市唐荆川研究会编：《唐荆川诗文集》卷16《万古斋公传》，第459页。
②唐鼎元：《荆川先生著述考·两晋解疑条》，国图藏民国铅印本。

敢轻议欤"①。

正是由于唐顺之在衡量历史人物或事件上传统道德和事功双向兼取的标准,后人在对其研究中,大都认为其思想具有合会朱、陆的特点。"若荆川之言,盖多与阳明暗合,然究其指归,其牴牾晦翁者鲜矣"②。

由此看来,唐顺之"六编"主体思维虽仍然是程朱理学,但对"六编"的编纂时间、动机以及具体思想内容的考察,我们发现其中也包含着其向王学转化的倾向,体现着合会朱、陆的色彩。

"六编"刊刻后亦引起了社会的重视并广泛流传开来,吴用先在为《左编》第二版作序时说:"嗟乎! 天下治日少而乱日多,君子少而小人多,经世之学少而经生多,则《左编》者,何可一日不置之座右哉!"③郭一鄂亦言:"先生学本六经,胸富万有,退藏者密,运量者神,平生所辑《左》《右》等编,不下十种,业已盛行。"④都肯定了《左编》的流传价值和情况。在通史价值方面,有的学者甚至把其与《资治通鉴》相提并论,"古人云,多读史书,广人意智。家居无事,可取温公《资治通鉴》与唐荆川《左编》合观之。国朝书如《吾学编》《宪章录》,尤不可不观,惜近事不载耳"⑤。

又如唐顺之《右编》,一段时间内也成为后世学者模仿、辑补的对象。明人姚文蔚就曾撰有《右编补》一书,"初,唐顺之为《右编》,其书未完。刘曰宁补而辑之,尚多阙略。文蔚因取永乐中所修名臣奏议,拾其所遗。其门目则仍从奏议之旧,分四十二类。大抵皆习见之文。特于顺之所不录者,覆为掇拾,以成一编耳"⑥。姚文蔚门人鲍国忠在为其书作序时亦说明了《右编》的经世主旨及其对《右编补》编纂旨趣的影响,其言:"余师官户垣时,补《右编》若干卷,补唐中丞之所未备者……余得而读之,夫陈见悃诚,其于文章别自一体,故古人著作率由己意成一家言,至其匡主德济时艰,扬榷是非,指析利弊,不唯出言者之口,要以厌听者之心。或慷慨

---

① 永瑢等:《四库全书总目》卷65《史纂左编》"提要",第580页。
② 唐鼎元:《明唐荆川先生年谱》卷1,《宋明理学家年谱续编》第4册,第345页。
③ 唐鼎元:《唐荆川公著述考·左编条·吴用先序》,国图藏民国铅印本。
④ 唐鼎元:《唐荆川公著述考·武编条·郭一鄂序》,国图藏民国铅印本。
⑤ 姚希孟:《文远集》卷14《马检讨胜干》,明崇祯张叔籁等刻清閟全集本,四库禁毁书丛刊,集部第179册,第451页。
⑥ 永瑢等:《四库全书总目》卷56《右编补》"提要",第512页。

而谈，或委婉而谕，或隐约从容而进，要于当可济事而已。"①

唐顺之的"六编"后经多次刊刻，其版本于今可考者，《诸儒语要》就有万历三十年（1602）吴达可刻本和万历三十九年（1611）黄一腾刻本两种版本；《左编》亦有嘉靖四十年（1561）胡宗宪刻本和万历三十九年（1611）吴用先刻本；《文编》则有嘉靖间姜廷善、嘉靖间胡帛以及天启间陈元素等三种刻本，这一方面说明了"六编"的流传，另一方面也说明了"六编"受明代史学走向社会深层特点的影响并对历史知识的普及所作出的莫大贡献。

卷帙如此巨大并经多次刊刻的"六编"也对后世产生了巨大的影响。考之晚明史学，"六编"的影响亦清晰可见，它们或直接成为晚明史著的底本，如《左编》之与《藏书》。或通过所包含的编纂思想影响于某一学派，如唐顺之经世思想对其儿子唐鹤征与东林学派，都产生了直接而深远的影响。

## 第三节　两部《解疑》的史学思想

两部《解疑》的卷帙均不大，但却是唐顺之诸多史学著作中，史论色彩最为浓厚，特点也最为鲜明的两部著作。其中《两汉解疑》二卷，《两晋解疑》一卷，"盖摘取汉、晋两代人物，论其事迹，设为问难而以己意解之"②。值得指出的是，两部《解疑》所及，并不仅仅以汉、晋的时限为断，而是在分析评议汉、晋人物或事件时，广泛联系历史上其他时代相类的人或事进行比较分析。如《两晋解疑》"贾充"条，就兼论宋朝秦桧和五代冯道。《两汉解疑》的"韩生"条，也兼论宋金时期的兀术受困之事。如是，则它们的史论色彩及史学思想更加凸显。

**一、两部《解疑》"以己意解之"的史学思想**

历史上对两部《解疑》的评价褒贬不一。其中持批评意见最典型的

①姚文蔚：《右编补》卷首《右编补序》，明万历三十九年刘伸等刻本，续修四库全书，第460
　册，第566页。
②唐顺之：《两汉解疑》卷首《宋泽元序》，光绪十一年山阴宋氏忏花盦刻本。

代表,是具有官方背景的四库馆臣。他们认为:《两汉解疑》"摘两汉人物,论其行事,设为问难,而以己意解之。大抵好为异论,务与前人相左。如以纪信之代死为不足训,以汉高之斩丁公为悖恩欺世之类,皆乖平允,不足为训也"①。认为《两晋解疑》除与《两汉解疑》同样悖谬外,更因它所涉及的是晋朝这一"华夷之辨"显化和政权更迭频繁的历史时期而抨击尤为激烈,称其"持论与所作《两汉解疑》相类而乖舛尤多。如贾充一条称秦桧有息民之功,故得善终;冯道和蔼温柔,故有长乐老子之荣,悖理殊甚"②。

与批判意见截然相反的观点则认为,评价历史就当各出心裁,不应墨守成规,人云亦云。从而认为唐顺之的评论是合乎情理的,其"譬诸老吏断狱,准情酌理,均能抉摘其微,剖析至当,即起古人于九泉而问之,恐亦莫可置喙。顾或以其驱骋词锋,好与古人立异为讥者,殊不知论古之作本宜各出心裁,若第知人云亦云,又何贵此操觚者哉"③!

我们认为,这看似截然相反的两种评论其实只是一个事物的两个方面,这个事物就是两部《解疑》中所蕴涵的"以己意解之"的撰述旨趣。这里的"己意"在一定程度上是游离于古代主流意识形态束缚之外的,是唐顺之在明中叶社会变动的背景下对主流意识形态的反思和对现实的忧虑④。综观两部《解疑》,它们对传统史论的突破主要体现在评价历史的事功观和时势观、对国家统治的深刻认识以及对春秋笔法的积极反思三个大的方面。

"以己意解之"的撰述旨趣,在一定程度上有突破以程朱理学为代表的主流意识形态束缚的倾向,具体则体现在评价历史人物或事件时,

①永瑢等:《四库全书总目》卷90《两汉解疑》"提要",第762页。
②永瑢等:《四库全书总目》卷90《两晋解疑》"提要",第762页。
③唐顺之:《两汉解疑》卷首《宋泽元序》,光绪十一年山阴宋氏忏花盦刻本。
④白寿彝先生从生产力和生产关系的矛盾作用于史学的高度评价明代史学的特点时认为:"一方面是因循保守气息的充斥,另一方面,是反映时代抗议精神的优秀作品在不断地问世。"(《中国史学史》第1册,第77页)以此角度,"优秀作品"应包含两部《解疑》,向燕南先生从史学思潮的角度对此予以明确:"作为史学思潮的重要表现,明代后期这种抗议封建思想专制束缚,强调要以自己的价值观点重新评论评价历史的思想、学术倾向相当普遍。仅从《四库全书总目》提要的评论来看,除祝允明、李贽外,比较典型地表现出这种思想、学术倾向的史学著作,至少还有唐顺之《两汉解疑》《两晋解疑》《史纂左编》……这些著作论述的理论层次虽然有高有低,但都不同程度地表现出反对封建伦理束缚,蔑视既定权威的思想和学术的特征。"(向燕南:《中国史学思想通史·明代卷》,第179页)

不以理学伦理观念的是非为是非，从强调历史活动的目的到关注历史活动的结果，即以强调历史行为的"事功"作为历史评价的标准。如《两晋解疑》"贾充条"认为：历代正史冠以"酷吏""奸臣"名号的张汤、秦桧、冯道等人所以会有"有后""善终"的结果，是因为他们均有"一善之长"的事功：

> 人有一善之长，犹可以享无妄之福。张汤之有后，廉清为之基也；秦桧之善终，息民之可颂也；冯道和蔼温柔，故有长乐老子之荣；胡广中庸不迫，乃享四世公之寿。[①]

而且唐顺之认为这并不是一个偶然的历史现象，其具有一定的普遍意义。又如其评价陈平在西汉开国时所上具有"小人害君子""嫉贤害能""刻薄"色彩的计谋时，一方面言：

> 求人于三代之前，则道义仁术，堂堂正正，奇且不用，六（亦）何足夸也。秦汉以来，则诈谋相尚，事苟有济则请臣请妾之不恤，一时秘谋丑事有难以告人者行之而有效，则相诩之为奇。[②]

从秦汉不同于三代的时势观，肯定陈平所为的合理性。并进而论曰：

> 盗跖日杀不辜而卒以寿终，曹瞒惨毒弑后而终开魏业，冯道六朝尊荣，秦桧三世光显，小人之享厚福也不独一陈平为然。[③]

在《两汉解疑》"严尤三策五难"条中面对"史谓（严）尤献策助桀（指王莽），亦逆贼之党耳，虽意在息兵，亦奚足贵"的道德诘问时，唐顺之也是以"息争宁民"和错生当世为解的。

> 解曰：正不必深责严尤也。当莽之世，颂上功德者，四十八万人，汉诸侯稽首奉玺，惟恐在后，亦相与颂功德者而鲜有怨恶者，不特此也。一时大儒如孔光为王嘉所称赏者，始终成莽之事。刘歆为五经典领书集《七略》，而亦为莽用。扬子云以太元自著《法言》中盛称莽功德。以是观之，莽之智诚足以欺一世而有余也，况严尤乎！使三策五难之说见于

①唐顺之：《两晋解疑·贾充》，中华书局，1971年，第3页。
②唐顺之：《两汉解疑》卷上《陈平》，中华书局，1971年，第16页。
③唐顺之：《两汉解疑》卷上《陈平》，第18页。

汉武之时，则足以息争宁民，即见于哀平之际，亦不失为忠臣嘉谟，何不幸而陈于王莽之朝也噫。①

这里，我们看到了，在唐顺之的历史价值观中，实实在在的善的结果，其历史的价值远远地超过了善的目的。唐顺之的这种历史思想表现还表现在其曾撰的《常熟县二烈祠记》中，其言：

> 昔人论女子从一于夫，比于臣从一于君之义。自古奸人篡窃而其故臣不幸以才见籍录，于斯之时彼有弃瑕用仇之图，而我有伴合观衅之便，苟其党有可携，事有可济，则逞一击以诛仇而复国，若王司徒之于卓，段司农之于汜，此其势逆而其事之难以必者也；彼有弃瑕用仇之图，而我坚委质策名之谊，宁死而不二其心，宁死而不二其君，若豫让、王蠋之说，此其势顺而其事之可以必者也。二者所处不同，而其要于自尽则一也，是故生也而无迁身于徼幸之嫌，死也而无自经于无济之愧。②

虽然对于道德的强调，仍然是此段文字的宗旨，但唐顺之在描述臣于君的从一而终道德义务时，也注意到时势的不同，这种道德的表现形式也就不尽相同，可以为"宁死不二其心"，亦可是伺机而为，这就为在不同情实下的忍辱负重行为提供了合理的存在空间，"其要于自尽则一也"。

唐顺之重视历史人物评价的"事功"标准，就是把历史史实投放到历史的"时"与"势"背景下加以考索，即"论人者当衡其时事，不可执己见以相绳也"③。在《两晋解疑》"羊祜劝伐吴"条中，针对苏颍滨指责羊祜积极建言灭吴之计而终致晋朝灭亡之事，唐顺之解曰：

> 智者能见理而不能见事。苏之责祜，于理是矣。使晋世有贤君，励精图治，平吴之后，君明臣良，复有何虑？若晋无人，而吴立令主，安见长江之险，不足以掠平中原也？何如乘其时而灭之，以大一统之业，不少足以安枕乎？所谓当劳圣虑，正劝之以保治之道也。励志之主，以外患而益惕，不肖之君，岂不以外患而益速其亡哉？事机不可失，晏安不可

---

① 唐顺之：《两汉解疑》卷上《严尤三策五难》，第45—46页。
② 常州市唐荆川研究会编：《唐荆川诗文集》卷12《常熟县二烈祠记》，第336页。
③ 唐顺之：《两汉解疑》卷下《李固杜乔》，第72页。

怀，羊祜之言是也。①

从权衡晋、吴双方政治修为所导致的力量变化以及时势的发展，肯定了羊祜所劝是合乎"时""势"的正确选择。在其后的"杜预"条中则进一步肯定了这种"时""势"观，认为杜预作为一位著名的史学家，他必定能够认识到"附会太子之短丧"所需承担的道德风险，之所以不可为而为之，实为"盖当晋新承汉祚，人情汹扰，吴蜀未平，正拮据不遑之时也。使谅阴不言，置国事于不问，吴蜀之境，其孰与底定哉"的时势所迫。至于司马温公对杜预的指责则是从"谈理道者，不幸功以顺非"的名教立场出发，"温公故深责之，以扶名教于万世也"②。从杜预和司马光各自所处的历史背景分析了产生差异的原因。同样，这种多角度分析本身也是唐顺之不离事以言理的时势观的反映。

与当时主流史学更多从道德的视域对历史予以价值的判定不同，唐顺之从客观史实所处的"时""势"出发，强调历史活动的历史性，从而对同一历史现象得出更为深刻的认识。如在分析汉文帝入粟拜爵的举措而遭受"后人以鬻爵讥之"时言：

> 经国之谋，贵在有礼而无害。入粟拜爵之事，在尧、舜、文、武之世，或谓有妨于贤路，非辟门吁贤之典也。秦汉以来，军用不足则啙克乎民，加赋加税以致流离不堪，何如令民入粟纳财而酬之以爵。在上非有所迫，在下非有所强，国富而民不病，亦策之善者也。③

从"军用不足"的史实出发，认为汉文帝时期的入粟拜爵是两全的选择，从而为世人一概讥讽之"卖官鬻爵"提供了一个合理的解释。

也正是诸种在解析历史时非常重视其中的时、势因素，唐顺之的很多历史认识与传统以道德为出发点和判断标准的历史认识出入很大。在对皇朝统治中君臣关系的认识方面，唐顺之认为皇帝只是统治阶级的一个代表，一个皇朝的存在是包括君臣在内的多方力量运作的结果。对此，一个突出的例子，就是唐顺之对晋惠帝的记述。晋惠帝在历代史学中都是以"戆骏"著称的，其中最为人说道的有两件事：一为问蛙鸣为

①唐顺之：《两晋解疑·羊祜劝伐吴》，第1页。
②唐顺之：《两晋解疑·杜预》，第2页。
③唐顺之：《两汉解疑》卷上《汉文帝入粟拜爵》，第22页。

公为私；一为问人饿死何不食肉糜。但晋惠帝也有令人称道的事，即侍中嵇绍在护卫晋惠帝时，血溅帝衣，左右欲为帝洗除身上血迹，晋惠帝为了表彰嵇绍的忠心，更为了讥讽百官的临阵脱逃，拒绝洗除身上嵇绍的血迹，而这显然是与其一贯的"戆騃"形象相左。怎么评价这些呢？对此，唐顺之从"见举朝人士，皆图自私"和"见肥肉充庖，而欲散之也。惜政出多门，权不由己"的时势出发，认为晋惠帝是"以戆騃自晦。至嵇绍之血，则义感于中，不能自已，曰嵇侍中血不可浣，见当年百官散去者，死有余辜矣。其知重贤臣也如是"。由此，进一步引发出对国家统治的思考——"苟得伊周之臣，以为之辅，则晋祚安如盘石也。何也？戆騃者不知为善，亦不知为恶，浑浑默默，寂然无为，较刚愎自用，残暴嗜杀者，不犹愈乎。惜晋庭无人，骨肉惨毒，自取灭亡，与惠帝何尤？"[1]

对皇朝统治手段中所采取的愚民权术也有一定的认识。"愚氓难以理喻，大众难以威取。即高宗之立相，犹托梦赍。太王之迁歧，亦假契龟，非事术也，聊借之以愚民耳"。当然，对于唐顺之肯定历史中的愚民权术，我们不能仅仅以地主阶级对民众之仇视简单处理，其中蕴含了唐顺之经世的学术抱负，"得民而后以道治之，此圣王之所兴隆也"[2]很好地说明了这一学术抱负。

唐顺之对皇朝统治认识的深刻同样也反映在其民族观上。唐顺之虽然也承认华夷之分，但判断标准并不是脱离时势的种族秉性，而是"惟以才德为尚"和"气运使然"的文化认可。唐顺之认为：

> 所谓族类者，非必以华夷为界也。小人之害君子，如犬马不与我同类也。至于人久居中国，有何华夷之分，惟以才德为尚耳。(刘)渊以文武全才，久冒刘姓，生长中华，其贤不贤，当与中国等伦可也。如金日磾为汉贤相，岂不美乎，奚必以族类而出之哉？族类之辨，春秋之防微也。如止以华夷论，帝王之胄，流于蛮夷者，不可胜数。舜，东夷之人也。文王，西夷之人也。何伤为圣帝明王哉？如五胡之乱，亦气运使然耳，渊即不帅五胡，宁不乱哉？如必曰中华之人，则同类也，操、莽辈岂皆夷乎？[3]

---

①唐顺之：《两晋解疑·晋惠帝》，第4—5页。
②唐顺之：《两汉解疑》卷上《高祖》，第1页。
③唐顺之：《两晋解疑·刘渊》，第2页。

其中的"气运使然"也即时势观的体现，西晋之亡不在"五胡"，而在其政，在其政所致之"气运"。在这里，唐顺之的时势观和民族观是交相融会的，而其"惟以才德为尚"，不以天然血缘论夷夏的民族思想，这是古代相对开放的民族观的一个普遍的表现。

唐顺之"以己意解之"的史学思想还表现出一种视野更为广大的"天下观"。这一点在其对韩生说项羽都关中而终被烹之史实的解说中表现得更为极端：

> 解曰：如韩生者，其烹之也固宜。羽以残忍刻薄之人，坑秦卒二十万，入咸阳而大掠，秦人畏恶之极矣。使听韩言而遂都焉，秦民其何以堪？如韩生者，好人之所恶，恶人之所好，羽即不烹，秦人将取而诛之矣，不特一韩生也。如兀术欲归，书生叩马而留军；兀术欲降，书生开渠而纵帅。欲图一己之功名，不顾天下之利害，若此辈者，悉可烹也。始皇所坑，安得尽若流乎？[1]

这里，"书生误国"显然是唐顺之肯认的一个潜在前提。当然，唐顺之所谓的"书生"应包括两个群体：一是不识时务者；二是不顾天下之势，斤斤计较于个人得失者。并认为秦始皇所坑之人尽为此辈，某种程度上为在历史上被广泛诟病和批判的"坑儒"找到了某种合理的理由。同时，"天下"与"个人"作为两个对立的视角被纳入到史事的解释当中。显然，唐顺之更强调"顾天下之利害"，顺应时势的"天下"主张。唐顺之在评价项伯于楚汉之争中的作用时亦言：

> 项氏一门，近于愚；汉之君臣，过于诡。分羹之言，季既不知有父矣，何有于朋友？杀戮功臣，季既不知有功矣，何知有信义？伯以身蔽项庄，是重婚姻之约也，其愚一。劝羽不诛太公，欲留为质，其愚二。归太公而恃鸿沟之约，其愚三。楚之愚皆以人道待汉也；汉之诡不以人道自待也。羽即可灭，何不为项伯地乎。使鸿门无项伯，汉王与玉斗俱碎矣。广武无项伯，则太公为高俎之羹矣。使太公终不归，则汉王为无父之人矣。苟少念恩义，鸿沟之约，安在不可遵也。吾每读史至此，未尝不发指乎汉高也。项伯虽受汉侯封，亦羽之罪人也。[2]

---

①唐顺之：《两汉解疑》卷上《韩生》，第4页。
②唐顺之：《两汉解疑》卷上《项伯》，第11—12页。

于唐顺之看来，项伯为了满足自己报私恩，置天下之势于不顾，这是项羽败亡的原因，也是唐顺之批评项伯的理由。

对于史实理解的误差，唐顺之除运用建立在"以己意解之"的撰述旨趣上的事功观、时势观、民族观等认识加以处理外，还意识到春秋笔法于其中的影响。如在《两汉解疑·彭城围》一节中，唐顺之就史书中关于项羽以三万精兵破五十六万汉兵并围汉兵三匝的记载提出疑义，并且认为造成以上疑惑的原因除了汉统治者统治的虚伪外，春秋笔法于其中的运用也是一个因素。

> 三代之得天下也，以仁。秦汉以来，惟恃权谋兵力而已。汉□为义帝发丧，岂真尊王哉？亦诸臣假大义之权谋也。天下其谁不知之。一入彭城，酗酒嗜色，真情流露矣，故五十万人解体而俟之。平勃辈亦相与共为逸乐，初不计项羽之来，故一败而几不可支。史氏恶之，故侈陈其兵之多，而乐书其败之速云尔。迨其后，楚失之而汉得之，何也？汉犹知假仁义，楚惟有杀戮也，此得失之机也。至律以春秋之义则可断之曰：汉刘季谲而不正，楚项羽正而不谲。[1]

在《两汉解疑》"赵壁夺符"条中唐顺之更认识到春秋笔法与客观史实的差距。"作史者欲神人之功，则必神其事以夸之；欲抑人之能，则必易其事而卑之"[2]。即撰史者的夸饰影响到史实的处理。

应该来讲，身处明代中叶的唐顺之能够意识到"春秋笔法"中的主、客观因素，这一点也是难得的。并且，这一相对理性的思考，还广泛应用在其对一些史学现象的解释上，如关于审食其淫污吕后的传言，唐顺之就认为：

> 好人而过者，多侈其美而增之；恶人之甚者，亦多侈其丑而张之。吕后所为，令人切齿，故以莫须有之事喜谈而乐道，谁复为之辨其真伪哉？[3]

唐顺之在其《读春秋》一文中也对《春秋》的"春秋笔法"认识比较深刻。

---

① 唐顺之：《两汉解疑》卷上《彭城围》，第5—6页。
② 唐顺之：《两汉解疑》卷上《赵壁夺符》，第9页。
③ 唐顺之：《两汉解疑》卷上《审食其》，第20—21页。

　　《春秋》，王道也。天下无二尊，是王道也；礼乐征伐、会盟朝聘、生杀之权一出于天子，而无有一人之敢衡行，无有一人之敢作好恶、作威福，是王道也。是故大宗伯以宾礼亲邦国，而以间会发四方之志。天子巡守，诸侯既朝，则设方明而盟，是会盟者天子之权也。其或不出于天子而私会私盟者罪也，故《春秋》凡书会书盟者皆罪之。诸侯朝于天子，而诸侯之自相与也有聘礼无朝礼，凡其不朝于天子而私相朝者罪也，故凡《春秋》之书如书朝者，皆以罪其朝者与其受朝者。九伐之法掌于司马，而天子赐诸侯弓矢斧钺然后得颛征伐，虽其颛之，亦必其临时请命于天子而后行，是侵伐者天子之权也。其不出于天子而私侵私伐者罪也，故凡《春秋》之书侵书伐者皆罪之。诸侯之大夫公子虽其有罪，必请于天子而后刑杀焉，其不请于天子而颛杀者罪也，故《春秋》书杀大夫杀公子者皆罪之。夫侵伐有贪兵，有愤兵，有讨不睦，有以夷狄侵中国，有以中国攘夷狄，有以中国借夷狄而戕中国者，故战有彼善于此者，要之无义战。盟会有解仇，有固党，有同欲相求，有同力相援，有同患相恤，有以夷狄受盟，有以夷狄主盟者，故会盟有彼善于此者，而要之无义会义盟。杀大夫有诛叛，有讨贰，有愎谏，有藉以说于大国，有为强臣去其所忌，故杀大夫有彼善于此者，要之无义杀。是故《春秋》自于稷、澶渊两会之外并不书其故，而至于盟会侵伐，则绝无一书其故者，非略也，以为其会、其盟、其侵、其伐、其战既足以著其罪矣，不必问其故也。杀大夫必名，亦有不名但书其官，如宋人杀其大夫司马者；亦有并其官不书，如曹杀其大夫者，此非略也，以为义系乎其杀之者而不系乎其杀者。义系乎其杀之者，则其杀也足以著其罪矣；义不系乎其杀者，则不必问其为何人与其为有罪无罪焉可焉。说《春秋》者不达其意而琐为之说，曰："其会也以某故，杀某大夫也以某故，至于盟战侵伐亦然。"是皆无益于《春秋》也，而徒为蛇足之画者。[①]

唐顺之认为凡书"会盟""侵伐""颛杀"的，都代表着《春秋》批判的意味。《春秋》不书"会盟"之故、"侵伐"之故或"颛杀"之名，其本身也说明了《春秋》批判的态度。其后，唐顺之又认为好事之人对《春秋》史实的考实和补充，如果从《春秋》"微言大义"的特点出发的话，纯粹属

---

①常州市唐荆川研究会编：《唐荆川诗文集》卷17《读春秋》，第469—470页。

于画蛇添足之举，根本就没有理解《春秋》的本旨。

于此看来，唐顺之对于《春秋》的"微言大义"以及贯彻这一主旨的"春秋笔法"之本质都有着相当清醒和较为深入的认识。在其受阳明心学影响以后，还从"圣人之心"与"愚夫愚妇之心"同的视角，对"《春秋》出而乱臣贼子惧"提出了独特的看法：

> 《春秋》之难明也，其孰从而求之？曰："求之圣人之心。"圣人之心，其孰从而求之？曰："求之愚夫愚妇之心。"《春秋》者，儒者之所累世而不能殚其说者也，而曰求诸愚夫愚妇之心，不亦迂乎？孔子尝自言之矣："吾之于人也，谁毁谁誉？斯民三代所以直道而行者也。"《春秋》者，圣人有是非而无所毁誉之书也。直道之所是，《春秋》亦是之；直道之所非，《春秋》亦非之。《春秋》者，所以寄人人直道之心也。人人之心在焉，而谓其文有非人人之所与知者乎？儒者则以为圣经不如是之浅也，而往往谓之微辞，是以说之过详而其义益蔽。且夫《春秋》之为《春秋》，以诛乱讨贼而已。子而严父，臣而敬君，人人有不知其为是？而弑君篡父，人人有不知其为非者哉？人人知其为是非而或陷于弑逆焉者，昔人所谓以意为之也。虽其以意陷于弑逆，而其直道而行之心固隐然而在也。圣人早为之辨，醒其隐然而在之心，以消其勃然敢动于邪之意，是以乱臣贼子惧焉而能自还也。其使之惧者，不逆之勃然而动者之不可忍，而牗之于隐然而在者之不容息，是以能使之惧也，非惧其书我而不敢为之谓也。故曰孔子惧，作《春秋》，《春秋》成，而乱臣贼子惧。孔子之惧心、斯人直道而行之心，一也；斯人直道而行之心、乱臣贼子之惧心，一也。人人之心在焉，而谓其文有非人人所与知者乎？①

唐顺之从"圣人之心"与"愚夫愚妇之心"同的王学视角，认为后世儒者对《春秋》微言大义的解释一定程度上造成了"说之过详而其义益蔽"的消极后果。在这种思维引导下，《春秋》产生的"乱臣贼子惧"的效果，也并非是乱臣贼子看到《春秋》所载才产生害怕而不为乱、逆之事，而是乱臣贼子之本心与圣人之心本同，只不过意念一动发而为乱、逆之事，"《春秋》作"的意义就在于在乱臣贼子意念未发动处即有克己复礼

---

① 常州市唐荆川研究会编：《唐荆川诗文集》卷10《季彭山春秋私考序》，第275页。

之心,而"《春秋》作而乱臣贼子惧"的社会效果才能真正发挥作用。也就是说,唐顺之不仅肯定了"《春秋》作而乱臣贼子惧"的社会效果,而且对这一效果怎样发挥效用作了进一步的思考。

这一点在其《答俟孙一麐》书中也有着生动的说明:

> 一麐问"卫州吁弑其君完",仓卒未能悉吾意。当时篡弑之人必有自见己之为是而见君父之甚不是处,又必有邪说以阶之,如所谓邪说作而弑君弑父之祸起者。《春秋》特与辨别题目,正其为弑,如"州吁弑完"一句即曲直便自了然,曲直了然即是非便自分晓。乱臣贼子其初为气所使,昧了是非,迷了本来君父秉彝之心,是以其时恶力甚劲。于此之时刑戮且不惧,有何暇怕见书?有人一与指点是非,中其骨髓,则不觉回心。一回心后手脚都软,便自动弹不得,盖其真心如此,所谓惧也。惧与不惧之间,是忠臣孝子、乱臣贼子之大机括,反复如翻掌,《大易》之所谓辨,而《春秋》之所以震无咎也。如善医者下针中其窍穴,则麻痹之人即时便知痛痒。《春秋》一言中却乱臣贼子痛痒处,即乱臣贼子便自回心,是以能惧。然知痛痒者乃其血气之固然,知惧者乃其人心之固然也,善医者特与遇之,《春秋》特与提醒之而已。旧说据《春秋》所书而言惧,吾亦惧《春秋》所书而言惧,此无异者,但旧说以为乱臣贼子惧于见书而知惧,则所惧者既是有所为而非真心,且其所惧能及于好名之人,而不及于勃然不顾名义之人。以为《春秋》书其名胁持恐动人而使之惧,此又只说得董狐、南史之作用,而非所以语于圣人拨转人心之妙用,且如其说,其弊将使乱臣贼子弥缝益密以逃名而避迹,为害不小。[①]

唐顺之没有把篡弑之人的篡逆之为简单斥之以道德低下而了事,而是很能从篡逆之为发生的时势出发,即其所言"当时篡弑之人必有自见己之为是而见君父之甚不是处"。认为篡弑之人敢为篡逆之事,还是由于邪说蔽心,"昧了是非"。唐顺之于此不禁反问:篡逆之人此时尚不惧刑戮,又何惧于书之于书而曝之天下?应该来讲,乱臣贼子的本心与圣人之心是相同的,这时只需要一些点中肯綮的提醒,乱臣贼子即会惧而知返。因此,唐顺之对前人所认为乱臣贼子惧把其篡逆之事书之于书是无

①常州市唐荆川研究会编:《唐荆川诗文集》卷7《答俟孙一麐》,第178页。

关《春秋》"乱臣贼子惧"本旨的。文中以"旧说"和"吾"相对立，也说明了唐顺之不同于既往成说的史学评论特点。

"以己意解之"的撰述旨趣无疑赋予了唐顺之一种比较灵活的理解和解决问题的能力。如唐顺之因上定国本疏被黜为民，并居家为父亲守丧之时，倭患日炙，赵文华和胡宗宪协力应对倭患，取得了一些成果。当时军中流行一个说法，认为是武圣关公的庇护，"军中若见关侯灵响助我师者"，才取得这些胜利。"明年，倭寇复乱，赵公再统师讨之。师过常州，军中复若见侯灵响如嘉兴，赵公喜曰：'必再吉矣。'未几，赵公协谋于总督胡公宗宪，渠魁徐海等悉就擒，赵公益神侯之功，命有司立庙于常州"。但面临一个问题："或谓江南古吴地，吴，侯仇国，吴不宜祀侯，侯亦未必歆吴祀。"唐顺之解曰：

> 此未为知侯之心与鬼神之情状也。先儒有言："人皆谓曹操为汉贼，不知孙权真汉贼也。"按侯所事与所同事，当时所谓豪杰明于大义者，先主、孔明而已。孔明犹以为吴可与为援而不可图，先主亦甘与之结婚而不以为嫌，惟侯恔然绝其婚、骂其使，摒不与通。窃意当时能知吴之为汉贼、志必灭之者，侯一人而已。权、逊君臣亦自知鬼蜮之资必不可为侯所容，非吴毙侯，则侯灭吴，此真所谓汉贼不两存之势也。侯不死，则襄、樊之戈将转而指于建业、武昌之间矣。然则灭吴者，侯志也。侯之志必灭吴，岂有所私仇于吴哉？诚不忍衣冠礼乐之民困于奸雄乱贼之手，力欲拯之于鼎沸之中而凉濯之。使吴民一日尚困于乱雄，侯之志一日未已也。然则侯非仇吴，仇其为乱贼于吴者也。仇其为乱贼于吴者，所以深为吴也。①

唐顺之先以"先儒"所言，指出孙权乃为汉贼，从而为关公对孙吴政权的仇视找到合理、正当的依据，甚至相比较于当时识大体之刘备、诸葛亮，关公在这一点上都无逊多让。但关羽的对吴的仇恨，只能是对吴主和孙吴政权的仇恨，而非对吴地、吴民的仇恨，唐顺之把"吴"分成两种层次来进行诠释，这就把关羽和吴地的感情纠葛化解开了，而在吴地为关公立庙不仅寄托了吴地民众对关公的感望，而且也疏通了关公"未必歆吴"的逻辑死结。在对"吴"吴地和吴主的分疏下，唐顺之更是把对

①常州市唐荆川研究会编：《唐荆川诗文集》卷12《常州新建关侯祠记》，第335页。

吴主的仇恨,归结为关公是"深为吴"的感情倾向。可以看出,通过对于"吴"字范畴不同层次的分疏,唐顺之灵活地解决了为关公于吴地立庙这种从逻辑上看似不可能完成的任务,从而赋予了其历史理论相当的灵活性和思想解放意义。

明末清初,黄宗羲等人的"君主""天下"之辨,也是在突破了传统的"普天之下,莫非王土;率土之滨,莫非王臣"的习惯思维下而产生的对封建君主专制的理性思考。以此来反观唐顺之对于"吴"字的分疏,其在本质上与黄宗羲等人的认识相似,只不过其视野局限于吴地,其矛头指向了在封建正统论支配下并不占优势的吴主,也因此并没有产生比较大的轰动效果。

当然,唐顺之"以己意解之"的史学思想也有诸多不可避免的缺憾。如文人之论浓厚,这就使其史论表现出不严谨的态度,甚至是前后矛盾的缺点。如其在评价韩信在郦时其遭烹中的作用时言:

> 信之杀郦生,实所以自杀也。贪一时之功,不顾违高祖之命,是自取猜忌也。信贪谗之口而辄杀有功之人,是干天诛也。迨其夷族之后,人皆言汉高没淮阴之功,孰知淮阴已先没郦生之功也。人皆言汉高以无辜而戮淮阴,岂知淮阴以无辜而烹郦生也。天道好还,岂偶然哉? 吾于是益信报复之不爽矣。[①]

这里,唐顺之认为韩信杀郦时其显然采用了春秋笔法,因为郦时其确因韩信举兵伐齐而遭齐烹,并非韩信直接杀了郦时其。本来,此段前半部分对唐顺之之所以认为韩信杀了郦时其及其后果进行了合乎情理的解释,但其后以"天道好还"为依据,把韩信遭汉高祖夷族的遭际归结为"报复之不爽",从客观结果来看,确实如此。但从逻辑上来讲,则有摈弃前已充分发掘之原因的嫌疑,体现出一定的宿命论的色彩。

唐顺之的史论还表现出随意性比较强,在一些史实方面不够审慎,前后矛盾,这在一定程度上也影响了其史论的说服力。如前引审食其淫污吕后的传言,唐顺之表达了怀疑,并多有辩正:

> 以予观之,恐不然也。惟薄不修,恒人犹耻之,况英明如汉高而肯

---

① 唐顺之:《两汉解疑》卷上《郦时其》,第10页。

容此鹝鹊乎？吕氏方欲自强以固宠，岂肯身蹈不韪，自甘淫娈乎？朝臣如萧、曹、良、平等，知无不言，何无一语相隐讽与？矧樊哙刚直，于汉高恋秦宫美女则谏，于枕一宦者则谏，何独容忍一辟阳侯而无一言与？且惠帝已长，以人彘事为非人所为，而肯任其母为此非人之事耶？即淮南王椎杀食其时，亦止为不救其母之死，未尝以淫乱为辞，何所指而必谓其蒸淫也？<sup>①</sup>

唐顺之从各个方面，认为审食其淫污吕后根本不可能。但就是这一经过唐顺之详细反驳过的传言，在同书的《汉高光武》篇里，又作为基本的史实而出现。唐顺之的《汉高光武》篇有关汉高祖的内容，主要是为了反驳吕祖谦认为"汉高识大体"的观点而发，其言：

> 儒者之论，任意轾轩而已。谓汉高识大体，予谓分羹拥篲，视事亲之大体乎？俎醢功臣，识君臣之大体乎？吕后私审食其而不顾，识夫妇之大体乎？要不过当苛秦之后，人困饥渴，易为饮食，故望胜，广而归命。又兼以楚项酷烈，益热益深高帝。仗武臣之力，三杰之谋，一反楚项之酷，而即万方景从，又何待汤武之德哉？此事半功倍之时也。<sup>②</sup>

"此事半功倍之时也"的措辞，固然也体现了唐顺之评定历史的时势观，但把"吕后私审食其"作为抨击汉高祖不识大体的一个原因，结合唐顺之前面对审食其淫污吕后的反驳，这里显然有点口不择言了，正合其对吕祖谦"任意轾轩而已"的批评。从这个角度来看，四库馆臣对唐顺之史论"大抵好为异论，务与前人相左"的评价也并非全无道理。

## 二、两部《解疑》的撰述及其史学思想产生原因

两部《解疑》史学思想的产生有其深刻的时代背景。唐顺之主要生活于明朝统治由盛转衰的正德、嘉靖时期，这一时期一个显著的时代特征就是政治腐败和新经济因素的出现导致的思想活跃。影响整个明代后期的王阳明心学，正是从这一时期开始风靡全国文人的。而王学最重要的特点，就是对个体的肯定。可以说，唐顺之的两部《解疑》"以己意

①唐顺之：《两汉解疑》卷上《审食其》，第21页。
②唐顺之：《两汉解疑》卷上《汉高光武》，第60页。

解之"的历史评价就深深地植根于这样的时代背景中。

但在涉及这一问题时，我们首先必须面对两部《解疑》的成书时间这一问题，因为唐顺之的性格和学术思想一生都经过多次变化，因此确定两部《解疑》处于其为学的哪一阶段是我们从何种角度入手来分析其史学思想产生原因时首先要解决的问题。但由于史料的阙如，两部《解疑》的具体纂写时间已无从稽考。关于这一命题，只有民国唐鼎元在《明唐荆川先生年谱》中论及两部《解疑》是唐顺之青年时代的游戏之作。"公素不祈以文传世。《两汉解疑》《两晋解疑》等文当是窗下游戏之作，然名高之士下笔即为人传钞，杜甫之恶诗与我公此类文字皆偶然下笔为人传钞，虽欲收回而不可得者也"①。考虑到唐鼎元是为护惜先辈，驳四库馆臣之论，因此此说的可信度也是值得我们怀疑的。而从唐顺之《两汉解疑》引用稍后王世贞的言论②来看，也似乎印证了我们的这一怀疑。这就迫使我们从性格和思想的角度来分析两部《解疑》史学思想产生原因时，必须兼顾到唐顺之学术思想以及性格于不同阶段的变化对其史学思想所产生的影响。

首先从性格上来看，依着唐鼎元的"早期说"，我们可以找到两部《解疑》史学思想的立论根据。唐顺之早期就具有独立的人格，不苟同于社会主流，即使中举后进入官场依然如此，并因此使其仕途起伏坎坷，从此我们都可以深切地体会到其性格上"不近人情"的一面，这也为其两部《解疑》"以己意解之"的撰述旨趣提供了性格方面的注脚。

其次，从唐顺之的学术思想分析，其中最为直接和最具影响的就是有着深刻王学背景的"本色论"。唐顺之的"本色论"认为文章虽然也讲求外在的技巧，但文章的真正精髓则要求作者摆脱世俗的羁绊，保持独立的人格，只有这样才能写出有独特见解的真正有价值的文章。

> 其不语人以求工文字者，非谓一切抹杀，以文字绝不足为也，盖谓学者先务有源委本末之别耳。文莫犹人，躬行未得，此一段公案故不敢论，只就文章家论之。虽其绳墨布置、奇正转折自有专门师法，至于中一段精神命脉骨髓，则非洗涤心源、独立物表、具今古只眼者不足以与

---

① 唐鼎元：《荆川先生著述考·两晋解疑条》，国图藏民国铅印本。
② 如《两汉解疑》卷上《丁公》开首即言："汉王诛丁公，曰：'使后为人臣无效丁公也。'温公以为汉高知大义，王氏凤洲以汉为悖德，二说孰是？"

此。今有两人，其一人心地超然，所谓具千古只眼人也，即使未尝操纸笔呻吟学为文章，但直据胸臆信手写出，如写家书，虽或疏卤，然绝无烟火酸馅习气，便是宇宙间一样绝好文字；其一人犹然尘中人也，虽其专专学为文章，其于所谓绳墨布置则尽是矣，然翻来覆去不过是这几句婆子舌头语，索其所谓真精神与千古不可磨灭之见，绝无有也，则文虽工而不免为下格，此文章本色也。即如以诗为喻，陶彭泽未尝较声律雕句文，但信手写出便是宇宙间第一等好诗。何则？其本色高也。自有诗以来，其较声律、雕句文，用心最苦而立说最严者无如沈约，苦却一生精力，使人读其诗只见其绷缚龈龊，满卷累牍，竟不曾道出一两句好话。何则？其本色卑也。本色卑，文不能工也，而况非其本色者哉？[1]

唐顺之主张以"真精神""直据胸臆，信手写出""本色"之文，致力于对"真"的追求，"言也宁触乎人而不肯遗乎心，貌也宁野于文而不色乎庄"[2]。正是唐顺之于思想上"洗涤心源，独立物表，具今古只眼"，"直据胸臆，信手写出"两部《解疑》中"出奇胜人"的文章。

但这一立论的前提是某种程度上唐顺之已接触阳明心学并有所体悟，因此也存在着一定的两部《解疑》产生于唐顺之晚岁的理论诱导倾向，因为唐顺之比较集中地接触和研习王学大致在四十岁以后。这里的"理学"多就王阳明心学而言。唐顺之在二十岁以前热衷于科考并取得了一定的成就，而此时的科考指导思想是程朱理学，因此其学术思想是以程朱理学为依归的，但我们所不能忽视的是此时的程朱理学生存的时代背景，即明朝统治者利用程朱理学自身的理论缺陷并对它经过一定的改造，以外在"天理"压抑了个体道德践履的主体性，在一定程度上削弱了个体道德修养的意义与价值，从而失去了其初始存在的社会批判意义。在这样的时代背景下，两部《解疑》"以己意解之"的撰述旨趣断难从已经官方化的程朱理学中吸取到营养。而王学则把外在天理融入主体之心，消解了外在天理对主体的压迫，赋予主体无比的自主性，从而使个体性的"吾心"成为历史判断、评价的根本依据。显然，唐顺之"以己意解之"的撰述旨趣深受其四十以后所集中研习和体悟的王学的影响。

---

①常州市唐荆川研究会编：《唐荆川诗文集》卷7《答茅鹿门知县（二）》，第183页。
②常州市唐荆川研究会编：《唐荆川诗文集》卷5《与两湖书》，第139页。

因此，我们从唐顺之王学思想的高度来探讨两部《解疑》史学思想的产生原因时，也在一定程度上默认了两部《解疑》的"晚期说"。

即便两部《解疑》产生于其晚岁，我们也不能完全忽略其早期性格对两部《解疑》史学思想形成的影响。随着唐顺之社会历练和学术素养的积累，他的性格也发生了一定的转变，正如巡抚舒汀向朝廷推荐他时所称："学以圣学为本，道以经济自期，立朝著謇谔正直之风，居乡有廉静无求之节。乾坤不可无此正气，天地不可无此正人。"[①]左东岭更是把此性格转向归结为"由气节到中行"[②]，但在深具王学背景"本色论"的鼓动下，唐顺之依然保有早期独立的人格和不同于时俗的性格色彩，于晚岁也并未改变其早期的行事风格。唐顺之罢官居家时，晚岁出山前夕亦夫子自道：

> 南村北郭任吾居，懒散何心更著书。
>
> 小酌或能称酒隐，直钩聊复事溪渔。
>
> 童时篆刻堪为笑，病后形骸渐不如。
>
> 若道猖狂今又甚，穷途犹自未回车。[③]

"若道猖狂今又甚，穷途犹自未回车"很好地说明了唐顺之不改其初的"猖狂"秉性。

又如关于其"晚岁之出"就是在冒着攀附严嵩党羽的压力、力排众议的背景下而毅然作出的决定，以至左东岭先生对此事进行分析时，也不得不跳过王学思想的羁绊而归为其"勇于自信的性格"[④]，"尽管他通过阳明心学的悟解而使自我有了更为通达的心胸，在一定程度改变了早年往往意气用事的气节之士习性，但这并不意味着他会丧失起码的做人原则"[⑤]。对于"以己意解之"撰述旨趣的形成上，唐顺之的早期性格应存在相似的功用。

同时，忽略时代背景和性格方面的因素，单纯从学术思想的角度来

---

①唐鼎元：《明唐荆川先生年谱》卷2，《宋明理学家年谱续编》第4册，第407页。

②详参左东岭：《王学与中晚明士人心态》"唐顺之——从气节到中行的心学路径"一节，第438—492页。

③常州市唐荆川研究会编：《唐荆川诗文集》卷3《用韵自述》，第81页。

④左东岭：《王学与中晚明士人心态》，第474页。

⑤左东岭：《王学与中晚明士人心态》，第477页。

分析也是失之片面的,如关于对秦桧的评价,我们无论是从王学或是从程朱理学的立场来分析,并不能得出截然相反的观点。"功者直以为有功,颂者世人有是颂耳。孰颂之秦桧?同时有孙觌辈,前乎荆川数十年有琼山丘濬。是数子者,皆以秦桧为有息民之可颂也……朱子尝云秦会(桧)之也有才"①。从朱子、丘濬等程朱理学家对秦桧有"息民之功"和"有才"的肯认态度,我们更能看出偶然因素(性格)对必然逻辑(学术思想)的影响。

总之,正是明中后期关注个体价值的社会思潮与唐顺之性格上的"狷介孑特"、学术思想上的"本色说"相枘鼓,从而造就了两部《解疑》"以己意解之"的撰述旨趣,而不是某一因素的片面结果。

### 三、两部《解疑》史学思想的影响

两部《解疑》中对明中叶主流意识形态的反思和对现实的忧虑在唐顺之的其他著作中也有体现,其中最为明显的是其《左编》。从四库馆臣对该著作"殆与李贽之《藏书》狂诞相等"的评价中,我们可以清晰地看到唐顺之《左编》对"时代抗议精神"的表达。同样,从"其意欲取千古兴衰治乱之大者""固将以垂鉴戒"等评价中我们也可以看到《左编》的编纂是为了有资于现实借鉴。并且与对"时代抗议精神"表达这一特点相比较,《左编》所表现出对现实的忧虑、为现实寻求历史借鉴的特点更为浓厚,这就使此著作所呈现的"己意"必然要和现实主流意识相妥协,不能一味张皇下去。当然,作为主流意识形态评价历史人物的道德标准在《左编》中亦予以运用。显然,处于明朝中期的唐顺之并没有十分恰当地处理好事功和道德这两套历史评判标准的共存状态,其生硬掺杂之处随处可见。如在对历史评价上聚讼最多的冯道、秦桧的评价中,在文章的前半段,都是在叙述冯道、秦桧的"和蔼温柔"和"息民之功",这与两部《解疑》的观点是一致的。后半段则取喻于妇人之尚知羞耻对冯道大加讥讽,并给以合乎时风的道德判断。民国唐鼎元也注意到这一矛盾现象,"荆川《左编·秦桧传》于桧前半截之美者,如辞副张邦昌为割地使,如金人请立赵氏状,仅隐括数语而削其词,而搜罗桧之恶

①唐鼎元:《唐荆川公著述考·两晋解疑条》,国图藏民国铅印本。

迹则较《宋史》桧传为详”①。虽服务于不尽相同的撰述目的，但对主流意识形态的反思和对现实的忧虑等对《左编》所产生的直接作用则是有目共睹的。

考虑到《左编》对李贽《藏书》产生了直接的影响，但由于两者也存在编纂旨趣的不同②，这不免使我们作一大胆推断：两部《解疑》在撰述旨趣上直接影响了《藏书》也未可知。

或直接参考两部《解疑》，或间接通过《左编》，后人充分吸收和借鉴了唐顺之对主流意识形态的反思成果。明人顾大韶在厘清《左编》与《藏书》的借鉴关系的基础上对李贽《藏书》“颠倒千古是非”撰述旨趣片面发挥提出了批判和反思，“至乃高自夸许，谓落笔惊人，吐辞为经，斯言过矣。古之作者，必擅三长，今遗学则荒博文之经，侈胆则开妄作之门，已属卮言，固非通论。且循言按之，三者之中，识胆信矣，才无称焉，得失贲若有目难欺也。《藏书》百卷，止凭应德《左编》恣加删述，颠倒非是，纵横去留，以出宋人之否则有余，以折众言之淆则未足”③。但他的一些历史评论仍然具有对主流意识形态的理性反思，这或可能受到唐顺之《左编》或两部《解疑》的影响，如他对君臣关系的认识，“君臣以义起，以利和者也。未成乎利，未行乎义，则君臣之位未定也”④。其中既肯定了君臣的“义”的名教纲常从属关系，同时也鲜明地提出了相对平等的现实之“利”对君臣关系的约束，这与唐顺之在《两晋解疑》晋惠帝条中对君臣关系的理性思考，应该说有着思想上的一致性。

正是由于两部《解疑》对主流意识形态的理性反思和对现实的忧虑，并且，两者往往交织在一起，如前已述及，启蒙思想与经世思想相辅相成的关系，再加上唐顺之生花的妙笔，唐顺之的与两部《解疑》相似的许多史论篇章都被选入各种文选，成为后人欣赏和模仿的对象。如清人林西仲的《古文析义》就收录了唐顺之的“杜太后论”。又如其《信陵

①唐鼎元：《荆川先生著述考·两晋解疑条》，国图藏民国铅印本。而在程朱理学成为官方的统治意志的明朝中后期，此时于王学已经登堂入室的唐顺之仍具有折衷朱、陆的特点。从某种程度来讲，这也是“己意”与现实妥协的表现。
②关于两者编纂主旨的不同，将在《唐顺之史学于晚明的影响》一章中有专门论述，兹不赘述。
③顾大韶：《炳烛斋稿》续刻《温陵集序》，清道光三十年钞本，四库禁毁书丛刊，集部第105册，第112页。
④顾大韶：《放言一》，黄宗羲编：《明文海》卷99，第970页。

君救赵论》，就被选入大致成书于康熙三十四年（1695）的吴楚才、吴调侯合编的《古文观止》。此书影响极大，编成后不仅成为私塾的蒙学教材，民国以后还曾被用作新式学校的阅读文选。于今，也仍然成为现代学者释读的古代文选典范，持续发挥着其作用。我们这里试着把其赏读一番，一方面再次领略唐顺之史论的内涵，以补两部《解疑》内容之不足；另一方面也旨在说明唐顺之史论的持续的影响力。

通读《古文观止》所选唐顺之《信陵君救赵论》这篇文字，与两部《解疑》的史论特点非常相似：其一，"以己意解之"的色彩比较浓厚。该文起始即言：

> 论者以窃符为信陵君之罪，余以为此未足以罪信陵也。

简明扼要说明自己不同于时的观点。接着说明其理由，对这一观点展开了论证：

> 夫强秦之暴亟矣，今悉兵以临赵，赵必亡。赵，魏之障也。赵亡，则魏且为之后。赵、魏，又楚、燕、齐之障也。赵、魏亡，则楚、燕、齐诸国为之后。天下之势，未有岌岌于此者也。故救赵者，亦以救魏；救一国者，亦以救六国也。窃魏之符以纾魏之患，借一国之师以分六国之灾，夫奚不可者！

唐顺之"以己意解之"的色彩还是比较浓厚的，吴楚才、吴调侯对此评价曰："诛信陵之心，暴信陵之罪，一层深一层，一节深一节，愈驳愈醒，愈转愈刻。义正词严，直使千载扬诩之案，一笔抹杀。"①细绎唐顺之不同于主流的史论的特点，其还是沿用了在两部《解疑》中惯常使用的评价历史事物的时、势标准，从战国末期七国并争、秦一枝独秀的客观史实出发，认为信陵君窃魏一国之符而救六国，非常合理。但其下笔锋一转：

> 然则，信陵果无罪乎？曰：又不然也！余所诛者，信陵君之心也。

唐顺之为文真可谓百转千回，这里又回到时人固有的观点，即对信陵君的批评，但所批评内容则与时人不同：

> 信陵一公子耳，魏固有王也，赵不请救于王，而谆谆言请救于信

---

① 吴楚才、吴调侯编选：《新编全注全译古文观止》，中国华侨出版社，2011年，第418页。

陵，是赵知有信陵，不知有王也。平原君以婚姻激信陵，而信陵亦自以婚姻之故欲急救赵，是信陵知有婚姻，不知有王也。

唐顺之对信陵君的批评，是从战国时期纲常失序的史实立论的，而本来作为赵与魏两国之公务，通过信陵君窃符救赵这一件事，变成了平原君与信陵君的私事。从这层意义上来讲，信陵君窃符救赵可以说是纲常失序的典型代表，也是纲常失序的推动者。唐顺之其后即言：

呜呼！自世之衰，人皆习于背公死党之行，而忘守节奉公之道。有重相而无威君，有私仇而无义愤。

在这样的认识前提下，信陵君窃符救赵显然就有了别样的含义：

其窃符也，非为魏也，非为六国也，为赵焉耳。非为赵也，为一平原君耳。使祸不在赵，而在他国，则虽撤魏之障，撤六国之障，信陵亦必不救。使赵无平原，或平原而非信陵之姻戚，虽赵亡，信陵亦必不救。则是赵王与社稷之轻重，不能当一平原公子；而魏之兵甲所恃以固其社稷者，只以供信陵君一姻戚之用。幸而战胜，可也。不幸战不胜，为虏于秦，是倾魏国数百年社稷以殉姻戚。吾不知信陵何以谢魏王也。夫窃符之计，盖出于侯生，而如姬成之也。侯生教公子以窃符，如姬为公子窃符于王之卧内，是二人亦知有信陵，不知有王也。①

"不知有王"说出了唐顺之批评信陵君窃符救赵的本质所在。清人李扶九评曰："此篇以窃符罪信陵，此俗解也。先生劈首驳去，直揭其无王之心，畅发而并罪及赵王、平原、侯生、如姬、魏王，无义不到，无笔不深。"②看来，唐顺之同样立足于当时时势对信陵君窃符救赵"救六国"的褒扬与"不知有王"的批评，一方面说明了战国时代内涵的丰富性，另一方面也说明了唐顺之立足于历史情境的史论观。而这种不同于仅仅停留于道德层面的谴责和褒扬的既有认识，也使得唐顺之的史论在具备了理性，或启蒙意义的同时，也有着很强的经世色彩。当然，这一经世特点最根本的出发点还是立足于当时的历史情境中。

明白于此，我们也就能够理解唐顺之主张信陵君应当死谏魏王的苦

---

① 吴楚才、吴调侯编，李凭题解等：《古文观止释读》，中国发展出版社，2008年，第695页。
② 吴楚才、吴调侯编选：《新编全注全译古文观止》，第418页。

心。应该来讲,唐顺之评判窃符救赵这一典故的出发点,其中可能不排除"针对明朝阉党专权而皇帝被架空的现状有感而发"①的时代因素,但其更多的还是立足于战国时期的历史情实而论的。基本遵循了历史地评价历史问题这一历史评论的基本原则。如果我们亦把此作为史论一个基本原则来看待的话,那大致也不会把唐顺之主张信陵君应当死谏魏王的苦心简单斥之为"实际上是很迂腐的"②。当然,也应该看到这是唐顺之史论特征的一个具体表现,其实其史论"以论带史"的倾向还是比较明显的,前已述及。

正是唐顺之以两部《解疑》为中心所体现的"以己意解之"的史论,从历史的情实出发,体现出较为理性的特点,表达了唐顺之史学思想的经世诉求。这使得唐顺之的史学思想对后世产生了持续的影响,特别是在社会急剧动荡的时代,往往受到人们的特殊关注。如处于清皇朝统治末期、主张变法的洋务大臣张之洞,在经历了清朝日趋衰败、列强觊觎的现实境况后,在编写《书目答问》时亦不自觉地流露出了对现实的反思和忧患,盖两部《解疑》也因此而进入张之洞的视域,一反四库馆臣的正统认识,在所选不多的几部史评著作中,赫然将原四库馆臣摈之于"存目"中的两部《解疑》,分别列于"史评"类"论史事"条之下,并给予了高度的评价,称:"史论最忌空谈苛论,略举博通者数种。"③

综上所述,唐顺之两部《解疑》对后世的影响于此可见一斑,其对中国史学突破传统的认识框架做出了独特的贡献。

①吴楚才、吴调侯编,李凭题解等:《古文观止释读》,第695页。
②吴楚才、吴调侯编,李凭题解等:《古文观止释读》,第694页。
③张之洞、范希增:《书目答问补正》,燕山出版社,1999年,第142页。

# 第四章 唐顺之的明皇朝史贡献

## 引

史学"以史为鉴"的传统是维系其与现实关系的重要纽带,也是史学社会价值的核心体现。它始终伴随着古代史学的产生、成长、成熟,乃至衰亡,须臾不曾离开,但同时又因着时代的变化,它的表现形式亦千姿百态。这种以时代变化为风向的特点也决定了它于每一个时代所关注的重点不同。就史学"以史为鉴"所关注的时间节段来看,大致体现着如下特征:当外部社会环境比较稳定时,史家对"史"所包含时间节段并不特别敏感,他们所关注的是从所有史学资源中总结成功的经验和失败的教训以服务于现实,包括离时下较远的和较近的。当社会急剧动荡时,虽然关注的重点依然是从史学中总结成功经验和失败教训以为现实所用,但所关注的时间节段则较为集中于近世或当世。可以说,明代中期史学"以史为鉴"诉求的表达就是后一种特征的典型代表。

嘉靖以后,政治上统治者自身的腐败所导致的皇权统治衰弱,以及由此而引发的经济上财政危机的日益严重,各种社会问题如雨后春笋般涌现出来,如农民起义爆发频仍,以"南倭北虏"为中心的边境问题亦集中凸显出来,等等。这些切身的、急迫的时代背景都成为"学以经世为大"[1]的士大夫不可卸却的心理负担,反映在他们的史学研究上,表现出以研究当代史为重心的急迫心理。吴瑞登把撰写当代史与经世联系起来,"皇明自洪武以迄正德,历年既久,载籍甚详,积帙盈楼,难以枚举,有志经世者胪分条例,总之皆阐发盛美,以垂不朽"[2]。童时明在《昭代明良录·自序》中更是鲜明地指出:"居今慕古,其弊将胶柱而调瑟,不几于耳食乎?近己而变法相类,议合而易行,则有当世之典章,何必上古?"可以看出,这一时期的史家对历史在区分"古"与"今"的意

---

①高岱著,孙正容等点校:《鸿猷录》附录《曾序》,上海古籍出版社,1992年,第379页。
②吴瑞登:《两朝宪章录》卷首《自叙》,明万历刻本,续修四库全书,第352册,第498页。

识前提下，赋予当代史更"易行"的经世意义。晁瑮也表达过类似的观点，其言："凡国家之兴，自有一代之章程制度，量时审势，酌古准今，其言接于耳而易信，其事切于时而易行。有志于治者，但当祗遹绍闻，固不必远寻异世之法而追探前古之躅也。"①《鸿猷录》的作者高岱亦言："孔子不说夏殷之礼，而愿学宗周，遵时也。岂有身通仕籍，而不知时政者乎！"②这一时期陈建《皇明资治通纪》、高岱《鸿猷录》、郑晓《吾学编》、薛应旂《宪章录》等等都是体裁比较成熟的、有关明皇朝史的著作。并且史家关注明皇朝史的特点自明中叶产生以来一直延续到明末，徐孚远在为《皇明经世文编》作序时称："高论百王，不如宪章当代。"③这都反映了明亡的危险对其心理所施加的压力。其观点虽不免过激，但反映了经世应着眼于现世的理论倾向，从而使明中叶对皇朝史的撰述以一种潮流的形式表现出来，明人郑晓就曾意识到这一点，"近二十年来，士大夫始以通今学古为高矣"④。大致看来，"学古"只是形式，"通今"才为终极目标。

刘知幾言："盖史者当时之文也。然朴散淳销，时移世异，文之与史，较然异辙。"⑤这一方面说明了史学与文学的由合而分的演化道路，另一方面也说明在不同的历史条件下文学所具有的史学价值。明朝中后期，随着外在局势的恶化以及学术本身寻求经世的价值诉求，明代皇朝史的撰述蔚然成一大观。于初期，它的发展并不完善，其中"很大一部分是记事性笔记，很难称为有编著意识的史学著作，这些作品的产生可以说是一种自发状态而不是自觉状态"⑥。其实，它们缺乏"编著意识"的论断也不尽然，所缺乏的是特别突出、成熟的史学意识。对于这些学者而言，所谓"历史"不仅是"文以存远"的道德鼓励，更是实实在在的现实

①张翰辑：《皇明疏议辑略》卷首《皇明疏议辑略序》，明嘉靖三十年大名府刻本，续修四库全书，第462册，第505页。

②高岱著，孙正容等点校：《鸿猷录》卷首"序"，第1页。

③陈子龙：《皇明经世文编》卷首《徐孚远序》，明崇祯平露堂刻本，续修四库全书，第1655册，第34页。

④郑晓：《今言》第74条。今人关于明中叶史学的"通今"风潮亦有钱茂伟《论明中叶当代史研撰的勃兴》（《江汉论坛》1992年第8期）和杨艳秋《明代中后期私修当代史的繁兴及其原因》（《南都学坛》2003年第3期）两篇文章进行了集中的讨论。

⑤刘知幾撰，吴琦校点：《史通》卷9《核才第三十一》，岳麓书社，1993年，第89页。

⑥杨艳秋：《明代史学探研》，第49页。

需求。现实与历史的交错,这也是以唐顺之为代表的明代中叶一大批士子们"史学世界"的一般构成。

从明中叶史家明皇朝史著述动机来看,经世是他们不变的时代主题。细究这些著作产生的具体背景,则又原因各个。有的因为官职责所在而对明皇朝史作出了贡献,有的出于道德鼓励、群体认同,甚而因人之请等诸种复杂的动机而关注当代某一人物或事件,有的则因自身历史活动的丰富涵义影响了明皇朝史的记述,等等。出于以上的考虑,我们除了应该关注体裁比较成熟、史学意识比较突出的史学著作外,明人文集也是需要关注的一个焦点。

具体到唐顺之所撰写的明皇朝史篇章,其虽然没有体系比较完整的成熟明皇朝史著作,但多存于其文集,有的单独成篇的时文,亦集中反映了明皇朝史的部分内容。存在形态亦丰富多彩。就记述重心来看,有以历史事件为中心,如《广右战功录》。其应对"南倭北虏"问题的《南北奉使集》从整体上来讲,也属于这一类别。

有的以人物记载为重心的,这一部分占据了唐顺之明皇朝史成就中很大的比重。考之唐顺之留下的大量人物传记史料,有赞、祭文、墓志铭、行状、墓表、传等各种形式,并且相对集中于墓志铭、墓表或传的形式。

唐顺之也有撰写人物传记的理论。唐顺之以义著称于世,又两任史职,即嘉靖十二年(1533)和嘉靖十八年(1539)两次任翰林院编修职。虽然其中年以后有绝去文字之志,但是或出于姻亲之故,如《兴国州同知徐公墓志铭》所铭徐徽,"余姻也,宜铭公"[①]。又如为其两姑所作《杨母唐孺人墓志铭》和《吴母唐孺人墓志铭》,为其妹作《王冢妇唐孺人墓志铭》,为其妻子作《封孺人庄氏墓志铭》,为其弟媳作《弟媳王氏墓志铭》,等等,不一而足。有的是出于朋友之请,如为程楷所作《程少君行状》就是因其子程烈"搜戢往事,口授其友人唐某,某受而书之如右"[②]。有的则是出于价值认同,如《华三山墓表》就是在"副使廉静朴木,有古人之风,余心敬慕其为人"[③]的价值认同基础上撰写的。又如唐顺之与林东城同出于王学的背景,不仅为其校正刊行了《东城集》,"初

①常州市唐荆川研究会编:《唐荆川诗文集》卷14《兴国州同知徐公墓志铭》,第404页。
②常州市唐荆川研究会编:《唐荆川诗文集》卷15《程少君行状》,第440页。
③常州市唐荆川研究会编:《唐荆川诗文集》卷16《华三山墓表》,第448页。

公没之次年，同里张淳辑公遗集，俾公子藏之。淳字此庵，嘉靖丙午举人，官松滋县令，尝受学于公者也。公子晓晖辈取淳所辑稿走会稽，谒王龙溪，适孔文谷督学浙中，因谋付梓，先属唐荆川为公校正其集，校成，遂开雕于浙。三公者，公讲学故人。唐、王又与公同年，故共襄其事"[①]。

"三公者，公讲学故人"很好地说明了四人同出于王学的学术背景。出于这一学缘背景，唐顺之还为其撰写了《吏部郎中林东城墓志铭》。有的则是出于以古为鉴的目的，如为以孝著称的秦镗所作《都察院都事秦君墓表》即是在"因表君之墓而并书之，以诏其后之人"[②]背景下撰写的。尽管原因各个，但也正如唐顺之所言："余两为史官，皆以不称罢，而姻戚闾里以其尝职史，故往往以铭辞见属。"[③]确实留下了一定数量的明代人物传记史料。

有关于各种文体之间的区别和联系，唐顺之也有着深刻的认识。唐顺之在为人撰墓志铭或墓表时，往往是以别人所撰行状作为依据之一。如唐顺之在作《彭翠岩处士墓表》即以"按《状》"为始，叙述彭颢的生平。又如所作《按察司照磨吴君墓表》也是在吴祯所作《行状》的基础上而形成的，"今予所为表者，是维按察司照磨吴君之墓。据君之族孙进士祯所为状"[④]。注意到各种文体之间的区别，如铭与史的区别和联系，其言：

> 文字之变，于今世极矣。古者秉是非之公以荣辱其人，故史与铭相并而行。其异者，史则美恶兼载，铭则称美而不称恶。美恶兼载，则以善善为予，以恶恶为夺，予与夺并，故其为教也章；称美而不称恶，则以得铭为予，以不得铭为夺，夺因予显，故其为教也微。义主于兼载，则虽家人里巷之碎事可以广异文者亦或采焉，故其为体也不嫌于详；义主于称美，则非劳臣烈士之殊迹可以系风者率不列焉，故其为体也不嫌于简。是铭之较史，犹严也。后世史与铭皆非古矣，而铭之滥且诬也尤甚。汉蔡中郎以一代史才自负，至其所为碑文则自以为多愧辞，岂中郎知严于史而不知严于铭耶？然则铭之不足据以轻重也，在汉而已然，今又

①夏荃：《退庵笔记》卷1《东城集》，清钞本，四库未收书辑刊，第3辑，第28册，第382页。
②常州市唐荆川研究会编：《唐荆川诗文集》卷16《都察院都事秦君墓表》，第445页。
③常州市唐荆川研究会编：《唐荆川诗文集》卷16《按察司照磨吴君墓表》，第447页。
④常州市唐荆川研究会编：《唐荆川诗文集》卷16《按察司照磨吴君墓表》，第447页。

何怪？①

唐顺之从文字于明朝的分途发展谈起，史与铭绝然分为两途。而于古代，史与铭在"荣辱其人"方面是相通的，只不过史是"美恶兼载"，而铭则只"称美不称恶"，这是其间不尽相同之处。但也正是由于铭和史之间这些许的差异，造成了世人往往认为史更为严肃，"其为教也章"；而铭往往只称美不称恶，予夺于予，故"其为教也微"。其实，既然史美恶"兼载"，则有关于传主之"家人里巷之碎事可以广异文者亦或采焉，故其为体也不嫌于详"；而铭只能记载传主之"殊迹可以系风者"，故其较之于史，尤为严也。稍晚于唐顺之的王世贞曾较为公允地评价"家史"之类曰："家史人谀而善溢真，然其缵宗阀、表官绩，不可废也。"②较为全面地说明了"家史"之类的消极影响和积极作用，但由于王世贞从根本上对这类文献记载客观性的质疑，无形中消解了其"缵宗阀、表官绩"的价值。这也是大多数学者的心态，因此学者们又往往对这类文献抱有一种敬而远之的态度，如钱大昕就曾引颜师古所言"私谱之文出于闾巷，家自为说，事非经典，苟引先贤，妄相假托，无所取信，宁足据乎？"并进而论曰："师古精于史学，于私谱杂志不敢轻信，识见非后人所及。"③不可否认，唐顺之有关史铭之合理性的说明，某种程度上有为其撰写大量史铭找到理论凭藉的嫌疑，但从史法的角度，提出铭尤严之于史，其所言"殊迹可以系风者"与王世贞所言"缵宗阀、表官绩"本质上是相同的，都是着眼于世风教化，这就从根本上把对此类文献客观性的质疑，演化成对撰述者素质的考虑，不失为对此类文献社会价值的一个合理说明。虽然唐顺之有关"家史"之类文献价值的认识不如王世贞那么系统和鲜明，也并不占据古代学术的主流，但也不失为一种合理的观点。

　　唐顺之也认识到"铭之滥也"渊源有自，汉代蔡邕即已发其端，至于今日，铭之滥亦无足可怪了。紧接着，唐顺之建立在对于铭之严的认识基础上，提出了自己在撰写铭文时的一些具体态度和措施：

---

① 常州市唐荆川研究会编：《唐荆川诗文集》卷16《按察司照磨吴君墓表》，第446—447页。
② 王世贞：《弇州山人四部稿》卷71《皇明名臣琬琰录小序》，文渊阁四库全书本。
③ 钱大昕著，杨勇军整理：《十驾斋养新录》卷12《家谱不可信》，上海书店出版社，2011年，第227页。

　　呜呼！试点检前后所为铭，其如中郎之愧辞者有之乎无也？余进而位于朝，不能信予夺于其史；退而处于乡，不能信予夺于其铭，是余罪也。虽然，予夺非予之所敢也，是以欲绝笔于铭焉。其或牵于一二亲故之请，有不能尽绝者，则谨书其姓名里宦世系卒葬月日，此外则不敢轻置一言。虽不尽应古铭法，亦庶几从简近古之意焉。墓有铭有表，表亦铭也。①

唐顺之谓自己于史、于铭均无可取，这显然是谦辞。欲"绝笔于铭"虽是唐顺之有感而发，但也不能尽绝，结合唐顺之对于铭之认识，这起码说明了唐顺之在面对铭的认真态度，这也是铭之古意。最后，唐顺之还提出了墓表和墓志铭具有同样的属性和职能，两者本质上是相通的。

　　应该来讲，唐顺之对于其所撰各种人物传记的态度还是比较认真的。如同样关于吴文的墓表，如上所述，唐顺之在据其族孙吴祯所作《行状》简单记载道："君讳文，字从周，号鲠斋，世为无锡之闾江，大父讳某云云。君少读书为邑诸生，后援例入太学，凡两试不中第，已而选福宁州幕官，升山东按察司照磨，不赴任，遂乞致仕。家居凡几年，病脾一岁卒，嘉靖某年月日也，年七十有五。墓在闾江第二湾祖茔之次，葬以卒之又明年某月某日。"在简单记载了吴文的生平以后，紧接着说明了为吴文撰墓表的原因：

　　　　将葬，君之二子恣、慰诣余请文，而君族弟从夏实为之先。二子且致君遗言曰："吾死，汝必于唐太史乞言焉。"从夏为吾母任宜人后母之弟，其人恬静有守，余雅重之，故其为君请不可辞。而余尝两会君于京师，其气温然谦厚人也，始改官而乞身，贤乎冒竞不知返者，君之遗言又如此。呜呼！君岂以余不能为愧辞也乎？故余叙所以不敢轻为铭之说，及所以铭君之故，而谨书君之姓名里宦系世卒葬月日，为文而授之恣、慰，使镌诸墓上。②

就唐顺之为吴文撰墓表的理由来看，是非常充分的：恣、慰之请；母舅之请；吴文遗言；亲身接触，心生敬意，等等。唐顺之之所以对撰写墓表的原因着意再三，主要还是为了说明其一直恪守的"不敢轻为铭"的信念

---

① 常州市唐荆川研究会编：《唐荆川诗文集》卷16《按察司照磨吴君墓表》，第447页。
② 常州市唐荆川研究会编：《唐荆川诗文集》卷16《按察司照磨吴君墓表》，第447页。

和原则，也正是这一原则，唐顺之对所撰写的墓志铭、墓表、行状或传记都非常认真，几乎每一篇都要详细说明撰写此篇文字的原因，而对撰写对象人物也是通过各种手段进行充分的理解，甚或调查，如为殷俊所作《秋野殷公墓志铭》言：

> 殷生邦靖从余游，尝与余言其大父秋野翁之行甚具，余时独心善翁。未几，翁子文辉以吾友施子羽所为状来请铭，状中事多与邦靖所说参合。余往无锡，问其邑之士大夫与其街衢巷陌之人，皆曰翁长者也，余益知邦靖所说与状皆不虚。①

唐顺之不以耳食为据，亦还进行可能的调查，并以各种渠道获得的信息参互核对，亦可见唐顺之撰写人物墓表、墓志铭或传文时的严谨态度。

当然，唐顺之也承认主观价值认同于行状、墓表、墓志铭或传记撰写过程中的作用。其《彭翠岩处士墓表》有言：

> 古之人有书其人之墓者，必其知足以知其人者也。智不足以知其人而据其所传闻书之，虽其当实，君子且以为近诬，而况其不当实者乎？虽或知不足以知其人而知其子弟，则为之书其父兄者，今往往有之，然其不失实者亦或少矣。自余稍知为文，惟书人之墓则尤不敢不谨，知不足以知其人不敢书，虽或知其子弟而亦不敢以书其父兄。

这段文字把史实与撰史者素质两者灵活的辩证关系比较清晰地梳理出来，虽然不如其前的刘知幾，亦不如其后的章学诚那么系统、鲜明，但起码在唐顺之看来，这是一个现实存在的问题。按照唐顺之的这一逻辑，上述这段文字很像其拒绝为别人撰写墓表的思路。且看下言：

> 今余既未足以知处士，而又未获游于处士之子郡推君，而特为之书者，盖郡推君之僚于余父也最久，而余父之知郡推君也最深。则因余父以知郡推君之为人，而因郡推君之所称述者以知处士之为人，其亦庶乎可以不失实焉否也？②

虽然，唐顺之仍然不很确定这种由人及人的思路是否合适，但这里也说

---

①常州市唐荆川研究会编：《唐荆川诗文集》卷15《秋野殷公墓志铭》，第420—421页。
②常州市唐荆川研究会编：《唐荆川诗文集》卷16《彭翠岩处士墓表》，第450—451页。

明了在传记的撰写中人物价值认同的合理作用，即由其父及其父之僚，再及僚之父。这就牵扯出了我们上面已提及，这里需要特加说明的一个问题，即唐顺之撰写人物传记动机中的群体价值认同因素。

翻检唐顺之为他人所作的墓表、墓志铭或传记，关于人物性格的描述，"朴鲁""负气少所屈下""悃愊质讷""狷介"等词句在在多有，这和唐顺之"狷介孑特"的性格暗合，由己推人的这种情感认同应该是唐顺之撰写各种人物传记的一个基本的原因。其所撰《户部主事陈君墓表》中对表主陈子达"朴茂愿悫"的性格推崇有加，其言：

> 然则子达之亡，此七人者莫不悲焉，而余独有所深悲于子达者，以子达有朴茂愿悫之质，有务为君子之志，而学未及充乎其质，力未及竟乎其志。

"朴茂愿悫"说明的是学有根本，不以物移的性格，故唐顺之言其有"务为君子之志"。唐顺之在说明为陈子达撰墓表的原因时，再一次说明了其与陈子达相契合的性格。

> 且以余之迂戆无似，幸不为此七人所弃斥，而君尤若以予为可与者，盖君于余交深而信笃如此。君之没，予安得默然无一言也。①

"迂戆"的性格不为他人所弃，这自是唐顺之的谦辞。其他人对唐顺之的态度可能只有"交深"层面的含义，而陈子达则与唐顺之既有"交深"，亦为"信笃"，这只能说明两者性格上的相互欣赏，或者说两者性格上的契合。

英国历史学家爱德华·霍列特·卡尔所说："历史是历史学家跟他的事实之间相互作用的连续不断的过程，是现在跟过去之间的永无止境的问答交谈。"②客观历史肯定是我们历史记述的基本，但历史撰述者个体的素质也无疑影响到客观历史的呈现。也正是注意到了通常意义上泛称之"历史"的主客观因素，中国史学史上以理论阐发见长的两位史家：刘知幾和章学诚，都不约而同地特别重视历史撰述者素质，其理论凝结就是"史才三长"和"史德"说。而也正是由于唐顺之在人物撰写方面的

---

① 常州市唐荆川研究会编：《唐荆川诗文集》卷16《户部主事陈君墓表》，第442页。
② 〔英〕爱德华·霍列特·卡尔著，吴柱存译：《历史是什么？》，商务印书馆，1981年，第28页。

谨慎态度，这表现在对于撰写原因的重视、对行状和调查的重视等方面，也表现在关于墓志铭和史之传文异同的理性认识上，还充分肯定了人物传记撰写过程中的群体价值认同因素，这都成为唐顺之所撰写诸多人物传记的必备前提，也保证了它们的质量。

当然，不仅是人物传记方面，在以记事为重心的篇章中，唐顺之也恪守了这一准则，从而使其所撰明皇朝史篇章对其后的比较成熟的明皇朝史学著作，有如《明史》《明经世文编》等都产生了深远的影响，有的甚而影响到明后期产生的具有专门通史性质的史学著作，如《天下郡国利病书》和《读史方舆纪要》等。

我们首先来看唐顺之所撰写的人物传记的内容及其对《明史》的影响。在这一部分中，我们希望较多地描述或披露唐顺之人物传记文本的原始面貌，以与《明史》相比较，旨在说明这些人物传记与《明史》的客观传承关系。对这些人物传记背后的史学内涵虽也有涉猎，但不是我们的重心所在。

## 第一节　　"以俟国史传方技者有考"：《旸谷吴公传》与《明史·吴杰传》

关于唐顺之《旸谷吴公传》，关于传主、撰写时间、撰写因由以及其内容，我们觉得有必要首先梳理一下。

### 一、《旸谷吴公传》撰述考

《旸谷吴公传》是唐顺之为其好友吴希孟父亲吴杰所作传记。吴希孟，字子醇，号龙津。嘉靖十一年（1532）进士，授东阳知县，迁户科给事中。曾与龚用卿一道以皇子诞生事宣谕朝鲜，还擢江西参议，后降会稽县丞，官终广信知府。唐顺之言："希孟居乡有志向，师事徐养斋先生而友余。"应该来讲，唐顺之与吴希孟交好的私人关系是唐顺之撰写此《传》的动机之一。唐顺之曾于吴杰逝前一日前去看望，唐顺之自言："先卒之一日，余往侯公。公紫色莹然如平生，希孟曰：'唐翰林在。'公点头。卒时神气不乱，整衣端坐，口云'好好'，遂卒，年七十有八。"①
这条史料至为重要，其不仅生动地记载了吴杰逝去前后的一些情况，也
反映了此篇传记撰写的因缘，更为重要的是，这段记载说明了唐顺之此
段文字的大致撰写时间及其学术重心。

关于其撰写时间，考之吴杰逝去时间是在嘉靖二十三年（1544），这
段文字应该是其逝去不久后所撰，这一时期正是唐顺之建言早朝太子而
触怒世宗被罢官居家之时。

关于唐顺之的学术志向，通过其与吴杰之子吴希孟的交好亦约略可
以看出，其言吴希孟师事徐问，徐问者，《明史·徐问传》云："问清节自
励。居官四十年，敝庐萧然，田不满百亩。好学不倦，粹然深造，为士类
所宗。"②在明代中期以后，程朱理学和阳明心学并盛的时代，"为士类
所宗"只是一个模糊的说法，无法说明徐问的学术取向，《明儒学案》所
述比较明确，"先生为旧论缠绕，故于存养省察，居敬穷理，直内方外，
知行，无不析之为二，所谓支离之学，又从而为之辞也。其《读书劄记》
第二册，单阙阳明，广中黄才伯促而成之。呜呼！其何损于阳明哉！"③
由此看来，徐问是一个恪守程朱理学的保守学者。而唐顺之称其学生吴
希孟"居乡有志向"，这里所谓的"志向"应该就是成圣成贤。显然，对
这一时期的唐顺之来说，程朱理学应该还是唐顺之成为圣贤的学习的
榜样和楷模。唐顺之还为徐问《山堂萃稿》作序，对徐问及其道德推崇
备至，其言："公少时则已自致亨衢，然公澹泊，不见可好。其后反求乎理
性，精研乎义利，益知自贵而贱物，故虽居高位、享厚禄，而其貌冲然常
若山林之臞，其家萧然常无十金之汇。"④即使对其具有明显排斥阳明
心学的《山堂萃稿》也是褒扬有加，并校而序之：

　　公出其诗文若干卷曰《山堂萃稿》者示余。余受而读之，盖自平生
所谓应酬文字、朋友讲学之书，与得归草堂以后诸诗及谢病诸疏皆在焉。
公非如文章之士刻镂以为工者也，而其清远间（闲）散、耿介独立之气，
黝乎其渊藏，铿乎其金鸣，其风旨直与古者逸民采薇之歌、三黜之语，历

①常州市唐荆川研究会编：《唐荆川诗文集》卷16《旸谷吴公传》，第455页。
②张廷玉等：《明史》卷201《徐问》，第5316页。
③黄宗羲著，沈芝盈点校：《明儒学案》卷52《庄裕徐养斋先生问》，第1240页。
④常州市唐荆川研究会编：《唐荆川诗文集》卷10《山堂萃稿序》，第288页。

百世而相上下，则又不必即公之容、望公之庐，而公之为人固可以一抚卷而得矣。虽然，昔人不云乎："身隐矣，焉用文字？"且夫所谓逸民者，方将鸟行而蝉蜕，惟恐影响之不幽，而岂蕲之以言语文字行于世也哉？矧公位大臣，又当天子向意之时，苟少需焉，施公于社稷、被泽乎生民不难也，公意犹若有不屑焉者，而亦何藉于文乎？然而世有不能即公之容、望公之庐者，得其文而读之，或可以得公之为人，则夫廉顽而起懦亦将于是乎在。余既校而正之，以还于公，因为之题其首。①

唐顺之认为徐问《山堂萃稿》在"廉顽而起懦"方面绝非"文章之士"可比，极大地肯定了《山堂萃稿》的传世价值。当然，也间接说明了唐顺之这一时期程朱理学的学术取向。

## 二、《旸谷吴公传》的内容

《旸谷吴公传》从吴杰的字、讳及籍贯谈起，接着叙述了其先祖事迹。其言："公讳杰，字士奇，武进人也。其为医，始公之高祖肇。父宁，赠太医院判。"接着说明了吴杰的学术成就，包括医学。"公之学，自青鸟氏书、风角云气占经、李虚中子平之术、金丹内外秘诀，无所不通，医特其一技耳，然竟以医至大官。其于医，精究古方书而善脉，其治病不纯主古方书，而一切以脉消息之，有初若与证相反而卒无不效者，其余奇疾尤效也"②。

紧接着依次记载了反映吴杰医术高明、道德高尚的三件事，其一为义拒入御药房：

> 弘治间，以名医征至京师，遂以医游诸公卿间。公医既精，而仪观磊落阔达，善谈说，颖然见锋锷，于是诸公卿争迎致为上客。京师诸老医与公同时所征，诸郡国医莫不望风下之。是时，都御史王钺镇大同，奏乞吴某调治边军，未及行，御史颜颐寿、给事中李良度皆奏言："吴某宜在供奉，不宜弃之边地。"下礼部，礼部尚书集所征郡国医试之，卒无逾公者。故事，高等入御药房，中等入院，最下遣还郡。而当遣者若干人，公为之请曰："国家三四十年才一征医耳，若等幸被征，又待次都下

①常州市唐荆川研究会编：《唐荆川诗文集》卷10《山堂萃稿序》，第289页。
②常州市唐荆川研究会编：《唐荆川诗文集》卷16《旸谷吴公传》，第455页。

十余年，而又遣还，诚流落可悯，愿不入御药房而与若等同入院。"尚书义而许之。[1]

## 其二为以医获宠于武宗：

正德几年，掌院事李宗周竟荐公入御药房，而同荐者凡八人。有与宗周同官争权者，因左右谮之上曰："宗周所荐多私人，且通贿实不能医。"上曰："吾当自试之。"时上病喉痹，遂按名召公，一药而愈。上喜甚，叹曰："有医若此，乃不以医朕耶？"因厚赐公，诘责谮者，而谓宗周为忠公。自是得幸于上，上每病未尝不属公，公治之未尝不立愈。一日，时射猎还，惫甚，感血疾。公进犀角汤，愈。命进一官，赐彪虎衣一。尝幸虎圈，虎腾而惊，公疗之，愈。命进一官，赐银五十两、表里一。顷之，试马，御马监腹卒痛，公进理中汤，立愈。赐绣春刀一、银三十两。自是上游幸公必从，尝侍上卧，至以肩倚上，或摩抚玉体，有不以属左右近幸而以属公。其分御膳啖公，有左右近幸所不能得而公得之。自医士十日而迁御医，自御医三月而迁院判，凡一愈病则一迁。为院判当迁者数矣，公固让。三年而迁院使，上亲宠益笃，尝欲以禁卫街公，赐蟒衣。公谢曰："臣以药囊侍陛下，此非臣职也。"上乃止。[2]

## 其三为诱彬伏诛：

某年上南巡，公以医谏，且泣曰："圣体尚未安，不宜远行。"上怒曰："汝医官也，敢乎？"叱左右掖出，公留京师。驾行至淮，渔于清江浦，遂病。还临清，梦见公，急遣校尉召公。公驰至临清见上，上泣曰："而不忆我耶？"公亦泣，遂扈从还通州。时权彬握兵在左右，见上病，一旦不讳，惧诛，欲据窟穴为乱，力请复幸宣府。公脉已惊甚，密言诸大奄，曰："疾亟矣，幸可及还内耳，脱至宣府不讳，吾与若辈既死宁有葬地乎？"奄以为然，乘间百方说上，上意动。而彬亦数从公觇问上

---

①常州市唐荆川研究会编：《唐荆川诗文集》卷16《旸谷吴公传》，第455—456页。

②常州市唐荆川研究会编：《唐荆川诗文集》卷16《旸谷吴公传》，第456页。又，此处唐顺之明言吴杰入御药房为李宗周推荐，而清钞本《古今医史》中载吴杰为唐顺之所荐，应该是错误的。考之唐顺之在正德年间还未中举，不当具备这种能力。之所以出现这样的错误，有可能是唐顺之在《旸谷吴公传》披露的其与吴杰过密的关系，加之这篇传记有着相当的影响，故清人王宏翰犯了张冠李戴的错误。

病何如,即诡言曰:"且愈矣,勿忧也。"已而还驾京师,崩,彬坐诛。[1]

再其后记载了吴杰致仕后寓居京师和还乡居家时的一些义举,最后记载了前文已述及吴杰逝去前后的一些细节。

整体上来讲,唐顺之的此篇传记叙述得条理井然,文字生动、传神,对于吴杰事迹的记载也比较详细。唐顺之也对此篇文字抱有一定的期许,其言:

> 嗟乎!公信多奇矣哉。希孟居乡有志向,师事徐养斋先生而有余。余是以得备闻公之行事,为传而叙公在毅皇时事独详,以见公之遭遇,以俟国史传方技者有考云。[2]

唐顺之希望这篇人物传记能成为后人在修明朝人物列传时的基本史料的愿望是非常明显的。那这篇传记作品能如唐顺之所愿吗?

### 三、《旸谷吴公传》与《明史·吴杰传》的对勘比较

正如唐顺之所愿,这篇有关吴杰的传记作品确实成为后世学者在修《明史》时的重要参考文献和基本文字来源。并且也如唐顺之所认为的,《明史》也确实把吴杰置入方技传予以立传。

《明史·吴杰传》篇幅不大,为了更为全面、系统地对比其与唐顺之所作《旸谷吴公传》之异同,姑全录如下:

> 吴杰,武进人。弘治中,以善医征至京师,试礼部高等。故事,高等入御药房,次入太医院,下者遣还。杰言于尚书曰:"诸医被征,待次都下十余载,一旦遣还,诚流落可悯。杰愿辞御药房,与诸人同入院。"尚书义而许之。
>
> 正德中,武宗得疾,杰一药而愈,即擢御医。一日,帝射猎还,惫甚,感血疾。服杰药愈,进一官。自是,每愈帝一疾,辄进一官,积至太医院使,前后赐彪虎衣、绣春刀及银币甚厚。帝每行幸,必以杰扈行。帝欲南巡,杰谏曰:"圣躬未安,不宜远涉。"帝怒,叱左右扶出。及驾还,渔于清江浦,溺而得疾。至临清,急遣使召杰,比至,疾已深,遂扈归

---

[1] 常州市唐荆川研究会编:《唐荆川诗文集》卷16《旸谷吴公传》,第456—457页。
[2] 常州市唐荆川研究会编:《唐荆川诗文集》卷16《旸谷吴公传》,第457页。

通州。时江彬握兵居左右，虑帝晏驾己得祸，力请幸宣府。杰忧之，语近侍曰："疾亟矣，仅可还大内。倘至宣府有不讳，吾辈宁有死所乎！"近侍惧，百方劝帝，始还京师。甫还而帝崩，彬伏诛，中外晏然，杰有力焉。未几致仕。子希周，进士，户科给事中；希曾，举人。①

把《旸谷吴公传》与《明史·吴杰传》对比来看，《明史·吴杰传》确实充分借鉴了唐顺之的《旸谷吴公传》。这主要体现在以下几个方面：

一是为文脉络。《明史·吴杰传》也是从吴杰籍贯说起，依次记述了吴杰"义拒入御药房""以医获宠于武宗"及"诱彬伏诛"三件人生大事。接着述说其子生平，这都与唐顺之《旸谷吴公传》的叙事脉络是一致的。

二是从文字措辞上，《明史·吴杰传》对《旸谷吴公传》也多有继承。如吴杰在义拒入御药房时所言："待次都下十余载，一旦遣还，诚流落可悯。杰愿辞御药房，与诸人同入院。"这与《旸谷吴公传》所载"若等幸被征，又待次都下十余年，而又遣还，诚流落可悯，愿不入御药房而与若等同入院"基本相同。又如"疾亟矣，仅可还大内。倘至宣府有不讳，吾辈宁有死所乎"，也与《旸谷吴公传》所载若合符节。

通过简单对比《旸谷吴公传》与《明史·吴杰传》，我们发现两者在为文脉络和文字措辞上有诸多相似之处，显然是《明史·吴杰传》继承了《旸谷吴公传》的内容，在《旸谷吴公传》的基础上删繁就简而成，如删除了旨在说明吴杰医术高明的"王钺乞调吴杰治边军事"。把吴杰因医术获得彪虎衣、绣春刀及银两的事情也简化为"前后赐彪虎衣、绣春刀及银币甚厚"一句话。由此观来，前已提及唐顺之关于墓志铭和史传的比较中所谓"义主于兼载，则虽家人里巷之碎事可以广异文者亦或采焉，故其为体也不嫌于详；义主于称美，则非劳臣烈士之殊迹可以系风者率不列焉，故其为体也不嫌于简"的论断也是值得商榷的。

整体上来讲，《明史·吴杰传》以唐顺之《旸谷吴公传》为之本，删繁就简而成，这样的结论大致是没有问题的。

①张廷玉等：《明史》卷299《吴杰》，第7649—7650页。

## 四、《旸谷吴公传》《明史·吴杰传》与其他文献的异和同

要进一步解决《旸谷吴公传》与《明史·吴杰传》的递承关系，还要仔细把两者与他人有关吴杰其人的传记作品相对比，辨其异同。明代史籍中较为集中记载过吴杰传记的还有夏言的《夏桂洲先生文集》、龚用卿的《云冈选稿》、何乔远的《名山藏》、焦竑《国朝献征录》，等等。

我们先看稍早于唐顺之之夏言的《夏桂洲先生文集》，其卷16有《明故诰封奉政大夫进阶朝列修政庶尹太医院院使吴公墓志铭》一文。与唐顺之《旸谷吴公传》不同的是，该文起始是从为吴杰撰写墓志铭的原由谈起，夏言与吴杰亦多有交往，并交好于其子吴希孟。吴杰逝后，吴希孟为其请铭，故夏言据旧知白洛原所为行状为吴杰撰写了墓志铭。接着谈到了吴杰的籍贯及其先祖：

> 公姓吴，讳杰，字士奇，别号旸谷。其先本泰伯后，故为吴郡人，自睦州公而下徙居锡之梅里，代以儒为业。胜国天历间，有讳祖肇者，始业医，避红巾乱，再徙兰陵，则公之高祖也。祖肇生玭，玭生宁，是为静庵翁。实（按，当为宁）生公。

据此而论，夏言关于吴杰籍贯和先祖的记载，要比唐顺之记载更为详细。接着夏言记载了吴杰的博学多识和医术精湛：

> 公生而颖慧，器宇英伟。及长，锐志学问，凡天文、地理、阴阳、星卜之书，靡不通究，尤专精轩岐之术，于人全活甚众。

其下记载了吴杰"获宠于武宗"事和"诱彬伏诛"事，没有记载"义拒入御药房"事，即使关于这两件事的记载，也与《旸谷吴公传》的表述差异较大。如记载"获宠于武宗"事：

> 弘治改元，诏求明医，郡邑以公闻。咸宁伯王公钺、大司寇颜公颐寿，时为御史，交疏荐公，于是吏、礼二部奉诏合天下所举再试之，公考据优等，得竟入御药房，即今之圣济殿，一时名动京师。武宗寝疾危甚，召公诊视进药一剂而愈，上嘉赏之，赐三品服及袭衣银牌刀扇之类。自是恩赉频繁，屡御医擢院判，授阶承侍郎考绩。蒙恩典，封厥父静庵如其官，母朱氏为安人，寻擢迁院使。

应该来讲,《明故诰封奉政大夫进阶朝列修政庶尹太医院院使吴公墓志铭》与《旸谷吴公传》的记载有重合之处,但也有不尽相同的地方,如吴杰父母因子而贵的史实,《旸谷吴公传》就没有记载,而吴杰因医术而获赏的各种细节,《明故诰封奉政大夫进阶朝列修政庶尹太医院院使吴公墓志铭》的记载又是比较简略的。

与《旸谷吴公传》不尽相同的是,《明故诰封奉政大夫进阶朝列修政庶尹太医院院使吴公墓志铭》在记载了吴杰“诱彬伏诛”事以后,还记载了吴杰的各种义举,并用大量的篇幅记载了其家族,特别是其六个儿子的仕宦、姻亲①。这与《旸谷吴公传》仅记载希孟和希曾两人也是不同的。

总体来讲,围绕吴杰的传记撰写,夏言《明故诰封奉政大夫进阶朝列修政庶尹太医院院使吴公墓志铭》与唐顺之《旸谷吴公传》虽然存在诸多相似之点,但也有诸多相异之处,可以说形成了两个系统。关于吴杰的传记,两者都具有史源的性质。

关于吴杰的传记,还有大致成书于与唐顺之撰写《旸谷吴公传》时间前后的龚用卿《寿太医院使吴公序》。该序文首先讲述了龚用卿因与吴希孟同使朝鲜而交谊于吴希孟,“虽至于家政亦无所隐,君必及其尊甫阳谷公之所以教者,辄踧踖不自安。予叩其故,则以不获省侍为缺也”②。其后以吴希孟之言的形式记述了吴杰的生平事迹。“子醇(按,吴希孟字)之言曰”:

> 阳谷公世居兰陵,幼颖异超悟,以医世其业。性刚介而中实慈惠,人有遗负,亦不之较。其事亲也以孝,处弟也以友,其刑家也有则,闺门之内井井焉,其教子也有方,家庭之内井井焉。郡邑以名医贡于京师,群天下之人再试之,俱列优等,遂入御药房。事毅皇帝,帝奇其术,累有衣服、银牌、条扇之赐,以考绩历升院判、院使,掌医师。毅皇帝南巡,尝感帝之梦促锦衣使召之,赐以蟒衣、玉带,辞不受。俸禄之入

---

① 夏言:《夏桂洲先生文集》卷16《明故诰封奉政大夫进阶朝列修政庶尹太医院院使吴公墓志铭》,明崇祯十一年吴一璘刻本,四库全书存目丛书,集部第75册,第41—43页。
② 结合其他史料,我们认为此引文处“阳谷”为龚用卿惯称或笔误,在其文中都是如此称呼。下文提及的《祭太医院使吴阳谷文》也用“阳谷”这一称呼。

悉以奉亲，其所接引后进皆为时良医。①

这与唐顺之《旸谷吴公传》和《明史·吴杰传》记载差别很大。龚用卿还有《祭太医院使吴阳谷文》，纯是抒发情感的一篇祭文，和《旸谷吴公传》《明史·吴杰传》的记述风格完全不同。

如果把唐顺之的《旸谷吴公传》与夏言的《明故诰封奉政大夫进阶朝列修政庶尹太医院院使吴公墓志铭》和龚用卿的《寿太医院使吴公序》比较来看的话，有关于吴杰的传记，三者同具有史源的性质，相比较于后两者，唐顺之的《旸谷吴公传》在对吴杰"义拒入御药房""获宠于武宗"和"诱彬伏诛"等事件上的记载要更为全面和丰富，亦正如唐顺之所言"为传而叙公在毅皇时事独详焉"，这也成为唐顺之《旸谷吴公传》区别于后两者的一个显著的标志。

我们再看晚于唐顺之《旸谷吴公传》成书的焦竑《国朝献征录》和何乔远的《名山藏》。因为焦竑《国朝献征录》本是一部传记史料汇编性质的史籍，其并不具有严格意义上的史源性，现存于明万历四十四年（1616）徐象橒曼山馆刻本卷78《太医院院使旸谷吴公杰传》，就明确题识为"唐顺之"撰，与《荆川集》中的《旸谷吴公传》完全一致。

何乔远《名山藏》明崇祯刻本卷102有吴杰的传记。尤论是从为文脉络，还是文字措辞等方面来看，几乎全是对唐顺之《旸谷吴公传》的承袭，只是在个别之处有所不同，如关于"义拒入御药房"事的记载：

> 故事，高等入御药房，中等如院，最下遣还郡。时当遣者若干人，杰请尚书曰："国家三四十年一征医耳，幸被征，守阙十余年，又遣还，杰诚不忍若干人资斧罄绝，愿不入御药房，但与若干人同留入院。"尚书义而许之。②

除了个别字句的差异外，这与唐顺之《旸谷吴公传》几乎是相同的，其对唐顺之《旸谷吴公传》的继承是不言而喻的。

综合比较较早记载吴杰传记的文献，如《明故诰封奉政大夫进阶朝列修政庶尹太医院院使吴公墓志铭》《寿太医院使吴公序》及《祭太医

---

① 龚用卿：《云冈选稿》卷13《寿太医院使吴公序》，明万历三十五年龚燿刻本，四库全书存目丛书，集部第88册，第69页。
② 何乔远：《名山藏》卷102《吴杰传》，明崇祯刻本，续修四库全书，第427册，第570页。

院使吴阳谷文》，我们会发现：唐顺之的《旸谷吴公传》作为一个史源性史料的性质是确定无疑的。而梳理其后成书的诸如《国朝献征录》和《名山藏》中的相关记载，我们同样会发现这些史籍都直接承袭或在唐顺之《旸谷吴公传》的基础上删减而来，《旸谷吴公传》的史源性也是确定无疑的。而通过对《旸谷吴公传》与《明史·吴杰传》的直接对比，《明史·吴杰传》显然来源于唐顺之的《旸谷吴公传》，而不是来源于也具有史源性质的《明故诰封奉政大夫进阶朝列修政庶尹太医院院使吴公墓志铭》《寿太医院使吴公序》及《祭太医院使吴阳谷文》等文。当然，《明史·吴杰传》的成文，或直接源于《荆川集·旸谷吴公传》，或来源于保存于《国朝献征录》《名山藏》中的相关记载也未可知，但不管哪种具体途径，都说明了《旸谷吴公传》对于《明史·吴杰传》的史源性价值。

《旸谷吴公传》与《明史·吴杰传》，两者亦有不同之处，如吴杰诸子之一：希孟。《明史·吴杰传》误抄为"希周"。考之明人龚用卿的《云冈选稿》中《送龙津吴君参议江西序》《寿太医院使吴公序》和《祭太医院使吴阳谷文》等篇章，均记作"希孟"。而唐顺之《旸谷吴公传》一文，"希孟"亦出现三次，均为"希孟"，且吴希孟与唐顺之又交好，唐顺之当不会记错或笔误。另，据《明故诰封奉政大夫进阶朝列修政庶尹太医院院使吴公墓志铭》所载，吴杰确有一子名希周，为其第四子，其他五子依次为：希颜、希曾、希孟、希程、希张。盖取儒家道统中的代表人物之姓而作为其诸子之名。《明史》言吴希周"进士，户科给事中"，考之《明故诰封奉政大夫进阶朝列修政庶尹太医院院使吴公墓志铭》中进士者确为"希孟"，而希周仅为"郡庠生"[1]，未有中举经历。据此，我们认为唐顺之所记为实，而《明史·吴杰传》当为误抄。仅由此例亦可看出，唐顺之的《旸谷吴公传》不仅可以补《明史·吴杰传》记载之不足，亦有校《明史·吴杰传》之误的作用。

---

[1]夏言：《夏桂洲先生文集》卷16《明故诰封奉政大夫进阶朝列修政庶尹太医院院使吴公墓志铭》，明崇祯十一年吴一璘刻本，四库全书存目丛书，集部第75册，第42页。

## 第二节 "疏才何以答揄扬"：《周襄敏公传》

唐顺之还撰有《周襄敏公传》，传主为周金。周金，字子庚，号约庵，武进人，亦为唐顺之同乡。

关于周金的传记，明人比较集中、系统或成熟地保存在严嵩的《钤山堂集》、唐顺之的《荆川集》、萧彦等撰的《掖垣人鉴》、毛宪的《毗陵人品记》、邓元锡的《皇明书》等文献中，明人也有一些比较零散地记载周金事迹的文献，如唐龙《渔石集》卷2《送周公约庵总漕巡抚江淮序》、毛宪《古庵毛先生文集》卷4《周中丞约庵六袠序》、崔桐《崔东洲集》卷12《送周约庵司寇南京序》等。

### 一、《明史·周金传》的主要内容及其文献特点

《明史》卷201有《周金传》，为了更好地对比该传记与其他文献史籍的异同，以确定其渊源，我们兹把这篇幅不大的《明史·周金传》全文移录于此：

> 周金，字子庚，武进人。正德三年进士。授工科给事中。累迁户科都给事中。疏言："京粮岁入三百五万，而食者乃四百三万，当痛为澄汰。中官迎佛及监织造者滥乞引盐，暴横道路，当罢。都督马昂纳有妊女弟，当诛昂而还其女。"朝议用兵土鲁番，复哈密。金言西边虚惫，而土鲁番险远，且青海之寇窥伺西宁，不宜计哈密。已，卒从金议。
>
> 嘉靖元年由太仆寺少卿迁都察院右佥都御史，巡抚延绥。边人贫甚。金为招商聚粟，广屯积刍，以时给其食。改抚宣府，进右副都御史。大同叛卒杀张文锦，边镇兵皆骄。宣府总督侍郎冯清苛刻。诸军请粮不从，且欲鞭之，众轰然围清府署。金方病，出坐院门，召诸军官数之曰："是若辈剥削之过。"欲痛鞭之。军士气稍平，拥而前请曰："总制不恤我耳。"金纵容谕以利害，众乃散解去，得无变。
>
> 改抚保定。巡按御史李新芳疑广平知县谋己，欲抶之。知府为之解，并欲执知府，发兵二千捕之。知府及佐贰皆走，一城尽空。金发其罪状，而都御史王廷相庇护新芳，与相争。帝卒下新芳刑部，黜官。

金迁兵部右侍郎。未几,进右都御史,总督漕运,巡抚凤阳诸府。久之,擢南京刑部尚书,就转户部。二十四年致仕归,岁余卒。赠太子太保,谥襄敏。①

仔细分解《明史·周金传》,大致包含三个部分:第一部分,字号、籍贯介绍;第二部分,仕途功绩;第三部分,仕途历程及身后事。其中第二部分政绩功绩是主干。这一部分又可分成几个事件:一是疏言杜绝京粮冗食、披露中官暴敛、揭发马昂进奉有妊女弟以及请止征土鲁番等;二是体恤边兵,包括平息由冯清所引起的兵变;三是平定并疏责李新芳之乱。

《明史·周金传》整体上来讲,基本做到了结构完整、脉络清晰,文字也是简练传神。

在基本认识到《明史·周金传》的主要内容及其文献特点以后,那我们就以此认识为前提,来梳理其与明代产生的各种有关于周金传记的记载,辨其异同,从而梳理《明史·周金传》的史料来源和可能的参考文本。

## 二、明人文献中有关周金传记的记载及其特点

首先,来看明人一些比较零散地记载周金事迹的文献。大致撰写于嘉靖丙申(1536)的唐龙《送周公约庵总漕巡抚江淮序》主要强调了漕运的重要性以及周金所任的合理性,虽然也记载了周金早期任职时的一些事情,但主要从总体上来论述,比较简略,如关于其任给事中直言上疏时的事情时,仅言"公先任给事中,茂扬直声。嗣抚延绥,抚宣府,抚真定,荐树勋伐,泛望也"②。由此看来,以记载周金早期任职时史事的《明史·周金传》不可能直接来源于唐龙的《送周公约庵总漕巡抚江淮序》。

大致撰写于嘉靖十三年(1534)的毛宪的《周中丞约庵六袠序》在涉及周金的仕宦功绩时言:

尔公学识弘深,才气英伟,筮仕谏垣,奏议炳炳,直声丕振。其最

---

①张廷玉等:《明史》卷201《周金》,第5319—5320页。

②唐龙:《渔石集》卷2《送周公约庵总漕巡抚江淮序》,明嘉靖刻本,四库全书存目丛书,集部第65册,第415页。

> 著则大工加赋之议，确持弗徇阴，利甚博。进佐太仆，综画牧政，骑无伐用，财无横废，上下裕如。又进总宪度，两抚延宣，筹边御虏，动中权宜，决几应变，呼吸立就，若始抵镇即密计擒巨贼首恶，诸将慑服，寻却虏捷闻，有玺书金币之赐。此其彰彰者，要之威德并济，兵民畏爱。①

《周中丞约庵六袠序》主要以论、赞周金仕宦功绩为主，而非记述其事迹。这与《明史·周金传》的记载重心不合。

形成时间较早的还有崔桐《送周约庵司寇南京序》。此篇文字主要记载了周金任南京刑部尚书这一事情的背景和原委，对其早期宦迹的记载比较少，主要总结其特点和功绩等，其言：

> 公筮仕则直于谏垣，内陟则效于马政，制险则威于筹边，抚绥则功于台宪。固天下之通才，无乎不宜者也。②

再看明人比较集中、系统地对于周金事迹记载的文献。较早的有严嵩《钤山堂集》卷33《南京户部尚书约庵周公墓表》。这篇墓表对与周金相关的史实记载比较系统，从其先祖说起，对其仕途宦绩也记载比较全面。兹把其与《明史·周金传》记载相关的部分摘录如下：

> 初，公以正德戊辰进士，释褐即拜官琐闼，英姿茂植，膺受殊选，更工、兵、户三署，多所建白，咸切事体，中机宜，若征寇方略及将士商格，皆见施行。有都督马昂者，进女弟宫中，公抗疏论之，竟得旨黜昂罢其女。中贵人以迎佛兼织暴横，而诸边盐引奏讨殊滥。又武学生请更考察制，并列状，刺其违谬，无所回疑。又数请临视常朝总揽权纲及汰冗食募丁壮言，虽不尽用，时论委重矣。迁二仆卿，晋参台宪，出抚延绥，公乃招徕商粟以和籴，劝督恳田以赋租，因地凿渠以通水利。慎险望，善城守，绩用大著，复晋左副，改巡宣府。大虏压境，亲奖率将士，毕力御之，捷闻，有白金文绮之赐。已而，以病告家居者六载，复以虏患诏，即家起公，巡紫荆等关，公练畅戎机，备御详严，虏以不害。入为司马，遂陟长中台，往督漕运。章圣皇太后梓宫南附渡淮，众议由陆，不决，

---

①毛宪：《古庵毛先生文集》卷4《周中丞约庵六袠序》，明嘉靖四十一年毛诉刻本，四库全书存目丛书，集部第67册，第491页。
②崔桐：《崔东洲集》卷12《送周约庵司寇南京序》，明嘉靖二十九年曹金刻三十四年周希哲续刻本，四库全书存目丛书，集部第72册，第691页。

得公力主从江之利而定，改留曹大司寇，复改司徒。岁乙巳，乃以老得请归。明年，遂卒，享年七十有四。[1]

严嵩对周金宦绩的记载还是比较全面的，《明史·周金传》中记载的周金的宦绩，此文基本都涉及，而且还记载了周金在章圣皇太后梓宫南附时的作用。也必须看到，以《明史·周金传》为参照，严嵩虽把周金的宦绩记载得比较全面，但是有关于周金每一次具体宦绩表现，则太过于简略。总体上来讲，严嵩为周金所作的这篇墓表系统，但不够详细。对于其后产生的又比其详细的《明史·周金传》可能会提供线索或脉络的参考作用，但史料的充实方面则作用不大。

而保存在唐顺之的《荆川诗文集》当中的这篇《周襄敏公传》则不然。《周襄敏公传》对周金的记载，不仅全面，而且详细。其也是从周金的先辈谈起，并总论周金的仕途，并以"公为人阔达警敏，自在科中则已练习人情世务"[2]为始，详细记载了周金的宦绩。接着总括了周金的为学特点、道德修养以及逝去前后的一些情况，包括嘱传于唐顺之的事情。

首先，从该文整体框架上来讲，其对《明史·周金传》整体文脉走向的影响是非常明显的。两者大致都可以分为三个部分：字号、籍贯介绍；仕途功绩；仕途历程及身后事。只不过，《明史·周金传》删除了《周襄敏公传》中对周金的学术肯定、道德褒扬，周金与唐顺之的交谊，以及周金妻、子的内容。唐顺之《周襄敏公传》在详细介绍完周金的宦绩后即言：

> 公性喜读书，虽稗官小史，亦用以资其经略，尤喜为诗歌，羽檄倥偬中率不废诗，上谷、榆阳，稿皆成帙也。善字书，有晋人风骨。其罢宣府家居，好奖进后辈，与人言，娓娓不厌，与士人言，言读书，与俗人言，言劝业，莫不取其有益。是时余以诸生侯公，公过待以为国器。及入仕途，公每遗书，诲以经世之学，顾樗散无能自效于公者。公且死，以传文见嘱，余不得辞也。公生平俭朴，既已贵，其自奉如居约时，独祀先款客则极丰洁，曰："宾客重事也。"年五十遂独居，未尝畜媵妾。教诸子爱

①严嵩：《钤山堂集》卷33《南京户部尚书约庵周公墓表》，明嘉靖二十四年刻增修本，续修四库全书，第1336册，第284页。

②常州市唐荆川研究会编：《唐荆川诗文集》卷16《周襄敏公传》，第454页。

而有法，一饮食必有训。自公既没，天子赐之祭葬，赠公太子太保，谥曰襄敏。呜呼！可谓有始有终者矣。妻吴氏，子二人：仕，为都督府都事；伟，太学生，皆好礼让，能世公之家者也。①

尽管《明史·周金传》缺少了《周襄敏公传》中对周金的道德褒扬等诸多细节，但就其整体框架对《周襄敏公传》的继承和沿袭是非常明显的。

其次，从具体内容上来看，《明史·周金传》也广泛继承了《周襄敏公传》的内容。《明史·周金传》记载的主干部分，直言疏谏、体恤边兵和平定李新芳之事，在《周襄敏公传》中都有着更为丰富的记载原型。如请止征土鲁番事：

> 癸酉，廷议用兵土鲁，复哈密。公极言西边虚惫，而土鲁险远，其青海之贼窥伺西宁，乃欲远拯哈密，譬之人家囊箧空虚，子弟臧获疲死，而盗贼满门庭，将拯门庭之寇乎？抑急比邻之灾乎？众曰："是则然矣，如土鲁索金币何？"公曰："彼能孝顺，国家何爱于赏？不然，剿之未玩也。"已而卒从公议。②

从廷议用兵，到周金议止，再到卒从公议，《明史·周金传》的描述与《周襄敏公传》的描述如出一辙。而《周襄敏公传》中所记载的土鲁番索要钱财事，《明史·周金传》则阙如，虽然《明史》缺载此事，并不影响说明周金此议切实可行的主旨，但在说明明廷在处理西北边陲的两难处境时，还是有所欠缺的。也就是说，《周襄敏公传》一定程度上不仅是《明史·周金传》的史料来源，亦可补其记载之不足。

再次，从具体措辞来看，更能说明《明史·周金传》对《周襄敏公传》的继承。前举征土鲁番事中的"虚惫""险远""窥伺西宁"等措辞，都同时出现在《明史·周金传》与《周襄敏公传》中，这也能够说明两者的呈递关系。

又如揭发都督马昂进奉有妊女弟事：

> 又言都督马昂纳女弟后宫，外议或云已娠，请黜昂而还其女，后昂虽不罪而女竟被黜。及公没，礼部为公请赠谥，亦独以公为给事中时能阴

---

① 常州市唐荆川研究会编：《唐荆川诗文集》卷16《周襄敏公传》，第455页。
② 常州市唐荆川研究会编：《唐荆川诗文集》卷16《周襄敏公传》，第453页。

销祸孽，指此疏也。①

唐顺之上述不仅记载了把周金揭发马昂进奉女弟于内宫的史实，而且把周金获赠谥号襄敏与这一史实联系起来，这要比《明史·周金传》更为详细。同时，这一条史料还提供给我们一个信息，即证明《明史·周金传》直接来源于《周襄敏公传》的一个直接的证据。在前面我们已引证并分析的，不管是对周金传记记载比较分散的唐龙《送周公约庵总漕巡抚江淮序》、毛宪的《周中丞约庵六袠序》、崔桐《送周约庵司寇南京序》，亦或是比较全面、系统的严嵩《南京户部尚书约庵周公墓表》，要么是对马昂进女弟事干脆付之阙如，要么虽记载到了，而对周金之所以疏议马昂的原因，则忽略掉了，如记载比较全面的严嵩《南京户部尚书约庵周公墓表》仅仅记曰："有都督马昂者，进女弟宫中，公抗疏论之，竟得旨黜昂罢其女。"这虽然基本也不影响对这件事的发展过程的理解，但对其疏议原因——"外议或云已娠"的阙略，也使得我们对周金之所以疏议马昂的原由无从考索。更为重要的是，不利于说明周金"切事体，中机宜"之"奏议炳炳"的特点。在较早形成的有关周金的事迹或传记记载中，仅唐顺之的《周襄敏公传》有此记载，那同样有此记载的《明史·周金传》的史料来源也就不言自明了。

又如体恤边兵中平息由冯清引起的兵变一例：

> 其在宣府，总督冯侍郎以苛刻失众心，公数争之，不能得。侍郎又以引盐数万与其私人为市，而平时商人无能得一引者，众固甚怨。会诸军诣侍郎请粮不得，且欲鞭之。众遂愤，轰然面骂，因围帅府。时公以病告，诸属奔窜入院，泣告公，公曰："吾在也，毋恐。"即便服出，坐院门，召诸把总官，阳骂曰："是若辈剥削之过，不然诸军岂不自爱而至此？"欲尽痛鞭之。军士闻公不委罪若属也，则气固已平，乃拥跪而前，为诸把总请曰："非若辈罪也，是总制者罔利，不恤我众耳。"公从容恳谕以利害，众嚣曰："公生我。"始解散而去。

同样在这件史事的记载中，《明史·周金传》记载了周金两次发话："是若辈剥削之过"；"总制不恤我耳"。这样直接的语言，《明史》不可能

---

①常州市唐荆川研究会编：《唐荆川诗文集》卷16《周襄敏公传》，第452—453页。

臆想或捏造，而应该是渊源有自。很显然，唐顺之《周襄敏公传》就留下了较为原始的记载，那唐顺之这样生动的记载来源于哪里呢？唐顺之亦言：

> 公自喜得应机之知，居家时数尝为余言之。[①]

这说明所记此事源自周金所自言。这一点既说明《周襄敏公传》的史源性，也是唐顺之《周襄敏公传》区别于其他同时期的甚至早于其出现的文献的一个典型标志，而这都被《明史·周金传》相对忠实地继承下来。仅据此一点，我们就可以断定《周襄敏公传》于《明史·周金传》的史源属性。

考之唐顺之与周金的交谊，起码从唐顺之诗文集的记载来看，早在唐顺之为翰林，周金巡抚北疆时，两人就互有诗作唱和，如唐顺之《寄周中丞备御关口》言：

> 牙旗高建白羊东，鼓角殷殷瀚海空。
> 雪后锦裘行塞外，月明清啸满楼中。
> 幕南五部思归义，蓟北诸军尽立功。
> 燕颔书生人共羡，一朝投笔去平戎。[②]

表达了对周金守御边疆的认可和羡慕。这一时期周金也对唐顺之比较认可，并多有提携、奖掖，唐顺之自言：

> 月卿仗节行燕甸，星使乘槎向洛阳。
> 倾盖偶从黄菊候，开轩共醉紫萸觞。
> 楼台塞接风云变，岩谷迎寒草树荒。
> 戏马新词重康乐，疏才何以答揄扬。[③]

通过书信往返之急、把盏之欢以及"疏才何以答揄扬"等，都可以看出唐顺之与周金交谊甚笃。这也是唐顺之撰写《周襄敏公传》的主要动机。

在唐顺之建言早朝太子被罢黜家居后，周金仍对其十分关心，唐顺之亦自言：

---

① 常州市唐荆川研究会编：《唐荆川诗文集》卷16《周襄敏公传》，第454页。
② 常州市唐荆川研究会编：《唐荆川诗文集》卷1《寄周中丞备御关口》，第19页。
③ 常州市唐荆川研究会编：《唐荆川诗文集》卷1《答周约庵中丞九日栾城道中见赠》，第20页。

　　　　某自屏居以来，自以罪隶，不敢复齿于荐绅之后。故居当南北孔
道，非逃虚者所宜，遂馆于阳羡山间。坐此去人益远，亲知往来，一切
罢废。虽最辱知爱如明公，亦尚未能继扫门之役，以承教语、叙衷曲。
此其懒慢之罪，仆犹自知，况长者乎？以为宜麾而弃之矣，不谓过辱记
录、远勤使人，且手书慰谕，尚欲纳仆于古人之域。捧书自激，窃感且
叹，固知长者之度不肯轻弃一物，欲曲而成之若此。①

　　看来，即使是在唐顺之最为落魄之际，周金也是对其多有鼓励。而从唐
顺之与周金交往甚笃，以及这种关系贯串两人人生的多个阶段来看，唐
顺之对周金的了解是非常详细和深入的，这也能从一个侧面进一步说明
唐顺之为周金所作《周襄敏公传》的史源性。

　　与严嵩《南京户部尚书约庵周公墓表》一样，唐顺之《周襄敏公传》
也载有"章圣梓宫南附"事。只不过《周襄敏公传》的记载要更为详细：

　　　　丙申，章圣梓宫南附，始奉旨由江，而诸护行大臣至仪真议从陆。
诸官心知不可，而惮于以身任江行之险，悒慑不敢出语。公独力争之，
极言沿江山险路不可通状，且奉玉体驰峻阪，上下撼顿，万一圣情闻之
悲恻，奈何？议论往返数日，而诸大臣亦密遣探江沿路，果险如公言，
乃决从江之议，以铁絚维舟行，如期至承天，遂如期以葬。沿江千里居
人免于伐树发屋，役夫数万人得无走死于山谷中，公于是有力焉。②

　　而这则是《明史·周金传》所无的。总体看来，《周襄敏公传》无论是记
载范围，还是记载的详细程度，都是明代较早有关周金传记文献记载中
比较突出的一个，这显然也是其能成为《明史·周金传》重要史料来源的
一个基本前提。

　　综上述，从文本框架、具体内容和一些细节描述等角度，综合对比唐
顺之《周襄敏公传》与《明史·周金传》，我们认为后者确实来源于前者。

　　明人有关周金传记比较系统的记载，还有产生较晚的萧彦等撰的
《掖垣人鉴》，但此书仅为周金录一词条：

　　　　周金，字子庚，号□□，南京府军右卫籍，直隶武进县人。正德三年

①常州市唐荆川研究会编：《唐荆川诗文集》卷5《答周约庵中丞》，第136页。
②常州市唐荆川研究会编：《唐荆川诗文集》卷16《周襄敏公传》，第455页。

进士，本年十月除户科给事中，六年升工科右，七年升兵科左，九年升户科都，十一年升太仆寺少卿，仕终南京户部尚书，加太子少保。①

这只能是周金的一个履历表，《明史·周金传》断难以此为底本。

毛宪《毗陵人品记》的记载相比较《掖垣人鉴》的记载较为全面一些：

> 周金，字子庚，武进人。正德戊辰进士，拜给事中，升太仆少卿都御史。为人警敏阔达，不为拘谥诡激。都督马昂女弟干后宫，迹疑李园，金请诛昂而黜其女，女竟黜。凡军国要机，金陈利害，悉中机宜，如议狼山擒寇功及复哈密事者，以数言而定。先是，宁夏、甘肃相继告变，帅臣多怀危惧，金至，开诚信用宽简以收士心。大同杀抚臣，宣府围帅府，几于激变。金皆从容谕以利害，众欢然叩首而退，金之应激定变类如此。家居八年，起抚保定，总淮漕，会章圣梓官南附，诸护行者畏江险，将从陆。今力诤山险甚于江，卒由江行如期而葬。沿江千里皆受其德。官至南京户部尚书。②

整体上来看，毛宪《毗陵人品记》与严嵩《钤山堂集》比较相似，对周金事迹的记载基本面面俱到，但关于周金单一事件的记载则太过于简略。考之《明史》与其史料来源主要是一种删繁就简的关系，《明史·周金传》也不太可能直接来源于《毗陵人品记》。

明人关于周金较晚的记载，还有邓元锡的《皇明书》。《皇明书》卷26"名臣"类下有《周金传》。此篇传记对周金事迹记载比较详细，不仅《明史·周金传》中所记周金事迹均列其中，《明史·周金传》所无，而严嵩《南京户部尚书约庵周公墓表》和唐顺之《周襄敏公传》所记"章圣梓官南附"事也在其中，即使在早期有关周金传记的文献中只出现在唐顺之《周襄敏公传》中周金揭发马昂进女弟，因其女弟已孕的事，《皇明书·周金传》也有记载：

> 都督马昂纳女弟后宫，传已有娠，金疏请诛昂，女黜还家，销宗社大孽云。

①萧彦等：《掖垣人鉴后集》卷12《周金》，明人文集丛刊影印明万历十二年序刻本，四库全书存目丛书，史部第259册，第253页。
②毛宪：《毗陵人品记》卷8《周金》，明万历刻本，续修四库全书，第541册，第182—183页。

虽然不如唐顺之《周襄敏公传》详细，但也是首尾俱足。并且还补充了两者所缺的一些周金的事迹，如制定"将出迎勿过三十里"之制：

> 始至延绥，时会总兵入镇，诸偏裨欲倾城出迎。金曰："脱虏有警，当奈何？"命诸官各留一人城守而戒，游击将即出迎，勿过三十里。时诸将生长边，咸以为暑月，非虏入寇时，迂之。明日虏果入，欲伺间官，留者出，击之，而游击自三十里外入援，虏骇有备，遁去。①

虽然《皇明书·周金传》补充了很多内容，但与唐顺之《周襄敏公传》和《明史·周金传》相重复的部分相比，普遍不如《周襄敏公传》记载详细，与《明史·周金传》的详密程度不相上下。那成书于《皇明书》之后的《明史》是否参考了《皇明书》？有这种可能。但成书较晚的《皇明书》史料来源于何？这是我们更应该从史源性的角度关心的一个问题。

通过对比，《皇明书·周金传》来源于唐顺之的《周襄敏公传》。该文整个框架安排和文脉走向与《周襄敏公传》如出一辙。虽然，如上所述，具体内容上补充了一些《周襄敏公传》所无的内容，但绝大部分内容都是《周襄敏公传》中所有的，而且措辞和《周襄敏公传》绝然相似。如关于平息由冯清引起的兵变一事：

> 而宣府总督冯侍郎者，以苛刻失众心，金数争之，不得。诸军粮给不时又鞭之，众遂愤骂，共围府，侍郎不知所出。金时方卧病，闻之，便服出，坐院门，召诸把总官，则骂以为："是若辈剥削之过，不然，诸军健儿何至是？"军士固爱金，闻金语，气益平，乃群跪为诸把总请，金恳恻晓谕，立散解。②

不仅关于这次事件的描述，与唐顺之《周襄敏公传》重复的部分，也都与唐顺之所作绝然相似，而考虑到唐顺之《周襄敏公传》的史料的原始性，《皇明书·周金传》的史料来源也就可以判明了。

《皇明书·周金传》对《周襄敏公传》的继承还表现在对周金的相似评价上。《皇明书·周金传》与《周襄敏公传》一样，都是夹叙夹议。如前已引《周襄敏公传》在论述周金勇于直谏但又能自保时言："公为人阔

---

① 邓元锡：《皇明书》卷26《周金》，明万历三十四年刻本，续修四库全书，第316册，第193页。
② 邓元锡：《皇明书》卷26《周金》，明万历三十四年刻本，续修四库全书，第316册，第193—194页。

达警敏,自在科中则已练习人情世务。"在记述了其直谏事迹后又分析道:"方是时,奄幸相继擅势,尤于言路为仇,不旦暮死则窜,少能全者。公在科九年,卒以老成周慎免于戮辱。"①《皇明书·周金传》也对此解释道:"时阉幸相继擅国,金敢言,然阔达练人情,又周防,故卒免于难。"②由此看来,《皇明书·周金传》把唐顺之《周襄敏公传》的两处评价并为一处,稍加整合。还如《皇明书·周金传》结尾对周金进行了集中的评价:"内行甚饬,已贵,自奉如居约。时五十独居,未尝畜媵妾,好奖掖后进,喜读书,能诗。"③这方方面面的措辞都散见于唐顺之《周襄敏公传》中。

由此看来,即使《明史·周金传》的史料确实直接来源于《皇明书·周金传》,但考虑到唐顺之《周襄敏公传》作为《皇明书·周金传》的基本史料,我们说《明史·周金传》来源于唐顺之《周襄敏公传》这一论点也是成立的。

而把《明史·周金传》与明朝中后期有关周金传记文献综合对比,我们会发现唐顺之的《周襄敏公传》确实是《明史·周金传》的基本史料来源,或者说《明史·周金传》是在《周襄敏公传》这一底本上编纂而来。

关于《明史·周金传》对唐顺之《周襄敏公传》具体的参考路径,我们更倾向于认为:与《明史·吴杰传》的参考路径相似,其极有可能直接参考了焦竑的《国朝献征录》。因为,与张廷玉所编撰的《明史》有着密切、直接关系的万斯同④曾言:

> 向尝流览前史,粗能记其姓氏,因欲遍观有明一代之书。既生有明之后,安可不知有明之事?故尝集诸家记事之书读之,见其牴牾疏漏,无一足满人意者,如郑端简之《吾学编》、邓潜谷之《皇明书》,皆仿纪传之体而事迹颇失之略。陈东莞之《通纪》、雷古和之《大政记》,皆仿

---

① 常州市唐荆川研究会编:《唐荆川诗文集》卷16《周襄敏公传》,第453页。
② 邓元锡:《皇明书》卷26《周金》,明万历三十四年刻本,续修四库全书,第316册,第193页。
③ 邓元锡:《皇明书》卷26《周金》,明万历三十四年刻本,续修四库全书,第316册,第194页。
④ 关于《明史》的成书,一般认为大致经过三个过程:一是康熙十八年开始纂修的万斯同手订的《明史稿》;二是王鸿绪在万斯同《明史稿》基础上,于康熙四十一年开始,并分别于康熙五十三年和雍正元年两次进呈列传及纪、志、表部分的版心题为"横云山人明史稿";三就是在王鸿绪《明史稿》的基础上进一步纂修,于雍正十三年定稿,并于乾隆四年由张廷玉正式进呈的《明史》。从《明史》的起源来看,万斯同的首创之功是非常明显和突出的。

编年之体，而褒贬间失之诬。袁永之之《献实》，犹之《皇明书》也。李宏甫之《续藏书》，犹之《吾学编》也。沈国元之《从信录》，犹之《通纪》。薛方山之《献章录》，犹之《大政纪》也。其它若典汇史料《史概》《国榷》《世法录》《昭代典则》《名山藏》《颂天胪笔》《同时尚论录》之类，要皆可以参观而不可以为典要。惟焦氏《献征录》一书，搜采最广，自大臣以至郡邑吏，莫不有传。虽妍媸备载，而识者自能别之。可备国史之采择者，惟此而已。[①]

万斯同以"遗民"的身份认同，从"故国之思"的视角综合对比、分析了明人有关当朝的各种史籍和史料，认为史籍要么过于简略，要么评论有失公允。关于史料，认为大部分只可以作为参考，只有焦竑《国朝献征录》可以"备国史之采择"。从万斯同对《国朝献征录》的推崇来看，其在初修《明史稿》这一"国史"时，对《国朝献征录》的参考也就是情理之中的事了。考之焦竑《国朝献征录》，其卷31以《户部尚书周襄敏公金传》收录了唐顺之《周襄敏公传》，盖《明史·周金传》就直接来源于收录于《国朝献征录》的唐顺之这篇文字。

### 第三节　"储一代之史材以信今传后人"：唐顺之所撰其他人物传记

据万斯同所言，在有关明皇朝史的诸多史籍中，焦竑所辑《国朝献征录》是较好的一部，这也成为其在编订《明史稿》时重要的史料来源，特别是列传部分。

考之现存于《荆川诗文集》中唐顺之为明人所作墓志铭、墓表或人物传记，为《国朝献征录》收录的除上述《广右战功录》《旸谷吴公传》和《周襄敏公传》这三篇外，还有《佥事孙公墓志铭》《运使张东洛墓碑铭》《吏部郎中薛西原墓志铭》《吏部郎中林东城墓志铭》《刑部郎中唐嘿庵墓志铭》《礼部郎中李君墓志铭》和《户部郎中林君墓志铭》等诸多篇章。可以看出，唐顺之所作人物传记已经成为"储一代之史材以信

---

①万斯同：《石园文集》卷7《寄范笔山书》，民国二十五年张氏约园刻四明丛书第四集本，续修四库全书，第1415册，第510页。

今传后人"①的《国朝献征录》的一个比较集中的史料来源。

同时,又通过《献征录》,直接作用于如张廷玉所言的"胜国君臣之灵爽,实式凭之;累朝兴替之事端,庶几备矣"②的《明史》,从而对明皇朝史产生了直接而又深远的影响。特别是唐顺之所作收录在《献征录》中的《吏部郎中薛西原墓志铭》《吏部郎中林东城墓志铭》《刑部郎中唐嘿庵墓志铭》分别有关明人薛蕙、林春和唐侃的三篇传记,更是对《明史》产生了不同程度的影响。

故唐顺之所撰诸多明人传记也起到了《国朝献征录》作为《明史》史料来源的作用,即"储一代之史材以信今传后人"。

## 一、《吏部郎中薛西原墓志铭》与《明史·薛蕙传》

如薛蕙,《明史》关乎其的记载整体上来讲比较详细,但极不均衡。关于薛蕙的生平、仕宦以及德行,记载比较简略。其始言:

> 薛蕙,字君采,亳州人。年十二能诗。举正德九年进士,授刑部主事。谏武宗南巡,受杖夺俸。旋引疾归。起故官,改吏部,历考功郎中。③

其末论:

> 蕙貌臞气清,持己峻洁,于书无所不读。学者重其学行,称为西原先生。④

中间较为完整地收录了千余字的薛蕙所上《为人后辨》,主张世宗应奉宪宗为考而继统。当然,结果也就可想而知了。

> 书奏,天子大怒,下镇抚司考讯。已,贳出之,夺俸三月。会给事中陈洸外转,疑事由文选郎夏良胜及蕙。良胜已被讦见斥,而蕙故在。时亳州知州颜木方坐罪,乃诬蕙与木同年关通,疑有奸利。章下所司,蕙亦奏辨。帝不听,令解任听勘。蕙遂南归。既而事白,吏部数移文促蕙起。蕙见璁、萼等用事,坚卧不肯起。十八年诏选宫僚,拟蕙春坊司直兼

---

①焦竑:《焦太史编辑国朝献征录》卷首顾起元《献征录序》,明万历四十四年徐象橒曼山馆刻本,续修四库全书,第525册,第4页。

②张廷玉等:《明史》卷末附"张廷玉上明史表",第8631页。

③张廷玉等:《明史》卷191《薛蕙》,第5074页。

④张廷玉等:《明史》卷191《薛蕙》,第5077页。

翰林检讨。帝犹以前憾故，报罢。而蕙亦卒矣。①

考之《献征录》卷26，全文收录唐顺之撰《吏部郎中薛西原蕙墓志铭》。其始曰：

> 西原先生姓薛氏名蕙，字君采。

接着记载了薛蕙的学行。其后虽也谈到薛蕙之"大礼议"，但与《明史》较为完整收录薛蕙所上《为人后辨》相比较，则较为详略得宜。其言：

> 其罢也，坐论大礼。先生自为刑部时，值武庙南狩，抗疏谏，祸叵测，先生晏然。后大礼之议起，乃撰《为人后解》《为人后辨》，奏入下狱。已而复其官，然已为权贵人所不释矣。已而竟给事中某构先生罪，先生上书讼，坐是罢。后所构事解，吏部数移文促先生赴官，时权贵人且张甚，曰："是可褰裳而蹈渊也哉？"竟屡荐不复起。先生貌臞气清，行己素峻洁，其才虽高，然坦易洞朗，破去厓岸。豪杰皆慕与之交，其庸众亦无所嫉者，独以一二权贵人故，至一斥遂不用。②

应该来讲，《明史·薛蕙传》全文收录最能代表薛蕙参与大礼议的一篇文字，虽然也是纪传体正史列传的一种写法，但唐顺之所撰《吏部郎中薛西原蕙墓志铭》关于薛蕙大礼议的记载更为繁简适当。但可以肯定的是，《明史·薛蕙传》中所载《为人后辨》这段文字绝不是来自唐顺之《吏部郎中薛西原蕙墓志铭》。并且，《献征录·吏部郎中薛西原蕙墓志铭》紧接着又记载了薛蕙居家时的种种善举义行，以及其先世谱系。当然，《献征录》这篇文字忽略了《唐荆川诗文集》卷十四《吏部郎中薛西原墓志铭》中所记载的唐顺之为薛蕙撰铭的原由。这些都是《明史》所无的。

但如果从整体来讲，《明史·薛蕙传》很有可能以唐顺之有关薛蕙的墓志铭《吏部郎中薛西原蕙墓志铭》作为底本。

其一，也是我们上述得出的一个论点，即《明史》在人物传记方面对

①张廷玉等：《明史》卷191《薛蕙》，第5077页。
②焦竑：《焦太史编辑国朝献征录》卷26《吏部郎中薛西原蕙墓志铭》，明万历四十四年徐象橒曼山馆刻本，续修四库全书，第526册，第365页。

《献征录》的参考。

其二，就整体框架来讲，两文也基本都是按照薛蕙的生平、仕宦以及德行的顺序予以排序的。虽然在具体内容上，可能侧重点并不完全相同。

其三，具体内容也有诸多相似之处。如《献征录·吏部郎中薛西原蕙墓志铭》关于薛蕙"貌臞气清，行己素峻洁"的描述，与《明史·薛蕙传》中"貌臞气清，持己峻洁"的相关描述还是比较一致的。关于薛蕙参与大礼议的整个经过，虽然一些细节，诸如《吏部郎中薛西原蕙墓志铭》中所载权贵人所言"是可褰裳而蹈渊也哉"，《明史·薛蕙传》未载，但除此之外，"帝不听""璁、萼等用事""帝犹以前憾故"和"蕙亦卒"等对整个事情的发展走向和过程的描述还是基本相似的。一般而言，《明史·薛蕙传》应该较大程度上直接参考和借鉴了《吏部郎中薛西原蕙墓志铭》的。

其四，要进一步说明《明史·薛蕙传》来源《献征录·吏部郎中薛西原蕙墓志铭》，还需要说明明代学者几篇有关薛蕙的传记文献与《明史·薛蕙传》存在一定的差别。明人较早的有关于薛蕙比较系统的传记，还有王廷的《吏部考功郎中西原薛先生行状》和文徵明的《吏部郎中西原先生薛君墓碑铭》两文。与《明史·薛蕙传》和《吏部郎中薛西原蕙墓志铭》比较一致的是，王廷《吏部考功郎中西原薛先生行状》也首先说明了薛蕙的字号、籍贯，"先生姓薛氏，讳蕙，字君采。西原，其号也。晚年又自号大宁居士云"。接着叙述了薛蕙先辈的字号及行谊。涉及传主薛蕙，则以"七岁习举子业"为始，较为详细地记述了薛蕙科考、"能诗"、为官等行实，特别是记载了其任刑部贵州司主事、刑部福建司主事、文选司、验封司员外、会试同考官和考功司郎中等官职时取得的一些成就。相比较于《明史·薛蕙传》的记载，完备许多。

其下还记载了薛蕙参与"大礼议"：

> 会议献皇帝称号，庙堂如讼，先生乃稽参坟典，称述古今，撰《为人后解》《为人后辨》，凡数万言。入奏，下诏狱。时部院诸司亦各具疏伏阙哭以闻，上震怒，杖遣有差。先生独以先系狱，不与。诏令复职，然竟以是忤权贵，权贵人常欲得而甘心也，而给事中某者，故附权贵人，果阴使诬奏，有旨奉勘回籍。丁亥，丁母夫人忧。己丑，除服，其诬勘事

亦明，吏部复移文促起之，时权贵人势焰正盛，先生曰："斯尚可俛首以就汤镬哉？"遂绝意仕进，不复就。而权贵人亦卒，不可得而甘心也，可谓明哲保身矣。

从这段文字记载来看，其与《明史·薛蕙传》存在以下几点不同：一是主题思想不同，《明史·薛蕙传》总体上是想通过薛蕙参与大礼议，塑造其刚正不阿、不改初志的品格，而《吏部考功郎中西原薛先生行状》则是塑造了薛蕙"明哲保身"的形象。二是《明史·薛蕙传》记载的薛蕙罢官的主因是得罪了嘉靖帝，虽然其中也因此得罪了议礼重臣张璁、桂萼等；而此文则认为薛蕙开罪所谓"权贵人"才是其罢官的主因。三是关于薛蕙被诬陷事的来龙去脉，《明史·薛蕙传》记载非常详细，而此文则仅以"诬勘事"一笔提及。

下文则重点记载了薛蕙居家时的孝悌勤俭和恬淡自适，"先生性温良坦直，高洁自尚，一言一动，一取一予，必依裁道义，虽在隐微，略无苟且。且孝友兼至，终始不渝，盖其天性然也"。还记述了其"工意诗文"和"潜心性命"的学术内容。也记载了薛蕙逝世前后的情况和王廷本人撰写此文的原由[①]。

总体上来讲，《吏部考功郎中西原薛先生行状》对于薛蕙的记载要远比《明史·薛蕙传》详细，但关于薛蕙一生主体经历的记载，即参与大礼议的前前后后，则与《明史·薛蕙传》有着明显的差别。由此而言，我们认为《明史》不太可能以《吏部考功郎中西原薛先生行状》作为撰写其传记的直接史料。

文徵明的《吏部郎中西原先生薛君墓碑铭》首先交待了薛蕙的逝世并表达惋惜之情。接着介绍了其仕宦，有关于薛蕙参加大礼议部分，与王廷的观点比较一致，认为薛蕙在大礼议遭受的挫折往往是因为得罪议礼重臣，而非嘉靖帝，该文言：

其言出入经传，援据精核而词旨颇激，人为傍惧而上不为甚忤。甫下狱，即赉赦，而主议者衔之。

文徵明此文与王廷《吏部考功郎中西原薛先生行状》不同的是，对

---

①王廷：《吏部考功郎中西原薛先生行状》，薛蕙：《考功集》附录，文渊阁四库全书本。

于薛蕙被诬陷事,记载得较为详细:

> 会陈洸者以给事中补外,中道上书议礼,得复召见言事,因附当路,尽击异议者去之。先生时已被原,无可刺者,遂起颜木之狱,而先生去国矣。先是亳有武臣悖谩,阴贼为暴于境内,纵横围夺,渐不可制。颜守亳,尽发其奸私,深探其狱而置之法,至是称冤下有司推劾。洸以先生亳人,颜,其同年进士,于中疑有奸利。有诏勒停,听理。已而事白,而先生乃无所坐,例得牵复。然先生荐罹跋疐,视畏途如棘,缩敛自爱,不复有当世之志。台臣论荐,岁无虚刻。四方之士,日徯其用,而先生不可起矣。[①]

虽然唐顺之《吏部郎中薛西原蕙墓志铭》和《明史·薛蕙传》对薛蕙被诬陷事也有简略的记载,但均不如这段文字详细。并且《明史·薛蕙传》中比较明确记载的给事中"陈洸",《吏部郎中薛西原蕙墓志铭》中仅以"某"字隐掉,显然不如这段文字明确。在叙述思路上,也基本上与《明史·薛蕙传》比较一致。鉴于此,我们认为《明史·薛蕙传》有关于薛蕙被诬陷事的记载,文徵明的《吏部郎中西原先生薛君墓碑铭》可能是其比较倚重的史料之一,在这一点上甚至要超出唐顺之的《吏部郎中薛西原蕙墓志铭》。

概括以上论述,我们大致认为:《明史·薛蕙传》概在总体叙述框架上参考了唐顺之的《吏部郎中薛西原蕙墓志铭》,并以文徵明的《吏部郎中西原先生薛君墓碑铭》作为有力的补充,较为完整地辑录了保存于薛蕙文集《西原集》中的《为人后解》而成。

如果说《吏部郎中薛西原蕙墓志铭》对《明史·薛蕙传》的成书起到了一定的参考作用,那唐顺之的《吏部郎中林东城墓志铭》和《刑部郎中唐嘿庵倪墓志铭》则对《明史》相关人物传记的生成产生了直接的作用。

### 二、《吏部郎中林东城墓志铭》与《明史·林春传》

《明史》把《林春传》归入《儒林传》,往往把林春视作阳明后学予

---

① 文徵明:《吏部郎中西原先生薛君墓碑铭》,薛蕙:《考功集》附录,文渊阁四库全书本。

以简略的介绍：

> 春，字子仁，泰州人。闻良知之学，日以朱墨笔识臧否自考，动有绳检，尺寸不逾。嘉靖十一年会试第一，除户部主事，调吏部。缙绅讲学京师者数十人，聪明解悟善谈说者，推王畿，志行敦实推春及罗洪先。选文选郎中，卒官，年四十四。发其箧，仅白金四两，僚友棺敛归其丧。[①]

这段简短文字，也包含了以下比较全面的信息：一是字号、籍贯；二是研习良知；三是仕宦；四是学行；五是身后事。考之这些内容，在唐顺之所作《吏部郎中林东城墓志铭》中都有较为详细的反映。如关于字号、籍贯：

> 君讳春，字子仁，始号方城，以其先福建福清县方城里人，后改东城。祖讳某，父讳宏，母某氏。自君几世而上有讳闰者，始自福清以从戎隶泰州守御所，故君为泰州人。[②]

关乎研习良知说：

> 已而，受学于知州王君某与其乡先生王君汝止。两王君故王阳明先生弟子，君因此始闻致良知之说，则心喜之，至夜中睡醒无人处，辄啧啧自喜不休。遂欲以躬践之，则日以朱墨笔点记其意向臧否醇杂，以自考镜。久之，乃悟曰："此治病于标者也。"于是骎骎有意乎反本矣。

关乎学行：

> 君自束发至盖棺，未尝一日不讲学，然君本以长厚清苦绳墨自立，其于学也亦因其质之所近。君为主事，是时缙绅之士以讲学会京师者数十人，其聪明解悟能发挥师说者则多推山阴王君汝中，其志行愊实则多推君与吉水罗君达夫。[③]

关乎身后事：

---

① 张廷玉等：《明史》卷283《林春》，第7275页。
② 焦竑：《焦太史编辑国朝献征录》卷26《吏部郎中林东城春墓志铭》，明万历四十四年徐象橒曼山馆刻本，续修四库全书，第526册，第367页。
③ 焦竑：《焦太史编辑国朝献征录》卷26《吏部郎中林东城春墓志铭》，明万历四十四年徐象橒曼山馆刻本，续修四库全书，第526册，第368页。

嘉靖辛丑十一月二十日，以吏部文选司郎中卒于京师，年四十有四。出其橐得银四两，不能棺，其僚友为之棺以归。归不能葬，郡守朱君、州守黎君赙之钱以葬，而黎君又使君之友陆位等状君之行来请铭。[①]

可以说，《明史·林春传》中记载的有关林春的诸多方面，在唐顺之《吏部郎中林东城春墓志铭》中都有更为详细的记载。固然，在一些细节或具体措辞上与唐顺之所作并非全然相同；而且，唐顺之亦明言其所撰墓志铭是在参考陆位所撰行状的基础上而成的，但由于陆位所撰行状不可考，而《明史》的叙事脉络又与唐顺之《吏部郎中林东城春墓志铭》比较一致，因此，我们认为《明史·林春传》主要是在唐顺之《吏部郎中林东城春墓志铭》的基础上删繁就简而来，而《吏部郎中林东城春墓志铭》作为《明史·林春传》的基本史料来源的结论应该是大致不差的。

唐顺之的《吏部郎中林东城春墓志铭》不仅对《明史》产生了直接的影响，其对旨在反映有明一代学术之演化大端的黄宗羲学案体专史《明儒学案》也产生了直接的影响。《明儒学案》卷32《文选林东城先生春》在以唐顺之所撰《吏部郎中林东城春墓志铭》为基本史料来源简单记载了林春的相关行实以后，直接引用唐顺之《吏部郎中林东城春墓志铭》原话："君问学几二十年，其胶解冻释，未知其何如也。然自同志中，语质行者必归之。"并据此进而论曰："由此言之，先生未必为泰州之入室，盖亦无泰州之流弊矣。"[②]

至于诸多经典文献广泛采用和参考唐顺之所撰《吏部郎中林东城春墓志铭》的原因，大概还是此文叙述较为客观、评价较为公允的原因，清人夏荃曾对唐顺之在撰写《吏部郎中林东城春墓志铭》时的"从实书之"的态度赞赏有加，"林东城先生墓志铭，唐荆川撰。为东城请铭于荆川，则知州黎公尧勋也。荆川《寄黎知州书》云：'东城笃行坚至，在朋友中绝少于比，顾仆也浅陋，何足以发潜德之光？谨据《状》，参以同游时所见闻，从实书之，不敢为谀墓之词，亦所以体东城之志也。中有述略与不当处，更望痛为抹削，惟吾兄勿让。'今读公《墓志》，洋洋千

① 焦竑：《焦太史编辑国朝献征录》卷26《吏部郎中林东城春墓志铭》，明万历四十四年徐象橒曼山馆刻本，续修四库全书，第526册，第367页。
② 黄宗羲著，沈芝盈点校：《明儒学案》卷32《文选林东城先生春》，第745页。

言,却非溢美,可见古人文字谨严,下笔不苟处"[1]。

### 三、《刑部郎中唐嘿庵侃墓志铭》与《明史·唐侃传》

再看《明史·唐侃传》:

> 唐侃,字廷直,丹徒人。正德八年举于乡,授永丰知县。之官不携妻子,独与一二童仆饭蔬豆羹以居。久之,吏民信服。永丰俗习讼,尚鬼,尤好俳优,侃禁止之。
>
> 进武定知州。会清军籍,应发遣者至万二千人。侃曰"武定户口三万,是空半州也",力争之。又有议徙州境徒骇河者,侃复言不宜朘民财填沟壑。事并得寝。章圣皇太后葬承天,诸内奄迫胁所过州县吏,索金钱,宣言供张不办者死,州县吏多逃。侃置空棺旁舍中,奄迫之急,则给至棺所,指而告之曰:"吾办一死,金钱不可得也。"诸奄皆愕眙去。稍迁刑部主事,卒。
>
> 初,侃少时从丁玑学。邻女夜奔之,拒勿纳。其父坐系,侃请代不得,藉草寝地。逾岁,父获宥,乃止。其操行贞洁,盖性成也。[2]

从《明史》对唐侃的记载来看,还是比较简洁明了的。其中既有字号、籍贯,亦有仕宦功绩,还有德行修养。这些都在收录于《献征录》之唐顺之《刑部郎中唐嘿庵侃墓志铭》中有更为详尽的反映。兹依《明史·唐侃传》记载顺序摘录如下:

关于字号、籍贯。

> 君讳侃,字廷直,号嘿庵,家于丹徒之开沙。祖讳用。父赠南京刑部郎中,讳汉,母赠宜人严氏。年十六,入郡学为诸生。正德癸酉,举于乡,久之以选为永丰知县。迁武定州知州,已而擢南京刑部员外郎,转郎中。[3]

与《明史·唐侃传》把唐侃仕宦与其功绩联系在一起叙述不尽相同的是,《刑部郎中唐嘿庵侃墓志铭》是在卷首较为集中的位置叙述唐侃仕宦。

①夏荃:《退庵笔记》卷10《林墓志》,清钞本,四库未收书辑刊,第3辑,第28册,第471页。
②张廷玉等:《明史》卷281《唐侃》,第7212页。
③焦竑:《焦太史编辑国朝献征录》卷49《刑部郎中唐嘿庵侃墓志铭》,明万历四十四年徐象橒曼山馆刻本,续修四库全书,第527册,第566页。

关于仕宦功绩，《明史·唐侃传》主要记载了做官不带家眷、禁绝俳优、体查民情和严拒内奄等。《刑部郎中唐嘿庵侃墓志铭》除体查民情以"其在武定，则尤以镇静拊绥疲人"为始，主要记载了严拒内奄的史实，作为体察民情的例子。缺载严拒发遣和迁州境事。而关于严拒内奄又远比《明史·唐侃传》记载更为详细：

> 嘉靖戊戌，章圣梓官往承天，道山东，上官檄君德州供张。至则诸内奄牌校横索百端，挟威凌侮，声势凶甚，奴叱诸尊官，鞭挞州县，假言供张不办捕死矣，欲以恐吓钱物。诸同事者皆惧逃去，君独横身当之。先是君命从者舁一空棺密置旁舍中，及诸人索钱急，君佯谓曰："吾与若诣钱所受钱。"乃引之旁舍中，指棺示之曰："吾已办死矣，钱终不可得也。"诸人乃稍稍引去，事遂以办。①

《明史·唐侃传》中关于唐侃宦绩的其他记载，在《刑部郎中唐嘿庵侃墓志铭》中都有更为详细的记载。如为官不带家眷：

> 居常清苦自刻，及为州县，未尝一日携妻子。数千里外独与一二垢衣村仆相朝夕，而饭蔬羹豆，榻茅以居，有寒士所绝不堪者，君曰我素然。②

又如禁绝俳优：

> 江西俗尚鬼，而永丰有岳神祠，居人奔走杂男女，香火无空日。永丰又素善为优，闾里浸淫传习，谓永丰腔，使民淫于欲而匮于财。君曰："此大蠹也。"立痛革之。③

由此看来，《明史·唐侃传》与《刑部郎中唐嘿庵侃墓志铭》相重复的有关唐侃宦绩的记载，后者远比前者丰富。这一点也体现在两者关于唐侃德行的记载上。

《刑部郎中唐嘿庵侃墓志铭》与《明史·唐侃传》关于唐侃德行的记载，主要集中在"夜拒奔女"和"为父代过"方面。《刑部郎中唐嘿庵侃

---

① 焦竑：《焦太史编辑国朝献征录》卷49《刑部郎中唐嘿庵侃墓志铭》，明万历四十四年徐象橒曼山馆刻本，续修四库全书，第527册，第567页。
② 焦竑：《焦太史编辑国朝献征录》卷49《刑部郎中唐嘿庵侃墓志铭》，明万历四十四年徐象橒曼山馆刻本，续修四库全书，第527册，第566—567页。
③ 焦竑：《焦太史编辑国朝献征录》卷49《刑部郎中唐嘿庵侃墓志铭》，明万历四十四年徐象橒曼山馆刻本，续修四库全书，第527册，第567页。

墓志铭》关于"夜拒奔女"的记载：

> 君自束发至盖棺，未尝一日不兢兢砥厉名检，然于廉耻大闲则若生
> 而成之。年二十独居，所读书处夜有奔者，君峻拒之，明旦遂移其处，
> 终不以其故语人。为举人入国学时，出游得巨贾所遗金，不启囊而还
> 之。其于货利声色中能崭然不为所污染若此。

与《明史·唐侃传》关于唐侃德行修养的记载先述后论不同，《刑部郎中
唐嘿庵侃墓志铭》则是先论后述，并还记载了坚拒巨贾馈赠的事情。但
也不得不说，关于唐侃"夜拒奔女"的记载，《刑部郎中唐嘿庵侃墓志
铭》不如《明史·唐侃传》记载直接、准确，因为其没有突出所奔之人为
一女子。当然，"明旦遂移其处，终不以其故语人"更说明了唐侃高尚的
道德修养，这也是《明史·唐侃传》所阙略的。

关于"为父代过"：

> 平生尤以忠孝气节自许。为诸生时，父以被囚系，上书请代，弗得。
> 乃籍（藉）草地寝，夏不帷，冬不被，如是者竟一年，父免狱乃止。

这与《明史·唐侃传》所载也非常一致。《明史·唐侃传》对《刑部郎中唐
嘿庵侃墓志铭》的承袭应是显而易见的。当然，唐顺之亦明言其此篇墓
志铭是"采君之姻友举人陈君佐所为状，为之叙而铭之"①。但由于陈
佐所为行状不可考索，唐顺之《刑部郎中唐嘿庵侃墓志铭》显然就具有
了史源的性质。

明人有关唐侃生平记载较早的还有唐顺之挚友罗洪先所撰《南京
刑部河南清吏司郎中默庵唐君墓表》。罗洪先有关唐侃的这篇传记所
依据的材料与唐顺之不同，主要依据唐侃门人宋锡为唐侃所作行状。
罗洪先在交代其撰墓表背景时，也提到了唐顺之所撰墓志铭事，并对
其比较认可：

> 刑部郎中默庵唐君廷直侃，以嘉靖乙巳卒于南京官署。君一子果，
> 既先卒，家又贫甚，公卿而下，赙以为敛丧返丹徒，县令茅君坤又赙以
> 为葬。门人王合节持举人陈君佐所为状，请于武进唐君顺之志以文。

---

① 焦竑：《焦太史编辑国朝献征录》卷49《刑部郎中唐嘿庵侃墓志铭》，明万历四十四年徐象
橒曼山馆刻本，续修四库全书，第527册，第566页。

已而卜违不克葬。又几年，其孤孙某死，门人宋锡为吉水教谕，闻而悲之，既别为状，属某表其墓，复请于御史曹君，假他役将以庚戌某月日归葬君于某山。公平生行事，大者具载唐所为志中，唐之文必传，君可以不朽矣。

从罗洪先此墓表所记内容，以及对唐顺之所作墓志铭、有关唐侃身后事及唐顺之撰写墓志铭的因缘的记载来看，起码他应看到了唐顺之所作《刑部郎中唐嘿庵侃墓志铭》。

其下就是直接引用唐侃门人宋锡所为行状，记载了唐侃宦绩：

锡之状云："君自少勤学，受《诗》于萧某，受《易》于王某，蚤知名郡邑中。父汉，以累系狱，君上书邑令许君，诉其冤，且以身代，父竟得释。癸酉举乡试，六上春官不偶，始就选。是时，选者以谒占善地，君独不往，得广信永丰令。永丰在江西为诘讼地，君绝无所悔，至则导以礼教，率令自为和解。猘狞者直断以法，谒至不行，于是强者缩手，弱者伸喙。始相戒毋犯条禁。先是，诸者率数百十人，后乃减十之七八。在邑六年，两入觐，一毫无所私取。监司数上治状，少宰渭厓霍公举廉吏，铨司以他衔不果，然竟与最课，得赠父如其官，赠母严，封妻卜，皆宜人。久之，始擢山东武定知州。武定故多盗，民悍益难治。君爱民省费，苏其凋瘵，而弥其蠹冗，治如永丰。又五年，始擢南京刑部员外郎。先后去州县，民辄走哭攀留，不可，则相率而号送之。在刑曹三年，转郎中，涤冤除奸，案无积牍。"①

罗洪先所引宋锡此文是把唐侃仕宦与其功绩、德行修养掺杂在一起叙述，夹叙夹议。唐顺之《刑部郎中唐嘿庵侃墓志铭》也有与此相类的表述：

君本长者，居常怡愉简默，温温不见臧否，其为吏尤悃愊。至其临利害，乃出锋锷片言折服豪索，敏锐集事，绝出于精悍吏所不及如此。君所居官，率空橐以归，及朝觐考满入京师，又率空橐以行。以是著节声，亦以是淹滞于世，为州县皆五六年而后迁。然而上官亦往往有知君者，至为考曰"廉介若赵清献"，人以为不诬。在郡县久，人情吏事益

①罗洪先著，徐儒宗编校整理：《罗洪先集》卷19《南京刑部河南清吏司郎中默庵唐君墓表》，第785页。

练,居刑曹尤以执法得情者闻。①

此段记载与宋锡所撰行状主旨是比较一致的,但在具体细节刻画上,则各有千秋,以致罗洪先言:"锡之所云如此,皆行事之概,非其至也。"②结合罗洪先对唐顺之所撰《刑部郎中唐嘿庵侃墓志铭》的认可和肯定,对宋锡所撰行状"非其至也"的评价,我们认为罗洪先可能更认可唐顺之所记。

在详细引述了罗洪先所撰《南京刑部河南清吏司郎中默庵唐君墓表》后,综合对比罗洪先、唐顺之以及《明史》有关唐侃的记载,我们认为《明史·唐侃传》的底本更应该是唐顺之的《刑部郎中唐嘿庵侃墓志铭》,而非罗洪先的《南京刑部河南清吏司郎中默庵唐君墓表》。

考之明人邓元锡《皇明书》,其卷29亦有《唐侃传》,亦以唐顺之《刑部郎中唐嘿庵侃墓志铭》为底本,改写而成③。

可以看出,唐顺之所撰《刑部郎中唐嘿庵侃墓志铭》都成为明人所撰有关唐侃传记的最为基本的史料来源。

固然,我们也应清醒地意识到,唐顺之虽然实际上对明皇朝史贡献良多,但通检其文集,其并未明确表现出系统撰写明皇朝史的打算或抱负。只是或在道德鼓励的经世诉求下,或于职任之故,或仅出于因人之请的世俗要求,客观上撰写了明人的相关传记。整体上来讲,其关于明代人物的传记表现得比较零散,没有一部系统的著作,亦没有形成系统的理论体系,大概只因其文字优美、叙事详尽、态度审慎等诸种优点,客观上确实成为诸种明皇朝史人物传记基本的史料来源之一。这大概也是明代众多的学者对明皇朝史的一般贡献。

大致了解了唐顺之的明人人物传记内容及其与《明史》的关系以后,我们再来了解其以事件描述为重心的《广右战功录》的内容及其背后所蕴含的唐顺之的历史思想。

---

① 焦竑:《焦太史编辑国朝献征录》卷49《刑部郎中唐嘿庵侃墓志铭》,明万历四十四年徐象橒曼山馆刻本,续修四库全书,第527册,第567页。
② 罗洪先著,徐儒宗编校整理:《罗洪先集》卷19《南京刑部河南清吏司郎中默庵唐君墓表》,第785页。
③ 邓元锡:《皇明书》卷26《周金》,明万历三十四年刻本,续修四库全书,第316册,第223—224页。

## 第四节　留意边务与道德鼓励:《广右战功录》

《广右战功录》是唐顺之为明中叶名将沈希仪平定和治理广西少数民族事务所作的传记,全书共一卷。据民国唐鼎元考证,大致成书于嘉靖二十二、三年间(1543或1544),"《广右战功录》撰于嘉靖二十二、三年间,公春坊罢归,希仪总兵江淮。非公过江则希仪访公山中晤谈而为之作叙"①。后收入刊刻于嘉靖己酉(1549)的《荆川集》中,随着《荆川集》的流布而广泛流传。

### 一、《广右战功录》的记述内容及其特点

《广右战功录》全文采用叙议结合的方式,按照时间的顺序记载了沈希仪治理广西少数民族事务的事迹。文章以记述沈希仪的身世和武功为始,"紫江沈公希仪,字唐佐,世官奉议卫指挥,其先临淮人。未弱冠,已能驰马手搏贼"。紧接着以"未几,调征永安"②为转折,依次记载了沈希仪征永安、讨义宁、平荔浦贼、讨田州岑猛、治柳州、讨韦扶谏、讨思恩溁金等事,文章结尾对沈希仪的道德和历史功绩进行了集中褒扬,"公胆勇机警,善抚士,其私财与所得俸禄,赏赐半以给诸人为耳目者。其出兵,多赍私财以行,有先登与斩首者,就陈给赏,不失顷刻,故人争尽死力。公尝笑曰:'人以资财积贿赂而博官,吾以资财积首级而博官,岂为非计哉?'其征陈村时,染危疾,所部皆自戕于神前以祷公,刀穿手,矛剽股,钩刺脊,系铁锁拽之痛毒,诸体皆遍,最后至者一人,无所施,乃箭贯喉为祷,其得士心如此"③。

《广右战功录》记述特点之一就是文字工整优美。《广右战功录》初以文学被广泛传颂,这和唐顺之以文学见长的学术特点是相符的。学者对它的评价也多是从文学的角度进行评价。李祖陶云:"此文洋洒近万言,实不可增减一字。此种手笔,千古以来未见有两。先生本长于兵谋而又熟悉《史》《汉》叙事之法,故凡力战情形与其深谋密计,言之无不了

①唐鼎元:《唐荆川公著述考·广右战功录条》,国图藏民国铅印本。
②唐顺之:《广右战功录》,中华书局,1985年,第1页。
③唐顺之:《广右战功录》,第14页。

了,百世而下,恍如目睹其事而身亲其役者,然可谓奇矣。"①恽敬亦言:
"吾常州唐荆川先生为沈希仪叙《广右战功录》,直蹑子长、孟坚堂奥
而无一语似子长、孟坚,奇作也。"②又"如此篇经纬繁密,铺叙有法,
笔力极精巧,沈唐佐胆略机警宛在眼前"③。四库馆臣、日人村濑海辅等
都对其文学价值进行了深入的发掘。如关于征永安时沈希仪连斩三贼
事,唐顺之记载道:"未几,调征永安,尝以数百人捣陈村寨,贼墙立山
上,公一人拍马而登。贼却,下山诱公入淖中,马陷,以吻拄淖中,而腾其
足及于陆,三酋前趋淖劫公,一酋镖而左,一酋刀而右,夹马一酋觳弩十
步外,公掠颈以过镖,而挑右足以让刀,镖离颈寸而过,刀着于镫,鞳然
断铁,公射镖者中缺项壅,左挂弓而右挈刀,斫刀酋于镫间,断其颊车折
齿壅,弩者恟失弩,偻而手行上山,公又射之中膂。"文字流畅,叙事生
动、逼真,李祖陶所言"恍如目睹其事而身亲其役者"绝非虚语。紧接又
采用寓论断于叙事的方法对沈希仪道德修养作出了高度评价,"既连毙
三酋,后骑至,戕其首,公以二酋让后骑,而囊断颊者自为功,余贼糜而
入箐,追兵战于箐中,斩首若干级,毒弩中公膊。整军而还,验功,或以
断颊者非全首难之,监军吴布政怒曰:'贼岂伸颈而待斩乎?!'命纪之。
以功迁都指挥金事"④。同时也对明代军队的考核制度弊端进行了揭
示,并以"以功迁都指挥金事"为征永安一事以为结。唐鼎元曾就唐顺
之的为学阶段与特点作过综合考察:"是时公年才逾三十,尚致力文章,
未遁而讲学,故字字锤金琢玉。"⑤纵观全文,布局合理,语句凝练,确
实是一篇出色的人物传记。

## 二、《广右战功录》与《明史·沈希仪传》

　　《广右战功录》依附《荆川集》刊行以后,引起了很大的影响。以全
文的方式被选入各种文集或丛书中,或名之曰《广右战功序》,或《叙
广右战功》,或《沈紫江广右军功志》等等。以其文学见长而选入的,如
《粤西文载》;以其反映地方史实而载入的,如《广西通志》;也有因其

①唐鼎元:《唐荆川公著述考·广右战功录条》,国图藏民国铅印本。
②唐鼎元:《唐荆川公著述考·广右战功录条》,国图藏民国铅印本。
③唐鼎元:《唐荆川公著述考·广右战功录条》,国图藏民国铅印本。
④唐顺之:《广右战功录》,第1页。
⑤唐鼎元:《唐荆川公著述考·广右战功录条》,国图藏民国铅印本。

反映边防这一历史主题而收入的,如《金声玉振集》《平蛮录(及其它五种)》等等。至于节录选入的也不在少数,如《元明事类钞》:"《唐顺之集》(即《荆川集》):沈希仪为右江参政,攻柳州贼巢,每风雨夜察贼所止处,四散遣人,赍大铳以筒贮火,衣毯衣毳帽,与草同色,潜至贼所,声铳,贼尽惊散,或触崖石死,诸巢人相与怪骇,以为鬼物。自是贼亦落胆矣。"①其影响甚且波及海外,日本村濑海辅补刻《叙广右战功》云:"余选文例就诸家选本而取舍焉,未入选者,不敢臆取。尝读荆川《叙广右战功》,载右江都同知沈希仪讨平广西诸蛮事,铺叙明畅,使人如亲立战场观其周旋,可谓杰作矣。惟《明史》希仪本传全采用之,而未见古人一言及之者。顷者阅四库全书提要特揭录之,谓袁褧选入其《金声玉振集》中,且称荆川工于古文,故叙事具有法度,乃喜有其选入之又推奖之者,遂补刻之卷末。"②

同时,又因为《广右战功录》工于史法的特点,前举李祖陶与恽敬认为《广右战功录》与《史记》《汉书》的相似即为例证,李祖陶在评价蒋士铨为蒋父所写行状时还言:"如状其先君适园公之瑰意奇行,《史记》《汉书》《三国志》《五代史》笔法,并见其中。虽以匹唐荆川之《叙广右战功》可也。"③从"笔法"的角度把唐顺之有关广右战功的记载与历代正史相提并论,这更是对其史法的认可。清人潘耒也是把唐顺之《广右战功录》与《史记》《汉书》《后汉书》相提并论,推崇其深具史法,"余自少读史传,见古名将战功奇迹,未尝不慷慨太息,想见其为人。至如迁史之叙田单、韩信,班书之传李陵、陈汤,范书述光武之战昆阳、耿弇之平张步,其文精采倍常,至今凛凛有生气,是知战功待文以传,而文亦藉战功以奇也。顷在史馆,尝恨明代将帅功绩载于状、志、碑、传者,都不详,惟唐荆川为沈希仪叙广右战功,曲折明尽如画,据以立传,便可比美前史,故知当世不乏奇功,特载笔者闻见有不及耳"④。

故此,《广右战功录》成书以后,就以其较为成熟的史学形态对明皇

---

①姚之骃:《元明事类钞》卷23《武将门》,文渊阁四库全书本。
②唐鼎元:《唐荆川公著述考·广右战功录条》,国图藏民国铅印本。
③李祖陶:《国朝文录·忠雅堂集文录引》,清道光十九年瑞州府凤仪书院刻本,续修四库全书,第1670册,第560页。
④潘耒:《遂初堂文集》卷17《许少保江右战功记》,清康熙刻本,续修四库全书,第1417册,第663页。

朝史的撰述产生了直接的影响，主要体现在它直接影响了《明史》这一记载明朝历史的史著上。四库馆臣言："此《录》述右江参将都督同知沈希仪讨平广西诸蛮事。顺之工于古文，故叙事具有法度，《明史》希仪本传全采用之。惟《录》称希仪为临淮人，而《史》称贵县人，稍有不同。盖希仪世官指挥，《史》据其卫籍言之，而《录》则仍书本贯也。"①从两者的文本对比来看，《明史·沈希仪传》对《广右战功录》的因袭主要体现在以下三个方面：一是保留了《广右战功录》的叙事线索；二是因袭甚至照录《广右战功录》的部分文字；三是参考了《广右战功录》的评价标准。

《明史·沈希仪传》保留了《广右战功录》的叙事线索，同样遵循着征永安、讨义宁、平荔浦贼、讨田州岑猛、治柳州、讨韦扶谏、讨思恩浔金的叙事线索。《沈希仪传》中关于前三件事的叙述都是依据《广右战功录》精简而来。如同样关于征永安一事记述道："正德十二年调永安。以数百人捣陈村寨，马陷淖中，腾而上，连馘三酋，破其余众。进署都指挥佥事。"②精简掉了《广右战功录》中征永安中的战斗细节和对明代赏罚制度弊端的揭示，只保留事情发展的大略。其后讨义宁、平荔浦贼也是如此。《沈希仪传》关于后四件事的记述则基本上照录《广右战功录》中的记载。如讨平田州岑猛、设流官之议，《广右战功录》云："而议设流官，公曰：'思恩设流官，反侧至今未已憋，田州复然，两贼且合从起矣。'"③《沈希仪传》除行文需要所填加主语"姚镆"一词外，全承其原意。"（姚）镆议设流官，希仪曰：'思恩以流官故，乱至今未已。田州复然，两贼且合从起。'"④

同时，《沈希仪传》还参考了《广右战功录》的评价标准。如上所述，《广右战功录》文末对沈希仪"得人心"的道德特点进行了集中的褒扬，《沈希仪传》文末的评价也是如此："（沈希仪）尤善抚士卒。常染危病，卒多自戕以祷于神。最后一人，至以箭穿其喉。其得士心如此。"⑤不仅所下"断语"相同，即使于为突出"得人心"这一主题所引用的事例也

①永瑢等：《四库全书总目》卷53《广右战功录》"提要"，第482页。
②张廷玉等：《明史》卷211《沈希仪》，第5591页。
③唐顺之：《广右战功录》，第3页。
④张廷玉等：《明史》卷211《沈希仪》，第5591页。
⑤张廷玉等：《明史》卷211《沈希仪》，第5595页。

相同。又因为在《明史》中沈希仪与他人合传，整个《明史》卷211就是
边才将领的合传，因此《广右战功录》中的评价不仅影响到《明史·沈希
仪传》，而且还影响到《明史》对整个卷211边才将领的评价，如该卷末
就充分借鉴《广右战功录》中沈希仪所言因明代官场腐败导致边才不尽
其用的历史现状为"赞"曰："赞曰：呜呼，明至中叶，曷尝无边才哉！如
马永、梁震、周尚文、沈希仪之徒，出奇制胜，得士卒死力，虽古名将何
以加焉。然功高赏薄，起蹶靡常。此无异故，其抗怀奋激，无以结欢在朝
柄政重人，宜其龃龉不相入也。"①

　　但从细节来讲，《明史·沈希仪传》亦并非"全采用"《广右战功
录》，除四库馆臣所言两者关于籍贯的差别以及《明史》对《广右战功
录》的精简这些变动外，对比两者所记载内容的时间下限、事件发生的
具体时间等要素，两者也存在着不同。

　　首先，由于《广右战功录》大致撰于嘉靖二十二、三年（1543或
1544）间，于此之后的沈希仪的诸多事迹，该录并未涉及。对此，唐顺之
亦曾坦言："公战功尚多，余不尽闻也。"②所以在此之后的有关沈希仪
事迹的记载，《沈希仪传》是有所补辑的。如关于嘉靖二十六年（1547）
沈希仪为广东副总兵，从张岳大破倪仲亮、荡平那燕诸"黎"之乱以及
建言"以国家之力制土官，以土官之力制瑶、僮，皆为狼兵，两广世世无
患矣"③，《广右战功录》就未载入。

　　另，关于某些事件的具体发生时间，两书记载也不尽相同。如《明
史》记载征讨田州岑猛的时间为嘉靖五年（1526），《广右战功录》为嘉
靖六年（1527）。而此书所记载的事件发生时间模糊，彼书则有确切时间
可考的情况也不在少数。

　　考之这些时间上模糊和精确的对立、误差以及《沈希仪传》所补内
容的来源，《沈希仪传》在撰写时不仅参考了《广右战功录》，还参考了
成书于《广右战功录》之后、唐顺之为沈希仪所作的碑记：《都督沈紫江
生墓碑》。对于征永安的时间，《都督沈紫江生墓碑》明确记载为"十二

---

①张廷玉等：《明史》卷211《沈希仪》，第5598页。
②唐顺之：《广右战功录》，第15页。
③张廷玉等：《明史》卷211《沈希仪》，第5593页。

年，征永安"①，清人在修纂《明史》时也明确记载曾参考到《都督沈紫江生墓碑》，"《沈希仪传》，嗣世职为奉议卫指挥使。臣宋铣按唐顺之《沈希仪碑记》，希仪正德三年袭指挥使，五年掌卫印，八年剿木头，十二年征永安，十四年征府江，十五年征古田，所至常先大军，首登夺隘为多"②。《明史》中嘉靖五年（1526）征讨田州岑猛的记载也来源于此，"嘉靖五年剿龙山深入。是年，田酉猛叛，五哨进兵，公自请当中哨"。同样，《沈希仪传》所补辑《广右战功录》中未载入部分也参考了《都督沈紫江生墓碑》。"二十五年，调总兵广西。公为参将，尝奏言于朝曰：'狼兵亦猺獞也，猺獞所在为贼而狼兵死不敢为贼者，非狼兵之顺而猺獞之逆，其所措置之势则然也。狼兵地隶之土官而猺獞地隶之流官，土官法严足以制狼兵，流官势轻不能制猺獞。莫若割猺獞地，分隶之旁近土官，得古以夷治夷之策，可使猺獞皆为狼兵矣"③。

就总体而言，四库馆臣所言《明史·沈希仪传》"全采用"《广右战功录》当非虚言。但在细节描写上，包括内容、事件发生的具体时间等方面又有所不同，都透漏出《广右战功录》具有游离于《明史·沈希仪传》之外的、独立的学术价值。这一特点也同样反映在《广右战功录》于唐顺之学术演变路径上的意义。

### 三、《广右战功录》的经世学术特点

《广右战功录》另一大特色是体现了唐顺之一贯的经世学术特点，以及在此支配下的道德鼓励，这是唐顺之作此文的直接动机。文中利用写实的手法，积极肯定了沈希仪的军事才能和战功，充分表达了唐顺之对沈希仪的道德鼓励。唐顺之对于沈希仪的道德鼓励，除了这篇文字以外，还有《都督沈紫江生墓碑》和《赠何沈两公归蜀广序》。《都督沈紫江生墓碑》已如上述。这里特别介绍《赠何沈两公归蜀广序》这篇文字所表达的唐顺之对沈希仪、何卿等人的道德鼓励，即使是在抗倭失败后。据《明史》《何卿传》和《沈希仪传》载，嘉靖三十三年（1554），因何卿和沈希仪分别在蜀、广的功绩，更因倭患日炽，明廷命两人各率蜀、广兵赴苏、松剿

---

① 常州市唐荆川研究会编：《唐荆川诗文集》卷14《都督沈紫江生墓碑》，第409页。
② 张廷玉等：《明史》卷211"考证"，文渊阁四库全书本。
③ 常州市唐荆川研究会编：《唐荆川诗文集》卷14《都督沈紫江生墓碑》，第410页。

倭。嘉靖三十四年（1555），由于兵、将不习海战，剿倭不力，同被周如斗劾罢。因上疏早朝太子而被再次罢黜家居的唐顺之《赠何沈两公归蜀广序》就是为此作，对在现实中失意的两人百般宽慰，其言：

> 柏村何将军之在蜀，紫江沈将军之在广，以身系两镇安危，国家倚长城者二十年。松茂线路辟百余年之塞，而牂牁两江烽燧帖息。盖柏村之沉毅，如太阿之在匣而不可测；紫江之敏锐，如太阿之出匣而不可拟。两将军意气不同，而同为一时名将。顷倭寇起东南，弩帅数蹶事，人人以为非二老将不可，而庙堂亦遂召之。及两将军之来，俯仰诸当路间，则舌若胶噤而不能谋，臂若蜷缩不能展，谋焉而率不见奇，展焉而率不如意。贾勇而来，垂翅而去，何其智于蜀与广，而拙于东南也？倭奴恣睢，岂必劲于西番南猛，江海沮洳，岂必险于松茂、牂牁，而利钝顿异。人或以此歉两将军，两将军亦未必不以此自歉。[1]

如单独从这段文字的描述来看，唐顺之虽然肯定了何卿、沈希仪在广、蜀的功绩，但与《明史》的记载一样，说明了两位将军不适应东南海防，从而抗倭不力，也似乎说明了何、沈两位将军确实应为应对不力负责，确实存在一丝埋怨的意思。但下面一段则文脉转折，认为何、沈"两将军可以无自歉矣"：

> 昔者李、郭两公专制一面，则挫安、史方张之锐而有余，及与九节度逡巡，相州之役则熄朝义既灰之烬而不足。此一人也，何哉？权之在不在焉而已矣。使今两将军于东南，其所遇蜀与广，得自专制，安知不且为东南长城。使向在蜀与广所遇，一不得自专制如东南，即毫毛之功未可必立，况能以身系两镇安危耶？呜呼，士不能自为材，岂不信乎！两将军归矣，松茂、牂牁之间人人相迎，曰："我公归矣，吾镇无事矣。"两将军亦感于东南之垂翅，而慨然于故所立功处，将不有技痒而心动，曰我思用赵人乎否也？然则人其可无歉两将军，而两将军可以无自歉矣。[2]

现实中建功立业的抱负，在学术思想上往往表现出经世致用的学术

---

[1]唐顺之著，马美信等点校：《唐顺之集》卷11《赠何沈两公归蜀广序》，第499页。
[2]唐顺之著，马美信等点校：《唐顺之集》卷11《赠何沈两公归蜀广序》，第499—500页。

追求，两者又紧密联系在一起。唐顺之出于对沈希仪建功立业和经世致用的价值认同，不仅为其立传，还在其遇到挫折时百般宽慰，这一方面说明了唐顺之的学术追求，另一方面也说明了唐顺之虽然被贬谪居家，但仍有建功立业的人生抱负。上举李祖陶所言就肯定了唐顺之"长于兵谋"的人生追求对该文经世致用的学术追求的积极影响。袁褧亦言："余读《荆川集》，而伟紫江之将兵，喜荆川之叙述，乃知二公，皆所谓绝伦者也。戊午之岁，朝廷以海乱起唐公于兔园，赞画武功，屡建奇绩，因知辅翼吾明者，咸有人焉，在用不用而已。《传》曰：'有文事者，必有武备。'唐公之谓乎？《集》中摘出广右之说附入边防类中，窥文豹者，孰谓不在于一斑也。"①明确肯定了此文生动地体现了唐顺之经世的学术色彩，并把此文录入《金声玉振集》之"边防类"。民国唐鼎元也对唐顺之及其《广右战功录》文武兼资的价值取向有所论述，"盖自来文人不解武，武人不能文。公两擅之，宜其叙战斗之事及运奇设谋之处独有千古矣。"②文中亦引用当事人之口对明中叶的社会问题进行切实的反思。如在征永安一事末尾引监军吴布政所言对赏罚制度的思考即是一例。在《广右战功录》全文末又引沈希仪语表达了因官场腐败所导致边才不能尽其用的状况，"公为余言：'当世固多良将，患在牵制踟蹰不能展。'噫嘻！若公者，犹为未尽其用哉？！"③

同时，这种学以经世的价值探讨在一定环境下又转化为"文以存远"的道德鼓励，即鼓励于现实的作为。王慎中与俞大猷书云："彼中有总兵沈希仪，诚一时名将，其勇毅智略有特过人者。仆在仕日，好问广中事，知有此人久矣。近又从友人唐荆川太史先生处寄至所为《沈公战功传》，益慕其人。唐先生德学重海内，又有古法，不轻为人作，以此知沈公信名将也。既于同事，必易成功。渠老与广中视虚江新涉其地，生熟决不同，凡事可以咨之耳。仆于文不敢让唐先生，待虚江功益多，吾亦当为一文字，可与沈公并行以有明于世也。惟勉之，吾已泚笔以俟临纸。"④从王慎中借《广右战功录》以激励俞大猷于事功上的进取，可看

---

① 唐顺之：《广右战功录》，第15页。
② 唐鼎元：《唐荆川公著述考·广右战功录条》，国图藏民国铅印本。
③ 唐顺之：《广右战功录》，第15页。
④ 王慎中：《遵岩集》卷24《与俞虚江》，文渊阁四库全书本。

出唐顺之学以经世的价值诉求于《广右战功录》中道德鼓励的变相。

确如朱国祯在其《涌幢小品》中所总结的:"名将必好文,名臣必备武。"其中唐顺之为沈希仪所作《广右战功录》就是一个典型范例,"好文,故有所附丽而益彰;备武,故有所挥霍而益远。名臣不必言矣,名将则近时戚将军得交汪南明、王元美弟兄,沈紫江希仪交唐荆川,故其战功始著。"[1]应该来讲,沈希仪的战功自不必议,但《广右战功录》的成文确实对沈希仪战功的社会传播起到了很好的宣传作用和效果,这也是"文以存远"道德鼓励的实际效应。

遍检唐顺之作品,此类文章尚不在少数,如存于《北奉使集》中为名将马芳所作诗云:

> 穹庐元以射雕称,一骑常先万马腾。
> 意气肯甘胡地老,勋名终属汉坛登。
> 斫残右臂方挥刃,殪尽追锋未释冰。
> 归自虏中还破虏,古来名将亦谁曾。[2]

又描写马永言:"永魁环长貌,而气特沉毅,见人俯首下视,寡言笑。"短短一诗或数言,交代了他们的战功或品德修养,其间的敬仰之意和褒扬动机溢于言表。正是出于经世的学术动机,唐顺之特别留意边才,广泛结交边关将领,他曾自言:

> 盖余宦游而得当世名将数人。北则马永、梁震,西则何卿,南则公(沈希仪)。[3]

唐鼎元亦对唐顺之交往的边才将领以及对他们事功和道德褒扬总结道:"草堂之内,曰惟边务是研,与当时名将若南之沈紫江(希仪),西之何柏村(卿),东之俞虚江(大猷),戚南塘(继光),北之马芳、马永,或为之撰次战功状(《广右战功录》为沈紫江作),或赠序(沈、何),赠诗(俞、马),或为之传授枪法(俞、戚)。雍容欢笑均结之于山中高卧之日(惟赠马芳诗在勘蓟镇时)。荆川公之为儒岂若窗间老一经者耶?而荆

---

① 朱国祯:《涌幢小品》卷9《四少保》,中华书局,1959年,第199页。
② 唐顺之:《奉使集》卷1《副总兵马芳,芳陷虏中十二年而归,在房中亦称为骁将》,明唐鹤征刻本,四库全书存目丛书,集部第90册,第433页。
③ 唐顺之:《广右战功录》,第15页。

川公之志又岂仅扫一倭寇已耶？"①这些著作在一定程度上反映了明中叶边防的一些历史现状，对后世著述明朝史产生了影响的同时，也体现了唐顺之留意边务的学术经世特点。

## 第五节　《南北奉使集》与"南倭北虏"问题

时至明朝中后期，"南倭北虏"作为危及明廷统治的问题集中凸显出来，在主张以史经世的明中后期诸多史学作品中，这也是一个不可回避的话题。如王世贞《四部稿》《弇州史料》等著作中涉及"南倭北虏"问题的就有《庚戌始末志》《北虏志》《倭志》等诸篇章，归有光《震川先生集》中有《御倭议》《备倭事略》等。另有《大明会典》中《各镇事例》、郑晓《四夷考》中《日本考》、罗日褧《咸宾录》中的《日本》、严从简《殊域周咨录》中的《日本传》等，而如上诸篇中有的被收入陈子龙所编的《明经世文编》，更为此类作品的经世色彩作了鲜明的诠释。时起为"职方员外郎，进郎中"且被委以"出核蓟镇兵籍"和"命往南畿、浙江视师"②之任的唐顺之更是应对"南倭北虏"问题的直接参与者，他的著作《南北奉使集》就是对此一问题的直接反映，其中既有对"南倭北虏"问题的揭示，亦有针对此一问题的应对措施，可以说是反映"南倭北虏"问题最直接的一手史料。

### 一、唐顺之晚岁出山前的准备

作为明代一士子的唐顺之，儒学的"内圣""外王"之道本身就是其一生研习的主要内容，而科考的成功，显然为其提供了更为切实的机会，使得其经世抱负逐渐向实学倾斜，为翰林院时相对失落的情绪，以及与人书中所表达的建功立业的想法某种程度上都是这种特征的表现，其在中举后对兵法韬略的关注更是这一特征的直接体现，清人有言："唐荆川自中会元后留心韬略，金文毅致仕后与子弟操演军事，跳跃疾走。

①唐鼎元：《明唐荆川先生年谱》卷3，《宋明理学家年谱续编》第4册，第532页。
②张廷玉等：《明史》卷205《唐顺之》，第5423页。

孰谓文人不当学武。"①

　　嘉靖二十年(1541),唐顺之因与赵时春、罗洪先建议太子上朝听事而被削籍归家,政治抱负遭到又一次打击,但他用世的热情并未就此而湮灭。在与罗洪先联舟同归,与赵时春别于彰义门时,赵时春赋诗一首很好诠释了他们此时的心声:

> 彰义门前官道柳,到时凋谢发时回。
>
> 荣枯自是寻常事,闲逐春风归去来。②

虽然也表达了无官一身轻的自我安慰,但从头来过的用世豪情也应是此诗应有的意蕴。而从唐顺之的现实表现来看,他也丝毫未因去官而萎靡不振、放纵自己,而是"苦节自励",锤炼自己。顾宪成所作传记载:"(顺之)徐得罢归,杜门谢客,砥节益严。日从山中游,或跌坐竟日。冬不炉夏不扇,行不舆卧不裀,衣不帛食不肉,备尝苦淡,曰不如是不足以拔除欲根,彻底澄清净。"③概括起来,这一时期,他的生活内容大致有二:一为谈经论道,探讨圣人本旨;一为习练技艺以为世用。徐阶言:"是夕宿五牧,与荆川、方山(薛应旂)剧谈至夜半,语多不经人道,然要之不牴牾圣人,五日晨起校射一荒田中。"④可见,儒家所谓"内圣""外王"之道仍是其孜孜以求的内容,而习练技艺以备世用则仍然是唐顺之罢官后生活的主要内容之一。明朝抗倭名将戚继光亦言他曾亲自学枪法于唐顺之并心有折服。"巡抚荆川唐公于西兴汇楼自持枪教余。继光请曰:'每见他人用枪,圈串大可五尺,兵主独圈一尺者,何也?'荆翁曰:'人身侧影只有七、八寸,枪圈但拿开他枪一尺即不及我身膊可矣。圈拏既大,彼枪开远亦与我无益而我之力尽。'此说极得其精"⑤。据王世贞言,戚继光还非常认可唐顺之对兵书《握机经》的研究,"据王世贞序,称昆山明斋王氏与念庵罗公、荆川唐公因倭变,力研究之,而以其说尽授之鲁川曹君。曹君向与戚大将军商之,戚深以为然,数数向予称

---

①金武祥:《粟香五笔》卷1《介轩日记并诗》,清光绪刻本,续修四库全书,第1184册,第164页。

②赵时春:《赵浚谷诗集》卷2《别罗达夫唐应德》,明万历八年周鉴刻本,四库全书存目丛书,集部第87册,第63页。

③顾宪成:《唐荆川先生本传》,唐顺之著,马美信等点校:《唐顺之集》附录三,第1087页。

④唐鼎元:《明唐荆川先生年谱》卷2,《宋明理学家年谱续编》第4册,第413页。

⑤唐鼎元:《明唐荆川先生年谱》卷2,《宋明理学家年谱续编》第4册,第430页。

道之云云"①。赵大洲也说胡庐直学射于唐顺之，并对唐顺之射法赞赏
有加："闻公昔学射于唐荆川矣。自今观之，巧其可学乎？然荆川之讲射
法，皆巧也。当其初，巧不在我而在荆川之言，故曰：'不可学。'至其久
而力充矣，力充则巧至矣，然后荆川之巧始在我，虽谓荆川教我巧亦可
矣。"②此段虽然语义丰富，但胡庐直学射于唐顺之的史实应该是基本
的意思。

在这样用世热情的鼓动下，唐顺之对时势的变化非常敏感，早在
"南倭北房"问题集中爆发之前，唐顺之就非常留意对明朝边关材料
的搜集，通过朋友关系参与军机。对此，唐鼎元整理道："公与张丰洲
（经）、曾石塘（铣）、翁东厓（万达）诸老于边务者交，翁在粤则向之索
《藤峡图》，在北则向之索《宣大与三关图》，其于东则与郑开阳（若曾）
议辑《筹海图编》，草堂之内，日惟边务是研。"③

在这里，我们主要以唐顺之与曾铣的书信往还为例，来探讨唐顺之
留心边务的史实。

在唐顺之与曾铣的书信中，他积极与曾铣讨论"河套之议"：

> 承谕河套之役。自古举大事者，其初每若落落难合，及其成功，往
> 往如取诸寄。自吾丈始为复套之议，士大夫多以为时势之非便，盖不惟
> 丑虏未遁之前为尤难，而山泽鄙人之见亦不能无虑于此。虽然，至金城
> 而上方略，营平要非苟然，指山川而画兵形，陈汤固有奇策，非常之事，
> 固常人之所疑也。惟吾丈内料国家财力之盈缩，兵马之虚实，外料虏人
> 部落之离合，敌势之瑕坚，不徒为犁廷扫穴一时快意之功，而必为以全
> 取胜百年善后之计，使戎马既不敢渡河，而中国财力亦不因之困疲，既
> 弥近患，又无远忧，则社稷之福也。④

积极肯定"河套之役"在稳定明廷北方边疆的作用以及曾铣在"河套之
役"中的价值。并积极向曾铣建言"复套"的"攻战"之法：

> 守之所以难者，姑未暇言，而攻战之难，则敢窃陈迂阔之论，或可

①永瑢等：《四库全书总目》卷100《握机经握机纬》"提要"，第840页。
②赵贞吉：《答胡庐山督学书》，黄宗羲编：《明文海》卷164，第1646页。
③唐鼎元：《明唐荆川先生年谱》卷3，《宋明理学家年谱续编》第4册，第532页。
④唐顺之著，马美信等点校：《唐顺之集》卷8《答曾石塘总制二》，第329页。

以少备胜算之采择。大略以为千里而袭人，必潜行匿影称其不备，而后可以得志。复套之议两年于兹矣，我之兵形既露，而彼之为备亦密，我之间谍虽精，而彼之窥伺亦熟。我能分兵以相攻，而彼亦能并兵以相待。春夏之虏马以乏草瘠，而我马于此时固亦不能藉草于敌。虏弓以春夏解胶，而春夏多雨湿，我之火药火器亦有时而不适用。我恃火器以攻虏，而辎车络绎于深草丛莽之间，亦宜防敌人火攻之便。且夫兵法非十不围，非五不攻，万一虏人自知不敌，结连套外之虏，并聚于套中，合力以抗我，其骑兵必且十余万计，而我六万之兵分为五六路。彼于地利既熟，知其何路为险，而于我兵且窥观其何路为虚。必将空其诸路以疑我，而并力一路以邀我，是以彼之十万而当我之万，据彼之险而击我之虚。或一路稍有疏虞，则诸路闻之摇动，如宋人燕云五路之役，可虞也！或我出则彼遁，我归则彼复蹑之，如吴人所以疲楚人之术，可虞也！或彼远其辎重部落，诱我深入，如赵信教虏之计，可虞也！盖必我知虏所以聚兵之处，而彼不知我所以出兵之路，我能散敌党之合，而敌不能乘我兵之散，我常得重地可据之利，以扼虏人轻地易走之势。然猾虏穷寇之情、兵凶战危之虑，出于意料之外者殊不止此，盖宁可过为多算而慎之，不得少算而轻之。[①]

除了利用兵法和历史经验提醒曾铣在"复套之役"中应当注意知彼知己、随机应变等一般内容外，唐顺之还充分注意到各种战守细节在贯彻这些战略战术中的影响作用，如春夏之际的"虏弓解胶"和"我之火药火器亦有时而不适用"，还有"我恃火器以攻虏，而辎车络绎于深草丛莽之间，亦宜防敌人火攻之便"等等。都从某种程度上说明，没有较长时间的关注和积累，唐顺之断难提出这些得当而又细致的应对举措的。

　　唐顺之非常注重边关史料的积累，其还向曾铣索要北方边关图。曾铣托胡宣带回，"射手胡宣回，承惠手书及疏稿、边图。披图诵书疏，则朔方形势既历历在目，而雄略胜算又得窃闻一二，极以为慰"[②]。后又向曾铣索要"三镇巡抚所议与河套详细地图"[③]。出于实用的需要，唐顺

①唐顺之著，马美信等点校：《唐顺之集》卷8《答曾石塘总制三》，第331—332页。
②唐顺之著，马美信等点校：《唐顺之集》卷8《答曾石塘总制二》，第329页。
③唐顺之著，马美信等点校：《唐顺之集》卷8《答曾石塘总制三》，第332页。

之非常注重边关地图的准确性和清晰度, 其在与翁万达的书信中集中评论过 "宣大与三关地图" 的版本, 以及边关地图在攻守战备中的作用, 其言:

> 宣大与三关地图, 敢求见寄为惠。往时边关图本, 大率只是丹青一幅而已, 试之实用, 直如画饼。近见刘松石公《陕西诸镇图》, 稍为精密。古之筹边者, 虏之所从入, 与吾之所以制虏, 皆可以按图而坐筹之, 是以守固而战克。人皆言虏人来去如风雨, 此亦未必尽然。且虏人非万骑不能大举, 骑不可一日无水草, 沙碛少水, 而水草可饮食万骑者尤为难得。虏人拥骑南下, 须是观得水草便利处, 然后可入, 其无水草处, 虏人亦不能以饥渴马致千里也。是以边城虽绵亘千万里, 虏人虽是风雨来去, 而其所从入大约可以先定。其小小隘口零骑可入处虽不可数, 而其大举之路大约不过数条而已。御虏者常患备多而力分, 苟图画分明, 可以必虏之所入与所不入, 知虏所入与所不入, 则备可以不多而力可以不分, 列屯筑堡, 架梁按伏, 省却大半气力矣。[1]

正是因为唐顺之注重地图的版本及其对攻守战备的作用, 其所收藏的各类志图也受到时人的好评, "惟唐荆川所得两直十三省总图最为详尽, 虽御览图不及, 惜缺两处耳。其他为图者, 无所增益, 无所发明, 不过依样画葫芦而已"[2]。

唐顺之还积极向曾铣荐举军事人才。他曾向曾铣推荐好友赵时春及其主张, "平凉赵子生长边陲, 又素以兵事自许, 吾丈亦曾一尽其说否?"[3]

除《答曾石塘总制》外, 在《荆川集》中,《答翁东厓总制》《答徐存斋相公》《寄赵浚谷》都是其因与赵时春、罗洪先建议太子上朝听事而被削籍归家时所作, 对边务的探讨都是其重要内容。

唐顺之还较早地注意到 "南倭北虏" 问题。其罢官居家时就曾利用送同作为 "嘉靖八才子" 之一的熊过入贺万寿节的机会赋诗言:

---

① 唐顺之著, 马美信等点校:《唐顺之集》卷8《答翁东厓总制》, 第324—325页。
② 李开先:《李中麓闲居集》卷6《又广舆图序》, 明嘉靖至隆庆刻本, 四库全书存目丛书, 集部第92册, 第423页。
③ 唐顺之著, 马美信等点校:《唐顺之集》卷8《答曾石塘总制三》, 第332页。

> 一朝辞宠辱，终岁事沉冥。
>
> 只可群麇鹿，那能出户庭。
>
> 北胡频候月，南纪正占星（时火守斗）。
>
> 长策须君辈，将何献帝庭。①

罢官居家的落寞和忧国忧民的急切于此诗中是相辅相成的。晚岁出山前夕的情绪也一扫早前的萎靡不振，逐渐表现出一种积极的态度。如其咏岳飞墓：

> 国耻犹未雪，身危亦自甘。
>
> 九原人不返，万壑气长寒。
>
> 岂恨藏弓早，终知借剑难。
>
> 吾生非壮士，于此发冲冠。②

正是有了这种情绪的转变，倭患甫一爆发，即奔赴宁波观察敌情，徐渭记曰："时荆川公有用世意，故来观海于明（按，明州即宁波），射于越圃，而万总兵鹿园、谢御史狷斋、徐郎中龙川诸公与之偕西也，彭山、龙溪两老师为之地主。"③并为剿倭出谋划策，嘉靖三十五年（1556），胡宗宪以唐顺之和茅坤为谋主，诱降徐海，计擒陈东、麻叶，八月在平湖县梁庄将徐海、陈东部队歼灭④。也正因为唐顺之对军事典图和防务的关注，嘉靖三十七年（1558）再起时，被委任为职方员外郎。唐顺之更是使自己的特长予以发挥，更为集中和直接地展露其治边才能，而他对边关问题的反映和治边策略亦较为集中于《南北奉使集》一书之中。

## 二、《南北奉使集》与"南倭北虏"问题

《南北奉使集》于早期亦有单行本，据罗洪先写于嘉靖庚申年的《答唐荆川》书信言："方遣人附张高邮书，忽王生来递手谕并诸稿，且能述精神好处，快慰不可言。近畏书册，披览《奉使集》，自辰至申不能释手，

①常州市唐荆川研究会编：《唐荆川诗文集》卷2《赠熊南沙郡倅入贺万寿节三首》，第50页。

②常州市唐荆川研究会编：《唐荆川诗文集》卷2《岳将军墓二首》，第52页。

③徐渭：《徐文长三集》卷4《武进唐先生过会稽论文送至柯亭而别》，《徐渭集》，中华书局，1983年，第66页。

④胡宗宪：《筹海图编》卷9《王江泾之捷》，文渊阁四库全书本。

是又对兄一日，听许多吟咏话言，观许多战阵折数，但兄不知耳。"①嘉靖庚申年，即1560年，此年唐顺之任凤阳巡抚，四月即以疾卒于任上，可见《奉使集》估计就是唐顺之这年前后所刻，此应该是最早的单行本。后收入唐顺之儿子唐鹤征所刻《荆川集》第四版纯白斋刻本。唐鼎元亦言："《南北奉使集》则公在海上御倭时所刊，至万历癸酉，公子凝庵取正、续集、《奉使集》合编为《诗文集》十七卷，外集三卷。"②

《奉使集》分《南奉使集》和《北奉使集》。由于是直接反映当时社会问题的时文，在文献类型上并不是整齐划一的，而是综合诸体的，正如四库馆臣所言："是编一为《北奉使集》，乃其以职方郎中出核蓟镇兵籍时所作。一为《南奉使集》，乃视师江浙所作。两集俱载其筹边剿寇之事，先敕谕，次题疏，次启札，次诗篇，前后皆无序跋。"③

大致看来，两集的刊刻时间也以唐顺之"出核蓟镇兵籍"和"命往南畿、浙江视师"的顺序为次，《北奉使集》刊刻于前，《南奉使集》随其后。唐鼎元即根据《千顷堂书目》所载"《奉使集》一卷"，从而判断两集是分别予以刊刻的，《千顷堂书目》仅得其一。"黄氏《千顷堂书目》载《荆川集》二十卷、《续集》六卷、《奉使集》一卷。《明史·艺文志》亦作《荆川集》二十六卷。《千顷堂书目》之二十卷盖指万历癸酉刻本，合《诗文集》《外集》言之，云《奉使集》一卷者，盖《北奉使集》先刻，《南奉使集》迟刊，《千顷》仅得其一卷耳"④。又，《南奉使集》在讨论明朝南部边防的种种问题时，往往也论及北部边防问题，同北部边防问题进行综合比较，而在《北奉使集》中就绝字不提南部边防问题，这从内容上也说明《北奉使集》确实产生于《南奉使集》之前。

（一）《北奉使集》对"北虏"问题的揭示和应对

由于职任之故，唐顺之首先是对"北虏"问题的揭示。唐顺之于嘉靖三十七年（1558）任北兵部员外郎巡视北部边防的背景是："嘉靖三十年该蓟镇督抚官奏称本镇兵缺少，欲行召募选补，分区设将，操练防御，兵部题覆允行。经今八年，边臣玩愒全不经心，每遇防秋，辄称兵数不敷，

---

①罗洪先著，徐儒宗编校整理：《罗洪先集》卷6《答唐荆川》，凤凰出版社，2007年，第224页。
②唐鼎元：《唐荆川先生著述考·荆川集条》，国图藏民国铅印本。
③永瑢等：《四库全书总目》卷177《南北奉使集》"提要"，第1584页。
④唐鼎元：《唐荆川先生著述考·荆川集条》，国图藏民国铅印本。

多调边兵，糜费粮饷，司计告匮皆由于此。"负责卫护京畿重地的蓟镇，在明廷给予财力、人力的支持以后，仍然每年在面对蒙古诸部季节性的入侵时捉襟见肘，都把防务的压力转嫁为兵员不足、财物匮乏，这引起了明廷的不满。更由于蓟镇的特殊军事和政治地位，是涉及明廷统治的直接问题，因此也引起了明廷的极度重视，他们分派给唐顺之此行的任务也非常明确。"今特命尔前去蓟镇，会同东西巡关御史，查照兵部原题事理，照依区分，逐一查点见在兵若干、缺少若干及阅视曾经操练堪战与否，俱要从实回奏，以凭处治。其缺少兵数目今作何抽补增募，及责限将官如法训练，务要堪以御敌，以免岁调边兵尔。宜虚心区画来闻"[1]。

唐顺之上任以后，首先是通过实地调查，分区统计，稽核实际兵数，认为兵员确实不足，但主要是因为兵员出逃严重。"臣谨会同山海关巡关御史王渐，从石塘岭起，东至古北口、墙子岭、马兰谷。又东过滦河，至于太平寨、燕河营，尽石门寨而止，凡为区者七，查得原额兵共七万六百零四名，见（现）在四万六千零三十七名，逃亡二万四千五百六十七名。又会同居庸关巡关御史萧九峰，从黄花镇起，西至于居庸关，尽镇边城而止，凡为区者三，查得原额兵共二万三千二十五名，逃亡一万零一百九十五名。总两关十区之兵原额共九万三千八百二十四名，见（现）在五万九千六十二名，逃亡三万四千七百六十二名"[2]。

在统计出所缺兵额的实际数字后，唐顺之又对造成北方边防空虚的窘境作了进一步的调查和思考，认为镇兵逃亡是一因，而不练镇兵则是更深层次的原因。"臣窃惟致弊之端，兵之缺额之故易以见，而兵之不练之故难以寻，至于救弊之策，补兵犹易而练兵则难"[3]。为了增强此说的说服力，唐顺之更是把现实与历史作对比，更进一步凸显了练兵于现实边防的重要性。"臣常读《史》《汉》，光武以渔阳突骑定天下，以至于唐藩镇专兵，而卢龙一道常虎视河北，唐人所谓其人慷慨勇悍而沉鸷者也，蓟兵称雄，其来久矣。比臣等至镇，则见其人物琐愞，筋骨绵缓，靡

① 唐顺之：《奉使集》卷首《敕谕一道》，明唐鹤征刻本，四库全书存目丛书，集部第90册，第409页。

② 唐顺之：《奉使集》卷1《覆勘首疏》，明唐鹤征刻本，四库全书存目丛书，集部第90册，第413页。

③ 唐顺之：《奉使集》卷1《覆勘首疏》，明唐鹤征刻本，四库全书存目丛书，集部第90册，第414页。

靡然有暮气之惰而无朝气之锐，就而阅之，力士健马什才二三，钝戈弱弓往往而是，其于方圆牡牝五阵分合之变既所不讲，剑盾枪剑五兵短长之用亦不能习，老羸未汰，纪律又疏，守尚不及，战□岂堪……尝窃怪之所谓渔阳突骑慷慨而沉鸷者，今又安在也？"[1]于此，所谓"历史"于唐顺之而言是现实的。换一句话说，历史上练兵重于募兵的经验对"出核蓟镇兵籍"的唐顺之来说是实实在在的政治任务和军事需求，而非无关于己的谈资。这也是唐顺之精于汉史的学术特点于其政务处理上的具体表现。

　　唐顺之也进一步提出了初步的应对措施，其中既有长期的计划，亦有应付时局的短期目标。如边兵、镇兵之掺杂互守，"窃以为目今权时之宜，且可责镇兵以为守，量调客兵几枝以为战，待镇兵练得一枝精锐，然后将客兵再减一枝，至于举军尽练得精锐，士争抵掌，人贾余勇，一旦遇虏，必不退慑，屹然足为北门倚重，然后更议免调之期则望，实不失而经权两得也"。如追究官守责任，"军额之旷缺既如彼，练法之疏阔又如此，副参游记袁正等至千总提调以下俱合有罪……至于督抚、总兵诸臣职在总领，关系尤重。自嘉靖三十年以后曾奉明旨者俱属误事，其去任诸臣合救兵部查奏，窃照今任总督王忬、总兵欧阳安、巡抚马佩等既承明旨，却昧壮猷，但知番戍远调足办目前，不思搜乘诘兵用图久计，一卒不练，圣鉴甚明，三万缺籍，典守安在，遂使征兵给饷役费无已，劳师匮帑谁任其咎。以上诸臣历任则有浅深误事，俱属有罪，但近奉明旨，今防秋已近，责限王忬、欧阳安等刻期严督操练防御，惟复防秋之后，圣明自有定夺"[2]。原则上来讲，防务松懈、废弛就要追究官长责任。在职总督王忬、总兵欧阳安都应在问责之列。但时下情况是，按照往年惯例，北方蒙古诸部于秋季的入侵即将开始，临阵换帅总不是一个妥当的处理方法，应当先解决今年的防秋，再行定夺。这些表明唐顺之灵活处理政务的能

---

①唐顺之：《奉使集》卷1《覆勘首疏》，明唐鹤征刻本，四库全书存目丛书，集部第90册，第414页。

②唐顺之：《奉使集》卷1《覆勘首疏》，明唐鹤征刻本，四库全书存目丛书，集部第90册，第415页。

力,也应该是唐顺之奏劾上述诸人的原因①。

唐顺之应对"北虏"问题的措施在其后所上的《条陈补兵足食事宜》《条陈练兵事宜》和《条陈水运事宜》等折中得以更细致地展开。

《条陈补兵足食事宜》主要是应对镇兵逃亡严重所采取的对策,其中前五条探讨镇兵逃亡的各种原因以及补救措施,后三条则主要分析和解决北部边防窘境的物质条件。综观其应对措施,主要表现出以下特点:其一,非常注意对"北虏"问题产生背景的发掘,从实际出发,提出切实的应对措施。如在"清敝源以收逃卒"一条中,唐顺之清楚地认识到劳役繁重、官守克扣军饷、外来镇兵不肯戮力及生存环境恶劣等是镇兵逃亡的主要原因。提出要明确镇兵职责,使他们专注战守,"墙工自须别议"②;边兵待遇应与内地军士相同,不应以边镇食物便宜而下调镇兵待遇。又"专责任以严勾补"一条中也对卫所和边镇官守职责不分从而造成镇兵逃亡的事实进行了深入的剖析。"然而逃军往往不补者,盖是营、卫互相推调。营官则曰:卫所窝逃军、纳月钱而不肯解也。卫官则曰:营官剥削军士以致之逃,而我无奈何也"。据于此,唐顺之认为之所以出现如此境况的原因是"无官以兼治之",提出让兵备专任此职,并以"逃军多少""补军多少"分别制定了考核营、卫官守政绩的标准和严密的补军之法。"逃军先尽本身,故军先尽子孙,不足则均之同伍、均之同队,以至通一卫之余丁而补之,又不足则取之城操正军,于勾补之中寓垛充之法,大率务如原额而止"③。

其二,充分注重人于各种措施操作过程中的影响。如同样在"专责任以严勾补"一条中,"然缺之于数十年而补之于一旦,太急则人情不

---

① 唐鼎元所编《明唐荆川先生年谱》卷8《究诬二》记载了一种观点:王忬之死是因荆川受严嵩指使诬陷所致。对此,唐鼎元引杨椿、赵昧辛等人的观点予以辩驳。仔细分析荆川参劾王忬事,虽然其中不无严嵩的影响,如荆川在与严嵩的书信中言:"王总督自明旨切责以来,过为疑畏,诚如尊谕。适呈慰语,深知明公鼓舞边臣之至意,欲其展布四体,以尽力于防秋重务也。马巡抚不日相见,谨致尊教,但王总督相去已远,容更托的当人转达尊教耳。"(《唐荆川诗文集》卷8《与严介溪相公》,第216页)"诚如尊谕"透露出了严嵩在此次事件中的踪影,但基于对杨椿、赵昧辛等人辩驳的阅读,我们更有说服力,更倾向于认为荆川是出于职任所在,"积弊之极,势不得不出于此"。

② 唐顺之:《奉使集》卷1《条陈补兵足食事宜·清弊源以收逃卒》,明唐鹤征刻本,四库全书存目丛书,集部第90册,第416页。

③ 唐顺之:《奉使集》卷1《条陈补兵足食事宜·专责任以严勾补》,明唐鹤征刻本,四库全书存目丛书,集部第90册,第417页。

堪。合令督抚与兵备计议，量其缺军分数，一年可补完几分，年终如其分数而责之，其亦可也"①。这一特点在"定班戍以便人情"一条中又有更为集中的展示。关于镇兵逃亡，唐顺之从"人情"的角度亦给予了充分的理解，"此辈往往身寄穷边，家悬千里，采薇之遣既久，及瓜之代无期，斋送屡空，衣鞋莫继，始于潜返，驯致久逃，揆之人情，殊非得已。是以日逃日解，随解随逃，逃解相仍，徒滋烦扰"。如何既要照顾人情，又要解决镇兵逃亡的现实，唐顺之提出了分班值守的方法。"但系六百里之外，或分为两班，一班备春，一班备秋。或并为一班，半年城操，半年秋戍。其在官，则向之终身逃窜，孰与得半军之用；其在军，则向之终岁浮寄，孰与得半乡之闲。既可稍近人情，又不改移原戍，询诸逃卒，亦尽称宜"②。

其三，鉴于唐顺之对"北虏"问题中财政问题严重性的认识，其在处理边镇逃兵事件中注重物质条件的影响。如在"处班兵"一条中首先提出"聚兵者先料其食"的主张，认为物资匮乏也是镇兵逃亡的重要原因之一。"蓟镇兵若足原额，将及十万，即使月粮一半折银亦须本色米六十万石，岁岁转漕，胡以办此？则是旧额不足，正苦少兵；旧额若足，又苦少米矣"③。唐顺之《条陈补兵足食事宜》折中，除了在处理镇兵逃亡的前五条中间或论及物质条件的重要性，还专辟一部分进行专门论述，"筑边工费""复本色以存久计""处转般以便支给"等后三条就是对此而发。"臣窃补兵如补敝衣，敝坏则易，而补缀则难，故叙补兵之说凡五条。兵之与食吃紧相关，故附以筑墙、工食及边粮之说凡三条"④。如"筑边工费"一条就对筑墙过程中"派夫"和"顾募"两种劳动力征集方式所需费用进行了细致的比较，"若以派夫计之，每夫一名一月该盘缠银二两，百名该银两二百两，盐菜银十两，则是二百十两之费止够筑墙二丈。若以顾募计之，每墙一丈该银十五两，则是银二百十两该筑墙

---

① 唐顺之：《奉使集》卷1《条陈补兵足食事宜·专责任以严勾补》，明唐鹤征刻本，四库全书存目丛书，集部第90册，第417页。
② 唐顺之：《奉使集》卷1《条陈补兵足食事宜·定班戍以便人情》，明唐鹤征刻本，四库全书存目丛书，集部第90册，第417页。
③ 唐顺之：《奉使集》卷1《条陈补兵足食事宜·处班兵》，明唐鹤征刻本，四库全书存目丛书，集部第90册，第418页。
④ 唐顺之：《奉使集》卷1《条陈补兵足食事宜》，明唐鹤征刻本，四库全书存目丛书，集部第90册，第416页。

十四丈矣"。鉴于以上细致的计算，唐顺之主张采取"顾募"的劳动力征集方式，"若一概征银顾募，则官得七倍之赢，民免去家之扰，墙获早完，征发亦息"[①]。"复本色以存久计"一条则在充分权衡了内地与边镇米价的差别以及运输、旱涝等外在因素后，主张"以复本色为便"，并提出了切实可行的措施。"又诸边皆是陆运，故致米为难，蓟州一路水运，故致米则易。至于造船漕卒诸费，但取昔年未变折色以前之旧法，即是今日欲尽复本色以后之定规，故牒尚在，无俟他求。纵不能尽复本色，亦可先复一半七万石，使该镇每年给军之外，余粮常有二十万石在仓，然后更议减本加折"[②]。同样，在"处转般以便支给"一条中也多就北部边防出现的财政问题而发。

其四，以史为鉴，在充分吸收历史经验的基础上制定切实可行的应对措施，这在《条陈补兵足食事宜》诸条中都是广泛存在的。如关于处理镇兵逃亡问题要照顾"人情"，体贴民意，唐顺之就援引晁错所言"人情非有匹偶，不能久居其所"，从而确定了分班值守的措施。关于民兵之设的措施也是在充分借鉴《永平府志》的基础上得出的，"查得《永平府志》书所载，本府原无民壮，正统末，胡虏寇边，金设民壮二千五百名，可见畿甸民兵原为被寇而设也"。又，在处理军饷的实物与银两的交换问题时，主张"复本色"，以实物为准，也是在参考《史记·货殖传》的基础上得出的。"盖尝览《史记·货殖传》载诸富家多积金帛而任氏独窖仓粟。遇岁饥，诸富家金帛尽折而入于任氏。赵充国亦言湟中籴米三十万石斛，诸羌不敢动矣"[③]。

以上诸种特点在《条陈练兵事宜》中也有不同程度的反映，更由于此折所涉及的是练兵等北部边境的核心问题，往往又以处理各种具体问题的形式凸显出来。《条陈练兵事宜》是在认识到军伍对国家统治的重要性的前提下，对如何加强明廷的北部边防能力而提出的诸多具体措施。"臣窃惟兵之精、不精，系蓟边安危，蓟边安危，系畿甸利害，非可容

---

① 唐顺之：《奉使集》卷1《条陈补兵足食事宜·筑边工费》，明唐鹤征刻本，四库全书存目丛书，集部第90册，第419页。

② 唐顺之：《奉使集》卷1《条陈补兵足食事宜·复本色以存久计》，明唐鹤征刻本，四库全书存目丛书，集部第90册，第419页。

③ 唐顺之：《奉使集》卷1《条陈补兵足食事宜·筑边工费》，明唐鹤征刻本，四库全书存目丛书，集部第90册，第419页。

易"①。其中所论及练兵内容，主要包括以下几个方面：

1.明确责任，严格赏罚，把练兵落到实处。首先是明确将领职责。如"责大帅以主练"一条提出"劳神于选才，端拱于委任"的主张，其中包括选才和考核两部分内容。"陛下圣明洞视，督抚诸臣与庙堂再三斟酌其人，必足以任此而后以付之，使其人亦自以先资之言陈于上，曰几年而后镇兵可精，几年而后边兵可罢，而陛下因以考其成"②。对将领责任的明确和考核在"定区帅以分练"条中亦得以更进一步的展开。唐顺之在经过一番调查之后，主张改革明廷兵、将分离的军事统领模式，认为"官以久任成功，而强圉之臣尤更不可数易"。具体措施就是各区设立专官以负责练兵事宜，并定期进行考核，不轻易改调他职。"陛下下之兵部，而每区各定参、游一人以为区帅，是谓以边将练镇兵，纵不得边兵但得边将，庶几练镇兵为边兵也。其人既定约以三年为率，不许升调，非有大罪不得辄易，小罪则戴罪供职，大罪亦即于本处立功，不得复还原卫，三年大计其功罪而赏罚之，下至提调、关寨等官亦准此为例。如此则将官自知责无所诿而不敢不尽心于练士，其士卒亦知将有常属而不敢不督率鼓舞以从其令矣，其与朝来暮去者功相百也"。并对将领制定了严格的赏罚制度。"请以防秋之后，督抚诸臣遍阅参、游等官，区别具奏其不才者而黜之，其宜于内地者调而徙之，悉取各边将官结发惯与虏战、有威名而识阵势者，一缺具三、四人以闻，而内地选惯未尝见虏之辈与油滑钻刺之人，一不得与其间"③。

"明赏罚以励士"条中则是以士兵为对象而施行的赏罚措施。此条首先从现实和历史的角度论证了赏罚的必要性，"夫肃队而趋，挺矛而舞，非以为戏也。将责之以临阵御敌之实用也，责之临阵御敌之实用而不以临阵御敌之赏罚施之则亦戏而已矣。史传所记子玉治兵鞭七人贯三人耳，孙武以妇女试阵法而戮其女队长二人，然后鼓之而无不如志，然则古之治兵者，大略可见也"。鉴于此，唐顺之认为要严肃军纪、赏罚分

---

① 唐顺之：《奉使集》卷1《条陈练兵事宜》，明唐鹤征刻本，四库全书存目丛书，集部第90册，第421页。

② 唐顺之：《奉使集》卷1《条陈练兵事宜·责大帅以主练》，明唐鹤征刻本，四库全书存目丛书，集部第90册，第421页。

③ 唐顺之：《奉使集》卷1《条陈练兵事宜·定区帅以分练》，明唐鹤征刻本，四库全书存目丛书，集部第90册，第421页。

明，"请于常廪之外多储金钱以赏其用命者，以作其投石超距之气。其不用命者，纵不能尽如临阵之刑，而军令所谓鞭抶贯耳等类，许将官督操亦时一行之以示威，或联为伍法，罚及同伍。纪律既明，人心自肃，至其临阵，庶几畏我而不畏敌也"①。

2.调整编制，革新装备。鉴于边兵与镇兵战斗力不同的事实，而历年往调边兵又浪费很大，并且于北部边防被动的境况未有根本改变，因此唐顺之主张"杂边兵以同技"，在保持战斗力基本不减的情况下，逐步提高镇兵的战斗能力。"宜及绥兵之未罢，杂之蓟兵间而教之，每蓟兵百人杂绥兵二三十人，授之以绥兵之长技，而试之以绥兵下营走阵遇虏鏖战之法。至于号衣语言，无一不效之而与之同。又以其暇时使绥兵谈说虏人之情状与对敌胜败之故事，以熟习蓟人之心而使之不慑，则异时边兵虽去，镇兵犹边兵也"②。在调整编制方面，唐顺之也充分认识到人之天然秉性各异，要选取有一技之长者作为镇兵中坚，进行区别对待，做到重点突出，"夫诸军虽是一般教练，而力有勇怯，心有灵蠢，不能一律而强同，故必有轶才异能为众所服者。兵家亦有轻足疾走翘关负重者聚为一卒，拔距伸钩洞远贯坚聚为一卒，词办（辨）机巧能移人意者聚为一卒等类。其能既为众所服，人自不敢望与之同。而将官亦每厚遇之，粮廪之外，时有给赏，解衣推食，亦不自惜。平居则以倡率同辈踊跃赴功，临战则以先等陷阵出奇破敌，此军中鼓舞驾驭之术也"③。

革新装备主要是指"练火器"，此条主要是根据"虏所最畏者，火器也"的时势而发，考察了火器于明廷统治中的作用以及在应对"北虏"问题时不利的原因，进而建议"令东南军门取其精者数十管而与善点放者数人至京师，陛下令大臣阅试之"，避免"使知有此器而不用，以保全虏人之腰领，其亦可惜也"，进而为火器在应对"北虏"问题时发挥重要作用打下基础④。

①唐顺之：《奉使集》卷1《条陈练兵事宜·明赏罚以励士》，明唐鹤征刻本，四库全书存目丛书，集部第90册，第422页。
②唐顺之：《奉使集》卷1《条陈练兵事宜·杂边兵以同技》，明唐鹤征刻本，四库全书存目丛书，集部第90册，第422页。
③唐顺之：《奉使集》卷1《条陈练兵事宜·备选锋》，明唐鹤征刻本，四库全书存目丛书，集部第90册，第422—423页。
④唐顺之：《奉使集》卷1《条陈练兵事宜·练火器》，明唐鹤征刻本，四库全书存目丛书，集部第90册，第423页。

3.制定相应的检查战斗能力的制度。其一为"申阅法"，即于战事平息之时，抽调部分军队，检查其练兵成果并进行赏罚，以表明国家对练兵的鼓励态度。"于塞垣无事之时，抽调镇兵一枝、两枝至京师，令大臣于校场阅视其果练与否而明诏严赏罚之。其机发于堂陛之间而风震于塞垣之外，其帅臣常如天威临之而不敢不尽力于教练其士卒，常如天威临之而不敢不尽力于演习，无有敢肆欺于圣鉴之所不及而虚应故事者矣，此所谓执一实以御百虚之道也"①。如果说"申阅法"在某种程度上来讲只是国家练兵决心的象征性表达，那"调戍边以试练"则把对练兵成果的检查和实战结合起来，具体方法就是调镇兵以戍边。"宣、辽二镇与蓟本相唇齿，蓟镇有事则宣、辽自宜戍蓟，异日蓟镇无事而宣、辽有事，请抽调滦东兵一枝、两枝戍辽，滦西兵一枝、两枝戍宣，居常则以经阻险而耐辛苦，猝有虏患亦杂之战兵之间而与为犄角。既常搏虎不畏，负隅后与虏遇自然习惯，且夫昔以边兵戍蓟，今以蓟兵戍边，是练兵之成也"②。

4.留意"夷情"，因势利导，分化对方，争取中间势力。唐顺之对此非常重视，在《条陈练兵事宜》条中把"蓟镇夷情"条置于与练兵诸条相等的位置，"且夫蓟镇犹之家也，以兵为墙垣，而以属夷为藩篱。犹之身也，以兵为爪牙，而以属夷为耳目，故以夷情附练兵之后"。唐顺之通过借鉴历史经验和实地调查，敏锐地注意到"三卫夷人"的不同，"照得三卫夷人与诸边异，诸边之夷必属之贼也，三卫夷人则不然"。明代历朝对"三卫夷人"采取羁縻政策、通过厚赐金帛以拉拢他们的政策取得了相当的成功，只是后来边臣不知大计，"与之争一马一纩之利以失其心，是以寇盗窃发，至于攻城堡、杀参将，而边臣又不分逆顺，往往扑杀诱杀之，是以激而导北虏残中国，皆边臣不知大计，不识祖宗羁縻蓄养之深意，激之变生以驯至此极也"。正因为此，"三卫夷人"与明廷北方敌对势力的合作程度也日益加强，他们不仅作为北方敌对势力的向导，还作为他们的后方基地，这也是蒙古诸部入侵中原频仍的主要原因。出于以

---

①唐顺之：《奉使集》卷1《条陈练兵事宜·申阅法》，明唐鹤征刻本，四库全书存目丛书，集部第90册，第423页。
②唐顺之：《奉使集》卷1《条陈练兵事宜·调戍边以试练》，明唐鹤征刻本，四库全书存目丛书，集部第90册，第423—424页。

上认识，唐顺之首先建议"于贡马常赐之外，岁发银三万两与蓟镇为抚夷费"，并杂以其他手段，"诚使督抚诸臣震兵威以夺其心，损财帛以结其心，时用秘计以携其交纵，不能使之以夷攻夷，亦可使必为我耳目而不为贼向导"①。

《条陈水运事宜》折因更为经济地解决北部边镇的粮饷运输问题而起，"照得水运之费比陆运六分而减五"，"今岁夏间，圣明念辽人之饥，弛海禁运米赈之，恩德甚厚……今密云、古北、喜峰诸口皆屯重兵，则聚粮不得不多，聚粮多则咽喉不得不利，河运之通亦惟其时……且水运一步亦省陆运一步脚价，以异日脚价所省扣为今日疏凿所费，募闽浙之人造闽浙之船以教其土人"。但恢复水运的功用又不限于此，从其后对开通水运的各种利益陈述中即可见一斑，"河功一成，盖有四利。边城积粟，丰凶有备，士嬉马腾，此一利也。官漕既通，商舟亦集，昔时荒野遂成贾区，此二利也。穿渠溉田，硗瘠之地淤为沃壤，此三利也。渠浍满野，因成水匮，制限胡骑，不得突越，此四利也"②。综观以上所述，水运仍是围绕"北虏"问题而展开的一大应对措施。

（二）《南奉使集》与"南倭"问题

正是由于唐顺之出色完成了出核蓟镇兵籍的任务，于当年（1558）十一月又被委以视师江浙的重任，协助总督胡宗宪解决倭寇问题。"浙江舟山余寇未靖，皆因文武职官水陆兵将不肯协心效力，以致日久财费，欲要差官阅视，催督进兵。兹特命尔前去，会同总督胡宗宪及严督总副参将海道兵备守巡等官，将见在余寇克期荡平。各该文武职官敢有偏拗怠玩、阻挠军务、不行一心平贼者，尔即指名具实，参奏治罪。其有内逆与贼交通接济者，着宗宪多方访拿斩首枭示。进剿机宜及军门粮商缺乏，听尔与宗宪相度措处便宜。而行将来海防一应合行事务，尔有所知见，查照兵部原题条奏以闻朝廷。以尔素负才名，谙练兵事，特兹简用"③。唐顺之在与好友罗洪先的通信中也诉说了其出核蓟镇兵籍事甫

① 唐顺之：《奉使集》卷1《条陈练兵事宜·蓟镇夷情》，明唐鹤征刻本，四库全书存目丛书，集部第90册，第424页。
② 唐顺之：《奉使集》卷1《条陈水运事宜》，明唐鹤征刻本，四库全书存目丛书，集部第90册，第423——424页。
③ 唐顺之：《奉使集》卷2《敕谕一道》，明唐鹤征刻本，四库全书存目丛书，集部第90册，第436—437页。

一结束，旋又视师江浙的辛苦，其言：

> 弟自入京师，病脾骨立，扶病往蓟门两月间，登驰绝徼峭壁三数千里之途，阅过铁靴铜面之辈十万余人，一一欲办其弱强，腥风酸鼻，惊沙暖面。归来席未暖也，又复将荷戈渡海，冒惊波而斩斗鬼夷。[①]

《南奉使集》正是在这种背景下而形成的。

唐顺之上任伊始，倭患已炽。在他到任之前即为围剿倭寇献策献力，在任期间又会同总督胡宗宪督剿舟山余寇，而在正欲启程复命时又逢倭寇大举入侵事，并且亲自参与和领导了抗击倭寇的入侵。可以说，唐顺之是应对"南倭"问题的直接当事者，并在其间发挥了重要的作用，因此他对该问题的反映也是最为直接和真实的。也因为如此，他对于倭患的认识也是从实际经验中总结而来，提出的应对措施也是切中时弊的。并且在其任职期间就取得了一定的成效。如击贼于海外的措施，就是根据来贼和去贼所造成破坏程度的实际情况提出的。在唐顺之其后所上的《条陈海防经略事》折中，都是基于以上认识而展开的。

《条陈海防经略事》开篇即为"御海洋"一条，在此条中他首先再次申述了击贼于海外的主张，"照得御倭上策，自来无人不言御之于海"。其后则把论述重点顺利过渡到对"而竟罕有能御之于海者何也"等原因和应对措施的考察。关于未能御倭于海外的原因，唐顺之认为海、陆将领相互推诿责任，不能身体力行是主要原因。"文臣无下海者，则将领畏避潮险不肯出洋，而责之小校水卒，则亦躲泊近港不肯远哨。是以贼惟不来，来则登岸，登岸残破地方，则陆将重罪而水将旁观矣"。在经过一番实地考察和参考旧制的基础上，唐顺之提出依循旧制明确责任、完善赏罚制度和常设视军情官等应对措施。关于依循旧制，明确责任。"臣窃观崇明诸沙、舟山诸山各相联络，是造物者特设此险以迂海贼入寇之路，以蔽吴淞江定海内地港口也。国初设县置卫，最有深意，而沈家门分哨之制至今可考。合无春汛紧急时月，苏松兵备暂驻崇明，宁绍兵备或海道内推择一人暂驻舟山，而总兵、副总兵常居海中，严督各总分定海面，南北会哨昼夜扬帆环转不绝，其远哨必至洋山、马迹"。关于完善赏罚制度，一是实行专人专责，"贼若从某处海面深入登岸者，该总

---

[①] 唐顺之著，马美信等点校：《唐顺之集》卷8《与罗念庵》，第352页。

首先坐之，论其登岸多少以次罪，及总兵又罪，及兵备海道而止”。二是进一步明确提高“击来船”水卒的待遇。“击来船与击归船不同，击归船真倭首级一颗给银十五两，自合如故。击来船真倭首级一颗，合无，量增银十两，比陆战首级尚少银五两，已足使水卒感恩怀利，尽死击贼”。为了更为有效地监督将领，体察军情，唐顺之因此建议在其离任后应常设视军情官。“此官之设，切中机宜。臣往来海中，奉扬国威，诸将不敢退缩近港，旋有三片之捷。今臣虽转任，伏乞敕下吏、兵二部，详议此官续设与否。在京师诸官中差此一员官不足多少，在海上加此一员官则甚有关系”①。

“固海岸”一条则是从“御海外”条中引申而来。“照得贼至不能御之于海，则海岸之守为紧关第二义。贼新至饥疲，巢穴未成，击之尤易。延入内地，纵尽歼之，所损多矣”。由于海岸和内地之间的防务关系，主张施行连坐制度，以调动双方的积极性。“然自来沿海戍守莫不以拥城观望，幸贼空过，谓可免罪，而不顾内地之残破。内地戍守亦幸贼所不到而不肯策应沿海。今却不然，宜分定沿海保护内地，内地策应沿海地方。沿海力战损兵折将宜坐内地不能策应之罪，内地残破沿海幸完，宜坐沿海纵贼之罪……（如此）则人知谨于海岸之守，不敢幸贼空过以觊免门户常扃堂奥自安矣”②。

由于唐顺之身任视军情官，更因为明朝军队战斗力低下是解决“南倭”问题的一大障碍，因此在《条陈海防经略事》折中所上九条中，直接涉及提高军队战斗力的建议就有“定军制”“足军食”“鼓军气”三条。此三条都是唐顺之根据亲身体会，发现问题，并提出解决问题的方案。在“定军制”条中，唐顺之发现因枭猾之徒为冒领军饷，往往多地应募，一方面造成南方各地兵额实数不足，军制也动荡不定。另一方面这些人又多方游走，骚扰地方。因此，虽然调、募存在种种弊端，但于实际则甚为必要，如何解决调、募、练这三种旨在提高军队战斗力的方式之间的矛盾，唐顺之出于长期和短期的综合考虑，提出“为今之计，合以练兵为

①唐顺之：《奉使集》卷2《条陈海防经略事·御海洋》，明唐鹤征刻本，四库全书存目丛书，集部第90册，第457页。
②唐顺之：《奉使集》卷2《条陈海防经略事·固海岸》，明唐鹤征刻本，四库全书存目丛书，集部第90册，第458页。

实事，以募兵为权宜，以调兵为奇道"的原则，认为"募兵则远募不如近募，调兵则多调不如少调，募兵先尽本地方骁锐"，即使土人应募也要实行严格的保任制度，"亦须土人保任，优其募价，什伍联束而岁番上之，不得自去自来如往时，则募兵亦土兵也"。调兵则要求制度化，明确数额和职责，并专设宪司一员为监察官予以督察，"总督军门岁调麻兵立为定额，直隶几千、浙江几千专为冲锋之用，听川、湖军门精选发遣，以宪司一员监督前来有不能冲锋及骚扰地方者，罪及监督，则调兵可以制其毒而得其用。俟土兵训练有成，然后募、调俱罢"①。

"足军食"条则是针对粮饷不足引起军心动摇，进而削弱军队战斗力的现实而发。唐顺之从现实赋税制度入手，充分借鉴历史记载，认为军饷来源单一是造成此种局面的主要原因，进而主张一方面广开税源。除军饷出于民赋、盐税有例可循外，各地臧、罚亦暂为军饷来源之一，"此外山泽筦榷之利有可兴者，合听军门从宜区处"。一方面明确掌管军饷的官守职责，加重对军饷调配不力者的惩罚力度。"供给军饷系有司职掌，有司自以不与军事之罚，往往视为不干己事，始则催征不力，继则给发不时，失误军机多由于此。此后若有仍前怠玩者，自布政总司管粮道及知府以下听督抚诸臣从重参劾治罪，庶几有司各知干己，不敢误事"②。

"鼓军气"条是对士气不振的事实而发。此条虽仅出现于《南奉使集》中，其中亦是对"南倭北虏"问题的综合论述，并非仅仅拘囿于"南倭"问题的反映和解决。"国家承平日久，文吏游谈而养尊，武臣恬喜而宝身，闲雅雍容之习成而慷慨果锐之气亦寖消矣，南倭北虏倏然内侵"。文中唐顺之通过与倭贼相对比对明朝士气不振的现实进行了鲜明的刻画，并根据文臣督帅、武臣大将、偏裨小校的不同身份提出了提高士气的不同要求和期许，"文臣督帅时御戎服出入军中，发扬蹈厉以作武将之气；武臣大将遇有贼战，戎服出入阵中，以作偏裨小校之气；偏裨小校

①唐顺之：《奉使集》卷2《条陈海防经略事·定军制》，明唐鹤征刻本，四库全书存目丛书，集部第90册，第459—460页。
②唐顺之：《奉使集》卷2《条陈海防经略事·足军食》，明唐鹤征刻本，四库全书存目丛书，集部第90册，第460页。

遇有贼战,戎服先登,以作士卒之气"①。强调各级官吏要以身作则,身先士卒。

由于《南奉使集》是唐顺之"出核蓟镇兵籍"后,视师南畿浙江时所为,鉴于对"北虏"问题的熟悉,他在讨论"南倭"问题时亦常把"北虏"问题牵扯入内,进行综合、比较,"鼓军气"条已表述于前,"定庙谟"更是凸显了这一特征。"夫南倭与北虏,异口外砂砾之地,从古以来原有靴子腹裹膏腴之地。二十年前原无倭子,今口外尚有一年两年无寇,而倭子却无一岁不来,如此不已,非止外患,将为内虞"。通过对"北虏"与"南倭"问题的综合分析,认为连年战乱所导致的民不聊生已经影响到明廷的统治安危。并且两相比较,"南倭"问题尤其如此。"古云兵久则变生。近者吴淞、定海之间水卒呼粮抶官缚吏,则兵变之渐也。苏城人素怯弱而游冶子弟怀毒蓄机,日伺倭来,里外合应。幸早发之,犹尚烧官寺、劫狱囚,阒然一逞则民变之渐矣。此其萌芽也,诚不可不深图而熟虑之"。但究其本因,社会动荡还是因长期战乱而起,因此唐顺之在此条中也从社会稳定的角度提供了一些应对倭患问题的思路。"伏惟圣明敕下礼、兵二部,备讲祖宗以来招怀抚谕之略、防海固圉之机及敕督抚诸臣遍访倭情,集议长策,二十年前何以绝无倭患,十年之间何以倭患若此? 年年御倭,何时是了? 如何可以永断倭寇之路以复东南之旧。苟可以利国,不必为身家顾虑,苟可以便今,不必以成说拘牵。外内臣,工方略,毕上然后圣明与庙堂大臣从中主断而力行之,期于三年四年断却此贼,臣犹以为速也。不然一岁一来,一来一胜,臣犹以为浪战"②。

从社会稳定的角度来思考倭患问题,也说明唐顺之已经清醒地认识到倭患并非单单军事问题,倭患的爆发其中掺杂着各类社会问题。从倭寇的构成来看,真正的倭人是一部分,但其中相当一部分是明廷的臣民,因此在"御海洋"条关于赏罚制度改革时就意识到倭之真假的区别,而在"图海外"条中就对倭寇的这两支构成力量相互勾结长期为乱

① 唐顺之:《奉使集》卷2《条陈海防经略事·鼓军气》,明唐鹤征刻本,四库全书存目丛书,集部第90册,第461页。
② 唐顺之:《奉使集》卷2《条陈海防经略事·定庙谟》,明唐鹤征刻本,四库全书存目丛书,集部第90册,第463—464页。

的原因进行了集中的探讨,认为明廷应做好归顺罪民的安抚工作和恢复通使日本的政策,并引明朝两个有关案例加以说明。"然自叶宗满之坐重罪而逋逃欲自归者不免自疑,自蒋洲之得罪而人以使绝域为讳。或宜减宗满之罪以示信于逋逃之徒,宽蒋洲之狱以留使绝域诇敌情之一路"。关于通使日本,着重援引总兵官卢镗《抚处夷情以尊国体》以作说明。其中既回顾了明朝的使贡制度及其作用,又分析了使贡制度破坏的过程和不利影响,认为应当放宽使贡之期,以绝倭寇为乱之路。"今后倭人复来求贡,果有真正表印,勘合别无诈伪,姑不计其限例就与奏请起遂赴京,择审来寇之端,敕彼国王令其查治恶逆敛戢属夷,使不敢再犯,则倭夷知有贡路之可通而诡计自销,党类自携,勾引之徒亦可暂缚也"①。这一点与主张坚决打击倭寇的俞大猷还是很不同的,如在招降王直的态度上,"二年,世宗必欲得王直杀之,总督胡宗宪使蒋洲、陈可愿入海说直,直有归意,求贡市,副总兵卢镗请许之,兵部郎唐顺之主其说,而大猷欲用太祖、太宗御倭法,剿绝毋留,以正中夏外夷之体。与佥事王询倡论,俟其至,出击之。宗宪曰:'敢击论死。'使镗迎直海上。大猷陈兵夸示之:直至则世宗必杀直,倭从直来者尽歼之乃已。宗宪下直狱俟命,倭怒。宗宪绐之,焚舟走柯梅,人殊死战,夜乘艓入闽。闽中巡按御史将论劾宗宪,宗宪劾大猷,委罪曰:'是背笑我不战者。'有旨逮捕诏狱"②。应该来讲,俞大猷虽然主张坚决打击倭寇的主张比较鲜明,在民间也有很强的影响力,但考虑到明廷由于自身国力衰敝,倭患常年应对而不绝,胡宗宪、唐顺之等人诱杀王直的主张不失为一切实方法,显然也在明廷应对倭患的政策中占了上风。单就诱杀王直这一事件的应对来看,显然俞大猷欠缺灵活。

在其后因淮扬旱灾所上《恳乞圣恩给发余盐银两以备赈济以补军饷》《恳乞圣恩留米备赈事》《请乞剩盐以备急赈事》等诸折中也是从社会稳定的角度反复申说备赈救灾的急切性和重要性。"及照江北今岁灾伤十分重大,各处饥民无虑数万。前在秋末,尚有草子木实可赖充饥,今值隆冬,虽草木亦无可食强壮者,则相聚为盗,老弱者则弃卖妻孥,

① 唐顺之:《奉使集》卷2《条陈海防经略事·图海外》,明唐鹤征刻本,四库全书存目丛书,集部第90册,第458—459页。
② 何乔远:《名山藏》卷79《俞大猷》,明崇祯刻本,续修四库全书,第427册,第310—311页。

有司无日无盗劫之申，地方无处无离散之苦，沟壑莩尸，遇目成悲，道路啼号，触耳可惨。言及于斯，稍有人心者鲜不恻怆，况为民上者哉，揆度事势，将来若非通行博赈，恐江北赤子不免悉化为沟渠之鬼、潢池之盗矣"①。

出于"各该文武职官敢有偏拗怠玩、阻挠军务、不行一心平贼者，尔即指名具实，参奏治罪"的职责所在，唐顺之在"别人才"条中亦对各将官功过进行综合评析以供升黜，态度十分鲜明。应为奖用者，如淮扬海防兵备副使刘景韶、浙江巡视海道副使谭纶、苏松兵备佥事熊桴、杭州府同知唐尧臣、绍兴府通判吴成器、宁绍参将戚继光等，并根据战功、资性提供了将来任何官职的具体参考意见。如刘景韶、谭纶二人，"此二臣者，皆宜久其官而不易其任，以待资望可为巡抚，即以授之者也"。关于应奖用者，唐顺之论及范围并不限于在任官员，致仕而又可用者亦在其中，如徐九皋、唐枢、严中"皆可充异日兵备之用者也"。应为罢黜者，如知府黄大□、狼山提督副总兵官曹克新等。特别是于卢镗、刘显等人的处理上更体现出唐顺之鲜明的态度，"又访得浙直总兵官卢镗老练善谋，副总兵官刘显骁雄善战。臣尝以三沙贼奏劾其失事，毕竟东南将官无过此二臣者，所宜久任、责其立功者也"②。就事而不就人，知错而立改，固可以说明唐顺之的道德品性，但更说明倭患日炽于其的压力。

唐顺之在考察和应对"南倭"问题时，很注重借鉴明朝建立初期的历史经验，在"御海洋""定军制""足军食""图海外"诸条中都可以发现唐顺之对国初历史经验的借鉴，认为旧制当复。在"复旧制"条中则更加系统地呈现了这一特点。如关于明朝中期海中诸岛海防废弛并为倭寇所用是不能击贼于海的主要原因，如要保证击贼于海策略的实行，就要恢复国初海中诸岛海防等旧制。"照得国初防海规画至为精密，百年以来海烽久熄，人情怠玩，因而隳废。国初海岛便近去处皆设水寨以据险伺敌，后来将士惮于过海，水寨之名虽在，而皆自海岛移置海岸。闻老将言双屿、烈港、嵛屿诸岛近时海贼据以为巢者，皆是国初水寨故处，

①唐顺之：《奉使集》卷2《题奏·恳乞圣恩留米备赈事》，明唐鹤征刻本，四库全书存目丛书，集部第90册，第472页。

②唐顺之：《奉使集》卷2《条陈海防经略事·别人才》，明唐鹤征刻本，四库全书存目丛书，集部第90册，第462—463页。

向使我常据之，贼安得而巢之。今宜查出国初水寨所在，一一修复及查沿海卫所原设出哨海船额数系军三民七成造者，照旧征价贴助打造福船之用，此一事与臣所谓御海洋者相关，旧制之当复者一也"①。其下三条亦是主张恢复旧制以图"定军制""足军食""图海外"等策略的顺利实施。

为了应对倭患，唐顺之撰写了《南奉使集》，在其著录书目中，据《千顷堂书目》和《明史·艺文志》载，还有《策海正传》一书。此书可能散佚，其具体内容无从可考，仅据其名称大致推测，应该与海防相关度比较大。

### 三、《南北奉使集》的军事影响

斯人已逝，文献长存。为应对"南倭北虏"问题而产生的《南北奉使集》因其切中时弊的优长，不仅在明廷应付"南倭北虏"问题时发挥着切实的作用，即使在唐顺之逝后，其影响一直广泛存在。大致看来，这主要体现在以下两个方面：

其一，唐顺之不遗余力地鼓励边领为稳定明代军事形势多作贡献，而经过他所荐举的人才亦迅速成长为明廷的军事骨干，对于稳定明中叶的军事形势起到了莫大的作用。如上述对于稳定明朝时局的徐九皋、唐枢、严中、卢镗、刘显、刘静韶、谭纶等人都是在唐顺之荐举下而被重用的。唐顺之这种惟贤是举、不徇私情的荐人做法，使得明廷能够迅速聚拢一批军事才俊，从而使"南倭北虏"问题自爆发以来出现了隆庆朝这一相对缓和期。

其二，《南北奉使集》所反映的唐顺之的军事思想对明中后期时局的稳定产生了直接而深远的影响。如为唐顺之所荐举的名将谭纶就坦言他多层次的海防思想就受唐顺之"御海洋"军事思想的影响。又如胡宗宪所编的《筹海图编》许多内容也都受到唐顺之《南北奉使集》的直接影响。有关于此点，将在后文中具体论述。

正是由于唐顺之实地调查和充分参考历史经验，从实际需求出发，多方经营，无论是对"南倭北虏"问题的分析还是应对，都提出了卓而

---

① 唐顺之：《奉使集》卷2《条陈海防经略事·复旧制》，明唐鹤征刻本，四库全书存目丛书，集部第90册，第461—462页。

有效的意见,李祖陶为《荆川集》作序时称:"'奏议'措置蓟镇兵事与条陈海防经略,亦确可见之施行。"①并且这些治理措施以奏折的方式直接影响于明廷的对外政策,如明廷其后采取放宽海禁的政策就显然具有唐顺之"图海外"策略的影子,对于保全人们的生命财产作出了莫大贡献。对此,郑若曾言:"自倭变后,当道虑倭伪充渔人,掳渔舟混入;且执缚渔人为引导之计,执锁渔船为帮备之资。又有贼因兵船追击,逼入内地者有之,有贼船赶渔船,乘势混入内港者有之,莫之能辨,遂禁止采捕,莫敢开端。职方唐公顺之捧敕视师,独毅然任曰:'兵荒之后,民鲜生理,处置得宜,何患之有?'遂约军门每府渔船若干,辅以兵船若干,相须而行,协力而战,取甘结,给旗票,谨盘诘,验出入,船回之日,该府差官收税,于军饷大有助焉,自时厥后,浙直海滨不闻春汛之警,非偶然也,向来浙直阴受唐公之赐而不知。"②

清人也对唐顺之的军事才能有所肯认,已如上引,对其军事才能大加贬抑的四库馆臣在为其《武编》作序时也不得不承认:"是编虽纸上之谈,亦多由阅历而得,固未可概以书生之见目之矣。"③

民国以降,随着日本对中国的觊觎,边疆危机日益严重,唐顺之的军事价值和影响又引起了人们的关注。民国吴佩孚、柳诒徵等人也是在列强入侵的时代背景下而关注唐顺之的军事价值的。对唐顺之的战功和军事影响进行了集中发掘和褒扬,"荆川先生起自京曹,御贼之策惟力遏诸海,不任遵陆;宁使此身入锋镝死亡之地而不忍使吾邦为戎马蹂躏之场,一念慈祥,兆民是赖。其功绩之最著者,一创之崇明,再创之于庙湾于姚家荡,盛暑舟居以迄于殁。以视拥兵数十万,守土数千里,不战而自却者,其相去为何如哉?先生文人也,平日刻苦自持,昼惟疏食布衣,晚则偃卧木榻,乃至不敷重席,虽赢病不改其朔也。因龙溪而私淑阳明。其自处也,则惟宁武子是归。共其功也,则有李遂、胡宗宪;佐其功也,则有刘显、卢镗;继其功也,则更有吾同里之戚元敬。以知士君子为历身涉世必致力于学,以植其基求诸古贤以宏其范,借攻他山以恢其业,广事甄陶以遗其后,非苟焉已也"。并结合时代背景,发出了"吾人

①唐鼎元:《唐荆川先生著述考·荆川集条·李祖陶序》,国图藏民国铅印本。
②郑若曾:《江南经略》卷8上《黄鱼船议一》,文渊阁四库全书本。
③永瑢等:《四库全书总目》卷99《武编》"提要",第839页。

厕身军籍，负国家治乱安危之重，审乎此，当憬然知所以自处矣。今日寇益深，岂更有荆川先生者乎？不禁有高山景行之志也"[①]的感叹，这都说明唐顺之军事影响的时代持续性。

## 第六节　校录明代历朝《实录》《宝训》

唐顺之对于明代当朝史的贡献，还表现在其出于职任之故，校录了明代《实录》和《宝训》，这对其后明朝中后期当朝史的丰富发展产生了直接而深远的影响，但细致考察唐顺之校录《实录》《宝训》时的具体背景，尽管比较丰富，但更多体现的是唐顺之比较失落的心境。

### 一、唐顺之校录《实录》《宝训》时的具体境况

唐顺之对明皇朝史的贡献还体现在校录嘉靖朝以前历朝《实录》《宝训》上。这一活动主要集中在他官居翰林编修时。关于唐顺之任职翰林院编修时的史学活动，史籍留给我们的信息不仅少，而且语焉不详。《明史》载："（嘉靖）十二年秋，诏选朝官为翰林，乃改顺之编修，校累朝《实录》。"[②]《献征录》亦言："罗峰相公（张璁）改各属官为翰林部中，首举先生，拜编修，校对累朝实录。"[③]都明确记载了唐顺之在任职翰林编修时校对历朝《实录》的史实。同时，由于在明朝《宝训》与《实录》往往同时开馆修纂，所依据的材料又都是明代的档案文牍，可以说《宝训》是《实录》的姊妹篇，这两部著作的修纂和校录往往都是同步进行的，因此明人也记载了唐顺之对《宝训》的校对。如后来同与唐顺之、罗洪先请朝太子而见黜的赵时春言："柄臣以翰林多缺，遂改先生为编修，校先朝《宝训》。"[④]李开先所撰传记更是引用张璁所拟旨意全面

---

① 唐鼎元：《明唐荆川先生年谱》卷首《吴佩孚序》，《宋明理学家年谱续编》第4册，第205—206页。
② 张廷玉等：《明史》卷205《唐顺之》，第5422页。
③ 焦竑：《焦太史编辑国朝献征录》卷63《金都御史荆川唐公顺之言行录》，明万历四十四年徐象橒曼山馆刻本，续修四库全书，第528册，第481页。
④ 常州市唐荆川研究会编：《唐荆川诗文集》附录一《明督抚凤阳等处都察院右金都御史荆川唐先生墓志铭》，第616页。

地记载唐顺之均参与了对《实录》《宝训》的校录，"因其上疏养病，则票一旨意云：'唐顺之方改史职，又见校对《训》《录》，乃辄告病，着以原职致仕去。'"①对此，《世宗实录》也有泛泛记载。

虽然，官修或私修史籍中有关唐顺之誊抄历朝《实录》的记载不多，但唐顺之的文集则较多地透漏了一些其任翰林院编修时誊抄《实录》时的诸多细节。细究唐顺之这一时期的生活状态，其《休沐家居简陈约之》说得比较详细：

> 祗役趋东观，校雠良以疲。
> 偶乘青简暇，复与白云期。
> 任性形骸豁，忘机鸟雀知。
> 裘羊何不至，三径坐相思。②

此诗第一句说明了校雠《实录》《宝训》时的事情，从其文字描述来看，这种工作还是比较烦劳的。其下"偶乘青简暇"也说明了这一情况。当然这种烦劳，既包括身体上的，也可能包含心理上的。其在这一时期所赋诗词《游西山碧云寺作得悦字》中亦言"端居滞文翰，久与赏心阕"，也说明了校录工作确实占据了其这一时期的大量时间。在《寓城西寺中杂言五首》中也说"束带知围减，观书厌帙多"，也说明校录工作确实比较辛劳。关于这一时期心理上的疲劳，唐顺之主要表现在其对逶迤于官场的不相适应，或对官场的失望。其在这一时期成书的《狂歌行》与《结客少年场行》中两次用"辕下驹"来比喻这一困境，其言："鹦鹉何曾惯锦笼，爱居元不识钟鼓。焉能俯首学侏儒，局促羞为辕下驹。从古长安夸巧宦，张汤为智汲黯愚。以兹谢病且归去，钓竿远拂富春树。终日遭逢眼未青，三年尘土衣犹素。"③虽然这首诗是为送行别人所作，但也透露了唐顺之不适应官场拘束的心境，进而产生对自己人生意义的困惑，初步萌发了逃离名利场，甚而是辞官归家的想法。"物化每相代，吾生尚何存。微材同樗栎，辟地当丘园。窃慕东方子，一官堪避喧"④。

唐顺之的这种不适应还反映在为翰林院编修校录《实录》《宝训》

---

① 常州市唐荆川研究会编：《唐荆川诗文集》附录一《荆川唐都御史传》，第620页。
② 常州市唐荆川研究会编：《唐荆川诗文集》卷1《休沐家居简陈约之》，第5页。
③ 常州市唐荆川研究会编：《唐荆川诗文集》卷1《狂歌行》，第11页。
④ 常州市唐荆川研究会编：《唐荆川诗文集》卷1《寓城西寺中杂言五首》，第3页。

的平庸现实和建功立业理想之间的心理落差。其《送陈贡士刺上思州》诗以言志曰：

> 陈生磊落众所羡，十年不遇常弹剑。
> 本期谈笑取公卿，岂意逡巡向州县？
> 忆从少小负才华，飘飘逸思凌彩霞。
> 谢朓诗篇差可拟，子云笔札焉足夸？
> 终然献玉遭双刖，安事读书盈五车。
> 揭来奔走长安陌，人世纷纷笑落魄。
> 高歌白石无谁知，用尽黄金徒自惜。
> 富贵浮云不可求，且复低眉从薄游。
> 南望桂林云气深，瘴雨蛮烟多毒淫。
> 不辞炎海千重路，试取冰壶一片心。[1]

此诗歌除第一句、最后两句紧扣题眼，直接在谈"陈贡士刺上思州"事，其余诸句都在借此事而言志，主要说明了人情冷暖、官场凶险，仕宦途中现实与理想之间的差距。洞彻仕宦的诸多不如意，这也是唐顺之感到心疲的一个主要原因。可以说，这一时期唐顺之的整体心境是比较疲惫的，这也应该是其反复言"疲"之主要原因。

《休沐家居简陈约之》第二句说明了为了缓解身体和心理上的疲惫，唐顺之往往移情于山川游玩，以放松心情。考之其诗文集，这一时期游览的多为名胜古迹，如太行、黄河、嵩山等处，在其游览的诸多处所当中，由于唐顺之此刻彷徨的心境，佛寺亦成为其游览的重点，如碧云寺、庆寿寺、龙泉寺、普济寺及少林寺，等等。并多寄情于佛寺以言志，大都不同程度地表达了"岩栖庶可希，从兹谢尘辙"[2]的心境。

"任性形骸豁，忘机鸟雀知"说明了唐顺之这一时期的性格特点，与为官之前一样，仍然是"狷介孑特""不近人情"，这也是其感到心理疲惫的原因之一，同时这种性格特点上的说明也为此诗最后一句诗文预设了伏笔。

最后一句诗文，字面上虽然仅仅期待好友的到来，但结合此篇文字，

①常州市唐荆川研究会编：《唐荆川诗文集》卷1《送陈贡士刺上思州》，第13页。
②常州市唐荆川研究会编：《唐荆川诗文集》卷1《游西山碧云寺作得悦字》，第2页。

其写作对象是陈约之，即此时的翰林院编修之一陈束，也是所谓的"嘉靖八才子"之一。前已述及，受王慎中的影响，唐顺之的学术思想发生了由相对纯粹的复古向"唐宋派"的转变，而陈束也是"唐宋派"干将之一。唐顺之与陈束的交好，不仅有同僚之故，相似的性格和相似的学术演进路径可能是更为深层的原因。

概括而言，唐顺之在任翰林院编修时的生活内容主要有三方面：一为校录《实录》《宝训》；二是游览山水；三是与学友相唱和，学术思想得以精进。而且这三方面也以或正或反的关系紧密联系在一起。正是此时的唐顺之由于性格和人生意义认识上的原因，其思想处于一种相对彷徨苦闷的境地，因此与朋友相约寄情于山水以求解脱，并醉心于与学友的学术探讨，学术思想得以精进的同时，反映的也是唐顺之不入时流的窘况。由于其"任性形骸豁"以及倡导自得之学"天机说"，某种程度上来讲，其更为强调程序化的校录《实录》《宝训》工作只是出于职任之故，并不以为校录《实录》和《宝训》能够体现其人生价值。

虽然，下文将述及，我们认为嘉靖朝《实录》《宝训》的校录在其传播过程中的作用是不容小觑的，但基于对唐顺之个人此时生活状态的分析，于此时的唐顺之而言，并没有那么重要，亦无甚高尚可言。这或许可能是唐顺之校录《实录》《宝训》时的更为真切的史实。

## 二、唐顺之校录《实录》《宝训》的时代背景及其影响

同时，唐顺之的这一活动与他的官宦经历、明代翰林院的职能以及《实录》《宝训》的修纂、保存制度有密切的关系。厘清其间的关系，既有利于我们清楚认识到唐顺之对明皇朝史学的贡献，又可以更加深刻、生动地加深我们对明代官修史书的运作模式及其保存体制的了解。

唐顺之出任翰林编修的具体时间，当在嘉靖十二年至嘉靖十四年之间（1533—1535）。嘉靖八年（1529），唐顺之进士及第后因坚辞座主、"大礼议"重臣张璁拉拢而离开翰林院，出任兵部主事。嘉靖九年（1530）即以病告归，是年六月至十一年（1532）三月守母亲任宜人丧，九月奉父亲有怀公命赴部就职，十二年（1533）补吏部稽勋主事，后迁考功。此年张璁因吏部人员臃肿、翰林多缺，议以"部属官为翰林六部"

而任翰林编修，校对累朝《实录》。十四年（1535），校对完《实录》《宝训》，又因自远于张璁而致仕还家。而在这短短两年，官场算不上如意的唐顺之却也十分幸运地参与了嘉靖朝以前历朝《实录》《宝训》的校录。

明朝无独立、稳定的史馆建制，官修史籍多为翰林院所为的体制特点也为唐顺之校录明《实录》《宝训》提供了时代契机。明承元制，没有独立、稳定的史馆建制。国初设"史局"修《元史》，设在天宁寺，史成旋罢。后设史馆，规模比史局也有所扩大，归翰林院统属，"制并史馆于翰林"①逐渐成为明代定制。尽管史官也没有明确的职务划分，"史官皆领讲读，讲读官亦领史事"②。李开先为唐顺之所作传记载其任翰林编修时的生活内容时亦言："入则陪侍讲筵；出则校雠东观；暇则杯酒欢宴。"③但修史仍是翰林院的主要职能之一，特别是其中的修撰、编修、检讨等与修史事务关系尤为密切。"史官掌修国史。凡天文、地理、宗潢、礼乐、兵刑诸大政，及诏敕、书檄，批答王言，皆籍而记之，以备实录"。而在国家纂修史书时，这些人更是成为纂修的中坚力量。"国家有纂修著作之书，则分掌考辑撰述之事……凡记注起居，编纂六曹章奏，誊黄册封等咸充之"④。时任翰林编修的唐顺之校录《实录》《宝训》亦在情理之中。但唐顺之之所以能出任翰林编修还和明代史官建制不稳定、名额时溢时缺有密切的关系。"史官，自洪武十四年置修撰三人，编修、检讨各四人。其后由一甲进士除授及庶吉士留馆授职，往往溢额，无定员。嘉靖八年复定讲、读、修撰各三人，编修、检讨各六人，皆从吏部推补，如诸司例。然未几，即以侍从人少，诏采方正有学术者以充其选，因改御史胡经、员外郎陈束、主事唐荆川等七人俱为编修。以后仍循旧例，由庶吉士除授，卒无定额。崇祯七年又考选推官、知县为编修、检讨，盖亦创举，非常制也"⑤。可见，唐顺之由吏部主事改任翰林编修正是恰逢翰林缺额之时，赵时春为其所作墓志铭亦"以翰林多缺"来解释唐顺之之所以校先朝《宝训》的原因。

①《钦定续文献通考》卷54《职官考》，文渊阁四库全书本。
②陆荣：《椒园杂记》卷14，中华书局，1985年，第179页。
③常州市唐荆川研究会编：《唐荆川诗文集》附录一《荆川唐都御史传》，第619页。
④张廷玉等：《明史》卷73《职官二》，第1786页。
⑤张廷玉等：《明史》卷73《职官二》，第1788页。

明代历朝《实录》的纂修往往是在新的皇帝即位伊始就开始的，历时长短不一，除享国过短的几位皇帝，基本上不会延及下一个皇帝。嘉靖朝主要修纂了两部《实录》，即《武宗实录》和《睿宗实录》。《武宗实录》的纂修起于正德十六年（1521）十一月世宗即位伊始，迄于嘉靖四年（1525）六月；《睿宗实录》起于嘉靖四年（1525）三月，迄于嘉靖五年（1526）六月。考之唐顺之任翰林编修的时间是在嘉靖十二年至十四年（1533—1535）之间，因此，他是没有机会直接参与这两部《实录》纂修的，因为这两部《实录》已经基本修讫。他和《明实录》的关系主要体现在对嘉靖朝以前历朝《实录》的校录上，而这又与明《实录》《宝训》的保存制度有密切的关系。

嘉靖以前，明代《实录》《宝训》修成后，誊抄成正、副二本，底稿焚于宫内太液池旁椒园。正本进呈皇帝，藏于宫中内府，副本太宗时藏于古今通集库，以后藏于内阁。嘉靖年间，世宗为了凸显历朝《实录》《宝训》的地位以及更好地保存它们，在内府、内阁之外又别誊录一本，并建专门的藏书楼——皇史宬以藏之。

> （嘉靖十三年七月）丁丑，重书累朝及恭睿献皇帝《宝训》《实录》。敕太子太傅武定侯郭勋为监录官；少师兼太子太师吏部尚书兼华盖殿大学士张孚敬，少保兼太子太保吏部尚书武英殿大学士李时为总视经理官；太子太保吏部尚书汪鋐，少保兼太子太保礼部尚书翰林院学士夏言，吏部左侍郎兼翰林院学士顾鼎臣为同经理官。太常寺少卿兼翰林院侍读谢丕，侍读学士吴惠张璧，侍讲学士廖道南为管录官；遂命左春坊左谕德姚涞，翰林院侍读张衮，修纂王汝孝、华察，编修童承叙、杨惟杰、欧阳衢、唐顺之、陈束、杨沦、卢淮、陈节之、胡经、周文烛，侍书刘锐，侍诏叶幼学为校录官……先是，上谕内阁："祖宗神御像、《宝训》《实录》宜有尊崇之所，《训》《录》宜再以坚楮书，一总作石匮藏之。"乃议建阁尊藏，以郊（祀）罢。至是，辅臣张孚敬申前议，请重书《训》《录》。上乃命内阁同在工诸臣，视建造神御阁地于南内。上亲临定，命制如南郊斋宫，内外用砖石团甃，阁上奉御容，阁下藏《训》《录》，又以石匮夏月发润，改制铜匮，其重书《训》《录》，书帙大小悉依通鉴纲目式，不拘每月一册旧制，第取厚薄适匀，异日收藏，每朝自

为一匦。议定,礼部乃请以是月十七日开馆,如纂修例。从之。[①]

嘉靖十五年(1536)七月,皇史宬建成,其后一月,历朝《实录》《宝训》亦誊写完成。也正是因此机会,唐顺之以翰林编修的身份参与了历朝《实录》《宝训》的部分校录工作。

誊抄于嘉靖朝,藏于皇史宬,唐顺之参与校录的明《实录》《宝训》的本子后来被奉为正本,影响非常大。因为此本是明世宗敕谕誊抄的,它的权威地位在嘉靖朝是毋容置疑的,专门藏书建筑——皇史宬的修建也进一步验证了这一点。嘉靖以后历朝所修《实录》《宝训》的正本都藏于此,更加确立嘉靖朝誊抄本的权威地位。并且皇史宬的建立也为明历朝《实录》的妥善保存提供了保障,初始藏之于内府的正本虽也一度移送皇史宬,但不久又迁往万寿宫,并毁于火灾,这更加确立了嘉靖朝誊抄本的正本地位。在明代国史阙如的背景下,嘉靖朝誊抄本为我们研究明代历史,特别是嘉靖朝以前的历史提供了丰富的原始材料,成为"明代史料的渊海"[②]。但具体到唐顺之于其中的贡献,其也仅为十位编修官之一。

---

① 《明世宗实录》卷165,嘉靖十三年七月丁丑,第3635—3636页。
② 谢贵安:《明实录研究》,文津出版社,1995年,第393页。

# 第五章　唐顺之及其史学于晚明的影响

唐顺之于嘉靖三十九年（1560）卒于抗倭任上，终年五十四岁。斯人已逝，但其参与的各种史学思潮则开展得如火如荼，方兴未艾，从而进入了它在明后期发展的第一阶段，"即正德至嘉靖末万历初年"。"尤其这时，正是商品经济最发展，资本主义萌芽最明显，市民阶层力量急剧膨胀的时期。也是以王畿及'赤手搏龙蛇'的泰州学派为代表的左派王学最活跃的时期。因此，挟左派王学张扬自我的学说风靡社会，启蒙史学思潮在史学中呈现着最强劲的发展势头，尤其是这股思潮中反对封建正统思想的异端思潮格外引人瞩目"①。这股史学思潮在被称为"异端之尤""启蒙思想集大成者"的李贽及其著作身上体现得最为明显，四库馆臣从正统的立场对此类著作进行评价时，都是以李贽作为当然的标杆，如评价陈师《禅寄笔谈》时言"其持论皆近于李贽"②、张大复《闻雁斋笔谈》"然所推重者李贽"③、焦竑《焦氏笔谈》"盖竑生平喜与李贽游，故耳濡目染，流弊至于如此也"④……唐顺之《左编》亦以其反传统的启蒙学术色彩招致四库馆臣"殆与李贽之《藏书》狂诞相等"的批评。当然，四库馆臣也注意到李贽启蒙思想并非空穴来风，而是渊源有自，他们引清人王宏《山志》所言，梳理了祝枝山与李贽的递承关系，"祝枝山，狂士也，著《祝子罪知录》，其举刺予夺，言人之所不敢言，刻而戾，僻而肆，盖学禅之弊。乃知屠隆、李贽之徒，其议论亦有所自，非一日矣"⑤。如果说四库馆臣所言祝枝山流于"学禅"的学术特点对李贽的影响脉络过于笼统，那么唐顺之的《左编》和李贽的《藏书》之间具体的递承关系则表现得更为清晰。

---

①向燕南：《中国史学思想通史·明代卷》，第28页。
②永瑢等：《四库全书总目》卷127《禅寄笔谈》"提要"，第1099页。
③永瑢等：《四库全书总目》卷128《闻雁斋笔谈》"提要"，第1100页。
④永瑢等：《四库全书总目》卷128《焦氏笔谈》"提要"，第1103页。
⑤永瑢等：《四库全书总目》卷124《祝子罪知》"提要"，第1068页。

## 第一节　唐顺之与晚明启蒙史学思潮:《左编》与《藏书》

　　关于两书的递承关系,早于明、清时期就引起了注意。明人陈元素言:"李愚公曰:'宏甫之有《藏书》,以《左编》为之稿也。'"①郑郊亦言:"本朝若(唐)襄文之《左编》,邓氏之《函史》,大底皆祖《史记》。《左编》留心治乱,然义例多舛。李卓吾因是编以成《藏书》,而是非颇谬,欲以黄老之道废圣人之大中正之学,不足谈也。"②钱茂伟先生在《论〈藏书〉对〈左编〉的继承与批判》一文中援引明人陈懿典"(《藏书》)本《左编》,写独见而为品骘"、顾大韶"《藏书》百卷,止凭应德《左编》,恣加删述"等论,都对《藏书》对《左编》的继承关系作了明确的揭示。明人的观点非常明确,李贽《藏书》继承,甚至可以说抄袭了唐顺之《左编》。清人有关于两书关系的说明要丰富许多,他们不仅进一步明确了两书的递承关系,也对两书相同的编纂特点进行了肯定,这些都从侧面印证了两者的递承关系。明末清初王弘撰亦对《藏书》作出了"率本他人成稿而增删无法,叙述欠详,间附己意,故作畸论,语不雅驯,多失体"③的批评。又如上所引四库馆臣对《左编》"殆与李贽之《藏书》狂诞相等"的评价。他们在为明人吴亮《名世编》所作提要中亦言:"及再起,又辑此编,皆不采于史传,惟剿剟唐顺之《左编》、李贽《藏书》、李廷机《名臣记》三书而成。去取绝无义例,编次亦多颠倒。"④对其评价亦承袭"明代史论至多,大抵徒侈游谈,务翻旧案,不能核其始终"⑤的一贯思路,这在一定程度上肯定了这四部著作反正宗、反传统的编纂特点,亦间接点明了《左编》和《藏书》的递承关系。清人陆桴亭亦对《左编》和《藏书》相同的编纂旨趣及内容进行了评价,"看书不可看重叠书,徒费心目,如唐荆川《左编》、李卓吾《藏书》、邓元锡《函史》上编,不过摘史中诸人分门别类,不用更看"⑥。清人方以

①唐鼎元:《唐荆川公著述考·文编条·陈元素序》,国图藏民国铅印本。
②郑郊:《史统》卷首《史统笔微》,上海图书馆藏清代抄本。转引自钱茂伟:《晚明治统与道统框架下的通史编纂——以郑郊《史统》为中心的考察》,《史学月刊》2004年第4期。
③王弘撰:《山志》卷4《李贽》,清初刻本,续修四库全书,第1136册,第54页。
④永瑢等:《四库全书总目》卷62《名世编》"提要",第561页。
⑤永瑢等:《四库全书总目》卷88《史纠》"提要",第755页。
⑥陆世仪:《思辨录辑要》卷4,文渊阁四库全书本。

智更是道出了《左编》《藏书》与《函史》的有机联系,其言:"荆川《左编》,乃以评骘分品类,李贽窃取,标新见奇,铦锋所趋,巧言偏词,忿设无由,是非何能不纷纷耶? 邓潜谷《函史》,盖欲随而维之。"①无论是明人直接点明两者的递承关系,还是清人对其相同编纂内容和旨趣的比较,李贽《藏书》对《左编》的参考和借鉴都毋庸置疑。

### 一、《藏书》对《左编》的参考和借鉴

唐顺之的《左编》是按类加以编纂,应属于类书,李贽《藏书》全书分"世纪"和"列传"两部分,是一部"准纪传体史著"②。即使体裁不同,但从其客观内容来看,两书各部分的对应关系非常直接和明显,兹对比如表一。除了分类上的大致对等外,《藏书》各部分下人物传记的选择大致也是承袭《左编》而来。如《藏书》之《史学儒臣》下列15人,其中13人来自《左编》"儒之五史",与《左编》相比,惟弃习凿齿不录,补入崔浩、高允两人。《藏书》对《左编》的继承除类别之间的大致对等以及各目之下所涵盖人物大体相同等具体内容外,还有以下几个方面的内容:

其一,《藏书》对《左编》体例的继承以及参考《左编》的可能途径。

《左编》是资料汇编性质的,它的材料搜集遍及历代正史、野史和大家文集等。《藏书》继承了这一编纂方法,范围同样也十分广泛,并把《左编》也列入了其参考范围,李贽曾自言:"山中寂寞无侣,时时取史册披阅,得与其人会觏,亦自快乐,非谓有志于博学宏词科也。"③从此可看出《藏书》是李贽在"披阅"前人史册的基础上,断以己意编纂而成的。并且李贽所参考的前人史册当包括《左编》在内,因为《左编》的刊刻时间远在李贽编纂《藏书》之前。据王畿为《左编》第一版所作序,它大致刊刻于嘉靖四十年(1561),而李贽《藏书》的撰写时间大概起于万历十年(1582)左右李贽辞官寓居黄安耿家山中的别业"天

---

①方以智:《浮山文集前编》卷5《史统序》,清康熙此藏轩刻本,续修四库全书,第1398册,第252页。

②向燕南:《中国史学思想通史·明代卷》,第306页。

③李贽著,夏剑钦校点:《续焚书》卷1《与焦弱侯》,第321页。

窝"时。万历十六七年（1588—1589）完成初稿，其后历经修改，于万历二十七年（1599）刊刻于南京①。这就为《藏书》参考成书于它之前的《左编》提供了可能。同时，李贽编纂《藏书》时得到了好友焦竑的鼓励和资助，他所参考的大量书籍多是从焦竑处借得，再结合刘曰宁从焦竑处寻得《右编》抄本并参以《左编》体例对其校正和刊行的史实，我们大致可以推断：《左编》亦应在焦竑的藏书之列，盖李贽由焦竑处借得《左编》。

表一　《左编》《藏书》分类对照表

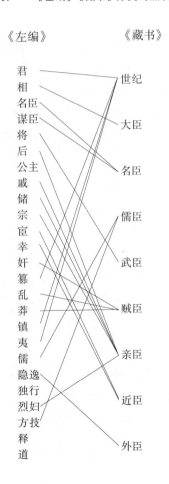

---

①白寿彝主编，向燕南等著：《中国史学史》第5卷，上海人民出版社，2006年，第114页；钱茂伟：《明代史学的历程》，第337页。

其二,《藏书》继承了《左编》述评结合的编纂特点。

本来,《左编》是资料汇编性质的史籍,文中大部都充斥着前人的史料,单就此意义而言,正是顾炎武所指之"旧钱",无论是从史料的保存,或是从编纂方法总结的角度来讲,都无多大价值[①]。但《左编》也采取了述评结合的方法,进而从一定程度上避免了这一弊端。"述"主要是指对史实的叙述,"评"是指根据自己的价值观,结合具体的史实作出自己的价值判断。在这一编纂特点下,"评"是灵魂,它来源于"述",又统摄"述"。《左编》的编纂通过这种方法的运用,使《左编》打上唐顺之个人烙印的同时,也赋予了《左编》文献价值以外的史论价值。《左编》的"评"主要体现在其分类的用例和文中的评论上。《左编》的用例是非常明显的,如在唐顺之正统观的指导下,他于"君"门只列汉、唐、宋诸朝君主,其他各代君主或入"篡",或入"镇",或入"夷"。在其他各"门" 之下,又明确冠以"开创""中兴""守成""披难""节义"和"正直"等目,直接表达了唐顺之对历史人物的价值判断。在具体的行文中,《左编》也杂"评"于"述",如在冯道的传中,以冯道为官经历以及政治作为为始,杂以"道少能矫行以称于世,及为大臣,尤务持重以镇物,事四姓十君益以旧德自处"的评价,传末又引"礼义廉耻,国之四维"的传统伦理观念为依据,对冯道作出"可谓无耻者矣"与前相左的评价。

这一特点在《藏书》表现得至为明显。"自古至今多少冤屈,谁与辨雪! 故读史时真如与百千万人作对敌,一经对垒,自然献俘授首,殊有绝致,未易告语。近有《读史》数十篇,颇多发明"[②]。在《藏书》的具体行文中,李贽更是忠实地秉承这一原则。在每一门之前有"总论",对所述历史有系统的评议。在涉及具体人物时,则明目张以自己的价值判断,如关于秦始皇,李贽根据秦始皇在历史上的地位,以"混一诸侯"为目,并在目下自注道:"始皇帝,自是千古一帝也。"[③]《藏书》中的"世纪"均按这一"例"来进行。在"传"中用"例"的意味更为明显,它是按照李贽

---

①顾炎武:《亭林文集》卷4《与人书十》,清刻本,续修四库全书,第1402册,第109页。

②李贽著,夏剑钦校点:《续焚书》卷1《与焦弱侯》,第321页。

③李贽:《藏书》卷首《世纪列传总目》,张建业主编,刘幼生整理:《李贽文集》第2卷,第2页。

的价值标准对人物进行归类，从"例"中就可以直接判断各个历史人物
在李贽心中的地位和价值。

其三，两书衡量、评论历史人物的标准上的相似。

从"门""目"分类上来看，《左编》大概是以事功和道德相杂的标准
来衡量历史人物。服务于其"正统论"的思想，《左编》的"君"门仅记
汉、唐、宋，即明人所谓"后三代"，这明显具有道德判断的意味。而对
汉、唐、宋诸朝君主亦并非一概而论，而是把精力较多集中于具有开创
之功的君主身上，划分的标准也是"开创"和"守成"的事功标准。《藏
书》在衡量历史人物上同样也体现这一色彩。在《世纪总论》中，李贽就
提出体现事功之"势"的理论，"一治一乱若循环，自战国以来，不知凡
几治几乱矣。方其乱也，得保首领，已为幸矣。幸而治，则一饱而足，更
不知其为粗粝也；一睡为安，更不知其是广厦也。此其极质极野无文之
时也。非好野也，其势不得不野"[1]。在"世纪"和"传"中，诸如"九国
兵征""混一诸侯""神圣开基""奸臣篡夺""因时大臣"和"忠诚大
臣"等等蕴涵道德褒贬之意和事功标准的价值判断趋向。

就《藏书》和《左编》的思想内容而言，也同样体现着事功和道德相
杂的判断标准。他们评价历史人物不再仅从道德的标准出发，而是参以
事功的标准，发前人所未发，在一定程度上存在背离古代社会道德本位
的倾向，这一点在《藏书》上表现得至为明显。"先生曰：'吾镇日无事，
只与千古人为友。彼其作用，多有妙处，其心多有不可知处。既已觑破，
实不与旧时公案同，如何感以语人也？以故特书而藏之，以俟夫千百世
之后尔……中间治乱兴败，贞佞贤奸，一从胸怀点缀以出。品骘区别，据
事直书，真可谓断自本心，不随人唇吻者也"[2]。在《藏书》中，这种在一
定程度上抛却传统道德的事功判断比比皆是，其中最为聚讼的莫过于对
秦始皇"千古一帝"和冯道"长乐老子"的评价。在这一方面，《左编》的
影响要小于《藏书》，但也有"颠倒千古之是非"的评论，如前所引四库
馆臣就认为《左编》狂诞色彩与《藏书》相同。

其四，《藏书》文字表述上对《左编》的承袭。

在《藏书》与《左编》记述对象的相重叠部分，特别是对这一描写对

---

[1] 李贽：《藏书》卷1《世纪总论》，张建业主编，刘幼生整理：《李贽文集》第2卷，第1页。
[2] 李贽：《藏书》卷首《刘序》，张建业主编，刘幼生整理：《李贽文集》第2卷，第2页。

象客观史实的叙述部分，两者也有惊人的相似之处。《左编》中关于"汉高祖"是这样描写的："汉高祖刘邦，字季，沛丰邑中阳里人也。母媪，尝息大泽之陂，梦与神遇，是时雷电晦冥，父太公往视，则交龙于上，已而有娠，遂产高祖。高祖为人，隆准而龙颜，美须髯，左股有七十二黑子，宽仁爱人，意豁如也，常有大度，不事家人生产作业。及壮试吏，为泗上亭长，廷中吏无所不狎侮，好酒及色。帝从王媪、武负贳酒，时饮醉卧，武负、王媪见其上常有怪。高祖每酤留饮酒雠数倍，即见怪。岁竟此两家尝折券弃负高祖。尝繇咸阳，纵观秦始皇，喟然大息曰：'嗟乎！大丈夫当如此矣！'单父人吕公，善沛令。辟仇从之，客因家焉。沛中豪杰吏，闻令有重客，皆往贺。萧何为主吏，主进。令诸大夫曰：'进不满千钱，坐之堂下。'高祖为亭长，素易诸吏，乃绐为谒曰贺钱万，实不持一钱。谒入，吕公大惊……"①与此相对应，《藏书》为："汉高祖刘邦，字季，沛丰邑人也。母媪，尝息大泽之陂，梦与神遇，是时雷电晦冥。父太公往视，则见交龙于上，已而有娠，遂产高祖。高祖为人，隆准而龙颜，美须髯，左股有七十二黑子。宽仁爱人，意豁如也。常有大度，不事家人生产作业。及壮试吏，为泗上亭长，廷中吏无所不狎侮，好酒及色。尝繇咸阳，纵观秦皇帝，喟然太息曰：'嗟乎！大丈夫当如此矣。'单父人吕公，善沛令。沛中豪杰吏，闻令有重客，皆往贺。萧何为主吏，主赆。令诸大夫曰：'进不满千钱，坐之堂下。'高祖为亭长，素易诸吏，乃绐为谒曰："贺钱万。"实不持一钱。谒入，吕公大惊……"②这两段文字描写大概都本于《史记·高祖本纪》，除了《藏书》对《左编》稍有删节和个别字词有改动外，其余完全相同，这样的情况并不仅仅是一个特例，在两者的对比中，关于客观史实的描写，这是一种普遍的现象。

其五，《藏书》分类上承袭《左编》的直接证据。

如上表所列，《藏书》的"传"分为大臣、名臣、儒臣、武臣、贼臣、亲臣、近臣和外臣8门，《左编》的分类中与此相当的有20门，两者在内容上大致存在这样的对等关系："大臣"相当于"相"；"名臣"相当

---

① 唐顺之：《历代史纂左编》卷1《君·汉高祖》，明嘉靖四十年胡宗宪刻本，四库全书存目丛书，史部第133册，第37页。

② 李贽：《藏书》卷2《世纪·汉高祖皇帝》，张建业主编，刘幼生整理：《李贽文集》第2卷，第27—28页。

于"名臣"与"谋臣";"武臣"相当于"将";"亲臣"相当于"后""公主""戚'"储'"宗""烈妇";"近臣"相当于"宦""幸";"贼臣"相当于"奸""乱""莽";"儒臣"相当于"儒"与"方技";"外臣"相当于"隐逸"。由于门类数目的不对等,于《藏书》来讲,在参考《左编》前提下,它在改编中必然存在合并去取的必要。从两者的文本对比来看,确实也存在《藏书》对《左编》直接参考的痕迹。如在《左编》的"后"门中,它是按"贤""篡弑""妒悍""亡国""废立""淫纵""专制""披难"八"目"加以分类的,各"目"之下按照时间先后的顺序加以排列。《藏书》把这八"目"所涵盖的客观史实统归于"后妃"一目之下时,必然要对《左编》已形成的编排顺序按时间先后的顺序予以调整,但《藏书》并未如此,在大致顺序上仍然承袭《左编》的顺序。《左编》中关于"后"的分类中,"贤"下列"东汉马后""邓后""唐长孙氏"和"宋杜后"四条,紧跟其后的"篡弑"下列"汉吕后""唐武后"和"韦后"三条,这七条在"贤"和"篡弑"分类前提下按时间的顺序这样排列是可以理解的,但是如果脱离了"贤"和"篡弑"的分类前提,按照"东汉马后""邓后""唐长孙氏""宋杜后""汉吕后""唐武后""韦后"这样的时间逻辑进行排序则是难以理解的,但《藏书》"后妃"就是这种情况,在精简掉"宋杜后"的同时,基本延承了《左编》中的顺序,这也可以成为《藏书》对《左编》直接继承的一个证据。类似的情况还出现在《藏书》的"谋臣"和"宦官"对《左编》的"谋臣"和"宦"承袭上。

## 二、《藏书》与《左编》之"异"

《藏书》在诸多方面都存有直接参考《左编》的痕迹,这在客观史实的叙述方面表现得非常明显,即使是在最能体现其价值的"评"上同样也是如此,但《藏书》通过历史人物类别的划分以及史学评论对此又有所发展,表现出较之《左编》更强烈的批判意识,因此我们并不能一概抹杀《藏书》的独立价值。正如陈元素所言:"修饰易,草创难,然《左编》之局面似不可废《藏书》之手眼。"[①]前引陈懿典所言,也一方面肯定了《藏书》对《左编》的继承,"《藏书》则本《左编》,写独见而为品骘"。另一

①唐鼎元:《唐荆川公著述考·文编条·陈元素序》,国图藏民国铅印本。

方面也说明了《藏书》与《左编》的不同，"然《左编》有义例而无议论，《藏书》则惊其褒贬之怪"[1]。概括而言，《藏书》与《左编》的不同主要体现在，与《左编》相比较，《藏书》反正统的色彩更为强烈。

《左编》的正统观是非常严格的，从"君"门只收入明人所谓的"后三代"汉、唐、宋三朝君主就可以看出，它对正统的界定是以欧阳修"夫居天下之正，合天下于一，斯正统矣"[2]的双层判断标准为依归的，这种界定影响到历史评论就是事功和道德兼取的判断标准。如《左编》对"镇"一门的划分，就是集合了只符合双层标准之一的国家。秦虽取得国家统一，但由于取之于暴，又失之于暴，同样不能得到正统的地位；蜀国虽承汉祚，但由于国势暗弱，未取得统一，同样也不予正统。而李贽《藏书》有关这一部分的内容基本未受此影响，而是按照时间的顺序分别予以立传。更为重要的是在具体的行文中又表现出以"合天下于一"的事功判断标准，如给予秦始皇极高评价就是建立在这样的认识基础上。

《藏书》和《左编》的不同还体现在与正统观密切关联的夷夏观上。《左编》的夷夏观是依附于其正统观之下的，专设"夷"门来记述少数民族政权，即使这些政权取得国家统一，如元代，也是不予正统地位的，具有强烈的道德批判意味。《藏书》的夷夏观则相对薄弱许多，它多是从时代大势来概括这一朝代的特点，如同样关于元代，《藏书》冠之以"华夷一统"。但这种于今看来较为进步的正统观、夷夏观在《藏书》中并不是一以贯之的。在正统和夷夏问题交织的宋、辽、金并立时期，李贽把辽、金附载于"偏安一隅"的宋高宗下，在"例"上也并没有给予辽、金独立的历史地位。

两书正统观、夷夏观等历史观中正统色彩浓淡的差异，也影响到它们的历史评价标准的偏重。如上所述，从总体上来讲，《左编》和《藏书》在评价历史时都采取道德和事功兼取的判断标准，但在涉及具体人物评价时，《藏书》的历史评价表现出更强烈的去道德化、惟事功为取的价值取向。如关于冯道的评价，"卓吾曰，冯道自谓长乐老子，盖真长乐老子者也。孟子曰：'社稷为重，君为轻。'信斯言也，道知之矣。夫社

①陈懿典：《陈学士先生初集》卷1《史书纂略序》，明万历四十八年曹宪来刻本，四库禁毁书丛刊，集部第78册，第626页。
②欧阳修：《文忠集》卷16《正统论下》，文渊阁四库全书本。

者，所以安民也；稷者，所以养民也。民得安养而后君臣之责始塞。君不能安养斯民，而后臣独为之安养斯民，而后冯道之责始尽。今观五季相禅，潜移嘿夺，纵有兵革，不闻争城。五十年间，虽经历四姓，事一十二君并耶律契丹等，而百姓卒免锋镝之苦者，道务安养之之力也"[1]。都是对冯道"养民"事功的褒扬。而《左编》则更忠实地履行了道德和事功兼取的判断标准，如同样关于冯道，《左编》卷82《冯道》前半段记述和褒扬了冯道的事功和道德修养，后半段则引欧阳修《新五代史》所论对冯道道德大加讥讽。

关于《藏书》与《左编》的关系，钱茂伟先生《论〈藏书〉对〈左编〉的继承与批判》一文阐述尤力，他用"批判"一词来描述《藏书》与《左编》的不同，细致比较了《藏书》和《左编》在对待四书五经的权威性、《春秋》笔法、正统夷夏论、忠节孝义和道统论五个方面的不同态度，认为"《左编》是一部封建说教式的史著，重在为世人提供正反两方面的经验与教训；而《藏书》，则是一部评论性的史著，重在指点历史人物的功过"。进而认为："某种意义上说，《左编》是封建正统史学的一个代表，而《藏书》则是新生市民史学的一个代表，是一部挣脱了'旧史学'枷锁的'新史学'著作。"从而得出两者分别代表着两种不同的史学价值观[2]。在明朝前期理学对史学影响至深的背景下，以及钱先生对这一时期史学特点的定位：理学化史学。在钱先生这一思维框架下，《左编》盖为理学化史学的典型代表。况且从其著作《明代史学的历程》来看，其所谓的理学应该是摒王学于其外的狭义的理学，并未包含王阳明"心学"。但考之历代学者对唐顺之思想的界定，黄宗羲《明儒学案》明确把唐顺之归为南中王学。现今的许多思想史作品，在论及王阳明后学时，李贽和唐顺之都是置身其中的。这就使我们从史学史的角度探讨唐顺之史学思想（理学化史学）和思想史（王学后学）方面的研究出现了误差和不妥。

即使钱先生在论证《藏书》对《左编》的"批判"时所选取的五个角度，也是值得商榷的。如从对待四书、五经的态度来判断两书孰"新"、孰"旧"时言："四书五经，尤其是'四书'，是理学家的护家法宝，也是

---

[1] 李贽：《藏书》卷68《冯道》，张建业主编，刘幼生整理：《李贽文集》第2卷，第1299页。
[2] 钱茂伟：《明代史学的历程》，第336—341页。

理学化史学的理论基础。"①认为《左编》严守四书、五经的道德意蕴，而《藏书》则明确予以否定。其实并不尽然。首先，李贽对四书、五经的鲜明态度出自《焚书·童心说》，而非《藏书》。其次，在《焚书·童心说》中李贽固然对四书、五经出自圣人的真实性提出疑问，但批评的前提是后人对四书、五经死板的恪守，同时承认四书、五经对后人道德之塑成中的作用，"然则六经、语、孟，乃道学之口实，假人之渊薮也"。可见，李贽所反对的并不是四书、五经这些儒家经典本身，而是后人对其严防死守所导致的思想僵化，这仍然依从于其"执一便是害道"的史学批评体系。我们认为邓志峰对四书、五经的论述对此亦有参考意义，"理学之所以是经学的一翼，一个重要标志在于，无论理学家们构筑的理论体系如何具有思辨性，判断其值得尊信与否的最重要尺度都是看它能否贯通某一部或几部被共同认可的儒家经典。在许多讨论中，与经典义互相凿枘，是学者间彼此进行批评的一个最具颠覆性的理由。因此，为了谋求经典的贯通，只好在矛盾之处另立新解，以迁就经典本身的逻辑一致"②。

"理学化史家出于宣传纲常之需，往往喜欢写忠孝节义事迹"③。在《左编》中，唐顺之对忠孝节义的褒扬是毋庸讳言的，如"名臣有五，曰节义，曰正直，曰刑赋，曰循良，曰能吏，此皆扶植治体，纲维治法，宇宙间不可一日无之才也。夫节义、正直，治体之基。刑赋、循能，治法之干。基巩则浑厚之体成，干立则精明之绩著"④。充分肯定人的道德水平高低与现实政治好坏的关系。李贽虽言："闻有忠孝节义，却云都是做出来的，本体原无此忠孝节义。"⑤但他同样反对的不是"忠孝节义"本身。《藏书》中的人物分类以及行文中的道德褒贬也不在少数，他所反对的是对"忠孝节义"于"此"或"一"的规定。在程朱理学盛行，特别是于明朝上升为官方统治意志所带来的思想普遍僵化后果的背景下，李贽所反对的是以"理"对一

①钱茂伟：《明代史学的历程》，第340页。
②邓志峰：《王学与晚明的师道复兴运动》，社会科学文献出版社，2004年，第216页。
③钱茂伟：《明代史学的历程》，第341页。
④唐顺之：《历代史纂左编》卷首《历代史纂左编凡例并引》，明嘉靖四十年胡宗宪刻本，四库全书存目丛书，史部第133册，第4页。
⑤黄宗羲著，沈芝盈点校：《明儒学案》卷60《太常史玉池先生孟麟》，第1476页。

切具体道德规范的支配。对摆脱了僵硬之"理"所约束的"忠孝节义"，李贽也是大力提倡的。在《藏书》中关于历史人物的分类，直接运用"忠诚""直节"等等具有现代意义上的道德褒扬之词的尚不在少数，更不用说"经世""富国""强主"等词所蕴涵的道德褒扬之意。

从李贽对待四书、五经以及忠孝节义等古代传统道德的态度来看，他和唐顺之并没有根本的区别，只是色彩浓淡而已，但又如何解释两者在反正统色彩上的浓淡差别呢？

### 三、《藏书》和《左编》之"异"的思想原因分析

《左编》和《藏书》在反正统色彩上出现浓淡的差别，我们认为原因是多方面的。这里仅从目前研究相对比较薄弱的思想与史学的关系来加以认识。一是唐顺之和李贽不同的思想背景；二是两书的编纂主旨不同。而这两者又是相互联系的。

前已述及，唐顺之学术思想非常复杂和广博，整体表现出"合会朱、陆"的思想特征。李贽的学术思想来源也比较复杂，其曾自言："某生于闽，长于海，丐食于卫，就学于燕，访友于白下，质正于四方。自是两都人物之渊，东南才富之产，阳明先生之徒若孙及临济的派、丹阳正脉，但有一言之几乎道者，皆某所礼参也，不扣尽底蕴固不止矣。"[1]这段话整体在说明李贽思想来源之"杂"，可以说，儒家之阳明心学，佛教之禅宗，道教之全真派都对其产生了影响。结合李贽生前曾拜王门泰州学派座主王艮之子王襞为师，与阳明嫡传弟子王畿和罗汝芳多有交往，结交了王学后学耿定向、耿定理兄弟，并与耿定向弟子焦竑定为石交的史实来看，阳明心学应该对其学术思想的形成产生了直接的影响。但如果仅就广泛意义上的理学（包括程朱理学和陆王心学）对李贽产生的影响来看，起码从李贽夫子自道中，仅阳明心学对其产生过影响。而从李贽对明代道学家所表达的强烈不满来看，李贽对明代的程朱理学多是一种排斥的态度。李贽曾言："阳为道学，阴为富贵，被服儒雅，行同狗彘然也。夫世之不讲道学而致荣华富贵者不少也，何必讲道学而后为富贵之资

---

[1]李贽：《焚书》增补一《答何克斋尚书》，张建业主编，刘幼生整理：《李贽文集》第1卷，第247页。

也？此无他，不待讲道学而自富贵者，其人盖有学有才，有为有守，虽欲不与之富贵，不可得也。夫唯无才无学，若不以讲圣人道学之名要之，则终身贫且贱焉，耻矣，此所以必讲道学以为取富贵之资也。"①虽然，李贽也在其他场合表达过对于部分阳明后学的不满②，但结合这段话中"讲道学以为取富贵之资"的说辞，考虑到官方化程朱理学对"富贵"重要性在明朝的普遍意义，应该来讲，这里的被李贽所极力批判的"道学"，应该多指明代官方化改造的程朱理学，是对其的消极影响而发的，此亦即李贽曾称之为的"假道学"。明代的程朱理学往往成为李贽批判的对象，其对李贽学术思想形成的正面影响是比较少的。从这层意义上来讲，我们认为没有被黄宗羲《明儒学案》列入王学后学的李贽，其王学后学的身份反而是比较明确的。现今的许多思想史作品多把其归为王学后学的做法不无道理，"激烈化的时代，泰州学派的后起之秀李贽继承了泰州学派王艮、何心隐的思想传统，并进一步予以发展，从而建立了反道学的思想体系"③。

　　而这也说明，如果仅从广泛意义上的理学内部的立场来看，与唐顺之"合会朱、陆"的思想特征比较起来，李贽的学术思想来源更为简单一些。也就是说，我们从理学思想的层面来分析唐顺之《左编》和李贽《藏书》之异的原因，对《左编》的分析，要兼顾程朱理学和阳明心学理论及其对《左编》的影响，而对李贽《藏书》的分析，大致从阳明心学的理论来探讨《藏书》的逻辑思路就可以了。

　　同时，程朱理学在明代的发展实际上达到了顶峰，但也遭遇到了前所未有的困境。某种程度上可以视之为程朱理学之反动的阳明心学的兴起和广泛传播，很好地说明程朱理学的这一窘况。面对这样的窘况，明代的程朱理学家们也针对程朱理学的理论漏洞及其对明代社会产生的消极影响，进行了一定的修正，这使得程朱理学得以于明代继续传播和发展。明代理学家们一方面发展和完善了程朱理学的理论，普遍提

---

① 李贽著，夏剑钦校点：《续焚书》卷2《三教归儒说》，第356页。
② 如其言："平居无事，只解打恭作揖，终日匡坐，同于泥塑。以为杂念不起，便是真实大圣大贤人矣。其稍学奸诈者，又挽入良知讲席，以阴博高官。一旦有警，则面面相觑，绝无人色，甚至互相推诿，以为能明哲。盖因国家专用此等辈，故临时无人可用。"（《焚书》卷4《因记往事》）
③ 侯外庐主编：《中国思想通史》第4卷，第1051页。

出"理气一体论"弥补程朱理学割裂主、客观的理论缺陷。另一方面在"理气一体论"的基础上，进一步突出程朱理学经世致用的社会价值。也正如我们前面所言，明代理学家们的这些工作某种程度上完成了程朱理学的自我救赎，也是在阳明心学萌生并对明代社会产生了很大影响后，程朱理学得以继续发展和传播的一个内因。明代中后期日渐不可收拾的社会局势，也无疑为强调经世致用的程朱理学提供了广阔的施展空间。并且，明代中后期经世致用思想的发展还存在着实学化的倾向，而实学诉求得以展开的前提就是承认程朱理学及受其影响的官制运作模式。这些都成为程朱理学于明代中后期继续发展的时代原因。而当强调经世致用的程朱理学与把经世致用作为其主要特征之一的史学联系在一起，两者无疑在这一方面组成了某种程度的同盟关系，因此，在许多以"经世"为目标的史学著作中，对程朱理学的认可也是其一个明显的特征。应该来讲，唐顺之的《左编》就是一个典型的代表。

唐顺之接触并研习程朱理学的时间，应该从其年少专注于举业时就已经开始，自觉地对程朱理学的研习，大致集中在其于嘉靖十四年（1535）任翰林院编修并疏病请归后。关于这一时期唐顺之对程朱理学自觉的研习，在本书第一章第二节唐顺之"合会朱、陆"的思想特点中已多有述及。另据李开先所作传记，"从之游者甚多，虽谈说应举艺文，未尝不本之身心道德，经学虽主宋儒，然犹参之汉注"[1]。经学主于宋儒之言，说明程朱理学对其学说的影响。虽然，唐顺之与王学诸人的交往早在此之前已经开始，但对程朱理学的研习一直持续着。嘉靖二十二年（1543）唐顺之撰《与郑淡泉文选》，与郑淡泉探讨朱熹与陈亮"义利双行、王霸并用"之说，说明唐顺之对程朱理学的关注，经世思想是一个主要的方面。不仅如此，唐顺之还把理学作为解决现实问题的一个重要依据，前引述之唐顺之《答洪方洲主事》书即为一例，在唐顺之看来，榷场事宜的解决，阳明心学、程朱理学以及传统儒家的学说都从不同侧面提供了方案，诸种学说有共通之处，故其在用阳明心学理论提供一个大概的解决原则以后，又用"《二程全书》近曾留意否"这一意味深长的话以为结。由此看来，唐顺之对程朱理学较为自觉的研习，应该是在嘉

---

[1] 李开先：《荆川唐都御史传》，常州市唐荆川研究会编：《唐荆川诗文集》附录一，第620页。

靖十四年（1535）之后。终其一生，程朱理学始终是其关注的一个主要内容。

考之唐顺之编写《左编》的时间，由于史料的阙如，我们只能圈定一个大致的时间范围。据前引王畿于嘉靖四十年（1561）为唐顺之《左编》所作序言"经二十余祀，凡七易稿而始成编"，可知《左编》的编纂和成书集中于1530—1540年间。唐顺之《胡贸棺记》亦言："予年近五十，兀兀如病僧，益知捐书之乐，视向所谓批阅点窜若仇我者。"[①]可知唐顺之对于包括《左编》等书籍的编纂也当在早年。考虑到"凡七易稿"的史实，我们认为：唐顺之编写《左编》是一个持续的过程，这一过程不大可能集中在这一时间段的某个时间点上，应该是在这一时间段的一个持续工作，甚或贯穿整个这一时段也未可知。

通过对唐顺之自觉研习程朱理学和编写《左编》时间的考释发现，显然两者之间存在时间的交集，这就使得唐顺之在编写《左编》时利用程朱理学理论存在着可能。而从明代学者突出经世主旨以改造和发展程朱理学的史实和唐顺之对程朱理学经世主旨的关注和应用来看，《左编》的经世主张应该与其对程朱理学的研习不无联系。洪朝选为其所作《行状》言：

> 读书极其专苦，至于盥栉都废，祁寒盛暑初若不知。六经微言、圣贤要旨究竟钻研，弗得弗措，先儒发明之书充栋汗牛，靡不参订，文人才子论撰著述评论点勘，如亲面质。历代之史世代久远，事目猥多，公为之分门立类，割裂断碎，针缝缕续。世故盛衰、人才邪正、地利要害，识职归宗，粲然明备，皆以前儒者所未有，故其于六经自谓有千古折衷之见，有千古独得之奇。一日与王公畿论《易》，谓爻辞虽以吉凶言，而《大象》独言吉，此圣人教人直入圣道之路也。王公曰："阳明先生尝有是语，亦以《大象》是单刀直入之说也。"公欣然会意，然初未尝得闻先生语也。他经皆有成说，特未尝著论，著论者独《读春秋》一篇耳。谓左氏有功于经而文多散碎，谓二十一史经济之要而繁乱无统，谓濂洛诸儒语录、朱陆张吕陈问答为学者门户，历代奏议忠贤嘉猷悉为纂次编辑，古文辞之可取以为法者，如《史》《汉》、如七大家文亦为

---

① 常州市唐荆川研究会编：《唐荆川诗文集》卷12《胡贸棺记》，第354—355页。

批点，至于稗官曲艺搜辑阙遗。今《左氏始末》《史纂左编》《批点史汉书》已行于世，其藏于家者《儒编》《杂编》尚数种。尝论前代博学诸儒，于郑夹漈、马端临皆所不取，独推服朱晦翁以为不可及，盖自喻也。①

这条史料的后半段内容总体上说明了唐顺之对程朱理学的服膺，"谓濂洛诸儒语录、朱陆张吕陈问答为学者门户""尝论前代博学诸儒，于郑夹漈、马端临皆所不取，独推服朱晦翁以为不可及"等等之论，都是对此最直接的描述。更为重要的是这段史料也直接指明了《左编》成书与程朱理学的关系。应该来讲，我们从思想源流上来分析《左编》经世致用的编纂特征，程朱理学的影响应该是存在的。换句话说，程朱理学于明代的继续发展应该为唐顺之《左编》的成书提供了思想层面的理论依据。

　　另，我们还需对上引洪朝选所撰《行状》前半段内容，即"初未尝得闻先生语"进行一定的疏导，因为如果仅仅停留于此段史料表面字眼的理解，可能确实会产生唐顺之《左编》的成书与阳明心学无关的理解。"初未尝得闻先生语"确实可能，但这并不代表其不受阳明心学理论影响。考之唐顺之生平，因着王阳明于嘉靖八年（1529）离世，而这也是唐顺之的中举之年，虽然这年其结识了与其同时中举的、后来成为阳明后学的一个重要人物——罗洪先，但罗洪先这时并非王学人物，所以其确实没有面接王阳明的经历，也没有与其书信往来，故"初未尝得闻先生语"确是史实。嘉靖十一年（1532）左右唐顺之即交谊于阳明高足王畿，"尽叩阳明之说，始得圣贤中庸之道矣"②。也即是说，唐顺之通过王畿，间接受到阳明心学的影响。这就打消了我们可能会认为的唐顺之"分门立类，割裂断碎，针缝缕续"所编订的《左编》并未受阳明心学影响的疑虑。

　　唐顺之"合会朱、陆"的思想特点，本身就说明其受王学的影响。虽然在有关阳明心学后学的个别著作中，如《明儒学案》，李贽并未列入其

①洪朝选：《明都察院右金都御史巡抚凤阳等处地方提督军务前右春坊右司谏兼翰林院编修荆川唐公行状》。常州市唐荆川研究会编：《唐荆川诗文集》，第613—614页。
②李贽：《续藏书》卷22《金都御史唐公》，张建业主编，刘幼生整理：《李贽文集》第4卷，第505页。

中，但主流学术观点也多以王学后学身份对其予以定位。因此，从阳明心学的理论来分析《左编》和《藏书》的编纂旨趣不仅是可行的，而且也是必要的。

　　这里，我们可能马上就会产生一个疑问：为何同出于王学后学的唐顺之和李贽，其《左编》和《藏书》之间有着清晰承袭脉络，却在反正统的色彩上表现出浓淡不一的差别？概括而言，在阳明心学的共同身份下，他们自身学术重心的构建存有差异。这还得从阳明心学的分化发展谈起。

　　无论是从对程朱理学批判，还是从自身理论构建的角度来讲，"致良知"都是王学的一个核心命题，阳明心学把个体之"心"与程朱理学推崇的外在之"理"打并为一，从而使得"良知"成为外以应物、内以自处的根本依据，极大地发挥了主体之"心"的能动性，也缓解了程朱理学的外在之理对个体之心的普遍压抑。但就"良知"之"致"的途径，王学内部产生了分歧："左派"进一步发挥王阳明对"利根之人""良知"之"致"途径的论说，认为良知人人自足，不假外求。可以说，这一具有工夫论意义上的治学途径实际上是一种"从本体到工夫的论证方式更是突出了本体的重要性，也突出了心的本源性，这和阳明心学的基本理论是严丝合缝的"，这也是阳明在钱德洪和王畿对"四句教法"的理解中高看王畿一等的主要原因[1]。并且，这一与本体论更为契合的工夫论也成为阳明后学区别于其他学派的一个重要标签。唐顺之的"天机说"或"本色论"与李贽的"童心说"都可以说是这方面的代表。作为王学后学的他们，普遍强调一种价值信仰，即强调个体存在的价值，强调个体一种本真的存在状态。也就是余英时所谓："王阳明的心学以'良知'为人人所具有，从某一意义上说，这是把'天理'个人化，也就是'私'化了。"[2]上引唐顺之的"本色论"和"天机说"都有对个体价值，特别是个体本真存在价值的直接说明。我们翻检唐顺之的《诗文集》，其中还存有对这一理论许多生动的说明，如唐顺之在论及医、巫价值时言："古圣贤教人，虽一曲艺未尝不与心学相通。人能得此常理，设使为医则必能究性命之源，为巫则必能极鬼神之情状，一彻万融，所谓因源而得委

①汪高鑫、李德锋：《此心光明——评说王阳明与〈传习录〉》，第206页。
②余英时：《现代儒学论》，上海人民出版社，1998年，第21页。

也。"①结合医、巫在古代社会与儒家之"道"联系的松散性，唐顺之所言强调的是各种社会群体存在的合理性，当然也还存在一个"曲艺未尝不与心学相通"的前提。又如在《答茅鹿门知县》书中"秦中、剑阁、金陵、吴会"之论："虽然，秦中、剑阁、金陵、吴会之论，仆犹有疑于吾兄之尚以眉发相山川，而未以精神相山川也。若以眉发相，则谓剑阁之不如秦中，而金陵、吴会之不如剑阁可也。若以精神相，则宇宙间灵秀清淑环杰之气，固有秦中所不能尽而发之剑阁，剑阁所不能尽而发之金陵、吴会，金陵、吴会亦不能尽而发之遐陋僻绝之乡，至于举天下之形胜亦不能尽而卒归之造化者有之矣。故曰有肉眼，有法眼，有道眼。"②从这看似有关于各地景胜特点的探讨，其实蕴含的是唐顺之对个体本真状态价值肯定的理论，这也是儒家"万物一体"论的具体实践。基于这样的考虑，唐顺之也有与阳明"满街圣人"相似的言论，其言："夫易而易知、简而易能者，道也。愚夫愚妇与知与能，而聪明才智之士乃终身役役竭其心思而竟不可冀于有闻者，此有说也。"③也就是说，在"道"的面前，各种社会群体都是平等的。

在强调个体本真存在状态的价值方面，唐顺之"本色论""天机说"及其相关论述外，李贽的"童心说"又是一个典型的代表。李贽曰："夫童心者，真心也。若以童心为不可，是以真心为不可也。夫童心者，绝假纯真，最初一念之本心也。"又曰："苟童心常存，则道理不行，闻见不立，无时不文，无人不文，无一样创制体格文字而非文者。诗何必古选，文何必先秦。降而为六朝，变而为近体；又变而为传奇，变而为院本，为杂剧，为《西厢记》，为《水浒传》，为今之举子业，皆古今至文，不可得而时势先后论也。故吾因是而有感于童心者之自文也，更说甚么《六经》、更说什么《语》《孟》乎？"④这不仅从横向上肯定立足于"童心"的个体之"文"的多样性及其合理性，而且从纵向上还强调了各"时"之文的存在价值。在李贽的"童心说"的逻辑架构下，丰富多彩的个体及其价值得到了倡扬。在对个体价值合理性与合法性的论证方面，李贽还

---

① 常州市唐荆川研究会编：《唐荆川诗文集》卷6《与裘剡溪推官书》，第152页。
② 常州市唐荆川研究会编：《唐荆川诗文集》卷6《答茅鹿门知县》，第182页。
③ 常州市唐荆川研究会编：《唐荆川诗文集》卷6《与王北涯苏州》，第149页。
④ 李贽：《焚书》卷3《童心说》，张建业主编，刘幼生整理：《李贽文集》第1卷，第92—93页。

提出"执一便是害道"的观点，"夫人本至活也，故其善为至善，而其德为明德也。至善者无善无恶之谓也。惟无善无不善，乃为至善；惟无可无不可，始为当可耳。若执一定之说，持刊定死本，而欲印行以通天下后世，是执一也。执一便是害道！"①而从上举李贽所言"故吾因是而有感于童心者之自文也，更说甚么《六经》、更说什么《语》《孟》乎"的逻辑思路来看，个体价值的倡扬必然会导致对相对恒定的权威的挑战，即使是古之大圣的孔子亦莫能外，"人之是非，初无定质。人之是非人也，亦无定论。无定质，则此是彼非并育而不相害；无定论，则是此非彼亦并行而不相悖矣。然则今日之是非，谓予李卓吾一人之是非，可也；谓为千万世大贤大人之公是非，亦可也；谓予颠倒千万世之是非，而复非是予之所非是焉，亦可也。则予之是非，信乎其可矣"。李贽肯定了主体判断的多样性和差别性，认为历史评判——"人之是非人也"——是"无定论"的。对历史上以及当前的历史评判表达了不满，"前三代，吾无论矣，后三代，汉、唐、宋是也，中间千百余年，而独无是非者，岂其人无是非哉？咸以孔子之是非为是非，故未尝有是非耳！然则予之是非人也，又安能已？夫是非之争也，如岁时然，昼夜更迭，不相一也。昨日是而今日非矣，今日非而后日是矣，虽孔子复生于今，又不知作如何非是也。而可遽以定本行罚赏哉？！"②很显然，李贽这种由倡扬个体价值到否定权威经典的做法，其必然的逻辑结果就是把既往的权威置于其论敌的位置，从而给权威拥护者一种"狂"的印象。

而唐顺之在很多学术场合也表达了对于"狂""狷"的价值认可，其在《与沈石山金事》中言：

> 沉潜善矣，何以又云刚克也？狷者有所不为善矣，何以次之于狂也？学问不极力振奋则不能大有所摆脱，不能摆脱则虽为寡过，而病根习气或有潜藏而为融化者耳。故曰大人虎变，愈变则愈得力。③

这是涉及学术根本价值及其获得途径的一段论述，学术要想有突破，必须要有独创性，即要"有所摆脱"。无疑，在"摆脱"的过程中，

---

① 李贽：《藏书》卷32《孟轲传》，张建业主编，刘幼生整理：《李贽文集》第3卷，第598页。
② 李贽：《藏书》卷首《世纪列传总目前论》，张建业主编，刘幼生整理：《李贽文集》第2卷，第7页。
③ 常州市唐荆川研究会编：《唐荆川诗文集》卷6《与沈石山金事》，第169页。

"狂""狷"的学术性格则是不可或缺的。当然，这种"狂""狷"的学术特征形成，其理论来源还是强调个体价值的"本色论"，"学问虽是人人本分事，然非豪杰不能志，非刻苦不能成"①。结合上述这两条史料可以看出，唐顺之在强调"本色"的共同主题下，认为"狂""狷"某种程度上是可以与"豪杰"划上等号的，这应该是对"狂""狷"价值的极大认可。

不仅如此，唐顺之还在一些场合直接疏导了"本色论"与其学术的"狂"的特征之间的逻辑联系，其在《与项瓯东郡守》书中言：

> 弟所谓充拓者，亦非如由赤子之心扩而充之说，盖赤子之心本自扩充得去，本自能大，有一分不能充拓，皆是未尽此心之量耳。《中庸》曰："致广大而尽精微，极高明而道中庸。"德性本自广大，本自精微，本自高明，本自中庸。人惟为私欲障隔，所以不能复然，故必须道问学以尊之耳，此千古学问之的也。据吾兄旧日规模，且未免作世间一种寡过之人，其于圣贤作用尚是有间。学问须先定其基，故孔子不取谨愿之士而取狂狷，为有基也。狂者固不待言，至于谨愿之士与狷者，其为不善亦较相似，但狷者气魄大，矫世独行，更不畏人非笑；谨愿之士气魄小，拘拘谫谫，多是畏人非笑。狷者必乎己而谨愿者役于物，大不同耳。②

这段话中的"赤子之心"及其"本自扩充""本自能大"的特点，其实就是上已引述之"天机说""自寂自感，不容人力"的另一种版本的说明。怎样获取"天机""学问"，其中的一个重要途径就是要"先定其基"，如何"定基"？那就要具有敢为人所不敢为的狂者气魄。通过这样的逻辑过渡，唐顺之把"狂"之学术特征成功地安置在其"天机"或"本色"的逻辑底座上。

受阳明心学的影响，唐顺之的"本色论"和李贽的"童心说"普遍表现出对个体本真价值的认可，而这种对个体价值的认可，一定程度上对既往的权威形成了一定的挑战，这也是作为权威拥护者的四库馆臣普遍对他们"狂诞"评价的原因。

《左编》和《藏书》同具的"狂诞"特征还深刻地影响到它们评价历史的标准。已如上述，虽然《左编》和《藏书》整体上都表现出道德和事

---

① 常州市唐荆川研究会编：《唐荆川诗文集》卷5《与王体仁》，第133页。
② 常州市唐荆川研究会编：《唐荆川诗文集》卷5《与项瓯东郡守》，第142页。

功相杂的历史评价标准，但也在历史评价中表现出去道德化的倾向。反观这种去道德化历史评价特征的形成，与阳明心学不无关系。

至于同受王学影响的《左编》经世致用主旨和《藏书》猖狂放肆的启蒙主旨的差异出现的原因，盖源于唐顺之和李贽王学内部不同派别的不同学术侧重。

唐顺之接触王学虽然首先是受王学"左派"王畿的影响，但观其学术一生所守则与作为江右王学（嵇文甫先生所谓王学右派）的聂豹、罗洪先等人甚为相契，钟泰言："夫无善无恶者，龙溪之教也，而放逸者托焉。先生则病之。主寂者双江，所主以为救正龙溪者也。先生则取之且有方，窃执事之教以自淑之语，由是观之，则惟先生为近于龙溪，毋宁为近于双江也。"[①]王畿在评价王学后学对心学的传播所起作用时，也是把唐顺之和江右王学归为一类，"区区身外百念都忘，全体精神只干办此一事。但念东廓、双江、念庵、荆川诸兄相继沦谢，同心益孤，会中得几个真为性命汉子，承接此件事，方放得心。不然，老师一脉，几于绝矣"[②]。唐顺之与王学"左派"和"右派"都保持着密切的联系，这也说明了其较为全面的王学背景，因此，唐顺之的历史评价虽也表现出对惟以道德为评判标准的反对，但在其"良知"之"致"还存在一个外在修为过程的思想认识下，使得事功成为其评价历史的重要标准之一，这也使得其学术思想表现出经世的取向，但作为社会生动构成的道德因素，始终成为其不能完全放弃的学术资源之一。因此表现在其历史评价上就会出现赞扬冯道事功和贬斥冯道道德的奇特景观，当然也得到了"与李贽之《藏书》狂诞相等"和"封建正统史学的一个代表"的矛盾评价。

受王学内部不同派别的影响，两书又表现出不同的编纂主旨，这也是导致两书反正统色彩出现浓淡差别的主要原因。唐顺之具有较为完整的王学内涵，某种程度上来讲，我们很难按照后人"左派"和"右派"派属来界定其学术属性。其在"致良知"的两个具体途径："率其本然"与"着实用功"上都有深刻的表现，其对单纯固守某一种途径都有着深刻的反思和批判，其有"专精致神"和"溺书册，羡技能"之辩：

①唐鼎元：《明唐荆川先生年谱》卷首《钟泰序》，《宋明理学家年谱续编》第4册，第217—218页。
②王畿著，吴震编校整理：《王畿集》卷12《与徐成身》，第334页。

不能专精致神，溺书册，羡技能，以为养身养心之累，此说诚是。若使尽捐书册，尽弃技能，兀然槁形灰心，此亦非大难事，而精神无凝聚处，亦自不免暗路漏泄。若就从观书学技中将此心苦练一番，使观书而燥火不生，学技而妄念不起，此亦对病下针之法，未可便废也。①

由此看来，唐顺之虽然溺于书册、技能确实会成为养心之累，但书册、技能又确为身、心之养之"苦练"的必要途径。这就使得唐顺之的学问虽然有向内的倾向，但向外的进取亦是其重要的内容，这与阳明所表达的"在人情事变上做工夫之说"②有异曲同工之处。也就是"良知"落实于现实的经世要求。受这一思想的影响，唐顺之的《左编》也是把经世悬为鹄的，它所蕴含的其他的思想都是统属于其经世思想的。虽然唐顺之也曾赋诗表达过去官闲居在家时"南村北郭任吾居，懒散何心更著书。小酌或能称酒隐，直钩聊复事溪渔"的心境，也表达过受这一心境影响而形成的"若道猖狂今又甚，穷途犹自未回车"的撰述心态③，但实际上唐顺之一刻也不曾放弃经世的情怀。如前所述，这从《左编》编纂动机、体裁选择、分类、起始时间的选择等方面都有所反映，但更为重要的是其道德和事功兼取的历史评价，这一点从对冯道的矛盾评价中可以清晰看出，唐顺之之所以对冯道的事功作出肯定的评价，就是因为冯道保全了民众，局部状态下稳定了社会的事功表现。而对其道德的批评，则是因为冯道的事例在某种程度上造成了时人对古代封建道德"忠"的混淆，这又是不利于社会稳定的。正是由于《左编》的这种看似矛盾的评价，才更折射出它的经世主旨。

作为王学"左派"的李贽，他是循着王阳明对"利根之人"致良知一路的界定而发挥的。他显然把自己也归为"利根之人"的行列，从而在其性格上深深地打上"狂"的烙印。当然这种性格，与历代皇朝利用儒家思想塑造人性上整齐划一的目的是格格不入的，使他一生备受摧折的同时，也切断了他通过正常的仕途以实现其人生价值的出路。但从本质上来讲仍不失为一儒者的李贽，仍然在传统儒家经典中觅得一条出路，即仍然充满现实关怀的"内圣"之路。具体表现既有顺适受用的现世享

①常州市唐荆川研究会编：《唐荆川诗文集》卷6《答俟孙一麐》，第163页。
②王守仁：《传习录》卷上，吴光等编校：《王阳明全集》卷1，第15页。
③常州市唐荆川研究会编：《唐荆川诗文集》卷3《用韵自述》，第81页。

用，亦有自我不朽的价值追求。可以说《藏书》就是这一方面的典型代表。首先关于顺适受用的现实享用，这在他阐述《藏书》的成书背景时言之甚明，"山中寂寞无侣，时时取史册披阅，得与其人会，亦自快乐，非谓有志于博学宏词科也"。他编纂《藏书》的目的并非为了现实的应举，而是"自快乐"的现实享用。同时，《藏书》的编纂也是其追求不朽的具体实践。其实，儒家的"内圣"之路仍然不失为一种经世致用价值观的表现，"内圣"在很多情况下可以开出"外王"，但"内圣"毕竟不是"外王"，它代替不了"外王"。关于李贽此书的命名，"藏书"二字既有藏之名山、以待后世的期之不朽之意，同时也表达了李贽希望其学能于后世（或另一个历史时间段）得君行道和泽及细民的经世期许。"但这句话更为鲜明地表达了他对现实的无奈，或者说他清楚地认识到其经世理论在当时很难在社会客观层面推广开来。而李贽往往被作为一个'异端'遭到统治者和学者们口诛笔伐的史实也似乎印证了这一点"①。现实的经世抱负既然全无希望，李贽的《藏书》也只能寄往于期之不朽的思路，"曰《藏书》，上下数千年是非，未易肉眼视也，故欲藏之，言当藏于山中以待后世子云也"②。这一动机与李贽"狂"的性格相结合就产生了《藏书》断自本心，不随人唇吻的特点，"分类定品，一切断以己意，不必合于儒者相沿之是非"③。并且有刻意突破传统正统史论的需求，因为"惟有断自本心，才有也才能流传后世；若只重复前人旧论，言之已为多余，又何能传之久远"④。当然，儒家成为国家统治意识以后所导致的惟道德论的历史评价传统就成为他寻求不断突破的区域，较多采取以事功的标准来衡量和评价历史，从而对历史得出了较为理性的认识，也使他成为晚明启蒙史学思潮的集大成者。

唐顺之在《胡贸棺记》中也模糊表达了期之不朽的愿望：

　　呜呼！百余年后其书或行于世，而又或偶有好之者，慨然追论其故所删次之人，则予之勤因以不没，而贸乃无以自见，是余专贸之功。余

---

①李德锋：《明唐顺之〈左编〉"经世"编纂特点探析》，《内蒙古大学学报》（哲学社会科学版）2011年第4期。
②李贽：《焚书》卷首《自序》，张建业主编，刘幼生整理：《李贽文集》第1卷，第1页。
③李贽：《藏书》卷首《梅序》，张建业主编，刘幼生整理：《李贽文集》第2卷，第3页。
④左东岭：《李贽与晚明文学思想》，天津人民出版社，1997年，第101页。

之书此，亦以还功于贸也。虽然余既以批阅点窜为仇，而岂欲后人又以批阅点窜知余也哉？[1]

确实，从唐顺之百余年后"好之者""追论其故所删次之人"的设想来看，其确实有期之不朽的想法，但其后还功于胡贸的说明，以及对于"批阅点窜"的舍弃，最终必然归结点也是上引最后一句话："岂欲后人又以批阅点窜知余也哉？"这都说明唐顺之虽有依托《左编》期之不朽的愿望，但一是并不强烈，二是这种心理自期往往依附于其经世主旨之下。

总之，相比较于李贽《藏书》，唐顺之《左编》的思想背景更为复杂。其经世特点的形成既有程朱理学的涵养之功，亦有受阳明心学影响的作用。从唐顺之和李贽同属于王学后学的身份来看，《左编》和《藏书》两部作品所体现的是涵泳于王学内部不同派别之下的编纂旨趣，而非程朱理学和王学截然对立的代表。而从两部著作的编纂主旨来看，《左编》虽然也体现出反正统的编纂旨趣，并对《藏书》产生了直接影响，但这一旨趣是服务于它经世的编纂主旨。也就是说，经世致用是《左编》的根本价值追求。《藏书》的编纂则是出于李贽追求现实享用和个体价值不朽的考虑，它的史论体现出对历史较为理性的认识，从而成为晚明启蒙史学思潮的集大成者。这种编纂旨趣的差异也使得我们用历史的眼光来评价两书时，很难得出孰优孰劣的史学评价。

从史学传承的角度来讲，我们固然不能抹杀《藏书》独立的史学价值，但也要充分认识到这些价值渊源有自，而非空穴来风，《左编》对其的影响是显而易见的，故套用黄宗羲之语以结束本节："椎轮为大辂之始，增冰为积水所成，微荆川，焉得有后时之盛哉！"[2]

## 四、余论

万历之后，随着社会危机的进一步恶化，另一股起初潜伏于正德至万历初年间的史学思潮——经世史学思潮逐渐抬头，并且发展为明后期史学思潮中的主流。"这一思潮（启蒙史学思潮）在万历末年之后突然中

---

[1] 常州市唐荆川研究会编：《唐荆川诗文集》卷12《胡贸棺记》，第355页。
[2] 黄宗羲原话为："椎轮为大辂之始，增冰为积水所成，微康斋，焉得有后时之盛哉！"（《明儒学案》卷4《崇仁学案序》）

止了它迅猛发展的势头,而另一股以经世实用为口号的史学思潮却渐渐成了主流"①。而在明朝后期启蒙史学思潮中扮演着不同角色的唐顺之和李贽更因为学术主旨的不同,他们的学术影响也出现了某种错位:即李贽的启蒙思想开始遭到来自社会不同方面的批判。不仅有来自朝廷的,如明神宗在对张问达劾李贽奏疏的批令中说:"李贽敢倡乱道,惑世诬民,便令厂卫五城,严拿治罪。其书籍已刊未刊者,令所在官司尽搜烧毁,不许存留。如有徒党曲庇私藏,该科及各有司访参奏来,并治罪。"②并最终导致李贽忧愤死于狱中。也有来自王学内部的,如袁中道言:"自本朝大儒启人以良知之说,后来数传,偏重了悟,将为善去恶之旨拨斥太过。"③并论述了自己对李贽"不能学者有五,不愿学者有三"④,对李贽启蒙思想不合于万历后的历史发展形势进行了深入的剖析,这都生动地说明了两种史学思潮错位的一霎那所形成的历史评价上的奇特景观。而唐顺之的经世学术主张则通过家族和师友逐渐传播开来。下节述及,此不赘述。这是就时代史学思想转变而言,或者说从理论、逻辑上来讲。

就历史发生的情实而言,随着明朝中后期明廷对整个社会控制的松懈,官方或较为正式场合下的舆论对李贽离经叛道的"控诉"不仅没有阻止其史学继续产生影响,某种程度上反而在上下对抗的情绪中得以继续扩大。而《左编》则多依赖家族和师友关系得以传播,超脱于这一关系之外的传播,也就是其借助于李贽的《藏书》了。但不可否认,尽管不如李贽《藏书》影响大,但与其一道,《左编》也产生了相当的影响。

其实,两者于明中后期的传播除上述原因外,还有其他的因素,即其于明朝通史改编的意义和史学知识的普及和传播意义。有关此点,陈懿典在为马维铭《史书纂略》所作序言中有着丰富的表达。其首先从史著改编、摘录或节选的必要性说起,言:

　　夫史学之难言,久矣。始未尝不详备繁衍,而后必举要删繁以存其

①葛兆光:《明代中后期的三股史学思潮》,《史学史研究》1985年第1期。
②《明神宗实录》卷369,万历三十年闰二月乙卯,第6919页。
③袁中道:《珂雪斋集》卷21《心律》,明万历四十六年刻本,续修四库全书,第1376册,第114册。
④袁中道:《珂雪斋集》卷16《李温陵传》,明万历四十六年刻本,续修四库全书,第1375册,第719页。

可传者，何也? 则匪独以省文便观，正惧夫史多文胜，不汰削其富艳而
诬终不免也。洪荒以降，丘索坟典不可胜数，乃夫子删书断自唐虞，笔
削鲁史，作为《春秋》。盖《尚书》删上古以及三代之史者也，《春秋》
删鲁定以及哀之史者也。自有《书》，二帝三王之治，烂若日星，其余皆
可以存而不论不嫌于略也。自有《春秋》，二百四十年之行事，明如指
掌，其余皆可以论而不议，亦不嫌于略也。此圣人之史也。

陈懿典认为，历史内容越积越多，因此，为了更条理、完整地呈现历史内
容，史学的一个基本任务就是删繁就简。而如果从"举要删繁"的史学
任务出发，《春秋》《尚书》均属此类典范。以它们为典范，即"圣人之
史"的榜样作用，也就确立起了史著改编、摘录或节选必要性的观点。
紧接着，其又说明"史臣之史"虽不如"圣人之史"简略，但面临"充栋"
的史料，也要有所别择，并引出"史学之难不难于该博而难于居要"的
观点：

　　《诗》《书》而后，载籍日增，战国、秦汉之间，何啻充栋。司马迁网
　　罗放失，创立纪传，作为《史记》。虽或有识之者，或有讥之者，而自此
　　书一出，帝皇王霸之迹，可按籍而知，较之《尚书》《春秋》则过详，比
　　于后之作者则已略。此史臣之史也。由斯以谈，则史学之难不难于该博
　　而难于居要可知矣。

但陈懿典也并非对"删繁就简"的做法绝对赞成，他认为在广博的知识
基础上，关键要有所别择。而后来史料的进一步累积，更是要求要有所
决断。

　　然非博及群书，贯串淹通，而漫言提要，或并其所当大书特书者而
　　去之，又不若传疑传信之并存，以待后来者也。《史记》之后，两汉、两
　　晋、隋、唐、三国、六朝、五代称十七史，不可谓不多，故在宋已有一部
　　十七史从何说起之论，于是有为十七史详节者。

特别是到了明代，历史文献的累积不仅会出现"难于居要"的学理缺憾，
即使仅就财力和精力而言，对学者们也是一个不小的负担。

　　至我明，而宋、辽、金、元史皆备，称二十一史，卷帙繁重。经生寒

士即欲博览而未必能有其全书。缙绅先生力能有之，而或非其所好，即心好之，而官守世纷夺其暇日，往往不能尽卒其业，况望其起凡作例、折衷删削以究其全者乎！

于此，唐顺之的《左编》和李贽《藏书》、邓元锡《函史》才一起登场，开创了明朝通史编纂的局面。而在陈懿典的语境中，《左编》显然也具有了普及历史知识的意义。

独唐荆川先生弱冠登朝直言，家食肆力编摹，有《左编》之作，以二十一史为主，而旁搜稗史以成是编。近又有李卓吾之《藏书》、邓潜谷之《函史》并行于世。

陈懿典最终的归结点是论证马维铭《史书纂略》的价值，其中也不乏对唐顺之、李贽、邓元锡等通史抱有不甚了了的偏见。陈懿典之言前已不只一次节引，这里不妨完整地再次引述如下：

然《左编》有义例而无议论，《藏书》则本《左编》写独见而为品骘，《函史》外篇以缵八书、诸志，内篇以君典臣谟缵本纪、列传。读者于《左编》则苦其端绪之多，于《藏书》则惊其褒贬之怪，于《函史》则便其代各为系，而尤疑其挂漏之未免。嗟夫！此史学之难作，固不易而纂，亦不可轻言也。①

但"史学之难作"，也是否更从一个侧面无意中说明了它们在明朝通史编纂、普及和传播历史知识方面的意义？

## 第二节　唐顺之与晚明史学经世思潮

与其他学术特点相比较，唐顺之最突出的学术特点就是"经世"，其对晚明史学经世思潮的影响也最为突出。究其传播手段，其中既有家族内部的传承，亦有师友之间的授受，还有其著作于后世的持续影响。具体表现为唐顺之与唐鹤征、唐顺之与东林学派、《南北奉使集》与明后

①陈懿典：《陈学士先生初集》卷1《史书纂略序》，明万历四十八年曹宪来刻本，四库禁毁书丛刊，集部第78册，第626—627页。

期边防史地撰述风潮三个方面。

### 一、唐顺之与唐鹤征：经世史学思想于唐氏家族内部的传播

从社会史的角度来看，中国古代社会是典型的宗法社会。自孔子构建"修身、齐家、治国、平天下"四维一体的治世理论以来，从"家"这一概念衍生出来的次生概念——宗族就在古代社会的整合中起着不可或缺的作用。自宋以后，这一次生概念呈现出仪式化和制度化的倾向，"宋儒把中国本土祖先崇拜信仰进一步仪式化，为宗族组织化提供了一个制度性的保证"①。时至明代，特别是嘉靖时期"大礼议"的推动，使得宗族制度进一步扩充和稳定②。儒家的这一思路依附于现实，"儒学家们不能凭空杜撰出一套政治文化图式。他们的精神形态镶嵌在广泛的、以宗族血缘纽带为核心的社会结构中"③。不仅在社会政治、经济领域，在文化资源的分配中亦发挥着愈发重要的作用，从而形成以家族为单位的学术特色。同时，学术亦以鲜明的特点诠释着家族这一概念，并通过参与政治利益分配表现自己的价值。作为常州望族的唐氏之学术脉络就是在这一背景下铺展开来的。

（一）武进唐氏为官背景与家族经世学术传统的内部展开

从武进唐氏的血缘谱系来看，它的真正发展主要以唐衡、唐复、唐衍代表的第四代为始，基本改变了家族一线单传的境况，家族谱系呈多支分流发展开来，这就为唐氏家族作为一个学术群体提供了数量上客观、硬性的保证④。对唐氏家族政治谱系的考察亦辅此论。

①常建华：《明代宗族研究·引言》，上海人民出版社，2005年，第1页。
②如建祠祭祖的程序化、族规的制定、乡约的推行等。内容的扩展表现在为适应明世宗尊生父兴献王为皇考的需要，夏言建言以"推恩"的方式，允许臣民祭其始祖、先祖，确立庙制定则。
③〔美〕艾尔曼著，赵刚译：《经学、政治和宗族——中华帝国晚期常州今文学派研究》，第4页。
④关于武进唐氏谱系表，详参唐鼎元：《明唐荆川先生年谱》卷首《世系简表》，《宋明理学家年谱续编》第4册，第269—271页。

表二　武进唐氏家族仕宦、著述表

| 辈次 | 姓名 | 出处 | 官职 | 著述 | 备注 |
|---|---|---|---|---|---|
| 第四代 | 唐复 | 甲榜：洪武三十年丁丑陈安榜 | 平乐知府 | ①《素斋稿》 | 另有《华夷解》一篇 |
| | 唐衍 | 封赠：以子贵贵，敕赠征仕郎户科给事中 | | | |
| 第五代 | 唐世良 | 乡科：宣德七年壬子科<br>甲榜：宣德八年癸丑曹鼐榜 | 福建右参议 | ①《颐庵稿》20卷 | 联捷。著述见洪饴孙《毗陵经籍志》 |
| | 唐贵 | 乡科：弘治二年己酉科<br>封赠：以子珕贵，诰赠奉直大夫河南信阳州知州 | 户科给事中 | ①《黄门集》2卷<br>②《使广集》<br>③《使广纪行》 | 衍子。联捷。《黄门集》见《千顷堂书目》《毗陵经籍志》 |
| 第六代 | 唐钦 | 甲榜：弘治九年朱希周榜 | | ①《半轩诗稿》 | 见《毗陵经籍志》 |
| | 唐镛 | 乡科：成化元年乙酉科 | 岳州通判 | ①《海萍集》 | |
| | 唐珤 | 正德五年庚午科 | 永州知府 | ①《永州集》3卷<br>②《历代志略》4卷 | 贵子。《永州集》见《千顷堂书目》《毗陵经籍志》《传是楼书目》；《历代志略》见《明史·艺文志》 |
| 第七代 | 唐顺之 | 乡科：正德七年戊子科，六名<br>甲榜：嘉靖八年己丑罗洪先榜，会元二甲<br>封赠：以子鹤征官礼部主客司主事，晋赠中宪大夫如原官 | 巡抚淮扬，右金都御使 | 著有《四书文》《两晋解疑》《两汉解疑》《批选〈史记〉〈汉书〉》、"六编"、《荆川集》等数十种 | 珤子，联捷会元，谥文襄 |
| 第八代 | 唐鹤征 | 乡科：隆庆元年丁卯科，二名<br>甲榜：隆庆五年辛未张元忭榜 | 南太常少卿 | 著有《周易象义》《桃溪札记》《辅世编》《宪世编》《武进县志》《常州府志》等十数种 | 荆川子 |
| | 唐大卿 | 乡科：隆庆元年丁卯科 | 青州通判 | | 钦孙，廉静自守 |
| | 唐辅 | 贡生：正德间 | 沂州学正 | ①《春崖诗稿》10卷<br>②《四书精义》10卷 | 世良从孙。并见《毗陵经籍志》 |
| | 唐彬 | 贡生：嘉靖间 | | | 镛孙 |

续表

| 辈次 | 姓名 | 出处 | 官职 | 著述 | 备注 |
|---|---|---|---|---|---|
| 第九代 | 唐九思 | 乡科：正德三十四年乙卯科 | | | 彬子 |
| | 唐效纯 | 乡科：万历十年壬午科<br>甲榜：万历十七年己丑榜 | | | 宜兴籍，鹤征子 |
| | 唐音 | 乡科：正德七年戊子科 | 鸡泽知县 | ①《克庵文集》20卷<br>②《五经质疑》4卷<br>③《四书质疑》 | 辅子。《克庵文集》见《明史·艺文志》《千顷堂书目》；《五经质疑》见《毗陵经籍志》；《四书质疑》见《宜兴县志》 |
| 第十代 | 唐一麐 | 乡科：正德二十八年己酉科，解元<br>甲榜：嘉靖四十四年乙丑范应期榜，会榜九名 | | | 音子 |
| | 唐继寅 | 贡生：隆庆间 | 清和知县 | | 彬孙 |
| 第十一代 | 唐德升 | 乡科：天启七年丁卯科 | 兴国知县 | | 音孙 |
| | 唐宇昭 | 乡科：崇祯九年丙子科 | | ①《行身镜》1卷<br>②《半园外史稿》<br>③《拟明故宫词》1卷<br>④《月午词》 | 效纯孙。《行身镜》见《毗陵经籍志》；《拟明故宫词》见《培林堂书目》 |
| | 唐宇量 | 乡科：崇祯十五年乙卯科 | | ①《闻川稿》 | 效纯孙 |

　　于表中所列的八代二十人当中，除早期的唐衍未有实际的学术和政治活动，死后以子唐贵而获赠征仕郎户科给事中外，其余十九人，最不济者也获得贡生的出处。

　　在儒家"学而优则仕"的理想教育理念感召下，虽然"学"可以直接用以安顿个体的心灵和实现自身的价值，表现为"穷则独善其身"；但"学"之为用最直接、最有效的途径还是通过"仕"来实现的，因为只有通过"仕"所拥有的政治资源和优势，才能使"独善其身"之论在更广大的"兼济天下"层面上铺展开来。这正是明代武进唐氏家族政治谱系所以赓续的根源，把为官与经世抱负整合为一也是其家族学术一大特点。在这一整合过程中，"学以经世"的特点主要体现在对科举的处理和为官时的学术活动中。

对于这样一个与现实政治联系如此紧密的家族来说，如何保证家族的政治生命延续下去，他们首先要解决的问题是要使科考在这个家族生命中要扮演积极的角色。这一点从唐顺之在"盖儒者慕古之论，莫不以为必绝去举业而后可以复古之德行道艺"的传统压力下，依然能够保有对举业"夫业无定习而心有转移，苟真有万物一体之心，则虽从事于举业以进身，未尝不为义途也"的积极态度，可以看出他们已经很好地解决了这一问题。唐顺之在送其弟参加科举考试时赋诗一首可能更表达了唐氏家族对待科举的根本态度：

> 此去骞腾非所羡，期无温饱负平生。①

联系到这首诗是唐顺之因与罗洪先、赵时春建言早朝太子而被削籍居家时所作，其虽然有消极情绪的表达，即"此去骞腾非所羡"，但从后一句看来，科举俨然已成为唐氏家族基本的谋生手段。当然，把两句诗文与唐顺之官场失意的背景合而观之，其根本的意思还是希望其弟能够于官场有一番作为，以展布其经世抱负。唐顺之在另一首送诸生的诗赋中祖露了这种心迹：

> 一壑谋身世所疏，几人相伴此闲居。
> 月悬山馆谈经处，雪压林皋宴坐余。
> 向来衣钵吾将付，先辈文章子孰知。
> 亦知雅志轻青紫，好及明时早上书。②

此诗前面三句描述了唐顺之罢官后情绪归于平淡及其诸生甘于寂寞研习经典以备科考的场景，最后一句话说明了科考的根本目的并非为官，而是以此为阶，从而达到为社会的治理建言建策经世的目的。

对唐氏家族诸成员学术著述的综合考察，他们对科考的指导思想——权威经典，以及权威儒家对经典的解释的研读，是这一家族的学术重心之一。他们的研究范围和内容是和明代科举考试的内容相契合的。明代科举考试的内容最重要、最核心的部分是初场试四书义三

---

① 常州市唐荆川研究会编：《唐荆川诗文集》卷3《癸卯送仲弟正之赴试》，第79页。
② 常州市唐荆川研究会编：《唐荆川诗文集》卷3《送诸从游应试二首》，第79页。

道、经义四道，它是考查考生对儒家经典的研读和掌握情况。唐顺之对"四书""五经"乃至《左传》《史记》《汉书》《资治通鉴》等权威经典以及朱子等诸多权威儒家对这些经典的解释的研读、唐鹤征对《周易》的研读、唐辅对"四书"的关注；唐音对"四书""五经"的关注等都可以说是这方面的体现。但对儒家经典的掌握并不是科考的唯一内容，在明代科考的内容中，如何在经典的指导下结合现实、解决实际问题是一个重要方面，即第三场考经史时务册五道。与此相对应的是唐顺之《唐会元精选批点唐宋明贤策论文》《评选两汉奏疏》《批选周汉文》等、唐鹤征《今文选》等。同时这种对经典的体会也以讨论的形式在家族范围内传播开来，如唐顺之在其《答偫孙一麐》中就有探讨《春秋》微言大义的发挥，"《春秋》一部书，无一句不为乱臣贼子而作，非特书弑君三十六条也"[1]。其他存于《荆川集》中与家人的书信，如《与二弟正之》《与唐一庵书》等也多是以探学论道为主题的。

　　在获取功名、顺利进入官场以后，如何在现实政治中取得成功，又成为这一家族迫切解决的问题。这时对经典的利用已从猎取功名的工具转变为现实为官中处理政事等具体操作的指导。虽然，儒家经典的理论指导不可或缺，但更需要的是在这一理论指导下对具体细节的把握。这一点早在唐顺之父亲唐珤那里就已发轫，他在《历代志略·自序》中叙述其编写动机时云："自司马氏作八书，历代掌史事者因之义各有在，顾简帙浩博，不能家藏而人阅用，是撮其旨要，荟萃成编，庶便初学。"关于分类具体细节，对各种名不同而实同的类别进行统一，"首礼乐、次律历、次天文、次地理、次百官、次食货、次文艺、次兵刑，若郊礼，与服礼类也；五行，天文类也；沟洫，地理类也；选举，百官类也，故以类相附焉"[2]。出发点亦是以便于查检资用为首务。唐珤的这一思路为唐顺之继承并发扬，以《诸儒语要》《左编》《右编》《文编》《武编》《稗编》为代表的"六编"形成了一个体系，体现了唐顺之以圣人自期的心理和学为世用的现实观照，已如前述。

---

[1] 常州市唐荆川研究会编：《唐荆川诗文集》卷4《答偫孙一麐》，第178页。
[2] 唐鼎元：《唐荆川先生著述考·荆川公先世著述·历代志略条》，国图藏民国铅印本。

　　这一学为世用的家族学术特点发展到唐鹤征那里则进一步明确起来,其《辅世编》《宪世编》实启明中后期"经世文"编纂风潮的大幕。《辅世编》六卷,从书的命名可以看出此书的选材范围当为有助于世用之人、之文,编写动机也是为了以资世用,"是书取明代诸臣,次其行事,起洪武初李善长、刘基,迄嘉靖中曾铣、胡宗宪,愈凡五十二人"。按照时间的先后顺序加以编写。此书为其弟子陈睿谟补辑并校刊版行。他在叙述此书的成书经过时,也间接表达了于其巡抚湖广期间的资鉴作用,"其门人陈睿谟巡抚湖广,为评校刊板,其叙称:'戎务孔亟之时,辄取名臣传略,仿其行事,多得变通之法。间尝抄书,有得多与我师凝庵唐先生《辅世编》合者,因综其成稿,翼以己意勒成一书。'"四库馆臣对此评价道:"是编已不尽鹤征原本矣。"在其后对此书的特点评价中又肯认了它的经世作用,但已掺杂了陈睿谟的色彩,"其所采诸人事实,多主战略,盖睿谟身在戎行,意切时用,有所为而为之者也"①。文中首先批评了当时"讳言财利"的错误思想,"清高之士,讳言财利,动辄曰:'吾安吾贫已尔,焉可以尘务经心也。'不知积贮国脉所关,盈虚民命攸系。藉令身为司徒,亦将听其匮乏,视其颠覆死亡而不之恤乎? 吾以为凡为斯语者,亦覆拙匿短之云,非正论也"②。

　　《宪世前编》一卷、《宪世编》六卷。"宪"当为"效法"之意,所选取之人或是从道德、学术修养,或是从现实事功之表现,都可为世人之楷模者。《宪世前编》主要讨论孔子、颜子等八位春秋战国时期的先儒。《宪世编》则讨论了起于濂溪先生,迄于塘南先生诸理学大师的学问。"是编发明心性之学,首列孔子、颜子、仲弓、子贡、曾子、子思、孟子,次列周子、二程子、张子、邵子、杨时、朱子、张栻,次列陆九渊、杨简、薛瑄、陈献章、王守仁、王艮、罗洪先、唐顺之、罗汝芳、王时槐,各述其言行而论之"③。从《宪世前编》首论孔子等诸儒以及程朱理学家与心学家相杂以论来看,再结合明中后期王学的发展以及唐鹤征本

①永瑢等:《四库全书总目》卷62《辅世编》"提要",第557页。
②唐鹤征:《皇明辅世编》卷1,明崇祯十五年陈睿谟刻本,四库全书存目丛书,史部第98册,第42页。
③永瑢等:《四库全书总目》卷96《宪世编》"提要",第815页。

人的家学渊源,此书大旨为在寻求学以经世的思想指导下有意淡化、模糊程朱理学与王学的界限,"吾于是而知穷理者,穷吾始之所资以生、今日所由以生生不已之理而已。尽性者,尽吾始自所资以生、今日所由以生生不已之理而已。至命者,至吾始之所资以生、今日所由以生生不已之理而已。理也,性也,命也,安有二道;穷也,尽也,至也,亦安有二功"①。正如四库馆臣所言:"大旨主于牵朱就陆,合两派而一之。"②

在学以经世的现实关怀下,唐氏族人或出于为官地方,或出于生活于某地,或因与他人交往等等,往往保持着对时事的敏感和对地方史志的重视。也正因为如此,他们在为官地方时,才能取得不错的效果。"唐复,字复亨,武进人,洪武庚辰进士,令余姚,拊循细弱,甚著恩爱,去断无滞,百姓宜之。调零陵,又调交趾。时安南国黎季牦奢逞乱,复为书数千言谕以祸福,又著《华夷解》示之,季牦奢服,南荒奠安"。正是由于对地方事务的熟知,此书在处理少数民族关系方面甚至引起太宗的重视,"太宗见其书,命付史馆,已乃为当路者所蔽,置不录"③。唐顺之祖父唐贵亦有《使广集》和《使广纪行》两部著作,据《毗陵人品记》记载:"(唐贵)奉敕稽核两广仓庾,诸逋悉清,民亦称便。"④盖此两部书就是记载了他奉敕稽核两广时的情况,当是依据两广的实际情况对仓庾等问题作出了合乎情理的处理,取得人民称道的效果。关于此一方面,唐顺之也有《广右战功录》行世,还如唐鼎元所总结的他与何卿、戚继光、俞大猷、马芳、马永等人的书信往还都说明他对地方政事的关注。并且远不止于此,出于经世的动机,唐顺之也有比较系统的"本以经世而非以博物"的方志编纂理论。其言:

> 有家者,随其家之所有而籍记之,其常也。凡其田亩租甀钱贯丝缕豉合酱罂僮指之数,此纤勤治生者之所详,而游闲华饰者之所略也;凡其池馆花树狗马图画古物珍器之数,此游闲华饰者之

---

① 唐鹤征:《宪世前编宪世编》卷首《自序》,明万历四十二年纯白斋刻本,续修四库全书,第941册,第247页。
② 永瑢等:《四库全书总目》卷96《宪世编》"提要",第815页。
③ 毛宪:《毗陵人品记》卷6《唐复》,明万历刻本,续修四库全书,第541册,第156页。
④ 毛宪:《毗陵人品记》卷8《唐贵》,明万历刻本,续修四库全书,第541册,第178页。

所详，而纤勤治生者之所略也。二者则更相笑矣，而家之所以为家者，则固在此而不在彼也与？郡国州邑之有志，自古而已然，亦所谓随其郡国州邑之所有而籍记之，其常也。《禹贡》《周职方》，岂非志国邑者之所权舆也哉？然自后世观之，则见其有琐细而有俚俗者矣。夫其田赋高下之异等，坟垆黎赤之异壤，九镇九泽之异名，而五戎八蛮之异服，其列而载之可也。至于筱簜箘簵、淮玭江龟、海错之纤细，则类于草木虫鱼之书；而多男少女、多女少男之纪，则近于闾井村俗之谈，古人何若是之琐琐也？盖苟有切于利器用而阜民生、辨阴阳而蕃孳息，则固不得以其秽杂而略之，而况其大且重者乎？其所载而详者固然，则其所不载者亦可知矣。后之所谓地志者则异是矣，其叙山川也，既无关于险夷潴泄之用；而其载风俗也，亦无与于观民省方之实。至于壤则、赋额、民数，一切不纪；而仙佛之庐、台榭之废址、达官贵人之墟墓、词人流连光景之作，满纸而是。呜呼！此何异于家之籍专记图画狗马玩具为妆缀，而租龥钱贯所以需衣食之急者漫不足征也，其亦何取于为家也与？知家之有籍，本以治生而非以观美；国邑之有志，本以经世而非以博物，则得之矣。[1]

唐顺之认为方志和家志一样，其作有两种：纤勤治生者和游闲华饰者，古之方志均是以切于实用为务，而今之方志大都华饰增宠，未涉于实用。故而，唐顺之主张以"经世"为标准来决定方志的记载内容和任务，只要有用于社会的，不管形式或内容上多么"秽杂"，都要作为方志的主要记载内容。唐顺之"本以经世而非以博物"的方志编纂理论，可以说与他同样主张的经世的《左编》"非关于治者，勿录也"的编纂思想是一脉相承的。

　　如果说在唐顺之先辈那里，他们在学以经世的情怀鼓动下自发地关注于时事和地方史志，还多表现为零星的和不成体系的，到了唐顺之这里，则逐渐具有了自觉意识和理论成熟化的倾向，而发展到唐鹤征这里，则明显继承和发展了其父的方志学理论，并作了具体的实践。这表现在唐鹤征《武进县志》《常州府志》等成熟地方史志的编纂及其编纂

---

[1]常州市唐荆川研究会编：《唐荆川诗文集》卷10《江阴县新志序》，第280—281页。

理论的成熟。同样也是在这种经世情怀的鼓动下，唐鹤征也怀着"谫陋衰残，安足任之"①的忐忑，毅然担当起了编修《武进县志》的重任。唐鹤征总裁资格的认定也是在当地各大家族和宿儒的商订下决定的，同时也是由于他学以经世的家学渊源以及自己的学术素养才被众人一致推荐为总裁。"而武进乃中吴巨镇，何哉独阙斯举？推厥所由，则非章程之难纂、操翰之无人也。良以缙绅棋列，月旦难周，家有挟刃之胡奴，人有私祈之张说，以故野史之文，四邻莫睹，公庭之议，百载无成。余窃不然，蕞乎庄岳尚有太史兄弟猗矣，晋陵岂乏荀袁政骏，乃图斯典。迨于甲辰，是时欧阳郡侯适修郡志，不佞因以县志并请，既得报可，遂谋之瑶池恽先生、启莘钱先生、元台薛先生以及诸华簪名宿、青衿黄发，佥以总裁之任请于凝庵唐先生"②。唐鹤征自陈出任《武进县志》总裁是出于保留地方文献的考虑，"又念晏侯为宰直数年尔，犹计永久。吾辈生斯长斯，乃恣其湮废而弗为讨论哉"。但在有切于世用的考虑下，他所编新志与世之所认为的旧志并不同，即改变以名胜、文学、怪诞为主的旧志体制，以财用为主。"与前次郡邑之志体稍异。夫世之言志者曰：志者，史也，史则文而已矣。是故穷山川之幽深，足发览胜探奇之兴采。题咏之葩艳，足侈骚人墨客之谈索。怪诞之隐颐，足裨谐史稗官之魄，称良志矣。以余征之周官似不尔也，土训掌地道图以诏地事，以辨地物。小史掌邦国之志，外史掌四方之志，职方氏掌天下之图，以掌天下之地，辨其人民与其财用，周知其厉害，使同贯利，则知图志者，无非为政教计也"。同时又根据武进不同的地方特色而偏重于财用和先贤的事迹，但最终目的是有资于现世，"系故于财用特详，即或类于黄白册不论也……他志于人物略举大端，鹤征必指其事而详之，即或类于家乘不论也"③。

　　由于《常州府志》的修纂是在《武进县志》之后，唐鹤征在编修《常州府志》时充分借鉴了《武进县志》的编修经验，特别是于体例上，"其凡一如《武进县志》，一地理，二财赋，三文事，四武备，五名宦、名将，六人物，七词翰，八摭遗"。《常州府志》就是他在充分吸收

①晏文辉修，唐鹤征纂：《武进县志》卷首《唐鹤征序》，明万历三十三年刻本。
②晏文辉修，唐鹤征纂：《武进县志》卷首《晏文辉序》，明万历三十三年刻本。
③晏文辉修，唐鹤征纂：《武进县志》卷首《唐鹤征序》，明万历三十三年刻本。

各郡县志的基础上，进行实地的考察而撰成的，"尝有志尽括郡县之志而本之画野分坼之初，以观其棋布星罗之局。审之沿革离合之后，以判其连络涣散之情。或相使而为臂指首尾，或相错而为犄角犬牙，或相依而为辅车，或相持而为鼎足。又察其厄塞险要以佐战守攻围，要其陵谷沧桑以妙因应变化，呈之以图，缀之以籍，则形势之重轻、钱谷之虚实、户口之繁耗，有不了然心目之间者哉"①。在《常州府志》的纂修过程中，唐鹤征也是忠实的秉承这一原则，主要体现在以下三个方面：1.把钱谷等关系民生的问题放在极其重要的位置，"余观经世之术繁矣，总之，无过钱谷、甲兵、刑名耳"。三者相比，"以便有桑土之绸缪先事，必于民心之固结，钱谷则国家命脉，生民聚散实系之"②。2.为了使《常州府志》更好地有资于当世，对常州地方事务的记载往往注意到从地方的特点出发，有意压缩整体的论述，如结合常州的地方特色，对水利特别重视，"自古论河渠者有二利：转漕、溉田而已"。提出定期深浚和筑坝置闸等一系列具体措施③。3.保持对时事的敏感，为当前问题的解决出谋划策。根据明末倭患严重的情况提出鼓舞士气、严格练兵、御倭于海等措施。"江虽不可不防，而视海则次之。大都御倭当在海前，人言之洋矣。万一入江则亦御之江，勿使登陆可耳。何者？我之长技在舟，倭之长技在陆，故陆战我之败十七，水战则百战百胜，未有败者，焉得舍我之长而用其短哉？"④

（二）从"用世担当"到"辅世拯民"：唐氏家族经世学术传统的内部传播

宋代以后，宗族形态的进一步稳定以及明朝嘉靖"大礼议"对此一特征的加强，都使得家族这一概念在社会经济、政治利益和文化资源的占有和分配中发挥着越发重要的作用。从教育史的角度来讲，家传亦成为愈益重要的一种文化传播手段。其中，既有生理、心理方面的血缘遗传，亦有具体方法上的言传身教，更有缘于同一背景的家族文化认同，

---

① 唐鹤征：《常州府志》卷首《自序》，明万历四十六年刻本。
② 唐鹤征：《常州府志》卷3，明万历四十六年刻本。
③ 唐鹤征：《常州府志》卷2，明万历四十六年刻本。
④ 唐鹤征：《常州府志》卷12，明万历四十六年刻本。

诸多因素掺杂一起，都使家族学术呈现由点到面、由理论到实践、由自发到自觉的逻辑发展趋向。特别是在唐顺之及其子唐鹤征之间，他们的承袭脉络表现得更为全面和清晰。

对唐氏家族品性的综合考察，虽然侧重点有所不同，但"和而介"的双重人格是唐氏族人代代相传的一大特点。这一特点既蕴涵着由"齐家"到"治国"的潜力，亦赋予了唐氏家族于非常时期经世的勇气。它们从不同方面鼓励和引导着唐氏家族经世之学的展开及其于家族内部的传递。

"和"于"齐家"层面主要表现为孝悌。"（唐贵）家食贫无以为养，至手录时艺文售之以赡父母"。又"（唐珫）自以不能事父养母痛心恨，慕取诗有怀二人之义以自号"。唐氏家族的这一治家原则在居官阶段得以在"治国"层面上推展，即"惜民财、爱民命"。"（唐珫）居官以惜民财、重民命、正风俗为急信"①。唐复"令余姚，拊循细弱，甚著恩爱"。亦非常自律，廉洁自守，如唐复奉敕稽核两广仓庾取得不错效果后，"比其归，名香珍药一无所携"②。唐珫在历官四十余年后，于家族田产亦无所增益。唐大卿"令靖安，倅青州，皆以廉洁自守，归橐萧然，田舍无所增益"③。

同时，与唐氏族人孝悌的性格以及居官时的廉洁自守相偕以行的是"猥介"的独立人格，"郡县亦未尝有干请，其和而介如此"④。又"（唐音）性猥介，于义利大关不待学而辨……就选广平鸡泽县，实心干理，未尝以上官意指为趋向"。并且这种性格亦上升为整个家族的品格，"（唐音）后卒于官，无以为殓，诸监司厚赙之，其子一麐辞不受。一麐字仁甫，登嘉靖乙丑进士，有迈往拔俗之韵，虽不竟其用，盖无愧其家风云"⑤。居官时保有独立的人格，这为他们的官途发展带来一定的影响。如唐鹤征："隆庆辛未进士。选礼部主事，与江陵不合，中以浮躁。江陵败，起历工部郎，迁尚宝司丞，升光禄寺少卿，又升太常寺少卿，归。起南京太

①毛宪：《毗陵人品记》卷8《唐珫》，明万历刻本，续修四库全书，第541册，第183页。
②毛宪：《毗陵人品记》卷6《唐复》，明万历刻本，续修四库全书，第541册，第156页。
③毛宪：《毗陵人品记》卷10《唐大卿》，明万历刻本，续修四库全书，第541册，第206页。
④毛宪：《毗陵人品记》卷10《唐大卿》，明万历刻本，续修四库全书，第541册，第206页。
⑤毛宪：《毗陵人品记》卷9《唐音》，明万历刻本，续修四库全书，第541册，第190页。

常。"①但也正因为如此，他们具有在现实压力下勇于担当的魄力，"视天下势之所至，若万钧之压卵，处之晏然。举天下之所不敢为、不能为者，独毅然当之"②。此也为唐顺之不顾攀附严嵩嫌疑的"晚岁之出"预设了性格方面的注脚。

随着学养、政治经验的积累以及家族内部耳濡目染的熏陶，唐氏家族的气质亦多产生从气节到中行的演化路径，"吾（唐珤）平生无他长，惟不忮不求二字可以无愧……又云人知应德之进道而不知由公教之而后有成其学也，知应德遁世无闷，而不知由公安之而后有以乐其天也"③。唐顺之表率于前④，唐鹤征相随其后，"先生始尚意气，继之以园林丝竹，而后泊然归之道术，其道术自九流百氏天文地理稗官野史，无不究极，而继乃归之庄生逍遥齐物，又继乃归之湖南之求仁濂溪之寻乐，而后恍然悟乾元所为生天地生人物生一生万生生不已之理，真太和奥突也"。但这并不意味着他们对独立人格的完全舍弃，而是在经世抱负的鼓动下，面对现实的压力，理想人格与现实际遇的一种妥协。同时也正因为产生这样的气质转变，他们才能在现实事功上有所成就。唐顺之晚岁出山平定倭乱，唐鹤征亦有"与司马孙月峰定妖人刘天绪之变"的显赫事功⑤。

经世学术传统依附于唐氏"和而介"的家族性格遗传而得以在家族内部传承，如果说这一对家族经世学术传统来说动机和方式兼具的性格遗传还处于自发的状态，掺杂着诸多偶然的因素，那么对唐氏诸人思想和学术活动的分析更能折射出这一家族学术传统产生的原因和传承的必然因子。

《明史》于《唐顺之》后附录："（唐顺之）子鹤征，隆庆五年进士。历官太常卿。亦以博学闻。"⑥在交代唐鹤征的出处的同时，也披露了这对父子学术"博学"的共同点，这不仅没有把握住两者学术思想最根本的联

---

① 黄宗羲著，沈芝盈点校：《明儒学案》卷26《太常唐凝庵先生鹤征》，第603页。
② 李贽：《续藏书》卷22《金都御史唐公》，张建业主编，刘幼生整理：《李贽文集》第4卷，第505—506页。
③ 王慎中：《遵岩集》卷17《中顺大夫永州府知府唐有怀公行状》，文渊阁四库全书本。
④ 详参左东岭：《王学与中晚明士人心态》"唐顺之——从气节到中行的心学路径"一节，第438—492页。
⑤ 黄宗羲著，沈芝盈点校：《明儒学案》卷26《太常唐凝庵先生鹤征》，第603页。
⑥ 张廷玉等：《明史》卷205《唐顺之》，第5424页。

结点——经世的家族学术传统，更没有注意到这一传统的思想根源。

有关于经世理论的哲学之思，唐顺之在本体论上没有非常鲜明的主张，盖依归于王学，以"心"为本体，由此而引发的工夫论亦以此概念为基本出发点。"慈湖之学，以无意为宗。窃以学者能自悟本心，则意念往来，如云雾相荡于太虚，不惟不足为太虚之障，而其往来相荡，乃即太虚之本体也"。于工夫论上，"自悟本心"是其致知的一个途径，《明儒学案》对此评价道："先生之学，得之龙溪者为多，故言于龙溪只少一拜。以天机为宗，以无欲为工夫。"[1]但我们同样也不能忽视唐顺之工夫论的另一层面，即"着实用功"，主张致"知"同样依靠现实的修为。并且这两种致知的途径在唐顺之一人身上又体现着一定的紧张关系。唐顺之依"着实用功"对江左诸人依循"自悟本心"这一途径的片面发展提出了批评："江左诸人，任情恣肆，不顾名检，谓之脱洒。"[2]而王畿亦委婉地对唐顺之"晚岁之出"的担当气魄提出了异议，"荆川气魄担当大，救世心切，以身徇世，犯手做去，毁誉成败，一切置之度外，此岂谫谫者能窥其际耶？"[3]虽然双方各执"不顾名检"和"以身徇世"的口实，但唐顺之是对江左诸人"自悟本心"的片面发展而言，而王畿能够认识到唐顺之晚岁出山平定倭乱的事功是在"自悟本心"（即气魄担当大）与"着实用功"（即救世心切）交相为用的背景下做出的，"此岂谫谫者能窥其际耶"的评价绝非虚语。而此后"不论在山、出山，尚有无穷事业可做"之论，仍能看出两种致知路径的纠缠，实非"着实用功"一路所能概括。如果说同为王学中人的王畿对唐顺之还保有"理解之同情"，那《明实录》则予以严厉的道德批判。观于此，盖王畿"以身徇世"的评断绝非危言耸听，折射出了唐顺之的经世情怀于那个时代所遭的冷遇和孤独，他的经世之举也更体现出一个士子的勇气和气魄。

唐鹤征于工夫论上受其父唐顺之影响，亦采取"自悟本心"与"着实用功"双向兼取的路数。这生动地体现于深受其父影响的《桃溪札记》

---

①黄宗羲著，沈芝盈点校：《明儒学案》卷26《襄文唐荆川先生顺之》，第598页。
②常州市唐荆川研究会编：《唐荆川诗文集》卷6《与蔡白石郎中》，第158—159页。
③王畿著，吴震编校整理：《王畿集》卷4《东游会语》，第87页。

中①。"人身之气，未尝不与天通，只为人之喜怒哀乐不能中节，则乖戾而不和，遂与太和之气有间短。果如孟子所谓直养，于本分上不加一分，不减一分，则一身之气，即元始生生之气，万物且由我而各正保合，天地且由我参赞矣"。"直养"即唐顺之所言"自悟本心"，同时又认为"人身之气"因"人之喜怒哀乐"所干扰，不能与"太和之气"等同，这就需要后天的努力，主张"深造以道"，"然自得亦难言矣，深造以道，可以力为，自得不可以力为也。即有明师，亦惟为劳来匡直辅翼以使之而已，不能必之也"②。而于本体论上，唐顺之"着实用功"这一思路，"背弃了王阳明'以心为本'的思想，转向了张载的'以气为本'的实体论"③，从而具有了鲜明的本体论。"盈天地间一气而已，生生不已，皆此也。干元也，太极也，太和也，皆气之别名也。自其分阴分阳，千变万化，条理精详，卒不可乱，故谓之理。非气外别有理也"④。认为"理"为"气"之"条理精详"者，世界的本原是"气"，"气"生万物，"乾元所生三子，曰天，曰地，曰人……世人皆谓天能生人，不知生人者都是统天之乾元耳。人生于乾元，天地亦生于乾元，故并称之曰三才"⑤。正是由于唐鹤征于本体论上的突破，为经世之学找到了更加稳固的支撑点。同时唐鹤征的经世之学也未遭遇到唐顺之"晚岁之出"的窘境，从而使他的经世抱负能够在更大规模上得以平稳地展开。

　　唐氏父子的具体学术活动中，亦有自觉的承袭脉络可循。唐顺之、唐鹤征父子基于儒家道德哲学上的本体论、工夫论上的探讨都强调学与现实的联系。也正因为此，它与经世意识相汇合，并于明朝中后期表现出"体用并重""内圣外王兼治"的实学取向⑥。"德非虚器，其切实应

①关于《桃溪札记》受唐顺之影响，《明儒学案》记载："鹤征避暑于桃溪，偶校先君子所纂《诸儒语要》，寄吴侍御叔行，入梓时，有触发处，随引记之，以请于同志，幸有以正之也。"
②黄宗羲著，沈芝盈点校：《明儒学案》卷26《太常唐凝菴先生鹤征》，第605页。
③陈鼓应、辛冠洁、葛荣晋主编：《明清实学简史》，社会科学文献出版社，1994年，第241页。
④黄宗羲著，沈芝盈点校：《明儒学案》卷26《桃溪札记》，第605页。
⑤黄宗羲著，沈芝盈点校：《明儒学案》卷26《太常唐宁菴先生鹤征》，第604页。
⑥对此向燕南先生《"技艺与德岂可分两事"——唐顺之之实学及其转向的思想史意义》论曰："思想史的研究表明，从明代中后期开始，学术思想界开始出现一个值得重视的倾向，即将儒家的道德哲学与经世意识相汇合，在赋予经世致用思想形而上意义的同时，开始注意到其形而下的实践意义，表现出"体用并重""内圣外王兼治"的思想路径，形成涌动一时的实学思潮。"

用处即谓之艺；艺非粗迹，其精义致用处即谓之德"①。唐顺之形而上、形而下兼顾的朴素辨证学术取向运用到易学研究中，则为"象""理"不可偏废，并且这一取向为其子唐鹤征生动地予以继承。"易须象与理合，象与爻和。鹤征少尝读易，先君子训之曰：'易之为书，以象证理之书也。论象不论理，易失之穿凿；论理不论象，易失之浮泛，必象、理合，始有确据。自先儒据易不可与典要之言，象与爻各自为训，不惟爻、象常相悖，而六爻之中或本爻以为君子，他爻目之为小人，所以先儒谓六爻似累世仇杀，岂易义固然耶？故必爻象合始为定论。'鹤征细求之，则孔子之象传盖备矣，正所以合象、理、象、爻而一之者也，学者于此求之可矣"②。这一特点亦引导着唐鹤征《武进县志》和《常州府志》对旧志体例的改进，即为既注重财用的形而下实践意义，又注重先贤道德形而上的说教意义。具体改进方法就是前已述及之唐顺之"纤勤治生"和"游闲华饰"之辨。

同时，这种传承还体现在具体内容上。唐鹤征在《常州府志》中根据敌、我之长短提出的"御倭于海上"的主张，也是一仍其父唐顺之的。唐顺之在抗倭时曾根据击"来贼""去贼"之难易以及两者造成的损失之轻重，"击贼海中以奇功论，虽有平倭事例，但分别得来船、去船欠明，且水中首级一概以十五两论赏，不知打来船之难十倍于打去船也。去船杀人劫货，已厌其毒，杀一贼是止于一贼而已。若杀却来贼一人，是全了几个好人性命，其功不可同日语也"③。提出"御海洋"之策，"照得御倭上策，自来无人不言御之于海"④。

在儒家"学而优则仕"的理论指导下，唐氏诸人积极参与现实政治，他们的经世学术传统亦以此为背景而展开，体现在对科举的态度和居官时的学术活动。同时，这一经世传统亦以家族为单位传播着，特别表现于唐顺之父子，其中既有血缘方面的性格遗传，亦有思想方面的发展演绎，这从不同侧面都呈现出他们之间鲜明的承袭脉络。

①常州市唐荆川研究会编：《唐荆川诗文集》卷5《答俞教谕》，第123页。
②朱彝尊：《经义考》卷57《唐氏鹤征〈周易象义〉》，文渊阁四库全书本。
③唐顺之：《奉使集》卷2《奉内阁及本兵诸老书附击贼海中以奇功论》，明唐鹤征刻本，四库全书存目丛书，集部第90册，第442页。
④唐顺之：《奉使集》卷2《条陈海防经略事·御海洋》，明唐鹤征刻本，四库全书存目丛书，集部第90册，第457页。

## 二、唐顺之与东林学派：经世学术思想的外部影响

唐顺之的经世史学思想除了依靠血缘关系在家族内部予以传播外，依靠师友之间的学术交流和传承在家族以外也产生了较大的影响，其中表现最为直接、突出的就是对晚明东林学派实学思想的影响。

（一）唐顺之与东林学派之间的客观传承脉络

关于东林学派的渊源所自，葛荣晋先生认为："他们从王学中分化出来，转向朱学，试图以朱学拯救时弊。"认为东林学派虽多为王阳明再传或三传弟子，但大都出现了由王学向朱学的转化，以程朱理学为其一生学术最终所守①。步进智先生则认为东林学派脱胎于王学，表现出"合会朱、陆"的学术特色，"以顾宪成、高攀龙为代表的东林学派，虽然'恪遵洛闽'，'以朱为宗'，十分称道周敦颐、朱熹所创建和发扬光大的理学，把它看作是孔孟儒学的真传，其功不在孔孟之下。但他们在学术上却不抱门户之见，对陆、王'心学'的短长，以至程、朱'理学'之不足，大都能持公允的立场"②。嵇文甫先生则对东林学派的王学背景进一步明确："他们虽然有时候表示从王返朱的倾向，但实际上他们的学风终不类朱，而倒和王学右派相接近，是'尊德性'一路，而不是'道问学'一路。"③我们认为嵇文甫所论更为中肯。东林学派确实导源于王学，特别是与王学中的"右派"密切相关。

从对东林学派代表人物的学术源流的梳理，我们也可以清楚地看到王学后学对东林学派的影响。如东林学派代表人物之一薛敷教的祖父就是《明儒学案》中"南中王学"代表人物之一的薛应旂，他与唐顺之都在早年攻举子业时师事叶林；顾宪成、顾允成兄弟师事张淇，而张淇也于隆庆四年（1570）拜师于薛应旂。按照嵇文甫先生关于王学后学的两分法，"南中王学"显然属于王学"右派"，这也进一步印证了嵇文甫先生"倒和王学右派相接近"的观点。当然作为王学"右派"的唐顺之也与东林学派存有千丝万缕的联系，如表三：

---

① 葛荣晋：《东林学派和晚明朱学的复兴》，《船山学刊》1988年第2期。
② 步进智：《明末东林学派的思想特征》，《文史哲》1985年第5期。
③ 嵇文甫：《晚明思想史论》，第100页。

### 表三　唐顺之与东林学脉表

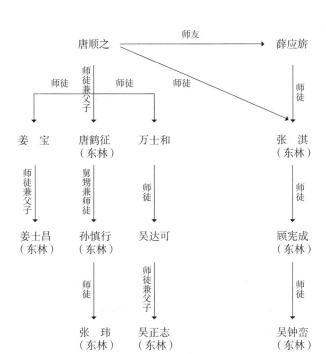

从表中我们可以看出，唐顺之与东林学派的联系，不仅有借助于同乡薛应旂之力，同时也有自己独立的影响路径。之所以说唐顺之与东林学派的联系有借助于同乡薛应旂之力，一是因为东林学派最为典型的代表人物顾宪成、顾允成确实出于薛应旂之门，薛应旂成为东林学派的鼻祖亦在各种文献中予以确认，《明儒学案》言："先生为考功时，置龙溪于察典，论者以为逢迎贵溪。其实龙溪言行不掩，先生盖借龙溪以正学术也。先生尝及南野之门，而一时诸儒，不许其名王氏学者，以此节也。然东林之学，顾导源于此，岂可没哉！"①这段话语义丰富，其内容大致有三：一是交待了薛应旂不被王学后学认可的一个原因，即"置龙溪于察典，论者以为逢迎贵溪"；二是整体来理解《明儒学案》的这段话，大概

①黄宗羲著，沈芝盈点校：《明儒学案》卷25《提学薛方山应旂》，第592页。

能够说明黄宗羲认为薛应旂为王学后学不是问题的，并且，面对诸儒把薛应旂排除出王学后学队伍的做法，黄宗羲又把其为东林学派开山作为一个反驳的理由，由此推断，于黄宗羲看来，东林学派也是王学后学；三是极大肯定了薛应旂东林开山的地位。从第三层含义出发，与薛应旂为同乡又同属于"南中王学"的唐顺之与东林学派的联系，实有借助于薛应旂对顾宪成兄弟脉络分明的这一线传承体系。在薛应旂与东林学派的传承体系中，也掺杂着唐顺之的因素，如处于薛应旂和顾宪成、顾允成之间的张淇少时也曾游学于唐顺之之门。《顾端文公年谱》云："张淇，初名子期，号原洛，少以游学荆川及薛方山两先生之门。无锡顾宪成父为宪成兄弟择师云：'必欲得文行兼备之士。'久之，始得原洛。"盖出于两种传承体系的交叉，顾宪成的及门弟子吴钟峦亦在万斯同《儒林宗派》中名列荆川学系中，附于唐顺之外孙、唐鹤征外甥兼及门弟子孙慎行之后[1]。

虽然在唐顺之后学中没有出现与顾宪成兄弟这样作为"东林开山"[2]的旗帜性人物，但他们与东林学派的联系发生得很早，也非常紧密，如唐顺之的儿子唐鹤征就已经开始讲学东林。《江南通志》载："唐鹤征字符卿，顺之子，隆庆辛未进士。授礼部主事，历南太常少卿，计歼妖人刘天绪，劾珰殴属丞，正其罪，以病免。与顾宪成等讲学东林，以博洽闻，年逾八十手不释卷。"[3]

而唐鹤征外甥兼弟子孙慎行亦受外祖唐顺之的影响很大，"孙慎行，字闻斯，武进人。幼习闻外祖唐顺之绪论，即嗜学。万历二十三年举进士第三人，授编修，累官左庶子"[4]。同时他也是名列东林的，如清人陈鼎就曾在其所撰写的《东林列传》中为孙慎行单独立传，把其归为明代东林学人[5]。不著撰人名称的《东林同志录》也把孙慎行归为东林学派中"词林"类，对此，四库馆臣著录曰："不著撰人名氏，题下注曰：'续点将录'。所列政府韩爌以下六人，词林孙慎行以下十九人，部院李

①万斯同：《儒林宗派》卷15《王氏学派》，文渊阁四库全书本。
②张永刚：《东林学术与王学的斗法——明代中后期东林学派崛起之实》，《许昌学院学报》2008年第1期。
③赵弘恩等修，黄之隽等纂：《江南通志》卷142《人物志·宦绩四·常州府》，文渊阁四库全书本。
④张廷玉等：《明史》卷243《孙慎行》，第6306页。
⑤陈鼎：《东林列传》卷21《孙慎行传》，文渊阁四库全书本。

三才以下五十七人,卿寺顾宪成以下七十三人……"①并且孙慎行在东林学派的发展中起到了莫大的促进作用,黄宗羲《明儒学案》言:"东林之学,泾阳导其源,景逸始入细,至先生(孙慎行)而集其成矣。"②

孙慎行弟子张玮亦名列东林,为东林名流薛敷教所赏识而讲学东林。《明史》载:"张玮,字席之,武进人。少孤贫,取糠秕自给,不轻受人一饭,为同里薛敷教所知。讲学东林书院,师孙慎行。其学以慎独研几为宗。"③《东林列传》虽未为其单独立传,但在《成勇传》《金光辰金九陛列传》等诸传中多有提及。

据唐鼎元增益万斯同《儒林宗派·荆川学系》而成的《荆川学脉表》,曾刊刻唐顺之《诸儒语要》的吴达可师从于唐顺之弟子万士和,其子吴正志亦有讲学东林的经历。《宜兴县志》载:"吴正志,字子矩,通政使,达可子。幼承家训,讲学东林。万历十七年进士,授刑部主事。"并在其当任期间,护惜赵南星、姜士昌等东林人物。

另外,唐顺之弟子姜宝,其子姜士昌亦与顾宪成、赵南星等东林人物多有交往,并且政见大抵相同,如对待张居正一事上,"张居正寝疾,朝士群祷,南星与顾宪成、姜士昌戒弗往"④,亦当属东林人物。李三才在为东林学派辩护时言:"所谓东林者,顾宪成读书讲学之所也。从之游者如高攀龙、姜士昌、钱一本、刘元珍、安希范、岳元声、薛敷教,并束身历名行,何负国家哉?偶曰东林,便成陷阱。"⑤从此辩辞中亦见姜士昌于东林学派中的地位。

(二)唐顺之对东林学派学术特点的影响

历史上关于东林学派最直观的性质判定还是从其道德方面予以入手的。黄宗羲《东林学案·前言》在对时人,特别是"小人"强加给东林人物以"名目"(即党派性质)表达了不满的同时,在一定程度上也认可了时人对东林学派的道德褒扬。"乃言国本者谓之东林,争科场者谓之东林,攻逆阉者谓之东林,以至言夺情奸相讨贼,凡一议之正,一人之不随流俗者,无不谓之东林"。"东林何不幸而有是也? 东林何幸而有是

---

①永瑢等:《四库全书总目》卷62《东林同志录》"提要",第560页。
②黄宗羲著,沈芝盈点校:《明儒学案》卷59《文介孙淇澳先生慎行》,第1450页。
③张廷玉等:《明史》卷254《张玮》,第6568页。
④张廷玉等:《明史》卷243《赵南星》,第6297页。
⑤张廷玉等:《明史》卷232《李三才》,第6066页。

也"的感慨更是鲜明地表达了他对时人评价的既反对又认可的纠结心理。其后，黄宗羲的评价也多是从时人对东林学派的道德褒扬这一路发挥而来，"数十年来，勇者燔妻子，弱者埋土室，忠义之盛，度越前代，犹是东林之流风余韵也。一堂师友，冷风热血，洗涤乾坤"[1]。由此看来，东林学派确实已经成为当时"正"和"不随流俗"的代名词。

这种学术特点的形成除受传统儒家"义""利"观的影响外，客观的传承体系也为这一观念的形成提供了保障。故而，与东林学派存在千丝万缕联系的唐顺之，他的学术主张和事迹也深刻地影响着东林学派的这一学术特点。分别为唐顺之《诸儒语要》和《六家文略》作序的高攀龙和顾宪成都表达了对唐顺之学术特点的认可。顾宪成也对唐顺之的品格、学问推崇有加，如对勘定倭患功绩的评价：

> 每事必躬亲，驰驱南北，迄无宁晷，竟以是病。犹然冒雪穷海壖，既调度兵食，又苦心赈贷。行至泰州，自度不起，进诸将士曰："吾死不恨，第山中尚少十年工夫耳。"无一语及私，遂卒。

又如对其学问的褒扬：

> 顺之才高意广，包络今古。游王山阴、罗吉水、王晋江间，务各取其所长，切磨助发。与慈舟、翠峰、金道人辈为方外交。其于书无所不读，读辄穷其奥，至于甲兵钱谷、象纬历算、击剑挽强，凡稍习其说者，必折节下焉。既得其说，辄以全力赴之，所得卒超初说之上，盖异人也。晚而应召，齐志以殁，闻者悲之。[2]

盖正是这种源于品格和学问的崇拜，东林诸人受唐顺之的影响应该也是比较直接的。民国唐鼎元更是从唐顺之学术主张及事迹对弟子的影响立论，言："语曰：'以身教者从，以言教者讼。'荆川公罢官归里，弟子来问业者，首语以严义利之辨而征其实，于辞受进退之间，世俗纷纷朱、陆之辨，则不暇及也。迨公之以春坊建言削籍归也，杜门益固，地方大吏往来求见者，咸不接纳……然而公之弟子累多绝特之行，若万履庵士和、姜凤阿宝，卓著史传，及诸名家集无不论矣，而冯行可之刺血疏救

---

[1] 黄宗羲著，沈芝盈点校：《明儒学案》卷58《东林学案一序》，第1375页。
[2] 顾宪成：《唐荆川先生本传》，唐顺之著，马美信等点校：《唐顺之集》附录三，第1088页。

父，杨允绳之蹈虎尾、批龙鳞，尤足惊泣鬼神，陆南阳不携善化寸缕，气摄洞庭飓风，贺邦泰之官厨麦粥，心折海刚峰公，此其清苦卓绝之行，亦岂近世所得而有。"①随着学术谱系的进一步展开，唐顺之的不附权贵、卓荦不群的学术性格亦影响到东林学派，"荆川之学再传而得孙闻斯、吴叔行辈，为朝阳之鸣凤，集东林之大成，三、四传而得吴钟峦、毛力怀辈"②。

与早期崇尚"气节"的唐顺之一样，以顾宪成、高攀龙为首的东林学派不论在官或是闲居，都能保持独立的人格，不为世俗所左右，时人"不随流俗"的评价当因此而言。

从曾师从唐顺之的张淇对顾宪成的教授之法上，亦可见这种学术特点形成的原因，"年十五六，从张原洛读书。原洛授书，不拘传注，直据其所自得者为说，先生听之，辄有会"③。而这种强调"自得"的为学路径在明后期"天崩地解"、危机四伏的时代背景下就表现为对时政的抨击。他们对阉党乱政、科举弊端、矿监税使掠夺等现实弊政进行了猛烈地抨击，而在这些抨击中又迸发出要求民主、维护地方权益等"具有民主启蒙色彩"的主张④，明确提出了"天下之是非，自当听之天下"的鲜明口号。

当然，一生奉经世为圭臬的唐顺之对东林学派实学主张的影响自不待言，这又和东林学派与王学"右派"的传承关系密切相关。如前所言，作为王学"右派"的唐顺之在"致良知"之"致"上存在两种倾向，一为"率其自然"，这就使其学说具有了思想解放意义，不随人唇吻，这也是促使唐顺之乃至东林学派"不随流俗"学术特点产生的思想因素；一是"着实用功"，主张致知同样依靠现实积累和客观操作，这就在为其经世主张找到了坚实的思想基础的同时，也对王学"左派"末流谈玄务虚、不切实用的学术弊端有所补救。从上面对东林学派学术渊源的梳理上，他们大都出自王学"右派"后学，其经世学术主张上也由王学"右派"发展而来，东林诸子在揭露阳明学说弊端或提出解决方法时都是从

---

① 唐鼎元：《唐荆川公弟子考》卷首《序》，民国二十三年铅印本。
② 唐鼎元：《荆川学脉》卷首《序》，民国二十三年铅印本。
③ 黄宗羲著，沈芝盈点校：《明儒学案》卷58《端文顾泾阳先生宪成》，第1376页。
④ 关于东林学派学术的启蒙色彩，请详参步进智《东林学派的历史贡献》（《江南论坛》1994年第6期）及《明末东林学派的思想特征》（《文史哲》1985年第5期）等文。

王学"右派"寻找理论支持，如顾宪成曾言："罗念庵曰：'终日谈本体不说工夫，才拈工夫便以为外道，使阳明复生亦当攒眉'……海内有号为超悟而竟以破戒负不韪之名，正以中此毒而然也。"[①]概括而言，他们一如王学"右派"，在本体论上，反对单纯以"无善无恶"来规定心之本体：

> 管东溟曰："凡说之不正，而久留于世者，必其投小人之私心，而又可以附于君子之大道者也。"愚窃谓无善无恶四字当之。何者？见以为心之本体，原是无善无恶也，合下便成一个空。见以为无善无恶，只是心之不着于有也，究竟且成一个混。空则一切解脱，无复挂碍，高明者入而悦之，于是将有如所云：以仁义为桎梏，以礼法为土苴，以日用为缘尘，以操持为把捉，以随事省察为逐境，以讼悔迁改为轮回，以下学上达为落阶级，以砥节砺行，独立不惧，为意气用事者矣。混则一切含糊，无复拣择，圆融者便而趋之，于是将有如所云：以任情为率性，以随俗袭非为中庸，以阉然媚世为万物一体，以枉寻直尺为舍其身济天下，以委曲迁就为无可无不可，以猖狂无忌为不好名，以临难苟安为圣人无死地，以顽钝无耻为不动心者矣。由前之说，何善非恶？由后之说，何恶非善？是故欲就而诘之，彼其所占之地步甚高，上之可以附君子之大道。欲置而不问，彼其所握之机械甚活，下之可以投小人之私心。即孔、孟复作，其亦奈之何哉！[②]

严厉指出了"无善无恶"论的社会危害，即"空"和"混"，亦即通俗意义上的思想的混乱和虚妄。如何挽救这一社会弊病，东林学派普遍的主张就是借助孟子思想，主张"性善"论。在工夫论上，认为"良知"不是现成的，而是需要不断探索、修炼方可觅得。如东林名士史孟麟以"矿金"到"精金"的冶炼过程喻"孩子"到"圣人"的修炼过程，生动地说明了"良知"致得存在一个"淘洗锻炼"的过程，从而得出"不思不勉，只说个见成圣人，非所为圣人也"[③]的结论。从本体论和工夫论上顾宪成更是总结道："语本体，只是性善二字；语工夫，只是小心二字。"[④]正是建立在这样的本体论和工夫论上，东林学派要求学术要落到实处，"学不

①顾宪成：《与孟白》，转引自嵇文甫：《晚明思想史论》，第87页。
②黄宗羲著，沈芝盈点校：《明儒学案》卷58《端文顾泾阳先生宪成》，第1391页。
③黄宗羲著，沈芝盈点校：《明儒学案》卷60《太常史玉池先生孟麟》，第1476页。
④黄宗羲著，沈芝盈点校：《明儒学案》卷58《端文顾泾阳先生宪成》，第1391页。

在践履处求，悉空谈也"①。强调学术的经世价值，"学问通不得百姓日用，便不是学问"②。

当然，在"着实用功"方面，相比较于唐顺之，薛应旂在一些场合强调得更为突出一些，如薛应旂就曾批评过唐顺之"只于性情中求之"的文学之法，强调践履的重要性，"若以定省久旷，则唯疾之忧，更宜体之。翰谕问学，只于性情中求之，此实至教。执事高明，峻洁工夫，易简如此足矣。但鄙意则谓，践履上亦不可一息放过，不然则荒唐无实，如近世之论学者，于知行忘助，辨析毫厘，而义利大防，则甘心溃决而不顾，未必非邯郸之步累之也。不知高明以为如何？"③这大概也是薛应旂后学中直接开出强调"践履"的"东林开山"的一个主要学术原因。

故而，无论是从东林学派的客观承袭脉络，还是从学术内涵上分析，唐顺之都对东林学派产生了一定的影响。当然，东林诸人也在唐顺之所论的基础上有所发展。如顾宪成对唐顺之《春秋论》就再进一格，由唐顺之对春秋纲常失序，诸侯、大夫和陪臣专政的感叹，演进到对天子失职的责难：

> 唐荆川先生所著《春秋论》甚佳，其说本孔子"礼乐征伐"一章来，却似只道得一半，何也？所谓自诸侯出，自大夫出，自陪臣出，凡以责其下也，探本寻源，毕竟又自上之无道始。故曰天下有道，政不在大夫。天下有道，则庶人不议。④

于顾宪成看来，唐顺之把春秋战国时期的礼崩乐坏看作是诸侯、大夫和陪臣乱政的观点是不得肯綮的，没有洞悉礼崩乐坏的根源是"上之无道"，这延续了其对君王一贯的批判精神，从而对唐顺之的相关学说颇有微词，但我们也应看到唐顺之相关论说成为其学说突破的前提，即所谓"唐荆川先生所著《春秋论》甚佳"。换句话说，其学说充分注意到唐顺之相关论说并予以继承和发展。无怪唐鼎元一再申说唐顺之

---

① 黄宗羲著，沈芝盈点校：《明儒学案》卷59《御史钱启新先生一本》，第1440页。
② 高攀龙：《高子遗书》卷5《会语》，文渊阁四库全书本。
③ 薛应旂：《方山先生文录》卷5《与唐荆川》，明嘉靖三十三年东吴书林刻本，四库全书存目丛书，集部第102册，第274—275页。
④ 顾宪成：《小心斋札记》卷4，见《顾端文公遗书》，清康熙刻本，续修四库全书，第943册，第151页。

为东林创始人之一，"公（唐顺之）受业弟子数百人，其著者若万思节士和、姜廷善宝……政绩行谊备载于史传，文章播于艺林，其有特立独行、潜修苦学能得公之精微，卓然为世师表者，更难悉数。且东林之学实公与（薛）方山先生开之，东林巨子多为公之一再传弟子。而当有明鼎革之际，为公之学者风徽尤烈"①。梁启超在发掘王学与东林学派关系时亦言："他们（按，指东林诸人）自身，却都是——也许他们自己不认——从阳明学派这位母亲的怀里哺养出来。"②

我们的思路进至于此，逼迫着我们必须对一个问题做出回应，即东林学派从客观学脉上来讲，与王学诸人存在着千丝万缕的关系，但东林学派为什么又对作为一个整体的王学采取一种批判的态度呢？亦即梁启超所言"自己不认"哺养自己的"母亲"呢？

（三）入室操戈：东林学派之与王学

长期以来，学者们多认为东林学派的产生是对王学的反动，认为他们或宗奉程朱理学；或出入王学，而以程朱理学为依归③。不可否认，从东林学院"恪遵洛闽""以朱为宗"校规的制定，以及东林学派在不同场合对王学大肆批评等现象上似乎也印证了这一观点。但我们所不容忽视的是这些现象背后的实际寓指：鉴于王学，特别是其末流片面地发挥王阳明"良知自足"说，强调良知的见在性而忽视现实的践履工夫，对明后期学风虚妄局面的形成负有不可推卸的责任。这与明后期强调学术经世以挽救社会危机的时代主题是格格不入的，因此也遭到了东林学派的强烈批判。

这是我们基本的认知逻辑。但我们同时还需要注意的一点是：东林学派在批判王学时，也采用了许多技术上的处理，并非完全就是一种超然的学术论证或就事论事的状态。

在东林学派批判王学时，主要在两个层面上展开。

---

① 唐鼎元：《明唐荆川先生年谱》卷首《例言》，《宋明理学家年谱续编》第4册，第243—244页。
② 梁启超：《中国近三百年学术史》，东方出版社，1996年，第17页。
③ 黄兆：《建国以来明末东林党研究述评》，《中国史研究动态》1991年第10期。稽文甫先生虽进一步指出："他们虽然有时候表示从王返朱的倾向，但实际上他们的学风终不类朱，而倒和王学右派相接近，是'尊德性'一路，而不是'道问学'一路。"（稽文甫：《晚明思想史论》，第100页）但也未对东林学派"和王学右派相接近"，同时又表现出"从王返朱倾向"这一矛盾现象作过多的探讨。

　　一是当东林学派在批判作为整体的王学时，东林诸人确实是不遗余力的。高攀龙的一段话很有代表性，"姚江之弊，始也扫闻见以明心耳，究而任心而废学，于是乎《诗》《书》《礼》《乐》轻，而士鲜实悟；始也扫善恶以空念，究且任空而废行，于是乎名、节、忠、义轻，而士鲜实修"①。关于这段话的本旨是对整体王学的批判，这一点基本没有问题，大致意思就是王学导致了学术的空疏和伦理的沦丧，其着重论述的字眼在"究"字上，即"究任心而废学"和"究任空而废行"。但是，我们也应注意到，这段话的每句话、每个字也并不全然是对整体王学的批判。支撑我们这一论点的也有一个着重的字眼，即"始"字。"始也扫闻见以明心耳""始也扫善恶以空念"这两句话按照我们现在的理解都有其合理性，虽然在这段话中高攀龙没有明确说明这两句话的褒贬涵义，但起码我们不能想当然地认为这两句话也是对整体王学的批判。我们还需要重复的是，这段话整个的落脚点是在"究"字之后的内容，因此我们认为这段话从整体上来讲是对整体王学的批判是大致没有问题的。但也正是我们上引"始"字开首的两句话，向我们透露出了东林学派对王学的批判还是留有余地的。这个"余地"也有一个非常明显的表现，即当东林诸人在面对王阳明本人及王阳明一些后学，如嵇文甫先生所谓王学"右派"时，他们还是能够表现出一种"理解之同情"的情绪的。关于对王学"右派"的"同情"，前已述及东林学派对唐顺之、薛应旂等人的态度。我们认为，这里的"同情"绝不是客观学脉约束下的无奈，更应该是相似学理上的认同。关于东林学派对王阳明个人的态度，东林学派的另一领袖人物顾宪成告诉我们："惟朱子平，阳明高；朱子精实，阳明开大；朱子即修即悟，阳明即悟即修。以此言之，两先生所以'考之事为之著，察之念虑之微，求之文字之中，索之讲坛之际'者委有不同处，要其至于道则均焉。"②"要其至于道则均焉"的评价之高不用我们再强调了吧。如果我们上述的认识不是胡诌的话，那这里就出现了一个比较有趣的事情，为什么东林学派不遗余力地批判作为整体的王学的同时，一旦涉及到王阳明个人及王学"右派"人物时，他们还体现出某种认可，甚至认

---

① 高攀龙：《高子遗书》卷9《崇文会语序》，文渊阁四库全书本。
② 顾宪成：《小心斋札记》卷7，《顾端文公遗书》，清康熙刻本，续修四库全书，第943册，第168页。

同? 东林学派对于王学之所以出现这一看起来两种并不尽相同的态度,隐约透露出一些更为深层的技术处理问题。这也是我们在第二个层面所着重需要说明的。

第二个层面是东林学派在批判王学时主要运用了"极而言之"的技巧。这里所谓的"极而言之",就是为了强调某件事情或道理,往往把这件事情或道理强调到了极致,甚至是矫枉过正的程度。有关于此种方法的运用,其实历史和现实中这样的实例比比皆是。如宋代理学对于佛教的批判,余英时谓:"理学家辟佛常常诉诸一种策略,即援引原始教义,一口咬定佛教的最终目的是舍'此岸'而登'彼岸',因此对'此岸'不可能有任何真正的肯定。"[①]"一口咬定"的措辞说明的是道学家为了论说自身学说的正当性,而想当然地把佛教品性界定为"出世",全然不顾其于宋代"入世"的诸种表现。又如当代学者李泽厚在主张改革时,亦称:"梁启超是为了改良而讲革命,我讲'告别革命'是为了能够慢慢改良,中国太难改变了,就像鲁迅讲的,'即使搬动一张桌子,改装了一个火炉,几乎也要流血'。你声称要把屋子拆了,最后人家才同意你开个窗户。所以,我认为现在一些地方的工人罢工是好事,不激烈一些,当权者根本不肯改革。"[②]李泽厚所分析的梁启超主张"革命"的真正动机在"改良",以及其对工人罢工要更激烈一些的鼓励,我们说这些都是"极而言之"方法的运用应该是没有问题的。还需要说明的是,我们这里引用两个事例,有古代有现代,一层意思无非想说明这种方法使用的普遍性,另一层意思是说明正是因为这是一种非常普遍的方法,我们更应该心平气和地接受它,而不是一看到"极而言之"四字,就把其定为贬义词而加以排斥,关于东林学派对于这一方法的运用我们也应作如是观。

为了尽量避免我们的思绪进一步的蔓延,我们还是赶紧回到东林学派在批判王学时对于这一方法的运用上。下面的这段史料是被高攀龙誉为"与东林诸君子为性命之交"[③]的东林人物刘永澄留给我们的,"三代而上,黑白自分,是非自明,故曰:'王道荡荡,王道平平。'后世以是为非,指醉为醒,倒置已极。君子欲救其弊,不得不矫枉,盖以不平求平,

①余英时:《朱熹的历史世界——宋代士大夫政治文化的研究》,第75页。
②马国川访谈:《中国在历史的转折点——当代十贤访谈录》,中信出版社,2013年,第215页。
③黄宗羲著,沈芝盈点校:《明儒学案》卷60《职方刘静之先生永澄》,第1478页。

正深于平者也"①。首先，这条史料中"以不平求平，正深于平者"的东林诸君子的做派就是"极而言之"或"矫枉"而趋于正，这就为东林学派对于这一方法的运用找到了其正当的理由。其次，为什么东林学派使用这种方法呢？是因什么而发呢？显然是针对于"后世以是为非，指罪为醒，倒置已极"的时弊。这种情实由谁造成的？这段史料没有明言，但我们结合东林诸人对于王学的评价，应该说造成这种时弊的诸多群体当中，王阳明及其后学应该算一个。为了说明这一论点，我们有必要引用顾宪成的一段话："阳明先生开发有余，收束不足。一时心目俱醒，恍若拨云雾而见白日，岂不大快？然而此窍一凿，混沌几亡。往往凭虚进而弄精魄，任自然而蔑兢业。陵夷至今，议论益玄，习尚益下。高之放诞而不经，卑之顽钝而无耻。"②文中对于王阳明的肯定，再一次佐证了我们上面所言，东林学派在涉及王阳明个人的评价时，基本上抱有"理解之同情"的态度。自"然而"以后就主要是对作为整体的王学的批判了。其中所用"陵夷""放诞""不经"等词汇与"以是为非，指罪为醒，倒置已极"等措辞基本上是相通的。因此，我们认为东林学派在批判阳明及其后学时使用"极而言之"的方法应该不是一种妄论。

　　正是由于东林学派在评价作为整体的王学时采取了"极而言之"的方法，其理论往往给人以警醒，但同时也给人留下了"绳人过刻"的印象。明人倪元璐即言："东林，天下之才薮也。其所宗者，大都树高明之帜，而或绳人过刻，持论太深。谓非中行则可，谓非狂獧则不可。"③明末清初大儒黄宗羲也认为顾宪成等人对王阳明"无善无恶"论的批判是有"失阳明立言之旨"，"与阳明绝无干"的，"后来顾泾阳、冯少墟皆以无善无恶一言，排摘阳明，岂知与阳明绝无干与！故学阳明者，与议阳明者，均失阳明立言之旨，可谓之茧丝牛毛乎！"④梁启超亦对东林学派的政党属性的排他性有所察觉："到最后二三十年间，道学派大本营，前有'东林'，后有'复社'，都是用学术团体名义，施行政党式的活动。他们对于恶势力，拼命奋斗的精神，固然十分可敬可佩，但党势渐成以后，依

①黄宗羲著，沈芝盈点校：《明儒学案》卷60《职方刘静之先生永澄》，第1479页。
②顾宪成：《小心斋札记》卷3，见《顾端文公遗书》，清康熙刻本，续修四库全书，第943册，第144页。
③倪元璐：《东林列传》卷8，文渊阁四库全书本。
④黄宗羲著，沈芝盈点校：《明儒学案》卷36《尚宝周海门先生汝登》，第854页。

草附木的人日多，也不免流品很杂。"①当代学者谢国桢先生对东林的评价亦有"意气"之论②。至于当代学者顾诚先生在其《南明史》中对于东林后学的鞭挞是否与此有关，也未可知③。

现代许多学者往往循着东林学派对于作为整体王学的批判这一思路，全然不顾东林在评价王阳明及其"右派"时的认可，也没有充分注意到东林学派对于作为整体的王学批判时"极而言之"方法的使用，简单认为东林学派是王学的反动，是无条件尊奉程朱理学的，这不能不说是一种片面的做法。这种片面也分不同的层次。第一个层次是因为认识结构的不完善，没有注意到王学与东林学派的学缘关系，从而得出东林学派是王学反动的结论。第二个层次是为了迎合东林学派对于王学猛烈批判的这一主题色彩，有意地回避东林学派与王学诸人的学缘关系。第三个层次更不足为取，为了说明东林学派是反王学的，在涉及东林学派对王学的评价时，要么是曲解史料，要么对史料断章取义。

其实，通过对东林学派与王学"右派"唐顺之、薛应旂等人具体传承关系的梳理以及对两者学术性格和思想内涵的比较，东林学派确实脱胎于王学"右派"，即使在东林学派反复批评的"学风虚妄"上，王学"右派"的唐顺之和薛应旂等人都给出了正面的回答，东林学派的经世理论也确实导源于此。所以，东林学派又在很多场合对王学的批评不那么尖锐，表现出调和程朱理学和王学的色彩，"朱子揭格物，不善用者流而为拘矣；阳明以良知破之，所以虚其实也。阳明揭致知，不善用者流而为荡矣"④。即使这一学术色彩也是从王学"右派"中继承、发展而来。唐顺之即言："于是取程朱诸老先生之书降心而伏读焉。初未尝觉其好也，读之半月矣，乃知其旨味隽永，字字发明古圣贤之蕴，凡天地间至精至妙之理，更无一句闲语。"⑤具有明显合会程朱理学和王学的倾向。于此，王孚斋《古斋行状》评价道："若荆川之言，盖多与阳明暗合，然究其指

---

①梁启超：《中国近三百年学术史》，第4页。

②谢国桢：《明清之际党社运动考》，上海书店出版社，2004年，第5页。

③详参顾诚《南明史》（中国青年出版社1997年版）中的相关章节。

④顾宪成：《小心斋札记》卷11，《顾端文公遗书》，清康熙刻本，续修四库全书本，第943册，第188页。

⑤常州市唐荆川研究会编：《唐荆川诗文集》卷5《与王尧衢编修书》，第134页。

归，其牴牾晦翁者鲜矣。"①由此可见，东林学派合会程朱理学和王学的学术色彩形成，也是导源于王学内部反思（主要是王学"右派"反思"左派"及其末流片面发挥"率其自然"倾向在明代中后期所产生的消极影响而言）而来。

通过以上论述，我们大致可以看出：东林学派脱胎于王学，在明中后期社会危机日益严重的压力下，积极汲取传统学术（包括传统儒学、程朱理学和王学）中的经世理论，强调经世致用，以挽救时局。它是超越于程朱理学和王学的派系划分之上的，其学术属性也并不是非此即彼的。

反观东林学派与王学的关系，客观血脉上出于王学，或者说与王学有莫大的因缘；经世理论的继承，特别是在现实重压下的道义担当，王学理论也是一个重要的思想来源；如上两条，再加上某种程度上把明朝衰弊的责任安置在王学的肩上，我们更倾向于把东林学派对王学的态度归结为四个字：入室操戈。

这里，还需要反复声明的是，我们没有为王学开脱的打算，也没有标新立异置东林学派于不义的预谋。仅从唐顺之与东林学派关系的梳理上，构建了我们所认为可以作为史实的历史的一个面相而已。

### 三、《奉使集》与明后期边防史地撰述风潮

有关于唐顺之对晚明经世思潮的影响，我们在第一部分中主要讨论了唐顺之的经世理论在唐氏家族内部传承中承上启下的作用。在这一讨论中，其中既有关于经世理论在思想层面的理论说明，也涉及其在史学方面的表现。第二部分主要讨论了唐顺之的经世致用理论对于东林学派的影响，主要从学术和思想理路上入手，基本没有涉及史学层面。下面我们具体从唐顺之《奉使集》与明后期边防史地撰述风潮的角度分析一下唐顺之史学经世致用思想的史学影响。

明中后期社会危机的加深，"南倭北虏"问题开始凸显出来，反映在史学上就是"出现了大批有关边防史地的撰述"，从而形成涌动一时的明后期边防史地撰述风潮②。唐顺之《南北奉使集》本身就是这其中典

①唐鼎元：《明唐荆川先生年谱》卷1，《宋明理学家年谱续编》第4册，第345页。
②向燕南：《明代边防史地撰述的勃兴》，《北京师范大学学报》（人文社会科学版）2000年第1期。

型的一部。而作为反映"南倭北虏"问题第一手资料的《南北奉使集》
更是广泛影响着这一风潮中的其他作品，对这一风潮的发展起到了推波
助澜的作用。

　　胡宗宪编、郑若曾（号开阳）撰写的《筹海图编》①开始就由唐顺之
提议，并和郑若曾共同撰修。"荆川唐公顺之谓曾宜有所述，毋复令人之
恨今也。稿未半，荆川不逮。郡伯王公固命成之。无何，少保公以主记
来召，发蒙启愦，且获从幕下，诸文武士闻所未闻，越数月而书竣事……
是编也，肇意于荆川，玉成于郡守，而少保公实主之"②。明确言及此书
是由唐顺之的提议和参与而开始编纂的。从《筹海图编》的具体部分来
看，亦有明确唐顺之直接参与的记载，如《筹海图编》中《海防一览图》
就是在唐顺之和郑开阳共撰的《海防图论》基础上丰富而来的。"是图
乃若曾与唐顺之所共定，凡十二幅。其式以海居上地居下，乃画家远近
之法，若曾具为之辨。胡宗宪所题为《海防一览》者，即此书也。其书成
于《万里海防图》之先，盖草创未详之本。后其六世孙定远刊《海运图
说》《黄河图议》等编，复并是书刻之云"③。文中亦以"都御史唐顺之
云""通政唐顺之云""荆川曰"等形式直接引用《南北奉使集》中的材
料达三十余处，范围遍及《筹海图编》中的绝大多数章节，有的章节名称
或视角甚至直接援用《南北奉使集》，如《筹海图编》卷11、12中的"定
庙谟""足兵饷""募客兵""图海外"等条目。《筹海图编》对唐顺之

①关于《筹海图编》的作者，《千顷堂书目》《明史·艺文志》《钦定续通志》《钦定续文献通
　考》均著录为"胡宗宪撰"，《四库全书总目》在《筹海图编》下题为胡宗宪撰，在《郑开阳
　杂著》下又题为"是书旧分《筹海图编》《江南经略》《四隩图论》等编本，各自为书"，认
　为《筹海图编》为郑开阳著，在《江南经略·提要》中也称《筹海图编》为郑开阳所撰。再结
　合郑开阳入胡宗宪幕府的史实，《筹海图编》为胡宗宪编、郑开阳著当为事实。胡松为此书
　作序时称："爰有昆山郑子伯鲁，故太常卿魏庄渠先生高弟子也。有志匡时，而阨于命，亲
　在围城，第观当世举措，有慨于中，念欲记载论著，贻之将来。即凡兵兴以来公私牍牒，旁
　搜远索，手自抄写。家本剧郡，而居又密切闽所，凤以德学见礼在位，故得究详焉。他日，以
　其僮缮造沿海图本十有二幅，附以考论。郡守太原王君为之梓行，因献督抚默林胡公，公见
　而惊曰：'韦布之中，乃有斯人耶？此世所稀睹，余比欲为之而未皇暇及，韦布中乃有斯人
　耶？'于是，檄来武林，使益成书。伯鲁感激知遇，追迹寇始，详稽典制，参质风谣。即贼所
　入寇岁月、道路、克捷、偾北，与今昔主客兵马、馈饷之数，舟楫器械战守屯戍之法，备书
　具载，凡为卷者十有三。盖后经世者有据也。"（《明文海》卷222《筹海图编序》）此中明言
　《筹海图编》受胡宗宪的奖掖和资助，由郑开阳编撰完成。
②郑若曾撰，邓钟重辑：《筹海重编》卷首《刻筹海图编引》，明万历刻本，四库全书存目丛
　书，史部第227册，第6页。
③永瑢等：《四库全书总目》卷75《海防图论》"提要"，第656页。

《奉使集》等相关文献的征引，详见下表：

表四　《筹海图编》引唐顺之《奉使集》等相关文献表

| 所在卷数 | 收录内容 | 史料出处 |
| --- | --- | --- |
| 4 | "福建事宜"载："都御史唐顺之云：贼之根本，实在闽中，海上经略此第一义。况一海相通喘息，闽贼亦浙贼也。" | 《荆川集·与王芳湖中丞》 |
| 5 | "浙江事宜"载："都御史唐顺之云：往时浙直军需多倚各省协济，自例罢协济之后而窘急甚矣。胡总督近有乞留运米借盐银之奏，盖以军需无处，甚不得已，全仰此一着救急。" | 《南奉使集·条陈海防经略事疏》 |
| 6 | "南直隶事宜"载："都御史唐顺之云：自来御倭之策，无人不言御之于海则易，御之于陆则难。是以海上会哨会剿事例甚严，所以图难于易也。浒山去乍浦、金山、吴淞江三处，各是一潮道里，适均系会哨所载。" | 《荆川集·行巡江御史手本》 |
| 11 | "南直隶事宜"载："又云：海贼入江，由江两岸登陆之路。廖角嘴、营前沙，南北相对，海面约阔一百四十五里，为第二重门户……" | 《荆川集·咨凤阳巡抚都御史李》（有改动） |
| | "南直隶事宜"载："又云：江北、江南事例互相应援，况南北共海，贼若抢船上岸，不寇江南，则寇江北，是江北之援江南，亦自援也。若不会兵歼之于海中，何以独立御之于岸上。" | 《荆川集·咨凤阳巡抚都御史李》 |
| | "南直隶事宜"载："都御史唐顺之云：庙湾剿贼之路原有两条。一条从宝应拖船过坝，水路自清沟、喻口进攻，则兵势既便而馈饷亦易；一路从淮安至马逻，陆路进攻，则兵势既迂而馈饷亦难。" | 《荆川集·咨凤阳巡抚都御史李》 |
| | "南直隶事宜"载："又云：通州屯下重兵，若有寇，则又有客兵囤聚，计算通州所出粮谷得兵吃否，恐临期不免腾贵，则通州该何路籴买。或是先将军饷银上江籴米，从江路运至通州积下，若米价腾贵，则银米兼支与军家为便。柴薪亦须预处。" | 《荆川集·咨凤阳巡抚都御史李》 |
| | "南直隶事宜"载："又云：江北局面与江南浙、福不同，靠不得水战，靠陆战也。" | 《荆川集·与陈苏山职方》 |
| | "定庙谟"载："都御史唐顺之题云：自海贼入寇以来十余年，东南具苦其毒而贼之被杀者亦积至几万。今年寇江北寇浙东者且万余，而寇福建者，传闻不下二三万……" | 《南奉使集·条陈海防经略事疏·定庙谟》 |
| | "实军伍"载："都御史唐顺之云：逃军许其自首，随处收补一节论明决直接，仆亦同此意。盖与逃而无用，不若就近而补之，犹得一军之用也……" | 《荆川集·答马巡抚书》 |
| | "精教练"载："巡抚都御史唐顺之云：八九年间，为都督者亦几何人，中间以练兵为说，谓不在增兵而在练兵者，仅见总督杨博一疏而已。然则兵之积弱已非一日之故，而兵之不练弊亦久矣……" | 《北奉使集·覆勘首疏》 |

| 所在卷数 | 收录内容 | 史料出处 |
|---|---|---|
| 11 | "足兵饷"载："都御史唐顺之云：东南水路兵粮，往往有缺至三四月不给者。军士万里捐生，日望升数之米而已，而又不时给之，生心谗语，亦何足怪，此有故矣。浙直军饷银四十七万两……" | 《南奉使集·条陈海防经略事疏·足军食》 |
| | "足兵饷"载："都御史唐顺之云：东南事体绝与西北诸边不同。西北诸边虽是兵财殚弱，而成法具在。储粮畜兵，岁有画一，只是废坠不举耳。若东南事体，一则以海寇猝起事，属于草创；一则以连年被寇，力尽于支吾，取办一切，未虑经久……" | 《荆川集·寄内阁及本兵诸老书》 |
| | "清屯钟"载："都御史唐顺之云：沿海卫所，旧皆屯田，今埋没过半，云见足兵饷条云旧制之当复者三也。" | 《南奉使集·条陈海防经略事疏·复旧制》 |
| | "慎募调"载："自倭患以来，东南军制最为不定，盖以济变未虑经久。枭猾之徒，方应募于江北，忽应募于浙东。方以得募价而留，忽以满募限而去……" | 《南奉使集·条陈海防经略事疏·定军制》 |
| | "鼓军气"载："都御史唐顺之题云：战阵之所以精明，与中国之所以胜四夷者，气也，而非甲兵之谓也。国家承平日久，文吏游谈而养尊，武臣恬嬉而宝身，闲雅雍容之习成而慷慨果锐之气亦寖销矣。南倭北狄，倏然内侵，殆若昔人所谓气炎以取之者……" | 《南奉使集·条陈海防经略事疏·鼓军气》 |
| | "公赏罚"载："都御史唐顺之云：贼若从某处海面深入登岸者，该该首先坐之，论其登岸多少，以次罪及总兵，又罪及兵备、海道而止。至于海中击贼初至，将领以奇功论，已有事例，惟军士首级之赏尚未有别白。臣先具题击来船与击归船不同……" | 《南奉使集·条陈海防经略事疏·御海洋》 |
| | "公赏罚"载："巡抚都御史唐顺之云：肃队而趋，挺矛而舞，非以为戏也，将责之以临阵御敌之实用也。责之临阵御敌之实用，而不以临阵御敌之赏罚施之，则亦戏而已矣。史传所记，子玉治兵，斩七人，贯三人耳。孙武以妇女试阵法，而戮其女队长二人，然后鼓之而无不如志……" | 《北奉使集·条陈练兵事宜·明赏罚以励士》 |
| 12 | "处首级"载："都御史唐顺之云：鸟铳手不许割首级，亦不暇割首级，论赏与余军照数分级。假如百人为率，或鸟铳手十名，余军九十名，鸟铳手居余军十分之一，或余军内得一首级，该银三十两，则鸟铳手得银亦十分之一，共分银三两……" | 《荆川集·咨凤阳巡抚都御史李》 |
| | "御海洋"载："通政唐顺之云：御倭上策，自来无人不言御之于海，而竟罕有能御之于海者，何也？文臣无下海者，则将领畏避潮险，不肯出洋。将领不肯出洋，而责之小校、水卒，则亦躲泊近港，不肯远哨。是以贼惟不来，来则登岸残破地方……" | 《南奉使集·条陈海防经略事疏·御海洋》 |

| 所在卷数 | 收录内容 | 史料出处 |
|---|---|---|
| 12 | "固海岸"载："通政唐顺之云：贼至不能御之于海，则海岸之守为紧关第二义。贼新至饥疲，巢穴未成，击之犹易。延入内地，纵尽歼之，所损多矣。然自来沿海戍守莫不拥城观望，幸贼空过，谓可免罪，而不顾内地之残破。内地戍守亦幸贼所不到，而不肯策应沿海。今却不然，宜分定沿海保护内地……" | 《南奉使集·条陈海防经略事疏·固海岸》 |
| | "散贼党"载："都御史唐顺之云：遁逃不特如王鏊、李华山、洪迪珍等有名贼首，力能构倭为乱者而已。以臣所亲见三沙千余倭子，起自瓜洲一被房人冯三，嗾其扬州取宝，遂至阒然远来。冯三之在中国，不啻一虮虱，及在岛中，却作此一番风浪，虽旋就诛殄，而流毒已多矣。然则遁逃不归，东南诚未可以息肩也。" | 《南奉使集·条陈海防经略事疏·图海外》 |
| | "严城守"载："都御史唐顺之云：春汛时月，倭患虽炽，然御之于海，御之于江，又御之于海塘，御之于江岸，岂至尽是无策。国家平时养兵设官，将何用之，而稍闻警报，只有塞城门塞水关，风缝不通，委城外于虎口，遂为奇策，甚至不论有害无害，轻意将城外房屋拆毁。除塞城塞门，任从有司自行，本部不敢干预外……" | 《荆川集·咨凤阳巡抚都御史李》 |
| | "降宣谕"载："通政唐顺之云：宣谕日本，浙江军门常请命遣使矣，竟不能尽得其要领，使者坐罪而其事遂罢。尝考《平倭略》所载，洪武、永乐间，遣使日本者不一足。高皇帝又尝与刘基议，以倭国重佛，特遣僧往谕。古之王者，于四夷之不贡不臣，则有威让之令、文告之辞，兵交使在其间，以深得敌情而处之切中其机也。然自叶宗满之坐重罪，而遁逃欲自归者不免自疑。自蒋洲之得罪，而人以使绝域为讳。或宜减宗满之罪，以示信于遁逃之徒。宽蒋洲之狱，以留使绝域诇敌情之一路" | 《南奉使集·条陈海防经略事疏·图海外》 |
| | "用间谍"载："都御史唐顺之云：用间使其自相疑而自为斗，最是攻夷上策，然非深得敌情则不能用间，非熟于地形则不可以成掎角之势而夜袭敌营，且我兵形既露，虏人亦日夜为备，而匿实示虚，匿近示远，匿精壮而示羸弱，百计以疑我宜亦深，是故得敌情为难。" | 《北奉使集·条陈练兵事宜》 |
| | "通贡道"载："通政唐顺之奏云：据总兵官卢镗手本内一欵抚处夷情以尊国体，开称祖宗以来，给与日本金印勘合，十年一贡，船不得过三只，人不得过百名，既申远夷慕义之情，远夷亦得交易中国之货以为利，而中国亦以羁縻远夷，使常驯服不为寇贼。百余年来，自嘉靖二年罢设、宋素卿等争贡仇杀，贻害地方，因而绝贡。至嘉靖十八年，正使硕鼎等赍献贡物，并进表文伏罪，荷蒙皇上扩天地之仁，虽非贡期复准入贡……" | 《南奉使集·条陈海防经略事疏·图海外》 |

续表

| 所在卷数 | 收录内容 | 史料出处 |
|---|---|---|
| 12 | "开互市"载："通政唐顺之云：国初浙、福、广三省设三市舶司，在浙江者专为日本入贡，带有货物，许其交易。在广东者，则西洋番船之辏，许其交易而抽分之。若福建，既不通贡，又不通舶，而国初设立市舶之意漫不可考矣。舶之为利也譬之矿然，封闭矿洞，驱斥矿徒，是为上策。度不能闭，则国收其利权而自操之，是为中策……" | 《南奉使集·条陈海防经略事疏·复旧制》 |
| 13 | "船艇"载："都御史唐顺之云：再三沉思制贼小船冲突之说，滩浅处多钉暗桩，薄皮船遇之即碎。此一说也，先发制人一着，惟有望斗上做工夫，然必须以利使人，惜不得银子。每夜杨都司、邵把总、卢守备等各水军，编定福船十只，每一只望斗人一夜给与银一两，使一夜常有人坐在斗上者，看贼动静。虽月黑之夜，若抬船撑船，未必无一把两把火光，我船便可做手脚。" | 《荆川集·咨凤阳巡抚都御史李》 |
| | "鸟嘴铳图说"载："都御史唐顺之云：虏所最畏于中国者，火器也。天助圣明除凶灭虏，而佛郎机、子母炮、快枪、鸟嘴铳皆出嘉靖间。鸟嘴铳最后出而最猛利，以铜铁为管，木橐承之，中贮铅弹，所击人马洞穿。其点放之法，一如弩牙发机，两手握管，手不动而药线已燃，其管背施雌雄二臬，以目对臬，以臬对所欲击之人，三相直而后发，拟人眉鼻无不著者，捷于神枪而准于快枪，火技至此而极，是倭夷用以肆机巧于中国……" | 《北奉使集·条陈练兵事宜·练火器》 |

　　从上表可以看出，唐顺之《奉使集》等相关文献对《筹海图编》的影响是广泛而又直接的。

　　由于《奉使集》是反映"南倭北虏"问题的第一手材料，是从现实中处理明代边防问题所得出的直接经验，因此，在明代以经世为目的的史书中得到广泛的引用和褒扬。如明章潢撰"于博物之资、经世之用，亦未尝无百一之裨焉"①的《图书编》，在"海防类"下"福建事宜""福建海防"，"地理"下"江北""海防总论"等条目下多次直接征引《南北奉使集》中的材料，并且改动非常小。如"海防总论"第一条即引唐顺之参与编修的《筹海图编》，"总督尚书胡宗宪云：'海防之制谓之海防，则必宜防之于海，犹江防者必防之于江，此定论也。'"第二条即完整引用《南北奉使集》中"御海洋"条②。两条材料都主张"御倭于海洋"，再结合

---

① 永瑢等：《四库全书总目》卷136《图书编》"提要"，第1156页。
② 章潢：《图书编》卷57《海防总论》，文渊阁四库全书本。

《南北奉使集》与《筹海图编》的渊源关系，可以说，对《南北奉使集》材料的引用，直接影响了《图书编》的经世色彩。

除《筹海图编》和《图书编》对《奉使集》的继承之外，其还对明代中后期产生的众多边防史地图籍产生了直接而深远的影响。大致看来，唐顺之及其《奉使集》对边防史地撰述风潮产生的影响主要体现在两个方面：一是其人事迹往往成为典型的事例，作为边防史事被纳入到这些作品的记载范围中。有的是因其事例的典型意义，如《武备志》载："后贼果走庙湾，欲以策困之。通政唐顺之以视师至促战，死伤甚众。顺之度不能克释去，遂益合水陆攻之，大溃，斩首八百余级，江北倭悉平。"①有的是因其所任官职，又如《武备志》载其"视军情官"条下以小字注曰："嘉靖三十七年，因倭寇不靖，兵部奏设，敕命职方司署郎中事主事唐顺之任，历升太仆少卿、右通政，仍在地方行事。未几，升凤阳巡抚。"②而更多的则是因其保存于《奉使集》中所上处理"南倭北虏"问题的奏折，特别是《条陈补兵足食事宜》《条陈练兵事宜》和《条陈海防经略事疏》等，被广泛地收录到明中后期产生的《四镇三关志》《皇明驭倭录》《海防纂要》《本兵疏议》和《全边记略》等等诸如此类的边防史地图籍中。收录形式也非常多样，有的是整疏的抄录，有的是就某一个主题的抄录，有的则是对唐顺之疏议凝练的总结。现仅就管见所及，粗列简表如下：

表五　明后期边防史地引唐顺之《奉使集》等相关文献表

| 文献名称 | 作者 | 修成年代 | 引用次数 | 所在卷数 | 收录内容 | 史料出处 |
|---|---|---|---|---|---|---|
| 《四镇三关志》 | 刘效祖 | 万历四年 | 1 | 7 | "制疏考"载："兵部郎中唐顺之经略蓟镇条陈述略，嘉靖三十七年。一专责任……"较为完整地收录此《疏》内容，包括"专责任""定班戍"等，顺次有所调动。 | 《北奉使集·条陈补兵足食事宜》 |
| 《皇明驭倭录》 | 王士骐 | 万历年间 | 2 | 7 | "嘉靖三十七年"载："唐顺之以为玩寇，乃自擐甲持矛，麾兵以进，屡挑战……" | 《南奉使集·三沙报捷疏》 |

①茅元仪：《武备志》卷230《日本志》，明天启刻本，续修四库全书，第966册，第240页。
②茅元仪：《武备志》卷215《浙江兵险考》，明天启刻本，续修四库全书，第966册，第56—57页。

续表

| 文献名称 | 作者 | 修成年代 | 引用次数 | 所在卷数 | 收录内容 | 史料出处 |
|---|---|---|---|---|---|---|
| 《皇明驭倭录》 | 王士骐 | 万历年间 | 2 | 8 | "嘉靖三十九年"载："浙直视师右通政唐顺之既升淮扬巡抚,乃条上海防善后事宜。一御海洋,言御倭土策必御于海,而崇明诸沙、舟山诸山各相联络……"较为完整地收录此《条陈海防经略事疏》内容,包括"御海洋""图海外"等。 | 《南奉使集·条陈海防经略事疏》 |
| 《武备志》 | 茅元仪 | 天启年间 | 10 | 105 | "铁钢附"言："唐顺之曰:泽潞出铁。上等铁丝,铁如黄豆,长丈余,用工最多;次等铁条,铁中凿三眼;三等手指铁,凿五条纹;下等块子铁,出铁之处,条铁止用两个钱一斤而已。" | 《武编·铁》 |
| | | | | 135 | "军资乘饷"条言："故先臣胡襄懋以之佐军兴。先臣唐顺之亦亹亹其言之,二臣岂无深长思哉。" | 《北奉使集·条陈蓟镇补兵足食事宜》 |
| | | | | 142 | "矿砂"载："唐顺之曰:出矿地方,杭州府桐庐富阳县界五宝山,每百斤用生铁五斤,煎得银七八两、铜三十斤。" | 《武编·矿》 |
| | | | | 143 | "金疮"载："唐顺之曰:夫金疮者,木乃春之权,金乃秋之令,春则万物发生,故曰春属震,以为东方甲……" | 《武编·药方》 |
| | | | | 209 | "固海岸论"载："唐顺之曰:贼至不能御之于海,则海岸之守为紧关第二义。贼新至饥疲,巢穴未成,击之犹易……"较为完整地收录了《条陈海防经略事疏》"固海岸"条的内容。 | 《南奉使集·条陈海防经略事疏》 |
| | | | | 213 | "广东事宜"载："唐顺之曰:国初,浙、福、广三省设三市舶司。在浙江者,专为日本入贡,带有货物,许其交易……"较为完整地收录了唐顺之此《疏》"复旧制"条的内容。 | 《南奉使集·条陈海防经略事疏》 |

续表

| 文献名称 | 作者 | 修成年代 | 引用次数 | 所在卷数 | 收录内容 | 史料出处 |
|---|---|---|---|---|---|---|
| 《武备志》 | 茅元仪 | 天启年间 | 10 | 214 | "福建事宜"载："唐顺之曰：贼之根本，实在闽中。海上经略，此第一义，况一海相通喘息，闽贼亦浙直贼也。" | 《荆川集·与王芳湖中丞》 |
| | | | | 216 | "浙江事宜"载："唐顺之曰：往时浙直军需多倚各省协济，自例罢协济之后而窘急甚矣。胡总督近有乞留运米借盐银之奏，盖以军需无处，甚不得已，全仰此一着救急；江南控扼在崇明，浙东控扼在舟山，天生此两块土大海中，以障蔽浙直门户……"多引自《条陈海防经略事疏·御海洋》。 | 《南奉使集·条陈海防经略事疏》 |
| | | | | 216 | "江北诸郡"载："唐顺之曰：庙湾剿贼之路原有两条。一条从宝应拖船过坝，水路自清沟喻口进攻，则兵势既便而馈饷亦易。一路从淮安至马逻……" | 《荆川集·咨凤阳巡抚都御史李》 |
| | | | | 219 | "江防论"载："唐顺之曰：海贼入江由江南岸登陆之路，廖角嘴，营前沙，南北相对，海岸约阔一百四十五里，为第一重门户。狼山，福山，相对江面一百二十里，为第二重门户……" | 《荆川集·咨凤阳巡抚都御史李》 |
| 《海防纂要》 | 王在晋 | 万历年间 | 11 | 1 | "论设备"记载了应当恢复古之旧制，设置卫哨，其言："都御史唐顺之议复之，即今屯兵哨守，岂非守江必守淮之微意哉？"当引自唐顺之《条陈海防经略事疏·复旧制》。 | 《南奉使集·条陈海防经略事疏》 |
| | | | | 1 | "论会哨"载："唐顺之云，江南控扼在崇明，浙东控扼在舟山，天生此两块土大海中，以障蔽浙直门户……"当引自唐顺之《条陈海防经略事疏·御海洋》。 | 《荆川集·与王芳湖中丞》 |

| 文献名称 | 作者 | 修成年代 | 引用次数 | 所在卷数 | 收录内容 | 史料出处 |
|---|---|---|---|---|---|---|
| 《海防纂要》 | 王在晋 | 万历年间 | 11 | 2 | "江南诸郡"载："都御史唐顺之云：海贼入江由江两岸登陆之路，蓼角嘴、营前沙，南北相对，海面约阔一百四十五里，为第二重门户。周家桥与圌山相对，周家桥北岸至顺江洲，与江南分界，江面约阔六七里……" | 《荆川集·咨凤阳巡抚都御史李》 |
|  |  |  |  | 2 | "江北诸郡"条载："都御史唐顺之曰：庙湾剿贼之路原有两条。一条从宝应拖船过坝，水路自清沟、喻口进攻，则兵势既便而馈饷亦易。一路从淮安至马逻……" | 《荆川集·咨凤阳巡抚都御史李》 |
|  |  |  |  | 7 | "定庙谟"条较为完整地收录了《条陈海防经略事疏·定庙谟》。 | 《南奉使集·条陈海防经略事疏》 |
|  |  |  |  | 7 | "收图籍"条载："都御史唐顺之云：古之筹边者，虏之所从入，与吾之所以制虏，皆可以按图而坐筹之，是以守固而战克。人皆言虏人来去如风雨，此亦未必尽然。且虏人非万骑不能大举，骑不可一日无水草……" | 《荆川集·答翁东厓总制》 |
|  |  |  |  | 7 | "用间谍"条载："都御史唐顺之云：用间使其自相疑而自为斗，最是攻夷上策。然非深得敌情则不能用间，非熟于地形则不可以成犄角之势而夜袭敌营，且我兵形既露，虏人亦日夜为备而匿实示虚，匿近示远，匿精壮而示羸弱，百计以疑我者宜亦深，是故得敌情为难。"录自《条陈练兵事宜·蓟镇夷情》。 | 《北奉使集·条陈练兵事宜》 |
|  |  |  |  | 7 | "通贡道"条载："通政唐顺之奏云：据总兵官卢镗手本内一款抚处夷情以尊国体事，开称祖宗以来，给与日本金印勘合，十年一贡……"录自《条陈海防经略事疏·图海外》。 | 《南奉使集·条陈海防经略事疏》 |

| 文献名称 | 作者 | 修成年代 | 引用次数 | 所在卷数 | 收录内容 | 史料出处 |
|---|---|---|---|---|---|---|
| 《海防纂要》 | 王在晋 | 万历年间 | 11 | 7 | "开互市"载："通政唐顺之云：国初浙、福、广三省，设三市舶司。在浙者，专为日本入贡，带有货物，许其交易；在广东者……"录自《条陈海防经略事疏·复旧制》。 | 《南奉使集·条陈海防经略事疏》 |
| | | | | 8 | "鼓军气"条载："都御史唐顺之题云：战阵之所以精明，与中国之所胜四夷者，气也，而非甲兵之谓也。国家承平日久……"较为完整录自《条陈海防经略事疏·鼓军气》。 | 《南奉使集·条陈海防经略事疏》 |
| | | | | 8 | "处首级"条载："都御史唐顺之云：鸟铳手不许割首级，亦不暇割首级，论赏与余军照数分给。假如百人为率，或鸟铳手十名，余军九十名，鸟铳手居余军十分之一，或余军内得一首级，该银三十两，则鸟铳手得银亦十分之一，共分银三两……" | 《荆川集·咨凤阳巡抚都御史李》 |
| 《本兵疏议》 | 杨博 | 万历年间 | 3 | 4 | "覆视军情官右通政唐顺之海防经略疏"载："题为《条陈海防经略事》。职方清吏司案呈奉本部送兵科抄出，视军情官通政使司右通政唐顺之题，奉圣旨：'该部看了来说，钦此。'钦遵抄出，送司案呈……"此下较为完整地整合了《条陈海防经略事疏》的诸条内容。其中亦有变动，如"御海洋"条起始言："看得据险守要，兵家上算。"其末云："至于视军情官，原系一时权宜，若使得人常如唐顺之，自当坐收三片之捷，否则，事体未免掣肘以应，停设。"其余各条均如此例。 | 《南奉使集·条陈海防经略事疏》 |

| 文献名称 | 作者 | 修成年代 | 引用次数 | 所在卷数 | 收录内容 | 史料出处 |
|---|---|---|---|---|---|---|
| 《本兵疏议》 | 杨博 | 万历年间 | 3 | 4 | "覆浙江巡按御史周斯盛整饬海防疏"载："命下移咨浙直总督胡宗宪、福建巡抚刘焘、应天巡抚翁大立、凤阳巡抚唐顺之，严督总副参游海防兵备等官，各于紧要海口，分屯把截，以防突犯。仍要领驾兵船出洋会哨，与其击之于岸上，不若邀之于海中。如或自分彼此不行应援，听各该巡按御史查照水陆责任，分别参究，治以重罪……"此中内容应听取和参考了《条陈海防经略事疏》中的"御海洋""固海岸"等条内容。 | 《南奉使集·条陈海防经略事疏》 |
| | | | | 7 | "奉旨条上破格整理蓟镇兵食疏"载："于后，郎中唐顺之经略又奏称，主兵练成一支，当减客兵一支。"源自《覆勘首疏》。 | 《北奉使集·覆勘首疏》 |
| 《登坛必究》 | 王鸣鹤 | 万历年间 | 1 | 10 | "浙江事宜·论设备"条载："信国公经略海上，以其民孤悬，徙之内地，改隶象山，其见左矣。都御史唐顺之议复之。即今屯兵哨守，岂非守江必守淮之微意哉。"史料源自《荆川集·与王芳湖中丞》。 | 《荆川集·与王芳湖中丞》 |
| 《全边记略》 | 方孔照 | 崇祯元年 | 5 | 1 | 较为完整地收录了唐顺之此《疏》的内容。 | 《北奉使集·覆勘蓟镇边务首疏》 |
| | | | | 1 | "抚夷之费如唐顺之之策，岁给三万金。"录自《条陈练兵事宜·蓟镇夷情》。 | 《北奉使集·条陈练兵事宜》 |
| | | | | 1 | 载："唐顺之、徐善庆选练之说亦既施行，而成效未睹。"较为简略。 | 《北奉使集·条陈蓟镇练兵事宜》 |
| | | | | 9 | 载："唐顺之视师来，谓：'寇不宜玩。'擐甲持矛入险，失利。" | 《南奉使集·三沙报捷疏》 |
| | | | | 9 | 较完整地收录了此《疏》。 | 《南奉使集·条陈海防经略事疏》 |

续表

| 文献名称 | 作者 | 修成年代 | 引用次数 | 所在卷数 | 收录内容 | 史料出处 |
|---|---|---|---|---|---|---|
| 《五边典则》 | 徐日久 | 崇祯年间 | 5 | 3 | "九月，职方司署郎中唐顺之奉命阅视蓟镇两关十区马步官军，原额九万一千有奇，见卒五万七千有奇，逃匹三万三千有奇，因还奏言，昔汉武以渔阳……"表述略有变通。 | 《北奉使集·覆勘首疏》 |
| | | | | 3 | "一议抚夷之费，请如郎中唐顺之议，岁给银三万以充。"录自《条陈练兵事宜·蓟镇夷情》。 | 《北奉使集·条陈练兵事宜》 |
| | | | | 4 | "先是，郎中唐顺之、徐善庆金谓选将练兵可以御房，其说既施行矣，而成效未睹。"当综合《条陈练兵事宜》而成。 | 《北奉使集·条陈练兵事宜》 |
| | | | | 24 | "通政唐顺之以为玩寇，乃自擐甲持矛，麾兵以进，屡挑战，贼终不出，遂督兵入险，贼奋锐东西冲，我兵死伤甚众。顺之自知失计，以为贼未卒破，乃驾言经略三沙倭南去。"与《三沙报捷疏》《三沙贼遁疏》内容同。 | 《南奉使集·三沙报捷疏》《南奉使集·三沙贼遁疏》 |
| | | | | 24 | "官军出海邀击，斩首一百余颗，总督侍郎胡宗宪等以捷闻，诏赐宗宪并通政唐顺之各银三十两，纻丝二表。"与《谢赐银币表》同。 | 《南奉使集·谢赐银币表》 |
| | | | | 24 | "三十九年正月，浙直视师通政唐顺之既升淮扬巡抚，乃条上海防善后事宜，一御海洋……"较为完整地收录了《条陈海防经略事疏》。 | 《南奉使集·条陈海防经略事疏》 |
| 《鹭言》 | 徐日久 | 崇祯年间 | 2 | 15 | "查屯田"载："唐顺之言：补军之法，逃军先本身，故军先子孙，不足，则均之同族、同伍、同队，以至通一卫余丁补之。又不足，则取之城操正军……"节录自《条陈补兵足食事宜·专责任以严勾补》。 | 《北奉使集·条陈补兵足食事宜》 |
| | | | | 15 | "清军田"条与"查屯田"条一样，也节录了《条陈补兵足食事宜·专责任以严勾补》。 | 《北奉使集·条陈补兵足食事宜》 |

续表

| 文献名称 | 作者 | 修成年代 | 引用次数 | 所在卷数 | 收录内容 | 史料出处 |
|---|---|---|---|---|---|---|
| 《战守全书》 | 范景文 | 崇祯年间 | 1 | 14 | "守部·备灯火"条载："唐顺之曰：守城慎勿燃灯城上以自照，宜悬于城外半腰以照人。即用此。" | 不详 |
| 《嘉靖倭患备钞》 | 佚名 | 明末 | 3 | （不分卷） | 载："唐顺之以为玩寇，乃自擐甲持矛，麾兵以进……" | 《南奉使集·三沙报捷疏》 |
| | | | | | 载："三十九年正月丁卯朔丙子，浙直视师右通政唐顺之既升任淮扬巡抚，乃条上海防善后事宜。一御海洋……"较为完整地收录了《条陈海防经略事疏》。 | 《南奉使集·条陈海防经略事疏》 |
| | | | | | 载："原任大同参将朱云汉、宣府游击郝英四、冶海守备岳垒，各携家丁，赴淮扬待用。从巡抚都御史唐顺之奏也。" | 《明世宗实录》 |

由表中所列内容可以看出，唐顺之《奉使集》对明中后期边防史地图籍的影响是广泛、直接和深远的，这都说明《奉使集》于明朝中后期边防史地撰述风潮中的参与广度和深度。

正是由于《南北奉使集》立于当世的经世色彩，它的核心内容被明末陈子龙选入《明经世文编》卷259至卷261，题为《唐荆川家藏集》。仔细比较《南北奉使集》和《唐荆川家藏集》两者内容，虽两书名称或部分内容有所出入，但相互重叠部分尚不在少数。更为重要的是《唐荆川家藏集》全文收录了《南北奉使集》中集中反映"南倭北虏"问题的几章核心奏折，如《唐荆川家藏集》中的《条陈蓟镇补兵足食事宜疏》《条陈蓟镇练兵事宜疏》《三沙报捷疏》《条陈海防经略事疏》等，都可以在《南北奉使集》中找到相应的部分。有的名字服务于编纂的需要稍有改动，如《唐荆川家藏集》往往对其所收录的《北奉使集》中的奏折加上"蓟镇"两字、对《南奉使集》中的奏折加上"海防"，以显示论述的重心；对《南北奉使集》中没有明确注明名称的奏折，《唐荆川家藏集》也予以标出，如《三沙报捷疏》《江防论》《浙直控扼》就是由后者标出的。内容上的改动也非常小，《唐荆川家藏集》往往抹去《南北奉使集》中的虚词客套之语，以使主旨更加明确。有的则完全相同，只字未改。如

《条陈蓟镇补兵足食事宜疏》《条陈蓟镇练兵事宜疏》。同时,《唐荆川家藏集》所补入的内容也多是以《南北奉使集》所反映的"南倭北虏"问题为视角的。有的是与南北将官的书信,如《答马巡抚书》、三次《与胡默林》等,并在书名下以小字分别标出"逃军改编""御倭"以表明所讨论的内容仍是"南倭北虏"问题;有的虽未直接涉及"南倭北虏"问题,但内容都是与此密切相关的,如《答万思节》《王君注握奇经序》等就是讨论历法和兵法问题。总之,正是由于《南北奉使集》立于当世的经世实用色彩,它才在保留核心内容的基础上,稍加调整,而被选入《明经世文编》的。陈子龙亦在《明经世文编·凡例》中说明了其收录唐顺之《南北奉使集》的原因和背景:

> 国家外夷之患,北虏为急,两粤次之,滇蜀又次之,倭夷又次之,西羌又次之。诚欲九塞尘清,四隅海燕,方叔召虎,一时咸慕风采,奕世犹仰威名,指受方略,半系督抚。如北摧劲虏,则详于韩襄毅;剿灭土达,绥戢荆襄,则详于项襄毅;处置宁藩,则详于王文成;河套恢复,则详于曾襄愍;倭奴抄掠,则详于胡少保、戚总戎、唐荆川。[①]

可见,唐顺之直接参与抗倭的经历,决定了其《南北奉使集》于现实的实际意义,并被《明经世文编》在"半系督抚"的实际考虑下而收录。

时至明末,随着统治危机的加深和《南北奉使集》直接反映明代边关境况的特点,一些记述明皇朝历史的史著亦充分借鉴了它的观点和材料,并且征引的力度和次数愈深、愈频繁。如顾炎武"著述动机,全在致用"[②]的《天下郡国利病书》也多次引用唐顺之应对"南倭北虏"问题的材料。有的是因他书援引而收入,如《滦志》就引唐顺之"开滦河"条议,"嘉靖三十七年,巡视郎中唐顺之疏,滦河自永平可通滦阳营,省陆运一百五十里"[③]。后《滦志》被收入《天下郡国利病书》第二册《北直隶中》,当然,唐顺之"开滦河"条议也存于《天下郡国利病书》中;又如《天下郡国利病书》第六册《苏松》所收《职方考镜》中,也引唐顺之"御海洋"一条:

① 陈子龙:《皇明经世文编》卷首《凡例》,明崇祯平露堂刻本,续修四库全书,第1655册,第51页。
② 梁启超:《中国近三百年学术史》,第342页。
③ 顾炎武著,俞明等点校:《天下郡国利病书》,上海科学技术文献出版社,2002年,第149页。

御海洋之说,有言当泊舟于外洋山岛,分乍浦之船以守海上羊山,苏州之船以守马迹,定海之船以守大衢,则三山品峙,哨守连联,可扼来寇者,总督胡宗宪也。有言文臣不下海,则将领畏避潮险,不肯出洋;合无春汛时,令苏松兵备暂住崇明,宁绍兵备暂住舟山,而总兵官尝居海中,严督会哨者,中丞唐顺之也。①

不仅"严督会哨"在唐顺之《南北奉使集》"御海洋"条中有明确反映,即使胡宗宪所规划的兵力部署也存于此条中。与此相类的情形还有《天下郡国利病书》第二十六册《福建》所收《癸酉志原载寺租议》中也援引了《南北奉使集》"弛海禁"条②。而在《天下郡国利病书》第七册《常镇》中就全文收录了唐顺之《镇江丹徒县洲田碑记》③。

另一部在明清鼎革之际强调经世致用的史学著作——顾祖禹的《读史方舆纪要》也对唐顺之在应对"南倭北虏"问题时的各种策谋多有征引。其《浙江四》"翁山城"条载:

唐顺之曰:"江南控扼在崇明,浙东控扼在舟山,天设此险,以障蔽浙、直门户。诸哨船皆自此分而南北,总会于洋山。明初信国废昌国县而内徙之,未必非千虑之一失也。"④

此段文字就直接来源于唐顺之的《与王芳湖中丞》。通过此书信,我们大致推断王芳湖负责福建的平倭事宜。由此看来,唐顺之多与各地负责处理倭患的官员与通消息,出谋划策,也是其有关"南倭"问题的直接反映。除了王芳湖而外,比较集中的地方官员还有李遂。

《读史方舆纪要·南直四》"喻口镇"条在总结了喻口镇的地理位置及其行政建置后载:

嘉靖中倭屯庙湾,唐顺之谓:"若从宝应拖船过坝,自清沟、喻口水路进攻,路径而饷易。"

这段文字节录于唐顺之处理"南倭"问题的《咨凤阳巡抚都御史李》。顾

---

① 顾炎武著,俞明等点校:《天下郡国利病书》,第459页。
② 顾炎武著,俞明等点校:《天下郡国利病书》,第2215页。
③ 顾炎武著,俞明等点校:《天下郡国利病书》,第553—554页。
④ 顾祖禹撰,贺次君等点校:《读史方舆纪要》卷92《浙江四》,中华书局,2005年,第4253页。

祖禹也以"是也"①的评价，肯定了唐顺之上述所议。《南直一》有云：

> 唐顺之曰："江口廖角嘴、营前沙，南北相对，海面阔百四五十里，此江防第一重门户。江北周家桥与江南岸圌山相对，江中有顺江洲为两岸分界，周家桥南至顺江洲江面止六七里，顺江洲南至新洲夹江面止七八里，新洲夹至圌山江面不过十四五里，此为江防第二重门户。京口、瓜洲南北相对，江面不过十八里，此江防第三重门户也。"②

显然就来源于《荆川集·咨凤阳巡抚都御史李》中"为第一紧急军务南北会哨事"条之内容，而在内容上有一些变动和调整。《读史方舆纪要》把唐顺之所谓的"第二重门户"，即"狼山、福山相对，江面阔一百二十里，为第二重门户"③删除，把唐顺之所谓的"第三重门户"，即"江北周家桥与江南岸圌山相对……"调整为"第二重门户"，补入《荆川集·咨凤阳巡抚都御史李》原本无有的"京口、瓜洲南北相对，江面不过十八里，此江防第三重门户也"。这是其改动或者错误之处。从这层意义上来讲，《咨凤阳巡抚都御史李》所载也有订正《读史方舆纪要》的价值。

总体上来讲，顾祖禹对唐顺之应对"南倭"的问题还是比较深刻的，其曾言："明唐顺之、王士祺等辑防海、防倭、防江等说，凡数十家，合为《防险说》。"④认为唐顺之与王士祺合纂《防险说》未必尽然，但其对唐顺之应对"南倭"问题时的举措还是比较印象深刻的。

《咨凤阳巡抚都御史李》本是唐顺之与同样处理和应对"南倭"问题的当时凤阳巡抚李遂的来往公文，其中有诸多应对"南倭"的策谋，而且《南奉使集》"公移"类就收录了此文类似的唐顺之与胡宗宪商讨平倭事宜的《咨总督都御史胡》，不知此文为何没有收录到《南奉使集》中。如果单纯从其所载内容来看，绝对应该辑录入《南奉使集》，包括前举之《与王芳湖中丞》《行巡江御史手本》《与陈苏山职方》《答马巡抚书》及《寄内阁及本兵诸老书》等。

以《奉使集》为中心的各种奏疏，唐顺之在应对"南倭北虏"的现实问题时，提出了许多切实可行的举措，对明后期强调经世的边防史地著

---

①顾祖禹撰，贺次君等点校：《读史方舆纪要》卷22《南直四》，第1084—1085页。
②顾祖禹撰，贺次君等点校：《读史方舆纪要》卷19《南直一》，第886页。
③唐顺之著，马美信等点校：《唐顺之集》附录一《奉使集》，第884页。
④顾祖禹撰，贺次君等点校：《读史方舆纪要》卷24《南直六》，中华书局，2005年，第1157页。

作产生了直接而又深远的影响，当然，其实用价值也为后人所认可，明人戴重在为他人所作《书屯田书后》言：

> 我明若康茂才、沐英、叶盛最利，若刘瑾遣胡汝砺、严嵩引仇鸾最得害，乃重诵洪武、永乐、宣德宏治诸诏，仁心深远。黄福、商辂、王鏊、刘定之、刘大夏、唐顺之、左光斗、徐光启诸疏，忠言笃切，比其后下欺上蔽、徒益虚语，可为太息。繇斯以观言之者，文质异听之者，取舍异行之者，功罪亦穷本极末，盖莫大乎君子小人进退之辨而已矣，可不慎与！可不慎与！①

虽然唐顺之只是戴重所推重明代众多人物当中的一个，但其所言"忠言笃切"的特点还是很能说明以《奉使集》为中心之唐顺之奏疏的实用特征。

综上所述，通过唐顺之《左编》和《藏书》关系的剖析，唐氏家族内部特别是唐顺之与其子唐鹤征学术以及外部与东林学派传承脉络的梳理和特点的比较，再结合唐顺之《南北奉使集》所参与和开拓的明后期边防史地撰述风潮，我们都可以清楚地看出唐顺之史学所蕴含的丰富涵义及其影响。无论是唐顺之的启蒙或是经世史学思想都是建立在历史考证，甚至是实地调查之上的，都体现了黜虚征实的思想倾向，因此从史学思潮的发展角度来讲，唐顺之不仅在明中叶三股史学思潮产生早期就参与其中，成为集三股史学思潮于一身的代表之一，更在这三股史学思潮的不同发展阶段也扮演着积极的传承角色，在明代史学的发展历史上起到了承上启下的客观作用。

### 第三节　谁的唐顺之——后唐顺之时代有关唐顺之"晚岁之出"的历史书写

唐顺之不仅撰有大量的相关明人传记、《南北奉使集》等直接反应有明一代史实的当朝史著作，以职任之故参与了明历朝《实录》《宝训》的校录工作，这些都对其后的明代史学产生了直接而广泛的影响。而且还通过其内涵丰富而又充满争议的历史活动深深影响着后唐顺之

---

① 戴重：《河村集》卷3《书屯田书后》，清钞本，四库禁毁书丛刊，集部第11册，第32页。

时代①的各种形式明皇朝史著,这应该也是唐顺之"史学世界"所包含的内容。

而在有关唐顺之的各种争论中②,其中最为聚讼的莫过于他的"晚岁之出"。所谓唐顺之"晚岁之出",是指唐顺之在嘉靖十九年(1540)与罗洪先、赵时春上定国本疏而被削籍归家,十八年后,即嘉靖三十七年(1558),再起为北兵部职方员外郎,稽核北方边务和东南海防,并终逝于任上的历史。"晚岁之出"的内涵还包括:在唐顺之晚年再出为官过程中,因为严嵩党羽赵文华的先期参与,使得他不仅承受了"出处""正"与"不正"的道德质疑,而且后人基于各自不同的书写诉求,对其的评价也始终徘徊在攀援权臣与拯生民于水火这两种思路间,或褒或贬。所谓后唐顺之时代,指的是唐顺之逝后直至今日这一历史时段。

我们认为,客观历史一经发生就一去不复返,但其作为一种掺杂着主观因素的素材旋即进入了后人的历史书写,而我们对于客观历史的追寻只能通过这后人的书写,即通常意义上所谓的传世文献,而传世文献又或多或少地打上了文献作者的烙印。鉴于此,我们在努力追求历史客观性——尽管其可能永远无法获取——的同时,除了依据传世文献史料对这一问题进行梳理外,还需要以警惕的眼光打量和审视我们所谓的传世文献史料,以及形成这些文献史料背后的主观性,并且系统考察各种史料之间的转接递承,庶几使我们的研究更接近客观发生的历史。我们认为这样谨慎、多疑的态度,可能是一定程度上解决争议性的历史问题更加需要的。这也是我们研究唐顺之"晚岁之出"的基本思路。

### 一、群体认同与恩怨纠缠:"晚岁之出"初入后唐顺之时代的历史书写

唐顺之逝后,其旋即进入了时人的历史书写当中,当然也包括其"晚岁之出",主要表现形式就是行状和墓志铭。唐顺之于嘉靖三十九年(1560)逝后不久,洪朝选即撰《明都察院右佥都御史巡抚凤阳等处地方提督军务前右春坊右司谏兼翰林院编修荆川唐公行状》,对其"晚岁之出"的过程记载比较详细:

①所谓后唐荆川时代,指的是其逝后经明朝历清而至于今这一时段。
②如荆川严拒杨一清点其为状元的好意,自远议礼重臣张璁而辞官归家,与罗洪先、赵时春上定国本疏而遭黜,应对"北虏"问题时参劾王世贞之父王忬,等等。

　　　会倭奴入寇，江南大骚，所过掠杀赤扫，上下无策。民出财馈兵，破产倾家相属，而调至之兵祸比倭尤惨。公民物一体之意尤不能无动，于是工部侍郎赵公文华方以视师至，得专荐士，与公又同年进士也，素知公，荐公及今侍郎胡公松于朝，奉旨起公为南京兵部主事。公以有怀翁服未阕，辞不就，又改职方员外郎，坚卧如初。提学御史周君如斗、巡按御史尚君维持以书劝驾，犹不起。二君复上疏奉旨促行，亲知皆劝公勿为已甚。公自思本以罪谪之臣起废复用，与山林处士进退可以自由者不同，乃至浮梁，谋之罗公洪先。罗公复劝之行，于是勉强就道至京师。未几升协司郎中，时嘉靖戊午也。①

洪朝选从倭患之炽来说明唐顺之"晚岁之出"的理由，言下之意就是唐顺之晚岁再起为官是为了拯救明廷和苍生。虽然在具体过程中有周如斗、尚维持的劝促，但同时也不讳言唐顺之"晚岁之出"确乎源于严嵩党羽赵文华的荐举。正如整篇行状对唐顺之的褒扬一样，其把因赵文华之荐所引起的唐顺之出处不正的部分压力消解在了有周如斗、尚维持和罗洪先等"亲知皆劝公勿为己甚"的劝促赴任之中了。

　　唐顺之逝后不久，赵时春亦撰有《明督抚凤阳等处都察院右佥都御史荆川公唐公墓志铭》一篇，也涉及唐顺之"晚岁之出"：

　　　庚戌，胡寇郊甸，徐公荐先生及余，余复为兵部主事，后五年先生亦复兵部主事。戊午，迁职方郎中。先生因居永州府君丧哀毁饮水，病腹脐肿，欲求去，适奉命查蓟镇兵马。先生经画素定，修守边事宜奏行之。甫三月归，事具《北奉使集》中。②

赵时春所记唐顺之墓志铭虽然简略，但与洪朝选的思路一样，把唐顺之"晚岁之出"出处不正的压力进行了某种程度的转移。与洪朝选不同的是，赵时春所撰墓志铭转移得比较彻底，把唐顺之"晚岁之出"彻底转移到了徐阶那里，完全抛开了严党赵文华，并且肯定了其经划边疆和海防的功绩。

────────

①常州市唐荆川研究会编：《唐荆川诗文集》附录一《明都察院右佥都御史巡抚凤阳等处地方提督军务前右春坊右司谏兼翰林院编修荆川唐公行状》，第607页。
②常州市唐荆川研究会编：《唐荆川诗文集》附录一《明督抚凤阳等处都察院又佥都御史荆川唐公墓志铭》，第616页。

起码在唐顺之去世四年后①，明人李开先也为唐顺之撰写过两篇传记，即《荆川唐都御史传》和《荆川唐都御史补传》，也记载了唐顺之的"晚岁之出"，前者记曰：

> 尝言："人用之不敢以隐，不用不敢以求。"其为兵部主事也，予以书让之曰："此一起官颇纷物议，出非其时，托非其人，若能了得一两事，急急归山，心迹庶可少白于天下，不然将举平日所守而尽丧之矣。"唐子得书不以为怍，第言行止非人所能，听其自至而已，两次复书终是愧护。其云"不久谢政，相寻访于泰山之下，遥游乎蓬岛之间"，亦是泛泛套话，其意必以为年且长矣，不际此一出，后恐无时，又佛胗欲往之意也，岂知其终是不可哉？②

整体上来看，李开先是反对唐顺之"晚岁之出"的，但往往是从维护唐顺之的名望出发，认为"出非其时，托非其人"，并且其中也不乏某些对唐顺之不听其劝的怨气。其后形成的《荆川唐都御史补传》在唐顺之"晚岁之出"的原由上有所改变，其言：

> 会倭夷入寇，江南大骚，侍郎赵甬江以视师至，得专荐士，凤知唐子之才，且同年进士也，乃同今吏部尚书胡柏泉闻于朝，起唐子为南京兵部主事，以其父有怀翁服未阕不就。寻改职方员外郎，坚卧如初。周、尚两御史以书劝驾，兼上疏奉旨促行，亲知皆勉其勿为己甚。唐子亦自以罪谪之臣与山林处士进退得自由者大不可同，乃至浮梁谋之罗念庵，劝勉如众，于是强意就道。③

这篇文字几乎全袭上引洪朝选所撰《明都察院右佥都御史巡抚凤阳等处地方提督军务前右春坊右司谏兼翰林院编修荆川唐公行状》有关唐顺之"晚岁之出"的描述。而洪朝选之文在其文之前，其在《荆川唐都御史传》中曾言唐顺之的儿子唐鹤征曾"以行状求洪芳洲"但未及见④，而在其撰《补传》时，应该是见到了。当然，对唐顺之"晚岁之出"的评价

---

①因李开先《荆川唐都御史传》中载有"而念庵近亦作古人矣"一句，考之罗洪先逝年在1564年，即荆川去世后四年。而《荆川唐都御史补传》显然是在《荆川唐都御史传》之后成书。故这两篇文字都应在荆川去世四年后形成。
②常州市唐荆川研究会编：《唐荆川诗文集》附录一《荆川唐都御史传》，第622页。
③常州市唐荆川研究会编：《唐荆川诗文集》附录一《荆川唐都御史传》，第626页。
④常州市唐荆川研究会编：《唐荆川诗文集》附录一《荆川唐都御史传》，第625页。

也由对唐顺之不听人劝的些许抱怨变成了整体肯定的态度。

　　大致看来，上述描述总体上是肯定唐顺之"晚岁之出"的，也存在着两种具体的方法：第一种是虽然不排除严嵩党羽在唐顺之"晚岁之出"中的作用，但又认为绝非仅为这一势力的推荐，亦有徐阶等"亲知"的劝勉；第二种是干脆否定严嵩党羽在唐顺之"晚岁之出"中的作用，把唐顺之的"晚岁之出"完全归结为亲知的劝勉。在这两种具体方法中，一个普遍的价值倾向是：不管唐顺之的"晚岁之出"是否有严党的因素，其晚岁出山都是希望拯民众于水火，挽明廷于既倒，而非着眼于维护其自身的个人私利。

　　这是一种书写方式，参与群体多以私人身份来撰写唐顺之的"晚岁之出"，也多产生于唐顺之逝后不久的一段时间，最迟亦在嘉靖年间。

　　在唐顺之逝后的不长时间内，唐顺之及其"晚岁之出"也纳入官方史学的撰述体系中，较早而且影响较大的就是万历年间官修的《世宗实录》。其卷483较为集中地记载了唐顺之及其"晚岁之出"：

　　　嘉靖三十九年四月丙申朔时，享太庙，命驸马都尉李和代。巡抚凤阳等处右佥都御史唐顺之卒，赐祭丧如例。顺之，直隶常州府武进人。嘉靖己丑举礼部第一人，赐进士出身，改庶吉士，授兵部主事，调吏部，改翰林编修。未几，上疏乞养病，诏以吏部主事致仕。居数年，召为右春坊右司谏兼翰林院编修，明年与赞善罗洪先、校书郎赵时春上定国本疏，忤旨黜为民。顺之初欲猎奇致声誉，不意遂废，屏居十余年。上方摧抑浮名无实之士，言者屡荐之，终不见用。会东南有倭患，工部侍郎赵文华视师江南，顺之以策干文华，因之交欢严嵩子世蕃，起为南京兵部主事，寻升职方员外郎郎中，奉命查勘蓟镇边务，复视师浙直。总督胡宗宪荐其有功，迁太仆寺少卿通政司右通政。俄，代都御史李遂巡抚凤阳，卒于官。顺之博官强记，至六经诸子以至算射兵法阴阳小技，无不研究具说，其文辞足以擅名一家。初罢归，闭门独居，力为矫抗之行，非其人不交，非其道不取，天下士靡然慕之。既久之，不获用，晚乃由赵文华进，得交严氏父子，觊因以取功名。起家不二年，开府淮扬，然竟靡所建立以卒。顺之本文士，使获用其所长，直石渠金马之地，其著作润色，必有可观者。乃以边才自诡，既假以致身，遂不自量，忘其

　　为非有,欲以武功自见,尽暴其短,为天下笑云。[1]

整体上来看,《世宗实录》出于史臣刀笔,贬抑之意是十分明显的。整篇读来,这绝不饬一篇讨伐唐顺之的檄文。在《世宗实录》史臣的笔下,唐顺之的一生是失败、惨淡、阴暗的,忤旨黜民,猎奇致废,攀附严嵩,等等,其中尤关于"晚岁之出"更为"天下耻笑"。大致看来,这种贬抑又主要体现在两个层次:一为对有关唐顺之史事的记载,一为对唐顺之的主观历史评价上。

　　从客观史事的角度,《世宗实录》对唐顺之"晚岁之出"的记载是非常明确的,即唐顺之晚岁攀附奸臣严嵩党羽赵文华而起为南京兵部主事。对唐顺之抗倭的历史功绩也缺略不载,只用"胡宗宪所荐"来解释唐顺之升官的事实。可以说,《世宗实录》这种不记其善、只记其过的史料处理方法广泛存在于对唐顺之客观史事的其他记载中,如对唐顺之与罗洪先、赵时春上定国疏被免官的细节也以"忤旨黜为民"一笔带过。

　　而从对唐顺之的历史评价上我们更能看出《世宗实录》对唐顺之的贬抑。对于唐顺之早期坎坷的仕宦之路,《世宗实录》认为这完全是唐顺之猎取官场声名不遂的结果。在评价"晚岁之出"时也认为是唐顺之处于主动地位的,即所谓"以策干文华",这就使唐顺之背上了"出处不正"的道德骂名。并认为唐顺之的能力不足以担任抗倭的重任,于此也毫无建树,终为天下所耻笑。

　　于这里,我们必须面对一个问题:何以关于唐顺之"晚岁之出",出现洪朝选等私人群体与《世宗实录》这一官修史书之间如此之大的差异?我们认为,教条、僵化地秉守史学的客观性,在两者之间进行非此即彼的褒贬,对于我们解决这一问题已经无能为力。我们需要透过这两类都经过后人主观建构过的所谓客观文本,来分析和明了其中的主观构建,庶几更贴近客观发生之唐顺之的"晚岁之出"。

　　首先,来看洪朝选为代表的这一群体。这一群体与唐顺之交往甚密,都可以归入唐顺之学友这一行列。洪朝选,字舜臣,号芳洲。在《荆川集》中也保留数篇与洪方(芳)洲的书信往来,并且唐顺之也于书信中表达了与洪朝选的"臭味"相投,"远涉一遍,转觉求友之难,每切思平

---

[1]《明世宗实录》卷483,嘉靖三十九年四月丙申,第8061—8062页。

日与兄臭味，真不偶然。迩来怀兄较切，兄之念我亦然否耶？"①从唐顺之比较随意的语调，我们也可以看出两者交往之密，相知甚深。也正是源于此，唐顺之还曾托请洪朝选照顾申卿这样比较私人的事情②。而且还说："古者朋友散在四海九州岛，则汲汲于欲相会之殷者，非专为情好也，有疑焉则欲相与决之，有得焉则欲相与推而同之而已。"③也难怪唐鼎元把其归入唐顺之"讨论文学研索经术友"④。由此看来，洪朝选绝可以称为唐顺之亲知密友。赵时春，字景仁，号浚谷。如《世宗实录》所载，其曾与唐顺之、罗洪先一道上奏世宗早朝太子而被黜。被黜后，唐顺之亦对与赵时春之情谊念念不忘，其在《寄赵浚谷》的书信中言："别兄十余年，何能一时忘兄？"并表达了与赵时春"相聚深山中"的期许，亦可见唐顺之与赵时春之交谊。李开先，字伯华，号中麓子。从唐顺之"会稽禹穴之间，龙门太史踪迹所在，兄傥亦有意乎"的夫子自道中，可见唐顺之早年与李开先交往也很密切。正是因为唐顺之与洪朝选、赵时春和李开先的密切关系，唐顺之逝后，其子唐鹤征曾邀传于以上诸人，正如李开先披露的："鹤征以行状求洪芳洲，以墓志求赵大洲，传则罗念庵，而表则予。"⑤洪朝选、赵时春和李开先所撰文字已如上述，罗洪先所撰唐顺之传记，我们翻检罗洪先文集却未得见，可能罗洪先未及撰写而离世。而据上引诸人所言唐顺之曾商量出处于罗洪先，罗洪先"劝勉如众"的史实来看，即使罗洪先撰写了唐顺之传，按照一般的逻辑，我们推测其对"晚岁之出"的书写和评价，应该也是以肯定为主的。

同时，正是因为唐顺之与洪朝选、赵时春和李开先交往过密的史实，也可能某种程度上干扰了他们对唐顺之"晚岁之出"的记载，这在李开先前后并不尽然一致的记载上表现得比较明显，即李开先对唐顺之"晚岁之出"的评价也由对唐顺之不听人劝的些许抱怨变成了整体肯定的态度。问题的关键是，为什么洪朝选放弃了《荆川唐都御史传》中记载的自己亲历的唐顺之"晚岁之出"，而转采用洪朝选的记载？我们认为，如果为唐顺之"晚岁之出"作出某种说明或开脱的话，不听人劝的一

---

①常州市唐荆川研究会编：《唐荆川诗文集》卷6《与洪方洲郎中》，第167页。
②常州市唐荆川研究会编：《唐荆川诗文集》卷7《与洪方洲主事》，第197—198页。
③常州市唐荆川研究会编：《唐荆川诗文集》卷6《与洪方洲郎中（二）》，第167页。
④唐鼎元：《明唐荆川先生年谱》卷首《师友表》，《宋明理学家年谱续编》第4册，第265页。
⑤常州市唐荆川研究会编：《唐荆川诗文集》附录一《荆川唐都御史传》，第625页。

意孤行显然不如百般推脱不得已而为之更能说明唐顺之晚岁出处之正，更何况在这样的语境下，唐顺之的"晚岁之出"并非全然严党所为。由此看来，唐顺之的"晚岁之出"在亲知故友的洪朝选、赵时春和李开先的群体认同中，得到了极大的价值认可。而通过李开先前后态度的些许转变，也说明这一价值认可存在着有意或无意忽略唐顺之"晚岁之出"缘于严党之荐客观史实的倾向。

但这并不是说明《世宗实录》的记载就客观可靠。

在进入这一主题之前，我们应该首先回顾一下与此息息相关的《世宗实录》的产生及张居正于其中的作用。《世宗实录》五百六十六卷，记载了明世宗当政时期长达46年的史事，在明代实录系列中，其卷帙之大仅次于五百九十六卷的《神宗实录》。它的修撰起于穆宗隆庆元年（1567），终于神宗万历五年（1577），前后历时十余年。由于内容量大和时间跨度长，其间纂修人员也经过多次变化。早在穆宗时期，在《世宗实录》的纂修中起主导作用的是徐阶，张居正虽也预总裁之职，但尚处于次要的位置，因为在明朝，实录的修撰权在某种程度上来说是政治权力角逐的附庸品，而当时的首辅为徐阶，张居正为吏部左侍郎兼东阁大学士，直接归徐阶管辖。隆庆三年（1569）徐阶致仕，《世宗实录》的另一总裁高拱为首辅，此时起主导作用的应为高拱，但张居正的地位也正在加强。至神宗继位，张居正终于成为纂修《世宗实录》的核心，这生动地体现在他对纂修人员的任命以及对纂修制度的制定和完善上。如神宗时期的总裁官之一张四维就是因他荐起而为总裁的。"（万历三年八月）己卯，辅臣张居正题东阁大学士张四维充实录总裁，同知经验日讲官，报可"①。又升王锡爵、马自强为副总裁，"（万历三年八月）癸未，升国子监祭酒王锡爵为詹事府詹事兼翰林院侍读学士，署掌本府印信，仍侍讲经筵，充实录副总裁"②。"（万历三年九月）甲子，升日讲官吏部左侍郎兼翰林院侍读学士马自强为礼部尚书、翰林院学士，仍充纂修副总裁"③。张居正在补充纂修人员的同时，也在完善纂修制度，提出"事必专任"的原则，立定编纂期限和改革征集史料的方法等各项具体措施，

①《明神宗实录》卷41，万历三年八月己卯，第936页。
②《明神宗实录》卷41，万历三年八月癸未，第938页。
③《明神宗实录》卷42，万历三年九月甲子，第960页。

对于实录保质保量地完成起到了很大的推动作用。张居正对《世宗实录》纂修的主导还体现在对它初稿的"删润"上。张居正曾自言："惟我皇祖《世宗实录》……虽皆出于诸臣之手，然实无一字不经臣删润，无一事不经臣讨论。既更定其文义，复雠校其差讹。穷日逮夜，冒暑凌寒，盖五年于兹，而今始克就。"①对此，神宗于嘉靖五年（1526）八月《世宗实录》完成后亦曾肯定张居正于此方面的贡献，"皇祖四十五年《实录》，字字句句都是先生费心看改几次，我尽知道"②。

可以说，张居正对《世宗实录》的顺利完成居功至伟。正是由于张居正对《世宗实录》的高度重视，不断补充得力人才，制定了严密的纂修制度，并对初稿亲自裁定修改，才使得在开馆修《世宗宝训》《穆宗实录》及《大明会典》等书的同时，能够保证《世宗实录》的顺利完成，而且质量也相对可以得到保证，明人沈德符曾就张居正对《世宗实录》和《穆宗实录》的贡献作过论断："世穆两朝实录皆江陵故相笔也，于诸史中最称严核。"③清人徐乾学在比较了明代历朝《实录》后认为"叙事精明而详略适中者，嘉靖朝而已"④。

纵然张居正任总裁的《世宗实录》整体上赢得了后人的赞扬和认可，但其在唐顺之"晚岁之出"的具体记载上，也掺杂着总裁官张居正与唐顺之隔绝时空的感情纠葛。之所以这么说，是唐顺之逝于嘉靖三十九年（1560）御倭任上，张居正真正掌权还远在其后，他们之间不可能直接发生冲突。他们的"恩怨纠缠"主要体现在唐顺之儿子唐鹤征、学生万士和、好友洪朝选与张居正的紧张关系上。唐鹤征因得罪张居正而丢官，"唐鹤征字符卿，号凝庵，荆川之子也。隆庆辛未进士。选礼部主事，与江陵不合，中以浮躁"⑤。万士和曾在如何对待张居正政治盟友冯保以及《世宗实录》的监修朱希忠等事上得罪张居正。"张居正用树声言，召士和代之。条上崇俭数事。又以灾祲屡见，奏乞杜幸门、容戆直、汰冗员、

①张居正：《新刻张太岳先生文集》卷40《纂修书辞恩命疏》，明万历四十年唐国达刻本，续修四库全书，第1345册，第358页。

②《明神宗实录》卷65，万历五年八月乙亥，第1436页。

③沈德符：《万历野获编》卷2《实录纪事》，第60页。

④刘承干：《明史例案》卷2《徐健庵修史条议》，民国四年刘氏嘉业堂刻本，四库未收书辑刊，第5辑第4册，第555页。

⑤黄宗羲著，沈芝盈点校：《明儒学案》卷26《太常唐凝庵先生鹤征》，第603页。

抑干请，多犯时忌。俺答及所部贡马，边臣请加官赏。士和言赏赍有成额，毋循边臣额外请，从之。方士倚冯保求官，士和持不可。成国公朱希忠殁，居正许赠王，士和力争。给事中余懋学言事得罪，士和言直臣不当斥。于是积忤居正。给事中朱南雍承风劾之，遂谢病去"[1]。唐顺之好友洪朝选更是因为冒犯张居正而丢掉了性命，"初，张居正以刑部侍郎同安洪朝选轻辽王罪，衔之。后劳堪巡抚福建，希居正意，讽同安知县金枝揖摭朝选事，堪飞章奏之。命未下，捕置之狱，绝其饭食三日，死，禁勿殓，尸腐狱中"[2]。张居正在现实中采取一切可能的手段来惩罚与其政见不同的唐鹤征、万士和、洪朝选等人，当纂修《世宗实录》的机会摆在面前时，他当然也不会放过，通过对与以上三人有密切关系的唐顺之的贬低来延续其现实中的报复心理。受张居正举荐，时任《世宗实录》副总裁的王锡爵在与唐顺之学生姜宝的信中意外地给我们披露了一些细节，"先是《实录》稿已发誊矣，仆私袖至江陵所，白而改之。江陵言：'我亦知其言之太过'，但公乃副总裁，无反驳正总裁之理。且传史官慢誊，'明日我自删改付之'，公勿与知可也。此亦见江陵好处，至今未有知者。翁但见改稿为之讼冤，竟不知原稿之更冤也"[3]。从王锡爵的语气来看，他有为张居正开脱的嫌疑，因为这条史料应该是包含以下两点信息的。第一点信息就是张居正言："我亦知其言之太过。"这说明可能在此之前已有草稿，但究竟出于何人之手已经不可考知，当我们知道了第二点信息以后，我们会认为第一点信息并不是那么重要。这点信息就是张居正言"明日我自删改付之"也正说明《世宗实录》有关唐顺之的记载最终是经张居正底定而成的。初稿经过修改后措辞仍然如此严厉，则更加说明了张居正在《世宗实录》中所施加的影响。

同时，《世宗实录》对唐顺之"晚岁之出"的贬抑亦是张居正应对阳明心学冲击的举措之一。王阳明心学自产生并发展至万历朝，它本身的弊端亦愈加凸显出来，特别是良知自足说经过王学左派的片面发挥，追求自我性格的张扬，而忽略了于现世的实际操作。"阳明'致良知'之说，

---

①张廷玉等：《明史》卷220《万士和》，第5784页。
②张廷玉等：《明史》卷241《孙玮》，第6270页。
③王锡爵：《王文肃公牍草》卷8《姜凤阿尚书》，明万历王时敏刻本，四库全书存目丛书，集部第135册，第659页。

病世儒为程朱之学者支离语言,故直接指出本体,而传其说者往往详于讲良知,而于致处则略坐于虚淡名理界中"①。这在一定程度上影响着行政效率的提高和思想的统一,干扰了明皇朝的统治,这是身居首辅的张居正所不能容忍的。而《世宗实录》的纂修以及唐顺之在良知自足说的鼓动下、不顾有攀附严党的嫌疑而毅然出山的"晚岁之出"为他提供了一个绝佳的机会。明白了这一点,我们就能深刻理解张居正为唐顺之罗织罪名时,其中一条就是"浮华无实"的原因了,即"上方摧抑浮名无实之士,言者屡荐之,终不见用"。因为当时对王学攻击最常利用的说辞就是"猎奇""浮华无实""蛊惑人心"等。为了说明王学后学容易流于虚妄的弊病,作为南中王学后学的唐顺之成了他笔下的牺牲品,不仅对其道德大加贬斥,对其稽核蓟镇兵籍和抗倭的事功也有意缺略不书。万斯同曾对这一时代背景做过深刻的分析:"盖《世宗实录》悉出张居正之手,彼于理学诸臣无所不訾毁,而公其尤甚者也。然吾观国史前后诸传,其褒贬不过数语,独公此传一事而言之再三,彼将以是深章其丑,不知适足自形其为忌耳。"②

由此看来,后人对明代《实录》"明人恩怨纠缠,往往藉代言以侈忿笔"③的整体批判同样也适用于张居正任总裁的《世宗实录》。傅吾康也指出:"实录的纂修主要是一件政治工作,而不是一种超然的学术活动。"④这就使《实录》在纂修时不同程度地打上了监修、总裁等主要参与人员的烙印。这种情况同样也反映在《世宗实录》中,而且由于张居正对《世宗实录》的"无一字不经臣删润,无一事不经臣讨论"的身体力行,从而使《世宗实录》在某种程度上成为他的留声机,对唐顺之"晚岁之出"的记载就是一个典型的事例。

综上述,唐顺之"晚岁之出"甫一进入后唐顺之时代的历史书写,就存在着唐顺之亲友的私人群体认同和官修《世宗实录》"以侈忿笔"两种书写价值取向。群体认同也好,"以侈忿笔"也罢,两者都或多或少地在客观层面的唐顺之"晚岁之出"之外添加上了各自主观的构建,不约

---

① 陆树声:《清暑笔谈》,中华书局,1985年,第13页。

② 万斯同:《石园文集》卷5《书国史唐应德传后》,民国二十五年张氏约园刻四明丛书第四集本,续修四库全书,第1415册,第490—491页。

③ 夏燮撰,王日根等校点:《明通鉴》卷首《义例》,第6页。

④〔美〕牟复礼、〔英〕崔瑞德编:《剑桥中国明代史》,第794—798页。

而同地损害了唐顺之"晚岁之出"的客观性。在这一时期，由于各自立场对立的不可调和性，也由于时间的错置，两种书写方式之间并没有形成有效的交流，虽然在私人群体内的交流还是比较直接和有效的。从这一认识逻辑上来讲，后人包括我们对于唐顺之"晚岁之出"客观性的追寻也只能踯躅于两种书写内容之间。

**二、综合对比后的平衡妥协：明末清初史著中的"晚岁之出"**

客观来讲，虽然两种书写模式都不可避免地存在主观的构建，但确实对其后的历史书写产生了深远的影响。当然，有的是基于一种书写模式的继承和发展，有的则是基于一种模式的反思和批判。

到了后唐顺之时代的万历年间，一些学者，主要是唐顺之的亲知故友，与洪朝选等人的群体认同一样，如冯时可在说明其撰写《中丞荆川唐先生传》的原由时言："往先君廷尉与毗陵荆川先生交最善，尝率先兄京兆行可事先生门人。京兆从先生于陈渡、丁阳羡最久，所听其声律，瞻其身度最多，常以语时可，摽于耳最熟。时可又读先生今古文最习，窃谓明兴以来，江南真儒无逾先生。欲志之《宝善编》，以未得详其世时辍笔。而先生子太常鹤征与余同举进士最契，太常索余《宝善编》，因以《阡表》示之，俾余传。余固深愿而跃然，其何辞！"①可见，唐顺之与冯家交情、冯时可与唐鹤征"同举进士最契"都是冯时可撰写此篇文字的直接动机。唐鹤征在其父"殁垂四十年"后而形成的纪念性文字《陈渡阡表》也成为这篇文字的基本史料来源，其对唐顺之"晚岁之出"的评价倾向应该是可想而知的。与洪朝选等人不同的是，冯时可并没有过多地纠缠于唐顺之晚岁出山究竟由谁所荐的细节上，其言："当事引领先生，起南京兵部车驾主事，转兵部职方员外郎，寻迁郎中。"②仅以"当事"一词含糊而过，重点则是以"冯子曰"对唐顺之"晚岁之出"动机的发掘以及基于此的肯定：

> 冯子曰：学为人而已。孔子好古敏求，忘寝忘食，急天下万事而已，无资焉。盖仁体流行与物同，而与天运。又安有宁息，先生其几乎？能不

①冯时可：《中丞荆川唐先生传》，马美信、黄毅点校：《唐顺之集》附录三，第1073页。
②冯时可：《中丞荆川唐先生传》，马美信、黄毅点校：《唐顺之集》附录三，第1074页。

虚隐，则能不虚出。戊己之际，天子侧席虞寇，苍生且日就涂炭，而尚得高卧，置之漠然乎？即使孔、孟而在，万无不出矣。或以出疑先生，然先生炼性治身，羔皮马革，不席荣不甘肥，又何疑其出？自先生后，天下益波，或彻藩逾检而语心体，犹傲然自谓得玄珠，呜呼！安得起先生一挽之哉！[1]

冯时可以儒家传统"体流行与物同""安有宁息"的理论为出发点，细致说明唐顺之"晚岁之出""天子侧席虞寇，苍生且日就涂炭"的时代背景以及唐顺之出山后的兢兢业业，极大肯定了唐顺之"晚岁之出"的价值。结合冯时可与唐顺之及其子唐鹤征的交谊，我们只能说，这样的评价也是源于亲知故友的群体认同。当然，冯时可此论也提到了"或以出疑先生"，再结合冯时可和张居正的个人恩怨，这里的"疑先生"者，很有可能就指张居正任总裁的《世宗实录》。

随着时间的流逝，有关唐顺之的"晚岁之出"的书写，在私人群体方面，也逐渐超迈于亲知故友的范围，往往作为一个比较中立的历史问题进入明人的当代史撰述和评论当中，如同为万历年间成书的李贽《续藏书》，其对唐顺之"晚岁之出"的过程如是记载：

> 甲寅，倭奴起衅，流血东南，公目击其变，至不能寝食，适居有怀公丧，而赵文华者以上命视师海上，来访公，与陈机略，且言非专任默林胡公，不能平此寇。赵归朝，首荐公，以南部车驾主事起之，寻升北部职方员外，坚卧不起，及巡按提学二侍御奉旨促行，不得已赴京。

显然，李贽继承了洪朝选等唐顺之亲知故友的做法，把唐顺之晚岁出山的压力部分分解到了"巡按提学二侍御奉旨促行，不得已赴京"上了。其后又引焦竑《书荆川先生传后》[2]所论肯定了唐顺之"晚岁之出"的社会价值，其论曰：

> 焦弱侯论曰：嘉靖己丑，唐公应德、罗公达夫同为举首，一时以为连璧云。达夫一斥不复用，世以难进归之，应德晚节为分宜所荐，至今以为诟病，不知为达夫易，为应德难也。尝观《易》之《否》，以包承小

---

①冯时可：《中丞荆川唐先生传》，马美信、黄毅点校：《唐顺之集》附录三，第1076页。
②焦竑：《澹园续集》卷9，明万历三十九年金励刻本，四库禁毁书丛刊，集部第61册，第577页。

人为大人之吉，甚且包羞而不辞。唐梁公、娄师德，周旋女主之朝，岂诚恋恋于腐鼠者流哉。非隐忍坚决，将取日虞渊之功，终委之沟渎，固志在天下者所不忍出也。始岛夷蹢姑苏，戢婴儿为戏，公一见痛心疾首，愤不与之俱生，此其志何如。而可以硁硁之节绳之哉。汉人有言，中世选士，务于清悫谨慎，循常习故者，乃妇女之检柙，乡曲之常人耳。呜呼，世多隐情惜己之人，殆难与道此也。①

焦竑与李贽，是比较推崇唐顺之学行的。焦竑曾为唐顺之所编《右编》作序时言："夫执古之法而不知变者，非也；懵于古学而徒费人以尝试其胸臆，非之非者也。学者冀无蹈其辙，必以此编为嚆矢矣。"②对唐顺之的学问推崇备至。在其所编《献征录》中，收录了不著撰人姓名的《唐公言行录》、李开先的《荆川唐都御史传》和万士和的《祭荆川唐先生文》三篇，均肯定唐顺之学行，包括其"晚岁之出"的文字，由此看来，焦竑虽然认为唐顺之"晚岁之出"为严党所荐，源于对唐顺之学行的推崇，从为天下舍弃小我的角度，亦选择了肯定的价值取向。李贽为焦竑挚友，在唐顺之"晚岁之出"认识上，焦竑对其产生了一定的影响。况且，李贽本身也比较认可唐顺之的学行，其《藏书》就直接承袭了唐顺之的《左编》③，其"童心说"与唐顺之所主张之"本色论"也是相通的。而唐顺之的"本色论"又赋予了唐顺之"晚岁之出"额外的理论勇气，如在面对其"晚岁之出"所产生的流言蜚语时即言："人谓我豪杰，只这个人；谓我盗跖，亦只是这个人，何有于我哉？"④这与李贽人人自足之"童心"的理论是比较相似的。应该来讲，对唐顺之学行的认同，大概是焦竑和李贽肯定唐顺之"晚岁之出"的原由。

万历年间，学者对唐顺之"晚岁之出"的书写和认识，往往是超越私人史著和官修史学两大体系之上的。一些史官在阅读《世宗实录》的基础上，也表达了自己私人的反思和批判意见，如曾经参修过《光宗实录》的董其昌即认为：

> 史之所重者，笔削耳。善人劝焉，恶人惧焉，所系匪细故也。每朝纂

① 李贽：《续藏书》卷22《金都御史唐公》，《李贽文集》第4卷，第506—507页。
② 焦竑撰，李剑雄点校：《澹园集》卷14《荆川先生右编序》，中华书局，1999年，第142页。
③ 李德锋：《李贽〈藏书〉与唐顺之〈左编〉之关系考述》，《史学史研究》2011年第1期。
④ 常州市唐荆川研究会编：《唐荆川诗文集》卷8《与白伯伦仪部（三）》，第236页。

录于三品以上大臣，皆有小传，寂寥数行，衮钺斯在。如世庙实录，于郭
希颜、胡宗宪、唐顺之等多有贬词，未协舆论。夫正史所书不公，则私
史之所记益杂，何以起信于万世哉。[①]

董其昌从史论的合理性进而论及《世宗实录》对唐顺之等人的贬抑，"未
协舆论"不见得说明反对《世宗实录》贬抑唐顺之的时人群体有多宽广，
但起码说明，在董其昌看来，《世宗实录》确实对唐顺之存在贬抑的主
观倾向。

另，万历年间的方弘静也曾言：

> 唐荆川之出，分宜之尘恶能不浼哉，为之辞则难矣。于时有开府于
> 淮扬者，其人熏莸也，乃曰开府之累也。以唐之荐，毋亦厚诬乎？谓其
> 荐之为不智也则可也。韩退之不肯为史，惧有鬼责，今之秉笔者无论董
> 狐也。苟能不虚不饰，务近于实，鬼亦害之乎？退之之言盖亦有感而云
> 尔也。夫诬善之人，千人指之而无忌也，焉能惮鬼！[②]

一方面，这段史料承认唐顺之"晚岁之出"确乎有严党之荐的因素，"为
之辞则难"；另一方面考虑到这一时期批判唐顺之"晚岁之出"的主要文
献就只有《世宗实录》，大概"诬善"之谓也是有所指的，盖指《世宗实
录》主导性很强的记载也未可知。

这一时期成书的明当朝史著尹守衡《皇明史窃》，在记载到"晚岁之
出"的情实时不讳言确由文华之荐，但对此抱有充分的理解：

> 至分宜当国，吴越间倭纷纷入寇。赵文华以工部侍郎出，视师海
> 上，过访顺之。顺之便与陈机略，且谓之曰："此非专任胡梅林不能平
> 此寇也。"文华，相嵩私人，还朝，遂以胡宗宪为浙直总督，以南部车驾
> 主事起顺之。章丘李公□开先与顺之两人意气素相推重，开先闻之，贻
> 书□曰："此一起官颇纷物议，出非其时，托非其人。若能了□一两事，
> 急急归山，心迹庶可少自于天下，不然将举平日所守而尽丧之矣。"顺
> 之得书，为犹豫，久之，报之曰："行止非人所为，听其自至而已。"然乃
> 心不忘欲出，当轴重臣已复，即家，转职方员外郎。顺之念以年其长矣，

---

①董其昌：《容台集》卷5《报命疏》，明崇祯三年董庭刻本，四库禁毁书丛刊，集部第32册，
　第270页。
②方弘静：《千一指》卷20《客谈八》，明万历刻本，续修四库全书，第1126册，第396页。

不际此一出，平生经济谓何，遂起。至则升职方郎中，遂奉命出阅蓟镇
边垣军马。①

从文中描述来看，尹守衡充分注意到唐顺之挚友李开先与之商议"晚岁
之出"的书信，认为唐顺之出于经世抱负，才毅然绝然出山。在传尾，更
以"论曰"的形式，直接延续了这一观点：

> 论曰：唐荆川先生，人以其推毂于赵文华为诮。迂儒曲见，奈何
> 以绳豪杰之士哉！孔子志在东周，佛肸欲往，况上有圣君乎？以一病
> 都堂，不忘海上居誓与贼同死生，今有几人乎？天假之年，其功业谁
> 可量哉？②

但由于《世宗实录》的影响，其主导性很强的书写方式确实对万历
年间成书的很多史籍产生了直接的影响。明代无国史，国史的角色往往
由《明实录》充当，因此，它不仅成为后来撰写明代历史的史料渊薮，它
的一些观点也在不同程度上左右着史家对史事的了解和认知。并且，时
至明朝万历年间，秘藏于皇廷的《明实录》在整体政治衰败不堪的趋势
下亦流入民间，这也是《明实录》，包括《世宗实录》影响私人史著的一
个前提。相当一部分学者，遵循了《世宗实录》有关唐顺之"晚岁之出"
记载中的价值取向，虽然不如《世宗实录》批判的观点那么尖锐，但整
体上表现出反对其"晚岁之出"。如邓元锡《明书》就认为：

> 其后唐以赵通政文华出视师，荐之得起用，官至都御史卒，而名大
> 损，而慎中文丰缛轨于法，其居乡颇为乡人所疵诋云。③

认为唐顺之因严嵩党羽赵文华之荐而起，因而其"晚岁之出"出处不正，
而且唐顺之晚岁出山任官后亦无作为。这显然与《世宗实录》由否定唐
顺之晚岁出山不正到对唐顺之的全盘否定的思维方式是一致的。

在更多的明当代史籍中，对唐顺之"晚岁之出"，不管是赞成，亦或
是反对，学者们应该较多以《世宗实录》的"恩怨纠缠"和私人撰述的群
体认同两种书写内容为前提，较多地融合了两者的记载。如沈德符《野

---

①尹守衡：《皇明史窃》卷76《唐顺之》，明崇祯刻本，续修四库全书，第317册，第414页。
②尹守衡：《皇明史窃》卷76《唐顺之》，明崇祯刻本，续修四库全书，第317册，第415页。
③邓元锡：《皇明书》卷38《唐顺之》，明万历三十四年刻本，续修四库全书，第316册，第363页。

获编》谓：

> 边才一路，大抵自有赋授，及端门名家，非书生读纸上语，便可抵掌登坛者。即如唐荆川之学问，亦可称通天地人三才矣，海内仰之如麟凤。晚年一出，大不副人望。其抚淮阳，正值倭难，积劳中暍，尽瘁军中，终无尺寸之效。天下有殷浩、房管之疑焉。至以幸臣赵少保所荐议之，则过矣。[①]

与《世宗实录》的论调一样，在沈德符看来，唐顺之"晚岁之出"确有严党之荐的因素，而且出山后也"终无尺寸之效"，但并不能以赵文华所荐而批评唐顺之。言下之意，唐顺之的出山动机还是值得肯定的。到了天启年间，"归本于《实录》"的谈迁《国榷》亦载：

> 顺之久废，赵文华视师江南，荐顺之及其友徐鸣夏于严氏，起兵部主事。鸣夏道卒，时颇病之。

其后又引冯时可语曰：

> 荆川以翰林耆宿，起司马曹郎，其非政府所私可知矣。在荆川自计，还翰林则以名处，出或不安，补兵曹则以实用，处岂所安。海氛甚恶，玉儿宵旰，何时也，而敢择便，是时庸庸者满交载，而驰一杰于烟涛战尘中，使之毕命以没，奈何又苛责哉。[②]

应该来讲，在综合《世宗实录》和唐顺之亲友故知书写的基础上，谈迁虽然也承认唐顺之"晚岁之出"中的严党因素以及由此而引起的声望受损，但整体上还是表现出对唐顺之"晚岁之出"社会价值的认可。

当然，也有在综合对比了唐顺之亲友故知和《世宗实录》所记后，仍然整体上否定唐顺之"晚岁之出"的，如崇祯年间成书的何乔远《名山藏》，其言：

> 上所使视师江南者赵文华。顺之过文华所，持矛距跃，文华荐顺之有武，而严嵩挈之……天下之人亦谓顺之谭何容易，不如往者山中远

---

① 沈德符：《万历野获编》卷17《边才》，第430页。
② 谈迁著，张宗祥校点：《国榷》卷62《世宗嘉靖三十七年》，第3911页。

志矣。①

《名山藏》受《世宗实录》的影响。清人邹漪也认为《名山藏》在编纂时也以《明实录》作为基本的史料来源,"务简多暇,因遍习高皇帝以来《实录》及诸稗官、野史、家传,辑成一书数十卷曰《名山藏》,其词简质有微显阐幽之意"②。

整体看来,后唐顺之时代的万历年间,有关其"晚岁之出"的书写表现出几点特征:一是唐顺之亲知故友仍然在继续表达着对唐顺之"晚岁之出"的认可,丝毫未受《世宗实录》的影响,而且呈现出较为丰富的表现形态;二是唐顺之的"晚岁之出"开始脱离具体的人情、学缘,进入到较为客观的"历史"描述和评价之中,但学术价值认同仍然是这种评价作出的主要依据,也延续了唐顺之亲知故友肯定的主题,而且也注意到《世宗实录》的记载;三是在较为正式、系统的明皇朝史籍描述中,唐顺之亲友故知和《世宗实录》有关唐顺之"晚岁之出"的内容已经普遍成为这些史籍再塑这一主题重要、基本的史料来源,他们有整体的否定,亦有部分的赞同,即多认为唐顺之"晚岁之出"确有严党的因素,但唐顺之是出于拯民众于水火、挽明朝于既倒的动机,应该从整体上肯定唐顺之"晚岁出山"的社会价值。而且后一种取向占据了私人撰史群体的主流。似乎有关唐顺之"晚岁之出"的书写也于此在唐顺之亲友故知和《世宗实录》中间达成了某种妥协,出现了一个相对平衡的被肯定的结论,但其后史学的发展则进一步展现了其复杂性。

### 三、因循与批判:清初至中期前后的"晚岁之出"

继《世宗实录》之后,唐顺之"晚岁之出"再次比较正式进入官修史书体系,就是清前期所修《明史》。《明史》卷205《唐顺之》载:

> 倭躏江南北。赵文华出视师,疏荐顺之。起南京兵部主事。父忧未终,不果出。免丧,召为职方员外郎,进郎中。出核蓟镇兵籍,还奏缺伍三万有奇,见兵亦不任战,因条上便宜九事。总督王忬以下俱贬秩。③

---

① 何乔远:《名山藏》卷76《唐顺之》,明崇祯刻本,续修四库全书,第427册,第253页。
② 邹漪:《启祯野乘》卷7《何尚书传》,明文书局,1936年,第280页。
③ 张廷玉等:《明史》卷205《唐顺之》,第5423页。

《明史》认为唐顺之"晚岁之出"确源于严党之荐。其后描述了唐顺之应对"南倭北虏"问题时的种种行为，基本的论调是唐顺之兢兢业业，鞠躬尽瘁。最后不仅肯定了唐顺之学问渊博，有大家风范，居家亦苦节，其言：

> 生平苦节自厉，缀扉为床，不饰袵褥。

还对其"晚岁之出"着意再三：

> 晚由文华荐，商出处于罗洪先。洪先曰："向已隶名士籍，此身非我有，安得伴处士。"顺之遂出，然闻望颇由此损。[①]

由此看来，张廷玉等奉敕官修的《明史》，与明末私人史著中整体上肯定唐顺之"晚岁之出"而又不讳言因严党之荐的史实大致相同。或者说，明末史著的私人描述进入了官修的《明史》亦未可知。当然，具体进入和影响的途径，应该还不是《野获编》《国榷》或《名山藏》直接影响了官修的《明史》，也是经过了一番周折。

在《明史》的第一次纂修中，万斯同以布衣入史局，主持工作。万斯同对唐顺之其人及其"晚岁之出"是比较留意的，引起其注意的原因，应该还是直接导源于对《世宗实录》主导性很强之记载的反思和批判，其曾撰写《书国史唐应德传后》一文，起始即言：

> 初读国史唐公传，曰此忌者之口也，不足辩，置之。已而念公贤者，受诬至此，安可不为之辩？

这篇文字的部分内容，我们在此前分析张居正总裁的《世宗实录》贬抑唐顺之的原因时已经引述，这里再补引上其关于唐顺之"晚岁之出"的记载和评价，当然是以批判《世宗实录》为视角的，其对《世宗实录》有关唐顺之"晚岁之出"进行了逐条的批驳。其言：

> 公抱负长才，林居不试，观乡邦之涂炭，思起而救之。适会赵文华荐，朝廷有夏官郎之授，遂以应命。其出处如此，乃传谓公以策干文华，因以得进。吾观公文集有却赵侍郎馈遗一书，彼与匪人交际，犹且却绝，安肯以策干之。文华之荐，亦由自知其才欲以博荐贤之明耳，岂

----

① 张廷玉等：《明史》卷205《唐顺之》，第5424页。

公干之而后荐耶?

　　若以文华之荐为公累,时与公同荐者尚有胡松、周相、翁大立、李文进、秦鸣夏五人,惟鸣夏赴官,道死,余皆至显官。议者未尝以文华故责此五人,何独以此为公累也?史于胡公传备详其善状,而不言文华之荐,独于公之传言其不置。同出一史,而笔削如此,岂非有挟而然耶?

万斯同认为,虽然唐顺之"晚岁之出"确为严党所荐,但《世宗实录》对唐顺之"晚岁之出"存在明显的主观贬抑。余文还对《世宗实录》中有关唐顺之"猎奇致声誉""力为矫亢之行""以边才自诡"等评价逐一深入地批判①。

　　也正是建立在对《世宗实录》的批判意识上,万斯同所撰《明史》有关于唐顺之"晚岁之出"是如此描述的:

　　及倭寇起江南北,尽被籍,顺之目击伤之,始翻然有用世意。会赵文华出视师,疏荐顺之。诏起南京兵部主事,以父忧未终,不果出。三十六年既免丧,召为职方员外郎。部檄趣之急,乃就道,进郎中。

在唐顺之"晚岁之出"的因由的描述上,万斯同《明史》与张廷玉《明史》基本相同,也认为唐顺之此举损害了其声望,但不同的是,万斯同也充分肯定了唐顺之"晚岁之出"的动机和社会价值,其言:

　　顺之文章、行谊盛为士大夫所推,晚由匪人进用,闻望颇损,然实无所附丽,后又勤事以死,君子哀其志焉。②

　　总括以上两部奉敕官修的《明史》有关唐顺之"晚岁之出"的书写来看,首先,万斯同主持纂修的《明史》是在对《世宗实录》批判基础上完成的,其观点也是虽然承认唐顺之"晚岁之出"因严党之荐,但总体上倾向是肯定的。应该来讲,作为官修的《明史》更多的导源于同作为官修史书的明代的实录,当然也可能吸收了明中后期私人史著的成果,或者与其不谋而合。其次,从官修史书体系内部的考察,也存在着万斯同《明史》与张廷玉《明史》的异同。相同点是两部《明史》都认为唐顺之"晚

---

①万斯同:《石园文集》卷5《书国史唐应德传后》,民国二十五年张氏约园刻四明丛书第四集本,续修四库全书,第1415册,第490—491页。
②万斯同:《明史》卷295《唐顺之》,清钞本,续修四库全书,第329册,第226—227页。

岁之出"都源于严党赵文华所荐而名望由之而损,不同点是张廷玉《明史》对唐顺之的部分肯定,而万斯同《明史》则是从"勤事以死"的角度,即出山动机上,根本上肯定了唐顺之的"晚岁之出"。

基于以上的描述和分析,我们认为有关唐顺之的"晚岁之出",清初与明末一样,也出现了一个相对固定的评价阶段,即认为唐顺之"晚岁之出"确由赵文华所荐并导致名望受损,但对其的整体评价则在或可或否之间。这里的"否",多是针对唐顺之"晚岁之出"所造成的名望受损史实。就唐顺之而言,得不偿失;于局外人看来,正是因严党之荐,确实承担着出处不正、所荐非人的道德风险。这多是一种就事论事的视角。这种视角在张廷玉《明史》中的运用也仅限于对唐顺之"晚岁之出"的道德否定,并不影响其对唐顺之其他方面的肯定。这里的"可",则多是从唐顺之不顾自身晚岁所承担的道德风险而毅然出山、拯民众于水火的远大志向,从而对唐顺之此举从根本上作出了肯定的评价,这大概是万斯同《明史》所选择的视角。把唐顺之"晚岁之出"于清初两部《明史》中的形象塑造与明末私家史著比较来看,两部《明史》在唐顺之"晚岁之出"因严党之荐上不再过多纠缠,而是直接依据不同的标准对其作出或可或否的评价。其间有继承,亦有发展。

与万斯同的视角比较相似的是,还有清朝顺治年间成书的钱谦益《列朝诗集小传》,其言:

> 晚而受知分宜,僇力行间,身当倭寇,转战淮海,受事未几,遂以身殉,可谓志士者也。①

其后,清代学者有关明朝史籍中,对唐顺之"晚岁之出"的书写,较多是因袭或褒或贬的前说,并未有多大创获。其中值得我们留意的一个现象是,较多地参考了官修的张廷玉的《明史》的观点,如清乾隆年间成书的《明鉴》载:

> 会赵文华视师,特疏荐顺。顺之商出处于罗洪先,洪先曰:"向已隶名士籍,身非我有,安得偋处士。"顺之遂出,然闻望颇由此损。②

---

① 钱谦益:《列朝诗集小传》丁集上《唐金都顺之》,第375页。
② 印鸾章、李介人修订:《明鉴》卷6《世宗肃皇帝》,中国书店,1985年,第360页。

显然就来源于张廷玉《明史》。清同治年间成书的夏燮的《明通鉴》亦言：

> 顺之博通载籍，善为古文。生平苦节自励，又闻良知之说于王阳明弟子王畿，颇多所自得。惟晚以赵文华荐，骤跻通显，闻望由此渐损云。[1]

也是以张廷玉《明史》作为基本的史料来源。仅从这些史籍对唐顺之"晚岁之出"比较简略的描写来看，与张廷玉《明史》相同的是，多表达的是对唐顺之"晚岁之出"的否定态度。也有的学者基于不同的学术立场，在否定唐顺之及其"晚岁之出"上走得更远，如康熙年间成书的查继佐《罪惟录》载：

> 甲寅，倭奴作乱，赵文华□□□□顺之□□归，荐顺之南京兵部车驾主事，旋升兵部职方员外。

这应该是继承了张廷玉《明史》的内容，其后对唐顺之如此评价道：

> 荆川恬退守约，自以得叩良知，林居三十年，乃猎心动于视师者之就商，所为山中静坐者，竟何如矣？或曰，寇在门庭，所论议不意为文华所许，顾受爵累进，不闻谦让，古匡王而辄靡其室家者无是也。况又不办海上，以小捷徒塞责哉！宁武子之愚，使止如是，尽人是也。文衡山论学独不喜唐荆川。[2]

《罪惟录》把唐顺之与李贽、袁宗道等心学人物归入《文史诸臣列传》，再结合上述对唐顺之"得叩良知"的讽刺挖苦，以及沿袭清人对心学空谈心性、狂妄悖伦等的批判，出山为官以后也一无是处。很明显，查继佐的论调和清朝官方对心学批判的指导思想是保持一致的，在这一论调下，其也是主导性很强地完全否定了唐顺之"晚岁之出"乃至其人的历史价值。这一点与《世宗实录》的记载方式比较相似。

这种既认为因出处不正而名望由所损，又肯定了其抗倭功绩和价值的思路一直延续到清朝末年。如光绪年间的方浚颐就是在参读《明史》所载后，其言略曰：

---

[1] 夏燮撰，王日根等校点：《明通鉴》卷62，第1723页。
[2] 查继佐：《罪惟录》列传第十八《唐顺之》，民国二十五年四部丛刊三编本，续修四库全书，第323册，第266页。

于学无所不窥,于书无所不读,六编传世,古文名家。苦节自励,辍
扉为床,良知得闻……于是卜居阳羡山中十余年,中外论荐并报寝,荆
川其殆甘于栖遁,终无用世之心。已文华之荐,商之洪先,洪先曰:"向
已隶名士籍,此身非我有,安得佯处士。"荆川遂出。避孚敬而附文华,
出处之间,前后异辙,闻望奚为不损耶……虽出处不慎,贤者见讥,而
襄文追谥,饰终无忝。以倭事论,夫亦可谓疆臣之佼佼者矣。①

于方浚颐看来,本来一事之两面的出处不正与抗击倭寇,是要区别对待
的,而这些都是以往的史籍中固有的记述和观点。在这一点上,其所言
所论并无大的突破。

我们有必要总结一下以上所论,时至清朝中期前后,随着张廷玉
《明史》的修迄,其对这一时期私人史著中的唐顺之及其"晚岁之出"
的记载,产生了直接的影响;而这一时期统治者以及学者对程朱理学
的推崇,也使得唐顺之及其"晚岁之出"在历史书写当中某种程度上脱
离了一定客观性,而从属于排挤王学人物的时代需要,存在着被贬抑的
倾向。

## 四、艰难时局下的家族认同:民国唐鼎元等人的"晚岁之出"

这种情况的改变,还是进入近代以来,随着西方列强的入侵,反对
西方列强入侵又成为时代史学的时代任务,而唐顺之"晚岁之出"当中
抗击倭寇的含义又被发掘出来。如面临西方列强入侵主张"师夷长技以
制夷"②的《海国图志》就对唐顺之、俞大猷"御倭于海洋"主张的切时
性赞赏有加:"明代剿倭名将,亦惟知角诸陆战,虽间或击其惰归,亦已
伤深疮痏,惟唐顺之、俞大猷始惓惓于击贼海中,且谓击归船不若击来
船,深得治倭要领,而戈船水犀之备,亦未及见施行。夫倭之所长在陆,
击之外海,在攻其所短。英夷所长在海,待诸内河,待诸陆岸,则失其所
长。乃明人御倭者不知御之于外,而今日御英者,又不设伏于内,故天下
实效之事,必与庸众之议论相反。"③在魏源看来,在御外方面,不管是

---

① 方浚颐:《二知轩文存》卷7《书唐顺之传后》,清光绪四年刻本,续修四库全书,第1556册,
第418—419页。
② 魏源:《海国图志》卷首《海国图志原叙》,《魏源全集》第4册,岳麓书社,2004年,第1页。
③ 魏源:《海国图志》卷1《议守上》,《魏源全集》第4册,第8—9页。

击之海外，还是诱于内陆，其关键要因时制宜。

同时，对唐顺之学术价值的发掘这一时代任务又与家族群体认同联系在一起。民国时期，唐顺之十四世孙唐鼎元即为其编定《明唐荆川先生年谱》，前举吴佩孚就从民国受日本侵略的背景发掘了唐顺之的抗倭价值。除吴佩孚而外，柳诒徵也是在"列强环伺"的时代背景下，以批判近人完全向西方学习，忘却中国传统有用之实学为视角，"茫然靡所措手足，竞弃古先圣哲褆身植国之本，驱儿女子肤附沥啜夷裔名物，谓足以拯沉痼而苏之，慎呓瞑昏，至于挽近砧俎汤镬任人之为，犹不知反而求吾真实有用之学"。唐顺之于明朝抗击倭寇的实学功绩成为柳诒徵认可其的理由，并由此引出对唐顺之"晚岁之出"的肯定，其言：

> 明儒文武兼资者，阳明、荆川为称首，而阳明于典章制度挥斥不道，不殆荆川之奄洽。阳明武功为内战，荆川武功为外攘，衡之孰优？固不得以钤山、默林病荆川也。[①]

石瑛在为《明唐荆川先生年谱》作序时也说：

> 举凡天文、地理、乐律、兵法，以至勾股、壬奇之术，罔不搜讨至熟。而习练拳棒又足与岳武穆匹，故草庐再出，卒能驱未尝一日抚循之兵，率主客十余营素不同心之将，驰骤大江南北，扫荡倭氛，歼灭以尽使狡焉。强虏不敢窥边，其功烈抑何伟也？而是编之出，又当国家多难，较之嘉靖时且尤甚焉。是盖欲使浏览者仿其策略以策成功。[②]

可见，围绕唐鼎元《明唐荆川先生年谱》，民国时期诸多学者在"日人伺我之不虞""列强环伺"和"国家多难"的时局下，发掘唐顺之"晚岁之出"中的抗击倭寇的价值，普遍对唐顺之"晚岁之出"表现出肯定的价值认可。当然，这种价值取向直接依附于唐鼎元的家族价值认同，唐鼎元在该《谱》后，专门设立"究诬"二篇，首辩唐顺之因严党而起，次辩王忬因唐顺之而死，认为唐顺之"晚岁之出"与严党没有丝毫关系。而这种观点也为唐顺之的第十二世孙唐肯所认可：

①唐鼎元：《明唐荆川先生年谱》卷首《柳诒徵序》，《宋明理学家年谱续编》第4册，第213—216页。
②唐鼎元：《明唐荆川先生年谱》卷首《石瑛序》，《宋明理学家年谱续编》第4册，第222页。

　　　　公年谱八卷，于公晚年之出系徐华亭之力为推毂，而非系于甬江、
　　分宜。王太仓之狱系别为一事，不由于公，均获得不易之史实。四百年
　　来之谬说辞而辟之廓如也。木落山空，水清石出，而公修然清风之操、
　　痌瘝斯民之志，鞠躬尽瘁之节，益以表见。①

　　"而非系于甬江、分宜"的论断，完全剔除了唐顺之"晚岁之出"的严党
之荐因子。在为唐鼎元《明唐荆川先生年谱》作序的时人中，属于唐氏宗
族的还有唐文治和唐鼎元本人。其他如钱振煌、钟泰等人也多是常州故
里乡亲。

　　综上述，民国时期，以唐鼎元所编唐顺之年谱为媒介，唐顺之故里乡
亲及其宗后，普遍表现出对于唐顺之"晚岁之出"的绝对认可。但也正是
因为这些学者的身份，使得他们对唐顺之"晚岁之出"评价极有可能附
着一些私人感情。

　　可以说，明中叶的时代赋予了唐顺之"晚岁之出"丰富的涵义。同
时，后唐顺之时代的时移世易又在此基础上赋予了其第二次生命。相对
固定的明中叶这一时代与其后的变动不居的后唐顺之时代之间的差异，
使得后人关于唐顺之的"晚岁之出"书写莫衷一是，甚或扑朔迷离。并
且，随着后唐顺之时代的延续，有关于唐顺之"晚岁之出"的这一书写特
征正在发生也必将继续呈现。

---

① 唐鼎元：《明唐荆川先生年谱》卷首《唐肯序》，《宋明理学家年谱续编》第4册，第226页。

# 结　语

依循我们对黑格尔"存在即合理"的通俗理解，每一个史学家都有其存在的特点和价值。这也是唐顺之及其史学进入我们研究视野的一个基本前提。而关于"点"与"面"、"一般"和"特殊"的进一步思考，更是坚定了我们继续开展这一研究的信念，即"正因为其一般，其更具有代表性"。选取普通的一个，进行相对客观、理性的认识和研究，以期更为公允地评价，应该是一个值得尝试的新思路。

每一个时代的历史人物都不可能脱离他所处的那个时代，对于历史人物及其表现的研究，"知人论世"是我们认可的一个基本治史理念。但在达到这一理念的具体方法上，我们主要集中在两个视角：一是唐顺之及其时代；一是唐顺之史学与明代史学。

前者系统探讨了正德、嘉靖年间的典型政治异动、思想格局、史学思潮等诸种社会因素与唐顺之及其史学之间的关系，主要包括唐顺之经历过的武宗"失德"和嘉靖"大礼议"对唐顺之"气节"形成所产生的影响；程朱理学的继续传播和阳明心学的兴起、发展对唐顺之"合会朱、陆"学术特征之间的关系；明中后期兴起的黜虚征实、启蒙和经世致用与唐顺之具体史学特征的关系。探讨唐顺之所生活的时代因素对其影响是这一部分一个主要的思路，但也尽量避免一般意义上的泛泛而谈，以免把唐顺之与其时代的联系人为地隔绝开来，从而避免使得这些时代因素成为我们进入唐顺之史学这一主题时必须要背负的鸡肋或包袱。因此在论证唐顺之所处时代的社会特征时，尽量把唐顺之于其中的表现凸显出来，包括唐顺之科考、为官时的种种所为与磨难，接触和体认阳明心学而又没有放弃对程朱理学的研习，以及其在明中叶兴起的三股史学思潮承上启下作用，等等。当然，这样的尝试不仅仅局限于第一章，其余各章中都有不同程度的尝试。如汲汲举业的科考经历与史学经典的研习和批选、传统儒者"成圣成贤"的愿望之与"六编"的关系，等等，都是此视角的表现。

后一视角则揭示，本研究以唐顺之史学作为研究主线，但绝不以此自限，而是把其置于明代中叶史学发展和变化的时代大势中予以考察。如上述，从学者们一般比较关注的黜虚征实、经世致用和启蒙史学思潮的内涵来看，唐顺之的史学都是其作为思潮的历时环节中不可或缺的一环，并以其丰富的内涵推动着我们对于明中后期史学思潮的深入思考，比如何以三股史学思潮集中于唐顺之一人之身，三股史学思潮的内在逻辑联系如何。凡此种种。又如唐顺之《左编》与李贽《藏书》的比较研究，认为《左编》对《藏书》有直接、确凿无疑的影响。还如唐顺之《左氏始末》在明代，乃知中国古代纪事本末体体裁发展史上的意义，等等，均属此例。

采取两种视角的目的主要还是希望使我们的研究能够固守于"历史的"范围内，尽量避免做出偏离客观的评价。这是本研究一直非常在意和比较警觉的一个问题。

"历史所描述的那条轨迹，永远是游走于必然与自由之间。它永远是这两项变数的函数。所以不可能认为其中某一个就是决定性的。两者是相因的，或互为制约的。它受到必然因素的制约，所以它就是不以人的意志为转移的；但同时它又是自由人所创造的自由事业，所以它就是人的意志的产物"[1]。毋庸讳言，我们的研究也是"游走于必然与自由之间"。

所谓"必然因素"，唐顺之确实编纂了大量的历史文献，有《左编》《右编》《文编》《武编》《儒编》《稗编》等所谓的"六编"，还有《荆川集》《广右战功录》《左氏始末》《策海正传》《批点〈史记〉〈汉书〉》《两晋解疑》《两汉解疑》等，不下七百余卷；就其类别而言，有批选，有编纂，有评论。唐顺之的史学成长之路也是相对比较完整，既有早年成圣成贤的理想追求和应举的现实需求、对传统史学文献的研读，亦有中年，在早年知识累积和王学影响下，其知识愈趋于体系化和理论化，还有晚年出山应对"南倭北虏"问题而出现的《南北奉使集》等等，这些史著的广泛存在应该都属于"必然因素"。

---

① 何兆武：《对历史学的反思》，朱本源：《历史学理论与方法》卷首，人民出版社，2012年，第7页。

　　但我们也需承认，即使这些"必然"的存在，也蕴含着"自由"的因子，如所谓"六编"的称谓及其内涵，也如今人对《重刻翰林校正资治通鉴大全》究竟是否为唐顺之所编的质疑以及我们的思考，等等。同时，我们研究中"自由"内涵还更大程度地体现在唐顺之对明后期史学的影响，唐顺之史学于明中后期史学思潮中的参与程度，我们所赋予的唐顺之"因为其来自一般"的代表性含义，以及把唐顺之置放于明中叶，乃至有明一代史学发展框架中来探讨这一基本思考维度等诸方面上。我们丝毫不需要隐藏我们的"自由"，或者说主观性。

　　在"必然"与"自由"之间，我们的任务更多的是寻求和维护某一程度的平衡。就目前我们的研究现状来看，我们还是一厢情愿地认为我们在努力地、尽力地维护这一平衡。

　　也正是源于对我们这种研究上的主观性的认识，我们认为有关唐顺之史学的研究，也只是客观存在的唐顺之史学的一个面相而已，唐顺之及其史学仍有持续研究的余地。在可看到的将来，学者们各自前赴后继的研究仍将继续。

# 附　录

## 一、唐顺之编著目录表

此表资料来源于唐顺之诸书及《千顷堂书目》（清黄虞稷撰）、《明史·艺文志》《续文献通考·经籍志》（明王圻编）、《国史经籍志》（明焦竑编）、《国史经籍志补》（清宋定国、谢星缠编）、《四库全书总目》《续修四库全书总目》《四库存目丛书》《四库禁毁书丛刊》《唐荆川先生著述考》（民国唐鼎元撰）、《中国善本书提要》（王重民撰）、《中国丛书综录》《中国丛书综录续编》（施廷镛编撰）、《中国丛书广录》（阳海清编撰）、《北京图书馆古籍善本书目》等。

| 书名 | 卷数 | 版本 | 备注 |
|---|---|---|---|
| （一）唐顺之编、著书 | | | |
| 荆川集 | 12 | ①明嘉靖己酉无锡安如石刻本（12卷）②明嘉靖癸丑浙江叶氏刻本（12卷）③明嘉靖乙卯金陵薛氏刻本（17卷）④明万历元年唐鹤征纯白斋刻本（20卷）⑤清康熙己亥唐执玉刻本（22卷）⑥清光绪甲辰金陵书局本（26卷） | 如上所记只是主要版本。其中前两种版本均为12卷，为《文渊阁四库全书》收录；金陵薛氏本在此基础上增入《续集》和《南北奉使集》，共17卷；纯白斋本取《正集》12卷、《续集》6卷、《南北奉使集》2卷，共20卷，入《四部丛刊》和《武进唐氏所著书》；唐执玉刻本收《正集》18卷，《续集》4卷，外集未及刊，盛宣怀刻《常州先哲遗书》收入，亦没有外集；光绪甲辰金陵书局取嘉靖印本重刊，以万历、康熙本，续收诗文编为补遗5卷，并刊外集附录，最为完备，《明史·艺文志》所录"《荆川集》二十六卷"，当与此有出入。 |
| 左氏始末 | 12 | ①明嘉靖四十一年唐正之刻本（12卷）②明万历甲寅徐鉴刻本（12卷） | 见《千顷堂书目》《明史·艺文志》《国史经籍志》《经义考》《唐荆川先生著述考》《北京图书馆古籍善本书目》，均作12卷，唐鹤征《陈渡阡表》则著录为8卷。 |

| 书名 | 卷数 | 版本 | 备注 |
|---|---|---|---|
| 诸儒语要 | 10 | ①明万历三十年吴达可刻本<br>②明万历三十九年黄一腾刻本 | 见《千顷堂书目》《钦定文献通考·经籍志》《传是楼书目》《四库全书存目丛书》《北京图书馆古籍善本书目》，均作10卷。但《四库全书总目提要》作20卷，唐鼎元《唐荆川公著述考》依此亦作20卷，考之现存于《四库全书存目丛书》者，为10卷。盖内容大致相等，只是所分卷数不同而已。 |
| 诸儒文要 | 8 | ①明陈奎刻本 | 见《千顷堂书目》《唐荆川先生著述考》《北京图书馆古籍善本书目》。 |
| 儒编 | 60 | 今佚 | 一作30卷，见《明史·艺文志》《千顷堂书目》、道光《武阳合志·艺文志》、《唐荆川先生著述考》。 |
| 左编 | 142 | ①明嘉靖四十年胡宗宪刻本<br>②明万历三十九年吴用先刻本 | 初名《史大纪》，全名《历代史纂左编》，见《明史·艺文志》《国史经籍志》《国史经籍志补》《续文献通考·经籍志》《续通志》《中国善本书提要》《唐荆川先生著述考》《北京图书馆古籍善本书目》，胡宗宪刻本入《四库全书存目丛书》。《国史经籍志补》《钦定文献通考·经籍志》录"《史纂左编》一百二十四卷"，其他书目均为142卷，考现存于《四库全书存目丛书》胡宗宪刻本为142卷，124卷当为抄写之误。 |
| 右编 | 40 | ①明万历三十三年南京国子监刻本（刘曰宁补） | 见《国史经籍志补》《明史·艺文志》《续文献通考·经籍志》《钦定文献通考·经籍志》《唐荆川先生著述考》《北京图书馆古籍善本书目》，入《续修四库全书》《四库全书存目丛书》。 |
| 文编 | 64 | ①明嘉靖间姜廷善刻本<br>②明嘉靖间胡帛刻本（唐顺之选批，姜宝编，33卷）<br>③明天启间陈元素刻本（陈元素订，64卷） | 见《国史经籍志》《国史经籍志补》《明史·艺文志》《续文献通考·经籍志》《钦定文献通考·经籍志》《唐荆川先生著述考》《中国善本书提要》《中国丛书综录》，入《四库全书》《（文渊阁）四库全书珍本》。胡帛刻本题为唐顺之选批，姜宝编，33卷，此当为选刻本。 |

| 书名 | 卷数 | 版本 | 备注 |
|---|---|---|---|
| 武编 | 12 | ①明万历间徐象㮦刻本<br>②清木活字本（待查） | 见《明史·艺文志》《国史经籍志补》《钦定文献通考·经籍志》《唐荆川先生著述考》《中国丛书综录》《中国善本书提要》《中国丛书广录》。入《四库全书》《四库全书珍本》《中国兵书集成》等，又节选入《中国古典武学秘籍》。考之姚文蔚为此书所作序，徐象㮦刊刻此书是以焦竑所藏《武编》为本，盖在此之前，当有抄本或刊刻本存世，但今未见其他刊刻本，焦竑所藏版本亦无从考证。 |
| 稗编 | 120 | ①万历九年东海茅氏文霞阁刻本 | 见《明史·艺文志》《千顷堂书目》《国史经籍志》《国史经籍志补》《钦定文献通考·经籍志》《唐荆川先生著述考》《中国善本书提要》《中国丛书综录》，入《四库全书》。初名《杂编》。考之茅坤为此版所作序，在此之前，当有另一版本先行，今未可考见。 |
| 诗编 | 不知卷数 | 今佚 | 见《唐荆川先生著述考》。 |
| 二妙集 | 12 | ①明万士和刻本 | 见《千顷堂书目》《传是楼书目》《唐荆川先生著述考》，入《四库全书存目丛书》。 |
| 策海正传 | 12 | 可能散佚 | 见《明史·艺文志》《传是楼书目》《千顷堂书目》《唐荆川先生著述考》。 |
| 五经总论 | 1 | 有单行本，今不见 | 见《明史·艺文志》《唐荆川先生著述考》。 |
| 乐论 | 8 | 有单行本，今不见 | 见《明史·艺文志》《唐荆川先生著述考》。 |
| 六家文略 | 12 | ①明万历三十年蔡望卿刻本（唐顺之纂，蔡瀛辑） | 见《千顷堂书目》《唐荆川先生著述考》《中国善本书提要》。此书未有全书，蔡瀛据其目而录其文。民国唐鼎元据《明文海》所载顾完成为此书所作序不载于此版本，疑此书有两版本。 |
| 神机勾股算法<br>回回历批本<br>四元宝鉴<br>奇门六壬<br>翻擎<br>太乙诸书 | 1 | | 见《明史·艺文志》《国史经籍志》《唐荆川先生著述考》，唐执玉《重刻〈荆川集〉序》提及，唐鼎元疑毁于太平天国战乱中。《明史·艺文志》著录"唐顺之《勾股等六论》"一卷，此当即"六论"中五论，又不知缺何。 |
| 海防图志 | 8 | | 见《明史·艺文志》《千顷堂书目》《唐荆川先生著述考》。 |

| 书名 | 卷数 | 版本 | 备注 |
|---|---|---|---|
| 历代地理指掌图 | | | 见《筹海图编》《唐荆川先生著述考》。 |
| 淮扬图编 | | | 见《筹海图编》《唐荆川先生著述考》。 |
| 大同三关图 | | | 见罗洪先《九边图跋》《唐荆川先生著述考》。 |
| 勾股六论 | 1 | | 见《明史·艺文志》《千顷堂书目》《唐荆川先生著述考》。阮元《畴人传》卷30载"尝著《勾股测望论》",不知是否即为此书。 |
| 历算书稿 | 12册 | | 见《武阳志》《唐荆川先生著述考》。 |
| (二)存于文集、丛书中相对独立的著作 | | | |
| 广右战功录 | 1 | ①清嘉庆间虞山张氏族刻本(借月山房汇钞) | 又名《广右战功》《广右战功序》《叙广右战功》或《沈紫江广右军功志》,见《国史经籍志补》《钦定文献通考·经籍志》《唐荆川先生著述考》《中国丛书综录》。初始全文收入《荆川集》而刊行,后亦收入《粤西文载》《金声玉振集》《借月山房汇钞》《泽古斋重钞》《广西通志》《四库全书存目丛书》《丛书集成初编》《稗统》等。节录此文的亦不在少数,如《元明事类钞》。此文影响随《荆川集》亦波及海外,日人村濑海辅有浪华书林嵩山堂刻本。版本亦随《荆川集》变化而变化,除此外,《借月山房汇钞》版本最早,故于版本一栏姑录其一。 |
| 奉使集 | 2 | ①明唐鹤征刻本 | 此集多随《荆川集》一些版本而刊行,此所录单行本入于《四库全书存目丛书》。 |
| 春秋论 | 1 | | 见《明史·艺文志》、朱彝尊《经义考》《唐荆川先生著述考》,入《荆川集》为《读春秋》。 |
| 获麟考 | 1 | | 见道光《武阳合志·艺文志》、《唐荆川先生著述考》,《武阳合志》谓此文见于朱彝尊《经义考》,今考《经义考》,不见其书。 |

续表

| 书名 | 卷数 | 版本 | 备注 |
|---|---|---|---|
| 两汉解疑 | 2 | ①清嘉庆间虞山张氏刻本（借月山房汇钞）<br>②清光绪十一年、十三年山阴宋泽元忏花盦刻本、重印本（忏花盦丛书）<br>③清道光十一年六安晁氏木活字本（学海类编）<br>④清光绪二十九年申江开文书局石印本（史论汇函） | 见《钦定文献通考·经籍志》《唐荆川先生著述考》《中国丛书综录》。入《借月山房汇钞》《史论》《学海类编》《四库全书存目丛书》《丛书集成初编》《忏花盦丛书》和《武进唐氏所著书》，又，清光绪二十九年申江开文书局石印本，收入《史论汇函》。《武进唐氏所著书》则著录为1卷，其余诸本均为2卷。 |
| 两晋解疑 | 1 | 同上 | 与《两汉解疑》相偕以刊，刊、传情境与《两晋解疑》同。 |
| 太乙诸书 | | | 见《唐荆川先生著述考》，入清康熙己亥唐执玉《荆川集》刻本。 |
| 四书文 | 1 | ①明末陈氏石云居刻本（陈名夏编）<br>②清康熙吕葆中刻本（吕留良评）<br>③清乾隆三年文盛堂、怀德堂刻本（俞长城选评） | 见《北京图书馆古籍善本书目》，又名《唐荆川传稿》或《唐荆川稿》。陈氏刻本入于《国朝大家制义》。康熙本有吕留良评，民国三十七年又有铅印本，入《四库禁毁丛刊补编》。乾隆本入《可仪堂一百二十家制义》，为俞长城选评。另，唐顺之《四书文》的部分篇章还存于文渊阁四库全书本《钦定四书文·正嘉四书文》。 |
| （三）唐顺之编、校他人著作 | | | |
| 批选周汉文 | 12 | | 见《传是楼书目》《唐荆川先生著述考》。 |
| 批选史记 | 12 | ①明茅坤刻本<br>②明万历五年浙江双泉童子刻本<br>明万历十二年毛在、郑昊等刻本（唐顺之选批） | 见《传是楼书目》《中国善本书提要》《唐荆川先生著述考》等。 |
| 批选汉书 | 4 | ①明嘉靖间胡宗宪刻本（唐顺之辑）<br>②明万历十二年毛在、郑昊等刻本（唐顺之选批）<br>③清刻本 | 胡宗宪本作2卷，又有作6卷，基本内容不变。见《传是楼书目》《唐荆川先生著述考》。 |
| 精选史记、汉书（唐顺之选） | 16 | ①明天启间沈璚卿刻本 | 见《中国善本书提要》《唐荆川先生著述考》《北京图书馆古籍善本书目》等。于万历刻本，《中国善本书提要》云："按此为万历十二年贵州翻刻本，尽将评点删去，则毫无意义矣。" |

续表

| 书名 | 卷数 | 版本 | 备注 |
|---|---|---|---|
| 评选两汉奏疏 | 16 | 崇祯九年刻本（明陈溴子辑，唐顺之、茅坤评） | 见《东海楼书目》《唐荆川先生著述考》。 |
| 宋资治通鉴节要 | 17 | | 见《武阳合志·艺文志》《唐荆川先生著述考》。又，《新刊翰林考正纲目点音资治通鉴节要》，20卷，明万历十六年张大业新贤书堂刻本，两者关系待考。 |
| 批点真西山《文章正宗》 | 26 | | 见《欢怡庄楼书目》《唐荆川先生著述考》。 |
| 类编草堂诗余 | 4 | ①明万历十二年书林张东川刻本（唐顺之解注） | 见《北京图书馆古籍善本书目》。 |
| 唐荆川选朱文公全集 | 15 | ①明刻本（唐顺之辑） | 见洪饴孙《毗陵经籍志》《唐荆川先生著述考》《北京图书馆古籍善本书目》。 |
| 重刻翰林校正资治通鉴大全 | 20 | ①明建邑书林刘莲台刻本（唐顺之删定、张谦厘正） | 见《中国善本书提要》《北京图书馆古籍善本书目》，入《四库禁毁丛刊补编》。关于版本，《四库禁毁丛刊补编》为"明建邑书林杨壁亲藏本"，考国图所藏同一版本卷1则为"书林刘永茂刊行"，当题以"刘莲台刻本"更为准确。另有《新刊古本大字合并纲鉴大成》，46卷，明隆庆四年归仁斋刻本，不知与此有何关系，待考。 |
| 荆川精选批点《语录》 | 15 | ①明隆庆五年叶氏宝山堂刻本（唐顺之编辑，15卷） | 见《中国善本书提要》。于隆庆五年刻本，《中国善本书提要》云："此书前十四卷与《诸儒语要》同，末一卷则专言佛氏。"《中国善本书提要》又载《荆川先生精选批点语录》："目录分十四卷，卷内却作十五卷。检其内容，《陆论》卷十二，杨墨老庄卷十四，中空一卷。阅其目知两书当从一稿本出，盖原稿未定，后人传刻各有不同也。" |
| 苏文嗜 | 6 | ①明凌氏三色套印本（唐顺之选） | 见《中国善本书提要》《北京图书馆古籍善本书目》。又名《苏文》。 |
| 陈后冈诗集 | 1 | ①明万历间刻本（陈束撰，唐顺之选次） | 见《中国善本书提要》。 |
| 唐会元精选批点唐宋明贤策论文 | 8 | ①嘉靖坊本（唐顺之编）②明书林桐源胡氏刻本（唐顺之辑并批点） | 见《天一阁书目》《唐荆川先生著述考》《北京图书馆古籍善本书目》，除以上版本外，李开先亦言欲刻之，不知刻否，存否。 |

续表

| 书名 | 卷数 | 版本 | 备注 |
|---|---|---|---|
| 阴符经附阴符经考 | 1 | ①明天启元年苕上闵氏朱墨套印本（唐顺之评释并撰考） | 见《明史·艺文志》《千顷堂书目》《唐荆川先生著述考·兵垣四编条》《中国丛书综录》《中国丛书综录续编》。入《兵垣四编》和《武进唐氏所著书》。所谓"四编"者，即宋张商英注《素书》、明王世贞注《孙子》、明王世骐注《吴子》、唐顺之撰注《阴符经》。《明史·艺文志》《千顷堂书目》所录不精确。 |
| 汉书揭要 | 1 | ①明万历间刊本 | 见《唐荆川先生著述考》《中国丛书综录续编》，入胡文焕《格致丛书》。 |
| 黄石公素书 | 1 | ①明书林龚宏源刻本（汉黄石公撰，明唐顺之评，明金垒编） | 见《中国丛书广录》，入《权谲秘书》。 |
| 董中峰文选 | 12 | ①明钞本（12卷）②明嘉靖四十年王国桢刻本（明董玘撰，唐顺之选辑，12卷） | 见《涵芬楼书目》《唐荆川先生著述考》《中国善本书提要》《北京图书馆古籍善本书目》。 |
| 医间先生集 | 9 | ①明嘉靖间刻本（明贺钦撰，郑晓参定，唐顺之重校） | 见《中国善本书提要》。 |

附：唐顺之在为翰林编修时，曾校累朝《实录》，《明史》卷205《唐顺之》载："（嘉靖）十二年秋，诏选朝官为翰林，乃改顺之编修，校累朝《实录》。"同时，唐顺之还以侍讲身份参与《列圣实录宝训》的校录，《世宗实录》载："嘉靖十三年七月甲戌，上谕内阁，祖宗神御像、《实录》《宝训》，宜有尊崇之所……内阁因议于南内建阁尊藏。其重写训录，书帙大小，依《通鉴纲目》例规，不拘每月一册，异日收藏，每朝自为一匮，议定如纂修例。诏从之。因命武定侯郭勋为监修官……侍讲江汝璧、杨维杰、唐顺之……为校录官……至嘉靖十五年八月乙酉书成，赐校官生等宴及钞帛，如纂修先朝《实录》例。"这是唐顺之所参与的官修史书活动，但由于在此活动中的身份并不高，也没有留下独立的版本如《重刻翰林校正资治通鉴大全》者，兹不单列，仅附于"唐顺之选评他人著作"栏后以备考。

| | | (四)他人选评唐顺之著作 | |
|---|---|---|---|
| 唐中丞集 | 2 | ①明嘉靖、隆庆间刻本（明俞宪编） | 见《北京图书馆古籍善本书目》，入《盛明百家诗》。 |
| 唐应德文抄 | 1 | ①明末刻本（明李宾辑） | 见《中国丛书广录》，入《八代文抄》。 |
| 荆川文选 | 2 | ①明刻本②明末刻本（明陆弘祚编） | 见《中国丛书广录》，入《皇明十大家文选》。 |

| 书名 | 卷数 | 版本 | 备注 |
|---|---|---|---|
| 荆川文粹 | 5 | ①清光绪三十二年长沙徐氏石耕山房刻本（徐德立辑）②日本文政庚寅年（1830）浪华书林嵩山堂刻本（日村濑海辅辑） | 徐氏本收入《五大家文粹》。 |
| 唐荆川先生文选 | 7 | 清道光二十五年刻本（李祖陶选） | 见《千顷堂书目》《明史·艺文志》《唐荆川先生著述考》《中国丛书综录》，入《金元明八大家文选》《明文选》。此集乃入于《明文选》者，《千顷堂书目》《明史·艺文志》《唐荆川先生著述考》录"唐顺之《明文选》二十卷"，不准确。 |
| 唐荆川先生文两首 | 1 | ①清咸丰、同治间长沙余氏刻本（清余肇钧辑） | 入《明辨斋丛书》。 |
| 唐荆川文选 | 2 | ①清乾隆二十九年刻本（清刘肇虞选） | 见《中国丛书综录》，入《元明八大家古文选》。 |
| 唐荆川文 | 不详 | ①清吴郡石氏自刻本（清石韫玉选） | 见《中国丛书广录》，入《明八家文选》。 |
| 唐荆川先生集选 | 6 | ①康熙二十一年温陵书林刻本（明张汝珊评选） | 见《中国丛书综录》《中国丛书综录续编》《中国丛书广录》，入《明八大家集》和《明十一家集》。张汝瑚又有《明十二家集》，亦清康熙刻本，《中国丛书广录》认为："张氏辑刻明人文集多种，各家著录之子目多寡不一，以此为多。疑当时系随刻随印，并未汇印，此由藏书人汇集而成。" |
| 荆川公遗文 | 1 | | 见《中国丛书综录》，入《武进唐氏所著书》。 |
| 唐荆川集 | 未载卷数 | ①清道光五年刻本（清范鄗鼎辑） | 见《中国丛书综录》，入《广理学备考》。 |
| 唐襄文公文定 | 4 | 不知版本（崔征麟评选） | 见《唐荆川先生著述考》。 |
| 唐荆川集 | 1 | ①民国十三年上海商务印书馆印行（林纾选评） | 入《林氏选评名家文集》。 |

## 二、唐顺之年谱简编

正德二年（1507）　　　　　　生于江苏武进。

嘉靖元年（1522）　　　　　　补郡庠生。

嘉靖七年（1528）　　　　　　举于乡。

| 嘉靖八年（1529） | 会试第一名，殿试二甲第一名，授兵部武选司主事。初识罗洪先。 |
| --- | --- |
| 嘉靖九年（1530） | 告病南归。母卒。 |
| 嘉靖十一年（1532） | 迁母葬。服阙返京复职。 |
| 嘉靖十二年（1533） | 补吏部稽勋司主事，寻迁考功，又改翰林院编修。 |
| 嘉靖十四年（1535） | 上疏乞病归，以主事罢归。 |
| 嘉靖十七年（1538） | 子鹤征生。 |
| 嘉靖十八年（1539） | 奉旨复翰林院故官，兼春坊右司谏。 |
| 嘉靖十九年（1540） | 与罗洪先、赵时春上定国本疏，削籍归。 |
| 嘉靖二十年（1541） | 与罗洪先联舟南归。家居。 |
| 嘉靖二十六年（1547） | 倭寇侵于闽浙。 |
| 嘉靖二十九年（1550） | 俺答犯京师。严嵩谋起用唐顺之，未遂。 |
| 嘉靖三十二年（1553） | 聂豹、徐阶谋起用唐顺之和罗洪先，未遂。 |
| 嘉靖三十四年（1555） | 父亲唐珤卒。 |
| 嘉靖三十五年（1556） | 居丧。倭寇逼近常州郡城。 |
| 嘉靖三十六年（1557） | 居丧。赵文华荐唐顺之为南京兵部主事，以父服未终不出。徐阶与尚仰山再荐为北兵部职方员外郎。 |
| 嘉靖三十七年（1558） | 三月祭告父庙赴部就职。七月署郎中，奉敕往覆蓟镇兵额，九月回朝述命。十月仍署郎中往南直隶、浙江协谋胡宗宪评定倭患。 |
| 嘉靖三十八年（1559） | 在浙、直视军情任。于崇明洋斩倭寇百余人，击沉敌船十余艘。继率总兵刘显驰援凤阳，与凤阳巡抚李遂一道取得了"姚家荡"大捷。江北倭患平。以功升太仆寺少卿，再升通政司右通政。九月改为右佥都御史代巡抚凤阳等处兼提督军务。 |
| 嘉靖三十九年（1560） | 在凤阳巡抚任。请赈地方灾荒。四月一日卒于泰州舟次，享年54岁。 |

# 主要参考文献

## 古　籍

〔春秋〕左丘明《左传》，杨伯峻注，中华书局1990年版。

〔西汉〕司马迁《史记》，中华书局1959年版。

〔东汉〕班固《汉书》，中华书局1962年版。

〔北宋〕司马光《资治通鉴》，中华书局1956年版。

〔北宋〕张载《张载集》，中华书局1978年版。

〔北宋〕欧阳修《新五代史》，中华书局1974年版。

〔南宋〕朱熹《朱子语类》，中华书局1986年版。

〔南宋〕朱熹《朱子文集》，上海商务印书馆1937年版。

〔南宋〕朱熹《资治通鉴纲目》，《朱子全书》第8—11册，上海古籍出版
　社2010年版。

《明实录》，台湾"中央"研究院历史语言研究所1962年校印本。

〔明〕陈子龙等编《明经世文编》，中华书局1962年版。

〔明〕傅维麟《明书》，清康熙三十四年本诚堂刻本，四库全书存目丛书。

〔明〕焦竑《国朝献征录》，上海书店影印本1987年版。

〔明〕焦竑《国史经籍志》，明万历三十年刻本，四库全书存目丛书。

〔明〕李贽《李贽文集》，社会科学文献出版社2000年版。

〔明〕罗洪先《罗洪先集》，徐儒宗编校整理，凤凰出版社2007年版。

〔明〕唐鹤征《皇明辅世编》，《北京图书馆古籍珍本丛刊》第15册，书目
　文献出版社1987年影印本。

〔明〕唐鹤征《宪世前编　宪世编》，万历四十二年纯白斋刻本，四库全
　书存目丛书。

〔明〕唐鹤征《周易象义》，明万历三十五年纯白斋刻本，四库全书存目
　丛书。

〔明〕唐顺之《稗编》，文渊阁四库全书本。

〔明〕唐顺之《奉使集》，明唐鹤征刻本，四库全书存目丛书。

〔明〕唐顺之《荆川集》，文渊阁四库全书本。

〔明〕唐顺之《荆川先生文集》，四部丛刊初编本。

〔明〕唐顺之《荆川先生右编》，刘曰宁补，明万历三十三年南京国子监刻本，四库全书存目丛书。

〔明〕唐顺之《历代史纂左编》，明嘉靖四十年胡宗宪刻本，四库全书存目丛书。

〔明〕唐顺之《两汉解疑》，丛书集成初编本，中华书局1971年版。

〔明〕唐顺之《两晋解疑》，丛书集成初编本，中华书局1971年版。

〔明〕唐顺之《唐荆川批选汉书》，国家图书馆藏清刻本。

〔明〕唐顺之《唐荆川诗文集》，凤凰出版社2012年版。

〔明〕唐顺之《唐荆川先生编纂诸儒语要》，明万历三十年吴达可刻本，四库全书存目丛书。

〔明〕唐顺之《唐荆川选辑朱文公全集》，国家图书馆藏明刻本。

〔明〕唐顺之《唐顺之集》，马美信、黄毅点校，浙江古籍出版社2014年版。

〔明〕唐顺之《文编》，文渊阁四库全书本。

〔明〕唐顺之《武编》，文渊阁四库全书本。

〔明〕唐顺之《重刊唐荆川精选史记》，国家图书馆藏明万历十二年刻本。

〔明〕王畿《王畿集》，吴震编校整理，凤凰出版社2007年版。

〔明〕王阳明《王阳明全集》，吴光等编校，上海古籍出版社1992年版。

〔明〕薛应旂《宪章录》，明万历二年刻本，四库全书存目丛书。

〔明〕郑晓《吾学编》，《北京图书馆古籍珍本丛刊》第12册，书目文献出版社1987年影印本。

〔清〕黄宗羲《明儒学案》，中华书局2008年版。

〔清〕黄宗羲《明文海》，中华书局1987年版。

〔清〕永瑢等编《四库全书总目》，中华书局1965年版。

〔清〕张廷玉等《明史》，中华书局1974年版。

唐鼎元《唐荆川公著述考》，国家图书馆藏民国铅印本。

唐鼎元《唐氏先世著述目录》，国家图书馆藏民国二十年铅印本。

唐鼎元《荆川学脉表》，国家图书馆藏民国二十三年铅印本。

唐鼎元《荆川弟子考》，国家图书馆藏民国二十三年铅印本。

唐鼎元《明唐荆川先生年谱》，国家图书馆藏民国二十八年武进唐氏刻本。

## 今人论著

白寿彝《中国史学史》第1册，上海人民出版社1986年版。

白寿彝《中国史学史论集》，中华书局1999年版。

白寿彝主编，向燕南等著《中国史学史》第5册，上海人民出版社2006年版。

白寿彝主编《中国史学史教本》，北京师范大学出版社2000年版。

白寿彝主编《中国通史纲要》，上海人民出版社1980年版。

陈鼓应、辛冠洁、葛荣晋主编《明清实学简史》，社会科学文献出版社1994年版。

葛兆光《中国思想史》第2卷，复旦大学出版社2001年版。

侯外庐主编《中国思想通史》第4卷，人民出版社1960年版。

侯外庐等主编《宋明理学史》，人民出版社1984年版。

嵇文甫《晚明思想史论》，东方出版社1996年版。

李小林等主编《明史研究备览》，天津教育出版社1988年版。

梁启超《中国近三百年学术史》，东方出版社1996年版。

刘节《中国史学史稿》，郑州中州书画社1982年版。

马克思、恩格斯《马克思恩格斯选集》第4卷，人民出版社1972年版。

蒙文通《中国史学史》，上海世纪出版集团2006年版。

钱茂伟《明代史学编年考》，文联出版社2000年版。

钱茂伟《明代史学的历程》，社会科学文献出版社2003年版。

钱穆《中国近三百年学术史》，商务印书馆1997年版。

瞿林东《中国古代史学批评纵横》，中华书局1994年版。

瞿林东《中国史学史纲》，北京出版社1999年版。

饶宗颐《中国史学之正统论》，上海远东出版社1996年版。

孙卫国《王世贞史学研究》，人民文学出版社2006年版。

台湾"中央"图书馆编《明人传记资料索引》，中华书局1987年版。

王重民《中国善本书提要》，上海古籍出版社1983年版。

吴怀祺《中国史学思想史》，安徽人民出版社1996年版。

向燕南《中国史学思想通史·明代卷》，黄山书社2002年版。

吴金娥《唐荆川先生研究》，台湾文津出版社1986年版。

吴震《阳明后学研究》，上海人民出版社2003年版。

萧箑父、许苏民《明清启蒙学术流变》，辽宁教育出版社1995年版。

肖黎主编《中国史学四十年（1949—1989）》，书目文献出版社1989年版。

谢贵安《明实录研究》，文津出版社1995年版。

谢国桢《增订晚明史籍考》，上海古籍出版社1981年版。

杨艳秋《明代史学探研》，人民出版社2005年版。

杨翼骧编《中国史学史资料编年》第3册，南开大学出版社1999年版。

杨翼骧审定，乔治忠、姜胜利编著《中国史学史研究述要》，天津教育出
　　版社1996年版。

张孟伦《中国史学史》，甘肃人民出版社1986年版。

左东岭《李贽与晚明文学思想》，天津人民出版社1997年版。

左东岭《王学与中晚明士人心态》，人民文学出版社2000年版。

〔美〕艾尔曼著，赵刚译：《经学、政治和宗族——中华帝国晚期常州今
　　文学派研究》，江苏人民出版社1998年版。

〔美〕牟复礼、〔英〕崔瑞德编《剑桥中国明代史》上卷，中国社会科学
　　出版社1992年版。

〔日〕沟口雄三著，索介然、龚颖译《中国前近代思想的演变》，中华书局
　　1997年版。

## 今人论文

陈怀利《浅论唐顺之的本色论》，《黔东南民族师专学报》2000年第
　　4期。

陈家洲《正统之争与正统史观》，《争鸣》1988年第2期。

陈作荣、赵毅《王世贞与明代史学》，《长白论丛》1992年第2期。

葛荣晋《试论唐鹤征的哲学思想》，《社会科学辑刊》1988年第4期。

葛兆光《从〈通鉴〉到〈纲目〉——宋代通鉴学之一脉》，《扬州师院学
　　报》（社会科学版）1992年第3期。

葛兆光《明代中后期的三股史学思潮》，《史学史研究》1985年第1期。

葛兆光《明清之间中国史学思潮的变迁》，《北京大学学报》（哲学社

会科学版）1985年第2期。

葛兆光《谈史学史的编纂——兼评朱杰勤著〈中国古代史学史〉》，《史学史研究》1983年第4期。

嵇文甫《晚明考证学风的兴起》，《郑州大学学报》1963年第3期。

继光、陈静《明代史学述论》，《西北民族大学学报》（哲学社会科学版）1993年第4期。

姜广辉《略论明清时期的考据学思潮》，《湖南大学学报》（社会科学版）2007年第2期。

姜胜利《明代野史述论》，《南开学报》1987年第2期。

李德锋《李贽〈藏书〉与唐顺之〈左编〉之关系考述》，《史学史研究》2011年第1期。

李德锋《论〈广右战功录〉的学术价值》，《湖南科技学院学报》2008年第11期。

李德锋《明代〈世宗实录〉辩诬一则》，《中国社会科学院研究生院学报》2009年第5期。

李德锋《唐顺之"六编"编纂体系的思想解构》，《淮北煤炭师范学院学报》（哲学社会科学版）2008年第5期。

李德锋《唐顺之〈左编〉经世编纂特点探析》，《内蒙古大学学报》（哲学社会科学版）2011年第4期。

李德锋《唐顺之军事思想探析》，《宁夏师范学院学报》2011年第5期。

李德锋《唐顺之两部〈解疑〉的史学思想》，《求是学刊》2009年第2期。

李德锋《唐顺之与东林学派》，《唐荆川研究》，南京大学出版社2010年版。

李静《空疏不征到无征不信：传统史学两大思潮之比较》，《宁夏社会科学》2004年第6期。

李小树《封建传统史学的没落与通俗史学的兴盛——明代史学谈论》，《北京社会科学》1999年第1期。

卢钟锋《明代前期的朱学统治与学术史研究的朱学特色》，《史学史研究》1991年第3期。

马兴东《〈藏书〉和李贽的史识》，《史学史研究》1995年第4期。

马美信《唐顺之诗文的艺术成就》，《中国典籍与文化》1997年第1期。

钱茂伟《关于理学化史学的一些思考》,《华东师范大学学报》(哲学社会科学版)2000年第1期。

钱茂伟《论〈藏书〉对〈左编〉的继承与批判》,《福建论坛》1998年第6期。

钱茂伟《论李贽对义理史学的系统批判》,《学术月刊》1999年第7期。

钱茂伟《论明代通史的构筑模式》,《宁波大学学报》(人文科学版)2000年第3期。

钱茂伟《论明中叶当代史研撰的勃兴》,《江汉论坛》1992年第8期。

钱茂伟《论明中叶史学的转型》,《复旦学报》(社会科学版)2001年第6期。

钱茂伟《论明中叶史学风气的变化》,《史学史研究》2001年第2期。

钱茂伟《论晚明当代史的编撰》,《史学史研究》1994年第2期。

钱茂伟《论王世贞对理学化史学的批评》,《华东师范大学学报》(哲学社会科学版)2002年第3期。

钱茂伟《明代前期史学特点初探》,《华东师范大学学报》(哲学社会科学版)1998年第3期。

钱茂伟《明代史学研究史述略》,《东亚学研究》学林出版社2000年版。

钱茂伟《明人史著编年考略》,《浙江学刊》1994年第6期。

瞿林东《中国古代史学理论发展大势》,《历史研究》1992年第2期。

宋克夫《论唐顺之的天机说》,《湖北大学学报》(哲学社会科学版)2004年第2期。

宋克夫《论唐顺之的学术思想》,《华侨大学学报》(哲学社会科学版)2003年第4期。

唐宇元《朱学在明代的流变与王学的缘起》,《哲学研究》1986年第9期。

陶懋炳《李贽史论新探》,《史学史研究》1985年第1期。

向燕南《"技艺与德岂可分两事":唐顺之之实学及其转向的思想史意义》,《西南师范大学学报》(人文社会科学版)2006年第3期。

向燕南《从"荣经陋史"到"六经皆史"——宋明经史关系说的演化及意义之探讨》,《史学理论研究》2001年第4期。

向燕南《从"主于道"到"主于事":晚明史学的实学取向及局限》,《学术月刊》2009年第3期。

向燕南《从国家职能看明清官修史学》,《求是学刊》2005年第4期。

向燕南《论王祎的史学思想》，《学术月刊》2002年第3期。

向燕南《明代北塞军事危机与边镇志书的编纂》，《中州学刊》2006年第1期。

向燕南《明代边防史地撰述的勃兴》，《北京师范大学学报》（人文社会科学版）2000年第1期。

向燕南《明代经济史撰述的突出发展》，《中国史研究》1997年第4期。

向燕南《史学与明初政治》，《浙江学刊》2002年第2期。

向燕南《试析王阳明心学对明代史学的影响——兼及有关拓展史学思想史研究的思考》，《淮北煤炭师范学院学报》（哲学社会科学版）2006年第1期。

向燕南《晚明士人自我意识的张扬与历史评论》，《史学月刊》2005年第4期。

向燕南《王圻〈续文献通考·道统考〉二题》，《史学史研究》1996年第2期。

向燕南《薛应旂的史学思想》，《史学史研究》1999年第3期。

向燕南《引领历史向善——方孝孺的正统论及其史学思想》，《齐鲁学刊》2004年第2期。

杨绪敏《明代求实思潮的兴起与考据学的成就及影响》，《江苏社会科学》2004年第4期。

杨艳秋《论明代前期史学之衰落》，《求是学刊》2005年第1期。

杨艳秋《明代后期的“经世文”汇编》，《聊城大学学报》（社会科学版）2005年第1期。

杨艳秋《明代中后期私修当代史的繁兴及其原因》，《南都学坛》2003年第3期。

杨艳秋《明中后期的史学思潮》，《史学史研究》2001年第2期。

杨翼骧、乔治忠《论中国古代史学理论的思想体系》，《南开学报》1995年第5期。

张越《中国史学史分期问题综述》，《史学史研究》1989年第3期。

赵园《关于唐顺之晚岁之出》，《南通大学学报》（社会科学版）2005年第3期。

左东岭《从本色论到童心说——明代性灵文学思想的流变》，《社会科学战线》2000年第6期。

左桂秋《经世视野下的"资治"与"明道"——明代王宗沐与薛应旂续
　　〈通鉴〉异同之探讨》,《山东社会科学》2006年第3期。

# 后　记

　　再次校核了书稿一通，已记不清这是第几遍了。每次校核，错误总是意想不到，这对自己的学术信心都是一次直击。至于书中所论更是自己不敢奢望无错。每每突然想起某处问题之不妥或错误，总是寒毛卓立、局促不安，甚至是无力回天。造成这样的结果，从本质上来讲，是自身学术素养的亏欠，但也与自己性格和经历相关。

　　我自幼多疑。对于已成基本常识之知识，总是抱有一种我没见过、不敢深信的幼稚想法，即使是小玩伴们在探讨人死了灵魂还存不存在的问题时，我也不确信万物俱灭这一科学论断。面对小玩伴们或赞同或反对的声音，总是搜肠刮肚地憋出一些歪理邪说或"真凭实据"来勉强应对，虽然这样的问题每每在我证明灵魂存在的过程中，引证二爷爷曾亲口告诉我他小时候摸地猴时转过一棵大柳树看到了一个没有下巴的人（此为我的家乡安徽北部当地对鬼的一种普遍描述）这样毛骨悚然的氛围中跑偏，但这确实是我多疑的性格一个直接表现。也因这一多疑性格，总是主张一些常识之外的观点，且我比小玩伴们一般大一两岁，甚或五六岁，某种程度上必须给渴望新知的他们一个"交代"。不知是这样的经历，还是这样的特点，要求我必须具有所谓的基本说辩能力。虽然，小玩伴们没有给我起"老别筋"或"碎嘴子"（我的家乡当地对想法奇特、话多的人的统称）的绰号，他们也不敢，但现在想想，很适合当时的我。如果童年的经历与我今天的历史教学和研究工作有联系的话，想想也可笑，我最早的"实证"经验就是引证二爷爷的证词勉为其难地在小玩伴们中说明了人死后鬼魂存在的歪理。但反过来想，我所谓的对唐顺之的研究不也存在同样性质的问题吗？

　　这部书稿是在我博士论文的基础上修改而成的，故以修读博士作为我求学阶段的终点，它也反映了我的求学经历。换句话来说，我的求学经历也深深地印记于这部书稿中。用一句话概括我求学阶段的特点：重文轻理。这一点自小学就是如此。主课方面，语文和英语成绩虽也谈不上出类拔萃, 但我从来都不担心。小学阶段唯一担心的是数学, 而且这种担心和惧怕是渗入骨子里的。这并不是我没有学好数学的天分, 而是我始终对枯燥的数字产生不了兴趣。我的父母曾总结我小学的数学成绩规律: 一学期好一学期坏。即如果上学期数学还好, 我会马上得过且过地放松对数学的学习; 如果上学期数学考得实在不成样子, 我会硬着头皮搞好数学学习, 这学期考进班级或年级前几名, 甚或第一名也是有可能的。对数学的这种情绪一直延续到高中。记得在即将高考年前的最后一次老师视作高考成绩定型的模拟考试中, 我的数学居然阴差阳错地考了145分(满分150分), 年级第一名。年后的历次模拟考试都心不在焉, 总自我安慰地认为数学应该不会在高考中拖后腿了。但事与愿违, 高考时以仅及格的99分惨淡收场。还好, 我参加高考的时候, 有文理分科, 如果没有, 我断定是上不了大学的。因为, 与数学紧密相关的化学、物理等各课成绩也都差强人意。一直到现在, 对以数学为代表的理科的恐惧, 从未间断过。如今现实工作中有些压力, 晚上做梦仍然是自己即将参加高考, 各课都复习停当, 唯独数学还没有开始准备。最近我也看到国外的相关研究, 这是一种叫数学恐惧症的心理疾病。现在反观对数学等理科的恐惧, 可能就是这一心理疾病的表现, 当然不可否认现在仍然认为自己的兴趣在以人类为认知对象的学科, 关注人及人所处的社会, 从而安顿自己比较敏感的心灵。这里, 没有贬低数理学科的意思, 我对数学好的人总抱有一种天然的崇敬。而且于我来讲, 作为一个历史学科从业者, 由于数理实证精神的缺失, 我总是不能对自己的研究抱有毋庸置疑的自信。

也正是因此, 高考结束后, 当看到自己达到普通本科的分数线, 马上毫不犹豫、劫后余生式地选择了当时冷门、现在也不热门的历史教育专业, 某种程度上是报其高考132分的救命之恩。大学时期, 也曾想在历史的长河中徜徉一番, 但枯燥、干瘪、呆板的教材内容实在辜负了我的期望, 我当时确是这么认为的。现在想想, 这种失望也许是出于对当时历史研究中忽视人的存在的原因吧。但确也是大学阶段为自己不按部就班努力学习找到一个说得过去的借口, 反而把本科母校图书馆当时为数不多的两架文学小说书籍囫囵吞枣地翻了一个遍。

硕士阶段, 突然在日子再也不能这样过的幡然醒悟中压力陡增, 但前期的基础训练没有, 新的理论和想法不成体系, 也没有能力实现。在这种纠结的境况中，在导师的棒喝下，整体只能草草收场。但这一阶段的收获是发现了与自己想法比较相符的一些榜样。在这些榜样的感召下，使得自己能够沉下心来阅读榜样和被自己武断否定的学者。但对于历史中人的追寻仍有一种病态的执念，且进一步认为人的因素在历史中的呈现不应该仅是整体抽象符号，而更应该是鲜活、生动的个体，但历史人物与客观历史一样，一旦发生就一去不复返，我们不可能看到鲜活的历史人物，那我们只能通过时人和后人留下的有关于历史人物的主观记载，尽可能呈现我们所能够看到的主观历史细节，这就要求细化我们的认识，哪怕这种细化达到了附赘悬疣的程度也在所不惜，因为我认为这某种程度上更是叙事技巧的问题。而各种细节之间的客观、逻辑联系，总是给我们探索人的历史、探索人的心灵世界提供无数的挑战和乐趣，许多问题也不再仅在"众所周知"的不言自明的"笃信"中被当然地忽略掉，也不会在"很难想象"或"相互矛盾"的遗憾中主动放弃思考的勤力。但好在，随着客观知识的积累，尽管仍然比较惨淡，但我愈发感觉早前自己的无知无畏。2006年到北京师范大学史学所师从向燕南师攻读博士，在老师锐利思想和广博知识的映照下，发现自己原来只是一个逃避现实的胆小鬼，瞬间有种痛改前非、重新做人的感觉，劝说自己收起那可怜的敏感，直面博士毕业的压力。三年时间，在国图文津阁抄阅了两年半古籍，不无遗憾但又颇有收获地顺利实现了博士毕业。

这里的"不无遗憾"，是指我仍然固执地认为我的这篇以唐顺之史学为研究对象的博士论文，看不到唐顺之这个人的清晰史学样貌，某种程度上我又把其虚化为一个抽象个体，是明代史学，甚至是中国史学的一个典型，充斥其间的都是高大精尖，没有看到唐顺之史学中的委曲求全、喜怒哀乐，甚而是普通一般。这也是到内蒙古大学历史与旅游文化学院工作以后，有关于此一专题不断思索的一个问题。

好在宽松的工作环境，给予了我独立思考的空间和机会。学院领导和老师们的热情帮助，都为此一书稿的成形助力甚多。家人的包容和鼓励也是我继续前进的动力。中华书局罗华彤和吴爱兰编辑对书稿一拖再拖的包容、理解和对文稿尽心尽力的修改都是必须要感谢的。

拉拉杂杂说了这么多，权以此纪念我艰难中成长的求学经历。